W0171028

Speth
(Hrsg.)

**Betriebswirtschaft mit
Rechnungswesen/Controlling**
Berufliches Gymnasium Wirtschaft
Schuljahrgang 12

Speth
(Hrsg.)

Betriebswirtschaft mit Rechnungswesen/Controlling

Berufliches Gymnasium Wirtschaft

Schuljahrgang 12

Merkur
Verlag Rinteln

Wirtschaftswissenschaftliche Bücherei für Schule und Praxis

Begründet von Handelsschul-Direktor Dipl.-Hdl. Friedrich Hutkap †

Herausgeber:

Dr. Hermann Speth

Verfasser:

Dr. Hermann Speth, Dipl.-Hdl., Wangen im Allgäu

Hartmut Hug, Dipl.-Hdl., Argenbühl

Gernot B. Hartmann, Dipl.-Hdl., Emmendingen

Aloys Waltermann, Dipl.-Kfm. Dipl.-Hdl., Fröndenberg

Fast alle in diesem Buch erwähnten Hard- und Softwarebezeichnungen sind eingetragene Warenzeichen.

Das Werk und seine Teile sind urheberrechtlich geschützt. Jede Nutzung in anderen als den gesetzlich zugelassenen Fällen bedarf der vorherigen schriftlichen Einwilligung des Verlages. Hinweis zu § 52 a UrhG: Weder das Werk noch seine Teile dürfen ohne eine solche Einwilligung eingescannt und in ein Netzwerk eingestellt werden. Dies gilt auch für Intranets von Schulen und sonstigen Bildungseinrichtungen.

* * * * *

6. Auflage 2016

© 2007 by MERKUR VERLAG RINTELN

Gesamtherstellung:
MERKUR VERLAG RINTELN Hutkap GmbH & Co. KG, 31735 Rinteln

E-Mail: info@merkur-verlag.de
            lehrer-service@merkur-verlag.de
Internet: www.merkur-verlag.de

ISBN 978-3-8120-**0537-1**

Vorwort

Dieses Lehrbuch umfasst alle im Lehrplan „Betriebswirtschaft mit Rechnungswesen/ Controlling" für das berufliche Gymnasium Wirtschaft des Landes Niedersachsen für den Jahrgang 12 geforderten Lerngebiete und Lerninhalte.

Für Ihre Arbeit mit dem vorgelegten Lehrbuch möchten wir auf Folgendes hinweisen:

■ Im Rahmen der Neubearbeitung wurden u.a. die neuen Vorschriften des **Bilanzricht- linie-Umsetzungsgesetzes (kurz: BilRUG)**, insbesondere die Neugliederung der Ge- winn- und Verlustrechnung (Wegfall des außerordentlichen Ergebnisses), berücksich- tigt.

■ Der Aufbau des Lehrbuches richtet sich stringent nach dem vorgegebenen Lehrplan aus.

■ Das Buch hat mehrere Zielsetzungen. Es soll den Lernenden

– alle Informationen liefern, die zur Erarbeitung des Lernstoffs notwendig sind;

– dabei helfen, die im Lehrplan entstandenen Lerninhalte in Allein-, Partner- oder Teamarbeit zu erarbeiten, Entscheidungen zu treffen, diese zu begründen und über die Ergebnisse verbal oder schriftlich zu berichten;

– fächerübergreifende Zusammenhänge näher bringen.

■ Durch die Verbindung von betriebswirtschaftlichen Inhalten und denen des Rech- nungswesens wird das Denken in Zusammenhängen geschult.

■ Die Lerninhalte werden zu klar abgegrenzten Einheiten zusammengefasst, die sich in die Bereiche Stoffinformation, Zusammenfassungen und Übungsmaßnahmen aufglie- dern. Viele Merksätze, Beispiele und Schaubilder veranschaulichen die praxisbezoge- nen Lerninhalte.

■ Fachwörter, Fachbegriffe und Fremdwörter werden grundsätzlich im Text oder in Fuß- noten erklärt.

■ Für die Inhalte des Jahrgangs 13 steht ein Folgeband zur Verfügung, der auf diesem Buch aufbaut.

Wir wünschen Ihnen einen guten Lehr- und Lernerfolg!

Die Verfasser

Inhaltsverzeichnis

Lerngebiet 4: Ziele, Aufgaben und Prozesse der Investition und Finanzierung

Lerngebiet 5:   Ziele, Aufgaben und Prozesse der Marktkommunikation

Kontenrahmen im Anhang des Buches

1 Aufgabe und Gliederung des Rechnungswesens

1.1 Externes und internes Rechnungswesen

> **Aufgabe des Rechnungswesens** ist es, sämtliche **wirtschaftlichen Vorgänge** innerhalb der Unternehmung sowie deren Beziehungen zu ihrer Umwelt **zahlenmäßig** zu erfassen und zu überwachen.

Nach dem **Informationsempfänger** unterscheidet man in externes Rechnungswesen und internes Rechnungswesen.

(1) Externes Rechnungswesen

Die Rechenschaftslegung über die Vermögens-, Finanz- und Ertragslage eines Unternehmens gegenüber externe Informationsempfänger (z.B. Gesellschafter, Steuerbehörden, Banken, Gerichte) ist durch Gesetze festgelegt. Gesetzliche Bestimmungen finden sich insbesondere im HGB, AktG, GmbHG, EStG.

> Das **externe Rechnungswesen** umfasst die **Buchführung** und die **Jahresabschlussrechnung.**

(2) Internes Rechnungswesen

Das interne Rechnungswesen dokumentiert vergangene Abrechnungsperioden und entwickelt Alternativen für die künftige Unternehmensentwicklung. Die Informationen dienen internen Informationsempfängern (Geschäftsführern, Arbeitnehmervertretung, Mitarbeitern) zur Steuerung und Kontrolle der betrieblichen Abläufe. Außerdem sind sie Grundlage für die Produktions-, Absatz-, Investitions- und Finanzplanung. Das interne Rechnungswesen ist nicht an gesetzliche Vorschriften gebunden.

> Das **interne Rechnungswesen** umfasst die **Kosten- und Leistungsrechnung,** die **Betriebsstatistik** und die **Planungsrechnung.**

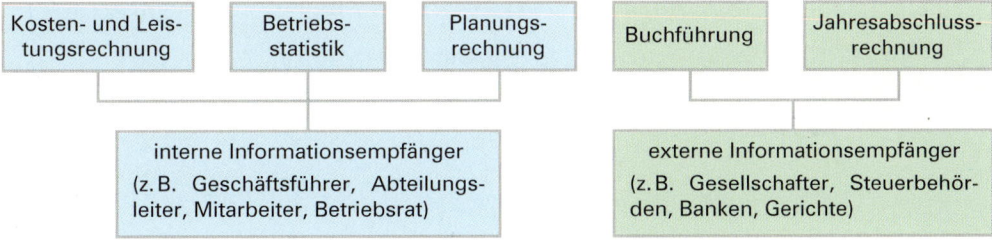

Quelle: Angelehnt an Steger, I.: Kosten- und Leistungsrechnung, 3. Aufl., München 2001, S. 6.

1.2 Zusammenhang zwischen Buchführung und Kosten- und Leistungsrechnung

(1) Buchführung

Die Buchführung erfasst unter Beachtung **handels- und steuerrechtlicher Vorschriften alle Geschäftsvorfälle.** Sie erfasst damit die Beziehungen zwischen dem Unternehmen und außenstehenden Dritten **(externes Rechnungswesen).** Sie liefert zudem das Zahlenmaterial für den gesetzlich vorgeschriebenen **Jahresabschluss,** der allen Interessenten einen Einblick in die Vermögens-, Finanz- und Ertragslage des Unternehmens verschafft. In der Buchführung wird das **Unternehmensergebnis** ermittelt.

- Erfasst alle Geschäftsvorfälle, die durch den Verkehr mit **der Außenwelt** anfallen **(externes Rechnungswesen).**
- Unterliegt **gesetzlichen Vorschriften** (HGB, Steuergesetze).
- Dient als **Grundlage für den Jahresabschluss.**
- Ermittelt das **Unternehmensergebnis.**

(2) Kosten- und Leistungsrechnung

Auf der Grundlage des Zahlenmaterials der Buchführung findet eine Neuverrechnung unter **rein betriebswirtschaftlichen Gesichtspunkten** statt. Es werden die erbrachten **betrieblichen Leistungen** und die dafür **angefallenen Kosten** ermittelt. Die Kosten- und Leistungsrechnung ist **nicht an gesetzliche Vorschriften** gebunden. Die Differenz zwischen Leistungen und Kosten ergibt das **Betriebsergebnis.** Die Kosten- und Leistungsrechnung ist auf das innerbetriebliche Geschehen gerichtet **(internes Rechnungswesen).** Sie liefert den verantwortlichen Geschäftsführern die erforderlichen Daten für die **Kalkulation der Verkaufspreise** und die **Kontrolle der Wirtschaftlichkeit** des Unternehmens.

- Erfasst alle erbrachten **betrieblichen Leistungen** und die hierfür angefallenen **Kosten (internes Rechnungswesen).**
- Unterliegt **keiner gesetzlichen Vorschrift.**
- Dient als **Grundlage für die Kalkulation** und der **Kontrolle der Wirtschaftlichkeit.**
- Ermittelt das **Betriebsergebnis.**

2 Grundbegriffe

Die Betriebswirtschaftslehre hat für die Buchführung und die Kosten- und Leistungsrechnung eine eigene Terminologie[1] entwickelt. Es handelt sich um zwei Begriffspaare.

Begriffspaare	
der Buchführung	der Kosten- und Leistungsrechnung
Aufwand Ertrag	Kosten Leistung

---

1 Terminologie: Fachwortschatz.

2.1 Aufwendungen und Kosten

2.1.1 Begriffe Aufwendungen und Kosten

Der Begriff **Aufwendungen** wird in der **Buchführung** verwendet und erfasst **alle Geschäftsvorfälle,** die das **Eigenkapital mindern.** Dabei spielt es keine Rolle, ob die Ursache für die angefallenen Aufwendungen in der Verfolgung des eigentlichen Betriebszweckes zu sehen ist oder ob es sich um Aufwendungen handelt, die damit nicht oder nur mittelbar in einem Zusammenhang stehen.

> **Aufwendungen** sind alle in Geld gemessenen **Wertminderungen des Eigenkapitals** innerhalb einer Abrechnungsperiode.

In der Kosten- und Leistungsrechnung werden nur die Aufwendungen erfasst, die ursächlich im Zusammenhang mit der Verfolgung des eigentlichen Betriebszweckes stehen, der bei Industriebetrieben in der Herstellung, der Lagerung und dem Verkauf der Güter zu sehen ist.

Die **betrieblichen Aufwendungen** bezeichnet man als **Kosten.**

> **Kosten** sind der betriebliche und relativ regelmäßig anfallende Güter- und Leistungsverzehr innerhalb einer Abrechnungsperiode zur Erstellung betrieblicher Leistungen, gemessen in Geld. Man spricht auch von **betrieblichen Aufwendungen (Zweckaufwendungen).**

2.1.2 Neutrale Aufwendungen und Grundkosten

Die Aufwendungen der Buchführung können betrieblich bedingt sein oder mit dem eigentlichen Betriebszweck nichts zu tun haben.

Aufwendungen, die **gleichzeitig Kosten sind,** nennt man **Grundkosten.** Aufwendungen, die **nicht betrieblich** bedingt sind oder aus anderen Gründen nicht als Kosten verrechnet werden sollen, bezeichnet man in Abgrenzung zum Kostenbegriff als **neutrale Aufwendungen.**

Art der neutralen Aufwendungen	Beispiele
Betriebsfremde Aufwendungen sind alle Aufwendungen, die mit dem eigentlichen Betriebszweck nichts zu tun haben.	Verluste aus Wertpapierverkäufen, Reparaturkosten an nicht betrieblich genutzten Gebäuden, Kursverluste bei Auslandsgeschäften, Abschreibungen auf Finanzanlagen, Aufwendungen aus Beteiligungen.
Periodenfremde Aufwendungen sind Aufwendungen, die zwar betrieblich sind, deren Verursachung aber in einer vorangegangenen Geschäftsperiode liegt.	Steuernachzahlungen, Nachzahlungen von Gehältern, Garantieverpflichtungen für Geschäfte aus dem vorangegangenen Geschäftsjahr.
Außerordentliche Aufwendungen sind Aufwendungen, die ungewöhnlich hoch oder äußerst selten sind.	Verluste aus Enteignungen, Verluste aus nicht durch Versicherungen gedeckten Katastrophenfällen.

Art der neutralen Aufwendungen	Beispiele
Aufwendungen aus einer **Umstrukturierung des Vermögens**.	Verluste aus dem Abgang von Gegenständen des Sachanlagevermögens (Verkauf von Anlagegütern unter dem Buchwert).

- **Neutrale Aufwendungen** sind Aufwendungen, die in **keinem Zusammenhang mit dem Betriebszweck** stehen, die **nicht in der laufenden Periode** oder aber **unregelmäßig** oder in **außergewöhnlicher Höhe** anfallen.

- Die neutralen Aufwendungen werden in der **Kosten- und Leistungsrechnung** entweder **gar nicht** oder **nicht** mit der in der **Buchführung ausgewiesenen Höhe** berücksichtigt.

2.1.3 Zusatzkosten

Neben der Tatsache, dass es **neutrale Aufwendungen** gibt, gibt es auch **Kosten**, die **keine Aufwendungen** sind. Es handelt sich dabei um die **Zusatzkosten**. Beispiele hierfür sind der **kalkulatorische Unternehmerlohn** und die **kalkulatorische Miete**.[1]

Zusatzkosten sind Kosten, für die es **keine Aufwendungen** innerhalb der Buchführung gibt **(aufwandslose Kosten).**

Die Abgrenzung der Begriffe Aufwendungen und Kosten kann grafisch wie folgt dargestellt werden:

neutrale Aufwendungen	betriebliche Aufwendungen	
	Grundkosten	Zusatzkosten

2.2 Erträge und Leistungen

2.2.1 Begriffe Erträge und Leistungen

Der Begriff **Erträge** wird in der **Buchführung** verwendet und erfasst **alle** Geschäftsvorfälle, die das **Eigenkapital erhöhen**. Dabei spielt es keine Rolle, ob die Ursache für die angefallenen Erträge in der Verfolgung des eigentlichen Betriebszweckes zu sehen ist oder ob es sich um Erträge handelt, die mit der Herstellung und dem Verkauf von Erzeugnissen nicht oder nur mittelbar in Zusammenhang stehen.

Erträge sind alle in Geld gemessenen **Wertzugänge beim Eigenkapital** innerhalb einer Abrechnungsperiode.

---

1 Vgl. hierzu S. 26f.

In der Kosten- und Leistungsrechnung werden nur die Erträge erfasst, die ursächlich im Zusammenhang mit der Verfolgung des eigentlichen Betriebszweckes stehen, der bei Industriebetrieben in der Herstellung, der Lagerung und dem Verkauf der Güter zu sehen ist.

Die **betrieblichen Erträge (Zweckerträge)** bezeichnet man als **Leistungen**.

Leistungen sind die betrieblichen und relativ regelmäßig anfallenden Wertzugänge gemessen in Geld. Man spricht auch von **betrieblichen Erträgen**.

2.2.2 Neutrale Erträge und Grundleistungen

Die Erträge der Buchführung können betrieblich bedingt sein oder mit dem eigentlichen Betriebszweck nichts zu tun haben.

- **Erträge,** die **gleichzeitig Leistungen** sind, nennt man **Grundleistungen**.
- **Erträge,** die **nicht betrieblich bedingt** sind oder aus anderen Gründen **nicht als Leistungen verrechnet** werden sollen, bezeichnet man als **neutrale Erträge**.

Art der neutralen Erträge	Beispiele
Betriebsfremde Erträge sind alle Erträge, die mit dem eigentlichen Betriebszweck nichts zu tun haben.	Erträge aus Wertpapieren, Zinserträge, Kursgewinne bei Auslandsgeschäften, Erträge aus Vermietung und Verpachtung, Erträge aus Beteiligungen, Erträge aus Finanzanlagen.
Periodenfremde Erträge sind Erträge, die zwar betrieblich sind, deren Verursachung aber in einer vorangegangenen Geschäftsperiode liegt.	Steuerrückerstattungen, Eingang einer bereits abgeschriebenen Forderung.
Außerordentliche Erträge sind Erträge, die ungewöhnlich hoch oder äußerst selten sind.	Erträge aus Gläubigerverzicht, Steuererlass, Erträge aus der Auflösung von Rückstellungen.
Erträge aus einer **Umstrukturierung des Vermögens**.	Erträge aus dem Abgang von Vermögensgegenständen (Verkauf von Anlagegütern über dem Buchwert).

- **Neutrale Erträge** sind Erträge, die in keinem Zusammenhang mit dem Betriebszweck stehen, die nicht in der laufenden Periode oder aber unregelmäßig oder in außergewöhnlicher Höhe anfallen.
- Die neutralen Erträge werden in der **Kosten- und Leistungsrechnung** entweder **gar nicht** oder **nicht** mit der in **der Buchführung ausgewiesenen Höhe** berücksichtigt.

2 Speth u.a. · ISBN 978-3-8120-0537-1

2.2.3 Zusatzleistungen

Neben der Tatsache, dass es **neutrale Erträge** gibt, gibt es auch **Leistungen, die keine Erträge** sind. Es handelt sich um die **Zusatzleistungen.** Ein Beispiel für Zusatzleistungen sind Verkaufsprodukte, die verschenkt werden.

Zusatzleistungen sind Leistungen, für die es keine Erträge innerhalb der Buchführung gibt **(ertragslose Leistungen).**

Die Abgrenzung der Begriffe Erträge und Leistungen kann grafisch wie folgt dargestellt werden.

neutrale Erträge	betriebliche Erträge	
	Grundleistungen	Zusatzleistungen

2.3 Unternehmensergebnis, Betriebsergebnis und neutrales Ergebnis

In der Erfolgsrechnung der **Buchführung** wird aus der Differenz zwischen Erträgen und Aufwendungen das **Unternehmensergebnis** ermittelt. (Bei Kapitalgesellschaften spricht der Gesetzgeber vom Jahresüberschuss bzw. Jahresfehlbetrag.)

Ausgehend von den betrieblichen Erfolgskomponenten[1] der Buchführung wird in der **Kosten- und Leistungsrechnung** das **Betriebsergebnis** ermittelt.

Stellt man den neutralen Erträgen die neutralen Aufwendungen gegenüber, so erhält man das **neutrale Ergebnis.**

■ Erträge – Aufwendungen = Unternehmensergebnis
■ neutrale Erträge – neutrale Aufwendungen = neutrales Ergebnis
■ Leistungen – Kosten = Betriebsergebnis
   Unternehmensergebnis – neutrales Ergebnis = Betriebsergebnis

---

Übungsaufgabe

1   1. Erläutern Sie, warum neben der Buchführung eine Kosten- und Leistungsrechnung erforderlich ist!

      2. Unterscheiden Sie zwischen Aufwand und Kosten! Nennen Sie je zwei Beispiele!

      3. Vergleichen Sie die Begriffe Ertrag und Leistung! Bilden Sie je zwei Beispiele!

---

1 Komponenten: Bestandteile eines Ganzen.

4. Beurteilen Sie, ob die Aussagen zu den Aufgaben der Kosten- und Leistungsrechnung richtig sind!

    4.1 Durch sie wird der Erfolg des Unternehmens im Geschäftsjahr ermittelt.

    4.2 Sie vergleicht aufbereitete Daten, z.B. das Gesamtergebnis, mit denen anderer Unternehmen der gleichen Branche.

    4.3 Sie bucht Geschäftsvorfälle aufgrund der angefallenen Belege.

    4.4 Sie ermittelt den betrieblichen Erfolg des Geschäftsjahres.

    4.5 Sie hält alle Veränderungen der Vermögens- und Kapitalwerte fest.

    Entscheiden Sie außerhalb des Buches durch Angabe der entsprechenden Ziffer!

5. Beurteilen Sie, bei welchen der genannten buchhalterischen Begriffe es sich um Begriffe der Kostenrechnung handelt!

    Abschreibungen auf Sachanlagen; Kosten für Ausgangsfrachten; Zinsaufwendungen; Umsatzsteuer auf den Verkauf von Erzeugnissen; Arbeitgeberanteil zur Sozialversicherung; Aufwendungen für Waren; Aufwendungen für Roh-, Hilfs- oder Betriebsstoffe; Aufwendungen für Kommunikation.

6. Beurteilen Sie, bei welchen der genannten buchhalterischen Begriffe es sich um Begriffe der Leistungsrechnung handelt!

    Umsatzerlöse für Waren; Provisionserträge; aktivierte Eigenleistungen; Rabatt beim Einkauf von Rohstoffen; Zinserträge; andere sonstige betriebliche Erträge; Erträge aus dem Abgang von Vermögensgegenständen; Erträge aus der Herabsetzung von Rückstellungen; Umsatzerlöse für eigene Erzeugnisse.

7. Ordnen Sie die nachfolgenden Aufwandsarten den betrieblichen oder neutralen Aufwendungen zu!

    Gehaltszahlungen, Aufwendungen für Waren, Verkauf eines Anlagegutes unter dem Buchwert, Abschreibungen auf Sachanlagen, hoher Forderungsausfall durch die Zahlungsunfähigkeit eines Kunden, Aufwendungen für die Altersversorgung der Arbeitnehmer, Verluste durch Brandschäden, die nicht durch eine Versicherung gedeckt sind, Arbeitgeberanteil zur Sozialversicherung, Kursverluste aus einem Exportgeschäft, Mietzahlung für die Garage des Betriebs-Lkw, Aufwendungen für Rohstoffe, Steuernachzahlung für das vergangene Geschäftsjahr, Zahlung der Grundsteuer für das laufende Geschäftsjahr, Zahlung der Gebäudeversicherung für ein nicht betriebsnotwendiges Gebäude.

8. Ordnen Sie die nachfolgenden Ertragsarten den betrieblichen oder neutralen Erträgen zu!

    Umsatzerlöse für Waren, Kursgewinne aus einem Importgeschäft, Erträge aus dem Verkauf von Wertpapieren, Zinserträge, unerwarteter Eingang für eine bereits abgeschriebene Forderung, Mietertrag aus der Vermietung eines nicht betrieblich genutzten Gebäudes, Steuerrückvergütung für das vergangene Geschäftsjahr, Umsatzerlöse für eigene Erzeugnisse, Bestandsmehrung an unfertigen Erzeugnissen, Verkauf eines Anlagegutes über dem Buchwert, selbst hergestellte Regale für die Verwendung im eigenen Betrieb.

9. Nennen Sie ein Beispiel für Zusatzkosten!

10. Beschreiben Sie das besondere Merkmal der Zusatzkosten!

11. Stellen Sie die Ermittlung

    11.1 des Unternehmensergebnisses;

    11.2 des Betriebsergebnisses

    dar!

12. Nennen Sie die Geschäftsvorfälle, die sich bei den Nürnberger Lebensmittelwerken AG als Leistung auswirken!

    12.1 Anzahlung eines Kunden auf eine Warenlieferung.

    12.2 Mieteinnahmen für vermietete Garagen.

    12.3 Zielverkauf von Tiefkühlkost.

    12.4 Verkauf eines nicht mehr benötigten PCs über dem Buchwert.

    12.5 Erstattung zu viel gezahlter Gewerbesteuer.

13. Erklären Sie mit eigenen Worten, was unter Leistungen einerseits und Kosten andererseits zu verstehen ist! Bilden Sie je zwei Beispiele!

3 Ergebnistabelle

3.1 Grundstruktur einer Ergebnistabelle

> **Ziel der Abgrenzungsrechnung** ist es, aus den erfassten Aufwendungen und Erträgen der Buchführung, die **Höhe der Kosten und Leistungen** zu ermitteln.

Für die Abgrenzungsrechnung hat sich als übliches Verfahren das sogenannte **Zweikreissystem** durchgesetzt. Die **Buchführung** stellt den **Rechnungskreis I** dar, die **Abgrenzungsrechnung** und die **Kosten- und Leistungsrechnung** den **Rechnungskreis II**. Instrument für die Darstellung der Abgrenzungsrechnung ist die **Ergebnistabelle (Abgrenzungstabelle)**.

Rechnungskreis I				Rechnungskreis II					
Erfolgsbereich				Abgrenzungsbereich				Kosten- und Leistungsrechnung	
Buchführung				unternehmens-bezogene Abgrenzung		kostenrechnerische Korrekturen			
Kto.-Nr.	Kontobezeichnung	Aufw.	Erträge	Aufw.	Erträge	Aufw.	Erträge[1]	Kosten	Leistungen
⋮	⋮	⋮	⋮	⋮	⋮	⋮	⋮	⋮	⋮
	Summen:								
	Salden (Ergebnisse):								

Unternehmens-ergebnis	Ergebnis aus unternehmens-bezogener Abgrenzung	Ergebnis aus kosten-rechnerischen Korrekturen	**Betriebs-ergebnis**
	Abgrenzungsergebnis (neutrales Ergebnis)		

---

1 Die Erträge entstehen durch Einkalkulieren von Anders- und Zusatzkosten in die Verkaufspreise.

3.2 Ergebnistabelle mit unternehmensbezogenen Korrekturen

Ausgangspunkt für die unternehmensbezogene Abgrenzung der Aufwendungen und Erträge sind die Zahlen der Buchführung. Diese Werte werden **unverändert in den Rechnungskreis I** der Ergebnistabelle übernommen.

Die eigentliche Abgrenzung erfolgt im **Rechnungskreis II**. Dabei werden die Zahlen der Buchführung, die in den Rechnungskreis I übernommen wurden, unter dem Gesichtspunkt betrieblich oder neutral sortiert.

- ■ Die **betrieblichen Aufwendungen (Kosten)** und die **betrieblichen Erträge (Leistungen)** werden in die **Kosten- und Leistungsrechnung** des Rechnungskreises II übertragen.
- ■ Die **neutralen Aufwendungen und Erträge** werden innerhalb des Rechnungskreises II in die Spalte **unternehmensbezogene Abgrenzung** übernommen.

Der Abgrenzung der Kosten von den Aufwendungen und der Leistungen von den Erträgen liegen **vier Grundfälle** zugrunde.

Grundfälle		Beispiele	
①	Die Aufwendungen sind gleich hoch wie die Kosten.	Aufwendungen für Büromaterial	12 000,00 EUR
		Kosten für Büromaterial	12 000,00 EUR
②	Die Aufwendungen sind keine Kosten.	Periodenfremde Aufwendungen	4 000,00 EUR
		Kosten	0,00 EUR
③	Die Erträge sind gleich hoch wie die Leistungen.	Erträge aus Umsatzerlösen	20 000,00 EUR
		Leistungen aus Umsatzerlösen	20 000,00 EUR
④	Die Erträge sind keine Leistungen.	Andere periodenfremde Erträge	1 500,00 EUR
		Leistungen	0,00 EUR

Beispiel:

Das Industrieunternehmen Max Kluge KG weist beim Jahresabschluss auf dem GuV-Konto folgende Werte aus

Soll	Gewinn- und Verlustkonto Max Kluge KG		Haben
6000 Aufw. f. Rohstoffe	480 000,00	5000 Umsatzerl. f. eig. Erzeugn.	750 000,00
6200 Löhne	135 000,00	5490 Periodenfremde Erträge	43 800,00
6700 Mieten, Pachten	5 610,00	5710 Zinserträge	17 950,00
6800 Büromaterial	48 950,00		
6850 Reisekosten	9 460,00		
6960 Verl. a. d. Abg. v. Verm.-Geg.	2 850,00		
6990 Periodenfremde Aufwend.	25 750,00		
Unternehmensergebnis	104 130,00		
	811 750,00		811 750,00

Aufgabe:

Ermitteln Sie mithilfe einer Ergebnistabelle das Unternehmensergebnis, das Ergebnis aus unternehmensbezogener Abgrenzung und das Betriebsergebnis!

Lösung:

		Rechnungskreis I			Rechnungskreis II					
		Erfolgsbereich			Abgrenzungsbereich				Kosten- und Leistungsrechnung	
		Buchführung Konten der Kl. 5, 6 u. 7			unternehmens-bezogene Abgrenzung		kostenrechnerische Korrekturen			
Kto.-Nr.	Kontobezeichnung	Aufw.	Erträge	Aufw.	Erträge	Aufw.	Erträge	Kosten	Leistungen
5000	UErl. f. eig. Erzeugn.		750 000,00						750 000,00
5490	Periodenfr. Erträge		43 800,00		43 800,00				
5710	Zinserträge		17 950,00		17 950,00				
6000	Aufw. f. Rohstoffe	480 000,00						480 000,00	
6200	Löhne	135 000,00						135 000,00	
6700	Mieten, Pachten	5 610,00						5 610,00	
6800	Büromaterial	48 950,00						48 950,00	
6850	Reisekosten	9 460,00						9 460,00	
6960	Verl. a. d. Abg. v. VG[1]	2 850,00		2 850,00					
6990	Periodenfr. Aufw.	25 750,00		25 750,00					
Summen:		707 620,00	811 750,00	28 600,00	61 750,00			679 020,00	750 000,00
Salden (Ergebnisse):		104 130,00		33 150,00				70 980,00	
		811 750,00	811 750,00	61 750,00	61 750,00			750 000,00	750 000,00

Unternehmens-ergebnis:	Ergebnis aus unternehmens-bezogener Abgrenzung:	Ergebnis aus kosten-rechnerischen Korrekturen:	Betriebs-ergebnis:
Unternehmens-ergebnis	– Abgrenzungs-ergebnis	=	Betriebs-ergebnis
104 130,00 EUR	– 33 150,00 EUR	=	70 980,00 EUR

Erläuterungen zur unternehmensbezogenen Abgrenzung:

- Alle **betrieblichen Aufwendungen** und **betrieblichen Erträge** werden im **Rechnungskreis II** als Kosten und Leistungen in die Kosten- und Leistungsrechnung übernommen (Fall ① und Fall ③). Als Saldo ergibt sich das Betriebsergebnis.

- Die neutralen Aufwendungen und Erträge werden im Rechnungskreis II in die unternehmensbezogene Abgrenzung übernommen und dadurch von der Kosten- und Leistungsrechnung abgegrenzt, weil sie das Betriebsergebnis verfälschen würden (Fall ② und Fall ④).

  Auf das Beispiel bezogen, betrifft das

  - **auf der Ertragsseite:** die **periodenfremden Erträge** sowie die **Zinserträge**.

---

1 Verluste aus dem Abgang von Vermögensgegenständen liegen dann vor, wenn Vermögensgegenstände unter dem Buchwert verkauft werden. (Z.B. der Buchwert eines Firmen-Pkw beträgt 17 850,00 EUR. Der Erlös für den Firmen-Pkw beträgt 15 000,00 EUR. Es entsteht ein „Buchverlust" von 2 850,00 EUR.)

- **auf der Aufwandsseite:** die **Verluste aus dem Abgang von Vermögensgegenständen** und die **periodenfremden Aufwendungen.** Als Saldo ergibt sich das Ergebnis aus unternehmensbezogener Abgrenzung.

■ Die Ergebnisse aus dem Rechnungskreis II müssen mit dem Ergebnis aus dem Rechnungskreis I übereinstimmen.

Übungsaufgaben

2 Übertragen Sie die nachfolgende Ergebnistabelle in Ihr Heft! Berechnen Sie aufgrund der vorliegenden Werte das Unternehmensergebnis, das Betriebsergebnis und das Ergebnis aus unternehmensbezogener Abgrenzung!

Buchführung				Abgrenzungsbereich unternehmensbezogene Abgrenzung		Kosten- und Leistungsrechnung	
Kto.-Nr.	Kontobezeichnung	Aufwend.	Erträge	Aufwend.	Erträge	Kosten	Leistungen
5000	Umsatzerlöse für eig. Erzeugnisse						
6000	Aufw. f. Rohstoffe						
	:						
	581 980,00	654 710,00	23 705,00	39 140,00	558 275,00	615 570,00

3 Die Industriewerke Holzer & Wetzel OHG weisen für den Monat Juli in der Buchführung folgende Aufwendungen und Erträge aus:

Kto.-Nr.	Kontobezeichnung	Beträge
5000	Umsatzerlöse für eigene Erzeugnisse	1 050 000,00 EUR
5410	Sonstige Erlöse	3 175,00 EUR
5460	Erträge aus dem Abgang von Vermögensgegenständen	17 500,00 EUR
5480	Erträge aus der Herabsetzung von Rückstellungen	8 500,00 EUR
5500	Erträge aus Beteiligungen	25 820,00 EUR
6000	Aufwendungen für Rohstoffe	580 510,00 EUR
6200/6300	Löhne/Gehälter	120 750,00 EUR
6400/6410	Arbeitgeberanteil zur Sozialversicherung	48 690,00 EUR
6520	Abschreibungen auf Sachanlagen[1]	60 510,00 EUR
6800	Büromaterial	28 525,00 EUR
6900	Versicherungsbeiträge	30 970,00 EUR
7400	Abschreibungen auf Finanzanlagen	85 480,00 EUR

Aufgaben:

1. Übernehmen Sie die angegebenen Aufwendungen und Erträge in eine Ergebnistabelle!

2. Ermitteln Sie das Betriebsergebnis, das Ergebnis aus unternehmensbezogener Abgrenzung und das Unternehmensergebnis!

---

[1] Sofern zwischen bilanziellen Abschreibungen und kalkulatorischen Abschreibungen nicht unterschieden wird, sind die angegebenen Abschreibungen auf Sachanlagen auch in die KLR zu übernehmen.

3.3 Kostenrechnerische Korrekturen

3.3.1 Grundlegendes

Bei der Abgrenzung der Kosten von den Aufwendungen und der Leistungen von den Erträgen können noch zwei weitere Fälle auftreten:

- Für die **Kosten** fallen in der Buchführung nur **teilweise Aufwendungen** an (Anderskosten).
- Für die **Kosten** fallen in der Buchführung **keine Aufwendungen** an (Zusatzkosten).

- **Anderskosten** sind Aufwendungen, die in der Kosten- und Leistungsrechnung mit einem **anderen Betrag** als in der Buchführung angesetzt werden.
- **Zusatzkosten** sind Kosten, für die es **keine Aufwendungen** innerhalb der Buchführung gibt.
- **Anderskosten** und **Zusatzkosten** bilden zusammen den Umfang der **kalkulatorischen Kosten**.

3.3.2 Anderskosten

(1) Kalkulatorische Abschreibung

Für die **Kosten- und Leistungsrechnung (KLR)** muss die **tatsächliche Wertminderung** angesetzt werden, da ansonsten die Kostenrechnung ungenau wird. Für die Berechnung der Abschreibungshöhe in der **Buchführung** sind jedoch **handelsrechtliche Vorschriften** vorgegeben. Dies bedeutet, dass die Abschreibungsbeträge in erster Linie bestimmt werden durch finanzpolitische Strategien des Gesetzgebers und im Hinblick auf den tatsächlichen Werteverzehr zu hoch oder zu niedrig sein können.

> **Beispiel:**
>
> Ein Kombiwagen mit Anschaffungskosten von 45 000,00 EUR wird aufgrund handelsrechtlicher Vorschriften linear über 6 Jahre mit jeweils $16\,2/3\,\%$ abgeschrieben. Aufgrund der laufenden Preiserhöhungen muss in der Kostenrechnung von den Wiederbeschaffungskosten in Höhe von 51 000,00 EUR abgeschrieben werden. Die bilanzielle Abschreibung beträgt somit 7 500,00 EUR, die kalkulatorische Abschreibung 8 500,00 EUR, sodass zusätzliche Kosten von jährlich 1 000,00 EUR entstehen. Der bilanzielle Restwert des Kombiwagens nach dem ersten Jahr beträgt damit 37 500,00 EUR, der kalkulatorische Restwert 42 500,00 EUR.

Da die Berechnung der Abschreibungshöhe innerhalb der Erfolgsrechnung nach anderen Kriterien vorgenommen wird als in der KLR, muss zwischen **kalkulatorischer** und **bilanzieller Abschreibung** unterschieden werden.

- Die **bilanzielle Abschreibung** wirkt sich in der **Buchführung** aus,
- die **kalkulatorische Abschreibung** wirkt sich in der **Kosten- und Leistungsrechnung** aus.

> **Kalkulatorische Abschreibungen** sind Kosten, die – unabhängig von gesetzlichen Vorschriften – den **tatsächlichen** Werteverzehr des Anlagevermögens möglichst genau erfassen.

(2) Kalkulatorische Zinsen

Die **gezahlten Zinsen** für das aufgenommene **Fremdkapital** stellen einen betrieblichen Aufwand dar. Da der Unternehmer jedoch auch für das von ihm eingebrachte Eigenkapital eine Verzinsung beanspruchen kann, müssen in den Verkaufspreis auch Zinsen für das Eigenkapital eingerechnet werden. Die **kalkulatorischen Zinsen** erfassen somit die Verzinsung des **gesamten betrieblichen Kapitals,** und zwar unabhängig davon, ob es sich um Eigen- oder Fremdkapital handelt. Abgezogen werden allerdings die dem Unternehmen zinslos zur Verfügung stehenden Fremdmittel. Dieses sogenannte **Abzugskapital** setzt sich z. B. aus Verbindlichkeiten aus Lieferungen und Leistungen, aus Anzahlungen von Kunden und aus Rückstellungen zusammen.

Gesamtes Unternehmensvermögen
– nicht betriebliches Vermögen[1]
= vorläufiges betriebliches Vermögen
– Abzugskapital
= betriebliches Kapital

> **Kalkulatorische Zinsen** sind die **Kosten** für die **Nutzung des betrieblichen Kapitals.**

(3) Kalkulatorische Wagnisse

Jede unternehmerische Tätigkeit ist mit dem Risiko des Scheiterns verbunden und kann damit zu Verlusten führen. Dieses **allgemeine Unternehmenswagnis** (z. B. Nachfrageverschiebungen, technischer Fortschritt, politische Ereignisse, Konjunkturschwankungen) kann in der KLR **nicht berücksichtigt** werden. Es wird durch den Gewinn abgegolten.

Kalkulatorisch zu erfassen sind die **einzelnen betrieblichen Wagnisse** (z. B. Forderungsausfälle, Währungsverluste, Garantieleistungen, Diebstahl, Überalterung der Erzeugnisse), sofern sie nicht durch eine Fremdversicherung abgedeckt sind.

Wagnisverluste treten in der Praxis nur von Fall zu Fall und in unterschiedlicher Höhe auf. Sie werden in der Buchführung als Aufwand gebucht und beeinflussen damit das Unternehmensergebnis. Um eine Stetigkeit in der KLR zu erreichen, werden die vorausschaubaren Einzelwagnisse ermittelt und gleichzeitig als **kalkulatorischer Wagniszuschlag** auf die Rechnungsperioden verrechnet. Auf diese Weise werden Zufallseinflüsse von der KLR

---

1 Hierzu zählen z. B. nicht betrieblich genutzte Grundstücke, stillgelegte Betriebsanlagen.

ferngehalten. Sofern ein Einzelwagnis durch eine Fremdversicherung abgedeckt ist, entfällt der Ansatz eines kalkulatorischen Wagniszuschlags.

<table>
<tr><td colspan="2">Beispiel:</td></tr>
<tr><td>Der Aufwand für vertragliche Garantieleistungen und Kulanz bei einer Möbelfabrik betrug in den vergangenen 3 Jahren 150 000,00 EUR bei einem Werkstoffeinsatz von 6 Mio. EUR. Das bedeutet, dass 2,5 % des Werkstoffeinsatzes als kalkulatorischer Wagniszuschlag anzusetzen sind.</td><td>Beträgt der Werkstoffeinsatz im 1. Quartal 1 480 000,00 EUR, so sind 37 000,00 EUR an kalkulatorischen Wagnissen in die KLR einzurechnen.</td></tr>
</table>

 Kalkulatorische Wagnisse sind Kosten für nicht versicherte Einzelwagnisse.

3.3.3 Zusatzkosten

(1) Kalkulatorischer Unternehmerlohn

Die Arbeit des Unternehmers schlägt sich nicht bei allen Rechtsformen der Unternehmungen als Aufwand in der Buchführung nieder. Ein Einzelunternehmer bzw. der mitarbeitende Gesellschafter einer Personengesellschaft (z. B. OHG-Gesellschafter, Komplementär) erhält für seine Arbeitsleistung kein Gehalt. Sie ist durch den Gewinn abgegolten. Demgegenüber zahlen vergleichbare Unternehmungen aufgrund ihrer Rechtsform (z. B. GmbH) Geschäftsführergehälter, die sich als Aufwand niederschlagen.

Es ist daher – sowohl unter dem Gesichtspunkt einer exakten Kostenerfassung in der KLR als auch unter dem Gesichtspunkt der Vergleichbarkeit der Kostenstrukturen unterschiedlicher Unternehmen – unerlässlich, jede unternehmerische Tätigkeit in Geld zu bemessen und als Kosten zu erfassen. Die Höhe sollte dabei nach dem Leistungseinsatz des Unternehmers bestimmt werden und sich am jeweils bestehenden Lohnniveau ausrichten. Der kalkulatorische Unternehmerlohn stellt seinem Wesen nach Zusatzkosten dar, denn ihm steht kein Aufwand gegenüber.

 Der **kalkulatorische Unternehmerlohn** erfasst bei Einzelunternehmen und Personengesellschaften die Kosten für die Arbeitsleistung der mitarbeitenden Unternehmer.

(2) Kalkulatorische Miete

Gelegentlich stellt ein Unternehmer Räume des Privatvermögens auch für betriebliche Zwecke zur Verfügung. Würde er solche Räume anmieten, müssten Mietkosten gezahlt werden. Obwohl keine Mietzahlungen anfallen, ist es unter kostenrechnerischen Gesichtspunkten gerechtfertigt, in der Kostenrechnung einen der ortsüblichen Miete entsprechenden Betrag (kalkulatorische Miete) anzusetzen.

Vom Unternehmer unentgeltlich überlassene Privaträume für betriebliche Zwecke sind in der Kostenrechnung mit der ortsüblichen Miete **(kalkulatorische Miete)** anzusetzen.

3.3.4 Ergebnistabelle mit kostenrechnerischen Korrekturen

Der Abgrenzung der Anderskosten und der Zusatzkosten in der Ergebnistabelle liegen zwei Grundfälle zugrunde. Sie ergänzen die vier Grundfälle der unternehmensbezogenen Abgrenzung.[1]

Grundfälle		Beispiele	
⑤	Kosten und Aufwendungen fallen nicht in gleicher Höhe an.	bilanzielle Abschreibung kalkulatorische Abschreibung	17 320,00 EUR 18 730,00 EUR
⑥	Kosten sind keine Aufwendungen.	Aufwendungen für Unternehmerlohn kalkulatorischer Unternehmerlohn	0,00 EUR 50 000,00 EUR

Beispiel:

Das Industrieunternehmen Max Kluge KG weist beim Jahresabschluss auf dem GuV-Konto folgende Werte aus:

Gewinn- und Verlustkonto

Soll	Max Kluge KG		Haben
6000 Aufw. f. Rohstoffe	230 400,00	5000 Umsatzerl. f. eig. Erzeugn.	547 820,00
6150 Vertriebsprovisionen	20 320,00		
6160 Fremdinstandhaltung	6 940,00		
6200 Löhne	85 000,00		
6520 Abschreib. auf Sachanlagen	10 870,00		
6700 Mieten, Pachten	12 500,00		
6800 Büromaterial	46 810,00		
6850 Reisekosten	9 480,00		
7510 Zinsaufwendungen	6 450,00		
Unternehmensergebnis	119 050,00		
	547 820,00		547 820,00

Angaben für kostenrechnerische Korrekturen:

– Statt der gezahlten Zinsen in Höhe von 6 450,00 EUR werden kalkulatorische Zinsen in Höhe von 9 780,00 EUR angesetzt.
– Statt der bilanziellen Abschreibungen in Höhe von 10 870,00 EUR sollen kalkulatorische Abschreibungen in Höhe von 8 950,00 EUR in Ansatz gebracht werden.
– Für die Abgeltung der Arbeitskraft des Komplementärs wird mit einem kalkulatorischen Unternehmerlohn in Höhe von 50 000,00 EUR gerechnet.

Aufgaben:

1. Erstellen Sie eine Ergebnistabelle unter Berücksichtigung der Angaben für die kostenrechnerischen Korrekturen!
2. Ermitteln Sie das Unternehmensergebnis, das Ergebnis aus kostenrechnerischen Korrekturen sowie das Betriebsergebnis!

---

1 Vgl. hierzu S. 21.

		Rechnungskreis I			Rechnungskreis II					
		Erfolgsbereich			Abgrenzungsbereich				Kosten- und Leistungsrechnung	
		Buchführung Konten der Kl. 5, 6 u. 7			unternehmens-bezogene Abgrenzung		kostenrechnerische Korrekturen			
Kto.-Nr.	Kontobezeichnung	Aufw.	Erträge	Aufw.	Erträge	Aufw.	Erträge	Kosten	Leistungen
5000	UErl. f. eig. Erzeugn.		547 820,00						547 820,00
6000	Aufw. f. Rohstoffe	230 400,00						230 400,00	
6150	Vertriebsprovisionen	20 320,00						20 320,00	
6160	Fremdinstandhaltung	6 940,00						6 940,00	
6200	Löhne	85 000,00						85 000,00	
6520	Abschr. a. Sachanl.	10 870,00				10 870,00	8 950,00	8 950,00	
6700	Mieten, Pachten	12 500,00						12 500,00	
6800	Büromaterial	46 810,00						46 810,00	
6850	Reisekosten	9 480,00						9 480,00	
7510	Zinsaufwendungen	6 450,00				6 450,00	9 780,00	9 780,00	
	Kalk. U.-Lohn						50 000,00	50 000,00	
	Summen:	428 770,00	547 820,00			17 320,00	68 730,00	480 180,00	547 820,00
	Salden (Ergebnisse):	119 050,00				51 410,00		67 640,00	
		547 820,00	547 820,00			68 730,00	68 730,00	547 820,00	547 820,00

Unternehmens-ergebnis:	**Ergebnis aus unternehmens-bezogener Abgrenzung:**	**Ergebnis aus kosten-rechnerischen Korrekturen:**	**Betriebs-ergebnis:**
Unternehmens-ergebnis	– Abgrenzungs-ergebnis	=	Betriebs-ergebnis
119 050,00 EUR	– 51 410,00 EUR	=	67 640,00 EUR

Erläuterungen zu den kostenrechnerischen Korrekturen:[1]

■ Zu den Anderskosten (Fall ⑤)

Sollen die **Abschreibungen** in der KLR anders verrechnet werden, als es dem Betrag von 10 870,00 EUR in der Buchführung entspricht, dann wird zunächst der Betrag der Buchführung in Höhe von 10 870,00 EUR als Aufwand in den Bereich der kostenrechnerischen Korrekturen übernommen.

Der Betrag der kalkulatorischen Abschreibungen in Höhe von 8 950,00 EUR wird als Kosten in der KLR erfasst und als Ertrag bei den kostenrechnerischen Korrekturen. (Der Ertrag wird erwirtschaftet, wenn die Erzeugnisse zumindest zu kostendeckenden Preisen verkauft werden können.)

---

1 Für die Zuordnung einzelner Beträge in die beiden Abgrenzungsstufen gibt es keine gesetzlichen Vorschriften. Aus didaktischen Gründen (klare Abgrenzung) ordnen wir alle in der KLR anders zu verrechnenden Beträge der Stufe der kostenrechnerischen Korrekturen zu.

Sollen die **Zinsaufwendungen** in der KLR anders verrechnet werden als es dem Betrag von 6 450,00 EUR in der Buchführung entspricht, dann wird zunächst der Betrag der Buchführung in Höhe von 6 450,00 EUR als Aufwand in den Bereich der kostenrechnerischen Korrekturen übernommen.

Der Betrag der kalkulatorischen Zinsen in Höhe von 9 780,00 EUR wird als Kosten in der KLR erfasst und als Ertrag bei den kostenrechnerischen Korrekturen. (Der Ertrag wird durch den Verkauf der Erzeugnisse erwirtschaftet, wenn zumindest kostendeckende Preise erzielt werden.)

Im Bereich der kostenrechnerischen Korrekturen stehen sich dann die Aufwendungen der Buchführung und die zu verrechnenden Kosten als Erträge gegenüber. In Höhe der Differenz dieser Beträge wurden in der KLR die Kosten anders verrechnet, als es dem Aufwand in der Buchführung entspricht.

■ **Zu den Zusatzkosten** (Fall ⑥)

Da es für den **kalkulatorischen Unternehmerlohn** keinen Aufwandsposten in der Buchführung gibt, kann auch kein Aufwand in die kostenrechnerischen Korrekturen übernommen werden. Allerdings kommt der Unternehmerlohn, sofern er kostendeckend in die Preise einkalkuliert und erwirtschaftet wird, als Ertrag wieder in das Unternehmen zurück. Daher erscheint der als Kosten in der KLR zu erfassende Unternehmerlohn in Höhe von 50 000,00 EUR sowohl unter den Kosten in der KLR als auch als Ertrag in der Spalte der kostenrechnerischen Korrekturen.

■ **Zu dem Ergebnis aus kostenrechnerischen Korrekturen**

Die Summe der einzelnen Differenzen, um die die verrechneten Kosten von den Aufwendungen der Buchführung abweichen, stellt das Ergebnis aus kostenrechnerischen Korrekturen dar. Da im vorliegenden Beispiel die als Erträge erfassten verrechneten Kosten höher sind als die auf der Aufwandsseite erfassten Aufwendungen der Buchführung, stellt das Ergebnis aus kostenrechnerischen Korrekturen einen Gewinn dar, der in unserem Beispiel 51 410,00 EUR beträgt. Um diese Differenz weicht das Betriebsergebnis vom Unternehmensergebnis ab. Da in Höhe dieser Differenz in der KLR mehr Kosten verrechnet wurden, als es den erfassten Aufwendungen in der Buchführung entspricht, ist das Betriebsergebnis um diese Differenz kleiner als das Unternehmensergebnis.

Übungsaufgaben

4

1. Stellen Sie fest, welcher Posten zu den kalkulatorischen Kosten gehört!

   1.1 Betriebsstoffverbrauch.

   1.2 Reparaturen am PC.

   1.3 Vertreterprovision.

   1.4 Unternehmerlohn für den Einzelunternehmer.

2. Erklären Sie den Begriff Anderskosten und bilden Sie hierzu zwei Beispiele!

3. Erläutern Sie, warum in der Kosten- und Leistungsrechnung kalkulatorische Abschreibungen angesetzt und nicht die in der Buchführung erfassten bilanziellen Abschreibungen übernommen werden!

4. Erklären Sie, warum es unter kostenmäßigen Gesichtspunkten berechtigt ist, für den Einzelunternehmer und für die mitarbeitenden Gesellschafter einer OHG jeweils entsprechende Kosten für deren Arbeitsleistung anzusetzen!

5. Erklären Sie, welchem Zweck die Verrechnung kalkulatorischer Kosten dient!

6. Erklären Sie, wodurch sich Anderskosten von Zusatzkosten unterscheiden!

7. Am 30. Juli 20.. haben wir einen Lkw angeschafft. Die Anschaffungskosten belaufen sich auf 81 000,00 EUR. Die Nutzungsdauer beträgt 9 Jahre. Es wird linear abgeschrieben.

In der KLR wird der Lkw von den Wiederbeschaffungskosten abgeschrieben. Die Wiederbeschaffungskosten betragen 95 625,00 EUR. Die Abschreibung erfolgt ebenfalls linear.

Aufgabe:

Übertragen Sie das folgende Schema in Ihr Arbeitsheft und tragen Sie die ermittelten Abschreibungsbeträge für das erste Jahr ein:

Neutraler Aufwand	betrieblicher Aufwand	Grundkosten	Zusatzkosten

5 Ein Industrieunternehmen bucht folgende Beträge:

Zinsen

gezahlte Zinsen	4 000,00 EUR
kalkulatorische Zinsen	11 000,00 EUR

Abschreibungen

bilanzielle Abschreibungen	52 700,00 EUR
kalkulatorische Abschreibungen	48 900,00 EUR

Unternehmerlohn

gezahlter Unternehmerlohn	0,00 EUR
kalkulatorischer Unternehmerlohn	15 000,00 EUR

Aufgabe:

Ermitteln Sie, in welcher Höhe jeweils neutraler Aufwand oder betrieblicher Aufwand entstanden ist bzw. in welcher Höhe Grundkosten oder Zusatzkosten entstanden sind! Verwenden Sie hierzu die folgende Tabelle:

Erfolgsrechnung		Kosten- und Leistungsrechnung	
Neutraler Aufwand	betrieblicher Aufwand	Grundkosten	Zusatzkosten

6 Die Kurt Metzger OHG beliefert vorwiegend Supermärkte mit haltbaren Wurstwaren. Aus dem Rechnungswesen liegen folgende Informationen vor:

Aktiva	Vorläufige Bilanz zum 31. Dez. 20.. in EUR		Passiva
Gebäude	330 000,00	Gesellschafter Metzger	500 000,00
Maschinen	735 000,00	Gesellschafter Heinzler	220 000,00
Betr.- u. Geschäftsausstattung	180 000,00	Rückstellungen	75 000,00
Umlaufvermögen	615 000,00	Darlehen	810 000,00
		Verbindl. a. Lief. u. Leist.	255 000,00
	1 860 000,00		1 860 000,00

Ergänzungen zur vorläufigen Bilanz: Die kalkulatorischen Restwerte des gesamten Anlagevermögens betragen Ende 20.. 1 110 000,00 EUR. Der kalkulatorische Unternehmerlohn des Gesellschafters Kurt Metzger wird mit 70 000,00 EUR angesetzt. Die Verbindlichkeiten aus Lieferungen und Leistungen sind zutreffend angesetzt. Im Umlaufvermögen sind in Höhe von 80 000,00 EUR nicht betriebsnotwendige Wertpapiere enthalten.

Aufgabe:

Ermitteln Sie die kalkulatorischen Zinsen bei einem Zinssatz von 9 %!

7   Die Buchführung eines Industriebetriebes weist für den Monat Mai folgende Aufwendungen und Erträge auf (Auszug):

5000	Umsatzerlöse für eigene Erzeugnisse	470 000,00 EUR
6000	Aufwendungen für Rohstoffe	300 000,00 EUR
6200/6300	Löhne, Gehälter	100 000,00 EUR
6520	Abschreibungen auf Sachanlagen	20 000,00 EUR
6700	Mieten, Pachten	2 000,00 EUR
6850	Reisekosten	4 000,00 EUR
7030/7080	Kfz-Steuer, Verbrauchssteuern	30 000,00 EUR
7510	Zinsaufwendungen	15 000,00 EUR

Angaben zur Kosten- und Leistungsrechnung

1.	Kalkulatorische Abschreibungen auf Sachanlagen	35 000,00 EUR
2.	Kalkulatorische Zinsen	36 000,00 EUR
3.	Kalkulatorischer Unternehmerlohn	12 000,00 EUR

Aufgabe:

Erstellen Sie eine Ergebnistabelle und ermitteln Sie das Unternehmensergebnis, das Betriebsergebnis sowie das Ergebnis aus kostenrechnerischen Korrekturen!

8   In einem Industrieunternehmen sind folgende Sachverhalte gegeben:

1. Das betriebliche Kapital beträgt 2 470 000,00 EUR. Der kalkulatorische Zinssatz wird mit 8 % angesetzt. Die tatsächlich gezahlten Fremdkapitalzinsen (Konto 7510 Zinsaufwendungen) betragen im Geschäftsjahr 84 700,00 EUR.

2. Der Unternehmerlohn wird mit 120 000,00 EUR festgesetzt.

3. Der kalkulatorische Wagniszuschlag beträgt 48 000,00 EUR. Während des Geschäftsjahres sind Schadensfälle (Konto 6930 Verluste aus Schadensfällen) in Höhe von 72 000,00 EUR eingetreten.

4. Auf den Fuhrpark mit Anschaffungskosten in Höhe von 200 000,00 EUR werden aus steuerlichen Gründen 20 % bilanzmäßig abgeschrieben (Konto 6520 Abschreibungen auf Sachanlagen). Die verbrauchsbedingte kalkulatorische Abschreibung beträgt 15 % von den Wiederbeschaffungskosten in Höhe von 230 000,00 EUR.

5. Das Unternehmen rechnet mit einer kalkulatorischen Miete in Höhe von 30 000,00 EUR.

6. Die Umsatzerlöse für eigene Erzeugnisse (Konto-Nr. 5000 Umsatzerlöse für eigene Erzeugnisse) betragen 500 000,00 EUR.

Aufgabe:

Stellen Sie die Vorgänge in einer Ergebnistabelle dar!

3.3.5 Zusammenfassende Darstellung einer Ergebnistabelle mit unternehmensbezogener Abgrenzung und kostenrechnerischen Korrekturen

Im folgenden Beispiel werden die beiden zunächst getrennt dargestellten Abgrenzungsstufen zusammengefasst.

Beispiel:

Das Industrieunternehmen Max Kluge KG weist beim Jahresabschluss auf dem GuV-Konto folgende Werte aus:

Soll	Gewinn- und Verlustkonto Max Kluge KG		Haben
6000 Aufw. f. Rohstoffe	710 400,00	5000 Umsatzerlöse f. eig. Erz.	1 297 820,00
6150 Vertriebsprovisionen	20 320,00	5490 Periodenfr. Erträge	43 800,00
6160 Fremdinstandhaltung	6 940,00	5710 Zinserträge	17 950,00
6200 Löhne	220 000,00		
6520 Abschreib. auf Sachanlagen	10 870,00		
6700 Mieten, Pachten	18 110,00		
6800 Büromaterial	95 760,00		
6850 Reisekosten	18 940,00		
6960 Verl. a. d. Abg. v. Verm.-Geg.	2 850,00		
6990 Periodenfr. Aufwendungen	25 750,00		
7510 Zinsaufwendungen	6 450,00		
Unternehmensergebnis	223 180,00		
	1 359 570,00		1 359 570,00

Angaben für die kostenrechnerischen Korrekturen

– Statt der gezahlten Zinsen in Höhe von 6 450,00 EUR sollen kalkulatorische Zinsen in Höhe von 9 780,00 EUR angesetzt werden.

– Statt der bilanziellen Abschreibungen in Höhe von 10 870,00 EUR sollen kalkulatorische Abschreibungen in Höhe von 8 950,00 EUR in Ansatz gebracht werden.

– Der kalkulatorische Unternehmerlohn für die Abgeltung der Arbeitskraft des Komplementärs beträgt 50 000,00 EUR.

Aufgaben:

1. Erstellen Sie eine Ergebnistabelle unter Berücksichtigung der Angaben für die kostenrechnerischen Korrekturen!

2. Ermitteln Sie das Unternehmensergebnis, das Ergebnis aus unternehmensbezogener Abgrenzung, das Ergebnis aus kostenrechnerischen Korrekturen sowie das Betriebsergebnis!

Lösungen:

Rechnungskreis I				Rechnungskreis II					
Erfolgsbereich				Abgrenzungsbereich				Kosten- und Leistungsrechnung	
Buchführung Konten der Kl. 5, 6 u. 7				unternehmens-bezogene Abgrenzung		kostenrechnerische Korrekturen			
Kto.-Nr.	Kontobezeichnung	Aufw.	Erträge	Aufw.	Erträge	Aufw.	Erträge	Kosten	Leistungen
5000	UErl. f. eig. Erz.		1 297 820,00						1 297 820,00
5490	Periodenfr. Erträge		43 800,00		43 800,00				
5710	Zinserträge		17 950,00		17 950,00				
6000	Aufw. f. Rohstoffe	710 400,00						710 400,00	
6150	Vertriebsprovisionen	20 320,00						20 320,00	
6160	Fremdinstandhaltung	6 940,00						6 940,00	
6200	Löhne	220 000,00						220 000,00	
6520	Abschr. a. Sachanl.	10 870,00				10 870,00	8 950,00	8 950,00	
6700	Mieten, Pachten	18 110,00						18 110,00	
6800	Büromaterial	95 760,00						95 760,00	
6850	Reisekosten	18 940,00						18 940,00	
6960	Verl. a. d. Abg. v. VG	2 850,00		2 850,00					
6990	Periodenfr. Aufw.	25 750,00		25 750,00					
7510	Zinsaufwendungen	6 450,00				6 450,00	9 780,00	9 780,00	
	Kalk. U.-Lohn						50 000,00	50 000,00	
Summen:		1 136 390,00	1 359 570,00	28 600,00	61 750,00	17 320,00	68 730,00	1 159 200,00	1 297 820,00
Salden (Ergebnisse):		223 180,00		33 150,00		51 410,00		138 620,00	
		1 359 570,00	1 359 570,00	61 750,00	61 750,00	68 730,00	68 730,00	1 297 820,00	1 297 820,00

Unternehmens-ergebnis:	Ergebnis aus unternehmens-bezogener Abgrenzung:	Ergebnis aus kosten-rechnerischen Korrekturen:	Betriebs-ergebnis:

Unternehmens-ergebnis	–	Abgrenzungs-ergebnis	=	Betriebs-ergebnis
223 180,00 EUR	–	84 560,00 EUR	=	138 620,00 EUR

3 Speth u.a. - ISBN 978-3-8120-0537-1

9 Die Buchführung eines Industriebetriebes weist folgende Quartalszahlen aus:

Kto.-Nr.	Kontobezeichnung	Beträge
5000	Umsatzerlöse für eigene Erzeugnisse	1 420 000,00 EUR
5201	Bestandsveränderungen an unfertigen Erzeugnissen (Bestandsmehrung)	80 700,00 EUR
5420	Eigenverbrauch	15 500,00 EUR
5490	Periodenfremde Erträge	8 500,00 EUR
5500	Erträge aus Beteiligungen	28 000,00 EUR
5710	Zinserträge	5 100,00 EUR
6000	Aufwendungen für Rohstoffe	767 900,00 EUR
6140	Frachten und Fremdlager	31 500,00 EUR
6200/6300	Löhne, Gehälter	204 400,00 EUR
6400/6410	Arbeitgeberanteil zur Sozialversicherung	84 370,00 EUR
6520	Abschreibungen auf Sachanlagen	52 430,00 EUR
6710	Leasing	28 910,00 EUR
6800	Büromaterial	48 700,00 EUR
6930	Verluste aus Schadensfällen	18 800,00 EUR
7020	Grundsteuer	32 850,00 EUR
7400	Abschreibungen auf Finanzanlagen	24 600,00 EUR
7510	Zinsaufwendungen	12 870,00 EUR
7720	Kapitalertragsteuer	1 900,00 EUR

Angaben zur Kosten- und Leistungsrechnung:

- In den Löhnen ist eine Lohnnachzahlung in Höhe von 24 300,00 EUR enthalten. Im Arbeitgeberanteil zur Sozialversicherung entspricht das einem Betrag von 4 680,00 EUR
- Kalkulatorische Abschreibungen auf Sachanlagen 41 800,00 EUR
- Kalkulatorische Wagnisse 15 000,00 EUR
- In dem Betrag für die Grundsteuer ist eine Steuernachzahlung in Höhe von 28 000,00 EUR enthalten
- Kalkulatorische Zinsen 42 800,00 EUR
- Kalkulatorischer Unternehmerlohn 34 000,00 EUR

Aufgabe:

Ermitteln Sie mithilfe einer Ergebnistabelle das Unternehmensergebnis, die Abgrenzungsergebnisse und das Betriebsergebnis!

10 Die Buchführung eines Industriebetriebes weist folgende Quartalszahlen aus:

Kto.-Nr.	Kontobezeichnung	Beträge
5000	Umsatzerlöse für eigene Erzeugnisse	841 200,00 EUR
5401	Nebenerlöse aus Vermietung und Verpachtung	27 300,00 EUR
5460	Erträge aus dem Abgang von Vermögensgegenständen	14 900,00 EUR
5600	Erträge aus anderen Wertpapieren	21 750,00 EUR
5710	Zinserträge	4 800,00 EUR
6000	Aufwendungen für Rohstoffe	391 850,00 EUR
6140	Frachten und Fremdlager	22 400,00 EUR
6200/6300	Löhne, Gehälter	198 420,00 EUR
6400/6410	Arbeitgeberanteil zur Sozialversicherung	24 760,00 EUR
6520	Abschreibungen auf Sachanlagen	19 540,00 EUR
6750	Kosten des Geldverkehrs	4 700,00 EUR
6800	Büromaterial	21 890,00 EUR

Kto.-Nr.	Kontobezeichnung	Beträge
6930	Verluste aus Schadensfällen	17 400,00 EUR
7020	Grundsteuer	8 890,00 EUR
7400	Abschreibungen auf Finanzanlagen	7 380,00 EUR
7510	Zinsaufwendungen	12 100,00 EUR

Angaben zur Kosten- und Leistungsrechnung:

– Die Aufwendungen für Rohstoffe werden in der KLR mit festen Verrechnungspreisen* in Höhe von 370 500,00 EUR erfasst.

– Kalkulatorische Abschreibungen auf Sachanlagen 18 700,00 EUR

– In den Kosten für Büromaterial ist eine Rechnung aus der vergangenen Rechnungsperiode in Höhe von 1 500,00 EUR enthalten.

– Kalkulatorische Wagnisse 21 100,00 EUR

– In der Grundsteuer ist eine Nachzahlung in Höhe von 2 000,00 EUR enthalten.

– Kalkulatorische Zinsen 28 900,00 EUR

– Kalkulatorischer Unternehmerlohn 28 700,00 EUR

Aufgabe:

Ermitteln Sie mithilfe einer Ergebnistabelle das Unternehmensergebnis, die Abgrenzungsergebnisse und das Betriebsergebnis!

* **Anmerkung:** Um Schwankungen in der Kalkulation, die sich durch mehr oder weniger zufallsabhängige Preisschwankungen im Einkauf ergeben können, zu vermeiden, verwenden Industriebetriebe in der Kosten- und Leistungsrechnung auch feste Verrechnungspreise für die Werkstoffe. Diese werden nur dann verändert, wenn sich die Marktpreise entscheidend nach oben oder unten verändern.

11 Die Holzspielwarenfabrik Fritz Kehl OHG, Celle, weist zum 1. Januar 20.. folgende zusammengefasste Eröffnungsbilanz aus:

Aktiva		Bilanz zum 1. Jan. 20.. (in TEUR)	Passiva	
Anlagevermögen			**Eigenkapital**	
Bebaute Grundstücke	2 000		Kapital Kehl	3 000
Maschinen, Fuhrpark	2 400		Kapital Kohn	2 480
(davon stillgelegte Maschinen 800)			**Rückstellungen**	200
Umlaufvermögen			**Verbindlichkeiten**	
Vorräte	2 500		8 %iges Darlehen	3 000
Sonst. Umlaufvermögen	2 580		Verbindl. a. Lief. u. Leist.	800
(davon Wertpapiere 680)				
	9 480			9 480

Am 31. Dezember 20.. liegen folgende Zahlen vor (Angaben in TEUR):

Umsatzerlöse für eig. Erzeugnisse	15 000	Hilfslöhne	1 000
Bestandsminderung Fertigerzeugnisse	400	Gehälter	1 200
Aktivierte Eigenleistungen	120	Abschreibungen auf Sachanl.	800
Zinserträge	20	Verluste a. d. Abgang von Vermögens-	
Erträge aus Wertpapieren des UV	160	gegenständen	340
Aufwendungen für Werkstoffe	4 600	Zinsaufwendungen	240
Fertigungslöhne	3 800	Sonstige Kosten	1 940

Berücksichtigen Sie außerdem die folgenden Angaben:

– Die bilanziellen Abschreibungen wurden nach handelsrechtlichen Gesichtspunkten vorgenommen. Der wirkliche Werteverzehr liegt um 15 % niedriger.

- Für die geschäftsführenden Gesellschafter Kehl und Kohn ist ein kalkulatorischer Unternehmerlohn zu verrechnen. Für zwei angestellte Geschäftsführer wäre vergleichsweise eine monatliche Vergütung von je 10 000,00 EUR aufzuwenden.
- Als kalkulatorische Zinsen sind 8 % vom betriebsnotwendigen Kapital in Höhe von 7000 TEUR zu verrechnen.

Aufgaben:

1. Berechnen Sie die kalkulatorischen Abschreibungen, den kalkulatorischen Unternehmerlohn und die kalkulatorischen Zinsen!

2. Führen Sie eine Abgrenzungsrechnung tabellarisch durch und ermitteln Sie das Unternehmensergebnis, das Abgrenzungsergebnis sowie das Betriebsergebnis!

3. Eine Betriebsvereinbarung sieht vor, dass die Belegschaft am Betriebsgewinn beteiligt wird. Im Betriebsrat wurden Stimmen laut, wonach die Unternehmensleitung versucht habe, das Betriebsergebnis und damit den Gewinnanteil der Belegschaft durch Berücksichtigung von Zusatzkosten zu verringern.
   Beurteilen Sie den Vorwurf unter kalkulatorischen Gesichtspunkten!

12 Die Gesellschafter der Gebrüder Bauer Instrumentenbau OHG planen eine Umstrukturierung des Rechnungswesens. Die sachliche Abgrenzung soll künftig mithilfe einer Ergebnistabelle vorgenommen werden. Für das laufende Geschäftsjahr hat die Tabelle folgendes Aussehen:

Ergebnistabelle (Zahlen in TEUR)								
Rechnungskreis I			Rechnungskreis II					
Erfolgsbereich			Abgrenzungsbereich				Kosten- und Leistungsrechnung	
Buchführung			unternehmensbezogene Abgrenzung		kostenrechnerische Korrekturen			
Nr.	Kontobezeichnung	Aufw.	Erträge	Aufw.	Erträge	Aufw.	Erträge	Kosten	Leistungen
1	UErl. f. eig. Erz.		4400						4400
2	Bestandsveränd. FE/UE		500						500
3	Zinserträge		280		280				
4	Personalaufwend.	2600						2600	
5	Aufw. f. Roh-, Hilfs- u. Betriebsstoffe	800						800	
6	Abschreib. a. Sachanlagen	3500				300	500	500	
7	Zinsen	200				200	360	360	
8	Periodenfr. Aufw.	50		50					
9	Sonst. Aufwendungen	600		200				400	
10	Kalk. Unternehmerlohn						300	300	
	Summe	4550	5180	250	280	500	1160	4960	4900
	Ergebnisse	630		30		660			60
		5180	5180	280	280	1160	1160	4960	4960

Aufgaben:

1. Erläutern Sie ausführlich für die Positionen
   - 6 Abschreibungen auf Sachanlagen und
   - 7 Zinsen,

   warum die im Rechnungskreis 1 ausgewiesenen Werte von denen im Rechnungskreis 2 abweichen!

2. Die sonstigen Aufwendungen (Position 9) sind ein Sammelposten für verschiedene Vorgänge. Zeigen Sie für diese Position anhand zweier Geschäftsvorfälle die Ursache für die Abweichungen zwischen den Beträgen der Geschäftsbuchführung und der Kosten- und Leistungsrechnung!

3. Begründen Sie, warum für die Position 10 (kalkulatorischer Unternehmerlohn) im Rechnungskreis I kein Betrag ausgewiesen ist, jedoch im Rechnungskreis II!

4. Bei der Besprechung des Jahresergebnisses im Gesellschafterkreis fallen folgende Äußerungen:
   - „Der Betrieb arbeitet unwirtschaftlich."
   - „Für die Gesellschafter hat sich das letzte Jahr überhaupt nicht gelohnt."
   - „Die Gewinnsituation war im letzten Jahr ganz ausgezeichnet. Für die Gesellschafter gibt es keinen Anlass zur Kritik."

   Nehmen Sie zu jeder dieser Äußerungen unter Beachtung der Ergebnistabelle begründet Stellung!

4 Systeme der Kosten- und Leistungsrechnung

Die Kostenrechnung bedient sich, je nach angestrebtem Ziel, verschiedener **Abrechnungssysteme**.

Vollkostenrechnung	Ziel der Vollkostenrechnung ist es, alle innerhalb einer Abrechnungsperiode angefallenen Kosten den Kostenträgern[1] zuzurechnen. Es wird angestrebt, die Kosten über einen zumindest kostendeckenden Verkaufspreis wiederzuerwirtschaften.
Teilkostenrechnung (Deckungsbeitragsrechnung)[2]	Die Teilkostenrechnung geht vom erzielbaren Marktpreis aus und zieht hiervon zunächst die Kosten ab, die direkt mit der Beschaffung, der Produktion und dem Absatz zusammenhängen (variable Kosten). Ein verbleibender Ertragsüberschuss (Deckungsbeitrag) dient dann dazu, die Kosten, die unabhängig von einem einzelnen Auftrag anfallen (fixe Kosten), abzudecken.
Prozesskostenrechnung[3]	Die Prozesskostenrechnung basiert auf der Überlegung, dass Tätigkeiten (Aktivitäten) Gemeinkosten verursachen. Zusammengehörende Tätigkeiten werden zu Prozessen zusammengefasst. Um die Prozesse organisatorisch erfassen zu können, gehen große Unternehmen vermehrt dazu über, ihre funktionsorientierte (aufgabenorientierte) Unternehmensorganisation auf eine prozessorientierte Organisation umzustellen. Die Folge hieraus ist, dass die Gemeinkosten den betrieblichen Prozessen zugerechnet werden müssen. Dies erfordert eine besondere Form der Kostenrechnung, die Prozesskostenrechnung.

---

1 Kostenträger sind die Leistungseinheiten, für die Kosten angefallen sind. Zu Einzelheiten siehe S. 67 ff.

2 Vgl. Kapitel 6, S. 94 ff.

3 Die Prozesskostenrechnung wird im Schuljahrgang 13, Lerngebiet 4, S. 136 ff. dargestellt

5 Vollkostenrechnung

5.1 Teilbereiche der Vollkostenrechnung

Um den vielfältigen Aufgaben gerecht zu werden, muss die Kostenrechnung im Wesentlichen drei Grundfragen beantworten, wofür jeweils unterschiedliche Teilbereiche der Kostenrechnung zuständig sind.

Welche Kosten sind angefallen?	Diese Frage betrifft die systematische Erfassung aller Kosten, die bei der Erstellung und Verwertung betrieblicher Leistungen (Kostenträger) entstehen. Diese Frage betrifft den Teilbereich der **Kostenartenrechnung**.
An welchen Stellen im Betrieb sind die Kosten angefallen?	Die Beantwortung dieser Frage fällt in den Bereich der **Kostenstellenrechnung**.
Wer hat die Kosten zu tragen?	Bei dieser Frage geht es im Wesentlichen um das Problem der verursachungsgerechten Zurechnung der entstandenen Kosten auf die Kostenträger (Erzeugnisse). Diese Frage betrifft den Teilbereich der **Kostenträgerrechnung**.

5.2 Kostenartenrechnung

Die **Kostenartenrechnung**[1] hat die Aufgabe, alle Kosten einer Abrechnungsperiode nach Arten eindeutig, periodengerecht und vollständig zu erfassen.

5.2.1 Gliederung der Kosten nach der Zurechenbarkeit auf Kostenträger

(1) Einzelkosten (direkte Kosten)

Einzelkosten sind Kosten, die den Erzeugnissen **direkt** zugerechnet werden können.

Beispiele:

Die wichtigsten **Einzelkosten** sind die **Aufwendungen für Rohstoffe** sowie die **Fertigungslöhne.** Daneben sind zu unterscheiden:

- **Sondereinzelkosten der Fertigung (SEKF):** Das sind Kosten für Sonderfertigungen oder zusätzliche Sonderwünsche der Besteller. Ferner zählen hierzu sonstige auftrags- oder serienweise erfassbare Kosten z. B. für Spezialwerkzeuge, Modelle, Stücklizenzgebühren usw.

- **Sondereinzelkosten des Vertriebs (SEKV):** Das sind insbesondere Vertreterprovisionen, Spezialverpackungen, besondere Transportkosten, Zölle.

---

1 Zur Gliederung der Kosten in Ist- und Normalkosten siehe S. 46.

(2) Gemeinkosten (indirekte Kosten)

Gemeinkosten sind Kosten, die für alle Erzeugnisse gemeinsam anfallen und daher **nicht unmittelbar** einem **einzelnen Kostenträger** zugerechnet werden können.

Beispiele:

Gehälter, soziale Abgaben des Arbeitgebers, Mieten, betriebliche Steuern, Energiekosten, Werbe- und Reisekosten, Abschreibungen, Verbrauch von Betriebsstoffen, Verbrauchswerkzeuge, Instandhaltung.

- Die **Einzelkosten** können den Erzeugnissen **direkt** zugeordnet werden.

- **Gemeinkosten** fallen für alle Erzeugnisse (Handelswaren) gemeinsam an. Sie können daher den einzelnen Erzeugnissen (Handelswaren) nur **indirekt** zugerechnet werden.

Übungsaufgabe

13
1. 1.1 Beschreiben Sie die Aufgaben der Kostenartenrechnung!

1.2 Nennen Sie das Kriterium, nach welchem die Aufgliederung der Kosten in Einzel- und Gemeinkosten erfolgt!

1.3 Beschreiben Sie die Begriffe Einzel- und Gemeinkosten!

1.4 Erläutern Sie, warum die Unternehmen möglichst viele Kostenarten als Einzelkosten zu erfassen versuchen!

1.5 Ordnen Sie die folgenden Kostenarten den Einzelkosten bzw. Gemeinkosten zu!
Miete für den Ausstellungsraum, Aufwendungen für Waren, Kraftfahrzeugsteuer, freiwillige soziale Aufwendungen, Gehälter, Aufwendungen für Rohstoffe, Abschreibungen auf Sachanlagen, Werbeanzeigekosten für ein Sonderangebot, Zustellentgelt für Warenlieferungen an einen Kunden, Provisionsaufwendungen, Aufwendungen für Betriebsstoffe, kalkulatorische Abschreibungen.

2. Erklären Sie an zwei Beispielen den Unterschied zwischen Einzel- und Gemeinkosten!

3. Für die Reparatur eines Elektromotors rechnet das Unternehmen mit folgenden Kosten: Materialkosten 140,20 EUR, Lohnkosten 77,50 EUR. Die angefallenen Gemeinkosten werden pauschal mit 80 % auf die Summe aus Material- und Lohnkosten aufgeschlagen. Für die Rücksendung des Elektromotors fallen Frachtkosten in Höhe von 19,70 EUR an. Die Reparatur wird zum Selbstkostenpreis ausgeführt.

Aufgaben:

3.1 Berechnen Sie den Reparaturpreis, den das Unternehmen seinem Kunden in Rechnung stellt!

3.2 Berechnen Sie den Reparaturpreis, wenn das Unternehmen einen Gewinn von 12 % erwirtschaften möchte!

5.2.2 Gliederung der Kosten bei Änderung der Produktionsmenge

5.2.2.1 Kapazität und Beschäftigungsgrad

Jedes Unternehmen ist bezüglich seiner räumlichen, technischen und personellen Ausstattung auf eine bestimmte Produktionsmenge festgelegt. Diese Produktionsmenge je Zeiteinheit (Tag, Monat, Jahr) nennt man **Kapazität**. Von der Kapazität ist die **tatsächliche Produktionsmenge (Beschäftigung)** zu unterscheiden, die man als Prozentsatz gemessen an der Kapazität angibt. Diesen Prozentsatz nennt man **Beschäftigungsgrad**.

- **Kapazität** ist die Produktionsmenge, die bei gegebener Ausstattung erreichbar ist. Sie beträgt 100 %.

- Der **Beschäftigungsgrad** drückt das prozentuale Verhältnis der tatsächlichen Produktionsmenge zur Kapazität aus.

$$\text{Beschäftigungsgrad} = \frac{\text{tatsächliche Produktionsmenge} \cdot 100}{\text{Kapazität}}$$

Beispiel:

Die Kapazität pro Monat beträgt 8 000 Stück eines Erzeugnisses. Im Monat Mai betrug die Zahl der tatsächlich hergestellten Produktionsmenge 6 000 Stück.

Aufgabe:

Berechnen Sie den Beschäftigungsgrad!

Lösung:

$$\text{Beschäftigungsgrad} = \frac{6\,000 \cdot 100}{8\,000} = \underline{\underline{75\,\%}}$$

Die Kapazität kann bis zur **technischen Maximalkapazität (Kapazitätsgrenze)** gesteigert werden. Unter **Maximalkapazität** versteht man die technisch bedingte obere Leistungsgrenze eines Betriebs (oder einer Maschine), also die höchste Ausbringung. Daneben gibt es in vielen Betrieben auch eine **Minimalkapazität**. Sie kann aus technischen oder wirtschaftlichen Gründen nicht unterschritten werden, wenn der Betrieb funktionsfähig sein soll (z. B. Mindestgeschwindigkeit eines Fließbands).

5.2.2.2 Auswirkungen der Produktionsmenge auf die Kosten

Betrachtet man die Gesamtkosten einer Geschäftsperiode, so stellt man fest, dass sich ein Teil der Kosten bei einer Veränderung der Produktionsmenge nicht verändert, andere Kosten sich jedoch verändern. Es sind daher zwei Arten von Kosten zu unterscheiden: die **fixen Kosten** und die **variablen Kosten**.

5.2.2.2.1 Fixe Kosten

Fixe Kosten sind Kosten, die sich bei Änderung der Produktionsmenge in ihrer **absoluten Höhe nicht verändern.**	**Beispiele:** Miete, Gehälter der Angestellten, Löhne für die Überwachung des Betriebes, Abschreibungen, Versicherungsbeiträge, Grundsteuern.

(1) Absolut fixe Kosten

Gesamtbetrachtung. Absolut fixe Kosten (K_{fix}) verändern sich von der Produktionsmenge 0 bis zur Kapazitätsgrenze nicht.

Beispiele:
Miete, Abschreibungen, Gehälter, Löhne für die Überwachung des Betriebs, Grundsteuer.

Stückbetrachtung. Bezieht man die angefallenen Fixkosten einer Periode auf ein einzelnes Produkt, so ergibt sich folgender Zusammenhang: Erhöht man die Produktionsmenge, dann verteilt sich der konstant hohe Block an Fixkosten auf eine größere Menge, d.h. die Fixkosten pro Stück sinken **(Fixkostendegression).** Eine sinkende Produktionsmenge hat die entsprechend umgekehrte Wirkung.

$$\text{Fixkosten je Produktionseinheit } (k_{fix}) = \frac{\text{Fixkosten der Periode } (K_{fix})}{\text{Produktionsmenge}}$$

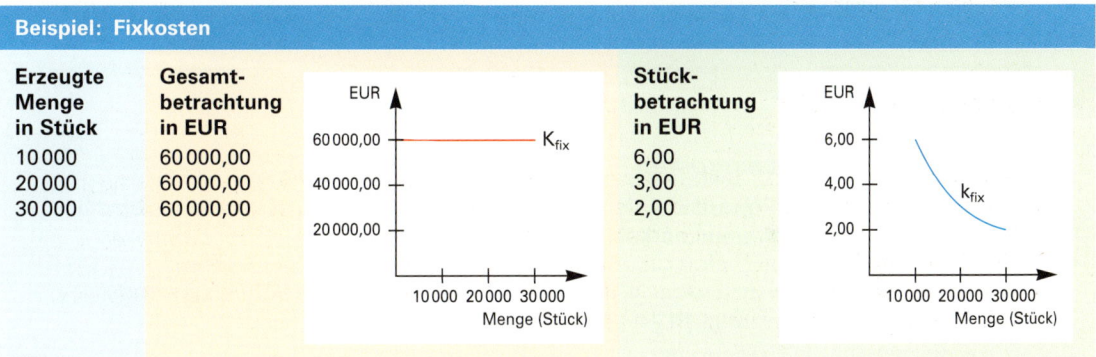

Beispiel: Fixkosten

Erzeugte Menge in Stück	Gesamtbetrachtung in EUR	Stückbetrachtung in EUR
10 000	60 000,00	6,00
20 000	60 000,00	3,00
30 000	60 000,00	2,00

(2) Sprungfixe Kosten (intervallfixe Kosten)

Die sprungfixen Kosten bleiben nur innerhalb einer bestimmten Produktionsmenge konstant.

Soll die Produktionsmenge gesteigert werden, dass sie mit der vorhandenen technischen Ausstattung bzw. den beschäftigten Mitarbeitern nicht mehr erhöht werden kann, müssen neue Maschinen gekauft, zusätzliche Mitarbeiter eingestellt und/oder eine neue Fabrikhalle angemietet werden. In diesem Fall erhöhen sich die fixen Kosten sprunghaft.

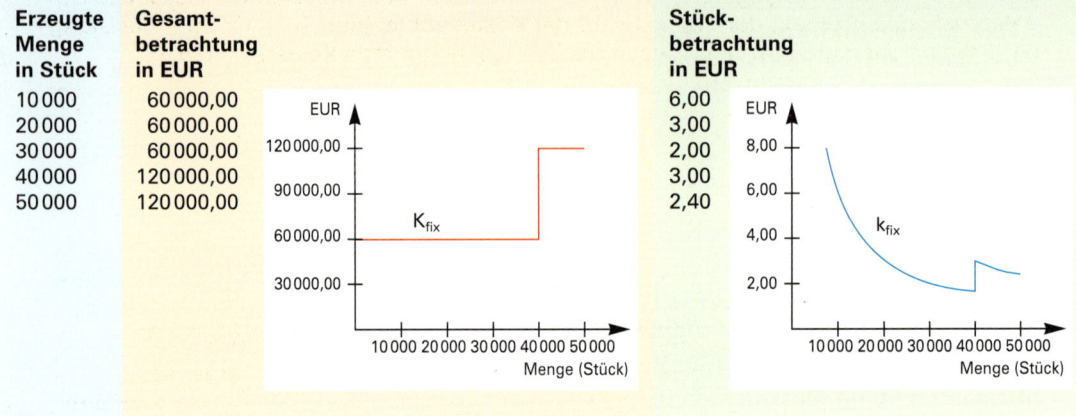

Erzeugte Menge in Stück	Gesamtbetrachtung in EUR	Stückbetrachtung in EUR
10 000	60 000,00	6,00
20 000	60 000,00	3,00
30 000	60 000,00	2,00
40 000	120 000,00	3,00
50 000	120 000,00	2,40

- In der Gesamtbetrachtung bleiben die Fixkosten bis zur Kapazitätsgrenze trotz Änderung der Produktionsmenge absolut gleich.
- Wird die bisherige Kapazitätsgrenze überschritten, springen die bisherigen Fixkosten auf ein neues Niveau.
- Die auf eine Produktionseinheit umgerechneten fixen Kosten verringern sich bei steigender Produktionsmenge und erhöhen sich bei rückläufiger Produktionsmenge.

(3) Nutzkosten und Leerkosten

Wird aufgrund geringer Produktion die Kapazität nur teilweise genutzt, gliedern sich die fixen Kosten in Nutzkosten und Leerkosten auf.

- **Nutzkosten** ist der Teil der Fixkosten, der bei gegebener Kapazitätsausnutzung „in Anspruch" genommen wird, d.h. **Fixkosten der genutzten Kapazität.**
- **Leerkosten** sind die **Fixkosten der nicht genutzten Kapazität.**

Beispiel:

In einem Unternehmen betragen die Fixkosten einer Maschine 45 000,00 EUR. Die Kapazität der Maschine ist zu 75 % ausgelastet.

Nutzkosten: $\dfrac{45\,000\ \text{EUR} \cdot 75}{100} = \underline{\underline{33\,750,00\ \text{EUR}}}$

Leerkosten: $45\,000,00\ \text{EUR} - 33\,750,00\ \text{EUR} = \underline{\underline{11\,250,00\ \text{EUR}}}$

Die Leerkosten machen deutlich, welcher Anteil der Fixkosten nicht genutzt wird. Unser Beispiel besagt, dass noch 25 % Kapazität für eine zusätzliche Beschäftigung zur Verfügung stehen, ohne dass zusätzliche Fixkosten anfallen bzw. Investitionen erforderlich werden.

(4) Kostenremanenz

Geht die Produktionsmenge in einer Unternehmung zurück, müssten die Gesamtkosten entsprechend sinken. In der Praxis bleibt der Kostenabbau jedoch hinter dem Rückgang der Produktionsmenge zurück. Diesen Sachverhalt nennt man **Kostenremanenz.**[1]

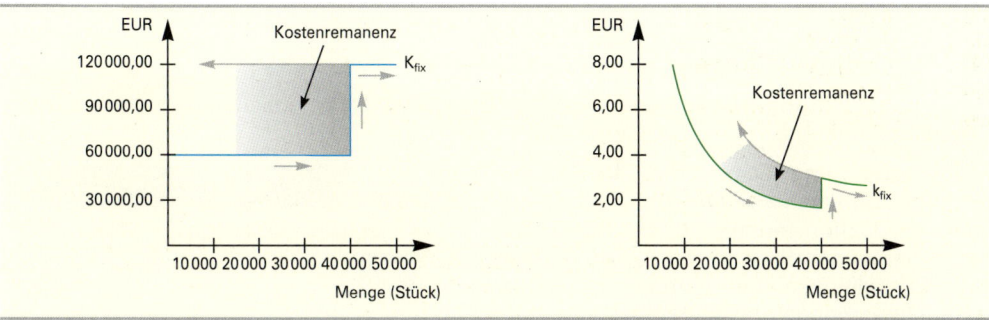

Bei den **fixen Kosten** sind hierfür insbesondere folgende **Gründe** verantwortlich:

- ■ Einhalten der gesetzlichen Kündigungsbestimmungen und Tarifverträge für Arbeitnehmer, Sozialpläne, Abfindungszahlungen.
- ■ Einhalten von Abnahmeverpflichtungen im Beschaffungsbereich.
- ■ Verzögerungen beim Verkauf von stillgelegten Anlagen und Maschinen.
- ■ Erhöhte Lagerkosten bei Absatzstockungen.

Folgen der Kostenremanenz sind, dass

- ■ die Gesamtkostenkurve mit steigender Produktionsmenge einen anderen Kostenverlauf als bei abnehmender Beschäftigung hat.
- ■ die Stückkosten bei rückläufiger Produktionsmenge erheblich ansteigen.
- ■ das Unternehmen daran gehindert wird, dem sinkenden Absatz durch Preissenkungen entgegenzuwirken. Unter Umständen wird die Unternehmung zur Kostendeckung sogar dazu gezwungen, die Preise zu erhöhen.

---

1 Remanent (lat.): zurückbleibend.

5.2.2.2.2 Variable Kosten

> **Variable Kosten** sind Kosten, die sich in ihrer **absoluten Höhe** bei Änderung der Produktionsmenge verändern.

(1) Proportionale Kosten

Gesamtbetrachtung. Die variablen Kosten verändern sich im gleichen Verhältnis wie die Produktionsmenge.

Stückbetrachtung. Bezieht man die Summe der proportionalen Kosten einer Periode auf eine Produktionseinheit, dann muss bei gleichbleibenden Preisen der Anteil, der auf eine Produktionseinheit entfällt, bei jeder Produktionsmenge gleich hoch sein.

Beispiele:

Fertigungsmaterial, Fertigungslöhne, Provisionen.

$$\text{Variable Kosten je Produktionseinheit} = \frac{\text{Summe der proportionalen Kosten}}{\text{Produktionsmenge}}$$

Beispiel: proportionale Kosten

Erzeugte Menge in Stück	Gesamt-betrachtung in EUR		Stück-betrachtung in EUR	
10 000	50 000,00		5,00	
20 000	100 000,00		5,00	
30 000	150 000,00		5,00	

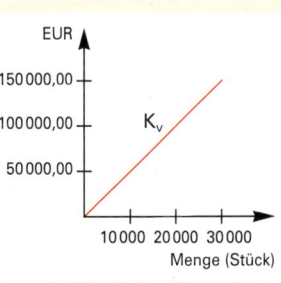

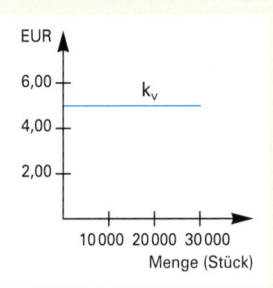

- In der **Gesamtbetrachtung** verändern sich die variablen Kosten im gleichen Verhältnis wie die Produktionsmenge.

- Auf eine **Produktionseinheit** (z.B. auf ein Stück) bezogen bleiben die variablen Kosten bei jeder Produktionsmenge gleich (konstant).

(2) Überproportionale (progressive) Kosten

Diese Kosten steigen sowohl in der Gesamtbetrachtung als auch in der Stückbetrachtung stärker an als die Produktionsmenge. Das ist häufig der Fall bei Überbeschäftigung.

Beispiele:

Überstundenlöhne, erhöhter Energieverbrauch, Reparaturkosten und Abschreibungen aufgrund der Überbeanspruchung der Maschinen.

Erzeugte Menge in Stück	Gesamt- betrachtung in EUR		Stück- betrachtung in EUR	
10 000	50 000,00	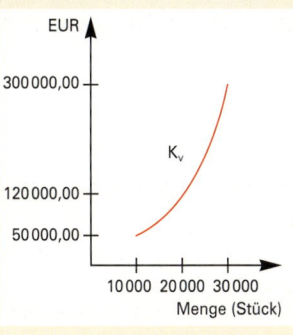	5,00	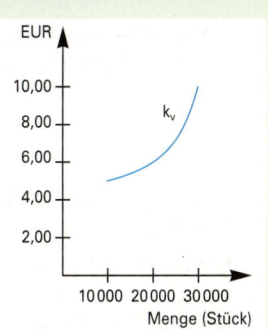
20 000	120 000,00		6,00	
30 000	300 000,00		10,00	

Überproportional (progressiv) verlaufende variable Kosten steigen sowohl in der Gesamtbetrachtung als auch in der Stückbetrachtung stärker als die Produktionsmenge.

(3) Unterproportionale (degressive) Kosten

Die unterproportional verlaufenden Kosten steigen geringer als die Produktionsmenge. Die Gründe dafür liegen z.B. in günstigeren Einkaufsmöglichkeiten für das Material und/oder Steigerung der Produktivität dadurch, dass mit steigender Produktionsmenge effizientere Fertigungsverfahren verwendet werden.

Beispiele:

Steigerung der Arbeitsleistung bei gleichbleibendem Zeitlohn, Senkung des Materialaufwands infolge höherer Rabatte, Senkung der Betriebsstoff- und Energiekosten infolge günstigerer Auslastung der Maschinen.

Erzeugte Menge in Stück	Gesamt- betrachtung in EUR		Stück- betrachtung in EUR	
10 000	60 000,00	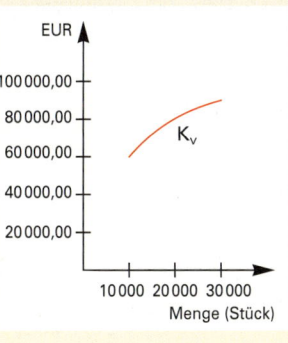	6,00	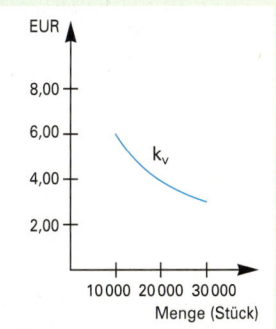
20 000	80 000,00		4,00	
30 000	90 000,00		3,00	

- Die unterproportional verlaufenden Kosten verändern sich in einem schwächeren Maße als die Produktionsmenge.
- Bei einem unterproportionalen (degressiven) Verlauf der variablen Kosten sinken die Stückkosten bei steigender Produktionsmenge.

5.2.3 Gliederung der Kosten nach der zeitlichen Erfassung

(1) Istkosten

Istkosten sind die **tatsächlich angefallenen Kosten** einer **abgelaufenen Rechnungsperiode.**

Werden die Istkosten auf die in der gleichen Abrechnungsperiode hergestellten und abgesetzten Erzeugnisse weiterverrechnet, dann wirken sich alle Zufallsschwankungen, denen die Kosten unterliegen können (z. B. Preisschwankungen auf den Rohstoffmärkten, erhöhter Ausschuss, Großreparaturen, erhöhter Energieverbrauch, Überstunden usw.), auf die Preiskalkulation in dieser Rechnungsperiode aus.

(2) Normalkosten

Normalkosten sind **Durchschnittswerte der Istkosten** mehrerer Abrechnungsperioden.

Die Durchschnittswerte gleichen die im Zeitablauf auftretenden Schwankungen der Kosten aus. Außerdem werden in die Normalkosten in der Regel auch zukünftig zu erwartende Schwankungen der Kosten (z. B. Lohnsteigerungen, Steigerung von Rohstoffpreisen) eingerechnet. Angebote werden überwiegend zu Normalkosten kalkuliert **(Vorkalkulation).** Durch den Vergleich der Normalkosten mit den Istkosten lässt sich die Kostenentwicklung in einer Rechnungsperiode kontrollieren **(Nachkalkulation).**

Übungsaufgabe

14   1. Ermitteln Sie, welche der angeführten Kostenarten fixe Kosten sind!

Frachtkosten beim Verkauf von Erzeugnissen, linearer Abschreibungsbetrag für die Lagerausstattung, Bankzinsen für einen Kontokorrentkredit, Bezugskosten beim Einkauf von Betriebsstoffen, Miete für ein Großlager, Aufwendungen für Rohstoffe, Personalkosten, Vertreterprovision, Verpackungs- und Transportkosten.

2. Die variablen Kosten für eine Erzeugnisgruppe betragen bei einem Absatz von 2600 Stück 23 140,00 EUR. Die fixen Kosten der Erzeugnisgruppe betragen bis zu einem Umsatz von 2800 Stück 8500,00 EUR. Der Listenverkaufspreis beträgt je Stück 14,80 EUR. Der Verlauf der variablen Kosten ist proportional.

Aufgaben:

2.1 Berechnen Sie den Betriebsgewinn/Betriebsverlust bei einem Absatz von
    2.1.1   1200 Stück bzw.
    2.1.2   2500 Stück!

2.2 Berechnen Sie die jeweiligen Stückkosten!

3. Erklären Sie, welchen Sachverhalt das nachfolgende Schema ausdrückt!

fixe Kosten (K_{fix})	Gemeinkosten
variable Kosten (K_v)	Einzelkosten

4. Aus der Kosten- und Leistungsrechnung eines Industrieunternehmens sind die folgenden vier typischen Kostenverläufe entnommen:

verkaufte Menge	(1) fixe Kosten		(2) proportionale Kosten		(3) unterpropor-tionale Kosten		(4) überpropor-tionale Kosten	
	gesamt	Stück	gesamt	Stück	gesamt	Stück	gesamt	Stück
0	400		–		–		–	
100	400		50		50		50	
200	400		100		90		100	
300	400		150		125		150	
400	400		200		155		220	
500	400		250		175		300	
600	400		300		190		400	

Aufgaben:

4.1 Übertragen Sie die Tabelle in Ihr Heft und berechnen Sie die Kosten für die restlichen Kostenarten!

4.2 Nennen Sie je zwei Beispiele für die aufgeführten Kostenverläufe!

5. Ein Stahlwerk produziert mit zwei großen Fertigungsmaschinen täglich 195 Tonnen Stahlträger. Die Tagesleistung jeder Maschine beträgt 97,5 Tonnen. Die Investition der zweiten Maschine war erst erfolgt, nachdem die Auftragseingänge die Grenze von 97,5 Tonnen je Tag deutlich überschritten hatten. Infolge des plötzlichen Ausbleibens der Aufträge eines Großabnehmers geht die Tagesproduktion des Betriebes auf 97,5 Tonnen zurück.

Aufgaben:

5.1 Skizzieren Sie den Verlauf der fixen Maschinenkosten (Ausbringung 0 – 195 Tonnen je Tag) bei Gesamtkostenbetrachtung und bei Stückkostenbetrachtung!

5.2 Erläutern Sie, worin hier die Problematik bei rückläufiger Produktionsmenge liegt!

5.3 Begründen Sie an einem Beispiel die Entstehung von Sprungkosten!

5.4 Bei modernen Industriebetrieben ist der Anteil der fixen Kosten an den Gesamtkosten in der Regel hoch.

Aufgaben:

5.4.1 Erklären Sie, worauf dieser Sachverhalt zurückzuführen ist!

5.4.2 Begründen Sie, warum diese Unternehmen verstärkt darauf achten müssen, dass die Anlagen stets gut ausgelastet sind!

6. Definieren Sie die Begriffe Istkosten und Normalkosten mit eigenen Worten!

7. Die Verwendung der Istkosten eignet sich vor allem für die Nachkalkulation, die der Normalkosten dagegen für die Vorkalkulation.

Aufgabe:

Begründen Sie diese richtige Aussage!

5.3 Kostenstellenrechnung

5.3.1 Begriff und Aufgaben der Kostenstellenrechnung

Produziert ein Unternehmen mehrere Produkte, so hat die Kostenrechnung die Aufgabe, die **anfallenden Gemeinkosten** am Ort ihrer Entstehung **zu erfassen** und auf die einzelnen Produkte **(Kostenträger)**[1] **verursachungsgerecht zuzurechnen.** Damit wird erreicht, dass den einzelnen Produkten und Dienstleistungen der Anteil an Gemeinkosten zugerechnet wird, den diese verursacht haben. Die Zurechnung erfolgt mithilfe von **Zuschlagssätzen.** Mit der Erfassung der Gemeinkosten verbunden ist eine **Kostenkontrolle.**

Die Erfassung, Verteilung und Kontrolle der Gemeinkosten übernimmt die **Kostenstellen-rechnung.**

- Die **Kostenstellenrechnung** erfasst die Gemeinkostenarten an den Stellen im Betrieb, an denen sie entstanden sind.
- Die **Kostenstellenrechnung**
  - bereitet durch die Ermittlung von Zuschlagssätzen eine angemessene **Verrechnung der Gemeinkosten auf die Kostenträger** vor.
  - ermöglicht eine **wirksame Kontrolle** der in den einzelnen Teilbereichen des Betriebs angefallenen Gemeinkosten.

5.3.2 Kriterien für die Bildung von Kostenstellen

(1) Funktionsbereiche als Kriterium für die Bildung von Kostenstellen

Um die Gemeinkosten erfassen, kontrollieren und auf die Kostenträger verteilen zu können, muss der Betrieb in entsprechende **Teileinheiten (Funktionsbereiche, Kostenbereiche)** gegliedert werden. Je kleiner die Teileinheiten gebildet werden, desto genauer kann die Erfassung und Weiterverrechnung der Gemeinkosten sowie ihre Kontrolle durchgeführt werden. Insofern wäre die Ermittlung der Gemeinkosten je Arbeitsplatz die optimale Lösung für eine verursachungsgerechte Erfassung. Da aber jede Maßnahme auch dem Prinzip der Wirtschaftlichkeit entsprechen muss, würde der Aufwand den dabei erzielbaren Nutzen übersteigen. Daher orientiert man sich bei der Bildung von Kostenstellen zunächst an den **Funktionsbereichen des Industriebetriebs.**

Die Leistungserstellung eines Industriebetriebs vollzieht sich im Wesentlichen in den folgenden **vier Funktionsbereichen (Kostenbereichen):**

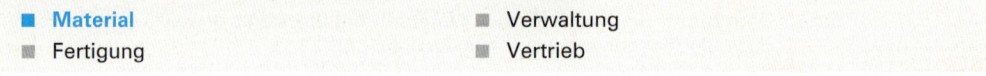

- **Material**
- Fertigung
- Verwaltung
- Vertrieb

Jedem Kostenbereich können **Teilbereiche** zugeordnet werden. So zählen z. B. zum Kostenbereich

Material
- Einkauf
- Warenabnahme und -prüfung
- Materialverwaltung und Lagerung
- Materialausgabe

---

1 Vgl. hierzu die Ausführungen auf S. 67 ff.

(2) Bildung von Kostenstellen

Die Entscheidung darüber, wie feingliederig die Bildung der Kostenstellen vorgenommen wird, hängt insbesondere von den nachfolgenden Fragen ab:

- Wie ist die individuelle Betriebsstruktur gestaltet?
- Welche Anforderungen werden an die Genauigkeit der zu verrechnenden Gemeinkosten gestellt?
- Wie wirksam soll die Kostenkontrolle sein?
- Wie wirtschaftlich ist die Erfassung der Kosten?

Es ist darauf zu achten, dass die Kostenstellen räumlich, organisatorisch und verantwortungsmäßig abgegrenzte Teilbereiche des Betriebes darstellen. Häufig genügt es, **Hauptkostenstellen** entsprechend den vier genannten Funktionsbereichen des Industriebetriebes zu bilden **(einstufige Kostenstellenrechnung).**

> Eine **Kostenstelle** ist ein räumlich, organisatorisch und verantwortungsmäßig abgegrenzter Teilbereich eines Betriebes zur Erfassung der Gemeinkosten am Ort ihrer Entstehung.

5.3.3 Durchführung der Kostenstellenrechnung mithilfe des Betriebsabrechnungsbogens (BAB)

5.3.3.1 Begriff und Aufbau des Betriebsabrechnungsbogens

Technisches Mittel für die ordnungsmäßige Erfassung der angefallenen Gemeinkosten und ihre Verrechnung auf die Kostenstellen und die Kostenträger ist der **Betriebsabrechnungsbogen.**

> Der **Betriebsabrechnungsbogen (BAB)** ist eine tabellarische Form der Kostenstellenrechnung.

Der **Betriebsabrechnungsbogen** hat folgende Grundstruktur:

Auf der rechten Hälfte des BABs werden die **einzelnen Kostenstellen** angeordnet. Auf der linken Seite werden die von der Kostenartenrechnung übernommenen **Gemeinkosten** aufgelistet. Bei der Verteilung der Kostenarten auf die Kostenstellen wird in einer Zwischenspalte ein Hinweis darauf gegeben, auf welcher Grundlage die Verteilung der jeweiligen Gemeinkostenart auf die verschiedenen Kostenstellen erfolgen soll. Man spricht daher auch von **Verteilungsgrundlage** bzw. von **Verteilungsschlüssel.**

Gemein-kostenarten	EUR	Verteilungs-grundlage	Kostenstellen			
			Material	Fertigung	Verwaltung	Vertrieb

4 Speth u.a. - ISBN 978-3-8120-0537-1

5.3.3.2 Problem der Verrechnung der Gemeinkosten auf die Kostenstellen

(1) Direkte Verrechnung (Kostenstelleneinzelkosten)

Es gibt Gemeinkosten, die einen direkten Bezug zu den einzelnen Kostenstellen haben und sich daher auch direkt auf die einzelnen Kostenstellen verrechnen lassen. Man nennt sie **Kostenstelleneinzelkosten**.

Beispiele:	
■ Gehälter, Sozialkosten mithilfe von Gehaltslisten.	■ Materialgemeinkosten mithilfe von Materialentnahmescheinen.
■ Stromkosten mithilfe von Zählern.	■ Instandhaltung anhand von Belegen.
■ Abschreibungen einzelner Anlagegüter mittels Anlagendatei.	

(2) Indirekte Verrechnung (Kostenstellengemeinkosten)

Bei einem großen Teil der Gemeinkosten wird eine direkte Verrechnung nicht möglich sein. Dann bleibt nur noch die Möglichkeit, die angefallenen Kosten mithilfe eines **Verteilungsschlüssels** auf die einzelnen Kostenstellen umzulegen. Dabei hängt die verursachungsgerechte Verteilung von der Wahl eines verursachungsgerechten Verteilungsschlüssels ab.

Der Verteilungsschlüssel sollte so gewählt werden, dass ein hohes Maß an Abhängigkeit zwischen dem Verteilungsschlüssel und den zu verrechnenden Kosten besteht. Im Idealfall – und der wird hier unterstellt – ist die Abhängigkeit proportional.

Beispiele:	
■ Miete, Heizung nach m^2 bzw. m^3 der einzelnen Kostenstellen.	■ Unfallversicherung nach Anzahl der Beschäftigten je Kostenstelle.
■ Kfz-Kosten nach km.	

- ■ Der **BAB** ist ein abrechnungstechnisches Hilfsmittel für die Verteilung der **Gemeinkosten** auf die einzelnen Kostenstellen.
- ■ Die **Verteilung der Gemeinkosten** erfolgt entweder
    - ■ direkt aufgrund der einer Kostenstelle zurechenbaren Belege (**direkte Gemeinkosten; Stelleneinzelkosten**) oder
    - ■ indirekt über Verteilungsschlüssel (**indirekte Gemeinkosten; Stellengemeinkosten**).
- ■ Der **BAB baut auf der Kostenartenrechnung** auf.

15 1. Nennen Sie die wichtigsten Aufgaben der Kostenstellenrechnung!

2. Erläutern Sie den Begriff Kostenstelle!

3. Zeigen Sie den Unterschied zwischen den Begriffen Kostenbereich und Kostenstelle an einem Beispiel auf!

4. Nennen Sie Kriterien, die Sie bei der Bildung von Kostenstellen beachten sollten!

5. Beschreiben Sie die Grundstruktur eines Betriebsabrechnungsbogens!

6. Nennen Sie beispielhaft einige Gemeinkosten und geben Sie dafür die mögliche Verteilungsgrundlage an!

7. Erklären Sie, welcher Grundsatz bei der Wahl eines Verteilungsschlüssels beachtet werden muss!

5.3.4 Aufstellung eines einstufigen Betriebsabrechnungsbogens

5.3.4.1 Wahl der Zuschlagsgrundlagen (Bezugsgrößen)

Die Festlegung der verursachungsgerechten Zuschlagsgrundlagen ist maßgebend für die richtige Verrechnung der angefallenen Gemeinkosten auf die Kostenträger. In der Regel greift man in der Praxis auf **Wertgrößen** zurück.

Es ist z. B. in der Praxis üblich, die im Materialbereich anfallenden Gemeinkosten **(Materialgemeinkosten)** entsprechend dem **Verbrauch an Fertigungsmaterial,** die in der Fertigung anfallenden Gemeinkosten **(Fertigungsgemeinkosten)** entsprechend der Höhe der **Fertigungslöhne** auf die einzelnen Kostenträger zu verrechnen. Dabei werden die jeweiligen Gemeinkosten in Prozenten zu den gewählten Zuschlagsgrundlagen ausgedrückt und mit diesen Zuschlagssätzen werden die einzelnen Gemeinkostenarten bei der Kalkulation erfasst.

Während zwischen Materialgemeinkosten und Materialeinzelkosten sowie zwischen Fertigungsgemeinkosten und Fertigungslöhnen eine Abhängigkeit unterstellt werden kann, ist die Wahl der Zuschlagsgrundlage für die **Verwaltungs- und Vertriebsgemeinkosten** wesentlich problematischer. In Ermangelung geeigneter Bezugsgrößen wählt man für diese Gemeinkosten als gemeinsame Zuschlagsgrundlage die **Herstellkosten der Rechnungsperiode.**

5.3.4.2 Ermittlung der Gemeinkostenzuschlagssätze ohne Berücksichtigung der Bestandsveränderungen

Beispiel:

Die Kostenartenrechnung eines Industriebetriebes weist für den Monat Januar folgende Kosten aus:

Verbrauch von			
Fertigungsmaterial	85 000,00 EUR	Sozialkosten	1 300,00 EUR
Hilfsstoffkosten	6 000,00 EUR	Instandhaltung	11 500,00 EUR
Betriebsstoffkosten	4 000,00 EUR	Betriebssteuern	2 500,00 EUR
Fertigungslöhne	56 600,00 EUR	Kalk. Abschreibungen	12 000,00 EUR
Gehälter	9 000,00 EUR	Energiekosten	3 000,00 EUR
		Sonstige Kosten	4 800,00 EUR

Bezugsgrößen für die Gemeinkosten:

– Die Materialgemeinkosten sind auf den Verbrauch von Fertigungsmaterial zu beziehen.
– Die Fertigungsgemeinkosten sind auf die Fertigungslöhne zu beziehen.
– Die Verwaltungs- und Vertriebsgemeinkosten werden auf die Herstellkosten der Rechnungsperiode bezogen.

Für die Erstellung des BAB ist folgender Verteilungsschlüssel zu verwenden:

Gemeinkostenarten	I. Material	II. Fertigung	III. Verwaltung	IV. Vertrieb
Hilfsstoffkosten lt. Entnahmescheinen	1 800,00	3 000,00	–	1 200,00
Betriebsstoffkosten lt. Entnahmescheinen	900,00	2 300,00	100,00	700,00
Gehälter lt. Gehaltsliste	400,00	1 000,00	5 400,00	2 200,00
Sozialkosten	1	2	7	3
Instandhaltung lt. Arbeitsstunden	20	84	2	9
Betriebssteuern	–	4	1	–
Kalk. Abschreibungen	1	7	3	1
Energiekosten lt. kWh	4 000	40 000	10 000	6 000
Sonstige Kosten lt. Belegen	1	6	2	3

Aufgaben:

1. Verteilen Sie aufgrund der angegebenen Verteilungsschlüssel die Gemeinkosten auf die einzelnen Kostenstellen!
2. Ermitteln Sie für jede Kostenstelle die Zuschlagssätze für die Gemeinkosten!
3. Ermitteln Sie die Selbstkosten der Rechnungsperiode (Monat: Januar)!

Lösungen:

Zu 1.: Verteilung der Gemeinkosten mithilfe des Betriebsabrechnungsbogens (BAB)

Gemeinkostenarten	Zahlen der KLR	Verteilungs-schlüssel	Kostenstellen			
			I. Material	II. Fertigung	III. Verwaltung	IV. Vertrieb
Hilfsstoffkosten	6 000,00	Entnahmescheine	1 800,00	3 000,00	–	1 200,00
Betriebsstoffkosten	4 000,00	Entnahmescheine	900,00	2 300,00	100,00	700,00
Gehälter	9 000,00	Gehaltsliste	400,00	1 000,00	5 400,00	2 200,00
Sozialkosten	1 300,00	1 : 2 : 7 : 3	100,00	200,00	700,00	300,00
Instandhaltung	11 500,00	Arbeitsstunden	2 000,00	8 400,00	200,00	900,00
Betriebssteuern	2 500,00	0 : 4 : 1 : 0	–	2 000,00	500,00	–
Kalk. Abschreibungen	12 000,00	1 : 7 : 3 : 1	1 000,00	7 000,00	3 000,00	1 000,00
Energiekosten	3 000,00	Kilowatt-Std.	200,00	2 000,00	500,00	300,00
Sonst. Kosten	4 800,00	1 : 6 : 2 : 3	400,00	2 400,00	800,00	1 200,00
Summe der Gemeinkosten	54 100,00	aufgeschlüsselt	6 800,00	28 300,00	11 200,00	7 800,00
Zuschlagsgrundlagen:						
Verbrauch v. Fertigungsmat.			85 000,00			
Fertigungslöhne				56 600,00		
Herstellkosten der Rechnungsperiode					176 700,00	176 700,00
Zuschlagssätze[1]			8 %	50 %	6,34 %	4,41 %

---

1 Mit diesen Zuschlagssätzen werden im Rahmen der Kalkulation die verschiedenen Gemeinkosten anteilmäßig erfasst.

Zu 2.: Ermittlung der Zuschlagssätze

■ Zuschlagssatz für die Materialgemeinkosten

Es wird unterstellt, dass die Materialgemeinkosten (MGK) vom Verbrauch der Materialeinzelkosten (Verbrauch von Fertigungsmaterial) abhängen. Daher werden die MGK für ihre Verrechnung auf die Kostenträger in Prozenten zum Verbrauch von Fertigungsmaterial angegeben.

Verbrauch von Fertigungsmaterial	85 000,00 EUR $\widehat{=}$ 100 %	$x = \dfrac{100 \cdot 6800}{85\,000} = \underline{\underline{8\,\%}}$
MGK	6 800,00 EUR $\widehat{=}$ x %	

Der MGK-Zuschlagssatz von 8 % besagt, dass immer dann, wenn für 100,00 EUR Fertigungsmaterial verbraucht wurde, parallel und gleichzeitig 8,00 EUR Gemeinkosten im Materialbereich (z. B. Einkauf, Warenabnahme …) anfallen.

$$\text{MGK-Zuschlagssatz} = \frac{100 \cdot \text{Materialgemeinkosten}}{\text{Verbrauch von Fertigungsmaterial}}$$

■ Zuschlagssatz für die Fertigungsgemeinkosten

Die Fertigungsgemeinkosten werden auf die aufgewendeten Fertigungslöhne bezogen. Dabei wird unterstellt, dass die anfallenden Fertigungsgemeinkosten von der Höhe der aufgewendeten Fertigungslöhne abhängen. Dies ist in der Praxis nur **bedingt der Fall,** und zwar insbesondere dann nicht, wenn der Betrieb maschinenintensiv ist.

Fertigungslöhne	56 600,00 EUR $\widehat{=}$ 100 %	$x = \dfrac{100 \cdot 28\,300}{56\,600} = \underline{\underline{50\,\%}}$
FGK	28 300,00 EUR $\widehat{=}$ x %	

$$\text{FGK-Zuschlagssatz} = \frac{100 \cdot \text{Fertigungsgemeinkosten}}{\text{Fertigungslöhne}}$$

In maschinenintensiven Betrieben werden in der Praxis in aller Regel die maschinenabhängigen Kosten gesondert erfasst und dafür Maschinenstundensätze errechnet.[1]

■ Zuschlagssatz für die Verwaltungsgemeinkosten

Bei der Höhe der Verwaltungs- und Vertriebsgemeinkosten wird eine Abhängigkeit von der Höhe der Herstellkosten der Rechnungsperiode (bzw. der Höhe der Herstellkosten des Umsatzes) unterstellt. Der Einfachheit halber beziehen wir zunächst beide Gemeinkostenarten auf die Herstellkosten der Rechnungsperiode.[2]

Berechnung der Herstellkosten der Rechnungsperiode

Verbrauch von Fertigungsmaterial	85 000,00 EUR	
+ Materialgemeinkosten (MGK)	6 800,00 EUR	
Materialkosten		91 800,00 EUR
Fertigungslöhne	56 600,00 EUR	
+ Fertigungsgemeinkosten (FGK)	28 300,00 EUR	
Fertigungskosten		84 900,00 EUR
Herstellkosten der Rechnungsperiode		176 700,00 EUR

Herstellkosten der Rechnungsperiode	176 700,00 EUR $\widehat{=}$ 100 %	$x = \dfrac{100 \cdot 11\,200}{176\,700} = \underline{\underline{6,34\,\%}}$
VerwGK	11 200,00 EUR $\widehat{=}$ x %	

---

1 Zur Kalkulation mit Maschinenstundensätzen vgl. S. 79 ff.

2 Auf die Berechnung der Herstellkosten unter Berücksichtigung von Bestandsveränderungen wird auf S. 56 ff. eingegangen.

$$\text{VerwGK-Zuschlagssatz} = \frac{100 \cdot \text{Verwaltungsgemeinkosten}}{\text{Herstellkosten der Rechnungsperiode}}$$

- ■ **Zuschlagssatz für die Vertriebsgemeinkosten**

Herstellkosten der		
Rechnungsperiode	176 700,00 EUR $\widehat{=}$	100 %
VertrGK	7 800,00 EUR $\widehat{=}$	x %

$$x = \frac{100 \cdot 7800}{176\,700} = \underline{\underline{4{,}41\,\%}}$$

$$\text{VertrGK-Zuschlagssatz} = \frac{100 \cdot \text{Vertriebsgemeinkosten}}{\text{Herstellkosten der Rechnungsperiode}}$$

Zu 3.: Ermittlung der Selbstkosten der Rechnungsperiode (Monat: Januar)

Aufgrund der Zahlenangaben des Beispiels ergeben sich die Selbstkosten der Rechnungsperiode durch folgende Berechnung (Kalkulationsschema ohne Berücksichtigung von Bestandsveränderungen der unfertigen und fertigen Erzeugnisse):

Herstellkosten der Rechnungsperiode	176 700,00 EUR
+ Verwaltungsgemeinkosten	11 200,00 EUR
+ Vertriebsgemeinkosten	7 800,00 EUR
Selbstkosten der Rechnungsperiode	195 700,00 EUR

Übungsaufgaben

16 1. Erklären Sie, wie die Kostenstellenrechnung im Gesamtbereich der Kosten- und Leistungsrechnung eingeordnet ist!

2. Beschreiben Sie den rechnungstechnischen Ablauf der Kostenstellenrechnung!

3. Erläutern Sie, worauf bei der Einrichtung von Kostenstellen besonders zu achten ist!

4. Für die Betriebsabrechnung hat ein Industriebetrieb vier Kostenstellen eingerichtet: Material, Fertigung, Verwaltung und Vertrieb.

   Aus den Zahlen der Kosten- und Leistungsrechnung ergeben sich folgende Gemeinkostenbeträge:

	TEUR
Hilfslöhne	500
Gehälter	1 000
Gesetzlicher Sozialaufwand	500
Stromkosten	100
Raumkosten	300
Kalk. Abschreibungen auf Anlagen	500
Kalk. Zinsen auf Anlage- und Umlaufvermögen	900

Aufgaben:

4.1 Ermitteln Sie mithilfe eines Betriebsabrechnungsbogens die Gemeinkosten der vier Kostenstellen unter Verwendung der nachfolgend genannten Schlüssel:

	Material	Fertigung	Verwaltung	Vertrieb
Hilfslöhne	40 %	40 %	12 %	8 %
Gehälter	20 %	20 %	32 %	28 %
Gesetzlicher sozialer Aufwand nach der Zahl der Mitarbeiter	160	560	152	128
Stromverbrauch im Verhältnis	2	6	1	1
Raumkosten nach Fläche in m^2	500	1 500	600	400
Anlagevermögen TEUR	1 500	3 000	300	200
Umlaufvermögen TEUR (Material- und Erzeugnisbestände)	3 000	2 000	4 000	1 000

4.2 Berechnen Sie die vier Zuschlagssätze (auf- bzw. abgerundet auf volle Prozentsätze)!

Zusatzangaben: Verbrauch von Fertigungsmaterial 4 850 TEUR
Fertigungslöhne 1 000 TEUR

5. Der MGK-Zuschlagssatz in einem Industrieunternehmen beträgt 9 %.

Aufgabe:

Beschreiben Sie den Sachverhalt, der durch diesen Zuschlagssatz zum Ausdruck kommt!

17 Die Kostenartenrechnung eines Industriebetriebes weist für den Monat November folgende Kosten aus, die wie folgt aufzuteilen sind:

	Zahlen der KLR	Material	Fertigung	Verwaltung	Vertrieb
Hilfsstoffkosten	145 700,00	2 050,00	129 450,00	3 500,00	10 700,00
Betriebsstoffkosten	22 400,00	1 700,00	14 400,00	4 100,00	2 200,00
Gehälter	130 500,00	4 100,00	98 900,00	18 600,00	8 900,00
Sozialkosten					
Mieten, Pachten	84 200,00	650 m^2	2 720 m^2	330 m^2	510 m^2
Büromaterial	91 100,00	3	2	11	4
Sonst. betr. Kosten	70 560,00	3	4	2	3
Kalk. Abschreibungen		2	8	4	1
Kalk. Wagnisse	45 800,00	2	4	2	2

Verbrauch von Fertigungsmaterial: 1 046 553,80 EUR
Fertigungslöhne: 560 702,50 EUR

Weitere Angaben

– Die Sozialkosten betragen jeweils 80 % der Gehaltssumme.

– Kalkulatorische Abschreibungen je Jahr:
auf das Betriebsgebäude
2 % von den Anschaffungskosten 3 100 000,00 EUR

auf die technischen Anlagen und Maschinen
10 % vom Buchwert   1 690 600,00 EUR

auf den Fuhrpark
15 % vom Wiederbeschaffungswert   600 000,00 EUR

Aufgaben:

1. Erstellen Sie den Betriebsabrechnungsbogen!
2. Berechnen Sie den Zuschlagssatz je Kostenstelle für den Monat November!
3. Ermitteln Sie die Selbstkosten der Rechnungsperiode!

18   Das Verursachungsprinzip ist ein wichtiges Prinzip bei der Verteilung der Gemeinkostenarten. Stellen Sie fest, welche Art der Verteilung am ehesten dem Verursachungsprinzip entspricht!

1. Verteilung nach Zuschlagssätzen.
2. Verteilung nach zuvor festgelegten Prozentsätzen.
3. Verteilung aufgrund von Belegen.
4. Gleichmäßige Verteilung aller Gemeinkosten auf die einzelnen Kostenstellen.

5.3.4.3 Ermittlung der Gemeinkostenzuschlagssätze unter Berücksichtigung der Bestandsveränderungen

(1) Grundlegendes

Bisher sind wir bei der Ermittlung der Zuschlagssätze für die Verwaltungs- und Vertriebsgemeinkosten jeweils von der gleichen Bezugsgrundlage, nämlich von den in der Rechnungsperiode angefallenen Herstellkosten, ausgegangen. Bezüglich der Verwaltungsgemeinkosten ist diese Bezugsgrundlage auch durchaus gerechtfertigt, weil man davon ausgehen kann, dass sich die **Verwaltungsgemeinkosten** in Abhängigkeit zu den **Herstellkosten der Rechnungsperiode** verändern.

In Bezug auf die Vertriebsgemeinkosten ist diese Beziehung jedoch nur bedingt vorhanden. Will man die Kalkulation genauer durchführen, müssen die **Vertriebsgemeinkosten** auf den Umsatz bezogen werden, genauer gesagt: auf die **Herstellkosten des Umsatzes (Herstellkosten der verkauften Erzeugnisse)**. Der Grund ist darin zu sehen, dass Vertriebskosten in der Regel nur für die verkauften Erzeugnisse anfallen. Das bedeutet, die Einbeziehung der Bestandsveränderungen an fertigen und unfertigen Erzeugnissen ist erforderlich.

- Als **Bezugsgrundlage** für die Ermittlung des Zuschlagssatzes für die **Verwaltungsgemeinkosten** wählen wir die **Herstellkosten der Rechnungsperiode**.
- Als **Bezugsgrundlage** für die Ermittlung des Zuschlagssatzes für die **Vertriebsgemeinkosten** wählen wir die **Herstellkosten des Umsatzes (Herstellkosten der verkauften Erzeugnisse).**

(2) Berechnung der Herstellkosten des Umsatzes

■ **Einbeziehung von Bestandsmehrungen an fertigen Erzeugnissen**[1]

Eine **Bestandsmehrung** an fertigen Erzeugnissen bedeutet, dass innerhalb der Geschäftsperiode mehr Produkte hergestellt als verkauft wurden. Ein Teil der Produkte wanderte in das Lager, wodurch sich der Lagerbestand erhöht hat. Um von den Herstellkosten der Rechnungsperiode zu den Herstellkosten des Umsatzes (Herstellkosten der verkauften Erzeugnisse) zu gelangen, müssen die Bestandsmehrungen von den Herstellkosten der Rechnungsperiode abgezogen werden:

> Herstellkosten der Rechnungsperiode (Herstellkosten der produzierten Erzeugnisse)
> – Bestandsmehrungen bei fertigen Erzeugnissen
> = Herstellkosten des Umsatzes (Herstellkosten der verkauften Erzeugnisse)

■ **Einbeziehung von Bestandsminderungen an fertigen Erzeugnissen**

Eine **Bestandsminderung** bedeutet, dass innerhalb der Geschäftsperiode mehr Güter verkauft wurden als hergestellt worden sind. Neben den in der Periode hergestellten Produkten wurden auch Lagerbestände verkauft. Dadurch vermindert sich der Lagerbestand. Um zu den Herstellkosten des Umsatzes zu gelangen, müssen die Bestandsminderungen zu den Herstellkosten der Rechnungsperiode hinzuaddiert werden.

> Herstellkosten der Rechnungsperiode (Herstellkosten der produzierten Erzeugnisse)
> + Bestandsminderungen bei fertigen Erzeugnissen
> = Herstellkosten des Umsatzes (Herstellkosten der verkauften Erzeugnisse)

Da sich die Bestandsveränderungen bei fertigen Erzeugnissen in unterschiedliche Richtungen bewegen können und die Bestandsveränderungen bei den unfertigen Erzeugnissen in der gleichen Weise einbezogen werden müssen, fassen wir die **Berechnung der Herstellkosten des Umsatzes** in folgendem Schema zusammen:

> Herstellkosten der Rechnungsperiode (Herstellkosten der produzierten Erzeugnisse)
> – Bestandsmehrungen
> + Bestandsminderungen
> = Herstellkosten des Umsatzes (Herstellkosten der verkauften Erzeugnisse)

Beispiel:	
Die Kostenartenrechnung eines Industriebetriebes weist für das 1. Quartal folgende Daten aus:	
Verbrauch von Fertigungsmaterial	256 000,00 EUR
Materialgemeinkosten	32 000,00 EUR
Fertigungslöhne	695 825,00 EUR
Fertigungsgemeinkosten	672 300,00 EUR
Verwaltungsgemeinkosten	77 000,00 EUR
Vertriebsgemeinkosten	64 800,00 EUR

---

[1] Da die Einbeziehung von fertigen und unfertigen Erzeugnissen in der gleichen Weise erfolgt, gehen wir, weil das leichter vorstellbar ist, von fertigen Erzeugnissen aus.

Bestandsangaben:

	Unfertige Erzeugnisse (UE)	Fertige Erzeugnisse (FE)
Anfangsbestände	175 000,00 EUR	214 000,00 EUR
Schlussbestände lt. Inventur	140 000,00 EUR	236 000,00 EUR

Aufgaben:

1. Berechnen Sie für jede Kostenstelle die Zuschlagssätze für die Gemeinkosten!
2. Ermitteln Sie die Selbstkosten des Umsatzes für das 1. Quartal!

Hinweise:

Die Materialgemeinkosten sind auf den Verbrauch von Fertigungsmaterial, die Fertigungsgemeinkosten auf die Fertigungslöhne, die Verwaltungsgemeinkosten auf die Herstellkosten der Rechnungsperiode und die Vertriebsgemeinkosten auf die Herstellkosten des Umsatzes zu beziehen.

Lösungen:

Zu 1.: Berechnung der Zuschlagssätze

Gemeinkosten insgesamt	Kostenstellen			
	Material	Fertigung	Verwaltung	Vertrieb
846 100,00	32 000,00	672 300,00	77 000,00	64 800,00
	256 000,00 (≙ 100 %)	695 825,00 (≙ 100 %)	1 656 125,00 (≙ 100 %)	1 669 125,00 (≙ 100 %)
	12,5 %	96,62 %	4,65 %	3,88 %

Zu 2.: Berechnung der Selbstkosten des Umsatzes

Verbrauch v. Fertigungsmaterial	256 000,00 EUR
+ MGK	32 000,00 EUR
+ Fertigungslöhne	695 825,00 EUR
+ FGK	672 300,00 EUR
Herstellkosten der Rechnungsperiode	1 656 125,00 EUR
+ Bestandsminderung UE	35 000,00 EUR
− Bestandsmehrung FE	22 000,00 EUR
Herstellkosten des Umsatzes	1 669 125,00 EUR
+ Verwaltungsgemeinkosten	77 000,00 EUR
+ Vertriebsgemeinkosten	64 800,00 EUR
Selbstkosten des Umsatzes	1 810 925,00 EUR

Übungsaufgaben

19 1. In einem Industriebetrieb werden der KLR bzw. der Buchführung folgende Zahlen entnommen: Verbrauch von Fertigungsmaterial 310 700,00 EUR, MGK 24 856,00 EUR, Fertigungslöhne 205 800,00 EUR, FGK 174 930,00 EUR, SEKF 22 900,00 EUR, VerwGK 81 310,46 EUR, VertrGK 48 047,09 EUR.

	Fertige Erzeugnisse (FE)	Unfertige Erzeugnisse (UE)
Anfangsbestand	175 600,00 EUR	25 800,00 EUR
Schlussbestand lt. Inventur	150 100,00 EUR	46 400,00 EUR

Bezugsgrundlagen: Die VerwGK sind auf die Herstellkosten der Rechnungsperiode und die VertrGK auf die Herstellkosten des Umsatzes zu beziehen.

Aufgabe:

Berechnen Sie die Zuschlagssätze für die Gemeinkosten!

2. Im BAB eines Industrieunternehmens wurden für die Kostenstellen folgende Gemeinkosten errechnet:

Material	Fertigung	Verwaltung	Vertrieb
25 625,00	671 646,00	247 202,10	156 094,67

Für den gleichen Zeitraum wurden außerdem folgende Daten ermittelt: Verbrauch von Fertigungsmaterial 205 000,00 EUR, Fertigungslöhne 471 000,00 EUR, Bestandsmehrung an fertigen Erzeugnissen 51 000,00 EUR, Bestandsminderung an unfertigen Erzeugnissen 35 000,00 EUR.

Bezugsgrundlagen: Die VerwGK sind auf die Herstellkosten der Rechnungsperiode und die VertrGK auf die Herstellkosten des Umsatzes zu beziehen.

Aufgabe:

Berechnen Sie die Zuschlagssätze für die Gemeinkosten!

20 In einem Industriebetrieb fallen folgende Gemeinkosten an, die wie folgt aufzuteilen sind:

	Zahlen der KLR	Verteilungsschlüssel			
		Material	Fertigung	Verwaltung	Vertrieb
Hilfs- u. Betriebsstoffkosten	67 200,00	3	12	1	–
Energie	78 300,00	2	5	1	1
Hilfslöhne	23 800,00	3	4	–	–
Gehälter	91 200,00	1	2	7	2
Sozialkosten	43 510,00	4	6	7	2
Fremdreparaturen	24 150,00	1	5	1	–
Steuern	63 000,00	1	4	1	1
Kalkulatorische Kosten	88 200,00	2	8	3	1

Verbrauch von Fertigungsmaterial: 683 416,66 EUR; Fertigungslöhne 196 795,08 EUR

Bestände an fertigen und unfertigen Erzeugnissen:

	FE	UE
Anfangsbestand	58 600,00 EUR	18 800,00 EUR
Schlussbestand lt. Inventur	45 100,00 EUR	24 400,00 EUR

Bezugsgrundlagen: Die VerwGK sind auf die Herstellkosten der Rechnungsperiode und die VertrGK auf die Herstellkosten des Umsatzes zu beziehen.

Aufgaben:

1. Erstellen Sie den Betriebsabrechnungsbogen!
2. Berechnen Sie den Zuschlagssatz je Kostenstelle!
3. Erstellen Sie die Gesamtkalkulation für die Selbstkosten der verkauften Erzeugnisse!

5.3.5 Aufstellung eines mehrstufigen Betriebsabrechnungsbogens

5.3.5.1 Bildung von Hilfskostenstellen

(1) Begriff Hilfskostenstellen

Der mehrstufige BAB enthält neben den bisherigen **Hauptkostenstellen** (Material, Fertigung, Verwaltung und Vertrieb), die ihre Leistungen an die Kostenträger abgeben, noch **Hilfskostenstellen** (auch **Vorkostenstellen** genannt), die ihre Leistungen an andere Kostenstellen abgeben **(innerbetriebliche Leistungsverrechnung).**

Beispiel:

Ein Elektrogerätehersteller unterhält eine Kantine, die Frühstück und einen Mittagstisch anbietet und allen Mitarbeitern offensteht. Die Hilfskostenstelle Kantine gibt ihre Leistungen somit an alle Kostenstellen ab. Die Kosten der Kantine sind daher auf alle Kostenstellen (z.B. nach der Anzahl der Mitarbeiter, die eine Mahlzeit einnehmen) aufzuteilen.

Hilfskostenstellen geben ihre Leistungen an andere Kostenstellen ab. Die auf sie entfallenden Kosten werden vor der Berechnung der Gemeinkostenzuschlagssätze auf andere Kostenstellen umgelegt.

Der mehrstufige BAB differenziert die Gemeinkosten gegenüber dem einstufigen BAB und erhöht dadurch dessen Aussagekraft.

(2) Arten von Hilfskostenstellen

Art der Hilfskostenstelle	Erläuterungen	Beispiele
Allgemeine Hilfskostenstellen	Die allgemeinen Hilfskostenstellen dienen dem Gesamtbetrieb, d.h., ihre Leistungen werden von allen oder fast allen Kostenstellen in Anspruch genommen. Aus diesem Grund sind die Kosten der allgemeinen Hilfskostenstellen entsprechend der Inanspruchnahme auf die übrigen Kostenstellen zu verteilen.	Grundstücke und Gebäude, betriebseigene Strom- und Wasserversorgung, Werkfeuerwehr, soziale Einrichtungen (Kantine, Erholungsheim, Sportplätze).
Besondere Hilfskostenstellen	Die besonderen Hilfskostenstellen geben ihre Leistungen nur an bestimmte Hauptkostenstellen weiter. Die anfallenden Kosten dieser Hilfskostenstellen sind deshalb nur auf die ihnen übergeordneten Hauptkostenstellen umzulegen. Es ist vor allem üblich, den Fertigungsstellen besondere Hilfskostenstellen (Fertigungshilfskostenstellen) vorzuschalten.	Konstruktionsbüro, Arbeitsvorbereitung, Modellfertigung für die Fertigung, Versandabteilung, Lehrwerkstätte, Werkzeugmacherei.

5.3.5.2 Umlage der Hilfskostenstellen (Vorkostenstellen) auf die Hauptkostenstellen

Die **Umlage der Hilfskostenstellen (Vorkostenstellen)** kann in Abhängigkeit von den organisatorischen Gegebenheiten durch **direkte Verrechnung (Belege)** oder **indirekte Verrechnung (Schlüssel)** erfolgen.

Die **allgemeinen Hilfskostenstellen** geben in der Regel Gemeinkosten auch an die besonderen Hilfskostenstellen ab. Deshalb muss die Umlage der Werte der allgemeinen Hilfskostenstellen vor der Umlage der Werte der besonderen Hilfskostenstellen stattfinden.

Beispiel:

Ein erweiterter BAB weist vor der Umlage der Vorkostenstellen folgende Zahlen auf:

Gemein-kosten-arten	Kosten lt. KLR	Kostenstellen						
		Allgem. Hilfskos-tenstelle	Material	Ferti-gungs-hilfskos-tenstelle	Ferti-gung I	Ferti-gung II	Verwal-tung	Vertrieb
Summe der Gemeinkosten	244 100,00	15 000,00	31 000,00	33 000,00	74 000,00	50 000,00	31 850,00	9 250,00

Die Werte der allgemeinen Hilfskostenstelle werden in der Reihenfolge der oben genannten übrigen Kostenstellen im Verhältnis 2 : 2 : 3 : 4 : 3 : 1 umverteilt. Die Gemeinkostensumme der Fertigungshilfskostenstelle wird auf die Fertigungshauptkostenstellen I und II im Verhältnis 4 : 3 umgelegt.

Aufgabe:

Ermitteln Sie jeweils die Summen der Gemeinkosten in den einzelnen Hauptkostenstellen!

Lösung:

Gemein-kosten-arten	Kosten lt. KLR	Kostenstellen						
		Allgem. Hilfskos-tenstelle	Material	Ferti-gungs-hilfskos-tenstelle	Ferti-gung I	Ferti-gung II	Verwal-tung	Vertrieb
Summe der Gemeinkosten	244 100,00	15 000,00	31 000,00	33 000,00	74 000,00	50 000,00	31 850,00	9 250,00
Umlage der allgem. Hilfskostenstelle			2 000,00	2 000,00	3 000,00	4 000,00	3 000,00	1 000,00
Zwischensumme			33 000,00	35 000,00	77 000,00	54 000,00	34 850,00	10 250,00
Umlage der Fertigungshilfs-kostenstelle					20 000,00	15 000,00		
Summe			33 000,00		97 000,00	69 000,00	34 850,00	10 250,00

21 Die Chemischen Werke Goslar AG haben in der ersten Stufe folgende Gemeinkostensummen für die Kostenstellen ermittelt:

	Kosten lt. KLR	Allgem. Hilfskos- tenstelle Wasser- werk	Material	Ferti- gungs- hilfskos- tenstelle Labor	Ferti- gung I	Ferti- gung II	Verwal- tung	Vertrieb
Summe der Gemeinkosten	3 850 000,00	345 000,00	600 000,00	360 000,00	810 000,00	1 250 000,00	405 000,00	80 000,00

Die Gemeinkosten des Wasserwerkes sollen im Verhältnis des Wasserverbrauchs umgelegt werden: Material 10 m³, Labor 60 m³, Fertigung I 1 000 m³, Fertigung II 1 200 m³, Verwaltung 20 m³, Vertrieb 10 m³. Die Kosten des Labors verteilen sich auf die Fertigungshauptstellen I und II im Verhältnis 1 : 3.

Aufgabe:

Ermitteln Sie jeweils die Gemeinkosten in den einzelnen Hauptkostenstellen!

22 Der erweiterte BAB der Wolfsburger Werkzeug GmbH weist für den Monat Oktober folgende Zahlen aus:

	Kosten lt. KLR	Allgem. Hilfskos- tenstelle Heiz- zentrale	Material	Ferti- gungs- hilfskos- tenstelle Arbeits- vorbe- reitung	Ferti- gung I	Ferti- gung II	Verwal- tung	Vertrieb
Summe der Gemeinkosten	728 000,00	48 000,00	72 000,00	72 000,00	96 000,00	240 000,00	120 000,00	80 000,00

Die Gemeinkosten der Heizzentrale sind auf die anderen Kostenstellen im Verhältnis 2 : 2 : 6 : 9 : 8 : 5 umzuverteilen. Die Umverteilung der Fertigungshilfskostenstelle orientiert sich an den Fertigungsstunden. Fertigung I: 1 080 Std., Fertigung II: 3 920 Std.

Aufgabe:

Berechnen Sie die Gemeinkostensummen, die jeweils auf die Hauptkostenstellen entfallen!

5.3.5.3 Aufstellung eines mehrstufigen Betriebsabrechnungsbogens unter Berücksichtigung von Bestandsveränderungen mit Ermittlung der Zuschlagssätze

Beispiel:

Die Vereinigten Industriewerke GmbH stellen zwei Erzeugnisse her: Holzwaren und Metallwaren. Zur Erstellung des BAB liegen folgende Daten vor:

Gemeinkosten-arten	Zahlen der KLR	Allgemeiner Kostenbereich Kantine	Fuhrpark	I Material	Reparaturen Instandhaltung	II Fertigung Holzwaren	Fertigung Metallwaren	III Verwaltung	IV Vertrieb
I. Verteilung der Gemeinkosten auf die Kostenstellen									
Hilfs- und Betriebsstoffe	66000,00	1400,00	800,00	1100,00	700,00	24000,00	36000,00		2000,00
Gehälter . . .	64900,00	7200,00	4200,00	3700,00	5100,00	12000,00	11000,00	15400,00	6300,00
Summe der Gemeinkosten	846100,00	32000,00	42800,00	24800,00	84000,00	240500,00	310400,00	63200,00	48400,00
II. Umlage der Kosten der allgemeinen Hilfskostenstellen									
Kantine			2	1	1	3	3	3	3
Fuhrpark				2	1	4	4	3	4
III. Umlage der Kosten der besonderen Hilfskostenstellen									
Reparaturen/Instandhaltung						2	3		

Einzelkosten: Verbrauch von Fertigungsmaterial 256 000,00 EUR, Fertigungslöhne Holzwaren 365425,00 EUR, Fertigungslöhne Metallwaren 330400,00 EUR.

Bestands-veränderungen: Bestandsminderung an unfertigen Erzeugnissen 35000,00 EUR, Bestandsmehrungen an fertigen Erzeugnissen 22000,00 EUR.

Hinweis: Die Materialgemeinkosten sind auf den Verbrauch von Fertigungsmaterial, die Fertigungsgemeinkosten auf die Fertigungslöhne, die Verwaltungsgemeinkosten auf die Herstellkosten der Rechnungsperiode und die Vertriebsgemeinkosten auf die Herstellkosten des Umsatzes zu beziehen.

Aufgaben:
1. Erstellen Sie den BAB anhand der vorgegebenen Daten und berechnen Sie die Zuschlagssätze auf zwei Stellen nach dem Komma!
2. Berechnen Sie die Selbstkosten des Umsatzes!

Lösungen:

Gemeinkostenarten	Zahlen der KLR	Allgemeiner Kostenbereich		I Material	Reparaturen Instandhaltung	II Fertigung		III Verwaltung	IV Vertrieb
		Kantine	Fuhrpark			Fertigung Holzwaren	Fertigung Metallwaren		
Hilfs- und Betriebsstoffe	66 000,00	1 400,00	800,00	1 100,00	700,00	24 000,00	36 000,00		2 000,00
Gehälter	64 900,00	7 200,00	4 200,00	3 700,00	5 100,00	12 000,00	11 000,00	15 400,00	6 300,00
…									
Summe der Gemeinkosten vor der Kostenumlage	846 100,00	32 000,00	42 800,00	24 800,00	84 000,00	240 500,00	310 400,00	63 200,00	48 400,00
			4 000,00	2 000,00	2 000,00	6 000,00	6 000,00	6 000,00	6 000,00
			46 800,00						
				5 200,00	2 600,00	10 400,00	10 400,00	7 800,00	10 400,00
				32 000,00	88 600,00	256 900,00	326 800,00		
						35 440,00	53 160,00		
				256 000,00		292 340,00	379 960,00	77 000,00	64 800,00
				256 000,00 (≙ 100 %)		365 425,00 (≙ 100 %)	330 400,00 (≙ 100 %)	1 656 125,00 (≙ 100 %)	1 669 125,00 (≙ 100 %)
				12,5 %		80 %	115 %	4,65 %	3,88 %

Berechnung der Selbstkosten des Umsatzes:

	Verbrauch von Fertigungsmat.	256 000,00 EUR
+	MGK	32 000,00 EUR
+	Fertigungslöhne Holzwaren	365 425,00 EUR
+	FGK Holzwaren	292 340,00 EUR
+	Fertigungslöhne Metallwaren	330 400,00 EUR
+	FGK Metallwaren	379 960,00 EUR
	Herstellkosten der Abrechnungsperiode	1 656 125,00 EUR
+	Bestandsminderung UE	35 000,00 EUR
−	Bestandsmehrung FE	22 000,00 EUR
	Herstellkosten des Umsatzes	1 669 125,00 EUR
+	Verwaltungsgemeinkosten	77 000,00 EUR
+	Vertriebsgemeinkosten	64 800,00 EUR
	Selbstkosten des Umsatzes	1 810 925,00 EUR

23

	Kostenstellen						
	Allgem. Kostenbereich		Material-ver-waltung	Fertigung		Verwal-tung	Vertrieb
	Energie	Fuhrpark		Kunst-stoffver-arbeitung	Holzver-arbeitung		
Gemein-kosten insgesamt in TEUR	5 190	5 404	8 700	89 500	107 800	65 800	49 500
Zuschlags-grundlagen			Verbr. von Fert.-Mat. 116 000	Fertigungs-löhne 72 764	Fertigungs-löhne 126 824	Herstell-kosten der Rechnungs-periode	Herstell-kosten des Umsatzes

Weitere Angaben

– Verteilung der Kostenstelle Energie: 1 : 2 : 4 : 5 : 1 : 2
– Verteilung der Kostenstelle Fuhrpark: 2 : 9 : 10 : 1 : 3
– Mehrbestand an Fertigerzeugnissen: 38 940 TEUR.

Aufgaben:

1. Berechnen Sie in den Hauptkostenstellen jeweils die Zuschlagssätze für die Gemeinkosten!

    Bezugsgrundlagen: Die VerwGK sind auf die Herstellkosten der Rechnungsperiode und die VertrGK auf die Herstellkosten des Umsatzes zu beziehen.

2. Ermitteln Sie die Selbstkosten des Umsatzes!

24 Eine Maschinenfabrik produziert zwei Maschinengruppen. Zur Erstellung des BAB liegen folgende Daten vor:

	Zahlen der KLR in EUR	Allgemeiner Kostenbereich		Mate-rial	Fertigung			Verwal-tung	Vertrieb
		Energie-zentrale	Kantine		Techn. Büro	Masch.-gruppe A	Masch.-gruppe B		
Gemeinkostenmaterial	52 000,00				12 000,00	18 000,00	22 000,00		
Energiekosten	32 000,00								
Gehälter u. Hilfslöhne	140 000,00	3	2	2	1	8	10	5	4
Sozialkosten	52 500,00	3	2	2	1	8	10	5	4
Bürokosten	30 000,00	1	1	1	2	2	2	5	1
Abschreibungen	96 000,00								
Steuern u. Abgaben	10 000,00	2	1	2	2	3	5	3	2
Umlage des allgemeinen Kostenbereichs:									
Energiezentrale			2	1	1	6	5	3	2
Kantine				1	2	7	6	3	1
Umlage der besonderen Hilfskostenstelle:									
Technisches Büro						2	3		

Verbrauch von Fertigungsmaterial: 363 302,00 EUR
Fertigungslöhne Maschinengruppe A: 105 720,00 EUR
Fertigungslöhne Maschinengruppe B: 157 399,20 EUR

	UE	FE
Anfangsbestände	105 700,00	398 510,00
Schlussbestände lt. Inventur	96 900,00	423 720,00

65

Weitere Angaben zum BAB

Die Gemeinkosten Energie sind nach kWh und die Abschreibungen sind nach den investierten Werten zu verteilen:

Kostenstellen	Verbrauchte kWh	Investierte Werte je EUR
Energiezentrale	1 400	40 000,00
Kantine	1 200	32 000,00
Material	800	24 000,00
Technisches Büro	500	58 000,00
Maschinengruppe A	14 200	380 000,00
Maschinengruppe B	13 100	836 000,00
Verwaltung	6 100	165 000,00
Vertrieb	2 700	65 000,00

Aufgabe:

Erstellen Sie den BAB anhand der vorgegebenen Daten und berechnen Sie die Zuschlagssätze!

Bezugsgrundlagen: Die VerwGK sind auf die Herstellkosten der Rechnungsperiode und die VertrGK auf die Herstellkosten des Umsatzes zu beziehen.

25

	Allgemeiner Bereich				Fertigungsbereich		Verwaltungsbereich			
	Reparatur- abteilung	Material- bereich	Lehr- werk- statt	Arbeits- vorberei- tung	Produk- tion I	Produk- tion II	Personal- abteilung	Ausbil- dung kfm. An- gestellte	Verwal- tung	Vertriebs- bereich
Gemein- kosten insgesamt in TEUR	44 100	12 850	8 200	5 748	134 241	157 413	21 400	32 550	79 600	66 880
Zuschlags- grundlagen		122 381			146 400	130 750			Herstell- kosten der Rech- nungs- periode	Herstell- kosten des Um- satzes

Weitere Angaben

– Verteilung der Kostenstelle Reparaturabteilung: 1 : 1 : 2 : 6 : 4 : 1 : 0 : 2 : 1.
– Verteilung der Kostenstelle Lehrwerkstatt auf die Produktion I und II: 3 : 2.
– Verteilung der Kostenstelle Arbeitsvorbereitung auf die Produktion I und II: 3 : 1.
– Verteilung der Kostenstelle Personalabteilung auf Ausbildung kfm. Angestellte und Verwal- tung: 2 : 1.
– Verteilung der Kostenstelle Ausbildung kfm. Angestellte auf die Kostenstelle Verwaltung.
– Bestandsminderung an fertigen Erzeugnissen: 17 140 TEUR.

Aufgaben:

1. Berechnen Sie die Zuschlagssätze für die Gemeinkosten!

   Bezugsgrundlagen: Die VerwGK sind auf die Herstellkosten der Rechnungsperiode und die VertrGK auf die Herstellkosten des Umsatzes zu beziehen.

2. Ermitteln Sie die Selbstkosten des Umsatzes!

3. Erklären Sie, aus welchem Grund die Bildung
   3.1 von allgemeinen Hilfskostenstellen und
   3.2 die Aufteilung des Fertigungsbereichs in besondere Hilfskostenstellen sinnvoll ist!

5.4 Kostenträgerrechnung

5.4.1 Allgemeines zur Kostenträgerrechnung

Die Leistungseinheiten, für die Kosten angefallen sind, nennt man **Kostenträger,** weil sie die Kosten zu tragen haben. Als Kostenträger können, je nach der Struktur des Betriebes, einzelne **Produkte** oder **Produktgruppen** dienen.

- **Kostenträger** sind Leistungseinheiten, für die Kosten angefallen sind.
- Als Kostenträger können einzelne **Produkte** oder auch die Zusammenfassung gleichartiger Produkte zu einer **Produktgruppe** dienen.

Die Hauptaufgabe der Kostenträgerrechnung besteht darin, festzustellen, wie viel Kosten auf die einzelnen Kostenträger entfallen.

- Bezieht sich die Zurechnung der Kosten auf die einzelnen Kostenträger auf eine **Abrechnungsperiode** (Monat, Jahr), spricht man von einer **Kostenträgerzeitrechnung.**[1] In ihr können sowohl das Betriebsergebnis insgesamt als auch die auf Kostenträger bezogenen Teilergebnisse ermittelt werden.
- Sollen die Kosten lediglich für einen **einzelnen Auftrag** (ein einzelnes Produkt) berechnet werden, spricht man von der **Kostenträgerstückrechnung,**[2] die auch als **Kalkulation** bezeichnet wird.

Die **Kostenträgerrechnung** ermittelt die **Kosten** eines **Kostenträgers.**

Im Einzelnen können auf der Grundlage der

- **Kostenträgerstückrechnung**

  - durch die **Vorwärtskalkulation (Angebotskalkulation)** die Selbstkosten und der Angebotspreis eines Auftrags ermittelt werden,
  - durch die **Rückwärtskalkulation** die Materialeinzelkosten berechnet werden,
  - durch die **Differenzrechnung** Gewinn und Gewinnzuschlagssatz der einzelnen Aufträge ermittelt werden,
  - durch die **Nachkalkulation** der erzielte Gewinn bzw. Verlust je Auftrag bestimmt werden.

- **Kostenträgerzeitrechnung**

  - durch die Gegenüberstellung der Verkaufserlöse und der angefallenen Kosten die **Ertragskraft des Unternehmens** festgestellt werden,
  - durch die Gegenüberstellung der Ist- und Normalkosten eine **Kostenüber- bzw. Kostenunterdeckung** ermittelt werden.

---

1 Vgl. hierzu S. 381 ff.
2 Vgl. hierzu S. 68 ff.

5.4.2 Kostenträgerstückrechnung (Kalkulation)

Die **Kostenträgerstückrechnung (Kalkulation)** ermittelt die Kosten für ein **Produkt** bzw. eine **Produktgruppe.**

5.4.2.1 Zuschlagskalkulation

Werden unterschiedliche Produkte hergestellt – und davon gehen wir im Folgenden aus – ist eine **individuelle Kostenermittlung** für jedes Produkt bzw. für jede Produktgruppe erforderlich. Diese Form der Kostenträgerstückrechnung bezeichnet man als **Zuschlagskalkulation.** Da bei der Zuschlagsrechnung **alle Kosten,** die bei der Herstellung des Produktes anfallen, in die **Preisberechnung eingehen,** liegt eine **Vollkostenrechnung** vor.

Der **Verfahrensablauf einer Zuschlagskalkulation** ist folgender:

■ Die **Einzelkosten** werden aus der Kostenartenrechnung **direkt** den Kostenträgern zugerechnet. Das betrifft im Wesentlichen das Fertigungsmaterial und die Fertigungslöhne.

■ Die in der Kostenstellenrechnung erfassten **Gemeinkosten** werden den Kostenträgern **indirekt** über Zuschlagssätze zugeordnet.

Die nachfolgende Abbildung verdeutlicht die Zusammenhänge:

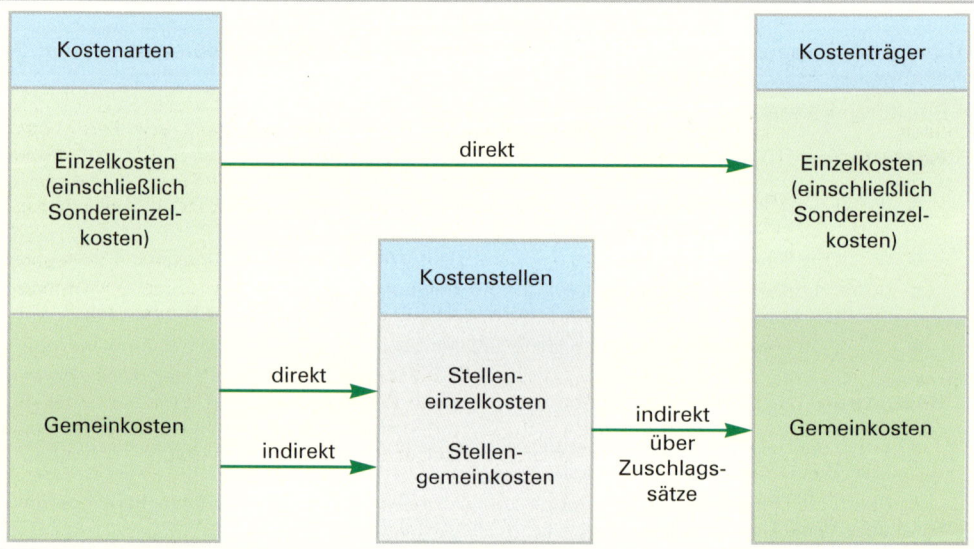

■ **Einzelkosten** werden auf der Grundlage der Kostenartenrechnung **direkt** auf die **Kostenträger** verrechnet.

■ **Gemeinkosten** werden direkt oder indirekt den Kostenstellen zugeschlagen und mithilfe der dort ermittelten **Zuschlagssätze** auf die **Kostenträger** verrechnet.

5.4.2.2 Anwendung der Zuschlagskalkulation als Angebotskalkulation (Vorkalkulation)

Je nach Bedarf wird die Angebotskalkulation als

- Vorwärtskalkulation,
- Rückwärtskalkulation oder
- als Differenzkalkulation eingesetzt.

(1) Vorwärtskalkulation

Um einen Verkauf tätigen zu können, ist es in der Praxis oft notwendig, ein Angebot mit einem verbindlichen Angebotspreis abzugeben. Das Unternehmen ist dann gezwungen, vor Beginn der Produktion eine Angebotskalkulation vorzunehmen. Die Angebotskalkulation ist in der Regel eine Vorwärtskalkulation.

In der Vorkalkulation muss mit **voraussichtlichen Kosten (Normalkosten)** gerechnet werden. Ausgehend von den Istkosten der Vergangenheit müssen daher alle bis zum Leistungsabschluss zu erwartenden Veränderungen einschließlich eines Risikozuschlags für nicht vorhersehbare Veränderungen einkalkuliert werden.

> **Normalkosten** sind die aus den Istkosten vergangener Perioden abgeleiteten durchschnittlichen Kosten.

Bei der Berechnung der Vorwärtskalkulation werden die Einzel- und Gemeinkosten unterschiedlich ermittelt und eingerechnet:

Zu den Einzelkosten	▪ Bei einer Angebotskalkulation kann der **Verbrauch von Fertigungsmaterial** aufgrund von Stücklisten ermittelt werden. Die benötigten Preise ergeben sich aus vorliegenden Preisen der Vergangenheit bzw. derzeitigen Angebotspreisen, wobei die zu erwartenden Preisänderungen zu berücksichtigen sind.
	▪ Die **Lohnkosten** ergeben sich aufgrund der Fertigungszeiten, bei denen auf Erfahrungen der Vergangenheit bzw. auf vorhandene Zeitvorgaben zurückgegriffen werden kann. Zu erwartende Lohnänderungen sind auch hier zu berücksichtigen.
Zu den Gemeinkosten	Die Gemeinkosten werden über Zuschlagssätze einkalkuliert. Diese werden innerhalb des Betriebsabrechnungsbogens ermittelt. Da man bei einer Angebotskalkulation nicht bis zum Abschluss der laufenden Geschäftsperiode warten kann, wird mit **Normalzuschlagssätzen** gearbeitet.

Beispiel:

Eine Maschinenfabrik errechnet zur Abgabe eines Angebots für eine Abfüllmaschine den Listenverkaufspreis. Es wird mit folgenden Kosten kalkuliert:

Verbrauch von Fertigungsmaterial	17 200,00 EUR	SEKF	1 400,00 EUR
Fertigungslöhne	21 400,00 EUR	SEKV	890,00 EUR

Zuschlagssätze: MGK 9 %, FGK 110 %, VerwGK 18 %, VertrGK 6 %.

Bei der Angebotskalkulation der Abfüllmaschine sollen 15% Gewinn, 7% Vertreterprovision (vom Zielverkaufspreis), 10% Einführungsrabatt und 2% Skonto einkalkuliert werden.

Aufgabe:
Berechnen Sie den Listenverkaufspreis (Nettoverkaufspreis)!

Lösung:

+	100% 9%	Materialeinzelkosten + Materialgemeinkosten	17 200,00 EUR 1 548,00 EUR	
	100% 110%	**Materialkosten** Fertigungslöhne + Fertigungsgemeinkosten	21 400,00 EUR 23 540,00 EUR	18 748,00 EUR
		Zwischensumme + Sondereinzelkosten der Fertigung (SEKF)	44 940,00 EUR 1 400,00 EUR	
		Fertigungskosten		46 340,00 EUR
	100% 18% 6%	**Herstellkosten** + Verwaltungsgemeinkosten + Vertriebsgemeinkosten + Sondereinzelkosten des Vertriebs (SEKV)	11 715,84 EUR 3 905,28 EUR 890,00 EUR	65 088,00 EUR 16 511,12 EUR
	100% 15%	**Selbstkosten** + Gewinn		81 599,12 EUR 12 239,87 EUR
	91% 7% 2%	**Barverkaufspreis** + Vertreterprovision + Kundenskonto		93 838,99 EUR 7 218,38 EUR 2 062,40 EUR
	90% 10% 100%	**Zielverkaufspreis** + Kundenrabatt		103 119,77 EUR 11 457,75 EUR
	100%	**Listenverkaufspreis (Nettoverkaufspreis)**		114 577,52 EUR

(Seitenleiste: Vorwärtskalkulation)

Erläuterungen:

■ Gewinnaufschlag

Nach der Berechnung der Selbstkosten geht es bei der Angebotskalkulation um den Gewinnaufschlag, der in Prozenten zu den Selbstkosten erfolgt. Da in den Zuschlagssätzen für die Fertigungsgemeinkosten die Eigenkapitalverzinsung, der Unternehmerlohn und die speziellen Risiken des Unternehmers bereits einkalkuliert sind, muss **über den Gewinn** das **allgemeine Unternehmerrisiko** abgedeckt werden.

Eine allgemeine Regel für die Festsetzung der Höhe des Gewinnaufschlags (Gewinnzuschlagssatz) kann man nicht geben. Sofern es sich um Produkte handelt, für die Marktpreise vorliegen, sind dem Unternehmer durch die Konkurrenzsituation enge Grenzen gesetzt. Bei nicht marktgängigen Produkten muss sich der Unternehmer mit Fingerspitzengefühl an den Angebotspreis herantasten, den der Markt hergibt.

■ Kundenskonto und Vertreterprovision

Die Kunden erwarten im Allgemeinen bei Zahlung innerhalb der Skontofrist einen Preisnachlass. Soll dieser Preisnachlass nicht zulasten des Gewinnes gehen, muss er im Angebotspreis vorher einkalkuliert werden.

Da der Kunde den Skonto vom Zielverkaufspreis berechnet, dieser also aus der Sicht des Kunden 100 % ausmacht, entspricht der Barverkaufspreis aus der Sicht des Anbieters dem verminderten Grundwert (100 % – Prozentsatz des Skontos). Der Skonto muss also durch eine „im Hundertrechnung" auf den Barverkaufspreis aufgeschlagen werden.

Da auch eine evtl. noch anfallende Vertreterprovision den Gewinn schmälern würde, muss auch diese vorher einkalkuliert werden. Beide Prozentsätze können zusammengefasst werden. Beträgt z. B. die Vertreterprovision 7 % und der Kundenskonto 2 %, entspricht der vorläufige Verkaufspreis 91 % (siehe Beispiel von S. 70!).

■ Kundenrabatt

Aus den gleichen Gründen muss auch der vom Kunden erwartete Rabatt in den Angebotspreis einkalkuliert werden. Da der Kunde den Rabatt durch eine „vom Hundertrechnung" vom Angebotspreis (Nettoverkaufspreis, Listenverkaufspreis) abzieht, muss der Anbieter ihn durch eine „im Hundertrechnung" aufschlagen. Soll z. B. der Kundenrabatt 10 % betragen, entspricht der Zielverkaufspreis bei der Angebotskalkulation 90 %.

Übungsaufgaben

26 Eine Fensterfabrik soll ein Angebot für die Lieferung eines Fensters bestimmter Größe abgeben. Bei günstigem Angebot wird die Bestellung einer größeren Menge in Aussicht gestellt.

Aufgrund der betrieblichen Unterlagen liegen folgende Kalkulationsdaten vor:

Verbrauch von Fertigungsmaterial 44,30 EUR, Fertigungslöhne 61,25 EUR, Sondereinzelkosten der Fertigung 157,66 EUR. Die Normalzuschlagssätze für die Gemeinkosten betragen: Materialgemeinkosten 6,7 %, Fertigungsgemeinkosten 157,4 %, Verwaltungsgemeinkosten 16,4 %, Vertriebsgemeinkosten 9,8 %. Außerdem sollen einkalkuliert werden: 12,5 % Gewinn, 5 % Kundenrabatt, 3 % Kundenskonto und 8 % Vertreterprovision.

Aufgabe:

Erstellen Sie das Angebot!

27 Für die Ermittlung des Angebotspreises für einen Kühlschrank liegen bei der Frost GmbH folgende Kalkulationsunterlagen vor:

Verbrauch von Fertigungsmaterial 275,80 EUR, Fertigungslöhne 330,40 EUR, Normalzuschlagssätze für MGK 35 %, FGK 85 %, VerwGK 20 %, VertrGK 18 %. Der Gewinnaufschlag wird mit 25 % angesetzt. Außerdem sollen noch 10 % Rabatt und 2 % Skonto einkalkuliert werden.

Aufgabe:

Ermitteln Sie den Angebotspreis!

28   Zur Herstellung einer Spezialmaschine rechnet ein Industriebetrieb mit folgenden Kosten: Verbrauch von Fertigungsmaterial 8 420,00 EUR; Fertigungslöhne 3 720,00 EUR. Aus der Kostenstellenrechnung werden die folgenden Zuschlagssätze (Normalzuschlagssätze) entnommen: Materialzuschlag (MGK) 10,5 %, Lohnzuschlag (FGK) 145 %, Verwaltungs- und Vertriebsgemeinkostenzuschlag 13,7 %. Die Sondereinzelkosten der Fertigung betragen 890,00 EUR.

Aufgaben:

1. Berechnen Sie die Selbstkosten!

2. Die Maschine wird unter Einrechnung von 12 % Gewinn, von 15 % Kundenrabatt und 2 % Kundenskonto angeboten.
   Ermitteln Sie den Listenverkaufspreis!

29   Im BAB einer Möbelfabrik wurden für die Kostenstellen folgende Gemeinkosten errechnet:

Material	Fertigung	Verwaltung	Vertrieb
9 180,00 EUR	179 400,00 EUR	60 955,92 EUR	37 693,50 EUR

Für den gleichen Zeitraum wurden außerdem folgende Daten ermittelt: Fertigungslöhne 195 000,00 EUR, Verbrauch von Fertigungsmaterial 108 000,00 EUR, Bestandsmehrung an unfertigen Erzeugnissen 14 000,00 EUR, Bestandsminderung an fertigen Erzeugnissen 25 000,00 EUR.

Aufgaben:

1. Berechnen Sie die Zuschlagssätze für die Gemeinkosten!

2. Ermitteln Sie mit den errechneten Zuschlagssätzen den Listenverkaufspreis für eine Büroanbauwand!
   Es wird mit folgenden Daten gerechnet: Fertigungsmaterial 480,00 EUR, Fertigungslöhne 760,00 EUR, SEKF 120,00 EUR, Gewinnzuschlag 20 %, Kundenskonto 3 %, Vertreterprovision 9 %, Kundenrabatt 15 %.

30   Der BAB einer Lederfabrik enthält für den Monat März folgende Angaben über die Gemeinkosten:

Material	Fertigung	Verwaltung	Vertrieb
42 100,50 EUR	785 680,00 EUR	224 035,00 EUR	173 118,00 EUR

An Einzelkosten fallen an:

Verbrauch von Fertigungsmaterial	647 700,00 EUR
Fertigungslöhne	561 200,00 EUR

Aufgaben:

1. Berechnen Sie die Zuschlagssätze!

2. Berechnen Sie den Listenverkaufspreis eines Auftrages, für den folgende Angaben vorliegen: Fertigungsmaterial 1 040,00 EUR, Fertigungslöhne 35 Stunden zu je 78,50 EUR, Gewinnzuschlag 20 %, Vertreterprovision 5 %, Kundenskonto 2 % und Kundenrabatt 10 %!

(2) Rückwärtskalkulation (retrograde Kalkulation)

Liegt der Listenverkaufspreis aufgrund der gegebenen Markt- bzw. Konkurrenzsituation fest, so eignet sich das Kalkulationsschema in umgekehrter Richtung **von unten nach oben** zur Errechnung der aufwendbaren Materialeinzelkosten **(retrograde Kalkulation;**

Rückwärtskalkulation). Dabei werden bei vorgegebenen Kalkulationsbedingungen die Materialeinzelkosten errechnet, die höchstens gezahlt werden dürfen, um den angestrebten Gewinn zu erreichen.

Beispiel:

Aufgrund der Marktsituation muss die Maschinenfabrik Ottmar Zeh OHG eine Schleifmaschine zum Listenverkaufspreis in Höhe von 127 480,00 EUR anbieten. Die Maschinenfabrik muss branchenüblich 10 % Kundenrabatt und 2 % Kundenskonto gewähren. Die einzurechnende Vertreterprovision vom Zielverkaufspreis beläuft sich auf 7 %. Es soll ein Gewinn von 15 % erzielt werden.

Es wird mit folgenden Kosten kalkuliert:

Fertigungslöhne 19 800,00 EUR, SEKF 900,00 EUR, SEKV 940,00 EUR

Zuschlagssätze lt. BAB dieser Abrechnungsperiode:

| MGK | 8,5 % | FGK | 108 % | VerwGK | 19 % | VertrGK | 6,8 % |

Aufgabe:
Berechnen Sie, wie viel EUR die Materialeinzelkosten höchstens betragen dürfen!

Lösung:[1]

100 %		Materialeinzelkosten	27 038,94 EUR	
8,5 %		– Materialgemeinkosten	2 298,31 EUR	
108,5 %		**Materialkosten**		29 337,25 EUR
	100 %	Fertigungslöhne	19 800,00 EUR	
	108 %	+ Fertigungsgemeinkosten	21 384,00 EUR	
	208 %	Zwischensumme	41 184,00 EUR	
		+ Sondereinzelkosten d. Fertigung	900,00 EUR	
		Fertigungskosten		42 084,00 EUR
100 %		**Herstellkosten**		71 421,25 EUR
19 %		– Verwaltungsgemeinkosten	13 570,04 EUR	
6,8 %		– Vertriebsgemeinkosten	4 856,64 EUR	18 426,68 EUR
125,8 %		Zwischensumme		89 847,93 EUR
		– Sondereinzelkosten des Vertriebs		940,00 EUR
	100 %	**Selbstkosten**		90 787,93 EUR
	15 %	– Gewinn		13 618,19 EUR
91 %	115 %	**Barverkaufspreis**		104 406,12 EUR
7 %		– Vertreterprovision	8 031,24 EUR	
2 %		– Kundenskonto	2 294,64 EUR	10 325,88 EUR
100 %	90 %	**Zielverkaufspreis**		114 732,00 EUR
	10 %	– Kundenrabatt		12 748,00 EUR
	100 %	**Listenverkaufspreis (Nettoverkaufspreis)**		127 480,00 EUR

Ergebnis: Die Materialeinzelkosten dürfen höchstens 27 038,94 EUR betragen.

---

1 Die Rechenzeichen verstehen sich aus der Sicht der Rückwärtsrechnung.

Allgemeiner Rechenweg:

■ Stellen Sie zuerst das Kalkulationsschema von **oben nach unten** auf und tragen Sie die in der Aufgabe vorgegebenen Prozentsätze und EUR-Beträge ein.

■ Überlegen Sie bei jedem Rechenschritt, ob es sich bei der Rückwärtsrechnung um eine Rechnung **vom Hundert** (Kundenrabatt, Vertreterprovision, Kundenskonto) oder **auf Hundert** (Gewinn, VerwGK, VertrGK, MGK) handelt.

■ **Sonderfall: Berechnung der Fertigungskosten.** Sofern Sondereinzelkosten der Fertigung vorliegen, müssen zunächst die Fertigungskosten in einer Zwischenrechnung im Rahmen einer Vorwärtskalkulation ermittelt (Fertigungslöhne + Fertigungsgemeinkosten = Zwischensumme + Sondereinzelkosten der Fertigung) und von den in der Rückwärtsrechnung ermittelten Herstellkosten subtrahiert werden.

■ **Überprüfen** Sie das Ergebnis durch eine **Vorwärtskalkulation**.

Übungsaufgaben

31 Aufgrund der starken Konkurrenz können wir eine Maschine für höchstens 55000,00 EUR verkaufen. Es liegen folgende Kalkulationsdaten vor:

Fertigungslöhne		4800,00 EUR	
Sondereinzelkosten des Vertriebs		300,00 EUR	
Sondereinzelkosten der Fertigung		500,00 EUR	
Kundenskonto	2%	Verwaltungsgemeinkosten	10%
Vertriebsgemeinkosten	15%	Fertigungsgemeinkosten	450%
Gewinnzuschlag	12,5%	Kundenrabatt	10%
Materialgemeinkosten	25%	Vertreterprovision (vom Zielverkaufspreis)	3%

Aufgabe:
Berechnen Sie die aufwendbaren Kosten für das Fertigungsmaterial!

32 Eine Druckerei erhält eine Anfrage, ob ein Posten Prospekte zu einem Nettopreis von 15500,00 EUR gedruckt werden kann.

Somit entsteht die Frage, wie viel EUR dürfen die Papierkosten höchstens betragen, wenn folgende Kosten anfallen: Fertigungslöhne 2800,00 EUR, FGK 94%, MGK 8%, SEKF 560,00 EUR, VerwGK 18%, VertrGK 7%. Der Kunde erwartet einen Nachlass von 2% Skonto.

Aufgabe:
Berechnen Sie die höchstmöglichen Papierkosten, wenn ein Gewinn von 10% erwirtschaftet werden soll!

33 Der neue Wohnwagen „Family" soll den Händlern zum Listenverkaufspreis von 24450,00 EUR angeboten werden. Die Kalkulationssätze des Wohnwagenherstellers sind: 7% Materialgemeinkosten, 110% Fertigungsgemeinkosten, 10% Verwaltungsgemeinkosten, 6% Vertriebsgemeinkosten, 9% Gewinn, 2% Kundenskonto und 20% Kundenrabatt. Die anfallenden Fertigungslöhne betragen 4360,00 EUR.

Aufgabe:
Ermitteln Sie die Kosten für das erforderliche Fertigungsmaterial!

(3) Differenzkalkulation

Häufig verhindert es die „Marktlage", dass der Unternehmer weder die Kosten seines Materialeinsatzes noch seinen Listenverkaufspreis gestalten kann. In diesem Fall muss es das Ziel der Kalkulation sein festzustellen, ob der so erwirtschaftete Gewinn ausreichend ist.

Wird die Höhe des anfallenden Gewinnes errechnet, sprechen wir von **Differenzkalkulation**.[1] Da sowohl die **Kosten** als auch der **Listenverkaufspreis** festliegen, muss von **beiden** Werten aus mit dem Rechenweg begonnen werden, und zwar einmal als **Vorwärtskalkulation** (von den Materialeinzelkosten bis zu den Selbstkosten) und zum anderen als **Rückwärtskalkulation** (vom Listenverkaufspreis bis zum Barverkaufspreis).

Beispiel:

Bei der Herstellung eines Wäschetrockners fielen 280,00 EUR Materialeinzelkosten und 160,00 EUR Fertigungslöhne an. Es wird mit folgenden Zuschlagssätzen gerechnet: MGK 11%, FGK 120%, VerwGK 10,5%, VertrGK 6%, SEKV 40,00 EUR.

Aufgabe:

Ermitteln Sie, mit welchem Gewinn in EUR und in Prozent der Hersteller rechnen kann, wenn er 12% Vertreterprovision (vom Zielverkaufspreis), 3% Kundenskonto und 15% Kundenrabatt einrechnet und einen Listenverkaufspreis von 1 259,00 EUR ansetzt!

Lösung:

100%		Materialeinzelkosten	280,00 EUR		**Vorwärts-**
11%		+ Materialgemeinkosten	30,80 EUR		**kalkulation**
		Materialkosten		310,80 EUR	+
→	100%	Fertigungslöhne	160,00 EUR		
	120%	+ Fertigungsgemeinkosten	192,00 EUR		
		Fertigungskosten		352,00 EUR	
100 %	←	**Herstellkosten**		662,80 EUR	
10,5%		+ Verwaltungsgemeinkosten	69,59 EUR		
6 %		+ Vertriebsgemeinkosten	39,77 EUR	109,36 EUR	**Berechnung**
		Zwischensumme		772,16 EUR	**des Gewinn-**
		+ Sondereinzelk. d. Vertriebs (SEKV)		40,00 EUR	**zuschlagssatzes**
→	100%	**Selbstkosten**		812,16 EUR	812,16 EUR ≙ 100%
	x%	– Gewinn		97,47 EUR	97,47 EUR ≙ x %
85%		**Barverkaufspreis**		909,63 EUR	
12%		– Vertreterprovision	128,42 EUR		$x = \dfrac{100 \cdot 97,47}{812,16} = \underline{\underline{12\%}}$
3%		– Kundenskonto	32,10 EUR	160,52 EUR	
100%	85%	**Zielverkaufspreis**		1 070,15 EUR	
	15%	– Kundenrabatt		188,85 EUR	**Rückwärts-**
	100%	**Listenverkaufspreis**			**kalkulation**
		(Nettoverkaufspreis)		1 259,00 EUR	–

Ergebnis: Der Hersteller kann mit einem Gewinn von 12%, das sind 97,47 EUR, rechnen.

---

[1] Die Differenz zwischen Barverkaufspreis und Selbstkosten stellt den Gewinn/Verlust dar. Wir sprechen daher auch von **Gewinnkalkulation**.

Allgemeiner Rechenweg:

■ Stellen Sie zuerst das Kalkulationsschema **von oben nach unten** auf und tragen Sie die in der Aufgabe vorgegebenen Prozentsätze und EUR-Beträge ein!

■ Kennzeichnen Sie den Rechenweg durch Pfeile und errechnen Sie stufenweise durch **Vorwärtskalkulation** die **Selbstkosten** bzw. durch **Rückwärtskalkulation** den **Barverkaufspreis**!

■ Ermitteln Sie den **Gewinn** als **Differenz zwischen dem Barverkaufspreis und den Selbstkosten**!

■ Berechnen Sie anschließend den **Gewinn in Prozent zu den Selbstkosten** (Gewinnzuschlagssatz)!

Übungsaufgaben

34 1. Eine Maschinenfabrik kalkuliert eine Fräsmaschine nach folgenden Angaben:

– Verbrauch v. Fertigungsmaterial	7 350,00 EUR	– MGK	12 %
– Fertigungslohn 58 Std. zu je	52,00 EUR	– FGK	15 %
– Fremdarbeiten 48 Std. zu je	95,00 EUR	– VerwGK + VertrGK	25 %
– Konstruktionszeichnung	400,00 EUR	– Kundenskonti	3 %
		– Vertreterprovision	5 %

Die Maschinenfabrik verkauft die Fräsmaschine für 24 500,00 EUR netto.

Aufgabe:

Ermitteln Sie den Gewinn in EUR und in Prozent!

2. Eine Möbelfabrik stellt für den Ausbau von zwei Büroräumen folgende Kalkulationsgrundlagen fest:

Verbrauch von Fertigungsmaterial: 9 400,00 EUR
Fertigungslöhne: 16 200,00 EUR

Gemeinkostenzuschläge:	MGK	12,4 %	VerwGK	6 %
	FGK	104 %	VertrGK	8 %

Es wird mit 18 % Gewinn, 5 % Vertreterprovision vom Zielverkaufspreis und 2 % Kundenskonto gerechnet.

Aufgaben:

2.1 Berechnen Sie den Angebotspreis!

2.2 Ein Konkurrenzunternehmen hat ein Angebot von 62 084,97 EUR unterbreitet.
Ermitteln Sie, wie viel Gewinn in EUR und in Prozent der Möbelfabrik verbleiben, wenn der Angebotspreis der Konkurrenz um 800,00 EUR unterboten werden soll!

35 Ein Fahrradhersteller produziert die Modelle Alpha und Beta. Die Absatzmenge für Produkt Alpha beträgt 500 Stück bei 200,00 EUR Herstellkosten je Stück. Die Absatzmenge für Produkt Beta beträgt 1 500 Stück bei 300,00 EUR Herstellkosten je Stück. Die Produktionskapazität ist damit voll ausgelastet.

An Verwaltungsgemeinkosten sind insgesamt 71 500,00 EUR angefallen.

In der Kostenstelle Vertrieb sind insgesamt 55 000,00 EUR Kosten aufgelaufen. Die Kostenstelle Vertrieb ist für beide Produkte tätig. Alle Produkte werden einzeln verkauft. Die Tätigkeiten im Rahmen der Verwaltungs- und Verkaufsprozesse sind bei beiden Produkten stets die gleichen. Die maximale Kapazität der Vertriebsabteilung beträgt 2 500 Verkaufsvorgänge.

Aufgabe:

Berechnen Sie die Selbstkosten je Stück!

5.4.2.3 Anwendung der Zuschlagskalkulation als Nachkalkulation[1]

In der **Vorkalkulation** konnte nur mit voraussichtlichen Kosten **(Normalkosten)** gerechnet werden. Nach Fertigstellung des Auftrags können die tatsächlich angefallenen Kosten **(Istkosten)** ermittelt und den vorkalkulierten Kosten gegenübergestellt werden **(Nachkalkulation)**.

Beispiel:

Die Nachkalkulation für die erstellte Abfüllmaschine (vgl. S. 69 f.) ergab folgende Kosten:

Verbrauch von Fertigungsmaterial	17 500,00 EUR	SEKF	900,00 EUR
Fertigungslöhne	19 800,00 EUR	SEKV	940,00 EUR
Istzuschlagssätze lt. BAB	MGK 8,5 %	VerwGK	19 %
dieser Abrechnungsperiode:	FGK 108 %	VertrGK	6,8 %

Der in der Vorkalkulation (Angebotskalkulation) auf S. 70 ermittelte Listenverkaufspreis in Höhe von 114 577,52 EUR ist der verbindliche Angebotspreis.

Aufgabe:

Berechnen Sie den Erfolg in EUR und Prozent, der an dem abgewickelten Auftrag erwirtschaftet wurde!

Lösung:

	Vorkalkulation			Nachkalkulation		
Materialeinzelkosten		17 200,00 EUR			17 500,00 EUR	
Materialgemeinkosten	9 %	1 548,00 EUR		8,5 %	1 487,50 EUR	
Materialkosten			18 748,00 EUR			18 987,50 EUR
Fertigungslöhne		21 400,00 EUR			19 800,00 EUR	
Fert.-Gemeinkosten	110 %	23 540,00 EUR		108 %	21 384,00 EUR	
Sondereinzelkosten der Fertigung (SEKF)		1 400,00 EUR			900,00 EUR	
Fertigungskosten			46 340,00 EUR			42 084,00 EUR
Herstellkosten			65 088,00 EUR			61 071,50 EUR
Verw.-Gemeinkosten	18 %	11 715,84 EUR		19 %	11 603,59 EUR	
Vertr.-Gemeinkosten	6 %	3 905,28 EUR		6,8 %	4 152,86 EUR	
Sondereinzelkosten des Vertriebs (SEKV)		890,00 EUR	16 511,12 EUR		940,00 EUR	16 696,45 EUR
Selbstkosten			81 599,12 EUR			77 767,95 EUR
Gewinn	15 %		12 239,87 EUR			16 071,04 EUR
Barverkaufspreis			93 838,99 EUR			93 838,99 EUR
Vertreterprovision	7 %		7 218,38 EUR			
Kundenskonto	2 %		2 062,40 EUR			
Zielverkaufspreis			103 119,77 EUR			
Kundenrabatt	10 %		11 457,75 EUR			
Listenverkaufspreis (Nettoverkaufspreis)			114 577,52 EUR			

Berechnung des Gewinnsatzes:

77 767,95 ≙ 100 %
16 071,04 ≙ x %
x = 20,67 %

Die **Abweichungen** bei den Kosten in der Vor- und in der Nachkalkulation beruhen einerseits auf **unterschiedlichen Einzelkosten** (z.B. durch Preisänderungen bei den Werkstoffen oder durch Erhöhung des Stundenlohns) und andererseits auf den **unterschiedlichen Zuschlagssätzen** in der Vor- und Nachkalkulation.

---

1 Prinzipiell ist es möglich, im Rahmen der Nachkalkulation die Vorwärtskalkulation, die Rückwärtskalkulation und die Differenzkalkulation einzusetzen. Allerdings kommt in der Praxis in aller Regel nur die Differenzkalkulation zum Einsatz, da der Unternehmer insbesondere daran interessiert ist, den tatsächlich erzielten Gewinn zu erfahren.

Die **Nachkalkulation** dient zum einen der **Kostenkontrolle** und zum anderen ist sie Anlass, die **Abweichungen** zwischen Vor- und Nachkalkulation zu überprüfen und die Ursachen hierfür zu analysieren.

Übungsaufgaben

36 Erstellen Sie zur Aufgabe 26 eine Nachkalkulation!

Nach Fertigstellung des Auftrages und der Ermittlung der Istzuschlagssätze aufgrund des erstellten BABs ergaben sich folgende Werte: Verbrauch von Fertigungsmaterial 56,30 EUR, Fertigungslöhne 65,20 EUR, Sondereinzelkosten der Fertigung 162,68 EUR. Die Istzuschlagssätze für die Gemeinkosten betrugen: MGK 6,9 %, FGK 149,5 %, VerwGK 17,4 %, VertrGK 9,5 %.

Aufgabe:

Stellen Sie bei einem unveränderten Angebotspreis den tatsächlichen Gewinn in EUR und in Prozent fest!

37 Erstellen Sie zur Aufgabe 27 eine Nachkalkulation!

An Istkosten fielen an: Verbrauch von Fertigungsmaterial 260,75 EUR, Fertigungslöhne 310,80 EUR. Die Istzuschlagssätze für die Gemeinkosten betrugen: MGK 32,5 %, FGK 79,5 %, VerwGK 21,5 %, VertrGK 17,2 %.

Aufgaben:

1. Ermitteln Sie den Gewinn in EUR und in Prozent, wenn sich der Angebotspreis nicht verändert!
2. Berechnen Sie, auf welchen Betrag der Listenverkaufspreis (Nettoverkaufspreis) bei sonst gleichbleibenden Kalkulationsgrundlagen im Falle einer starken Preiskonkurrenz notfalls herabgesetzt werden könnte!

38 Erstellen Sie zur Aufgabe 28 eine Nachkalkulation! Die Istkostenrechnung ergab folgende Kalkulationsdaten:

Verbrauch von Fertigungsmaterial 8 720,00 EUR; Fertigungslöhne 3 165,00 EUR; Istzuschlagssätze: MGK 10,4 %, FGK 151 %; VerwGK/VertrGK 14,9 %. Die Sondereinzelkosten der Fertigung betrugen 795,00 EUR. Kundenrabatt und Kundenskonto wurden mit den angegebenen Prozentsätzen gewährt. Der Listenverkaufspreis betrug 29 517,06 EUR.

Aufgabe:

Berechnen Sie den tatsächlich erzielten Gewinn in EUR und in Prozent!

39 Erstellen Sie zur Aufgabe 29 eine Nachkalkulation! Die Istkostenrechnung ergab folgende Kalkulationsdaten:

Gemeinkosten	Material	Fertigung	Verwaltung	Vertrieb
Istgemeinkosten	9 936,00 EUR	181 935,00 EUR	56 910,00 EUR	36 929,00 EUR

Die Einzelkosten und die Bestandsveränderungen bleiben unverändert.

Aufgaben:

1. Berechnen Sie die Istzuschlagssätze für die Gemeinkosten!
2. Führen Sie mit den errechneten Istzuschlagssätzen für die Büroanbauwand eine Nachkalkulation durch! Die übrigen Kalkulationsdaten bleiben unverändert. Es wurde ein Barverkaufspreis von 3 021,48 EUR erzielt.

5.4.2.4 Zuschlagskalkulation mit Maschinenstundensätzen

(1) Grundlagen zur Berechnung von Maschinenstundensätzen

Durch die fortschreitende Mechanisierung der Betriebe gewinnt die Maschinenstundensatzkalkulation immer größere Bedeutung. In dem Maße wie Personal immer mehr durch Maschinen ersetzt wird, vergrößert sich der Anteil der maschinenabhängigen Gemeinkosten gegenüber den lohnabhängigen Gemeinkosten. Daher ist es im Sinne einer genaueren Kalkulation erforderlich, die **Fertigungsgemeinkosten** in die **maschinenabhängigen** und in die **lohnabhängigen Fertigungsgemeinkosten (Rest-Fertigungsgemeinkosten)** aufzuteilen.

Für die **maschinenabhängigen Fertigungsgemeinkosten** werden die **Maschinenlaufzeiten** als Bezugsgrundlage gewählt, für die **lohnabhängigen Rest-Fertigungsgemeinkosten** wie bisher die **Fertigungslöhne**.

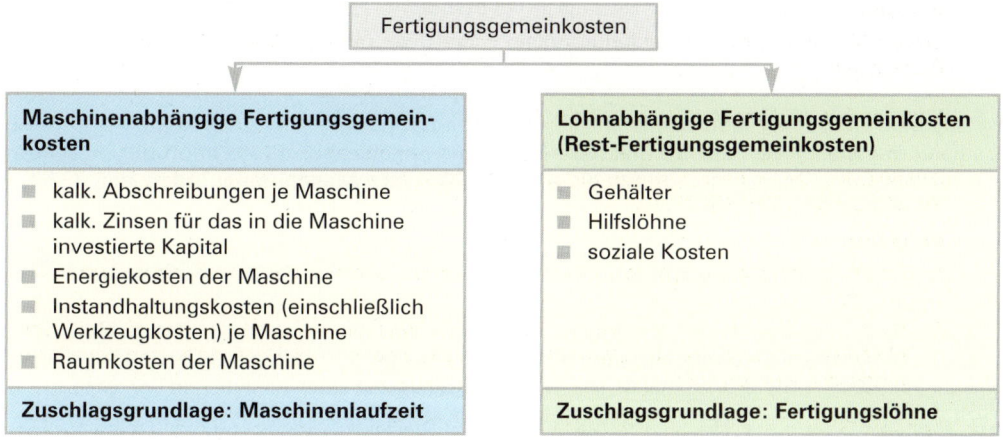

Sind in einem Betrieb **unterschiedlich teure Maschinen** vorhanden, die bei der Herstellung der einzelnen Erzeugnisse aufgrund der verschiedenartigen Produktionsverfahren **unterschiedlich lange beansprucht** werden, so ist es erforderlich, die Maschinenkosten für jede Maschine bzw. Maschinenart gesondert zu erfassen.

> Werden die anfallenden maschinenabhängigen Gemeinkosten auf die Maschinenlaufzeit bezogen, so erhält man den **Maschinenstundensatz**.

(2) Berechnung von Maschinenstundensätzen

Der erste Schritt bei der Berechnung der Maschinenstundensätze besteht in der Ermittlung der effektiv für die Produktion der Erzeugnisse angefallenen Maschinenlaufzeit.

Maximale Laufzeit	Ausfallzeit
	Effektive Laufzeiten

Für die Maschinen in einem Industriebetrieb mit 37,5-Stunden-Woche und 7,5 Stunden täglicher Arbeitszeit fallen im laufenden Jahr Stillstandszeiten durch 14 Feiertage, 22 Urlaubstage, 6 Krankheitstage sowie 35 Ausfallstunden für Instandhaltung an.

Aufgabe:
Berechnen Sie die effektive Maschinenlaufzeit!

Lösung:

Maximal mögliche Maschinenlaufzeit (52 Wochen zu 37,5 Stunden)		1 950 Std.
– Instandhaltungszeit		35 Std.
– Stillstandszeiten	14 Feiertage zu 7,5 Stunden	105 Std.
	22 Urlaubstage zu 7,5 Stunden	165 Std.
	6 Krankheitstage zu 7,5 Stunden	45 Std.
= effektive Maschinenlaufzeit im laufenden Jahr		1 600 Std.

Im zweiten Schritt werden zunächst die maschinenabhängigen Gemeinkosten durch die Laufzeit der Maschine/Periode dividiert. Durch die anschließende Addition der einzelnen Gemeinkosten je Maschinenstunde erhält man dann den Maschinenstundensatz.

Die Anschaffungskosten der Beschichtungsmaschine belaufen sich auf 214 500,00 EUR. Es wird von Wiederbeschaffungskosten in Höhe von 234 000,00 EUR ausgegangen. Die Nutzungsdauer wird mit 13 Jahren angesetzt. Die jährliche Maschinenlaufzeit beträgt 1 600 Stunden. Kalkulatorisch wird nach der linearen Abschreibungsmethode abgeschrieben. Es wird mit einem kalkulatorischen Zinssatz von 8 % gerechnet. Für die Gesamtnutzungsdauer der Maschine werden die Instandhaltungskosten auf 62 400,00 EUR geschätzt. Der Raumkostensatz beträgt pro Jahr und m^2 212,00 EUR. Die Maschine hat einen Raumbedarf von 24,50 m^2. Der Strombedarf der Maschine beträgt 45 kWh, der Strompreis 0,18 EUR je kWh.

Aufgabe:
Berechnen Sie den Maschinenstundensatz der Beschichtungsmaschine!

Lösung:

Abschreibungen je Maschinenstunde:

Für die Berechnung der Abschreibung wird die kalkulatorische Abschreibung herangezogen. Berechnungsgrundlage sind die Wiederbeschaffungskosten.

$$\text{Abschreibungsbetrag je Maschinenstunde} = \frac{234\,000}{13 \cdot 1\,600} = \underline{\underline{11,25 \text{ EUR}}}$$

$$\frac{\text{Abschreibungsbetrag}}{\text{je Maschinenstunde}} = \frac{\text{Wiederbeschaffungskosten}}{\text{Nutzungsdauer} \cdot \text{Laufzeit/Jahr}}$$

Zinskosten je Maschinenstunde:

Üblicherweise wird für die Berechnung der kalkulatorischen Zinsen das Durchschnittsverfahren benutzt, d.h., bei der Berechnung der jährlichen Zinsen wird jeweils von den halben Anschaffungskosten[1] ausgegangen.

$$\text{Zinskosten je Maschinenstunde} = \frac{214\,500 \cdot 8}{2 \cdot 100 \cdot 1\,600} = \underline{\underline{5,36 \text{ EUR}}}$$

$$\frac{\text{Zinskosten}}{\text{je Maschinenstunde}} = \frac{^1/_2 \text{ Anschaffungskosten} \cdot \text{kalk. Zinssatz}}{100 \cdot \text{Laufzeit/Jahr}}$$

Instandhaltungskosten je Maschinenstunde:

Die auf eine Maschine entfallenden Instandhaltungskosten (Reparaturen, Werkzeuge, Wartung) sind nicht exakt voraussehbar. Man muss daher auf die Angaben des Herstellers oder auf Erfahrungswerte der Vergangenheit zurückgreifen.

$$\text{Instandhaltungskosten je Maschinenstunde} = \frac{62\,400}{13 \cdot 1\,600} = \underline{\underline{3,00 \text{ EUR}}}$$

$$\frac{\text{Instandhaltungskosten}}{\text{je Maschinenstunde}} = \frac{\text{gesamte Instandhaltungskosten}}{\text{Nutzungsdauer} \cdot \text{Laufzeit/Jahr}}$$

Raumkosten je Maschinenstunde:

Die Raumkosten einer Maschine sind abhängig vom Raumbedarf und vom Raumkostensatz.

- ■ Der **Raumbedarf** einer Maschine (gemessen in m^2) umfasst die Grundfläche der Maschine, Bedienungsflächen sowie die Abstellfläche für die Werkstücke.
- ■ Im **Raumkostensatz** werden die anteiligen Abschreibungen, Zinsen, Instandhaltungskosten für Gebäude, ferner die anteiligen Heizungs-, Licht-, Klimatisierungs- und Versicherungskosten sowie die anteiligen personellen Kosten erfasst.

$$\text{Raumkosten je Maschinenstunde} = \frac{24,50 \cdot 212,00}{1\,600} = \underline{\underline{3,25 \text{ EUR}}}$$

$$\frac{\text{Raumkosten}}{\text{je Maschinenstunde}} = \frac{\text{Raumbedarf je Maschine} \cdot \text{Raumkostensatz je Maschine}}{\text{Laufzeit/Jahr}}$$

Energiekosten je Maschinenstunde:

Der Energieverbrauch einer Maschine ist je nach Energieart in Litern/Stunde (z.B. Diesel, Benzin), in m^3/Stunde (z.B. Gas, Dampf) oder in kWh (Strom) anzugeben. Der durchschnittliche Energieverbrauch wird vom Hersteller der Maschine in aller Regel in der Betriebsanleitung ausgewiesen. Allerdings ist in der Praxis davon auszugehen, dass der tatsächliche Energieverbrauch nicht mit 100% anzusetzen ist, da eine Maschine im Durchschnitt nicht mit der vollen Leistungsfähigkeit belastet wird.

Bei der Berechnung der Energiekosten geht man von der Annahme (Fiktion) aus, dass sich die Energiekosten proportional zu der tatsächlichen Leistungsaufnahme verhalten.

$$\text{Energiekosten je Maschinenstunde}[2] = 45 \cdot 0,18 = \underline{\underline{8,10 \text{ EUR}}}$$

---

1 Statt der Anschaffungskosten können auch die Wiederbeschaffungskosten angesetzt werden.
2 Eine allgemeine Formel zur Berechnung der Energiekosten je Maschinenstunde kann nicht angeboten werden.

6 Speth u.a. - ISBN 978-3-8120-0537-1

(3) Ermittlung des Maschinenstundensatzes

Der **Maschinenstundensatz** ergibt sich aus der Addition der einzelnen maschinenabhängigen Kosten je Stunde.

Maschinenstundensatz: $11{,}25 + 5{,}36 + 3{,}00 + 3{,}25 + 8{,}10 = \underline{\underline{30{,}96 \text{ EUR}}}$

Übungsaufgabe

40 1. Die Kosten- und Leistungsrechnung einer Metallwarenfabrik weist für die Maschinengruppe Formpresse folgende Daten aus:

Das Unternehmen arbeitet mit 8 gleichartigen Formpressen. Die Anschaffungskosten einer Formpresse betragen 32600,00 EUR. Die jährliche Arbeitszeit in der Abteilung beträgt 240 Tage, die tägliche Arbeitszeit 8,5 Stunden. An Ausfallzeit (Leerstunden) sind für die Abteilung 220 Arbeitsstunden anzusetzen.

Die kalkulatorische Nutzungsdauer[1] beträgt 8 Jahre. Die Wiederbeschaffungskosten je Maschine werden mit 36400,00 EUR angesetzt. Kalkulatorisch wird linear abgeschrieben.

Als Zinssatz für das in die Maschinen investierte Kapital sind 7,5 % von den halben Anschaffungskosten zu veranschlagen.

Für die Instandhaltung aller Formpressen sind jährlich 48594,00 EUR zu berücksichtigen.

Der Raumbedarf je Formpresse beträgt 32 m². Als Raumkostensatz werden je m² 164,00 EUR pro Jahr angesetzt.

Der Strombedarf für eine Formpresse beträgt 72 kWh, der Strompreis 0,16 EUR je kWh.

Aufgabe:

Berechnen Sie den Maschinenstundensatz für eine Formpresse!

2. In einer Möbelfabrik sind drei Maschinengruppen vorhanden.

Maschinen-gruppe	Anzahl	Wiederbeschaf-fungskosten/Stück	Nutzungsdauer in Jahren	kWh-Verbrauch	m²-Be-darf
Sägemaschine	10	42000,00 EUR	8	12	24
Schleifmaschine	8	28000,00 EUR	10	14	16
Hobelmaschine	14	56000,00 EUR	12	16	26

Der Quartals-BAB weist folgende Gemeinkosten aus:

Kostenstelle Werkstattgebäude (4200 m²)   37800,00 EUR
Kostenstelle Heizung (beheizte Fläche 3700 m²)   13320,00 EUR

Die kalkulatorischen Zinsen betragen 9 %. Sie werden von den halben Wiederbeschaffungskosten berechnet. Die gesamten (geschätzten) Instandhaltungskosten belaufen sich bei der Maschinengruppe Sägemaschine auf 20 %, bei der Maschinengruppe Schleifmaschine auf 25 % und bei der Maschinengruppe Hobelmaschine auf 30 % der Wiederbeschaffungskosten. Es wird die lineare Abschreibungsmethode verwendet.

Der Strompreis beträgt 0,16 EUR je kWh.

Aufgaben:

2.1 Berechnen Sie die Maschinenstundensätze, wenn jährlich je Maschine 2400 Laufstunden anfallen!

2.2 Berechnen Sie die gesamten monatlichen Maschinenkosten, wenn alle Maschinen je Monat 200 Betriebsstunden gelaufen sind!

---

1 Das ist die erwartete Nutzungsdauer, mit der das Unternehmen kalkuliert.

(4) Behandlung der Rest-Fertigungsgemeinkosten

Im Rahmen des BAB werden die Gemeinkosten der Fertigung aufgeteilt in maschinenabhängige Gemeinkosten und in lohnabhängige Rest-Fertigungsgemeinkosten. Als Bezugsgrundlage für die maschinenabhängigen Fertigungsgemeinkosten werden die Maschinenlaufzeiten gewählt, für die lohnabhängigen Rest-Fertigungsgemeinkosten die Fertigungslöhne.

Bei der Anwendung der Zuschlagskalkulation mit Maschinenstundensätzen ändert sich z. B. die Kostenstelle Fertigung im BAB wie folgt:

Fertigung					
Gemein-kosten	Maschinenabhängige Gemeinkosten			Lohnabhängige Gemeinkosten (Rest-Fertigungsgemeinkosten)	
	Maschine I	Maschine II	Maschine III		
Summe der Gemeinkosten	13 632,00 EUR	14 892,00 EUR	7 728,00 EUR		21 981,60 EUR
effektive Laufzeit	160 Std.	120 Std.	140 Std.	Fertigungs-löhne	28 400,00 EUR
Maschinen-Std.-Satz	85,20 EUR	124,10 EUR	55,20 EUR	Rest-FGK-Satz	77,4 %

- Maschinenstundensatz $= \dfrac{\text{maschinenabhängige Gemeinkosten}}{\text{effektive Maschinenlaufzeit}}$

- Rest-Fertigungsgemeinkostensatz $= \dfrac{\text{Rest-FGK} \cdot 100}{\text{Fertigungslöhne}}$

Übungsaufgabe

41 Die Zinngießerei Clemens Altaner GmbH möchte ihre Kosten genauer erfassen und deshalb den BAB in Maschinenkosten und Rest-Fertigungsgemeinkosten aufgliedern. Die Kosten- und Leistungsrechnung weist bisher folgende Daten auf:

Ausschnitt aus dem BAB:

Kostenarten	Fertigung		
	Summe der Gemeinkosten	Maschinen-kosten	Rest-Fertigungs-gemeinkosten
Hilfsstoffe	571 800,00		
Betriebsstoffe	223 400,00		
Energiekosten	114 980,00	_____	
Personalkosten	739 545,00		
Instandhaltungskosten	268 820,00	_____	
Betriebssteuern	96 300,00		
Raumkosten	77 245,30	_____	
Abschreibungen	1 591 885,12	_____	
Zinsen	81 140,00	_____	

Maschinenbestand (gleiche Kostenstruktur)	Wiederbeschaffungs- kosten je Maschine	Nutzungs- dauer	Raumbedarf in m^2 je Maschine	Strombedarf in kWh je Maschine
12	62 000,00	8	30	18

Die jährliche Arbeitszeit beträgt 260 Tage, die tägliche Arbeitszeit 8 Stunden. An Leerstunden sind monatlich 8 Arbeitsstunden anzusetzen.

Der Zinssatz für das investierte Kapital beläuft sich auf 7,5 %. Die Anschaffungskosten je Maschine betragen 60 500,00 EUR.

Die jährlichen Instandhaltungskosten betragen 4 600,00 EUR je Maschine (Schätzung).

Es wird kalkulatorisch nach der linearen Abschreibungsmethode abgeschrieben.

Der Raumkostensatz je m^2 beträgt 99,20 EUR jährlich. Der Strompreis beträgt 0,19 EUR je kWh.

Aufgaben:

1. Berechnen Sie den Maschinenstundensatz je Maschine!
2. Übertragen Sie den BAB in Ihr Übungsheft! Berechnen Sie die Maschinenkosten und die Rest-Fertigungsgemeinkosten und tragen Sie die Beträge in den BAB ein! Dabei wird vorausgesetzt, dass sämtliche Maschinen die Sollleistung erbracht haben.
3. Berechnen Sie den Rest-Fertigungsgemeinkostensatz, wenn 4 114 506,00 EUR an Fertigungslöhnen angefallen sind!

(5) Kalkulation mit Maschinenstundensätzen

Beispiel:

Für einen Auftrag, bei dem nach den auf S. 83 ermittelten Maschinenstundensätzen nur Maschine I und Maschine II zum Einsatz kommen, ist der Selbstkostenpreis aufgrund folgender Angaben zu berechnen:

Verbrauch von Fertigungsmaterial	1 210,00 EUR	Maschine I	3 Std. zu je	85,20 EUR
Fertigungslöhne	820,00 EUR	Maschine II	2 Std. zu je	124,10 EUR

Die Zuschlagssätze betragen: MGK 8 % VerwGK 12 %
Rest-FGK 77,4 % VertrGK 8 %

Aufgabe:
Berechnen Sie die geplanten Selbstkosten des Auftrags!

Lösung:

Materialeinzelkosten	1 210,00 EUR	
8 % Materialgemeinkosten	96,80 EUR	
Materialkosten		1 306,80 EUR
Fertigungslöhne	820,00 EUR	
77,4 % Rest-FGK	634,68 EUR	
Maschine I: 3 Std. · 85,20 EUR/Std.	255,60 EUR	
Maschine II: 2 Std. · 124,10 EUR/Std.	248,20 EUR	
Fertigungskosten		1 958,48 EUR
Herstellkosten		3 265,28 EUR
12 % Verwaltungsgemeinkosten		391,83 EUR
8 % Vertriebsgemeinkosten		261,22 EUR
Selbstkosten		3 918,33 EUR

42 1. Der BAB eines Industriebetriebs weist folgende Zahlen aus:

Material	Fertigung				Verwaltung	Vertrieb
	Maschine A	Maschine B	Maschine C	Rest-FGK		
75 000,00 EUR	320 000,00 EUR	400 000,00 EUR	500 000,00 EUR	396 000,00 EUR	201 476,00 EUR	323 422,00 EUR

Verbrauch von Fertigungsmaterial: 600 000,00 EUR
Fertigungslöhne: 360 000,00 EUR

Die Laufzeit der einzelnen Maschinen beträgt:
Maschine A: 1 600 Std., Maschine B: 5 000 Std., Maschine C: 4 000 Std.

Aufgaben:

1.1 Berechnen Sie die Gemeinkostenzuschlagssätze und die Maschinenstundensätze!
     Anmerkung: Die Rest-Fertigungsgemeinkosten sind auf die Fertigungslöhne, die Verwaltungs- und die Vertriebsgemeinkosten sind auf die Herstellkosten der Rechnungsperiode zu beziehen.

1.2 Für die Herstellung eines Produkts kalkuliert der Industriebetrieb zusätzlich mit folgenden Daten: Fertigungsmaterial 210,00 EUR, Fertigungslöhne 170,00 EUR, Beanspruchung von Maschine A 12 Min., Maschine B 9 Min. und Maschine C 18 Min. Des Weiteren werden eingerechnet: 25 % Gewinn, 12 % Vertreterprovision, 3 % Kundenskonto und 20 % Kundenrabatt.
     Ermitteln Sie den Listenverkaufspreis!

1.3 Nennen Sie Kostenarten, die zu den maschinenabhängigen Kosten zu rechnen sind und geben Sie an, wie aus diesen der Maschinenstundensatz errechnet wird!

1.4 Stellen Sie dar, welche Folgen sich aus der Anwendung der Maschinenstundensatzrechnung für den Aufbau des BABs ergeben!

1.5 Stellen Sie den Unterschied zwischen den Herstellkosten der Rechnungsperiode und den Herstellkosten des Umsatzes dar!

2. Die Metall-Design Richter GmbH richtet nach Anschaffung einer neuen Multifunktionsmaschine eine zusätzliche Kostenstelle für die Fertigung ein.

Aufgabe:

Ermitteln Sie den Maschinenstundensatz für die Multifunktionsmaschine aufgrund folgender Angaben: Wiederbeschaffungskosten 600 000,00 EUR, betriebliche Nutzungsdauer 10 Jahre, jährliche Maschinenlaufzeit je Anlage 1 944 Stunden, kalkulatorischer Zinssatz 9 % pro Jahr, Instandhaltungskosten 22 770,00 EUR jährlich, jährliche Raumkosten 104,00 EUR pro m^2 bei einem Platzbedarf von 30 m^2, Energiebedarf 25 kW; Strompreis 0,15 EUR/kWh, Grundgebühr monatlich 80,00 EUR.

43 Aus der Kosten- und Leistungsrechnung eines Industriebetriebs stehen folgende Zahlen und Angaben zur Verfügung (Gemeinkosten lt. BAB):

Material	Fertigung			Verwaltung	Vertrieb
	Maschine A	Maschine B	Rest-FGK		
380 000,00 EUR	159 225,00 EUR	207 400,00 EUR	148 500,00 EUR	308 688,75 EUR	228 161,25 EUR

Einzelkosten: Verbrauch von Fertigungsmaterial: 304 000,00 EUR
                 Fertigungslöhne: 135 000,00 EUR

Bestände	Anfangsbestand	Schlussbestand
Unfertige Erzeugnisse	48 000,00 EUR	46 000,00 EUR
Fertige Erzeugnisse	57 000,00 EUR	51 000,00 EUR

Laufzeit der Maschinen	
Maschine A	1 650 Stunden
Maschine B	1 700 Stunden

Aufgaben:

1. Berechnen Sie die Gemeinkostenzuschlagssätze und die Maschinenstundensätze (Ergebnisse auf ganze Zahlen aufrunden)! Bezugsgröße für die Verwaltungsgemeinkosten sind die Herstellkosten der Rechnungsperiode, für die Vertriebsgemeinkosten die Herstellkosten des Umsatzes und für die Rest-Fertigungsgemeinkosten die Fertigungslöhne.

2. Ein Kunde des Betriebs bestellt 150 Stück eines Produkts, dessen Herstellung (pro Stück) Maschine A 9 Min. und Maschine B 18 Min. in Anspruch nimmt. Pro Stück wird Fertigungsmaterial im Wert von 16,50 EUR benötigt, die Fertigungslöhne betragen 24,00 EUR.

   Berechnen Sie den Listenverkaufspreis pro Stück, wenn 7,93 % Gewinn, 2 % Kundenskonto und 10 % Vertreterprovision zu berücksichtigen sind!

44 1. Eine Maschinenfabrik rechnet für einen neuen Maschinentyp mit folgenden Kalkulationsdaten:

Verbrauch von Fertigungsmaterial 1 040,00 EUR
Fertigungslöhne 870,00 EUR

Gemeinkostenzuschläge:	MGK	5 %	VerwGK	9 %
	Rest-FGK	85 %	VertrGK	7 %

Nutzung von Maschinen:	Maschine A:	25 Minuten
		108,00 EUR Maschinenstundensatz
	Maschine B:	13 Minuten
		78,00 EUR Maschinenstundensatz

Gewinnzuschlag $33\frac{1}{3}$ %, Vertreterprovision 12,5 %, Kundenskonto 2,5 % und Kundenrabatt 20 %.

Aufgaben:

1.1 Berechnen Sie den Listenverkaufspreis!

1.2 Um den Absatz zu steigern, wird die Maschine zum Sonderpreis von 5421,14 EUR angeboten. Ermitteln Sie, wie viel Gewinn in EUR und in Prozent dem Unternehmen verbleiben!

2. Für einen Reparaturauftrag ist der Angebotspreis unter Berücksichtigung folgender Angaben zu kalkulieren:

Verbrauch von Reparaturmaterial		195,80 EUR	Normalzuschlagssätze:	
Fertigungslöhne	2,6 Stunden zu je	45,00 EUR	– MGK	7,5 %
Maschine I	0,6 Stunden zu je	104,90 EUR	– Rest-FGK	101,8 %
Maschine II	1,3 Stunden zu je	63,50 EUR	– VerwGK	9,4 %
Gewinnzuschlag	20 %		– VertrGK	8,8 %

Aufgaben:

2.1 Ermitteln Sie den Angebotspreis für den Reparaturauftrag!

2.2 Die Istkostenrechnung für den Reparaturauftrag ergab folgende Kalkulationsdaten:

Verbr. v. Rep.-Mat.		210,50 EUR	Istzuschlagssätze:	
Fertigungslöhne	2,8 Stunden zu je	46,70 EUR	– MGK	9 %
Maschine I	0,75 Stunden zu je	104,90 EUR	– Rest-FGK	104 %
Maschine II	1,2 Stunden zu je	63,50 EUR	– VerwGK	10,3 %
			– VertrGK	7 %

2.2.1 Berechnen Sie die entstandenen Selbstkosten!

2.2.2 Berechnen Sie die Kostenabweichung in EUR und in Prozent!

3. Nennen Sie zwei Gründe, warum im Allgemeinen die Kalkulation der Fertigungskosten auf der Basis von Maschinenstundensätzen genauer wird!

5.5 Zusammenfassung zur Kostenarten-, Kostenstellen- und Kostenträgerrechnung

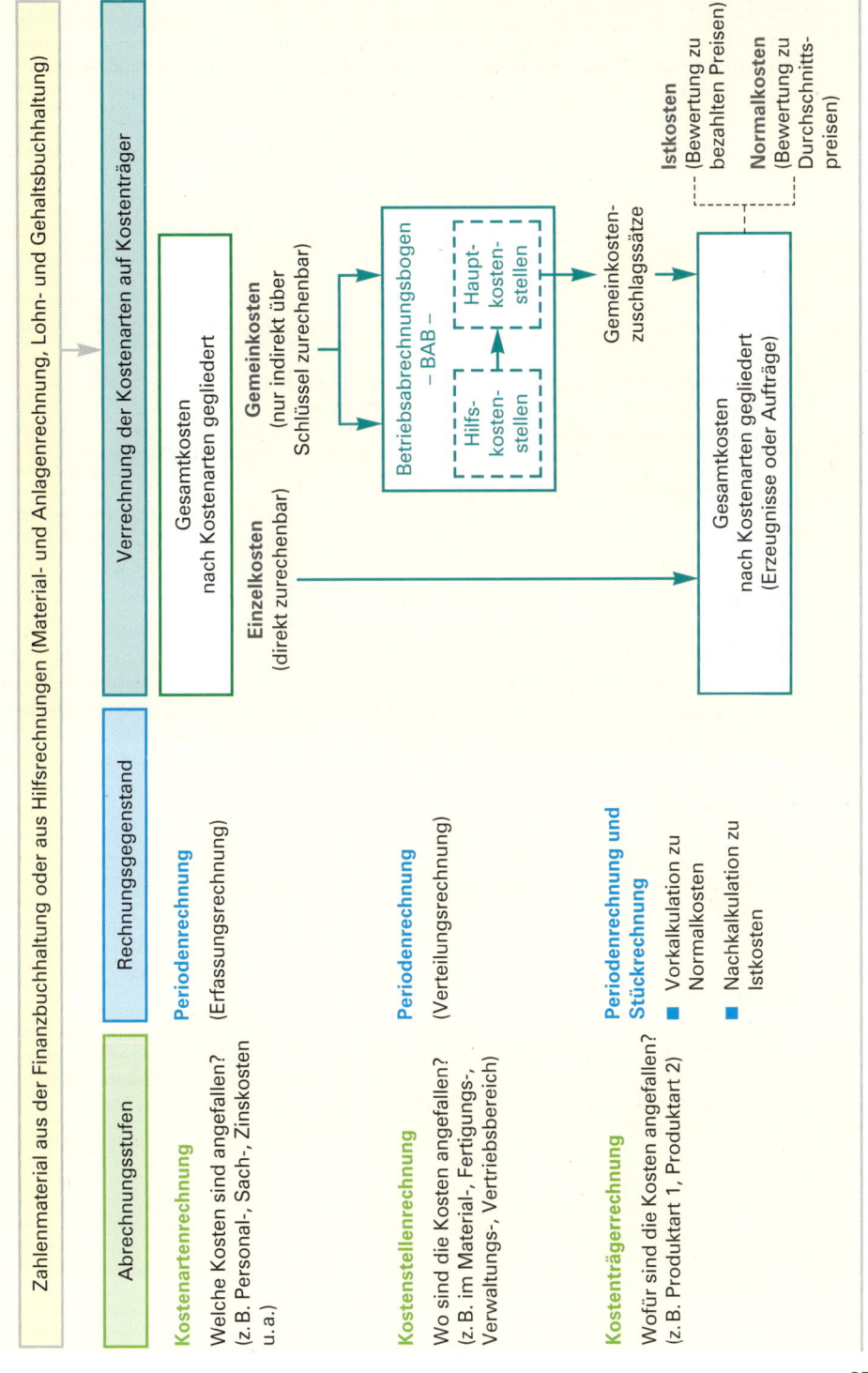

Zahlenmaterial aus der Finanzbuchhaltung oder aus Hilfsrechnungen (Material- und Anlagenrechnung, Lohn- und Gehaltsbuchhaltung)

Abrechnungsstufen

Rechnungsgegenstand

Verrechnung der Kostenarten auf Kostenträger

Kostenartenrechnung

Periodenrechnung
(Erfassungsrechnung)

Welche Kosten sind angefallen?
(z. B. Personal-, Sach-, Zinskosten u. a.)

Gesamtkosten
nach Kostenarten gegliedert

Einzelkosten
(direkt zurechenbar)

Gemeinkosten
(nur indirekt über Schlüssel zurechenbar)

Kostenstellenrechnung

Periodenrechnung
(Verteilungsrechnung)

Wo sind die Kosten angefallen?
(z. B. im Material-, Fertigungs-, Verwaltungs-, Vertriebsbereich)

Betriebsabrechnungsbogen
– BAB –

Hilfs-
kosten-
stellen

Haupt-
kosten-
stellen

Gemeinkosten-
zuschlagssätze

Kostenträgerrechnung

Periodenrechnung und Stückrechnung

Wofür sind die Kosten angefallen?
(z. B. Produktart 1, Produktart 2)

■ Vorkalkulation zu Normalkosten
■ Nachkalkulation zu Istkosten

Gesamtkosten
nach Kostenarten gegliedert
(Erzeugnisse oder Aufträge)

Istkosten
(Bewertung zu bezahlten Preisen)

Normalkosten
(Bewertung zu Durchschnitts-preisen)

45 Ein Industrieunternehmen legt Ihnen den zusammengefassten Quartals-BAB vor.

	Material-bereich	Fertigungsstellen		Verwaltung	Vertrieb
		I	II		
Summe der Gemeinkosten	160 000,00	900 000,00	800 000,00	750 000,00	260 000,00
Zuschlags-grundlage	3 200 000,00	700 000,00	750 000,00		
Ist-Gemein-kostenzuschläge	5 %	128,57 %	106,67 %		4 %

Bisher wurden folgende Zuschlagsgrundlagen für die Kalkulation verwendet:

Materialgemeinkosten: Verbrauch von Fertigungsmaterial
Fertigungsgemeinkosten I: Fertigungslöhne I
Fertigungsgemeinkosten II: Fertigungslöhne II
Verwaltungsgemeinkosten: Herstellkosten des Abrechnungszeitraums (Rechnungsperiode)
Vertriebsgemeinkosten: Herstellkosten des Umsatzes

Aufgaben:

1. Berechnen Sie die Zuschlagsgrundlage und den Ist-Gemeinkostenzuschlagssatz für den Verwaltungsbereich (2 Kommastellen)!

2. 2.1 Berechnen Sie die Zuschlagsgrundlage für den Vertriebsbereich und die eingetretene Bestandsveränderung (Mehrung oder Minderung)!

   2.2 Begründen Sie, weshalb es sinnvoll ist, für die Berechnung der Verwaltungs- und Vertriebsgemeinkostenzuschlagssätze unterschiedliche Zuschlagsgrundlagen heranzuziehen!

3. Um die Kalkulationsgrundlagen zu verbessern, soll künftig in der Fertigungsstelle II mit Maschinenstundensätzen gerechnet werden. Eine Analyse ergab folgende Sätze:

   Für 9 Maschinen einen Maschinenstundensatz von je   60,00 EUR
   Für 3 Maschinen einen Maschinenstundensatz von je   80,00 EUR
   Für 6 Maschinen einen Maschinenstundensatz von je 120,00 EUR

   Laufzeit der Maschinen im Quartal:
   12 Wochen, 8 Stunden täglich, 5-Tage-Woche
   Ausfallzeiten: 60 Stunden

   Berechnen Sie die Maschinenkosten, die Rest-Fertigungsgemeinkosten und den Rest-Fertigungsgemeinkostenzuschlag!

4. Das Industrieunternehmen verkauft eine neuartige elektronische Steuerung für einen Motor für 1 437,50 EUR. Folgende Kalkulationsdaten liegen vor: Verbrauch von Fertigungsmaterial 475,00 EUR, MGK 12 %, Verwaltungs- und Vertriebsgemeinkosten 14 %, Kundenskonto 3 %, Mengenrabatt 10 %, Vertreterprovision 7 %.

   Ermitteln Sie die Fertigungskosten für die elektronische Steuerung, wenn an jedem Stück 145,00 EUR verdient werden soll!

46 Die Heinrich Plaste AG ist Hersteller von Kunststoffprodukten. Das Rechnungswesen der Heinrich Plaste AG liefert für das Jahr 20.. folgende Daten:

Konten		Zahlen der KLR (in EUR)	
5000	Umsatzerlöse	23 100 000,00	
6000	Rohstoffaufwendungen	4 200 000,00	
6200	Fertigungslöhne	6 300 000,00	
6300−7900	Gemeinkostensumme	8 400 000,00	
		Anfangsbestand	Schlussbestand
2100	Unfertige Erzeugnisse	84 000,00	98 000,00
2200	Fertige Erzeugnisse	170 000,00	146 000,00

Die Gemeinkostensumme verteilt sich auf die Kostenstellen wie folgt:

Material: 3 Teile, Fertigung: 12 Teile, Verwaltung: 6 Teile und Vertrieb: 4 Teile.

Von den Fertigungsgemeinkosten sind 2 592 000,00 EUR maschinenbedingt. Sie entfallen auf die automatische Kunststoffpresse. Die Laufzeit dieses Aggregates ist mit durchschnittlich 3 240 Stunden pro Jahr anzusetzen (Zweischichtbetrieb).

Aufgaben:

1. Die Zahlen der Kostenrechnung können von denen der Buchführung (Gewinn- und Verlustrechnung) abweichen.

   Erläutern Sie dies an jeweils einem Beispiel!

2. Verteilen Sie nach dem Schema des Betriebsabrechnungsbogens die Summe der Gemeinkosten und ermitteln Sie die Zuschlagssätze mit einer Stelle nach dem Komma!

   Die Verwaltungsgemeinkosten sind auf die Herstellkosten der Rechnungsperiode[1] und die Vertriebsgemeinkosten auf die Herstellkosten des Umsatzes zu beziehen.

3. Erläutern und begründen Sie, was die Heinrich Plaste AG dazu veranlasst haben könnte, bei der automatischen Kunststoffpresse mit einem Maschinenstundensatz zu rechnen!

4. Für einen Auftrag wurden im November 20.. in einer Vorkalkulation Selbstkosten in Höhe von 55 500,00 EUR ermittelt. Tatsächlich verursachte der Auftrag folgende Kosten:

   Verbrauch von Fertigungsmaterial   14 800,00 EUR
   Fertigungslöhne   18 900,00 EUR
   Sondereinzelkosten der Fertigung   1 800,00 EUR
   Belegung der Kunststoffpresse   9,5 Stunden

   4.1 Führen Sie mit den Zuschlagssätzen des Betriebsabrechnungsbogens die Nachkalkulation durch!

   4.2 Erklären Sie, welche Ursachen die Kostendifferenz zwischen Vor- und Nachkalkulation haben könnte und begründen Sie, welche Schlüsse sich daraus ziehen lassen!

---

1 Synonym zum Begriff „Herstellkosten der Rechnungsperiode" wird auch der Begriff „Herstellkosten der Produktion" verwandt.

5.6 Kritik an der Vollkostenrechnung

Wird die Vollkostenrechnung als Grundlage für die Kalkulation, Preispolitik oder Produktpolitik verwendet, ist leicht nachweisbar, dass dies zu falschen Ergebnissen und Schlussfolgerungen führt und sich daher die Vollkostenrechnung allein nicht als Steuerungsinstrument eines Unternehmens eignet.

Beispiel:

Ein Unternehmen kann bei Vollauslastung innerhalb einer Rechnungsperiode 1000 Stück eines Produktes zum Nettoverkaufspreis von 50,00 EUR je Stück absetzen. Die Kosten dafür betragen insgesamt 45 000,00 EUR, davon sind 18 000,00 EUR fixe Kosten.

Auf ein Stück bezogen ergeben sich daher Gesamtkosten in Höhe von 45,00 EUR. Die variablen Stückkosten betragen (45 000,00 EUR – 18 000,00 EUR) 27 000,00 EUR : 1 000 Stück = 27,00 EUR.

Aufgabe:

Berechnen Sie den Gewinn der Geschäftsperiode!

Lösung:

Die Abrechnung der Rechnungsperiode führt zu folgendem Ergebnis:

Nettoverkaufserlöse insgesamt	50 000,00 EUR
– Kosten insgesamt	45 000,00 EUR
= Gewinn	5 000,00 EUR

1. Kritikpunkt: **Die Anwendung der einmal auf der Basis der Vollkosten errechneten Stückkosten führt bei abweichender Produktionsmenge zu falschen Ergebnissen.**

Wird die Veränderung der Kosten aufgrund von Schwankungen der Produktionsmenge nicht berücksichtigt und weiterhin mit den einmal errechneten Selbstkosten von 45,00 EUR je Stück kalkuliert, führt das zu völlig falschen Ergebnissen, wie das in den folgenden Berechnungen gezeigt wird:

■ **Fall 1: Die Produktionsmenge sinkt auf 600 Einheiten**

Berechnung **ohne Aufteilung der Kosten** und unter Beibehaltung der einmal berechneten Stückkosten in Höhe von 45,00 EUR.

Nettoverkaufserlöse	(600 Stück · 50,00 EUR)	30 000,00 EUR
– Gesamtkosten	(600 Stück · 45,00 EUR)	27 000,00 EUR
= Gewinn		3 000,00 EUR

Berechnung **mit Aufteilung der Gesamtkosten in fixe und variable Kosten** und unter Berücksichtigung der Kostenveränderung bei Änderung der Produktionsmenge.

Nettoverkaufserlöse	(600 Stück · 50,00 EUR)		30 000,00 EUR
– Kosten			
fixe Kosten		18 000,00 EUR	
variable Kosten	(600 Stück · 27,00 EUR)	16 200,00 EUR	34 200,00 EUR
= Verlust			– 4 200,00 EUR

Erläuterungen:

Berechnung der Stückkosten unter Berücksichtigung der Kostenaufteilung:

variable Kosten (unverändert)	27,00 EUR
fixe Kosten (18 000,00 EUR : 600 Stück)	30,00 EUR
Stückkosten insgesamt	57,00 EUR

Bei einem Nettoverkaufserlös von 50,00 EUR führt das zu einem Stückverlust von 7,00 EUR. Das ergibt bei 600 Stück einen Gesamtverlust von 4 200,00 EUR.

■ Fall 2: Die Produktionsmenge steigt auf 1 200 Einheiten

Berechnung **ohne Aufteilung der Kosten** und unter Beibehaltung der einmal berechneten Stückkosten in Höhe von 45,00 EUR.

Nettoverkaufserlöse	(1 200 Stück · 50,00 EUR)		60 000,00 EUR
– Gesamtkosten	(1 200 Stück · 45,00 EUR)		54 000,00 EUR
= Gewinn			6 000,00 EUR

Berechnung **mit Aufteilung der Gesamtkosten in fixe und variable Kosten** unter Berücksichtigung der Kostenveränderung bei Änderung der Produktionsmenge.

Nettoverkaufserlöse	(1 200 Stück · 50,00 EUR)		60 000,00 EUR
– Kosten			
fixe Kosten		18 000,00 EUR	
variable Kosten	(1 200 Stück · 27,00 EUR)	32 400,00 EUR	50 400,00 EUR
= Gewinn			9 600,00 EUR

Erläuterungen:

variable Kosten (unverändert)	27,00 EUR
fixe Kosten (18 000,00 EUR : 1 200 Stück)	15,00 EUR
Stückkosten insgesamt	42,00 EUR

Bei einem Nettoverkaufserlös von 50,00 EUR beträgt der Stückgewinn 8,00 EUR. Beim Verkauf von 1 200 Stück ergibt das einen Gesamtgewinn von 9 600,00 EUR.

Erkenntnisse:

■ Die Veränderung der Produktionsmenge führt zu einer Veränderung der Stückkosten. Die Stückkosten verändern sich, weil die in der Gesamthöhe unveränderten Fixkosten jeweils auf eine andere Menge verteilt werden.

■ Wird diese Tatsache durch eine Aufteilung des Kostenblocks in fixe und variable Kosten nicht berücksichtigt, führt das hinsichtlich des Stückkostensatzes zu falschen Kalkulationsgrundlagen.

■ Um kostengerechte Kalkulationsgrundlagen ermitteln zu können, müssen die Kosten in fixe und variable Kosten aufgeteilt werden.

2. Kritikpunkt: **Bei Schwankungen der Produktionsmenge führt die Vollkostenrechnung zu falschen Empfehlungen in der Preispolitik.**

Werden die Gesamtkosten als Grundlage für die Preispolitik verwendet, was in unserer Wettbewerbswirtschaft aufgrund gegebener Marktpreise allerdings die Ausnahme sein dürfte, führt die Rechnung mit Vollkosten aufgrund des beschriebenen Verhaltens der Fixkosten bei sinkender Produktionsmenge zu steigenden Stückkosten und daher zu einer Erhöhung der Stückpreise, obwohl das Gegenteil angezeigt wäre. Durch Erhöhung der Preise wird ein weiterer Absatzrückgang zu erwarten sein.

Erkenntnis:

Die undifferenzierte Rechnung mit Vollkosten führt zu einer falschen Preispolitik.

3. Kritikpunkt: **Die Vollkostenrechnung kann zu falschen Entscheidungen bei der Produktpolitik führen.**

Beispiel 1:

Ein Unternehmen verkauft zwei Produkte:

■ Nettoverkaufserlöse von Produkt A:
30 000,00 EUR; variable Kosten insgesamt 16 200,00 EUR.

■ Nettoverkaufserlöse von Produkt B:
90 000,00 EUR; variable Kosten insgesamt 30 000,00 EUR.

Die fixen Kosten betragen insgesamt 42 000,00 EUR und sollen auf A und B im Verhältnis 1 : 2 auf die beiden Produktarten verteilt werden.

Aufgabe:
Berechnen Sie den Erfolg des Unternehmens!

Lösung:

	Produkt A	Produkt B
Nettoverkaufserlöse	30 000,00 EUR	90 000,00 EUR
– variable Kosten	16 200,00 EUR	30 000,00 EUR
Zwischensumme	13 800,00 EUR	60 000,00 EUR
– fixe Kosten	14 000,00 EUR	28 000,00 EUR
Verlust/Gewinn	– 200,00 EUR	32 000,00 EUR
	⎦——————→	– 200,00 EUR
Gewinn des Unternehmens:		31 800,00 EUR

Ergebnis: Beim Produkt A entsteht ein Verlust von 200,00 EUR, beim Produkt B ein Gewinn von 32 000,00 EUR. Dadurch beträgt der Gewinn des Unternehmens 31 800,00 EUR.

Es erhebt sich nun die Frage, ob das Produkt A, mit dem das Unternehmen einen Verlust erleidet, aus dem Produktprogramm ausscheiden soll. Anders ausgedrückt: Kann das Unternehmen beim Ausscheiden des Produkts A seinen Erfolg verbessern?

Wir greifen auf das vorseitige Beispiel 1 zurück.

Aufgabe:

Berechnen Sie den Erfolg, wenn das Produkt A aus dem Produktprogramm ausscheidet!

Lösung:

Nettoverkaufserlöse bei Produkt B	90 000,00 EUR
– variable Kosten	30 000,00 EUR
Zwischensumme	60 000,00 EUR
– fixe Kosten (insgesamt)[1]	42 000,00 EUR
Gesamtgewinn	18 000,00 EUR

Erkenntnisse:

■ Durch das Ausscheiden des Produkts A aus dem Produktprogramm hat sich die Gewinnsituation des Unternehmens um 13 800,00 EUR verschlechtert. Das ist genau der Betrag, um den die Nettoverkaufserlöse des Produkts A die variablen Kosten übersteigen. In dieser Höhe konnte nämlich das Produkt A an der Deckung der fixen Kosten beteiligt werden.

■ Eine undifferenzierte Anwendung der Vollkostenrechnung führt also auch zu einer falschen Produktpolitik.

Übungsaufgabe

47
1. Begründen Sie, warum die Vollkostenrechnung allein als Instrument der Unternehmenssteuerung nicht geeignet ist!

2. Nennen Sie die Kostenart, die für die Mängel der Vollkostenrechnung verantwortlich ist! Begründen Sie Ihre Entscheidung!

3. Begründen Sie, ob ein Artikel, bei dem sich auf der Basis der Vollkostenrechnung ein Verlust ergibt, nicht gleich aus dem Produktprogramm ausscheiden muss!

---

1 Durch das Ausscheiden eines Produkts verändert sich die Höhe der Fixkosten insgesamt zunächst nicht.

6 Teilkostenrechnung (Deckungsbeitragsrechnung)[1]

6.1 Aufbau der Deckungsbeitragsrechnung

Die Ausführungen unter Kapitel 5.6 haben deutlich gemacht, dass die Mängel, die der Vollkostenrechnung anhaften, in den Fixkosten begründet liegen. Soll die Kostenrechnung in erster Linie als Instrument der Unternehmenssteuerung betrachtet werden, liegt es nahe, zunächst auf eine Verrechnung der Fixkosten zu verzichten und diese erst bei der Ergebnisermittlung wieder einzubeziehen. Eine solche Rechnung, die zunächst auf einen Teil bei der Weiterverrechnung der Kosten verzichtet, nennt man im Gegensatz zur Vollkostenrechnung eine **Teilkostenrechnung**. Eine weitverbreitete Form der Teilkostenrechnung ist die sogenannte **Deckungsbeitragsrechnung.**

Bei der Deckungsbeitragsrechnung werden **Deckungsbeiträge** ermittelt. Diese ergeben sich, indem man von den **Nettoverkaufserlösen** der Produkte die **variablen Kosten** abzieht. In Höhe der Deckungsbeiträge sind die Produkte an der Deckung der noch nicht verrechneten Fixkosten beteiligt.

Das **Grundschema der Deckungsbeitragsrechnung** lautet:

$$
\begin{array}{l}
\text{Nettoverkaufserlöse} \\
-\ \text{variable Kosten} \\
\hline
=\ \text{Deckungsbeitrag}
\end{array}
$$

- **Nettoverkaufserlöse** sind die Erlöse, die dem Unternehmen nach Abzug der Umsatzsteuer und etwaiger Erlösschmälerungen (z. B. Kundenrabatt, Kundenskonto, Vertreterprovision) tatsächlich verbleiben.[2]

- Der **Deckungsbeitrag** ist der Überschuss der Nettoverkaufserlöse über die variablen Kosten.

- Der **Deckungsbeitrag** gibt an, welchen Beitrag ein Kostenträger zur **Deckung** der **fixen Kosten** leistet.

Übungsaufgabe

48
1. Erläutern Sie den Begriff des Deckungsbeitrags!

2. Erklären Sie, bei welchen wichtigen Unternehmensaufgaben die Deckungsbeitragsrechnung sinnvolle Hilfestellung leisten kann!

3. Erläutern Sie, worin Sie den entscheidenden Unterschied zwischen der Vollkostenrechnung und der Deckungsbeitragsrechnung sehen!

4. Nennen Sie die Aussage, die über den Deckungsbeitrag richtig ist!

   4.1 Er deckt höchstens die fixen Kosten ab.

   4.2 Er steigt, wenn bei konstanten Stückerlösen die variablen Stückkosten steigen.

   4.3 Er sinkt, wenn bei konstanten Stückerlösen die variablen Stückkosten steigen.

---

1 Für den Begriff „Deckungsbeitragsrechnung" wird in der betriebswirtschaftlichen Literatur auch der Begriff **„Direct Costing"** verwandt.

2 Der Nettoverkaufserlös entspricht dem Barverkaufspreis im Kalkulationsschema.

4.4 Er errechnet sich als Differenz zwischen den variablen Kosten und den Selbstkosten.

4.5 Verrechnete Gemeinkosten minus Ist-Gemeinkosten ergeben den Deckungsbeitrag.

6.2 Arten der Deckungsbeitragsrechnung

Deckungsbeiträge können sowohl für einzelne Produkte **(Deckungsbeitragsrechnung als Stückrechnung)** als auch für eine bestimmte Periode **(Deckungsbeitragsrechnung als Periodenrechnung)** ermittelt werden.

6.2.1 Deckungsbeitragsrechnung als Stückrechnung

Beispiel:

Aus Wettbewerbsgründen ist ein Hersteller gezwungen, den Listenverkaufspreis für ein Trimmgerät auf 816,32 EUR festzusetzen. Den Sportartikelgroßhändlern werden 25 % Rabatt und 2 % Skonto eingeräumt. Die variablen Kosten betragen 400,00 EUR.

Aufgaben:

1. Berechnen Sie den Deckungsbeitrag je Stück!

2. Stellen Sie den Deckungsbeitrag je Stück grafisch dar!

Lösungen:

Zu 1.: Berechnung des Deckungsbeitrags

Listenverkaufspreis (netto)	816,32 EUR
– 25 % Rabatt	204,08 EUR
Zielverkaufspreis	612,24 EUR
– 2 % Skonto	12,24 EUR
Nettoverkaufserlös (Barverkaufspreis)	600,00 EUR
– variable Kosten	400,00 EUR
Deckungsbeitrag	200,00 EUR

Nettoverkaufserlös je Stück (Barverkaufspreis je Stück)
– variable Kosten je Stück
Deckungsbeitrag je Stück

Zu 2.: Grafische Darstellung

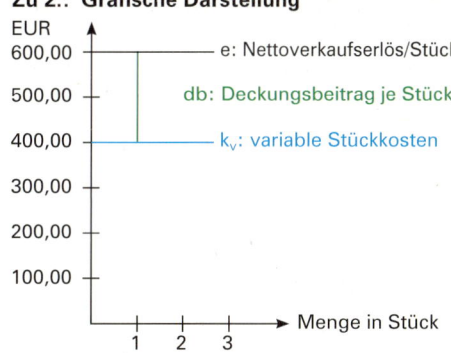

Der Deckungsbeitrag besagt, dass je Trimmgerät 200,00 EUR zur Deckung der Fixkosten zur Verfügung stehen. Ob der Deckungsbeitrag ausreicht, um neben der Deckung der fixen Kosten auch einen **Stückgewinn** zu erzielen, bleibt offen. Sicher ist aber, dass jeder Preis, der **über** den **variablen Kosten** liegt, zur Deckung der fixen Kosten beiträgt. Insofern dient der **Stückdeckungsbeitrag** als **Entscheidungshilfe** für die **Annahme oder Ablehnung von Aufträgen.**

- Jeder Deckungsbeitrag trägt zur Verbesserung des Betriebsergebnisses bei.
- Ob ein Stückgewinn erzielt wird und gegebenenfalls in welcher Höhe, kann nicht bestimmt werden.

6.2.2 Deckungsbeitragsrechnung als Periodenrechnung

Bei der Deckungsbeitragsrechnung als Periodenrechnung werden zur Ermittlung des Betriebsergebnisses die fixen Kosten in einem Block von der Summe der Deckungsbeiträge abgezogen. Ihr liegt folgendes Berechnungsschema zugrunde:

Erzeugnis A   **Erzeugnis B**   usw.

Nettoverkaufserlöse	Nettoverkaufserlöse
– variable Kosten	– variable Kosten
= Deckungsbeitrag von Erzeugnis A	= Deckungsbeitrag von Erzeugnis B → Summe der Deckungsbeiträge – fixe Kosten = Betriebsergebnis (Betriebsgewinn/Betriebsverlust)

Beispiel:

Die KLR eines Industrieunternehmens liefert uns für den Monat Juni für die Erzeugnisse A und B folgende Zahlen:

	Erzeugnis A	Erzeugnis B
Produktions- und Absatzmenge	300 Stück	400 Stück
Nettoverkaufserlös je Stück	500,00 EUR	750,00 EUR
Variable Kosten je Stück	160,00 EUR	505,00 EUR
Fixe Kosten für den Monat Juni	150 000,00 EUR	

Aufgaben:

1. Berechnen Sie den Deckungsbeitrag je Erzeugnis und die Deckungsbeiträge insgesamt!
2. Ermitteln Sie das Betriebsergebnis für den Monat Juni!
3. Berechnen Sie den Stückdeckungsbeitragssatz für das Erzeugnis A sowie den Gesamtdeckungsbeitragssatz!

Lösungen:

Zu 1. und 2.: Berechnung der Deckungsbeiträge und des Betriebsergebnisses

	Erzeugnis A	Erzeugnis B	Gesamtbeträge
Nettoverkaufserlöse (E)	150 000,00 EUR	300 000,00 EUR	450 000,00 EUR
− variable Kosten (K_v)	48 000,00 EUR	202 000,00 EUR	250 000,00 EUR
Deckungsbeiträge (DB)	102 000,00 EUR	98 000,00 EUR	200 000,00 EUR
− fixe Kosten (K_{fix})			150 000,00 EUR
Betriebsergebnis (Betriebsgewinn)			50 000,00 EUR

Zu 3.: Berechnung des Stückdeckungs- und des Gesamtdeckungsbeitragssatzes

Der Deckungsbeitragssatz[1] gibt an, welcher Teil der Nettoverkaufserlöse in Prozent zur Deckung der fixen Kosten bereitsteht. Der Deckungsbeitragssatz kann als **Stückdeckungsbeitragssatz (db-Satz)** oder als **Gesamtdeckungsbeitragssatz (DB-Satz)** definiert werden.

$$\text{db-Satz} = \frac{\text{db} \cdot 100}{\text{Nettoverkaufserlöse/Stück}} \qquad \text{DB-Satz} = \frac{\text{DB} \cdot 100}{\text{Nettoverkaufserlöse/Zeitraum}}$$

$$\text{db-Satz für das Erzeugnis A} = \frac{340 \cdot 100}{500} = 68\,\% \qquad \text{DB-Satz} = \frac{200\,000 \cdot 100}{450\,000} = 44{,}44\,\%$$

Die Gewinnermittlung bei der Deckungsbeitragsrechnung lässt sich schematisch wie folgt darstellen:[2]

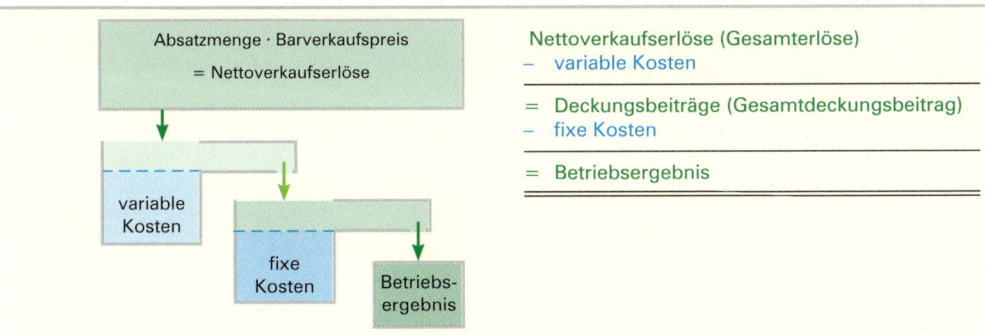

Absatzmenge · Barverkaufspreis
= Nettoverkaufserlöse

variable Kosten

fixe Kosten

Betriebs-ergebnis

Nettoverkaufserlöse (Gesamterlöse)
− variable Kosten

= Deckungsbeiträge (Gesamtdeckungsbeitrag)
− fixe Kosten

= Betriebsergebnis

Übungsaufgaben

49 Aus Wettbewerbsgründen ist ein Betonwerk gezwungen, den Listenverkaufspreis für ein Bauelement auf 2 448,96 EUR festzusetzen. Den Bauunternehmen werden 25 % Rabatt und 2 % Skonto eingeräumt. Die variablen Kosten betragen 1 200,00 EUR.

Aufgaben:

1. Berechnen Sie den Deckungsbeitrag sowie den Stückdeckungsbeitragssatz!

---

1 Der Deckungsbeitragssatz kann auch als **Deckungsbeitragsfaktor** formuliert werden:

$$\text{db-Faktor} = \frac{\text{db}}{\text{Nettoverkaufserlöse/Stück}} \qquad \text{DB-Faktor} = \frac{\text{DB}}{\text{Nettoverkaufserlöse/Zeitraum}}$$

2 Zdrowomyslaw, Norbert/Götze, Wolfgang: Kosten-, Leistungs- und Erlösrechnung, München/Wien 1995, S. 461.

7 Speth u.a. - ISBN 978-3-8120-0537-1

2. Stellen Sie den Deckungsbeitrag je Stück grafisch dar!

3. Erklären Sie die Rolle des Stückdeckungsbeitrags bei der Entscheidung über die Annahme oder Ablehnung eines Auftrages!

50

1. Beschreiben Sie mit eigenen Worten das Grundprinzip der Deckungsbeitragsrechnung!

2. Erläutern Sie, worin Sie das Hauptproblem bei der Anwendung der Deckungsbeitragsrechnung sehen!

3. Stellen Sie die wichtigsten Merkmale der Deckungsbeitragsrechnung und der Vollkostenrechnung einander gegenüber!

4. Die Kosten- und Leistungsrechnung eines Industriebetriebs liefert uns folgende Zahlen:
Der Listenverkaufspreis je Stück beträgt 1 480,00 EUR. Dem Großhandel werden folgende Bedingungen gewährt: 30 % Kundenrabatt, 2,5 % Kundenskonto. Der Vertreter erhält 12 % Vertreterprovision vom Zielverkaufspreis. Die variablen Kosten betragen 260,00 EUR je Stück.

Aufgaben:

4.1 Berechnen Sie den Deckungsbeitrag je Stück!

4.2 Stellen Sie den Deckungsbeitrag je Stück grafisch dar!

5. Die Teilkostenrechnung eines Unternehmens weist für ein bestimmtes Produkt folgende Ergebnisse aus:

Aufgaben:

5.1 Nettoverkaufserlös > variable Stückkosten.

5.2 Nettoverkaufserlös < variable Stückkosten.

5.3 Nettoverkaufserlös = variable Stückkosten.

5.4 Stückdeckungsbeitrag = 0,00 EUR.

Nennen Sie das Ergebnis, bei dem das Produkt nicht mehr verkauft werden sollte!

51 Ein Motorenwerk stellt von einem Motor drei verschiedene Modelle her. Die KLR liefert uns für den Monat Mai folgende Zahlen:

	Modell 1	Modell 2	Modell 3
Verbr. v. Fertigungsmaterial/Stück	900,00 EUR	780,00 EUR	410,00 EUR
Fertigungslöhne/Stück	420,00 EUR	525,00 EUR	190,00 EUR
variable Gemeinkosten/Stück	360,00 EUR	305,00 EUR	280,00 EUR
Summe d. variablen Kosten/Stück	1 680,00 EUR	1 610,00 EUR	880,00 EUR
produzierte u. verkaufte Anzahl	300 Stück	400 Stück	700 Stück
Nettoverkaufserlöse je Stück	2 910,00 EUR	2 200,00 EUR	1 510,00 EUR

Die Fixkosten im Monat Mai betragen 820 000,00 EUR.

Aufgaben:

1. Berechnen Sie das Betriebsergebnis für den Monat Mai!

2. Berechnen Sie den Stückdeckungsbeitragssatz für das Modell 1!

3. Berechnen Sie den Gesamtdeckungsbeitragssatz!

52 Die Hohmann AG stellt drei verschiedene Typen von Gartenstühlen her. Für den Monat Oktober legt die Kosten- und Leistungsrechnung folgende Zahlen vor:

	Typ A	Typ B	Typ C
Nettoverkaufserlöse je Stück	120,00 EUR	85,00 EUR	76,00 EUR
variable Stückkosten	85,00 EUR	69,00 EUR	65,00 EUR
Verkaufsmengen in Stück	1 500	3 500	5 200

Die fixen Kosten der Rechnungsperiode werden mit 95 000,00 EUR veranschlagt.

Aufgaben:

1. Ermitteln Sie für jeden Typ den Deckungsbeitrag je Stück!

2. Ermitteln Sie für jeden Typ die Deckungsbeiträge der Rechnungsperiode!

3. Stellen Sie unter dem Gesichtspunkt der erzielten Deckungsbeiträge eine Rangfolge der Erzeugnisarten auf!

4. Ermitteln Sie das Betriebsergebnis der Periode!

5. Stellen Sie den Deckungsbeitrag für den Kostenträger A grafisch dar!

53 Die Kludi GmbH stellt Haushaltskühlschränke und Wäschetrockner her. Auf dem Absatzmarkt gelten folgende Listenverkaufspreise: für Kühlschränke 600,00 EUR, für Wäschetrockner 420,00 EUR. An Einzelkosten fallen an: für einen Kühlschrank 220,00 EUR, für einen Wäschetrockner 185,00 EUR. Die variablen Gemeinkosten betragen jeweils 85 % der Einzelkosten.

Den Abnehmern werden 10 % Rabatt und 2 % Skonto gewährt. Die Fixkosten der Rechnungsperiode betragen 350 000,00 EUR. Die Absatzmengen betrugen bei den Kühlschränken 5 000 Stück, bei den Wäschetrocknern 3 500 Stück.

Aufgaben:

1. Ermitteln Sie die Deckungsbeiträge:

    1.1 für jedes Erzeugnis,

    1.2 für die Rechnungsperiode insgesamt!

2. Ermitteln Sie das Betriebsergebnis der Rechnungsperiode!

54 Die Wolfsburger Metallwaren AG stellt als Zulieferer für die Möbelindustrie verschiedene Kleinteile (Beschläge, Schlösser usw.) her. In der letzten Abrechnungsperiode ergaben sich neben den Fixkosten in Höhe von 157 570,00 EUR folgende Eurowerte:

Erzeugnis	Absatz in Stück	Nettover- kaufspreis/ Stück	Variable Kosten/ Stück	Deckungs- beitrag/ Stück	Nettoverkaufs- erlöse gesamt	Variable Kosten gesamt
A	7 000	9,20	5,00	4,20	64 400,00	35 000,00
B	10 300	6,00	4,20	1,80	61 800,00	43 260,00
C	12 500	8,30	3,80	4,50	103 750,00	47 500,00
D	9 200	10,10	5,30	4,80	92 920,00	48 760,00
E	6 200	8,20	4,30	3,90	50 840,00	26 660,00
F	4 200	12,30	7,10	5,20	51 660,00	29 820,00

Aufgaben:

1. Berechnen Sie den gesamten Deckungsbeitrag in EUR und in Prozent!

2. Berechnen Sie, bei welchem Umsatzrückgang das Unternehmen bei sonst gleichen Bedingungen keinen Gewinn mehr erzielt, d. h. der Gesamtumsatzerlös die Gewinnschwelle erreicht!

Lerngebiet 4: Ziele, Aufgaben und Prozesse der Investition und Finanzierung

1 Investitionsentscheidungen

1.1 Zusammenhang zwischen Investition und Finanzierung

(1) Investition

Die betriebliche Tätigkeit ist dadurch geprägt, dass ständig ein Strom von betrieblichen Leistungen von der Beschaffung über die Produktion hin zum Absatz fließt. Dabei erfolgt zunächst eine **Kapitalbindung** während der **Beschaffungs- und Produktionsphase** und anschließend eine **Kapitalfreisetzung** in der Absatzphase.[1]

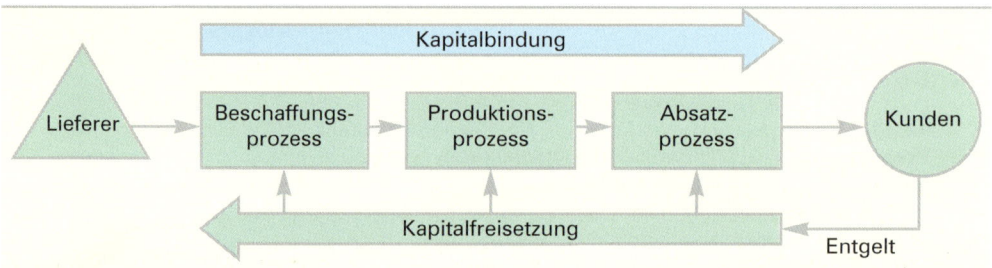

Werden im Rahmen der Beschaffungs- und Produktionsphase **größere Anfangszahlungen** für **einzelne Vermögensgegenstände** (z. B. Grundstücke, Maschinen, Beteiligungen, Patente) aufgewendet und ist die **Kapitalbindung** dabei **längerfristig** (wenigstens länger als eine Abrechnungsperiode) angelegt, so spricht man von **Investitionen**.

 Investition ist die **zielgerichtete,** in der Regel **langfristige Kapitalbindung** zur Erwirtschaftung **zukünftiger Erträge.**[2]

(2) Finanzierung

Zur Durchführung von Investitionen muss Kapital beschafft und bereitgestellt werden. Dies ist Aufgabe der Finanzierung.

 Finanzierung ist die Bereitstellung von **finanziellen Mitteln** zur Durchführung des **betrieblichen Leistungsprozesses** sowie aller **sonstiger finanzieller Vorgänge.**[3]

---

1 Die Investitionen werden in Form von Abschreibungen in die Verkaufspreise einkalkuliert. Kann der Verkaufserlös am Markt durchgesetzt werden, fließt das investierte Kapital in Form von liquiden Mitteln wieder zurück. Diese Freisetzung von investiertem Kapital bezeichnet man als **Desinvestition**.

2 Quelle: http://wirtschaftslexikon.gabler.de/Defintion/investition.html

3 Z. B. Gründung, Investitionen, Sanierung, Liquidation.

(3) Zusammenhang zwischen Investition und Finanzierung

Betrachtet man die Finanzierung und Investition vom Standpunkt der Bilanz, so steht das **Kapital** auf der **Passivseite** der Bilanz. Es gibt Auskunft darüber, welche Kapitalbeträge dem Betrieb zur Nutzung überlassen worden sind und in welcher rechtlichen Form (Eigenkapital, Fremdkapital) das geschehen ist. Auf der **Aktivseite** der Bilanz ist zu erkennen, welche **Verwendung die Mittel** (Anlagevermögen, Umlaufvermögen) gefunden haben.

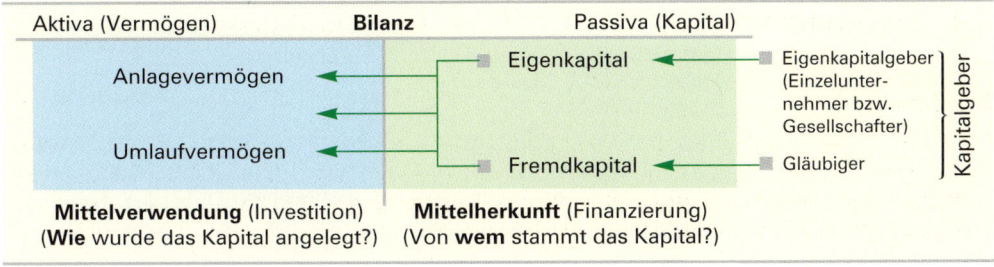

1.2 Investitionsanlässe und Investitionsarten

(1) Gliederung der Investitionen nach dem Investitionsobjekt

In jedem Unternehmen gibt es im Laufe der Zeit Entscheidungssituationen, die Investitionen erforderlich machen. Die einzelnen Investitionen sind jeweils auf die spezielle Situation ausgerichtet.

Entscheidungssituationen	Investitionsobjekte	Beispiele: Investitionen in
Eine Blechschneidemaschine in einem Metallwerk ist seit 8 Jahren in Betrieb. Die Reparaturen steigen stark an. Teilweise kommt es zu Produktionsausfällen. Die Maschine muss ersetzt werden.	**Sachinvestition (materielle Investition)**	■ Technische Anlagen und Maschinen ■ Immobilien ■ Lagerbestände ■ …
Die Badische Stahlwerke GmbH in Kehl beteiligt sich mit 2 Mio. EUR an den Stahlwerken Essen AG.	**Finanzinvestitionen**	■ Wertpapiere ■ Beteiligungen ■ gewährte Darlehen ■ …
Die Zunahme an Demenzkranken veranlasst ein biotechnologisches Unternehmen ein Forschungsprojekt zu starten, um wettbewerbsfähig zu bleiben.	**Immaterielle Investitionen**	■ Forschung und Entwicklung, Know-how ■ Patente ■ Sozialleistungen für Mitarbeiter ■ …

(2) Gliederung der Sachinvestitionen[1] nach Investitionsanlässen

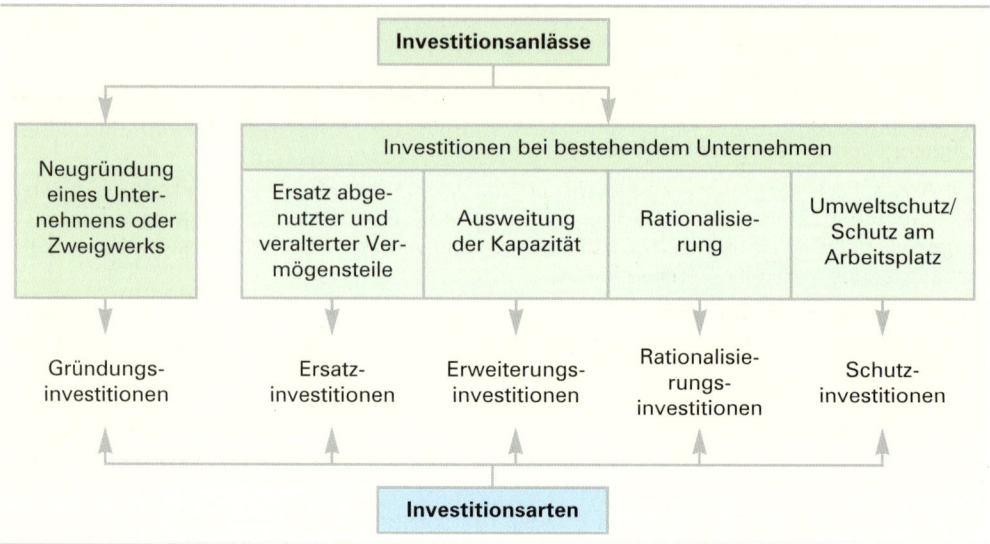

Erläuterungen:

Gründungs- investitionen	Sind alle Investitionen, die anlässlich der Gründung eines Unternehmens erforderlich werden. Dazu gehören Anlageinvestitionen, Vorratsinvestitionen und Finanzinvestitionen.
Ersatzinvestitionen (Reinvestitionen)	Sie dienen dazu, abgenutzte Anlagegüter durch neue zu ersetzen, um die Leistungsfähigkeit des Unternehmens zu erhalten. Die Kapazität des Unternehmens – gleichbleibenden technischen Stand vorausgesetzt – wird nicht verändert.
Erweiterungs- investitionen	Sind Investitionen, die der Ausweitung der Kapazität des Unternehmens dienen (z. B. Bau einer weiteren Produktionshalle).
Rationalisierungs- investitionen	Sind z. B. Investitionen in technisch verbesserte Wirtschaftsgüter mit dem Ziel, die Leistungsfähigkeit zu erhöhen und/oder die Kosten zu senken.
Schutzinvestitionen	Es sind Investitionen in den Umweltschutz oder den Schutz am Arbeitsplatz. Sie verändern die Kapazität des Unternehmens nicht unmittelbar.

In der Praxis fällt eine Investition in der Regel unter mehrere Investitionsarten.

Beispiele:

Der Ersatz einer Fräsmaschine, die bisher von einem Mitarbeiter bedient wurde, durch einen leistungsstärkeren Automaten ist eine Sach-, Ersatz-, Erweiterungs- und Rationalisierungs- investition.

---

1 Aus Vereinfachungsgründen wird auf die Finanzinvestitionen und die immateriellen Investitionen im Folgenden nicht einge-gangen.

1.3 Verfahren der Investitionsrechnung

1.3.1 Grundlegendes

Ein Investor wird sich dann für die Durchführung einer Investition entscheiden, wenn sich das gebundene Kapital in einer Höhe verzinst, die er im Vergleich zu alternativen Anlagemöglichkeiten als ausreichend ansieht.

Eine Investition ist z. B. als lohnend anzusehen, wenn über den Nutzungszeitraum die aus der Investition fließenden **Einzahlungen höher** sind als die damit verbundenen **Auszahlungen.** Zudem muss der **Überschuss der Einzahlungen** eine **angemessene Verzinsung** des eingesetzten Kapitals ermöglichen.[1]

Die Schwierigkeit für den Planer liegt in der Unsicherheit begründet, dass die durch das Investitionsobjekt bedingten zukünftigen Einzahlungen und Auszahlungen nicht exakt einzuschätzen sind.

- Die **Investitionsrechnung** hat die Aufgabe, alle **zahlenmäßig erfassbaren Daten** eines Investitionsobjekts zu sammeln und daraus eine **Beurteilung des Investitionsobjekts** abzuleiten.

- Die **wichtigsten Daten** für die Erstellung einer Investitionsrechnung sind die aus den Investitionsobjekten zu erwartenden **Einzahlungen** und **Auszahlungen** bzw. die zu erwartenden **Kosten.** Die Daten sind umso unsicherer, je weiter die Planung in die Zukunft weist.

Ziel der Investitionsrechnung ist, die **Investitionswahlentscheidung** zu **optimieren.** Man möchte feststellen, welches von mehreren sich gegenseitig ausschließenden Investitionsobjekten das vorteilhafteste ist.

Um die Vorteilhaftigkeit von Investitionen zu bestimmen, haben Theorie und Praxis Rechenverfahren entwickelt. Man unterscheidet **statische** und **dynamische Investitionsrechnungen.**

Statische Verfahren	Dynamische Verfahren[1]
- Sie beurteilen eine Investition aufgrund der anfallenden **Kosten,** des **Gewinns,** der **Rentabilität** oder der zu erwartenden **Einzahlungen** und **Auszahlungen.** - Unterschiede im Hinblick auf den **Zeitpunkt der Ein- und Auszahlungen** werden **nicht berücksichtigt.**	- Hier spielt nicht nur die **Höhe** der Ein- und Auszahlungen eine Rolle, sondern auch der **Zeitpunkt,** zu welchem dieser Vorgang stattfindet. - **Einzahlungen** sind umso **weniger wert,** je **weiter** sie in der **Zukunft liegen.**

---

1 Man nennt die Investitionsrechnung deshalb auch **Wirtschaftlichkeitsrechnung.**
Das Kapitel stützt sich auf folgende Literatur:
Heinold, Michael: Investitionsrechnung, Studienbuch, 8. Aufl., München 1999.
Wöhe, Günter: Einführung in die Allgemeine Betriebswirtschaftslehre, 24. Aufl., München 2010.
Olfert / Reichel: Investition, 11. Auflage, Ludwigshafen 2009.

1.3.2 Einsatz statischer Verfahren der Investitionsrechnung zum Vergleich und zur Beurteilung von Investitionsalternativen

Im Folgenden werden vier Verfahren vorgestellt:

- die **Kostenvergleichsrechnung,**
- die **Gewinnvergleichsrechnung,**
- die **Rentabilitätsvergleichsrechnung** und
- die **Amortisationsrechnung.**

Für die Darstellung der einzelnen Verfahren verwenden wir das nachfolgende Investitionsvorhaben.

Beispiel:

Die Hohenlimburger Kaltstahl AG möchte eine moderne Presse zur Produktion von Formteilen beschaffen. Es liegen zwei Angebote vor, die von der Abteilung Betriebswirtschaft ausgewertet werden:

Angebot 1 (vollautomatische Presse)

Anschaffungskosten 162000,00 EUR, geplante Nutzungsdauer sechs Jahre, Restwert 12000,00 EUR, geplante Leistungsmenge pro Jahr 18000 Teile, Kapazitätsgrenze 28000 Teile, Fixkosten pro Jahr: lineare Abschreibung, kalkulatorische Zinsen (Zinssatz 10 %) und sonstige Fixkosten in Höhe von 41 100,00 EUR, variable Kosten je Stück 9,50 EUR

Angebot 2 (halbautomatische Presse)

Anschaffungskosten 90000,00 EUR, geplante Nutzungsdauer vier Jahre, kein Restwert, geplante Leistungsmenge pro Jahr 18000 Teile, Kapazitätsgrenze 27000 Teile, gesamte Fixkosten (einschließlich Abschreibungen und Zinsen) pro Jahr 29000,00 EUR, variable Kosten je Stück 12,00 EUR.

Der Verkaufspreis für ein Formteil liegt zurzeit bei 14,00 EUR. Die Hohenlimburger Kaltstahl AG schreibt linear ab.

Aufgabe:

Werten Sie die beiden Angebote für das erste Wirtschaftsjahr mithilfe der Kostenvergleichsrechnung aus!

1.3.2.1 Kostenvergleichsrechnung

> Die Kostenvergleichsrechnung verwendet die Rechengröße **Kosten.**

(1) Grundlegendes

Die Kostenvergleichsrechnung beurteilt Investitionsalternativen ausschließlich nach den von ihnen **verursachten Kosten.** Dabei soll sich der Investor für das Investitionsobjekt mit den geringsten Kosten entscheiden. Der Entscheidung können die **Jahreskosten** oder die **Stückkosten** zugrunde gelegt werden.

Die zur Beurteilung heranzuziehenden Kosten setzen sich zusammen aus den fixen und variablen Kosten.

$$K = K_{fix} + k_v \cdot x$$

- Zu den **variablen Kosten** zählen z.B. die Fertigungslöhne und die Materialkosten.
- Die **fixen Kosten** umfassen insbesondere die kalkulatorische Abschreibung und die kalkulatorischen Zinsen.

Mithilfe der **kalkulatorischen Abschreibung** wird der Werteverzehr des Investitionsobjekts erfasst. Dabei wird im Folgenden von einer linearen Abschreibung ausgegangen.

$$\text{kalkulatorische Abschreibung} = \frac{\text{Anschaffungskosten} - \text{Restwert}^{[1]}}{\text{Nutzungsdauer}}$$

Die **kalkulatorischen Zinsen** werden vom durchschnittlich gebundenen Kapital berechnet.

$$\text{kalkulatorische Zinsen} = \frac{\text{Anschaffungskosten} + \text{Restwert}}{2} \cdot \frac{\text{Zinssatz}}{100}$$

Da der Restwert (RW) erst am Ende der Nutzungsdauer (ND) zurückfließt, ist für die Ermittlung des durchschnittlich gebundenen Kapitals der Restwert zu den Anschaffungskosten (AK) hinzuzurechnen.

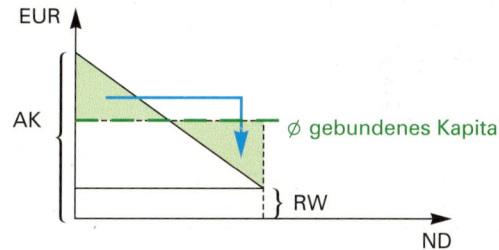

- Bei der **Kostenvergleichsrechnung** vergleicht der Investor die **investitionsbedingten Kosten** der verschiedenen Investitionsalternativen in **einer Nutzungsperiode**.
- Der Investor wird sich dann für das Investitionsvorhaben mit den **geringsten Kosten** entscheiden.

(2) Lösung des Beispiels von S. 104 nach der Kostenvergleichsrechnung

	Angebot 1	Angebot 2
Fixkosten	74 800,00	29 000,00
variable Kosten	171 000,00	216 000,00
Gesamtkosten	245 800,00	245 000,00

---

1 Ein Restwert wird angesetzt, wenn am Ende der Nutzungsdauer ein Liquidationserlös (z.B. Schrottwert) anfällt.

Nebenrechnungen zu Angebot 1:

$$\text{kalkulatorische Abschreibung} = \frac{162\,000,00 - 12\,000,00}{6} = 25\,000,00 \text{ EUR/Jahr}$$

$$\text{kalkulatorische Zinsen} = \frac{162\,000,00 + 12\,000,00}{2} \cdot \frac{10}{100} = 8\,700,00 \text{ EUR/Jahr}$$

$$\text{gesamte Fixkosten} = 25\,000,00 + 8\,700,00 + 41\,100,00 = 74\,800,00 \text{ EUR}$$

Ergebnis: Unter dem Gesichtspunkt der Gesamtkosten hat die halbautomatische Presse (Angebot 2) bei einer Produktionsmenge von 18000 Stück einen jährlichen Kostenvorteil von 800,00 EUR.

(3) Kritische Anmerkungen zur Kostenvergleichsrechnung

■ Die Kostenvergleichsrechnung lässt die **Erlöse außer Betracht.**

■ Die Kostenvergleichsrechnung gibt nur die **absolute Höhe der durch die Investition verursachten Kosten** an. Da die Kosten nicht in Beziehung zum eingesetzten Kapital gesetzt werden, lassen sich **keine Vergleiche mit alternativen Kapitalanlagen** anstellen.

■ Mithilfe der Kostenvergleichsrechnung lassen sich nur **sachlich ähnliche bzw. identische Investitionsobjekte** (z. B. Ersatzinvestitionen oder gleichartige Erweiterungsinvestitionen) **vergleichen.**

■ Wer eine Investitionsentscheidung aufgrund der Kostenvergleichsrechnung trifft, geht ein **erhebliches Risiko** ein, denn er kennt zwar das kostengünstigste Investitionsobjekt, weiß aber nicht, ob die erzielbaren Umsatzerlöse zur Kostendeckung ausreichen.

1.3.2.2 Gewinnvergleichsrechnung

> Die Gewinnvergleichsrechnung verwendet die Rechengrößen **Kosten** und **Erlöse.**

(1) Grundlegendes

Ein grundlegender Mangel der Kostenvergleichsrechnung ist, dass nur die Kosten und die Produktionsmenge berücksichtigt werden. Diesen Mangel versucht die Gewinnvergleichsrechnung zu beheben, indem sie die Erlöse mit in die Rechnung einbezieht.

■ **Beurteilungsmaßstab** für eine Investitionsentscheidung ist der durch die Investition erzielte **Gewinn einer Nutzungsperiode.**

■ Die Alternative mit dem **höchsten Gewinn** gilt als die vorteilhafteste.

(2) Lösung des Beispiels von S. 104 nach der Gewinnvergleichsrechnung

	Angebot 1	Angebot 2
Erträge	252 000,00 EUR	252 000,00 EUR
– Gesamtkosten[1]	245 800,00 EUR	245 000,00 EUR
Gewinn	6 200,00 EUR	7 000,00 EUR

Ergebnis: Die halbautomatische Presse (Angebot 2) hat bei einer Produktionsmenge von 18000 Stück einen jährlichen Gewinnvorteil von 800,00 EUR.

---

1 Siehe S. 105.

(3) Kritische Anmerkungen zur Gewinnvergleichsrechnung

- Es wird unterstellt, dass sich die **Gesamtproduktion** zum **geplanten Verkaufspreis** absetzen lässt.
- Die Gewinnvergleichsrechnung gibt nur die **absolute Höhe des durch die Investition erzielten Gewinns** an. Da der Gewinn nicht in Beziehung zum eingesetzten Kapital gesetzt wird, lassen sich **keine Vergleiche mit alternativen Kapitalanlagen** anstellen.
- Solange sich die Erzeugnisse beider Alternativen nur zum gleichen Preis verkaufen lassen, bedeutet der **Kostenvorteil** einer Alternative einen **Gewinnvorteil** in derselben Höhe.
- Anders wird die Situation, wenn die Produkte der einen Anlage sich zu einem anderen Preis verkaufen lassen als jene der anderen Anlage.

1.3.2.3 Rentabilitätsvergleichsrechnung

(1) Grundlegendes

> Die Rentabilitätsvergleichsrechnung verwendet die Rechengrößen **Gewinn** und **Kapitaleinsatz**.

- Beurteilungsmaßstab der Rentabilitätsvergleichsrechnung ist die Verzinsung des durchschnittlichen Kapitaleinsatzes.

$$\text{Gesamtkapitalrentabilität} = \frac{(\text{Gewinn} + \text{kalkulatorische Zinsen}) \cdot 100}{\text{durchschnittlicher Kapitaleinsatz}}$$

$$\text{durchschnittlicher Kapitaleinsatz} = \frac{\text{Anschaffungskosten} + \text{Restwert}}{2}$$

- Die Alternative mit der höchsten Rentabilität gilt als die vorteilhafteste.

Beachte:

Da die ermittelte Rentabilität die **Rentabilität des Gesamtkapitals** ausdrückt, müssen die kalkulatorischen Zinsen für das Fremdkapital zum Gewinn hinzugezählt werden.

(2) Lösung des Beispiels von S. 104 nach der Rentabilitätsvergleichsrechnung[1]

	Angebot 1	Angebot 2
Rentabilität	$\frac{(6\,200 + 8\,700) \cdot 100}{87\,000^2} = \underline{\underline{17,13\%}}$	$\frac{(7\,000 + 4\,500^3) \cdot 100}{45\,000} = \underline{\underline{25,56\%}}$

Ergebnis: Die Rentabilität der halbautomatischen Presse (Angebot 2) ist höher als die der vollautomatischen Presse (Angebot 1). Unter dem Gesichtspunkt der Rentabilität sollte die Hohenlimburger Kaltstahl AG das Angebot 2 annehmen.

---

1 Der nicht getätigte Kapitaleinsatz in Höhe von 36000,00 EUR bei Angebot 2 müsste eigentlich in die Betrachtung der Alternativen einbezogen werden.

2 Durchschnittlicher Kapitaleinsatz $= \frac{162\,000 + 12\,000}{2} = \underline{\underline{87\,000{,}00}}$.

3 Kalkulatorische Zinsen $= \frac{90\,000 \cdot 10}{2 \cdot 100} = \underline{\underline{4\,500{,}00 \text{ EUR}}}$.

(3) Kritische Anmerkungen zur Rentabilitätsvergleichsrechnung

- Gegenüber der Gewinnvergleichsrechnung stellt die Rentabilitätsvergleichsrechnung eine Verbesserung dar, da sie auch den **Vergleich mit verschiedenartigen Investitionsprojekten ermöglicht.**

- Die Rentabilitätsvergleichsrechnung hat allerdings die **gleichen Schwächen wie die Kosten- und Gewinnvergleichsrechnung,** da sie auf diesen Verfahren aufbaut.

1.3.2.4 Amortisationsrechnung

(1) Grundlegendes

Die Amortisationsrechnung verwendet die Rechengrößen **Einzahlungen** und **Auszahlungen.**

Die Amortisationsrechnung[1] prüft, ob sich die Investition und ein Gewinn in dem vom Investor gewünschten Zeitraum erwirtschaften lässt oder nicht. Hierzu vergleicht sie, wie viele Perioden es dauert, bis die **Anschaffungsauszahlung** (der Kapitaleinsatz, die Anschaffungskosten) des einzelnen Investitionsobjektes durch den **Einzahlungsüberschuss (Einzahlungen – Auszahlungen)** zurückfließt. Die Investitionsentscheidung hängt folglich von der Zeitdauer **(Amortisationszeit, Wiedergewinnungszeit, Pay-off-Periode)** ab, über die die Anschaffungsauszahlung (Anschaffungskosten) wieder zurück in das Unternehmen fließen wird. Die Investition hat sich amortisiert, sobald die **Einzahlungsüberschüsse** die **Anschaffungsauszahlung** und die **laufenden Betriebskosten (auszahlungswirksame Kosten)** decken. Das Investitionsobjekt mit der kürzesten Amortisationszeit ist das vorteilhafteste.

Der **Einzahlungsüberschuss**, durch den sich das eingesetzte Kapital amortisiert, setzt sich aus zwei Faktoren zusammen: den **kalkulatorischen Abschreibungen (auszahlungsunwirksame Kosten)** und dem **Gewinn.**

- Die Amortisationsrechnung beurteilt ein Investitionsobjekt nach der Amortisationszeit.

$$\text{Amortisationszeit} = \frac{\text{Anschaffungsauszahlung} - \text{Restwert}}{\text{jährlicher Gewinn} + \text{jährliche Abschreibungen}}$$

- Die **Einzahlungsüberschüsse** setzen sich zusammen aus den **Kosten,** denen **keine Auszahlung** gegenübersteht (kalkulatorische Abschreibungen) und dem Gewinn.

- Die Alternative mit der kürzesten Amortisationszeit gilt als die vorteilhafteste.

(2) Lösung des Beispiels von S. 104 nach der Amortisationsrechnung

	Angebot 1	Angebot 2
Amortisationszeit	$\dfrac{162\,000 - 12\,000}{6\,200 + 25\,000} = 4{,}81$ Jahre	$\dfrac{90\,000}{7\,000 + 22\,500} = 3{,}05$ Jahre

Ergebnis: Die Amortisationszeit der halbautomatischen Presse (Angebot 2) ist deutlich geringer als die Amortisationszeit der vollautomatischen Presse (Angebot 1). Unter dem Gesichtspunkt der Amortisationsdauer sollte die Hohenlimburger Kaltstahl AG das Angebot 2 annehmen.

---

1 Amortisation: Tilgung, Abzahlung.

(3) Kritische Anmerkungen zur Amortisationsrechnung

■ Die Amortisationsrechnung will das Risiko einer Investition berücksichtigen. Die Amortisationszeit ist aber ein **sehr grober Risikomaßstab**.

■ Da die Gewinnentwicklung eines Investitionsobjekts nur während der Amortisationszeit betrachtet wird, erlaubt die Amortisationsrechnung **keine Aussage über die Rentabilität eines Investitionsobjekts**. Vielmehr ist es möglich, dass eine Alternative mit der höheren Rentabilität die längere Amortisationszeit hat.

■ Die alleinige Berücksichtigung des **Kriteriums Risikominimierung** kann unter dem Gesichtspunkt der Rentabilität zu Fehlentscheidungen führen.

Zusammenfassung

■ Die **Investition** kann in **Sach-, Geld-** und **immateriellem Vermögen** erfolgen.

■ Die **Finanzierung der Investitionen** kann mit **Sachkapital** oder **Geldkapital** vorgenommen werden.

■ **Anlässe** für eine **Investition** sind Neugründung, Ersatz abgenutzter und veralteter Vermögensteile, Ausweitung der Kapazität, Rationalisierung, Arbeitsschutz und Umweltschutz.

■ **Aufgabe der Investitionsrechnung** ist es, die Vorteilhaftigkeit einer unternehmerischen Investitionsentscheidung zu beurteilen.

■ Zu den **statischen Verfahren der Investitionsrechnung** gehören
  ■ die **Kostenvergleichsrechnung,**
  ■ die **Gewinnvergleichsrechnung,**
  ■ die **Rentabilitätsvergleichsrechnung** und
  ■ die **Amortisationsrechnung.**

■ Die **statischen Verfahren** beurteilen ein Investitionsobjekt aufgrund der **Kosten**, des **Gewinns** bzw. der **Einzahlungen** und **Auszahlungen, ohne hierbei den Zeitpunkt** einer Einzahlung oder Auszahlung zu berücksichtigen.

Übungsaufgaben

55
1. Unterscheiden Sie die Begriffe Finanzierung und Investierung!

2. Erklären Sie, wie sich Finanzierung und Investierung in der Bilanz eines Unternehmens niederschlagen!

3. Erläutern Sie die nachfolgende Abbildung!

Aktiva	Bilanz zum 31.12.20..	Passiva
Investitionsbereich		Kapitalbereich
Zahlungsbereich		

4. In einem Betrieb wurden im vergangenen Jahr 10 Fräsmaschinen zu je 160 000,00 EUR angeschafft. Ausgeschieden sind 7 Fräsmaschinen zu je 160 000,00 EUR Anschaffungswert.

Aufgaben:

4.1 Berechnen Sie die Brutto-, Netto- und Reinvestition in Stück und in EUR!

4.2 Begründen Sie, warum mit konstanten Preisen gerechnet werden muss, wenn die reale (wirkliche) Höhe von Brutto-, Netto- und Reinvestitionen berechnet werden soll!

56 1. Die Aggregatebau Herford GmbH beabsichtigt eine neue Anlage anzuschaffen, um die Kapazität zu erweitern. Für die vorliegenden Angebote: Halbautomat (Angebot 1) bzw. Vollautomat (Angebot 2) liegen die nachfolgenden Daten vor.

	Angebot 1	Angebot 2
Anschaffungskosten	130 000,00 EUR	364 000,00 EUR
geplante Nutzungsdauer	6 Jahre	8 Jahre
geplante Leistungsmenge	20 800 Stück/Jahr	20 800 Stück/Jahr
Kapazitätsgrenze	26 000 Stück/Jahr	26 800 Stück/Jahr
gesamte Fixkosten/Jahr	41 600,00 EUR	101 400,00 EUR
variable Kosten je Stück	11,40 EUR	8,90 EUR
Verkaufspreis je Stück	14,20 EUR	14,20 EUR

Aufgaben:

1.1 Führen Sie eine Kostenvergleichsrechnung mit Gesamtkosten durch!

1.2 Führen Sie eine Gewinnvergleichsrechnung und eine Rentabilitätsvergleichsrechnung durch!

1.3 Ermitteln Sie die Amortisationsdauer der beiden Angebote! (Die kalkulatorische Abschreibung erfolgt linear von den Anschaffungskosten!)

1.4 Beurteilen Sie die Kostenvergleichsrechnung sowie die Rentabilitätsvergleichsrechnung!

2. 2.1 Berechnen Sie die Amortisationsdauer der folgenden Investitionsalternativen:

	I_1	I_2
Kapitaleinsatz	180 000,00	160 000,00
Nutzungsdauer	5	5
Gewinn 1. Periode	18 000,00	0,00
Gewinn 2. Periode	23 000,00	0,00
Gewinn 3. Periode	31 000,00	16 000,00
Gewinn 4. Periode	0,00	26 000,00
Gewinn 5. Periode	0,00	40 000,00

Die Abschreibung erfolgt linear. Die kalkulatorischen Zinsen entsprechen den Fremdkapitalzinsen.

2.2 Begründen Sie, welche Investitionsalternative vorteilhafter ist!

2.3 Beschreiben Sie zwei Kritikpunkte an der Amortisationsrechnung!

57 Die Hans Seifritz OHG möchte für ihre Werkzeugfabrik eine kleine Presse beschaffen. Es liegen drei Angebote vor.

	I_1	I_2	I_3
Anschaffungskosten	115 000	230 000	140 000
Liquidationserlös	15 000	30 000	20 000
Nutzungsdauer	10	10	10
Leistung je Periode (Teile)	20 000	24 000	24 000
kalk. Abschreibung (linear)			
kalk. Zinsen (10 %)			
sonstige fixe Kosten	250	500	400
Summe fixe Kosten			
Lohnkosten Materialkosten sonstige variable Kosten	27 000 2 500 3 900	11 200 3 000 1 800	24 000 3 000 3 000
Summe variable Kosten			
variable Kosten pro Leistungseinheit			
Gesamtkosten			
Kosten pro Leistungseinheit			

Aufgaben:

1. Berechnen Sie die in der Tabelle fehlenden Kostenbestandteile und entscheiden Sie sich für ein Investitionsobjekt!

2. Bilden Sie für die einzelnen Investitionsobjekte die Kostenfunktion, berechnen Sie jeweils die kritische Auslastung zwischen den Investitionsobjekten und stellen Sie den Sachverhalt grafisch dar!

58 Die Fritz Weishaupt GmbH möchte eine alte Druckmaschine durch eine neue Anlage ersetzen. Der Liquidationserlös für die alte Druckmaschine liegt im laufenden Geschäftsjahr bei 20 000,00 EUR und im folgenden Geschäftsjahr bei 10 000,00 EUR. Die Betriebskosten belaufen sich auf 10 000,00 EUR.

Die Anschaffungskosten der neuen Anlage betragen 100 000,00 EUR, die Nutzungsdauer 10 Jahre. Der Liquidationserlös am Ende der Nutzungsdauer wird mit 10 000,00 EUR angenommen. Die Betriebskosten belaufen sich auf 8 000,00 EUR. Die Abschreibung erfolgt linear.

Es wird mit einem Zinssatz von 10 % gerechnet. Die Auslastung der alten Druckmaschine und der neuen Anlage ist gleich hoch.

Aufgaben:

1. Berechnen Sie die Kosten für die alte und die neue Druckmaschine im laufenden Geschäftsjahr!

2. Begründen Sie, ob es sinnvoll ist, die alte Druckmaschine im laufenden Geschäftsjahr durch die neue Anlage zu ersetzen!

1.3.3 Dynamische Verfahren der Investitionsrechnung

1.3.3.1 Grundlagen der dynamischen Investitionsrechnungsverfahren

(1) Abgrenzung der dynamischen von den statischen Investitionsrechnungsverfahren

Den dynamischen Methoden der Investitionsrechnung ist gemeinsam, dass sie nicht nur – wie die statischen Verfahren – die Einzahlungen und Auszahlungen einer Nutzungs-periode berücksichtigen, sondern darüber hinaus auch die **zeitlichen Unterschiede im Anfall von Einzahlungen und Auszahlungen**. Das geschieht mithilfe von **finanzmathema-tischen Methoden**.

> Die **dynamischen Investitionsrechnungsverfahren** beurteilen ein Investitionsobjekt über **alle Nutzungsjahre** hinweg und berücksichtigen hierbei den **Zeitpunkt einer Ein-zahlung oder Auszahlung**.

(2) Wichtige Begriffe der dynamischen Investitionsrechnungsverfahren

Den Wert einer Einzahlung oder Auszahlung zum Zeitpunkt ihrer Entstehung bezeichnet man als **Zeitwert**. Möchte der Investor die Vorteilhaftigkeit einer Investition beurteilen, muss er alle Einzahlungen und Auszahlungen, die während der gesamten Nutzungsdauer der Investition anfallen, einander gegenüberstellen. Da die Einzahlungen und Auszahlun-gen während der Nutzungsdauer jedoch zu unterschiedlichen Zeiten anfallen, sind die Zeitwerte für den Investor nicht vergleichbar.

Eine Einzahlung, die im ersten Nutzungsjahr anfällt, ist höher zu bewerten, als die gleiche Einzahlung, die erst ein Jahr später eingeht, da der Investor im ersten Fall den Betrag für ein Jahr zinsbringend anlegen kann.

> **Beispiel:**
>
> Beträgt die Einzahlung am 1. Februar des 1. Jahres 1000,00 EUR und hat der Inves-tor die Möglichkeit, den Betrag zu 4 % an-zulegen, so haben die 1000,00 EUR jetzt für den Investor den gleichen Wert wie 1040,00 EUR in einem Jahr.

In gleicher Weise hängt die Bewertung einer Auszahlung vom Zeitpunkt des Entstehens ab. Wird eine Ausgabe mit Fremdmitteln finanziert und beträgt der Darlehenszinssatz z.B. 8 %, so bedeutet dies, dass bei einer Auszahlung von 1000,00 EUR, die, statt am 1. Februar des ersten Jahres, ein Jahr später anfällt, Zinsen in Höhe von 80,00 EUR vermieden werden.

Die Vergleichbarkeit der Zeitwerte bei den dynamischen Investitionsrechnungsverfahren wird hergestellt durch Abzinsen der Zeitwerte auf den **Anschaffungszeitpunkt**. Den Wert einer Einzahlung oder Auszahlung zu diesem Zeitpunkt nennt man **Barwert**.

> ■ Wird der **Beginn der Investition** als **Bezugszeitpunkt** angenommen, so müssen alle später anfallenden Einzahlungen und Auszahlungen **abgezinst** werden. Den Wert einer Einzahlung oder Auszahlung zu diesem Bezugszeitpunkt nennt man **Barwert**.
>
> ■ Rechnerisch erfolgt die Bestimmung des Barwerts durch **Multiplikation des Zeit-werts** mit dem **Abzinsungsfaktor**.
>
> ■ Die **Höhe des Barwerts** hängt neben der **Höhe des Zeitwerts** und der **Zeitdifferenz zwischen Entstehungs- und Bezugszeitpunkt** von der **Höhe des Zinsfußes** ab.

Nachfolgend werden zwei Formen der dynamischen Investitionsrechnungsverfahren vorgestellt: die **Kapitalwertmethode** und die **interne Zinssatzmethode.**

1.3.3.2 Kapitalwertmethode[1]

1.3.3.2.1 Kapitalwertmethode ohne Vergleich von Investitionsalternativen

(1) Aufbau der Kapitalwertmethode

Die Kapitalwertmethode wählt als **Bezugszeitpunkt** den **Beginn der Investition,** d.h., alle zukünftigen Einzahlungen und Auszahlungen, die während des Investitionszeitraums anfallen, werden auf den Beginn der Investition abgezinst. Der **Kapitalwert einer Investition** ergibt sich dann aus der Differenz zwischen der Summe der Barwerte aller Einzahlungen[2]

> Abgezinste Einzahlungsüberschüsse (Barwertsumme)
> – Anschaffungsauszahlung
> = Kapitalwert

und der Summe der Barwerte aller Auszahlungen,[3] die mit dieser Investition zusammenhängen, abzüglich der Anschaffungsauszahlung. Die Abzinsung erfolgt mit einem **vom Investor** festgelegten **Zinssatz (Kalkulationszinsfuß).** Der Kalkulationszinsfuß stellt die Renditeerwartung (Zinserwartung) dar, die der Investor mit seiner Investition mindestens erzielen möchte. Er wird bestimmt durch

- den derzeit gegebenen Zinssatz am Kapitalmarkt zuzüglich eines Risikozuschlags,
- das zukünftig zu erwartende Zinsniveau,
- die gegenwärtige Verzinsung des vom Unternehmen bereits investierten Eigen- oder Fremdkapitals,
- die alternativen Kapitalanlagemöglichkeiten,
- das Risikoverhalten des Investors.

Je höher der Kalkulationszinsfuß angesetzt wird, desto stärker wird eine zukünftige Zahlung durch den Barwert abgezinst. Daraus folgt: Mit steigendem Kalkulationszinsfuß verringern sich die Barwertsummen und somit auch der Kapitalwert.

- Bei der **Kapitalwertmethode** werden alle Einzahlungen und Auszahlungen, die während des Investitionszeitraums anfallen, auf den **Beginn des Investitionszeitraums abgezinst.**

- Der **Kapitalwert** ist der **abgezinste Einzahlungsüberschuss** (Barwertsumme) nach **Abzug der Anschaffungsauszahlung.**

- $\dfrac{\text{Kapitalwert}}{\text{einer Investition}} = \left(\dfrac{\text{Barwert aller}}{\text{Einzahlungen}} - \dfrac{\text{Barwert aller}}{\text{Auszahlungen}}\right) - \dfrac{\text{Anschaffungs-}}{\text{auszahlung}}$

- Der **Kalkulationszinsfuß** drückt die Rendite aus, die der Investor durch seine Investition mindestens erzielen möchte.

---

1 Synonym (gleichartig) zu dem Begriff Kapitalwertmethode werden die Begriffe **Diskontierungsmethode** oder **Barwertmethode** verwendet.
  Diskontieren: eine später fällig werdende Forderung unter Abzug von Zinsen ankaufen.
2 Die **Einzahlungen** setzen sich zusammen aus den **laufenden Einzahlungen** (z.B. Umsatzerlöse) sowie dem **Liquiditätserlös.**
3 Die **Auszahlungen** umfassen lediglich die **ausgabewirksamen Kosten.** Ausgabeunwirksame Kosten, wie z.B. die Abschreibungen, gehören nicht zu den Auszahlungen.

8 Speth u.a. - ISBN 978-3-8120-0537-1

(2) Bedeutung des Kapitalwerts

Ist der **Kapitalwert gleich null,** so wird gerade die vom Investor erwartete Mindestverzinsung erreicht, d.h., die Einzahlungsüberschüsse reichen aus, um das investierte Kapital zu tilgen sowie die geplanten Zinsen zu erwirtschaften. Bei einem **positiven Kapitalwert** übersteigt die erzielbare Rendite der Investition den Kalkulationszinsfuß. Ein **negativer Kapitalwert** besagt, dass nur eine unter dem Kalkulationszinsfuß liegende Verzinsung erreichbar ist, also die Kapitalkosten des Investors nicht gedeckt werden können.

Kapitalwert $> 0 \rightarrow$ vorteilhaft
Kapitalwert $= 0 \rightarrow$ neutral
Kapitalwert $< 0 \rightarrow$ unvorteilhaft

Über den **Vergleich der Kapitalwerte** ist auch die **Bewertung von Investitionsalternativen** möglich.[1] Es gilt: Die Investition mit dem größten Kapitalwert ist die vorteilhafteste. Diese Alternative ist allerdings nur dann auch absolut gesehen vorteilhaft, wenn ihr Kapitalwert größer oder gleich null ist.

- Ein **positiver Kapitalwert** gibt den **Reinvermögenszuwachs** in Bezug auf den Investitionszeitpunkt an. Es ist der Betrag, der dem Investor zum Investitionszeitpunkt als **Ausgleich** für den **Verzicht auf die Investition** gezahlt werden müsste.

- Ein **negativer Kapitalwert** gibt den Betrag an, der dem Investor zum Investitionszeitpunkt als **Subvention** gezahlt werden müsste, um ihn gerade noch zur Investition zu veranlassen.

(3) Berechnung des Abzinsungsfaktors

Bei der Abzinsung (Diskontierung) wird danach gefragt, wie viel eine Zahlung, die z.B. am Ende des Jahres **n** anfällt, zu Beginn des Investitionszeitraums wert ist. Wird ein positiver **Kalkulationszinssatz** ($p > 0$) angenommen, so ist der gesuchte Barwert stets kleiner als der Zeitwert der Rechnung. Der Barwert wird mithilfe des Abzinsungsfaktors berechnet.

Beispiel:

Am Ende des zweiten Investitionsjahres beträgt der Einzahlungsüberschuss 30 000,00 EUR. Die Investitionsdauer beträgt 5 Jahre. Es wird mit einem Kalkulationszinsfuß von 10 % gerechnet.

Aufgabe:

Berechnen Sie den Abzinsungsfaktor und den Barwert des Einzahlungsüberschusses!

Lösung:

$$\text{Abzinsungsfaktor}^2 = \frac{1}{\left(1 + \frac{p}{100}\right)^n} = \frac{1}{\left(1 + i\right)^n} = \frac{1}{q^n} = q^{-n}$$

$$\text{Abzinsungsfaktor} = \frac{1}{\left(1 + \frac{10}{100}\right)^2} = \underline{\underline{0{,}8264}}$$

---

1 Zu Einzelheiten siehe S. 116 f.
2 In der Praxis werden die Abzinsungsfaktoren in Abzinsungstabellen vorgegeben. $\frac{p}{100} = i$; $1 + i = q$

$$\text{Barwert} = \text{Einzahlungsüberschuss} \cdot \text{Abzinsungsfaktor}$$

$$\text{Barwert} = 30\,000 \cdot 0{,}8264 = \underline{\underline{24\,792{,}00\ \text{EUR}}}$$

Abzinsungstabelle:

		Zinssatz (p)								
		8 %	9 %	10 %	11 %	12 %	13 %	14 %	15 %	16 %
	1	0,926	0,917	0,909	0,901	0,893	0,885	0,877	0,870	0,862
	2	0,857	0,842	0,826	0,812	0,797	0,783	0,769	0,756	0,743
	3	0,794	0,772	0,751	0,731	0,712	0,693	0,675	0,658	0,641
	4	0,735	0,708	0,683	0,659	0,636	0,613	0,592	0,572	0,552
Jahre (n)	5	0,681	0,650	0,621	0,593	0,567	0,543	0,519	0,497	0,476
	6	0,630	0,596	0,564	0,535	0,507	0,480	0,456	0,432	0,410
	7	0,583	0,547	0,513	0,482	0,452	0,425	0,400	0,376	0,354
	8	0,540	0,502	0,467	0,434	0,404	0,376	0,351	0,327	0,305
	9	0,500	0,460	0,424	0,391	0,361	0,333	0,308	0,284	0,263
	10	0,463	0,422	0,386	0,352	0,322	0,295	0,270	0,247	0,227

(4) Behandlung eines Liquidationserlöses

Erzielt das Unternehmen aus dem Investitionsobjekt am Ende der Nutzungsdauer einen Liquidationserlös, so muss dieser – abgezinst auf den Bezugszeitpunkt – zur Barwertsumme hinzugezählt werden.

Barwertsumme
– Anfangsauszahlung
+ Liquidationserlös (abgezinst)

= Kapitalwert

(5) Beurteilung eines Investitionsprojekts[1]

Beispiel:

Die Industriewerke Düsseldorf AG erwägen den Kauf einer neuen Abkantmaschine. Die Anschaffungsauszahlungen hierfür betragen 650 000,00 EUR.

Mit dieser Maschine lassen sich in den kommenden 5 Jahren nebenstehende Einzahlungsüberschüsse erzielen:

Jahr	Einzahlungsüberschüsse
1	120 000,00 EUR
2	180 000,00 EUR
3	210 000,00 EUR
4	190 000,00 EUR
5	160 000,00 EUR

Aufgaben:

1. Ermitteln Sie, ob die Geschäftsleitung diese Investition befürworten soll, wenn sie bei anderen Investitionen üblicherweise 8 % erwirtschaften kann!

2. Berechnen Sie den Kapitalwert der Investition unter der Annahme, dass mit einem Kalkulationszinsfuß von 12 % zu rechnen ist und am Ende der Nutzungsdauer ein Liquidationserlös in Höhe von 12 000,00 EUR erzielt werden kann!

---

1 Die Kapitalwertmethode geht davon aus, dass der Investor jederzeit beliebig hohe Beträge zu dem von ihm gewählten Kalkulationszinssatz verzinslich anlegen oder als Kredit beschaffen kann (**vollkommener Kapitalmarkt**).

Lösungen:

Zu 1.: Berechnung des Kapitalwerts mit einem Kalkulationszinsfuß von 8 %

Ende des	Einzahlungsüberschüsse	Abzinsungsfaktor	Barwert
1. Jahres	120 000,00 EUR	0,926	111 120,00 EUR
2. Jahres	180 000,00 EUR	0,857	154 260,00 EUR
3. Jahres	210 000,00 EUR	0,794	166 740,00 EUR
4. Jahres	190 000,00 EUR	0,735	139 650,00 EUR
5. Jahres	160 000,00 EUR	0,681	108 960,00 EUR
Barwertsumme			680 730,00 EUR
− Anschaffungsauszahlung		1,000	650 000,00 EUR
= Kapitalwert			30 730,00 EUR

Ergebnis:

Der Kapitalwert der gesamten Investition ist positiv. Die Investition lohnt sich bei einem Kalkulations-zinsfuß von 8 %, da die auf den Barwert abgezinsten Einzahlungsüberschüsse größer sind als die gegenwärtigen Anschaffungsauszahlungen. Der Investor erhält sein eingesetztes Kapital zurück, erzielt eine Verzinsung in Höhe des Kalkulationszinssatzes sowie einen zusätzlichen Überschuss, dessen Barwert 30 730,00 EUR beträgt.

Zu 2.: Berechnung des Kapitalwerts mit einem Kalkulationszinsfuß von 12 %

Ende des	Einzahlungsüberschüsse	Abzinsungsfaktor	Barwert
1. Jahres	120 000,00 EUR	0,893	107 160,00 EUR
2. Jahres	180 000,00 EUR	0,797	143 460,00 EUR
3. Jahres	210 000,00 EUR	0,712	149 520,00 EUR
4. Jahres	190 000,00 EUR	0,636	120 840,00 EUR
5. Jahres	160 000,00 EUR	0,567	90 720,00 EUR
Barwertsumme			611 700,00 EUR
− Anschaffungsauszahlung		1,000	650 000,00 EUR
+ Liquidationserlös (12 000,00 EUR)		0,567	6 804,00 EUR
= Kapitalwert			− 31 496,00 EUR

Ergebnis:

Der Kapitalwert der gesamten Investition ist negativ. Die Investition lohnt sich unter diesen Bedingungen nicht, da die Barwertsumme sowie der abgezinste erzielbare Liquidationserlös nicht ausreichen, um die Anschaffungsauszahlungen auszugleichen.

(6) Kapitalwertformel

Der Kapitalwert K_0 (Kapital-wert bezogen auf den Zeit-punkt t_0) ergibt sich durch ne-benstehende Berechnung:

- − Anschaffungsauszahlung A_0
- + Summe der Barwerte aller Einzahlungsüberschüsse $\ddot{U}_t$
- + Barwert des Liquidationserlöses zum Zeitpunkt n L_n

= Kapitalwert K_0

Mathematisch kann der Kapitalwert K_0 durch folgende Formeln errechnet werden:

■ **ohne Liquidationserlös:**   ■ **mit Liquidationserlös:**

$$K_0 = - A_0 + \ddot{U}_1 \cdot \frac{1}{q^1} + \ddot{U}_2 \cdot \frac{1}{q^2} + \ldots \ddot{U}_n \cdot \frac{1}{q^n}$$

$$K_0 = -A_0 + \sum_{t=1}^{n} \ddot{U}_t \cdot \frac{1}{q^t}$$

$$K_0 = -A_0 + \sum_{t=1}^{n} \ddot{U}_t \cdot \frac{1}{q^t} + L_n \cdot \frac{1}{q^n}$$

Beispiel:

A_0 = Investitionsausgabe zum Zeitpunkt t = 0: 20 000,00 EUR

p = Zinssatz, hier 8

i = $\dfrac{p}{100}$ = 0,08

q = 1 + i = 1,08

$\ddot{U}_t$ = Zahlungsstrom in Periode t, wobei Ü = Einnahmen – Ausgaben in Periode t: 5 000,00 EUR (jährlich gleichbleibend)

L_n = Liquidationserlös/Resterlös zum Zeitpunkt t = n: 4 860,00 EUR

t = Index für die Periode

n = letzte betrachtete Periode: 4 Jahre

Aufgabe:

Beurteilen Sie die Vorteilhaftigkeit der Investition!

Lösung:

$$K_0 = - A_0 + \sum_{t=1}^{n} \ddot{U}_t \cdot \frac{1}{q_t} + L_n \cdot \frac{1}{q_n}$$

$$K_0 = - A_0 + \sum_{t=1}^{n} \ddot{U}_t \cdot \frac{1}{(1+i)^t} + L_n \cdot \frac{1}{(1+i)^n}$$

$$K_0 = - A_0 + \sum_{t=1}^{n} \ddot{U}_t \cdot (1+i)^{-t} + L_n \cdot (1+i)^{-n}$$

$$K_0 = - 20\,000,00 + \sum_{t=1}^{4} 5\,000,00 \cdot (1+0,08)^{-t} + 4\,860,00 \cdot (1+0,08)^{-4}$$

K_0 = $- 20\,000,00 + 16\,560,63 + 3\,572,25$

K_0 = $132,88 > 0$, d. h., die Investition ist vorteilhaft

Die Kapitalwertformel unterstellt folgende wirklichkeitsfremde Annahmen:

■ Anlage **beliebig großer Kapitalbeträge** bzw. Aufnahme **beliebig großer Kredite,**

■ Kapitalanlage bzw. Kreditaufnahme zu **jedem beliebigen Zeitpunkt** t_1, t_2 … t_n,

■ **einheitlicher Kalkulationszinsfuß** i.

Durch diese Annahmen ist der Einsatz der Kapitalwertformel in der Praxis stark eingeschränkt.

1.3.3.2.2 Kapitalwertmethode mit Vergleich von Investitionsalternativen (Differenzinvestition)

Die Kapitalwertmethode kann auch zum Vergleich von Investitionsalternativen genutzt werden. Dabei ist das Investitionsobjekt mit dem größten Kapitalwert das vorteilhafteste (sofern der Kapitalwert größer oder gleich null ist).

Die betrachteten Alternativen müssen vollständig vergleichbar sein, d. h., sie dürfen sich hinsichtlich des Kapitaleinsatzes und der Nutzungsdauer nicht unterscheiden. Da dies in der Realität selten auftritt, wird dieser Mangel durch die Berücksichtigung einer sogenannten **Differenzinvestition** ausgeglichen.

(1) Differenzinvestition bei unterschiedlichen Anschaffungskosten[1]

Sind die Anschaffungskosten von zu vergleichenden Investitionsobjekten verschieden, so kann die gesparte Anschaffungsauszahlung des günstigeren Objekts in ein weiteres Objekt investiert werden (Differenzinvestition).

Beispiel:

Die Werkzeugbau Schmied GmbH hat sich entschlossen, die bisher manuell durchgeführten Stanzarbeiten zu automatisieren. Der Stanzautomat I hat einen Anschaffungswert von 130 000,00 EUR, eine Nutzungsdauer von fünf Jahren und einen Liquidationserlös von 15 000,00 EUR.

Der Stanzautomat II hat einen Anschaffungswert von 90 000,00 EUR und ebenfalls eine Nutzungsdauer von fünf Jahren. Ein Liquidationserlös kann nicht erzielt werden. Beide Objekte sollen eine Mindestverzinsung von 9 % erzielen.

Die Differenz von 40 000,00 EUR bei der Anschaffungsauszahlung wird anderweitig investiert und erzielt eine Verzinsung von 10 %.

Folgende Einzahlungsüberschüsse werden erwartet (in EUR):

	1. Jahr	2. Jahr	3. Jahr	4. Jahr	5. Jahr
Anlage I	35 000,00	40 000,00	48 000,00	37 000,00	20 000,00
Anlage II	25 000,00	32 000,00	38 000,00	20 000,00	18 000,00
Differenzinvestition	9 000,00	13 000,00	18 000,00	15 000,00	8 000,00

Aufgabe:

Vergleichen Sie die Kapitalwerte der beiden Investitionsobjekte unter Einbezug der Differenzinvestition und stellen Sie das Ergebnis tabellarisch (auf ganze EUR gerundet) dar!

---

1 Vgl. Dillerup/Albrecht: Kapitalwertmethode, http://isc.hs-heilbronn.de/Publikationen/Kapitalwertmethode.pdf; 08. 10. 2011.

Lösung:

Jahr	Abzin-sungs-faktor	Stanzautomat I		Stanzautomat II		Abzin-sungs-faktor	Differenzinvestition	
		Über-schuss	Barwert	Über-schuss	Barwert		Über-schuss	Barwert
1	0,91743	35000	32110	25000	22936	0,90909	9000	8182
2	0,84168	40000	33667	32000	26934	0,82645	13000	10744
3	0,77218	48000	37065	38000	29343	0,75132	18000	13524
4	0,70843	37000	26212	20000	14169	0,68301	15000	10246
5	0,64993	20000	12999	18000	11699	0,62092	8000	4967
Barwerte			142053		105081			47663
– Anschaffungs-auszahlung			130000		90000			40000
+ Liquidations-erlös		15000	9749		0			0
= Kapitalwert (einzeln)			21802		15081			7663
= Kapitalwert (gesamt)			21802		22744			

Ergebnis: Der Stanzautomat I ist vorteilhafter als der Stanzautomat II, da er einen um 6721,00 EUR (21802,00 EUR – 15081,00 EUR) höheren Kapitalwert erzielt. Unter Berücksichtigung der Differenzinvestition kehrt sich dieser Sachverhalt um, da Stanzautomat II zusammen mit der Differenzinvestition einen um 942,00 EUR (22744,00 EUR – 21802,00 EUR) höheren Kapitalwert erzielt. Damit ist abschließend der Stanzautomat II zu wählen.

(2) Differenzinvestition bei unterschiedlichen Nutzungsdauern

Sind die Nutzungsdauern von zu vergleichenden Investitionsobjekten verschieden, so können die Überschüsse des Objekts mit der kürzeren Nutzungsdauer erneut investiert werden (Differenzinvestition). In der Regel wählt man für den rechnerischen Vergleich wieder das Investitionsobjekt mit der kürzeren Nutzungsdauer.

Beispiel:

Die Werkzeugbau Schmied GmbH will ferner die Kapazität der Fräserei vergrößern. Es stehen zwei Angebote zur Wahl: Der Fräsautomat I hat einen Anschaffungswert von 100000,00 EUR, eine Nutzungsdauer von 6 Jahren.

Der Fräsautomat II hat ebenfalls einen Anschaffungswert von 100000,00 EUR, aber eine Nutzungsdauer von nur 3 Jahren, da mit höherer Geschwindigkeit gefräst werden kann.

Ein Liquidationserlös ist bei beiden Anlagen nicht zu erwarten. Beide Objekte sollen eine Mindestverzinsung von 8% erzielen.

Nach Ablauf der Nutzungsdauer von Fräsautomat II wird dieser durch eine identische Anlage ersetzt (Differenzinvestition).

Folgende Einzahlungsüberschüsse werden erwartet (in EUR):

	1. Jahr	2. Jahr	3. Jahr	4. Jahr	5. Jahr	6. Jahr
Anlage I	25000,00	30000,00	30000,00	30000,00	30000,00	25000,00
Anlage II	45000,00	45000,00	45000,00	0,00	0,00	0,00
Differenzinvestition	0,00	0,00	0,00	45000,00	45000,00	45000,00

Aufgabe:

Vergleichen Sie die Kapitalwerte der beiden Investitionsobjekte unter Einbezug der Differenzinvestition und stellen Sie das Ergebnis tabellarisch (auf ganze EUR gerundet) dar!

Lösung:

Jahr	Abzinsungs-faktor	Fräsautomat I		Fräsautomat II		Differenzinvestition	
		Überschuss	Barwert	Überschuss	Barwert	Überschuss	Barwert
1	0,92593	25 000	23 148	45 000	41 667		
2	0,85734	30 000	25 720	45 000	38 580		
3	0,79383	30 000	23 815	45 000	35 722		
4	0,73503	30 000	22 051			45 000	33 076
5	0,68058	30 000	20 417			45 000	30 626
6	0,63017	25 000	15 754			45 000	28 358
Barwerte			130 905		115 969		92 060
– Anschaffungs-auszahlung			100 000		100 000	100 000 (Ende 3. J.)	79 383
= Kapitalwert (einzeln)			30 905		15 969		12 677
= Kapitalwert (gesamt)			30 905		28 646		

Ergebnis: Der Fräsautomat I ist vorteilhafter als der Fräsautomat II, da er einen in etwa doppelt so hohen Kapitalwert erzielt. Auch unter Berücksichtigung der Differenzinvestition erzielt der Fräsautomat I immerhin noch einen um 2 259,00 EUR höheren Kapitalwert. Die Schmied GmbH sollte sich für Fräsautomat I entscheiden.

Um Investitionsobjekte mit unterschiedlichem Kapitaleinsatz und unterschiedlichen Nutzungsperioden vergleichen zu können, muss der **Kapitalwert der Differenzinvestition** berechnet und dem Investitionsobjekt mit dem **kleineren Kapitaleinsatz** zugerechnet werden.[1]

1.3.3.2.3 Bedeutung der Kapitalwertmethode

Die Kapitalwertmethode als ein dynamisches Verfahren stellt gegenüber den statischen Verfahren eine Verbesserung dar, da sie Einzahlungen und Auszahlungen **aller Nutzungsperioden** erfasst und **zeitliche Unterschiede** im Anfall der Einzahlungen und Auszahlungen durch Abzinsen **berücksichtigt**. Damit wird eine Investitionsentscheidung, die auf der Kapitalwertmethode beruht, sicherer.

Gegen die Kapitalwertmethode werden insbesondere folgende Argumente eingewendet:

- Es wird unterstellt, dass die künftigen Einzahlungen und Auszahlungen bekannt sind. Dies ist nicht der Fall. In der Realität ist man auf mehr oder weniger **grobe Schätzungen** angewiesen, da zukünftige Ereignisse nie mit Sicherheit vorhergesehen werden können.
- Es gibt **keinen „richtigen" Kalkulationszinsfuß**. Vielmehr hängt die Höhe des Kalkulationszinsfußes stark von subjektiven Zielvorstellungen des Investors ab. Seine Festlegung

---

1 Auf eine Berücksichtigung der Differenzinvestition kann verzichtet werden, wenn deren Verzinsung dem Kalkulationszinsfuß entspricht, da sich dann für die Differenzinvestition ein Kapitalwert von null ergibt.

unterliegt somit einer gewissen Willkür. Dies ist insofern ein Nachteil, da wegen der Abhängigkeit des Kapitalwerts vom Kalkulationszinsfuß das Ergebnis der Rechnung in einem gewissen Rahmen willkürlich ist.

■ Es wird unterstellt, dass alle Einzahlungen und Auszahlungen den jeweiligen Investitionsprojekten zugerechnet werden können. Dies ist unrealistisch, denn z.B. die Umsatzerlöse **(Einzahlungen)** können **nicht unmittelbar einem Investitionsprojekt zugerechnet werden,** sondern sind das Ergebnis einer Vielzahl gleichzeitig zusammenwirkender Faktoren (z.B. Werbung, Modetrend, technische Neuheit usw.).

1.3.3.3 Interne Zinssatzmethode

(1) Grundüberlegung

Diese Methode gibt **keinen Kalkulationszinsfuß (keine Mindestverzinsung) vor,** mit dessen Hilfe man den Kapitalwert errechnet, sondern man sucht den **Kalkulationszinsfuß, der zu einem Kapitalwert von null führt,** d.h. bei dem die Summen der Barwerte von Einzahlungen und Auszahlungen gleich groß sind **(interner Zinsfuß).**

> Der **interne Zinsfuß** gibt denjenigen Zins an, bei dessen Verwendung als Kalkulationszinsfuß der Kapitalwert null wird.

Die Vorteilhaftigkeit einer einzelnen Investition kann man jedoch nur dann ermitteln, wenn man **zusätzlich** noch den **gewünschten Kalkulationszinsfuß** kennt. Eine Investition ist danach dann als vorteilhaft anzusehen, wenn der interne Zinsfuß **nicht kleiner** als der Kalkulationszinsfuß ist.

(2) Ermittlung des internen Zinsfußes

Beispiel:

Wir führen das Beispiel von S. 118 fort. Bei einem Kalkulationszinsfuß von 8% war die Investition noch attraktiv, da die auf den Bezugszeitpunkt abgezinsten Einzahlungen höher waren als die abgezinsten Auszahlungen. Bei einem Kalkulationszinsfuß von 12% ist die Investition in jedem Fall unattraktiv, weil sie zu einem negativen Kapitalwert führt.

Aufgabe:

Ermitteln Sie rechnerisch und durch grafische Interpolation den Prozentsatz (internen Zinssatz), der zu einem Kapitalwert von null führt!

Lösung:

Rechnerische Ermittlung des internen Zinsfußes (Strahlensatz):

Bezeichnet man die Strecke von 8 bis zum Schnittpunkt als x, dann ergibt sich:

$$\frac{x}{30\,730} = \frac{4 - x}{31\,496}$$

$$31\,496\,x = 30\,730 \cdot (4 - x)$$

$$31\,496\,x = 122\,920 - 30\,730\,x$$

$$62\,226\,x = 122\,920$$

$$x = \underline{\underline{1{,}98}}$$

Ergebnis: Der interne Zinsfuß ergibt sich aus 8 + 1,98 = <u>9,98%</u>

Ermittlung des internen Zinsfußes durch grafische Interpolation

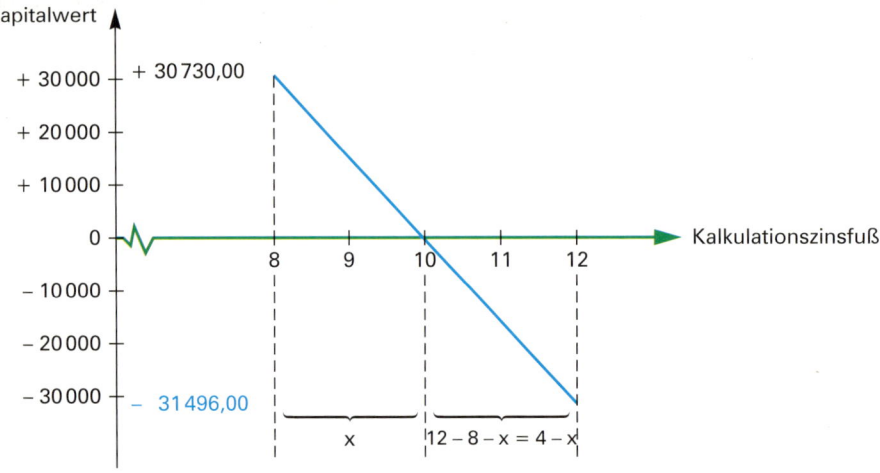

Ergebnis: Die Verbindungslinie zwischen dem Kapitalwert von 8 % (+ 30 730,00 EUR) und dem Kapitalwert von 12 % (– 31 496,00 EUR) schneidet die X-Achse bei etwa 10 %. Dies ist ein Näherungswert für den internen Zinsfuß.

Zusammenfassung

- Die **dynamischen Investitionsverfahren** beurteilen ein Investitionsprojekt über **alle Nutzungsjahre** hinweg und berücksichtigen hierbei den **Zeitpunkt einer Einzahlung oder Auszahlung.**

- Wichtige **Begriffe der dynamischen Investitionsrechnung:**
  - Der **Zeitwert** einer Einzahlung oder Auszahlung ist der Wert zum Zeitpunkt des Entstehens.
  - Der **Barwert** einer Einzahlung oder Auszahlung ist der auf den Beginn des Investitionszeitraums abgezinste Wert der Zahlung.
  - Der **Abzinsungsfaktor** wird nach folgender Formel berechnet: $\dfrac{1}{\left(1 + \dfrac{p}{100}\right)^{n}}$

- Der **Kapitalwert einer Investition** ergibt sich als Differenz zwischen der Summe der Barwerte aller Einzahlungen und der Summe aller Auszahlungen, die mit dieser Investition zusammenhängen.

- Der **Kalkulationszinsfuß** drückt die Rendite aus, die der Investor durch seine Investition mindestens erzielen möchte.

- Ist der **Kapitalwert null oder positiv,** so ist die Investition **vorteilhaft.**

- Ein **negativer Kapitalwert** ist ein Zeichen dafür, dass die Kapitalkosten des Investors nicht gedeckt werden können.

- Der **interne Zinsfuß** gibt denjenigen Zins an, bei dessen Verwendung als Kalkulationszinsfuß der Kapitalwert null wird.

- Die Kapitalwertmethode kann auch zum **Vergleich von Investitionsalternativen** genutzt werden. Dabei ist die Investitionsalternative mit dem **größten Kapitalwert** die **vorteilhafteste.**

■ Ist bei den Investitionsalternativen sowohl die **Höhe des Kapitaleinsatzes** als auch die **Anzahl der Nutzungsperioden unterschiedlich,** so ist ein Vergleich nur möglich, wenn

■ die **Differenzinvestition berücksichtigt** oder

■ der Kapitalwert der **Differenzinvestition mit null** angenommen wird.

Übungsaufgaben

59 Ein Industriebetrieb will in einen Maschinensatz zu 238 000,00 EUR Anschaffungswert zur Betriebserweiterung investieren. Die laufenden Einzahlungen und Auszahlungen werden für die Nutzungsdauer von 6 Jahren wie folgt geschätzt:

Geld-vorgang / Jahre	1. Jahr	2. Jahr	3. Jahr	4. Jahr	5. Jahr	6. Jahr
Einzahlungen in EUR	138 000,00	155 000,00	165 000,00	150 000,00	135 000,00	180 000,00
Auszahlungen in EUR	85 000,00	105 000,00	140 000,00	130 000,00	125 000,00	25 000,00

Aufgaben:

1. Berechnen Sie den Überschuss als Saldo zwischen Einzahlungen und Auszahlungen ohne Berücksichtigung der Zeit!

2. Beurteilen Sie die Zweckmäßigkeit der Investition, wenn Sie die Einzahlungen und Auszahlungen auf den Zeitpunkt zu Beginn der Investition mit einem Kalkulationszinsfuß von 11 % abzinsen! Zu den Abzinsungsfaktoren vgl. Tabelle S. 115.

3. Erklären Sie, worin die eigentliche Problematik jeder Investitionsrechnung liegt!

4. Nennen Sie die Vorteile, die die Methoden der dynamischen Investitionsrechnung gegenüber der Kostenvergleichsrechnung haben!

60 Die Holzfabrik Reutlinger GmbH in Braunlage prüft die Anschaffung einer vollautomatischen Fertigungslinie zur Holzbearbeitung.

Anschaffungswert	6 000 000,00 EUR
Wiederbeschaffungswert	6 400 000,00 EUR
Voraussichtliche Nutzungsdauer	8 Jahre
Variable Kosten pro Stunde	1 500,00 EUR
Übrige Fixkosten pro Jahr	580 000,00 EUR
Betriebsleistung in m^3 Holz pro Stunde	20 m^3
Verkaufserlös pro m^3 Holz, bearbeitet	130,00 EUR
Maschinenlaufzeit/Jahr	1 900 Stunden

Die Abschreibung erfolgt linear von den Wiederbeschaffungskosten.

Aufgaben:

1. Die Geschäftsleitung der Holzfabrik Reutlinger GmbH setzt eine Soll-Amortisationszeit von 3,5 Jahren voraus. Beurteilen Sie, ob unter dieser Voraussetzung die Investition befürwortet werden kann!

2. Berechnen Sie den Verkaufserlös, der sich am Markt durchsetzen lassen müsste, damit die Investition ihre Soll-Amortisationszeit gerade erreicht!

3. Die Geschäftsleitung möchte ihre Investitionsentscheidung auch noch mithilfe der Kapitalwertmethode überprüfen.

Eine sorgfältige Marktanalyse berechtigt zu der Annahme, dass die Marktnachfrage nach Holz während der gesamten Lebensdauer der Investition kontinuierlich steigen wird und daher ab dem 2. Jahr eine Erhöhung der Verkaufserlöse um jährlich 5 % berechtigt ist. Für die ersten vier Jahre ist davon auszugehen, dass die laufenden Ausgaben 85 % der erwarteten Einnahmen betragen. Am Ende des 4. Jahres ist eine Generalüberholung der Anlage fällig, wobei bereits jetzt abzusehen ist, dass gesetzliche Vorgaben zum Emissionsschutz den Einbau einer verbesserten Filteranlage verlangen werden. Für diese einmaligen Aufwendungen werden 160 000,00 EUR veranschlagt. Im 5. und im 6. Jahr sinken durch die Reparatur die laufenden Ausgaben auf 75 % der erwarteten Einnahmen, um in den letzten beiden Jahren wieder auf 80 % anzusteigen.

Nach Ablauf der Nutzungsdauer ist mit einem Liquidationserlös von 40 000,00 EUR und Abbruchkosten in Höhe von 25 000,00 EUR zu rechnen.

3.1 Überprüfen Sie unter Verwendung der Kapitalwertmethode, ob sich die Investition bei einem Kalkulationszinsfuß von 8 % lohnt (zu den Abzinsungsfaktoren vgl. Tabelle S. 115)!

3.2 Ermitteln Sie, um welchen Betrag sich der Einbau der verbesserten Filteranlage am Ende des 4. Jahres verteuern dürfte, damit die Verzinsung von 8 % gerade noch erreicht wird!

61 Bei einem Unternehmen stehen zwei Investitionsalternativen zur Auswahl. Folgende Planungsdaten stehen für die Investitionsprojekte zur Verfügung:

Jahr	Geschätzte Einzahlungen in EUR	Geschätzte Auszahlungen in EUR
2016	2 640 000,00	2 160 000,00
2017	2 640 000,00	2 280 000,00
2018	3 060 000,00	2 160 000,00
2019	3 060 000,00	2 160 000,00
2020	3 120 000,00	2 280 000,00
2021	3 120 000,00	2 160 000,00

Der Kalkulationszinssatz beträgt beim Investitionsprojekt I 9 % und beim Investitionsprojekt II 14 %. Die Anschaffungsauszahlungen betragen beim Investitionsprojekt I 2 960 000,00 EUR und beim Investitionsprojekt II 2 740 000,00 EUR. An Ende der Nutzungsdauer erzielt der Investor beim Investitionsprojekt II einen Liquidationserlös von 16 500,00 EUR.

Aufgaben:

1. Vergleichen Sie die beiden Investitionsprojekte nach der Kapitalwertmethode und beurteilen Sie das Ergebnis!

2. Begründen Sie, unter welcher Voraussetzung ein Vergleich der beiden Investitionsprojekte in dieser Form sinnvoll ist!

3. Nennen Sie zwei Nachteile der Kapitalwertmethode!

4. Erläutern Sie zwei Faktoren, die bei der Festlegung der Höhe des Kalkulationszinssatzes von Bedeutung sein können!

5. Ein Konkurrenzunternehmen, das ein ähnliches Investitionsvorhaben plant, rechnet mit einem Kalkulationszinssatz, der 1,5 % höher liegt.

    5.1 Erläutern Sie zwei Gründe, die das Unternehmen zu dieser Maßnahme veranlasst haben!

    5.2 Beschreiben Sie die Auswirkungen eines höheren Kalkulationszinssatzes auf den Kapitalwert!

Hinweis: Entnehmen Sie die Abzinsungsfaktoren aus der Tabelle auf S. 115!

62 Ein Getränkehersteller plant eine Investition in eine neue Abfüllanlage. Es wird mit folgenden Investitionskosten gerechnet: Anschaffungskosten: 1 800 000,00 EUR, Nutzungsdauer 8 Jahre. Die Kosten im ersten Nutzungsjahr werden wie folgt angenommen: Fertigungslöhne 180 000,00 EUR, Gehälter 85 000,00 EUR, Fertigungsmaterial 220 000,00 EUR, fixe Kosten 370 000,00 EUR, sonstige variable Kosten 45 000,00 EUR. Die zu erwartenden Umsatzerlöse belaufen sich auf 850 000,00 EUR. Die Abschreibung erfolgt linear. Der Kalkulationszinssatz wird vom Investor mit 8 % festgelegt.

Aufgabe:

Berechnen Sie nach der Kapitalwertmethode den Einzahlungsüberschuss und den Barwert für die erste Nutzungsperiode!

Hinweis: Entnehmen Sie die Abzinsungsfaktoren aus der Tabelle auf S. 115!

63 Bei der Brenner Metallbau GmbH muss über die Anschaffung einer Plasma-Schneidmaschine entschieden werden. Die Anschaffungskosten einschließlich Schulung der Mitarbeiter betragen 450 000,00 EUR.

Mit dieser Maschine könnten völlig neuartige Kundenaufträge erfüllt und in den nächsten acht Jahren folgende Zusatzerträge erwirtschaftet werden:

1. Jahr	60 000,00 EUR	5. Jahr	95 000,00 EUR
2. Jahr	75 000,00 EUR	6. Jahr	90 000,00 EUR
3. Jahr	80 000,00 EUR	7. Jahr	85 000,00 EUR
4. Jahr	90 000,00 EUR	8. Jahr	80 000,00 EUR

Nach Ablauf des 8. Jahres hat die Maschine noch einen voraussichtlichen Schrottwert von 20 000,00 EUR.

Aufgaben:

1. Begründen Sie rechnerisch, ob die Brenner Metallbau GmbH diese Anschaffung tätigen soll, wenn sie ihr Kapital anderweitig mit

   1.1 7 %

   1.2 10 %

   verzinsen muss!

2. Ermitteln Sie durch grafische Interpolation den internen Zinsfuß der Investition!

64 Die geschäftsführenden Gesellschafter der Schnabel und Weber GmbH haben sich völlig zerstritten. Herr Weber hat die Nase voll und will das Unternehmen liquidieren. Da Herr Schnabel in dem Unternehmen sein Lebenswerk sieht, will er es unbedingt weiterführen. Herr Weber, Mitte 50 und allerbester Gesundheit, stellt ihn vor die Alternative: entweder 500 000,00 EUR sofort oder 10-mal eine jährliche Rente von 80 000,00 EUR, damit er das Unternehmen verlässt. Die erste Zahlung ist sofort fällig.

Aufgaben:

1. Ermitteln Sie, für welche Lösung sich Herr Schnabel entscheiden soll, wenn er mit 8 % kalkuliert!

2. Berechnen Sie die interne Verzinsung dieser Alternative! Benutzen Sie 12 % als zweiten Prozentsatz!

65 Die Niedersächsischen Kies- und Schotterwerke AG haben ein begrenzt großes Abbaugebiet für Nasskies erschlossen. Erste Berechnungen ergaben, dass bei einer Investition von 5 Mio. EUR über 10 Jahre hinweg ein jährlicher Ertrag von 1 500 000,00 EUR erwirtschaftet werden könnte. Würde das Unternehmen weitere 2 Mio. EUR investieren, dann könnte jährlich die doppelte Menge abgebaut werden. Die Erträge würden sich verdoppeln, allerdings würde sich die Nutzungsdauer des Abbaugebietes auch halbieren.

Aufgaben:

1. Beurteilen Sie, ob Sie der Unternehmensleitung raten würden, diese Investition zu tätigen, wenn diese gegenüber der Muttergesellschaft mit 10% kalkulieren muss! Führen Sie den rechnerischen Nachweis!

2. Berechnen Sie den internen Zinsfuß der zweiten Alternative! Verwenden Sie als weiteren Kalkulationszinsfuß 20%!

66 1. Bei der AuWe AG stehen zwei Investitionsobjekte zur Auswahl:

	Investitionsobjekt I	Investitionsobjekt II
Anschaffungsausgaben (EUR)	140 000,00	84 000,00
Nutzungsdauer (Jahre)	5	5
Liquidationserlös	12 000,00	0,00
Kalkulationszinssatz	8%	8%
Einzahlungsüberschüsse		
1. Jahr	42 000,00	25 000,00
2. Jahr	56 000,00	25 000,00
3. Jahr	42 000,00	25 000,00
4. Jahr	28 000,00	25 000,00
5. Jahr	28 000,00	25 000,00

Aufgaben:

1.1 Berechnen Sie die Kapitalwerte der beiden Investitionsobjekte!

1.2 Der Differenzbetrag wird in eine Anlage investiert mit einer Nutzungsdauer von fünf Jahren. Der Kalkulationszinssatz beträgt 8%. Für diese Ergänzungsinvestition (Differenzinvestition) wird mit folgenden Einzahlungsüberschüssen gerechnet: 1. Jahr: 28 000,00 EUR, 2. Jahr: 14 000,00 EUR, 3. Jahr: 14 000,00 EUR, 4. Jahr: 14 000,00 EUR, 5. Jahr: 14 000,00 EUR.
Berechnen Sie den Kapitalwert der Differenzinvestition!

1.3 Beurteilen Sie, welches Investitionsobjekt das vorteilhaftere ist!

2. Das unter 1. beschriebene Investitionsobjekt II lässt sich nicht realisieren. Alternativ ist folgendes Investitionsobjekt III möglich:

	Investitionsobjekt III
Anschaffungsausgaben (EUR)	140 000,00
Nutzungsdauer (Jahre)	3
Liquidationserlös	0,00
Kalkulationszinssatz	8%
Einzahlungsüberschüsse	
1. Jahr	60 000,00
2. Jahr	60 000,00
3. Jahr	60 000,00
4. Jahr	0,00
5. Jahr	0,00

Aufgaben:

2.1 Berechnen Sie den Kapitalwert von Investitionsobjekt III!

2.2 Am Ende der Nutzungsdauer von Investitionsobjekt III werden die Anschaffungsausgaben erneut in eine solche Anlage investiert. Der Kalkulationszinssatz beträgt 8%. Für diese Ergänzungsinvestition (Differenzinvestition) wird mit folgenden Einzahlungsüberschüssen gerechnet: 4. Jahr: 60 000,00 EUR, 5. Jahr: 60 000,00 EUR. Ferner ist am Ende des 5. Jahres mit einem Liquidationserlös in Höhe von 50 000,00 EUR zu rechnen.

Berechnen Sie den Kapitalwert der Differenzinvestition!

2.3 Beurteilen Sie, welches der beiden Investitionsobjekte I und III das vorteilhaftere ist!

67 Ein Tennisprofi möchte einen Teil seines letzten Preisgeldes in die Zukunftsvorsorge investieren. Sein Finanzmanager rät ihm zu einer stillen Beteiligung und bietet ihm an:

5 Einzahlungen in Höhe von 200 000,00 EUR, 250 000,00 EUR, 300 000,00 EUR, 350 000,00 EUR und 400 000,00 EUR. Die erste Einzahlung ist sofort fällig, die folgenden jeweils im Abstand von einem Jahr. Somit ist die letzte Rate in vier Jahren fällig. Daraufhin ruht die Investition ein Jahr. Ab dem siebten Jahr erhält der Tennisprofi drei Jahre lang jeweils 750 000,00 EUR ausbezahlt.

Aufgaben:

1. Beurteilen Sie, ob Sie dem Profi zu dieser Beteiligung raten würden, wenn ihm seine Hausbank in Monte Carlo üblicherweise die Einlagen zu Sonderkonditionen von 8 % verzinst! Führen Sie den rechnerischen Nachweis!

2. Ermitteln Sie die interne Verzinsung dieser Investitionsrechnung mithilfe der grafischen Interpolation!

2 Finanzcontrolling

2.1 Überblick über die Arbeiten am Jahresabschluss

(1) Gliederung des Jahresabschlusses

■ Begriff und Bestandteile des Jahresabschlusses

Der Jahresabschluss eines Unternehmens soll einen möglichst sicheren Einblick in die Vermögens-, Ertrags- und Finanzlage des Unternehmens gewährleisten.

> Der **Jahresabschluss** ist ein **Dokument** (Beweisstück) und eine **Rechnungslegung** für eine bestimmte Rechnungsperiode.

Bestandteile des **Jahresabschlusses** bei Kapitalgesellschaften sind gemäß §§ 264 I, S. 1; 242 HGB

- die **Bilanz,**
- die **Gewinn- und Verlustrechnung** und
- der **Anhang.**

Darüber hinaus müssen alle Kapitalgesellschaften ihren Jahresabschluss zusätzlich durch einen **Lagebericht**[1] ergänzen [§ 264 I, S. 1 in Verbindung mit § 289 HGB].

■ Bilanz

Die Bilanz weist die Höhe des Vermögens sowie das Eigen- und Fremdkapital zum **Bilanzstichtag** aus. Die Bilanz ist eine **Zeitpunktrechnung.** Die Bilanz muss die tatsächliche **Vermögens- und Finanzlage** des Unternehmens vermitteln. Dazu ist es erforderlich, die Vermögensteile und Schulden des Unternehmens durch eine **Inventur** zu ermitteln. Hierbei treten **Bewertungsfragen**[2] auf, denn nicht alle Vermögensteile und Schulden lassen sich wertmäßig exakt erfassen.

Beispiele:

- Im Laufe des Geschäftsjahres hat ein Unternehmen einen Lkw im Wert von 150 000,00 EUR angeschafft. Am Ende des Geschäftsjahres muss festgelegt werden, mit welchem Wert der Lkw in der Bilanz auszuweisen ist, d.h., es gilt den Wertverlust (Abschreibung) festzulegen und von den Anschaffungskosten zu subtrahieren.

- Ein Unternehmen hat an einen Kunden Erzeugnisse im Wert von 20 000,00 EUR verkauft. Die Forderungen werden zweifelhaft, da der Kunde Insolvenz beantragt hat. Da die Forderung nur mit dem Wert in die Bilanz aufgenommen werden darf, den das Unternehmen noch erwarten kann, muss der Forderungseingang bewertet werden. Der restliche – vermutlich verlorene – Forderungsbetrag ist abzuschreiben.

- Ein Unternehmen hat bei der Lieferung eines Automaten eine Garantieverpflichtung gegenüber dem Kunden übernommen. Da das Unternehmen nicht weiß, ob und gegebenenfalls in welcher Höhe es für einen auftretenden Schaden einzutreten hat, muss es in der Bilanz eine Rückstellung (ungewisse Verbindlichkeit) einstellen.

---

1 Der **Lagebericht** muss z.B. auf besondere Vorgänge nach Schluss des Geschäftsjahres, auf die voraussichtliche Entwicklung der Kapitalgesellschaft, auf den Bereich Forschung und Entwicklung und auf die Entwicklung bestehender Zweigniederlassungen der Gesellschaft eingehen. Der Lagebericht gehört **nicht zu den Bestandteilen des Jahresabschlusses** einer Kapitalgesellschaft. Die Rahmenrichtlinien sehen die Behandlung des Lageberichts nicht vor.

2 Die Bewertung wird im Kapitel 2.3, S. 131ff. dargestellt.

■ **Gewinn- und Verlustrechnung**

Die Gewinn- und Verlustrechnung weist alle **Aufwendungen** und **Erträge** des **Geschäftsjahres** aus und zeigt damit die Quellen des Jahreserfolges auf. Die Gewinn- und Verlustrechnung ist eine **Zeitraumrechnung**.

■ **Anhang**

Kapitalgesellschaften müssen neben der Bilanz und der Gewinn- und Verlustrechnung zusätzlich noch einen Anhang erstellen. Er hat die Aufgabe, bestimmte **Einzelposten der Bilanz** und **GuV-Rechnung** näher zu erläutern.

Nach § 284 II HGB sind Angaben hinsichtlich aller ausgeübten **Bilanzierungs- und Bewertungsmethoden** erforderlich, also beispielsweise,

- ob Gegenstände zu Anschaffungs- und Herstellungskosten oder mit niedrigeren Werten angesetzt werden und ob staatliche Zuschüsse die Anschaffungs- und Herstellungskosten vermindert haben,
- welche Bestandteile in den Herstellungskosten enthalten sind,
- nach welcher Methode die planmäßigen Abschreibungen vorgenommen werden,
- wie geringwertige Vermögensgegenstände behandelt werden,
- welche Nutzungsdauer durchschnittlich zugrunde gelegt wird,
- nach welchen Grundlagen die Umrechnung von fremden Währungsbeträgen erfolgt,
- wie Rückstellungen bewertet werden.

(2) Jahresabschlussanalyse[1]

Nach dem Aufstellen des Jahresabschlusses hat der Unternehmer die Aufgabe, die wirtschaftlichen Verhältnisse seines Unternehmens zu beurteilen.

Um tiefere Einblicke in die wirtschaftlichen Verhältnisse eines Unternehmens zu gewinnen, werden bestimmte Zahlen bzw. zusammengefasste Zahlengruppen zueinander in Beziehung gesetzt, die als **Kennzahlen** bezeichnet werden. Die Beurteilung eines Unternehmens aufgrund solcher Kennzahlen wird als **Jahresabschlussanalyse** bezeichnet. Die Jahresabschlussanalyse dient z.B. als Grundlage für Unternehmensentscheidungen, Finanzierungsentscheidungen, die Gewinnverteilung oder die Steuerermittlung.

2.2 Rechnungslegungsgrundsätze nach HGB

Zwei wichtige Bilanzierungsprinzipien der Handelsbilanz sind der **Gläubigerschutz** und die **Informationspflicht**.

- Der **Gläubigerschutz** wird durch den **Grundsatz der Vorsicht** repräsentiert und mittels Bewertungsprinzipien präzisiert.
- Die **Informationspflicht** wird durch Grundsätze präzisiert, die insbesondere darauf abzielen, die **Nachhaltigkeit** der Informationen und die **periodengerechte Abgrenzung** des Erfolgs aufzuzeigen.

Rechnungslegungsgrundsätze präzisieren diese Bilanzierungsprinzipien. Hierzu zählen insbesondere die **Bewertungsgrundsätze** („Mit welchem **Wert** sind die zu bilanzierenden Posten anzusetzen?").

---

1 Die Jahresabschlussanalyse wird im Kapitel 2.4, S. 168ff. dargestellt.

9 Speth u.a. - ISBN 978-3-8120-0537-1

Die nachfolgende Tabelle zeigt **wesentliche Bewertungsgrundsätze** – zugeordnet den Bilanzierungsprinzipien Gläubigerschutz und Informationspflicht – auf.

Gläubigerschutz	**Grundsatz der Vorsicht** [§ 252 I, Nr. 4 HGB]	Er fordert, dass vorsichtig zu bewerten ist. Es sind alle vorhersehbaren Risiken und Verluste, die bis zum Abschlussstichtag entstanden sind, zu berücksichtigen. Der Grundsatz der Vorsicht dient dem Gläubigerschutz. Aus dem Grundsatz der Vorsicht sind noch folgende Prinzipien abgeleitet:
	■ Anschaffungs-kostenprinzip	▪ Vermögensgegenstände sind höchstens mit den Anschaffungs- oder Herstellungskosten anzusetzen.
	■ Höchstwert-prinzip	▪ Die Verbindlichkeiten sind mit ihrem Erfüllungsbetrag anzusetzen.
	■ Niederstwert-prinzip	▪ Bei einer dauernden Wertminderung muss beim Anlagevermögen der niedrigere Wert angesetzt werden.
	■ Realisations-prinzip	▪ Gewinne dürfen erst dann ausgewiesen werden, wenn sie über den Markt, d.h. durch einen Verkauf, realisiert sind. Gewinne, die bis zum Abschlusstag noch nicht realisiert sind, dürfen nach dem Grundsatz der Vorsicht nicht berücksichtigt werden.
	■ Imparitäts-prinzip[1]	▪ Da noch nicht realisierte Verluste zu berücksichtigen sind, kommt es zu einer ungleichen Behandlung von nicht realisierten Verlusten einerseits und nicht realisierten Gewinnen andererseits.
	■ Wertaufhel-lungsprinzip	▪ Noch nicht realisierte Verluste sind auch dann zu berücksichtigen, wenn sie erst zwischen dem Bilanzstichtag und dem Aufstellungstag der Bilanz bekannt geworden sind.
Informationspflicht	**Grundsatz der Bilanzkontinuität** [§ 252 I, Nr. 1 HGB]	Die Wertansätze in der Eröffnungsbilanz müssen mit denen der Schlussbilanz des vorhergehenden Geschäftsjahres übereinstimmen. <table><tr><td></td><td colspan="2">Geschäftsjahr 1</td><td colspan="3">Geschäftsjahr 2</td></tr><tr><td>Aktiva</td><td>Schlussbilanz</td><td>Passiva</td><td>Aktiva</td><td>Eröffnungsbilanz</td><td>Passiva</td></tr><tr><td>Geb.</td><td>400 000,00</td><td></td><td>Geb.</td><td>400 000,00</td><td></td></tr></table> Auch die Bezeichnungen für die einzelnen Bilanzposten müssen beibehalten werden.
	Grundsatz der Unternehmens-fortführung [§ 252 I, Nr. 2 HGB]	Bei der Bewertung ist grundsätzlich davon auszugehen, dass die Unternehmenstätigkeit fortgeführt wird **(Going-concern-Prinzip)**.
	Grundsatz der Einzelbewertung und Stichtags-prinzip [§ 252 I, Nr. 3 HGB]	Die Vermögensgegenstände und Schulden sind **einzeln** zu bewerten. Die Bewertung ist auf den **Bilanzstichtag** zu beziehen.
	Grundsatz der Ansatzstetigkeit [§ 246 III HGB]	Die auf den vorhergehenden Jahresabschluss angewandten Ansatzmethoden sind beizubehalten. Daraus folgt, dass ein einmal in Anspruch genommenes Ansatzwahlrecht in den Folgejahren für diesen Fall nicht geändert werden darf.

---

1 Imparität: Ungleichheit.

Grundsatz der Bewertungsstetigkeit [§ 252 I, Nr. 6 HGB]	Die auf den vorhergehenden Jahresabschluss angewandten Bewertungsmethoden sind beizubehalten.
Grundsatz der Periodenabgrenzung [§ 252 I, Nr. 5 HGB]	Danach sind Aufwendungen und Erträge dem Geschäftsjahr zuzuordnen, in dem sie entstanden sind. Der Zeitpunkt der Zahlung ist nicht zu berücksichtigen.

2.3 Bewertung

2.3.1 Begriff und Ziele der Bewertung

■ **Bewerten** ist eine **Tätigkeit,** die das Ziel hat, den **Wert einer Sache** festzustellen.

■ Feststellen bedeutet, dass der **Bewertende** entweder eine Entscheidung treffen kann, indem er **selbst den Wert zumisst,** oder dass er den **vorgefundenen Wert festhält und überträgt**.

Beispiel:

An der Entscheidung über die Bewertung der noch nicht verkauften Fertigerzeugnisse der Geschäftsperiode wollen wir die Auswirkungen der Bewertung aufzeigen. Der Einfachheit halber gehen wir von folgenden zusammengefassten Werten aus:

Material- und Fertigungseinzelkosten	22 500,00 EUR
Material- und Fertigungsgemeinkosten	33 500,00 EUR
Abschreibungen aufgrund der Fertigung	7 500,00 EUR
Allgemeine Verwaltungskosten	1 400,00 EUR
Soziale Aufwendungen	2 100,00 EUR
Aufwendungen betrieblicher Altersversorgung	1 000,00 EUR
Übrige Vermögensposten am Ende der Geschäftsperiode	615 000,00 EUR
Schulden (Fremdkapital) am Ende der Geschäftsperiode	400 000,00 EUR
Eigenkapital am Anfang der Geschäftsperiode	230 000,00 EUR

Die Fertigerzeugnisse sind nach dem Handelsrecht [§ 255 II, IIa, III HGB] mit den **Herstellungskosten** zu bewerten. Zu den Herstellungskosten, die **aktivierungspflichtig** sind, zählen Material- und Fertigungseinzelkosten, Material- und Fertigungsgemeinkosten sowie Abschreibungen aufgrund der Fertigung. Für allgemeine Verwaltungskosten, soziale Aufwendungen und Aufwendungen für die betriebliche Altersversorgung besteht ein **Aktivierungswahlrecht**.[1]

Aufgabe:

Stellen Sie dar, wie sich die unterschiedliche Bewertung der Fertigerzeugnisse auf das Vermögen und den Erfolg auswirken!

Lösung:

Entscheidung I:

Der Bestand an Fertigerzeugnissen wird mit den aktivierungspflichtigen Kosten in Höhe von 63 500,00 EUR bewertet (Wertuntergrenze).

Entscheidung II:

Der Bestand an Fertigerzeugnissen wird mit den verursachten Gesamtkosten in Höhe von 68 000,00 EUR bewertet (Wertobergrenze).

---

1 Eine Darstellung der Bewertung von Fertigerzeugnissen erfolgt auf S. 134 ff. und S. 149.

**Aufstellung der Schlussbilanz
auf der Grundlage der Entscheidung I:**

Aktiva	Schlussbilanz		Passiva
Fert.-erzeugn.	63 500,00	Eigenkapital	278 500,00
Übr. Verm.-P.	615 000,00	Schulden	400 000,00
	678 500,00		678 500,00

**Aufstellung der Schlussbilanz
auf der Grundlage der Entscheidung II:**

Aktiva	Schlussbilanz		Passiva
Fert.-erzeugn.	68 000,00	Eigenkapital	283 000,00
Übr. Verm.-P.	615 000,00	Schulden	400 000,00
	683 000,00		683 000,00

Erkenntnisse:

Die wichtigste Erkenntnis aus den beiden Entscheidungen besteht darin, dass bei der Bilanz auf der Grundlage der Entscheidung II das Eigenkapital um 4 500,00 EUR höher ist als bei der Entscheidung I. Das bedeutet gleichzeitig, dass auch der Gewinn auf der Grundlage der Entscheidung II um 4 500,00 EUR höher ausfällt als bei der Entscheidung I, was durch nachfolgende Rechnung bewiesen wird.

**Ergebnisermittlung auf der
Grundlage der Entscheidung I:**

Eigenkapital am Ende	278 500,00 EUR
– Eigenkapital am Anfang	230 000,00 EUR
Ergebnis (Gewinn)	48 500,00 EUR

**Ergebnisermittlung auf der
Grundlage der Entscheidung II:**

Eigenkapital am Ende	283 000,00 EUR
– Eigenkapital am Anfang	230 000,00 EUR
Ergebnis (Gewinn)	53 000,00 EUR

Der Unterschied bei der Ergebnisermittlung in Höhe von 4 500,00 EUR ist ausschließlich auf die unterschiedliche Bewertung der Fertigerzeugnisse zurückzuführen.

- Eine **niedrige Bewertung** führt zu **niedrigeren Vermögenswerten** und damit auch zu einem **niedrigeren Eigenkapital.**
- Das bedeutet gleichzeitig eine **Verringerung des Gewinnes** bzw. eine **Erhöhung des Verlustes.**
- Bei einer vergleichsweise **höheren Bewertung** tritt die **entgegengesetzte Wirkung** ein.

Um willkürliche Wertansätze zu verhindern, hat der Gesetzgeber **Bewertungsvorschriften** erlassen.

Handelsrechtliche Bewertungsvorschriften	Sie sollen dazu beitragen, die Gesellschafter, Eigentümer, Gläubiger und die Öffentlichkeit über die Vermögens-, Finanz- und Ertragslage des Unternehmens zu informieren. Vor allem soll eine zu hohe Bewertung des Vermögens und zu niedrige Bewertung der Verbindlichkeiten zum Schutz der Gesellschafter und Gläubiger verhindert werden.
Steuerrechtlichen Bewertungsvorschriften	Sie ermöglichen der Finanzverwaltung die Festlegung der Besteuerungsgrundlagen. Sie sollen damit die Gleichbehandlung aller Steuerpflichtigen gewährleisten **(Gedanke der Steuergerechtigkeit)** und insbesondere einen zu geringen Gewinnausweis verhindern.[1]

---

1 Es wird nur die Bewertung nach Handelsrecht dargestellt. Auf die Bewertung nach Steuerrecht wird im Folgenden nicht eingegangen.

68   1. Erklären Sie den Zweck der Bewertung!

2. Erläutern Sie, aus welchem Grund der Staat handelsrechtliche Bewertungsvorschriften erlässt!

3. Erläutern Sie, aus welchem Grund der Staat steuerrechtliche Bewertungsvorschriften erlässt!

4. Nennen Sie die Adressaten der verschiedenen Bilanzen!

5. Zeigen Sie an einem selbst gewählten Beispiel den Zusammenhang von Bewertung, Eigenkapital und Erfolg auf!

2.3.2 Bewertungsmaßstäbe

2.3.2.1 Anschaffungskosten

Die **Anschaffungskosten** bestimmen sich nach § 255 I HGB. Sie werden danach wie folgt berechnet:

Anschaffungspreis:	Nettopreis ohne Umsatzsteuer[1]
– Anschaffungspreisminderungen:	z. B. Rabatte, Skonti, Boni, Gutschriften, Zuschüsse, Subventionen
+ Anschaffungsnebenkosten:	Typische Beispiele sind: Transport-, Umbau-, Montagekosten, Aufwendungen für Provisionen, Notariats-, Gerichts-, Makler- und Registerkosten, Grunderwerbsteuer
= Anschaffungskosten[2]	

Finanzierungskosten (z. B. Kreditzinsen, Diskont, Gebühren) gehören **nicht** zu den Anschaffungsnebenkosten.

Beispiel 1:

Die Hans Fricker KG kauft Lagerregale bei der Stelzer OHG gegen Rechnungsstellung. Nettopreis: 18 500,00 EUR zuzüglich 19 % USt. Der Montagebetrieb Robert Heer KG berechnet an Transportkosten: 410,00 EUR zuzüglich 19 % USt und an Montagekosten: 820,00 EUR zuzüglich 19 % USt.

Die Rechnung der Stelzer OHG wird durch Banküberweisung unter Abzug von 3 % Skonto beglichen, die Rechnung des Montagebetriebs Robert Heer KG wird ohne Abzug bar bezahlt.

Aufgabe:

Berechnen Sie die Anschaffungskosten!

Lösung:

Anschaffungspreis			18 500,00 EUR
+ Anschaffungsnebenkosten:	Transportkosten	410,00 EUR	
	Montagekosten	820,00 EUR	1 230,00 EUR
vorläufige Anschaffungskosten			19 730,00 EUR
– 3 % Skonto aus 18 500,00 EUR			555,00 EUR
= Anschaffungskosten			19 175,00 EUR

1 Der Vorsteuerbetrag, soweit er bei der Umsatzsteuer abgezogen werden kann, gehört nach § 9b EStG i. V. m. § 10 I UStG nicht zu den Anschaffungskosten (dem „aufgewendeten Entgelt des Leistungsempfängers").

2 Anschaffungskosten können zeitlich auch noch später anfallen [§ 255 I, S. 2 HGB].

Die Hans Fricker KG kauft ferner ein angrenzendes 2000 m² großes, unbebautes Grundstück. Der Quadratmeterpreis liegt bei 65,00 EUR. Die Grunderwerbsteuer beträgt 4,5 %, die Kosten der Grundbucheintragung 1 134,00 EUR. An Notariatskosten entstehen 2 040,00 EUR zuzüglich 19 % USt.

Aufgabe:

Ermitteln Sie die Anschaffungskosten des Grundstücks!

Lösung:

Kaufpreis (2 000 m² · 65,00 EUR/m²)	130 000,00 EUR
+ 4,5 % Grunderwerbsteuer	5 850,00 EUR
+ Grundbucheintragung	1 134,00 EUR
+ Notariatskosten	2 040,00 EUR
= Anschaffungskosten	139 024,00 EUR

2.3.2.2 Herstellungskosten

(1) Begriff Herstellungskosten

Die Herstellungskosten sind bei **selbst erstellten** oder bei wesentlich **selbst erweiterten Vermögensgegenständen** anzusetzen [§ 255 II HGB] sowie bei **selbst geschaffenen immateriellen Vermögensgegenständen des Anlagevermögens** [§ 255 II a HGB]. Gegenstand der Bewertung mit Herstellungskosten können insbesondere sein:

- Sachanlagen,
- immaterielle Anlagen,
- unfertige Erzeugnisse/Leistungen,
- fertige Erzeugnisse.

Herstellungskosten sind **Aufwendungen,** die durch den **Verbrauch von Gütern** und die **Inanspruchnahme von Diensten** für die **Herstellung, Erweiterung** oder **wesentliche Verbesserung** eines Vermögensgegenstands entstehen [§ 255 II HGB].

Bei der Berechnung der Herstellungskosten unterscheidet das HGB in Kosten,

- die pflichtgemäß zu den Herstellungskosten zählen **(Aktivierungspflicht),**
- die wahlweise zu den Herstellkosten gerechnet werden können **(Aktivierungswahlrecht)** und
- die nicht einbezogen werden dürfen **(Aktivierungsverbot).**

(2) Ermittlung der Herstellungskosten

Kostenarten	Herstellungskosten nach Handels- und Steuerrecht
Materialeinzelkosten + Fertigungseinzelkosten + Sondereinzelkosten der Fertigung + Angemessene[1] Teile der Materialgemeinkosten + Angemessene Teile der Fertigungsgemeinkosten + Verwaltungsgemeinkosten des Material- u. Fertigungs- bereichs[2] + Werteverzehr des (sonstigen) Anlagevermögens, soweit dieser durch die Fertigung veranlasst ist	Aktivierungspflicht
= Wertuntergrenze	
+ angemessene Teile der Kosten der allgemeinen Verwaltung + Aufwendungen für freiwillige soziale Leistungen + Aufwendungen für die betriebliche Altersversorgung + angemessene Aufwendungen für soziale Einrichtungen des Betriebs + Fremdkapitalzinsen (unter bestimmten Voraussetzungen) [§ 255 III, S. 2 HGB]	Aktivierungswahlrecht
= Wertobergrenze	
Forschungskosten Vertriebskosten	Aktivierungsverbot

Erläuterungen:

Materialeinzel-kosten	Sie umfassen den bewerteten **Verbrauch von Roh- und Hilfsstoffen** sowie die selbst erstellten und fremdbezogenen **Fertigteile**. Die Höhe der Kosten bemisst sich bei Fremdbezug nach den Anschaffungskosten und bei Eigenherstellung nach den ermittelten Herstellungskosten.
Fertigungs-einzelkosten	Hierzu zählen im Wesentlichen die anfallenden Löhne und Lohnnebenkosten. Löhne und Gehälter können jedoch nur zu den Fertigungseinzelkosten gerechnet werden, wenn sie dem **jeweiligen Produkt einzeln zurechenbar** sind.
Sondereinzel-kosten der Fertigung	Dies sind Kosten, die einem **einzelnen Kostenträger** oder einer **Gruppe von Kostenträgern direkt zugerechnet werden können**. Hierzu zählen z. B. Kosten für Modelle, Spezialwerkzeuge, Entwürfe.
Material- und Fertigungs-gemeinkosten	Es dürfen nur **angemessene (notwendige) Teile** der Material- und Fertigungsgemeinkosten aktiviert werden. Das Angemessenheitsprinzip besagt, dass nur **tatsächlich angefallene Kosten** verrechnet werden dürfen, sodass die Istkosten die absolute Obergrenze darstellen. Dabei ist von einer **Normalbeschäftigung** auszugehen. Grundsätzlich dürfen **fixe und variable Gemeinkosten** einbezogen werden. **Nicht einbezogen** werden dürfen die **neutralen Aufwendungen**.

---

[1] In die Herstellungskosten einzubeziehen sind nur Gemeinkosten, deren Zurechnung sich klar nachvollziehen lässt. **Nicht** zu aktivieren sind außerordentliche, betriebsfremde, periodenfremde und unangemessen hohe Aufwendungen.

[2] Falls nicht in den Material- oder Fertigungskosten bereits enthalten.

Verwaltungs-gemeinkosten des Material- und Fertigungs-bereichs	Die Verwaltungsgemeinkosten sind aufzuschlüsseln und einer betrieblichen Funktion (z. B. Produktion, Materialbereich, Vertrieb, allgemeine Verwaltung) zuzuordnen. Für Verwaltungsgemeinkosten, die der **Produktion** bzw. dem **Materialbereich** zuzuordnen sind, besteht eine **Aktivierungspflicht**. Für Kosten, die der **allgemeinen Verwaltung** zuzurechnen sind, besteht ein **Aktivierungswahlrecht**. Sind die Verwaltungsgemeinkosten bereits in die Material- und Fertigungsgemeinkosten eingerechnet, entfällt dieser gesonderte Ausweis der Verwaltungsgemeinkosten.
Werteverzehr des Anlagevermögens	Hierzu zählt die **planmäßige Abschreibung** [§ 253 III, S. 1 und 2 HGB], die durch die **Fertigung veranlasst** wurde, **nicht** jedoch eine außerplanmäßige Abschreibung (Angemessenheitsprinzip).
Allgemeine Ver-waltungskosten	Zu den Kosten der allgemeinen Verwaltung zählen z. B. Aufwendungen für Geschäftsleitung, Einkauf und Wareneingang, Betriebsrat, Personalbüro, Rechnungswesen, Ausbildungswesen u. Ä. **(Aktivierungswahlrecht)**. Handelt es sich um Kosten der **Material- oder Fertigungsverwaltung,** so **müssen** sie als Bestandteil der Material- und Fertigungsgemeinkosten **aktiviert** werden (siehe S. 135). **Verwaltungskosten des Vertriebsbereichs** dürfen **nicht aktiviert** werden.
Aufwendungen für freiwillige soziale Leistungen	Hierzu zählen solche Kosten, die **nicht arbeitsrechtlich** oder **tariflich** vereinbart worden sind, z. B. Jubiläumsgeschenke, Weihnachtszuwendungen, Wohnungsbeihilfen, Beteiligung der Arbeitnehmer am Unternehmensergebnis.
Aufwendungen für die betriebliche Altersversorgung	Dazu gehören z. B. Beiträge zu Direktversicherungen, Zuwendungen an Pensions- und Unterstützungskassen, Zuführung zu Pensionsrückstellungen.
Aufwendungen für soziale Einrichtungen des Betriebs	Dazu gehören z. B. Aufwendungen für Kantine, Sportstätten, Ferienerholungsheime.
Fremdkapital-zinsen	Sie können nur einbezogen werden, soweit sie der **Herstellungsfinanzierung** dienen, **direkt zurechenbar** sind und auf den **Herstellungszeitraum entfallen** [§ 255 III, S. 2 HBG].
Forschungs-kosten	Sie werden im HGB definiert als eigenständige und planmäßige Suche nach neuen wissenschaftlichen oder technischen Erkenntnissen oder Erfahrungen **allgemeiner Art,** über deren technische Verwertbarkeit und wirtschaftliche Erfolgsaussichten grundsätzlich keine Aussagen gemacht werden können [§ 255 II a, S. 3 HGB]. Forschungskosten (Grundlagenforschung) dürfen **nicht aktiviert** werden [§ 255 II, S. 4 HGB]. Sie sind unmittelbar als Aufwand zu buchen.
Vertriebskosten	Vertriebskosten zählen **nicht** zu den Herstellungskosten.

(3) Beispiel für die Berechnung der Herstellungskosten

Beispiel:

Aus der KLR einer Maschinenfabrik ergeben sich folgende Kosten für die Herstellung von 800 Stichsägen pro Jahr bei normaler Kapazitätsauslastung:

Verbrauch von Fertigungsmaterial 42 500,00 EUR, Fertigungslöhne 44 700,00 EUR, Sondereinzelkosten der Fertigung 10 900,00 EUR, angemessene Teile der Materialgemeinkosten 20 900,00 EUR, angemessene Teile der Fertigungsgemeinkosten 44 620,00 EUR, Verwaltungsgemeinkosten des Material- und Fertigungsbereichs 2 100,00 EUR, Abschreibungen, die durch die Fertigung veranlasst sind 14 100,00 EUR, angemessene allgemeine Verwaltungskosten 4 100,00 EUR, Aufwendungen für soziale Einrichtungen des Betriebs 550,00 EUR, Aufwendungen für freiwillige soziale Leistungen 50,00 EUR, Aufwendungen für betriebliche Altersversorgung 5 100,00 EUR, Fremdkapitalzinsen nach § 255 III, S. 2 HGB 995,00 EUR, Vertriebskosten 8 800,00 EUR. Die anteiligen Forschungskosten sind mit 9 400,00 EUR anzusetzen.

Aufgaben:

1. Ermitteln Sie den Mindestwertansatz (Wertuntergrenze)!

2. Ermitteln Sie den Höchstwertansatz (Wertobergrenze)!

3. Bestimmen Sie den Höchstwertansatz eines Lagerbestands von 60 Stichsägen am Ende des Geschäftsjahres!

4. Entscheiden Sie, welcher Ansatz zu wählen ist, um einen möglichst geringen Gewinnausweis zu erzielen!

Lösungen:

Zu 1.–3.:

Materialeinzelkosten	42 500,00 EUR	
Fertigungseinzelkosten	44 700,00 EUR	
Sondereinzelkosten der Fertigung	10 900,00 EUR	
Materialgemeinkosten	20 900,00 EUR	
Fertigungsgemeinkosten	44 620,00 EUR	
Verwaltungsgemeinkosten des Material- u. Fertigungsbereichs	2 100,00 EUR	
Werteverzehr des Anlagevermögens	14 100,00 EUR	
Herstellungskosten Mindestwertansatz		179 820,00 EUR
Angemessene allgemeine Verwaltungskosten	4 100,00 EUR	
Aufwendungen für freiwillige soziale Leistungen	50,00 EUR	
Aufwendungen für betriebliche Altersversorgung	5 100,00 EUR	
Aufwendungen für soziale Einrichtungen des Betriebs	550,00 EUR	
Fremdkapitalzinsen (Herstellungsfinanzierung)	995,00 EUR	10 795,00 EUR
Herstellungskosten Höchstwertansatz / 800 Stück		190 615,00 EUR
Herstellungskosten Höchstwertansatz / Stück		238,27 EUR
Herstellungskosten Höchstwertansatz / 60 Stück		14 296,20 EUR

Zu 4.: In diesem Fall sollte jeweils nur der Mindestwert aktiviert werden. Dadurch wird in der Bilanz ein niedrigeres Eigenkapital ausgewiesen und damit auch ein niedrigerer Gewinn.

(4) Fortgeführte Herstellungskosten

Fortgeführte Herstellungskosten bezeichnen den Sachverhalt, dass auf den Wert der ursprünglichen Herstellungskosten Abschreibungen oder Zuschreibungen vorgenommen worden sind.

Herstellungskosten
− Abschreibungen
+ Zuschreibungen
= fortgeführte Herstellungskosten

2.3.2.3 Beizulegender Zeitwert (Zeitwertbewertung)

Die Ermittlung des beizulegenden Zeitwerts ist in § 255 IV HGB geregelt. Danach gilt:

- Der beizulegende Zeitwert entspricht dem **Marktpreis**. Ein Marktpreis kann jedoch nur gebildet werden, wenn ein **aktiver Markt** besteht (z. B. eine Börse).

  Ein **aktiver Markt** erfüllt folgende **Bedingungen:**

  - Die dort gehandelten Produkte sind homogen,
  - abschlusswillige Käufer und Verkäufer können in der Regel jederzeit gefunden werden und
  - die Preise stehen der Öffentlichkeit zur Verfügung.

- Besteht **kein aktiver Markt**, ist der beizulegende Zeitwert mithilfe **allgemein anerkannter Bewertungsmethoden** zu bestimmen. Allerdings regelt das HGB nicht, was eine allgemein anerkannte Bewertungsmethode ist.

- Wenn sich der beizulegende Zeitwert weder durch das Vorliegen eines Marktpreises noch durch eine allgemein anerkannte Bewertungsmethode ermitteln lässt, sind die **Anschaffungs-/Herstellungskosten fortzuführen**.

2.3.2.4 Erfüllungsbetrag

Der Erfüllungsbetrag ist der Betrag, den ein Schuldner zur Erfüllung einer Verbindlichkeit oder Rückstellung unter Berücksichtigung vernünftiger kaufmännischer Beurteilung aufwenden muss [§ 253 I, S. 2 HGB]. Bei **Geldleistungen** ist der Erfüllungsbetrag mit dem **Rückzahlungsbetrag** gleichzusetzen. Bei **Sach- und Dienstleistungsverpflichtungen** entspricht der Erfüllungsbetrag dem voraussichtlichen **Geldwert der anfallenden Aufwendungen.** Die im Erfüllungszeitpunkt voraussichtlich bestehende Kostensituation ist zu berücksichtigen.

Zum Erfüllungsbetrag werden – **außer den Fremdwährungsverbindlichkeiten** und den **Rückstellungen mit einer Restlaufzeit von mehr als einem Jahr** – alle Verbindlichkeiten eines Unternehmens angesetzt.

2.3.2.5 Tageswert

Bei dem Tageswert handelt es sich um den **Zeitwert** (Markt- oder Börsenwert **am Bilanzstichtag**) oder um die **Wiederbeschaffungskosten.**

- Bei **Vermögensgegenständen** entspricht der Tageswert dem Betrag, der zum gegenwärtigen Zeitpunkt (Bilanzstichtag) zur Wiederbeschaffung eines identischen oder vergleichbaren Vermögenswertes aufgewendet werden müsste.
- Bei **Schulden** bestimmen sich die Wiederbeschaffungskosten durch den Betrag, der zum gegenwärtigen Zeitpunkt für die Begleichung der Schuld aufgewendet werden müsste.

Der Tageswert ist nur als **Vergleichswert** anzuwenden.

2.3.2.6 Barwert

Der Barwert ist der **abgezinste (diskontierte) Wert** einer Zahlung zu einem **bestimmten Zeitpunkt** (z. B. am Bilanzstichtag). Eine **Abzinsung** erfolgt bei **Verpflichtungen** (z. B. erhaltene Darlehen, Rückstellungen). Von Bedeutung ist der Barwert im **Handelsrecht** bei der Bewertung von Rückstellungen mit einer Restlaufzeit von mehr als einem Jahr sowie bei Pensionsrückstellungen.

Der Erfüllungsbetrag einer Rückstellung mit einer Restlaufzeit von 5 Jahren beträgt 100 000,00 EUR und der Abzinsungszinssatz 4,5 %. Der Barwert[1] beträgt somit

$$\frac{100\,000{,}00 \text{ EUR}}{1{,}045^{5}} = 80\,245{,}10 \text{ EUR}.$$

---

69 1. Berechnen Sie jeweils die Anschaffungskosten bzw. die Herstellungskosten!

    1.1 Kauf einer Stanzmaschine im Wert von 48 000,00 EUR zuzüglich 19 % USt mit einem Sonderrabatt von 10 %. An Transportkosten fallen 1 760,00 EUR zuzüglich 19 % USt an. Für die Inbetriebnahme werden Kosten in Höhe von 4 108,00 EUR zuzüglich 19 % USt berechnet. Die Rechnung wird unter Abzug von 2 % Skonto auf den Zieleinkaufspreis durch Banküberweisung beglichen. Für die Skontozahlung wurde ein Kontokorrentkredit aufgenommen. Die Bank berechnet 240,80 EUR Zinsen.

    1.2 Kauf einer Abfüllanlage zu folgenden Bedingungen: Listeneinkaufspreis 85 100,00 EUR, abzüglich 3 % Rabatt. Verpackungskosten 980,00 EUR, Fracht 1 200,00 EUR, Transportversicherung 90,00 EUR, Fundamentierungskosten 2 000,00 EUR, Aufwendungen für eine Sicherheitsprüfung 150,00 EUR. Der Umsatzsteuersatz beträgt 19 %.

  2. Für eine spätere Betriebserweiterung kauft die Futura AG ein größeres unbebautes Grundstück. Als Kaufpreis werden 500 000,00 EUR vereinbart. Die Grunderwerbsteuer beträgt 4,5 %, die Kosten der Grundbucheintragung 2 345,00 EUR. An Notariatskosten entstehen 3 540,00 EUR zuzüglich 19 % USt. Zur Begutachtung der Bebaubarkeit stellt der Sachverständige 7 500,00 EUR zuzüglich 19 % USt in Rechnung.

    Aufgabe:

    Ermitteln Sie die Anschaffungskosten des Grundstücks!

  3. Aus der Kosten- und Leistungsrechnung einer Schulmöbelfabrik ergeben sich folgende Kosten für die Herstellung von 400 Schülertischen pro Jahr bei normaler Kapazitätsauslastung. Verbrauch von Fertigungsmaterial 21 250,00 EUR, Fertigungslöhne 22 350,00 EUR, Sondereinzelkosten der Fertigung 5 450,00 EUR, angemessene Teile der Materialgemeinkosten 10 450,00 EUR, angemessene Teile der Fertigungsgemeinkosten 21 400,00 EUR, allgemeine Verwaltungsgemeinkosten 9 100,00 EUR, Vertriebsgemeinkosten 4 800,00 EUR, Aufwendungen für soziale Einrichtungen des Betriebs 1 400,00 EUR, Aufwendungen für die betriebliche Altersversorgung 4 100,00 EUR, Werteverzehr des Anlagevermögens, der durch die Fertigung veranlasst ist, 3 200,00 EUR.

    Aufgaben:

    3.1 Ermitteln Sie den Mindestwertansatz der 400 Tische!

    3.2 Ermitteln Sie den Höchstwertansatz der 400 Tische!

    3.3 Erläutern Sie, mit welchem Wert ein Lagerbestand von 120 Tischen am Ende des Geschäftsjahres anzusetzen ist, wenn ein möglichst niedriger Gewinn ausgewiesen werden soll!

---

1 Zur Berechnung des **Barwertes** siehe S. 162.

4. Das strenge Niederstwertprinzip besagt, dass bei der Bilanzierung von bestimmten Vermögensgegenständen immer der niedrigere Wert angesetzt werden muss.

   Das Höchstwertprinzip besagt, dass bei der Bilanzierung von Schulden immer der höhere Wert angesetzt werden muss.

   Aufgaben:

   4.1 Nennen Sie den allgemeinen Bewertungsgrundsatz, von welchem beide Bewertungsvorschriften jeweils ausgehen!

   4.2 Begründen Sie, weshalb beide Prinzipien sinnvoll sind!

5. Geben Sie den allgemeinen Grundsatz an, der für die Aufstellung des gesamten Jahresabschlusses gilt!

6. Erläutern Sie, wie der beizulegende Zeitwert für einen Vermögenswert ermittelt wird!

2.3.3 Bewertung von Vermögensgegenständen des Anlagevermögens

2.3.3.1 Allgemeine Bewertungsregel zur Bewertung des Anlagevermögens

Den einzelnen Bewertungsvorschriften ist im § 253 I, S. 1 HGB eine **allgemeine Bewertungsregel,** die für **alle Vermögensgegenstände** gilt, vorangestellt. Sie besagt:

- **Vermögensgegenstände** sind **höchstens** mit ihren **Anschaffungs- oder Herstellungskosten,** vermindert um **Abschreibungen,** anzusetzen.

- Die **Anschaffungs- oder Herstellungskosten** stellen eine **Höchstgrenze (Bewertungsobergrenze)** dar, die auch dann nicht überschritten werden darf, wenn die Wiederbeschaffungskosten über den Anschaffungskosten liegen **(Anschaffungskostenprinzip).**

Das **Anschaffungskostenprinzip verhindert,** dass ein **noch nicht realisierter (entstandener) Gewinn ausgewiesen** wird. Aus Gründen kaufmännischer Vorsicht dürfen **nicht realisierte Gewinne nicht ausgewiesen werden.**

Beispiel:

Ein Grundstück wurde beim Kauf mit 400 000,00 EUR aktiviert. Fünf Jahre später ist der Wert des Grundstücks auf 500 000,00 EUR angestiegen. Da das Grundstück weiterhin nur mit 400 000,00 EUR ausgewiesen werden darf, entstehen stille Rücklagen in Höhe von 100 000,00 EUR.

2.3.3.2 Bewertung des abnutzbaren Anlagevermögens

Beim **abnutzbaren Anlagevermögen** ist die **Nutzung zeitlich begrenzt** (z. B. Betriebsgebäude, Maschinen, Fuhrpark, Betriebs- und Geschäftsausstattung).

(1) Bilanzwerte auf der Grundlage planmäßiger Abschreibungen

■ Grundsätzlich sind die **abnutzbaren Anlagegegenstände planmäßig** nach ihrer betriebsgewöhnlichen Nutzungsdauer **abzuschreiben** [§ 253 III, S. 1 und S. 2 HGB]. Der Plan muss die Anschaffungs- oder Herstellungskosten auf die Geschäftsjahre verteilen, in denen der Vermögensgegenstand voraussichtlich genutzt werden kann.

■ Zum **Bilanzstichtag** sind die Anlagegüter grundsätzlich mit den **fortgeführten Anschaffungskosten** anzusetzen.

Beispiel:

Kauf einer Büroeinrichtung am Anfang des Geschäftsjahres für 78 000,00 EUR zuzüglich 19 % USt; betriebsgewöhnliche Nutzungsdauer: 13 Jahre; lineare Abschreibung.

Aufgabe:

Bestimmen Sie den Wert, mit dem die Büroeinrichtung am Ende des 1. Nutzungsjahres (Nj.) bilanziert werden muss!

Lösung:

Anschaffungskosten	78 000,00 EUR
– planmäßige Abschreibung	6 000,00 EUR
fortgeführte Anschaffungskosten zum 31. Dezember des 1. Nj.	72 000,00 EUR

Als Abschreibungsverfahren sind sowohl **zeitbezogene** (z. B. lineare oder degressive Abschreibung) als auch **leistungsbezogene Abschreibungen** (Abschreibung nach Leistungseinheiten) zulässig.

(2) Bilanzwerte auf der Grundlage außerplanmäßiger Abschreibung

■ **Außerplanmäßige Abschreibung bei vorübergehender Wertminderung**

Außerplanmäßige Abschreibungen **können** bei einer **vorübergehenden Wertminderung** nur bei **Finanzanlagen** vorgenommen werden [§ 253 III, S. 4 HGB] **(gemildertes Niederstwertprinzip)**[1]. Es handelt sich um ein **Bewertungswahlrecht**.

Beispiel 1: Vorübergehende Wertminderung beim Anlagevermögen

Die Franz Buschmann OHG kauft zu Beginn der Geschäftsperiode einen Pkw für 48 000,00 EUR zuzüglich 19 % USt; betriebsgewöhnliche Nutzungsdauer: 6 Jahre; lineare Abschreibung.

Infolge einer kurzfristigen Wirtschaftsflaute sind die Marktpreise für Pkw allgemein gesun-ken. Der Marktpreis für den Pkw liegt am Ende des 2. Nutzungsjahres bei ca. 30 000,00 EUR.

Aufgabe:

Ermitteln Sie den Wert, mit welchem der Pkw am Ende des 2. Nutzungsjahres bilanziert werden muss!

---

1 Es wird auch der Begriff **eingeschränktes Niederstwertprinzip** verwendet.

Lösung:

Eine außerplanmäßige Abschreibung darf nicht vorgenommen werden. Bilanziert wird mit den fortgeführten Anschaffungskosten in Höhe von 32 000,00 EUR.

Anschaffungskosten	48 000,00 EUR
– planmäßige Abschreibung zum 31. Dez. des 1. Nj.	8 000,00 EUR
fortgeführte Anschaffungskosten zum 31. Dez. des 1. Nj.	40 000,00 EUR
– planmäßige Abschreibung zum 31. Dez. des 2. Nj.	8 000,00 EUR
fortgeführte Anschaffungskosten zum 31. Dez. des 2. Nj.	32 000,00 EUR

Beispiel 2: Vorübergehende Wertminderung bei Finanzanlagen

Die Fritz Hulter GmbH kauft zur langfristigen Anlage 80 000 Aktien zum Kurs von 14,20 EUR. Am Bilanzstichtag notiert die Aktie mit 12,50 EUR.

Aufgabe:

Geben Sie die möglichen Werte an, mit welchem die Aktien am Bilanzstichtag bilanziert werden können!

Lösung:

Die Aktien können weiterhin mit den **Anschaffungskosten** bilanziert werden: 80 000 Stück · 14,20 EUR = 1 136 000,00 EUR.

Wird das **Bewertungswahlrecht genutzt** und eine außerplanmäßige Abschreibung vorgenommen, werden die Wertpapiere mit 80 000 Stück · 12,50 EUR = 1 000 000,00 EUR bilanziert.

Vorübergehende Wertminderung beim Anlagevermögen	
§ 253 III, S. 4 HGB	■ **Wahlrecht** für außerplanmäßige Abschreibung bei vorübergehender Wertminderung bei **Finanzanlagen.**
	■ **Verbot** für außerplanmäßige Abschreibung bei vorübergehender Wertminderung beim **sonstigen Anlagevermögen.**

■ **Außerplanmäßige Abschreibung bei voraussichtlich dauernder Wertminderung**

Eine außerplanmäßige Abschreibung **muss** vorgenommen werden, wenn es sich um eine voraussichtlich **dauernde Wertminderung** handelt (**strenges Niederstwertprinzip** [§ 253 III, S. 3 HGB].

Beispiel:

Die Hugo Prompt KG kauft zu Beginn der Geschäftsperiode einen Kombiwagen für 30 000,00 EUR zuzüglich 19 % USt; betriebsgewöhnliche Nutzungsdauer: 6 Jahre; lineare Abschreibung.

Da inzwischen ein neues Modell mit erheblichen technischen Verbesserungen auf den Markt gebracht wurde, ist der Marktwert des alten Modells nachweislich gesunken. Der Kombiwagen hat daher am Ende des 2. Nutzungsjahres einen Wert von ca. 9 900,00 EUR.

Aufgaben:

1. Berechnen Sie den Wert, mit dem der Kombiwagen am Ende des 2. Nutzungsjahres zu bilanzieren ist!

2. Beurteilen Sie die Auswirkungen dieser Bewertung auf das Unternehmensergebnis!

Lösungen:

Zu 1.: Anschaffungskosten   30 000,00 EUR
   – planmäßige Abschreibung zum 31. Dez. des 1. Nj.   5 000,00 EUR

fortgeführte Anschaffungskosten zum 31. Dez. des 1. Nj.	25 000,00 EUR
– planmäßige Abschreibung zum 31. Dez. des 2. Nj.	5 000,00 EUR
– außerplanmäßige Abschreibung zum 31. Dez. des 2. Nj.	10 100,00 EUR
Wertansatz zum 31. Dez. des 2. Nj.	9 900,00 EUR

Zu 2.: Das Unternehmensergebnis verschlechtert sich zusätzlich um 10 100,00 EUR.

Obwohl der Kombiwagen noch nicht zu dem niedrigen Wert verkauft ist, muss der Wert wegen der dauernden Wertminderung und aus Gründen kaufmännischer Vorsicht herabgesetzt werden. Das **Niederstwertprinzip** führt somit zum **Ausweis** eines **noch nicht realisierten** (entstandenen) **Verlustes.**

Voraussichtlich dauernde Wertminderung beim Anlagevermögen	
§ 253 III, S. 3 HGB	**Pflicht** zur **außerplanmäßigen Abschreibung** bei voraussichtlich dauernder Wertminderung.

2.3.3.3 Bewertung des nicht abnutzbaren Anlagevermögens

Beim **nicht abnutzbaren Anlagevermögen**[1] ist die **Nutzung zeitlich unbegrenzt**.

(1) Allgemeine Bewertungsregel

- Beim **nicht abnutzbaren Anlagevermögen** ist die Nutzung **zeitlich unbegrenzt**. Nicht abnutzbares Anlagevermögen ist **höchstens** mit den **Anschaffungs- bzw. Herstellungskosten** anzusetzen, d. h., eine **planmäßige Abschreibung** ist **nicht erlaubt**.

- Ist dem Vermögensgegenstand am Bilanzstichtag dauerhaft ein **niedrigerer Wert** beizumessen, **muss abgeschrieben werden** [§ 253 III, S. 3 HGB]. Es gilt das **strenge Niederstwertprinzip.**

Beispiel:

Ein Betriebsgrundstück steht mit 500 000,00 EUR Anschaffungskosten zu Buch. Da die Gemeinde für dieses Betriebsgrundstück überraschend ein Bauverbot beschlossen hat, tritt eine dauernde Wertminderung ein.

Der Tageswert beträgt zum 31. Dez. nur noch 300 000,00 EUR.

Aufgabe:

Bestimmen Sie den Wert, mit dem das Grundstück am 31. Dezember zu bilanzieren ist!

---

1 Nicht abnutzbare Gegenstände des Anlagevermögens sind zum Beispiel Beteiligungen, unbebaute Grundstücke und der Wert des Grund und Bodens bebauter Grundstücke. Da unbebaute Grundstücke im Allgemeinen keinem Verbrauch unterliegen, ist eine planmäßige Abschreibung darauf nicht erlaubt. Bei bebauten Grundstücken ist daher immer nur vom Gebäudewert abzuschreiben.

Anschaffungskosten des Grundstücks	500 000,00 EUR
– außerplanmäßige Abschreibung	200 000,00 EUR
Buchwert zum 31. Dezember	300 000,00 EUR

(2) Besonderheiten bei der Bewertung von bebauten Grundstücken

Bei bebauten Grundstücken ist bei der Ermittlung des Buchwertes zwischen dem abnutzbaren Gebäude und dem nicht abnutzbaren Grundstück zu unterscheiden. Rechtlich gesehen sind bebaute Grundstücke als eine Einheit anzusehen. Bei der Bewertung muss jedoch das Grundstück als nicht abnutzbarer Vermögensgegenstand vom Gebäude getrennt werden, weil das Gebäude als abnutzbarer Vermögensgegenstand planmäßig abgeschrieben werden muss.

Beispiel:

Die Lübecker Textil AG hat am 1. Januar eine Lagerhalle von einem Wettbewerber übernommen. Der Kaufpreis in Höhe von 2 100 000,00 EUR verteilt sich auf Grund und Boden in Höhe von 800 000,00 EUR und einen Gebäudewert von 1 300 000,00 EUR. Die Anschaffungsnebenkosten betragen insgesamt 129 990,00 EUR.

Aufgaben:

1. Berechnen Sie die Anschaffungskosten von Gebäude und Grundstück!
2. Die Nutzungsdauer des Gebäudes beträgt 40 Jahre, die Abschreibung erfolgt linear. Ermitteln Sie den Wert, mit dem das bebaute Grundstück zu Beginn des 2. Jahres anzusetzen ist!

Lösungen:

Zu 1.:   Aufteilung der Anschaffungsnebenkosten

Grund und Boden	800 000,00 EUR	→	8 Teile	→		49 520,00 EUR
Gebäude	1 300 000,00 EUR	→	13 Teile	→		80 470,00 EUR
			21 Teile	≙		129 990,00 EUR
			1 Teil	≙		6 190,00 EUR

$8 \cdot 6190$

$13 \cdot 6190$

Berechnung der Anschaffungskosten

Grund und Boden	800 000,00 EUR	+ 49 520,00 EUR	=		849 520,00 EUR
Gebäude	1 300 000,00 EUR	+ 80 470,00 EUR	=		1 380 470,00 EUR

Zu 2.:

Anschaffungskosten Gebäude	1 380 470,00 EUR
– 2,5 % Abschreibung 1. Jahr	34 511,75 EUR
Gebäudewert am Anfang des 2. Jahres	1 345 958,25 EUR
+ Grundstückswert unverändert	849 520,00 EUR
Bilanzansatz des bebauten Grundstücks	2 195 478,25 EUR

Wertminderung beim nicht abnutzbaren Anlagevermögen	
§ 253 III, S. 3 HGB	**Pflicht** zur **außerplanmäßigen Abschreibung** bei voraussichtlich dauernder Wertminderung.

2.3.3.4 Wertaufholungsgebot

> Werden beim **Sachanlagevermögen** oder bei den **Finanzanlagen** außerplanmäßige Abschreibungen vorgenommen und stellt sich später heraus, dass die Gründe für diese Abschreibung nicht mehr bestehen, dann **muss** eine **Zuschreibung**, maximal bis zu den **(fortgeführten) Anschaffungskosten,** erfolgen. Eine Beibehaltung des niedrigeren Wertes ist nicht möglich [§ 253 V HGB].

Mit dieser generellen Zuschreibungspflicht besteht für den Bilanzierenden zu jedem Bilanzstichtag die Verpflichtung, die Voraussetzungen für eine Wertaufholung zu prüfen.

Beispiel:

Die Maschinenbau Gutmann AG hat eine Eloxiermaschine, deren Anschaffungskosten zu Beginn des Geschäftsjahres 20000,00 EUR betrugen, bei einer Nutzungsdauer von 10 Jahren am Ende des 3. Geschäftsjahres nach der Anschaffung mit den fortgeführten Anschaffungskosten in Höhe von 14000,00 EUR bilanziert.

Im Laufe des 4. Jahres nach der Anschaffung kommt eine neue Maschine auf den Markt, die bei gleichen Anschaffungskosten doppelt so schnell arbeitet. Dadurch verliert die alte Maschine nachweislich 50 % ihres Wertes.

Im 5. Jahr wird die Verwendung der neuen Maschine wegen umweltgefährdender und gesundheitsschädlicher Substanzen verboten.

Aufgaben:

1. Stellen Sie die zulässige Bewertung am Ende des 4. Geschäftsjahres nach der Anschaffung der Maschine fest!

2. Nehmen Sie die Bewertung am Ende des 5. Geschäftsjahres nach der Anschaffung vor!

Lösungen:

Zu 1.: **Bewertung am Ende des 4. Geschäftsjahres nach der Anschaffung**

Wert zu Beginn des 4. Jahres	14000,00 EUR
– planmäßige Abschreibung	2000,00 EUR
Zwischensumme	12000,00 EUR
– außerplanmäßige Abschreibung	6000,00 EUR
Bilanzansatz am Ende des 4. Jahres	6000,00 EUR

Begründung:

Da davon auszugehen war, dass es sich um eine voraussichtlich dauernde Wertminderung handelte, muss eine außerplanmäßige Abschreibung erfolgen.

Zu 2.: **Bewertung am Ende des 5. Geschäftsjahres nach der Anschaffung**

Bewertung zu Beginn des 5. Geschäftsjahres nach der Anschaffung	6000,00 EUR
– planmäßige Abschreibung	1000,00 EUR
Zwischensumme	5000,00 EUR
+ Zuschreibung	5000,00 EUR
Bilanzansatz am Ende des 5. Geschäftsjahres nach der Anschaffung	10000,00 EUR

Begründung:

Da der Grund für die Wertminderung weggefallen ist, besteht eine **Zuschreibungspflicht**.

Wertaufholung	
§ 253 V, S. 1 HGB	Pflicht zur Wertaufholung. Obergrenze: fortgeführte Anschaffungskosten.

10 Speth u.a. - ISBN 978-3-8120-0537-1

70

1. Die Werkzeugfabrik Böhler KG kauft zu Beginn des Geschäftsjahres 20.. einen neuen Lkw. Der Lkw mit einer Nutzungsdauer von 9 Jahren wird nach dreimaliger linearer Abschreibung vor dem Abschluss in der Buchführung mit den fortgeführten Anschaffungskosten in Höhe von 52 800,00 EUR ausgewiesen. Inzwischen ist der gleiche Typ mit verbesserter Technik auf den Markt gekommen. Dadurch ist der Marktwert für vergleichbare Altmodelle um 25 % gesunken.

   Aufgaben:

   1.1 Berechnen Sie die Anschaffungskosten!

   1.2 Geben Sie den jährlichen Abschreibungsbetrag an!

   1.3 Bestimmen und begründen Sie den Wert, mit dem der Lkw beim Jahresabschluss des vierten Geschäftsjahres zu bilanzieren ist!

2. Die Druck-Zuck OHG hat in der Bilanz des Geschäftsjahres 16 bei den Finanzanlagen ein Aktienpaket in Höhe der Anschaffungskosten von 150 000,00 EUR ausgewiesen. Beim Abschluss des Geschäftsjahres 17 beträgt der Kurswert der Aktien 170 000,00 EUR, beim Abschluss 18 ergibt sich ein Wert von 120 000,00 EUR und beim Abschluss 19 haben die Aktien einen Kurswert von 160 000,00 EUR.

   Aufgabe:

   Diskutieren Sie über die Möglichkeit der Bewertung der Aktien bei den Jahresabschlüssen 17, 18 und 19!

3. Die Franz Prenner OHG kauft ein unbebautes Grundstück mit einer Größe von 3 100 m² zum Preis von 40,00 EUR/m². Die Grunderwerbsteuer beträgt 5 %, an Notariatskosten fallen 1 950,00 EUR zuzüglich 19 % USt an, Kosten der Grundbucheintragung 1 050,00 EUR, Kosten für ein Gutachten zur Bewertung des Kaufpreises 2 000,00 EUR zuzüglich 19 % USt, Maklergebühren 3,0 % vom Kaufpreis zuzüglich 19 % USt.

   Aufgaben:

   3.1 Berechnen Sie die Anschaffungskosten!

   3.2 Am Ende des Jahres wird bekannt, dass das geplante Einkaufszentrum aus baurechtlichen Gründen nicht gebaut wird. Der Verkaufswert sinkt auf 80 000,00 EUR ab. Geben Sie an, mit welchem Wert das Grundstück zu bilanzieren ist! Begründen Sie den Wertansatz!

4. Die Hans Lemmer GmbH kauft zu Beginn des Jahres einen Kombiwagen:

Listeneinkaufspreis netto	32 376,00 EUR
Überführungskosten	600,00 EUR
	32 976,00 EUR
+ 19 % USt	6 265,44 EUR
Kaufpreis	39 241,44 EUR

   Aufgaben:

   4.1 Ermitteln Sie die Anschaffungskosten!

   4.2 Die Nutzungsdauer des Autos beträgt 6 Jahre (lineare Abschreibung). Berechnen Sie den Wertansatz zu Beginn des 3. Jahres!

   4.3 Durch einen selbst verschuldeten Unfall tritt im 3. Jahr ein Wertverlust von 2 500,00 EUR ein. Ermitteln Sie den Wertansatz am Ende des 3. Jahres!

71 1. Die Niedersächsische Getränke AG weist ihre Abfüllanlage, deren Nutzungsdauer 10 Jahre beträgt, zu Beginn des 7. Geschäftsjahres bei planmäßiger linearer Abschreibung mit den fortgeführten Anschaffungskosten in Höhe von 280 000,00 EUR aus. Inzwischen ist eine technisch wesentlich verbesserte Anlage auf den Markt gekommen. Dadurch ist der Wert der alten Anlage um 50 % gesunken.

Aufgaben:

1.1 Berechnen Sie die Anschaffungskosten!

1.2 Bestimmen Sie den Wert, mit dem die Anlage beim Jahresabschluss im 7. Jahr zu bilanzieren ist!

2. Die Huber Kleinmotoren AG hat für eine eventuelle Erweiterung des Betriebes 3000 m^2 eines angrenzenden Grundstücks zum ortsüblichen Preis von 155,00 EUR/m^2 gekauft. Der Notar schickt eine Rechnung einschließlich der Umsatzsteuer in Höhe von 4 284,00 EUR. Die Grundbuchkosten betrugen 6 975,00 EUR. Die Grunderwerbsteuer beträgt 5 %. Aufgrund der vorübergehenden Flaute in der Bauwirtschaft fiel der ortsübliche Grundstückspreis zum Abschlussstichtag um 20 %.

Aufgaben:

2.1 Ermitteln Sie die Anschaffungskosten für das Grundstück!

2.2 Entscheiden Sie begründet, wie das Grundstück beim Abschlussstichtag zu bewerten ist!

3. Die Textilwerke Walter Wetzel GmbH besitzen in ihrem Anlagevermögen 5000 Stückaktien der Patrik Weibel AG. Kurs am Anschaffungstag 14,25 EUR/Stück.

Aufgabe:

Geben Sie die möglichen Bilanzansätze an, wenn der Kurs der Aktien am 31. Dezember 17 auf 13,05 EUR/Stück gesunken und zu Beginn des Jahres 18 wieder auf 14,55 EUR/Stück gestiegen ist!

4. Bei der Secura AG stellen sich am Ende des Geschäftsjahres folgende Bewertungsfragen:

Kauf einer Lagerhalle mit Grundstück am 1. Januar   600 000,00 EUR

5 % Grunderwerbsteuer   30 000,00 EUR

Kosten für die Prüfung der Bodenbeschaffenheit 16 000,00 EUR zuzüglich 19 % USt, Maklerkosten 11 000,00 EUR zuzüglich 19 % USt.

Der Wert des Grundstücks beträgt $\frac{1}{5}$ des Gesamtpreises, Kreditkosten infolge einer Darlehensaufnahme im Zusammenhang mit dem Kauf der Lagerhalle 2 650,00 EUR, Grundsteuer 4 100,00 EUR.

Aufgaben:

4.1 Berechnen Sie die Anschaffungskosten von Gebäude und Grundstück!

4.2 Die Nutzungsdauer des Gebäudes beläuft sich auf 50 Jahre, die Abschreibung erfolgt linear. Bestimmen Sie, mit welchem Wert Grundstück und Gebäude zu Beginn des 3. Jahres anzusetzen sind!

4.3 Ein Gutachten hat ergeben, dass das Grundstück am Ende des dritten Jahres einen Wert von 530 000,00 EUR hat. Begründen Sie, ob die Secura AG diesen Wert ansetzen kann!

5. Die Werkzeugfabrik Ralf Weibel GmbH konstruiert und fertigt eine Formpresse für die eigene Produktion. Der Materialaufwand beträgt 21 450,00 EUR, die Fertigungslöhne 14 910,00 EUR, die Modellkosten 4 210,00 EUR und der Werteverzehr des Anlagevermögens, soweit dieser durch die Fertigung veranlasst ist, 1 890,00 EUR. Die geplante Nutzungsdauer beträgt 8 Jahre.

Der Kosten- und Leistungsrechnung liegen aus der Vorperiode folgende Daten vor:

Materialbereich einschließlich zugeordneter Verwaltungsgemeinkosten	Fertigungsbereich einschließlich zugeordneter Verwaltungsgemeinkosten	Verwaltungsbereich (restliche Verwaltungsgemeinkosten)	Vertriebsbereich
Summe der Gemeinkosten (ohne kalkulatorische Kosten) 454 250,00 EUR	4 424 000,00 EUR	841 953,75 EUR	581 713,50 EUR

Materialkosten insgesamt	6 397 887,00 EUR
Fertigungslöhne	3 950 000,00 EUR

Die Aufwendungen für soziale Einrichtungen des Betriebs belaufen sich auf 1 100,00 EUR, die Aufwendungen für die betriebliche Altersversorgung auf 3 580,00 EUR und die Kosten für Grundlagenforschung im Maschinenbau auf 7 790,00 EUR.

Aufgaben:

5.1 Berechnen Sie die Herstellungskosten für die Formpresse!

5.2 Ermitteln Sie den Betrag, zu dem die Formpresse in der Bilanz anzusetzen ist, wenn ein möglichst hoher Jahresüberschuss ausgewiesen werden soll.

5.3 Berechnen Sie den Bilanzansatz am Ende des 1. Nutzungsjahres!

6. Die Nowotek GmbH hält in Form von Aktien eine Beteiligung an der Compakt AG, die mit den Anschaffungskosten in Höhe von 250 000,00 EUR bilanziert wurde. Wegen eines inzwischen beseitigten Mangels an einem der Hauptprodukte kam der Aktienkurs der Compakt AG vorübergehend unter Druck und betrug bei Aufstellung des Jahresabschlusses nur noch 80 % der Anschaffungskosten.

Aufgabe:

Diskutieren Sie, wie die Nowotek GmbH die Beteiligung an der Compakt AG bewerten kann!

2.3.4 Bewertung des Umlaufvermögens

2.3.4.1 Allgemeine Bewertungsregeln für die Bewertung des Umlaufvermögens

Grundsätzlich sind Vermögensgegenstände des Umlaufvermögens mit den **Anschaffungs- oder Herstellungskosten** zu bewerten [§ 253 I HGB].

■ Ist der **Börsen- oder Marktpreis** am Abschlussstichtag **niedriger,** so **muss** – unabhängig von der Dauer der Wertminderung – der **niedrigere Wert** angesetzt werden **(strenges Niederstwertprinzip)**[§ 253 IV, S. 1 HGB].

■ Ist ein **Börsen- oder Marktpreis nicht festzustellen** und **übersteigen die Anschaffungs- oder Herstellungskosten** den Wert, der den Vermögensgegenständen am Abschlussstichtag beizulegen ist, so ist auf den **beizulegenden Zeitwert** abzuschreiben [§ 253 IV, S. 2 HGB].

Fallen die Gründe für eine vorgenommene Abschreibung später weg, so besteht ein **Zuschreibungsgebot (Wertaufholungsgebot)**, maximal bis zu den **Anschaffungs- oder Herstellungskosten** [§ 253 V HGB].

2.3.4.2 Bewertung der Vorräte

Zum Vorratsvermögen eines Industriebetriebs zählen folgende Bestände:

Art des Vorratsvermögens	Ausgangswert für die Bewertung (Zugangsbewertung)
1. Roh-, Hilfs- und Betriebsstoffe, bezogene Vorprodukte und Handelswaren	Anschaffungskosten
2. Fertige Erzeugnisse, unfertige Erzeugnisse	Herstellungskosten

(1) Bewertung der Roh-, Hilfs- und Betriebsstoffe, der bezogenen Vorprodukte sowie der Handelswaren

Grundsätzlich gilt das **Anschaffungskostenprinzip** in Verbindung mit dem **Niederstwertprinzip**.

Beispiel:

Am 31. Dezember hat eine Maschinenfabrik lt. Inventur noch 1 000 Einheiten Blechteile. Die Anschaffungskosten betrugen je Blechteil 15,00 EUR.

Aufgabe:

Erläutern Sie, wie der Bestand beim Jahresabschluss zum 31. Dezember zu bewerten ist, wenn im 1. Fall der Marktpreis 15,80 EUR und im 2. Fall der Marktpreis 13,50 EUR beträgt!

Lösung:

1. Fall: Der Marktpreis beträgt pro Blechteil 15,80 EUR.

Der Bestand ist mit den Anschaffungskosten von 15,00 EUR je Blechteil zu bewerten, da dieser Wert unter dem Marktpreis liegt. Die Anschaffungskosten dürfen nicht überschritten werden. Diese Vorgehensweise führt dazu, dass ein noch **nicht entstandener (nicht realisierter) Gewinn** zum Bilanzstichtag **nicht ausgewiesen wird (Realisationsprinzip).**

Bilanzansatz: 1 000 Blechteile · 15,00 EUR = 15 000,00 EUR

2. Fall: Der Marktpreis beträgt pro Blechteil 13,50 EUR.

Es gilt das **strenge Niederstwertprinzip.** Danach ist der niedrigere von beiden infrage kommenden Preisen zu wählen. Das ist der Marktpreis. Die Vorgehensweise führt dazu, dass ein noch nicht entstandener **(nicht realisierter) Verlust** zum Bilanzstichtag **ausgewiesen wird (Grundsatz der Vorsicht).**

Bilanzansatz: 1 000 Blechteile · 13,50 EUR = 13 500,00 EUR

(2) Bewertung der fertigen und unfertigen Erzeugnisse

Fertige und unfertige Erzeugnisse sowie selbst hergestellte aktivierungspflichtige Vermögensgegenstände werden mit ihren **Herstellungskosten** bewertet (vgl. S. 134 ff.).

<table>
<tr><td colspan="2" align="center">**Bewertung von Vorräten**</td></tr>
</table>

■	**Generelle Bewertungsvorschriften**
§ 253 I, S. 1 HGB	■ Bewertung zu Anschaffungs- bzw. Herstellungskosten
§ 253 IV, S. 1 HGB	■ Folgebewertung: strenges Niederstwertprinzip – Anschaffungs- bzw. Herstellungskosten < als Markt- oder Börsenwert bzw. beizulegender Zeitwert → Bewertung zu Anschaffungs- bzw. Herstellungskosten.
§ 253 IV, S. 2 HGB	– Anschaffungs- bzw. Herstellungskosten > als Markt- oder Börsenwert bzw. beizulegender Zeitwert → Bewertung zu Markt- oder Börsenwert bzw. beizulegendem Zeitwert

■	**Wertaufholungsgebot**
§ 253 V HGB	Bei späterem Wegfall der Abschreibungsgründe besteht ein Zuschreibungsgebot.

Übungsaufgabe

72 1. Die Maschinenfabrik Kluge OHG kauft im Herbst einen größeren Posten Motoren zum Nettopreis von 10 000,00 EUR zuzüglich 19 % USt.

Zum Ende des Geschäftsjahres kommt eine neue Generation Motoren auf den Markt, wodurch der Preis der bisherigen Motoren schlagartig um 40 % am Markt sinkt. Am Bilanzstichtag zum 31. Dezember hat die Fabrik noch den halben Bestand an Motoren auf Lager.

Aufgabe:

Bestimmen Sie den Wert, mit dem der Lagerbestand an Motoren zum 31. Dezember zu bewerten ist!

2. Im Laufe des Jahres kauft die Würzburger Industriewaren GmbH einen Posten von 20 Stück einer Handelsware zu je 1 500,00 EUR zuzüglich 19 % USt.

Durch eine Preissteigerung steigt der Wert eines Stücks am Jahresende auf netto 1 600,00 EUR an. Restbestand: 12 Stück.

Aufgabe:

Bestimmen Sie den Wert, mit dem der Restposten zu bewerten ist!

3. Die Möbelfabrik Karl Braun e. Kfm. kauft 400 m^2 Eichenfurnier zum Listeneinkaufspreis von 18 000,00 EUR zuzüglich 19 % USt. Der Lieferer gewährt 15 % Rabatt und 3 % Skonto. Die Bezugskosten betragen insgesamt 561,00 EUR zuzüglich 19 % USt.

Aufgaben:

3.1 Berechnen Sie die Anschaffungskosten insgesamt und je m^2!

3.2 Ermitteln Sie, mit welchem Wert am 31. Dez. der Restbestand von 150 m^2 Eichenfurnier zu bilanzieren ist, wenn der Einstandspreis auf 35,00 EUR je m^2 abgesunken ist!

3.3 Erläutern Sie, wie sich dieser Ansatz auf den Gewinn auswirkt!

4. Bei einer Betriebsprüfung wurde der Wertansatz für einen Bestand an Hilfsstoffen zum 31. Dezember von 42 000,00 EUR beanstandet.

Die Betriebsprüfung stellte anhand der Unterlagen Folgendes fest:

Einkaufspreis während des Jahres   40 000,00 EUR
darauf gewährte Rabatte   5 %
Eingangsfrachten   1 000,00 EUR

Aufgabe:
Beurteilen Sie, ob die Beanstandung zu Recht erfolgt ist!

2.3.4.3 Bewertung der Forderungen

(1) Arten von Forderungen nach ihrer Wertigkeit

Bezüglich ihrer Wertigkeit (Sicherheit des Zahlungseingangs) lassen sich drei Arten von Forderungen unterscheiden:

Vollwertige Forderungen	Ihre Bewertung in der Bilanz erfolgt nach § 253 I HGB und § 6 I, Nr. 2 EStG zum sogenannten **Nennwert (Anschaffungskosten).** Bei Forderungen aus Warenlieferungen entspricht das dem nach dem Kaufvertrag tatsächlich zu zahlenden Gegenwert. Für vollwertige Forderungen kommt eine Abschreibung nicht in Betracht.
Zweifelhafte Forderungen	Diese sind mit ihrem wahrscheinlichen Eingangswert anzusetzen. Mit anderen Worten: Der Teil, von dem nach gewissenhafter Schätzung angenommen wird, dass er nicht eingeht, muss abgeschrieben werden. Dieser Zwang zur Abschreibung ergibt sich aus § 253 IV HGB.
Uneinbringliche Forderungen	Ist eine **Forderung uneinbringlich,** so ist sie in der **entsprechenden Höhe abzuschreiben** [§ 253 I HGB].

(2) Höhe der Abschreibung und die Behandlung der Umsatzsteuer bei der Abschreibung auf Forderungen

Im Gegensatz zu anderen abschreibungsbedürftigen Vermögensgegenständen (z.B. Betriebs- und Geschäftsausstattung, Fuhrpark) enthält der auf dem Forderungskonto ausgewiesene Bestand auch die Umsatzsteuer. Da Abschreibungen jedoch nur vom **Nettowert (Anschaffungskosten)** vorgenommen werden dürfen, ist darauf zu achten, dass bei der Berechnung des Abschreibungsbetrages vom Nettowert der Forderungen auszugehen ist, da die Umsatzsteuer keinen Kosten- bzw. Aufwandsbestandteil darstellt.

Beispiel für einen Forderungsausfall:	
Forderungen gegenüber der Maier GmbH einschließlich 19 % USt	5 950,00 EUR
– 19 % Umsatzsteuer	950,00 EUR
= Nettowert der Forderungen (Anschaffungskosten)	5 000,00 EUR

Wird die Forderung uneinbringlich, beträgt die Abschreibung 5 000,00 EUR.

In diesem Beispiel beträgt die Abschreibung 5 000,00 EUR. Gleichzeitig führt der Forderungsausfall zu einer Korrektur der Umsatzsteuer in Höhe von 950,00 EUR. Die Umsatzsteuerkorrektur darf allerdings erst vorgenommen werden, wenn der tatsächliche Ausfall der Forderung feststeht. Das bedeutet, dass auf einen – im Rahmen der Aufstellung des Jahresabschlusses – zunächst nur geschätzten Forderungsausfall keine Umsatzsteuerkorrektur vorgenommen werden darf.

(3) Bewertungsverfahren bei Forderungen

Einzelbewertung (direkte Methode). Für alle Vermögensgegenstände gilt der Grundsatz der Einzelbewertung [§ 252 I, Nr. 3 HGB]. Danach ist davon auszugehen, dass am Bilanzstichtag grundsätzlich jede einzelne Forderung für sich zu bewerten ist. Bei einem hohen Forderungsbestand, der sich aus einer Vielzahl von kleinen Einzelforderungen zusammensetzt, würde das einen erheblichen Zeitaufwand beanspruchen. Daher kann nach § 252 II HGB in begründeten Fällen von dem oben genannten Grundsatz abgewichen werden.

Pauschalbewertung (indirekte Methode). Aus praktischen Gründen räumen die Finanzbehörden in begründeten Fällen die Möglichkeit der pauschalen Bewertung der Forderungen ein. Dabei wird zur Erfassung des erfahrungsgemäßen Kreditrisikos ein bestimmter Prozentsatz (2 %–5 %) vom gesamten Nettobetrag der Forderungen abgeschrieben.

Beispiel für eine Pauschalwertberichtigung:

Der ausgewiesene Gesamtwert der Forderungen am Ende des Geschäftsjahres beträgt einschließlich 19 % USt 238 000,00 EUR. Es soll erstmals eine Pauschalwertberichtigung gebildet werden. Die erfahrungsgemäße Ausfallquote beträgt 2 %.

Aufgabe:

Berechnen Sie die pauschale Wertberichtigung (Abschreibung)!

Lösung:

Gesamtwert der Forderungen am Ende des Geschäftsjahres	238 000,00 EUR
– 19 % Umsatzsteuer	38 000,00 EUR
= Nettowert der sicheren Forderungen	200 000,00 EUR

davon 2 % Ausfallquote = 4 000,00 EUR.

Bewertung von Forderungen aus Lieferungen und Leistungen			
Bei Anschaffung	Bei vorübergehender Wertminderung	Bei dauernder Wertminderung	Bei späterem Wegfall der Abschreibungsgründe
Anschaffungskosten (AK) § 253 I, S. 1 HGB	Abschreibungspflicht § 253 IV, S. 1 HGB	Abschreibungspflicht § 253 IV, S. 1 HGB	Zuschreibungsgebot § 253 V HGB

Übungsaufgabe

73 1. Ein Kunde, von dem wir noch 7 140,00 EUR zu fordern haben (19 % Umsatzsteuer), gerät in Zahlungsschwierigkeiten. Am Jahresende wird der Forderungsausfall auf 30 % geschätzt.

   Aufgaben:

   1.1 Nennen Sie den Wert mit dem die Forderung in die Bilanz aufgenommen wird!

   1.2 Berechnen Sie die Wertberichtigung (Abschreibung) für diese Forderung!

   1.3 Nehmen Sie Stellung zu dieser Wertermittlung!

   1.4 Nehmen Sie Stellung zu der Frage der Umsatzsteuerkorrektur!

   2. Der Forderungsbestand der Starnecker GmbH, der sich aus einer Vielzahl von Einzelforderungen zusammensetzt, beträgt am Ende des Geschäftsjahres insgesamt 1 904 000,00 EUR. Der erfahrungsmäßige Forderungsausfall beträgt 3 %.

   Aufgabe:

   Berechnen Sie den Betrag, der als pauschale Wertberichtigung angesetzt werden kann!

3. Beantworten Sie die nachfolgenden Verständnisfragen!

    3.1 Begründen Sie, warum die Abschreibungen auf Forderungen vom Nettowert zu berechnen sind!

    3.2 Erläutern Sie, warum eine Umsatzsteuerkorrektur erforderlich ist, wenn Forderungen während des Jahres uneinbringlich werden!

    3.3 Begründen Sie, warum eine Umsatzsteuerkorrektur entfällt, wenn der Wert der Forderungen für die Bilanzerstellung geschätzt wird!

2.3.5 Bewertung von Schulden

Die Bewertungsvorschriften für das **Vermögen** sollen erreichen, dass die **Güter eher zu niedrig als zu hoch** angesetzt werden. Dieser Vorsichtsgedanke beherrscht auch die Bewertung der Verbindlichkeiten. Er führt dazu, dass **Schulden eher zu hoch als zu niedrig** angesetzt werden müssen. Dieses Prinzip nennt man **Höchstwertprinzip**.

2.3.5.1 Bewertung von Verbindlichkeiten

> Verbindlichkeiten sind zu ihrem **Erfüllungsbetrag** anzusetzen [§ 253 I, S. 2 HGB].

Die Bewertung der Verbindlichkeiten zum Erfüllungsbetrag umfasst zum einen **Geldleistungsverpflichtungen** und zum anderen **Sach- und Dienstleistungsverpflichtungen**.

- **Geldleistungsverpflichtungen** sind zum **Rückzahlungsbetrag** anzusetzen.
- **Sach- und Dienstleistungsverpflichtungen** sind mit dem voraussichtlichen **Geldwert der Aufwendungen** anzusetzen, der zur Begleichung der Verbindlichkeiten im Erfüllungszeitpunkt erforderlich ist.

Da der Gesetzgeber die Preis- und Kostenverhältnisse im Erfüllungszeitpunkt der Verbindlichkeitsbewertung zugrunde legt, sind eintretende **Preis- und Kostenerhöhungen** bzw. **Preis- und Kostensenkungen** zu berücksichtigen. Für die Verbindlichkeiten besteht ein **Abzinsungsverbot**.

2.3.5.2 Bewertung von Fremdwährungsverbindlichkeiten

(1) Zugangsbewertung

Werden Waren oder Werkstoffe aus dem Ausland importiert und diese in der Währung des exportierenden Landes fakturiert, so muss der Anschaffungswert durch Umrechnung der Fremdwährung in EUR zum **Devisenkassamittelkurs**[1] des Anschaffungstages ermittelt werden.

---

1 Auf dem **Kassamarkt** (Spotmarkt) handeln die am Devisenhandel teilnehmenden Finanzinstitute die zur Abwicklung des Zahlungsverkehrs mit dem Ausland benötigten Devisen. **Kassageschäfte** werden am zweiten Bankarbeitstag nach dem Geschäftsabschluss erfüllt. **Devisenkäufe** von Bankkunden werden zum **Geldkurs** abgerechnet. Der Kunde zahlt mit EUR und erhält dafür Fremdwährung. Verkaufen die Bankkunden dagegen Fremdwährung gegen EUR, dann berechnen die Banken den **Briefkurs**. Der **Devisenkassamittelkurs** ist der Kurs, der genau zwischen dem Geld- und dem Briefkurs liegt.

Da keine amtlichen Devisenkurse mehr festgestellt werden, haben sich alternative Systeme zur Ermittlung von „Tageskursen" entwickelt. Dabei werden zu einem bestimmten Zeitpunkt von verschiedenen Kreditinstituten die aktuellen Geld- und Briefkurse an eine zentrale Stelle gemeldet. Diese errechnet für jede in dieses Fixing einbezogene Währung einen **Durchschnittskurs**. Dieser Kurs wird als Referenzkurs oder **Devisenkassamittelkurs** bezeichnet. **Beispiele:** EZB-Referenzkurs, EuroFX

(2) Folgebewertung

Am Bilanzstichtag bestehende Währungsverbindlichkeiten sind – ebenso wie etwaige Währungsforderungen – zum **Devisenkassamittelkurs** der entsprechenden Währung an diesem Tag zu bewerten. Dabei sind zwei Fälle zu unterscheiden:

■ **Die Fremdwährungsverbindlichkeiten haben eine Restlaufzeit[1] von mehr als einem Jahr**

In diesem Fall sind – unter **Anwendung des Realisations- und Anschaffungskostenprinzips** – die auf fremde Währung lautenden Verbindlichkeiten mit dem **Devisenkassamittelkurs des Bilanzstichtages** umzurechnen und jeweils mit dem **Wertansatz zum Zugangszeitpunkt** zu vergleichen [§ 256a, S. 1 HGB]. Daraus ergeben sich zwei Bewertungsmöglichkeiten:

■ Ist der **Devisenkassamittelkurs (Tageskurs)** am Bilanzstichtag **niedriger als der Anschaffungskurs,** führt das zu einem höheren Eurowert der Verbindlichkeiten. Daher muss der **Wert des Bilanzstichtags** in der Bilanz ausgewiesen werden. Währungsverluste müssen auch vor ihrer Realisation ausgewiesen werden.

■ Liegt der **Devisenkassamittelkurs (Tageskurs)** am Bilanzstichtag **höher als der Anschaffungskurs,** führt das zu einem niedrigeren Eurowert der Verbindlichkeiten. Daher muss aus Gründen der kaufmännischen Vorsicht die Verbindlichkeit in der Bilanz mit den **Anschaffungskosten** ausgewiesen werden **(Anschaffungskostenprinzip).** Währungsgewinne dürfen vor der Realisation nicht ausgewiesen werden **(Realisationsprinzip).**

Beispiel:

Am 20. November 20.. nimmt ein Industrieunternehmen ein Liefererdarlehen in Höhe von 81 000,00 USD in Anspruch. Die Laufzeit beträgt 2 Jahre. Es wird nach der Umrechnung in EUR mit 54 800,00 EUR gebucht.

Aufgaben:

Erläutern Sie, wie die Verbindlichkeiten beim Jahresabschluss zum 31. Dezember 20.. zu bewerten sind, wenn im 1. Fall der Wert am Bilanzstichtag 54 200,00 EUR und im 2. Fall der Wert am Bilanzstichtag 56 100,00 EUR beträgt!

Lösungen:

1. Fall: Das Liefererdarlehen darf nicht mit dem niedrigeren Tageswert bewertet werden, da sonst ein noch nicht realisierter Gewinn von 600,00 EUR ausgewiesen würde. Der Ansatz bleibt unverändert mit den höheren **Anschaffungskosten.**

Bilanzansatz = 54 800,00 EUR

2. Fall: Nach dem **Höchstwertprinzip** ist der höhere Rückzahlungsbetrag anzusetzen. Noch nicht realisierte Verluste sind zum Bilanzstichtag auszuweisen. Der Ansatz erfolgt zum höheren **Tageswert.**

Bilanzansatz = 56 100,00 EUR

Der höhere Bilanzansatz führt zu einer Verschlechterung des Unternehmensergebnisses, weil durch die Passivierung der Differenz zwischen dem bisherigen Wert und dem Wert des Bilanzansatzes der sonstige betriebliche Aufwand steigt.

---

1 Die **Restlaufzeit** ist die verbleibende Laufzeit ab dem Abschlussstichtag.

■ **Die Fremdwährungsverbindlichkeiten haben eine Restlaufzeit von einem Jahr oder weniger**

In diesem Fall sind die auf fremde Währung lautenden Verbindlichkeiten mit dem **Devisenkassamittelkurs des Bilanzstichtags** umzurechnen und der **ermittelte Wert in der Bilanz auszuweisen**. Das **Anschaffungskostenprinzip** und das **Realisationsprinzip** ist **nicht anzuwenden** [§ 256a, S. 2 HGB].

Beispiel:

Die Franz Weise GmbH nimmt am 31.05.20.. einen Liefererkredit in Höhe von 60 000,00 CHF für 8 Monate in Anspruch. Devisenkassamittelkurs zum Zugangszeitpunkt 1,09 CHF/EUR.

Aufgaben:

1. Berechnen Sie die Anschaffungskosten zum Zugangszeitpunkt!

2. Bewerten Sie die Verbindlichkeiten beim Jahresabschluss, wenn im 1. Fall der Devisenkassamittelkurs 1,07 CHF/EUR und im 2. Fall der Devisenkassamittelkurs 1,11 CHF/EUR beträgt!

Lösungen:

Zu 1.: 60 000,00 CHF : 1,09 CHF/EUR = 55 045,87 EUR

Zu 2.: **1. Fall:** 60 000,00 CHF : 1,07 CHF/EUR = 56 074,77 EUR

Bilanzansatz: 56 074,77 EUR. Es entsteht ein Währungsverlust in Höhe von 1 028,90 EUR.

2. Fall: 60 000,00 CHF : 1,11 CHF/EUR = 54 054,05 EUR

Bilanzansatz: 54 054,05 EUR. Es entsteht ein Währungsgewinn in Höhe von 991,82 EUR. Das Anschaffungskosten- und Realisationsprinzip darf nicht beachtet werden.

2.3.5.3 Bewertung eines Bankdarlehens

Bankdarlehen, die unter Abzug eines Abgeldes **(Damnum, Disagio)**[1] ausgezahlt werden bzw. mit einem Aufgeld **(Agio)** zurückgezahlt werden müssen, sind mit dem höheren Erfüllungsbetrag anzusetzen.

■ **Disagio (Damnum)** ist der **Unterschiedsbetrag** zwischen dem **Erfüllungsbetrag** und dem **Ausgabebetrag** einer Verbindlichkeit.

■ Für das Disagio besteht ein **Aktivierungswahlrecht** [§ 250 III, S. 1 HGB]. Wird von diesem **Aktivierungswahlrecht Gebrauch gemacht,** ist das Disagio in den **Rechnungsabgrenzungsposten** der Aktivseite einzustellen und über die Laufzeit des Kredits **planmäßig abzuschreiben** [§ 250 III, S. 2 HGB].

■ Wird von dem **Aktivierungsrecht kein Gebrauch** gemacht, ist das Disagio in der laufenden Rechnungsperiode als **Aufwand** zu buchen.

---

1 Das Damnum (Disagio) soll insbesondere den Nominalzins absenken. Es handelt sich um eine laufzeitabhängige Zinsvorauszahlung.

Wir nehmen am 5. Januar ein Festdarlehen bei unserer Bank in Höhe von 60 000,00 EUR auf. Auszahlungssatz: 96 %. Laufzeit 4 Jahre. Das Damnum in Höhe von 2 400,00 EUR wird als Zinsaufwand auf die Laufzeit des Darlehens verteilt (abgeschrieben).

Aufgaben:

1. Bilden Sie den Buchungssatz bei der Darlehensaufnahme am 5. Januar!

2. Bilden Sie den Buchungssatz am Bilanzstichtag 31. Dezember!

3. Geben Sie an, welche Bilanzwerte sich hinsichtlich des Darlehens am Ende des ersten Jahres ergeben!

Lösungen:

Zu 1.: Buchung am 5. Januar

Geschäftsvorfall	Konten	Soll	Haben
Wir nehmen ein Darlehen in Höhe von 60 000,00 EUR auf. Auszahlungssatz: 96 %. Der Auszahlungsbetrag wird auf dem Bankkonto gutgeschrieben.	2800 Bank 2900 Aktive Jahresabgrenzung[1] an 4250 Langfristige Bankverbindlichkeiten	57 600,00 2 400,00	60 000,00

Erläuterungen:

- Die Darlehensschuld muss mit dem Erfüllungsbetrag von 60 000,00 EUR passiviert werden. Dies erfolgt auf dem Konto **4250 Langfristige Bankverbindlichkeiten**.

- Das Disagio in Höhe von 2 400,00 EUR wird auf dem Konto **2900 Aktive Jahresabgrenzung** aktiviert.

- Die Auszahlung in Höhe von 57 600,00 EUR wird als Guthaben auf dem Konto **2800 Bank** gebucht.

Zu 2.: Buchung am 31. Dezember

Geschäftsvorfall	Konten	Soll	Haben
Abschreibung des Damnum im ersten Jahr.	7590 Sonst. zinsähnl. Aufwendungen an 2900 Aktive Jahresabgrenzung	600,00	600,00

Erläuterungen:

- Jeweils am 31. Dezember wird vom Konto **2900 Aktive Jahresabgrenzung** der zeitanteilige Jahresbetrag in Höhe von 600,00 EUR abgeschrieben.

- Da das Disagio betriebswirtschaftlich als ein „Zinsvoraus" zu verstehen ist, wird als Gegenkonto das Aufwandskonto **7590 Sonstige zinsähnliche Aufwendungen** angesprochen.

Zu 3.: Bilanzwerte am Ende des 1. Jahres:

4250 Langfr. Bankverbindlichkeiten	60 000,00 EUR
2900 Aktive Jahresabgrenzung	1 800,00 EUR

---

[1] Auf dem Konto Aktive Jahresabgrenzung werden die im **alten Geschäftsjahr gezahlten Aufwendungen,** die wirtschaftlich für eine bestimmte Zeit dem **neuen Geschäftsjahr zuzurechnen** sind, erfasst.

Bewertung von Währungsverbindlichkeiten		
Zugangsbewertung	Folgebewertung	
	Restlaufzeit von mehr als einem Jahr	Restlaufzeit von einem Jahr oder weniger
Umrechnung zum Devisenkassamittelkurs § 256 a HGB	■ Umrechnung am Abschlussstichtag zum Devisenkassamittelkurs § 256 a, S. 1 HGB ■ Anwendung des Anschaffungskostenprinzips § 253 I, S. 1 HGB ■ Anwendung des Realisationsprinzips. Das Realisationsprinzip bleibt uneingeschränkt erhalten, da die Anschaffungskosten die Höchst- bzw. Untergrenze der Bewertung darstellen. § 252 I, Nr. 4 HGB	■ Umrechnung am Abschlussstichtag zum Devisenkassamittelkurs ■ Keine Anwendung des Anschaffungskostenprinzips und des Realisationsprinzips § 256 a, S. 2 HGB

Bewertung von Bankdarlehen		
Darlehen ohne Disagio	Darlehen mit Disagio	
	Bilanzierung des Darlehensbetrag	Bilanzierung des Disagios
Erfüllungsbetrag § 253 I, S. 2 HGB	Erfüllungsbetrag § 253 I, S. 2 HGB	Aktivierung und planmäßige Abschreibung (Wahlrecht) oder Buchung als Aufwand § 250 III HGB

Übungsaufgaben

74

1. Erläutern Sie, mit welchem Wert Verbindlichkeiten bei der Entstehung grundsätzlich zu bewerten sind!

2. Nennen Sie den Wert, der dem Rückzahlungsbetrag bei Verbindlichkeiten aus Lieferungen und Leistungen entspricht!

3. Erläutern Sie das Vorsichtsprinzip bei der Bewertung von Verbindlichkeiten!

4. Geben Sie an, wie eine Verbindlichkeit zu bewerten ist, wenn sich im Vergleich zur Entstehung zum Zeitpunkt der Bilanzaufstellung eine voraussichtlich vorübergehende Werterhöhung eingestellt hat!

75

1. Eine Liefererverbindlichkeit im Wert von 12 000,00 USD und mit einer Laufzeit von 15 Monaten wurde am Entstehungstag zum damaligen Devisenkassamittelkurs mit 8 850,00 EUR bilanziert. Am 31. Dezember 20.. beträgt der Tageswert 9 030,00 EUR.

   Aufgaben:

   1.1 Ermitteln Sie den Bilanzwert zum 31. Dezember 20..!

   1.2 Erläutern Sie die Auswirkung, die der Anstieg des Devisenkassamittelkurses auf das Unternehmensergebnis hat!

2. Die Verbindlichkeiten aus Rohstofflieferungen belaufen sich am 31. Dezember 20.. auf 29 500,00 EUR. Da wir die Schulden zu Beginn des neuen Jahres unter Abzug von 3 % Skonto begleichen wollen, werden sie in der Bilanz mit 28 615,00 EUR ausgewiesen.

Aufgabe:

Nehmen Sie hierzu Stellung!

3. Eine Liefererverbindlichkeit in Höhe von 22 000,00 CHF und mit einer Restlaufzeit von 24 Monaten wurde am 31. Dezember 20.. (Bilanzstichtag) zum damaligen Devisenkassamittelkurs von 1,0552 bilanziert.

Aufgaben:

Bewerten Sie die Lieferverbindlichkeiten, wenn im folgenden Jahr

3.1 am 31. Dezember der Devisenkassamittelkurs 1,0641 beträgt!

3.2 am 31. Dezember der Devisenkassamittelkurs 1,0488 beträgt!

4. In dem Posten Verbindlichkeiten aus Lieferungen und Leistungen sind zwei Rechnungen eines Lieferers mit einem Ziel von 3 Monaten enthalten:

Rechnung 1 vom 12. September 20..: 120 000,00 GBP

Rechnung 2 vom 12. November 20..: 100 000,00 GBP.

Für GBP wurden folgende Devisenkassamittelkurse notiert:

12. September 20..:   EUR   0,7195

12. November 20..:   EUR   0,7512

31. Dezember 20..:   EUR   0,7288

Aufgaben:

4.1 Ermitteln Sie den Rechnungsbetrag der beiden Rechnungen!

4.2 Berechnen Sie, mit welchem Wert die beiden Rechnungen zum 31. Dezember 20.. ausgewiesen werden müssen!

4.3 Beschreiben Sie, wie das Unternehmensergebnis durch die Bewertung beeinflusst wird!

4.4 Erläutern Sie den Bewertungsgrundsatz, der hier anzuwenden ist!

5. Eine Maschinenfabrik hat Fertigteile aus Schweden im Wert von 15 200 SEK bezogen. Vereinbart ist ein Zahlungsziel von 60 Tagen. Der Devisenkassamittelkurs am Buchungstag der Rechnung (15. November) beträgt 9,3687 SEK/EUR. Am 31. Dezember (Bilanzstichtag) beträgt der Devisenkassamittelkurs 9,4520 SEK/EUR.

Aufgabe:

Begründen Sie, mit welchem Wert die Verbindlichkeiten am 31. Dezember zu bilanzieren sind!

6. Erklären Sie, wie sich ein in der Fremdwährung vereinbarter Preis einer Importware auf den Europreis auswirkt, wenn

6.1 der Kurs für den Euro steigt,

6.2 der Kurs für den Euro sinkt!

7. Erklären Sie, wie bei einer vereinbarten Verbindlichkeit mit einer Laufzeit von 18 Monaten zu reagieren ist, wenn sich am Bilanzstichtag herausstellt, dass im Vergleich zum Rechnungseingang

7.1 der Kurs für einen Euro gestiegen ist,

7.2 der Kurs für einen Euro gesunken ist!

76   1. Wir beziehen Rohstoffe laut vorliegender Rechnung in Höhe von 13090,00 EUR einschließlich 19 % USt.

Aufgaben:

Nehmen Sie Stellung zu folgender Frage: Ist die Verbindlichkeit auszuweisen

– mit dem Nettowert in Höhe von 11000,00 EUR oder

– mit dem Bruttowert in Höhe von 13090,00 EUR?

2. Die Planbau GmbH nimmt am 5. Januar 20.. ein Darlehen in Höhe von 200000,00 EUR auf. Es wird ein Disagio von 4 % vereinbart.

Aufgaben:

2.1 Ermitteln Sie den Betrag, der der Planbau GmbH auf dem Konto gutgeschrieben wird!

2.2 Bestimmen Sie den Betrag, mit welchem die Verbindlichkeit auszuweisen ist!

2.3 Nennen Sie die Möglichkeiten, die für die Behandlung des Disagios bestehen!

3. Die Friedrich Hagel AG entscheidet sich aufgrund der günstigen Kreditbedingungen für die Aufnahme eines Auslandskredits bei einer Schweizer Bank.

Kreditbetrag (Nennwert) CHF 1200000,00, Auszahlung 96 %, Laufzeit vom 01.04.17 – 01.04.22, Rückzahlung am Ende der Laufzeit in einer Summe. Devisenkassamittelkurs am 01.04.17 CHF 1,0630 und am 31.12.17 (Bilanzstichtag) 1,0550.

Das Unternehmen zielt darauf ab, einen möglichst hohen Jahresüberschuss auszuweisen.

Aufgaben:

3.1 Bilden Sie den Buchungssatz für die Kreditaufnahme am 01.04.17!

3.2 Bilden Sie den Buchungssatz für die Kreditaufnahme, wenn das Unternehmen einen möglichst geringen Jahresüberschuss ausweisen möchte!

3.3 Ermitteln Sie den Wert, mit welchem der Kredit am Bilanzstichtag auszuweisen ist! Bilden Sie die entsprechenden Buchungssätze!

2.3.6 Bewertung von Rückstellungen

2.3.6.1 Begriff Rückstellungen

■ **Rückstellungen** sind **Schulden für künftige Aufwendungen,** die dem alten Geschäftsjahr zuzurechnen sind, deren genaue **Höhe** und (oder) **Fälligkeit** am Jahresende (Bilanzstichtag) aber noch **nicht feststehen.**

■ Die **Bildung von Rückstellungen** bedeutet den **Ausweis einer Schuld** in der Bilanz und gleichzeitig eine **Aufwandserfassung in entsprechender Höhe** in der Gewinn- und Verlustrechnung.

Beispiel:

Die Zwischenbesprechung einer Steuerprüfung am 20. Dezember ergab, dass mit einer Grundsteuernachzahlung zu rechnen ist, da die Stadt den Hebesatz erhöht hat. Der zuständige Prüfer gab uns die unverbindliche Auskunft, dass eine Grundsteuernachzahlung von ca. 4 000,00 EUR zu erwarten ist.

Aufgabe:

Erläutern Sie, in welcher Höhe eine Rückstellung am Ende des Geschäftsjahres am 31. Dezember zu bilden ist, wenn die Zahlung innerhalb des nächsten Jahres erfolgen wird!

Lösung:

Für die zu erwartende Grundsteuernachzahlung ist am 31. Dezember eine Rückstellung von 4 000,00 EUR zu bilden.

Erläuterung:

Obwohl die Höhe der Grundsteuernachzahlung und der Fälligkeitstermin noch nicht genau bekannt sind, muss der (geschätzte) Steueraufwand dem alten Geschäftsjahr zugerechnet werden. Ohne die Berücksichtigung der Grundsteuernachzahlung als Aufwand wäre nämlich der ausgewiesene Gesamtaufwand in der Gewinn- und Verlustrechnung zu niedrig **(Gedanke der periodengerechten Ergebnisermittlung)**. In Höhe des zu erwartenden Aufwandes ist eine **Rückstellung** zu bilden.

2.3.6.2 Bildung von Rückstellungen

Für folgende (ungewisse) Aufwendungen besteht eine **Passivierungspflicht** [§ 249 I HGB]:

- **ungewisse Verbindlichkeiten.** Hierzu zählen, neben Garantieverpflichtungen, zu erwartende Steuernachzahlungen, Prozesskosten und Jahresabschlusskosten, auch laufende Pensionen bzw. Pensionsanwartschaften;

- **drohende Verluste aus schwebenden Geschäften** (z. B. Preisrückgang bei noch nicht gelieferten Waren, bei denen ein Festpreis vereinbart wurde).

- im Geschäftsjahr **unterlassene Instandhaltungsaufwendungen,** die **innerhalb** der ersten **drei Monate** des neuen Geschäftsjahres nachgeholt werden;

- **unterlassene Abraumbeseitigung,** die im folgenden Geschäftsjahr nachgeholt wird;

- **Gewährleistungen,** die **ohne rechtliche Verpflichtung** erbracht werden (Kulanz).

Für andere als die im § 249 I HGB bestimmten Zwecke dürfen Rückstellungen nicht gebildet werden [§ 249 II, S. 1 HGB]. Rückstellungen dürfen nur aufgelöst werden, soweit der Grund hierfür entfallen ist [§ 249 II, S. 2 HGB].

Rückstellungen sind Schulden. Sie sind daher auf der **Passivseite der Bilanz** auszuweisen. Im § 266 III B. HGB wird folgende Aufgliederung der Rückstellungen vorgeschrieben:

Rückstellungen für Pensionen und ähnliche Verpflichtungen	Steuerrückstellungen	Sonstige Rückstellungen (z. B. für Gewährleistungen)

2.3.6.3 Bewertung von Rückstellungen

(1) Allgemeine Bewertungsregelung

Rückstellungen sind mit dem **Erfüllungsbetrag** anzusetzen [§ 253 I, S. 2 HGB]. Zukünftige **Preis- und Kostensteigerungen** sind bei der Rückstellungsbewertung zu **berücksichtigen**. Das bedeutet, beim Bewertungsansatz sind die **Preis- und Kostenverhältnisse im Erfüllungszeitpunkt** zugrunde zu legen.[1] Außerdem gilt:

- Rückstellungen mit einer **Restlaufzeit**[2] **von mehr als einem Jahr** (langfristige Rückstellungen) sind **abzuzinsen**. Im Regelfall ist für die Abzinsung der **durchschnittliche Marktzinssatz** der **vergangenen sieben Geschäftsjahre** anzusetzen [§ 253 I, S. 1 HGB]. Die Abzinsungszinssätze werden von der Deutschen Bundesbank ermittelt und monatlich veröffentlicht.

- Rückstellungen mit einer **Restlaufzeit von einem Jahr und weniger** (kurzfristige Rückstellungen) sind **nicht abzuzinsen**.

(2) Zugangs- und Folgebewertung

Für die **Zugangsbewertung** (Erstansatz) sind für Rückstellungen mit einer **Restlaufzeit von mehr als einem** Jahr aus dem anzusetzenden Erfüllungsbetrag die **Barwerte der Rückstellung** zu ermitteln.[3] Diese werden unter Anwendung der von der Deutschen Bundesbank veröffentlichten Abzinsungszinssätze und der voraussichtlichen Restlaufzeit der Rückstellung errechnet.

In den **Folgejahren** sind – sofern keine Veränderungen der Kapitalmarktbedingungen oder sonstigen fallbezogenen Ereignisse vorliegen – die jeweils ermittelten Barwerte anzusetzen. Aufgrund der kürzeren Restlaufzeiten steigen die Barwerte in den Folgejahren an. Die Differenz zwischen den Barwerten der einzelnen Folgejahre stellt die jeweils angefallenen **Zinsaufwendungen** dar. In der Summe gleichen sich die Zinsaufwendungen und Zinserträge während der gesamten Laufzeit unter der Annahme unveränderter Zinssätze aus.

Die Auswirkungen der Ab- und Aufzinsung **können** die Unternehmen zusätzlich in einem **Rückstellungsspiegel** gesondert darstellen.[4] Dadurch wird die Aussagekraft der Rechnungsinformationen erhöht.

---

1 Damit sind auch eintretende **Preis- und Kostensenkungen** zu berücksichtigen, was zu Rückstellungsauflösungen führen kann. Aus Vereinfachungsgründen wird hierauf im Folgenden nicht eingegangen.

2 Der Begriff **Restlaufzeit** besagt, dass eine Abzinsungspflicht für eine Verpflichtung (z.B. eine Garantieleistung) nur bis zum Erfüllungszeitpunkt besteht.

3 Für **Rückstellungen** mit einer Laufzeit von **einem Jahr und weniger, kann** der Erfüllungsbetrag angesetzt werden. Eine **Abzinsung erfolgt dann nicht**. Es handelt sich hier um ein **Wahlrecht**, d.h., dem Bilanzierenden ist es freigestellt, ob er den Barwert oder den Erfüllungsbetrag (Nominalwert) in der Bilanz ausweist.

4 Auf die Darstellung eines Rückstellungsspiegels wird im Folgenden aus Vereinfachungsgründen verzichtet.

11 Speth u.a. - ISBN 978-3-8120-0537-1

Ein ehemaliger Mitarbeiter eines Unternehmens fordert Gehaltsnachzahlungen in Höhe von 25 000,00 EUR in einem strittigen Verfahren. Für das Prozessrisiko soll eine Rückstellung in gleicher Höhe (Erfüllungsbetrag) gebildet werden. Die Prozessdauer ist mit 2 Jahren Restlaufzeit zu veranschlagen. Der Abzinsungszinssatz beträgt 4 %.

Aufgaben:

1. Ermitteln Sie die Barwerte für die Rückstellungen am Bilanzstichtag des ersten Wirtschaftsjahres und den zwei Folgejahren! (Der Abzinsungszinssatz soll unverändert bleiben.)

2. Ermitteln Sie die sich aus der Diskontierung ergebenden Aufwendungen oder Erträge für den Bilanzstichtag und die zwei Folgejahre!

Lösungen:

Zu 1.:

Der Erfüllungsbetrag beträgt 25 000,00 EUR. Dieser Betrag steht dem Unternehmen während der Restlaufzeit zwei bzw. ein Jahr(e) zur betrieblichen Nutzung zur Verfügung. Die Barwerte errechnen sich nach der **Barwertformel:**

$$K_0 = K_n \cdot \frac{1}{\left(1 + \frac{p}{100}\right)^n} \qquad K_2 = 25\,000 \cdot \frac{1}{\left(1 + \frac{4}{100}\right)^2} = 23\,113,91$$

	Abzinsungszinssatz	Zugangsbewertung	Folgebewertungen	
		Bilanzstichtag	Bilanzstichtag	Bilanzstichtag
		1. Jahr	2. Jahr	3. Jahr
Barwerte (HGB)	4,00 %	23 113,91 EUR	24 038,46 EUR	25 000,00 EUR

Zu 2.:

Aus der Differenz zwischen dem Erfüllungsbetrag und dem Barwert am Bilanzstichtag des 1. Jahres ergibt sich ein Zinsertrag. Negative Differenzen zwischen den Barwerten der Folgejahre sind Zinsaufwendungen. In der Summe müssen sich die Zinsaufwendungen und Zinserträge während der gesamten Laufzeit ausgleichen.

	Abzinsungszinssatz	1. Jahr	2. Jahr	3. Jahr
Barwerte (HGB)	4,00 %	23 113,91 EUR	24 038,46 EUR	25 000,00 EUR
Zinserträge (+)/ Zinsaufwendungen (–)		1 886,09 EUR	– 924,55 EUR	– 961,54 EUR

Bewertung von Rückstellungen	
§ 253 I, S. 1 HGB	■ Bewertung zum Erfüllungsbetrag ■ Berücksichtigung von Kosten- und Preissteigerungen
§ 253 II HGB	■ Restlaufzeit mehr als ein Jahr: Abzinsungsgebot (durchschnittlicher Marktzins der vergangenen sieben Geschäftsjahre) ■ Restlaufzeit bis ein Jahr: keine Abzinsung

77 Für ein Großprojekt hat die Hochtief Bau AG eine freiwillige Gewährleistung übernommen. Die Restlaufzeit beträgt 4 Jahre. Für diese Gewährleistung ist eine Rückstellung von 50000,00 EUR zu bilden. Der Abzinsungszinssatz beträgt 4 %.

Aufgaben:

1. Ermitteln Sie die Barwerte für die Rückstellungen am Bilanzstichtag des ersten Wirtschaftsjahres und den vier Folgejahren! Der Abzinsungszinssatz bleibt unverändert.

2. Ermitteln Sie die sich aus der Diskontierung ergebenden Aufwendungen und Erträge in den Wirtschaftsjahren und buchen Sie diese im Grundbuch!

3. Erläutern Sie, welche Auswirkungen Rückstellungen auf das Unternehmensergebnis haben!

4. Bilden Sie zwei weitere Beispiele, bei denen die Hochtief Bau AG Rückstellungen bilden müsste!

5. Erklären Sie, warum Rückstellungen mit einer Restlaufzeit von über einem Jahr diskontiert werden müssen!

6. Nennen Sie die Aussage zur Bildung von Rückstellungen, die richtig ist!

   6.1 Rückstellungen müssen u. a. gebildet werden für ungewisse Verbindlichkeiten.

   6.2 Rückstellungen müssen gebildet werden, um eventuell entstehende Fehlbeträge ausgleichen zu können.

   6.3 Rückstellungen müssen gebildet werden, um die Eigenkapitalbasis zu stärken.

   6.4 Rückstellungen müssen gebildet werden, um das allgemeine Unternehmerwagnis auszugleichen.

   6.5 Rückstellungen dürfen gebildet werden zum Ausgleich unterlassener Abraumbeseitigung.

7. Ermitteln Sie die Wertansätze für eine Rückstellung in der Handelsbilanz zum 31.12.20 ..!

   7.1 Für eingegangene Garantieverpflichtungen rechnen wir mit einer Inanspruchnahme in Höhe von 20000,00 EUR zuzüglich 19 % USt. Die Garantieverpflichtung wurde mit dem Kunden für eine Restlaufzeit von drei Jahren vereinbart und wird am Ende der Laufzeit fällig. Der Abzinsungszinssatz beträgt 5 %.

   7.2 Im April des nächsten Jahres sollen Erweiterungsarbeiten am Betriebsgebäude durchgeführt werden. Die geschätzten Aufwendungen liegen bei 5600,00 EUR zuzüglich 19 % USt. Der Abzinsungszinssatz beträgt 4 %.

   7.3 Der Ausgang eines von uns angestrengten Prozesses ist ungewiss. Im schlimmsten Fall kommen Prozesskosten in Höhe von 2300,00 EUR auf uns zu. Das Urteil wird in spätestens 5 Monaten erwartet. Der Abzinsungszinssatz beträgt 4 %.

8. Eine Rückstellung für strittige Schadensersatzforderungen mit einer erwarteten Restlaufzeit von zwei Jahren beträgt 21400,00 EUR. Der Abzinsungszinssatz beträgt 4,5 %.

   Aufgaben:

   8.1 Berechnen Sie den Barwert, mit dem die Rückstellung am Bilanzstichtag zu bilanzieren ist!

   8.2 Berechnen Sie den Abzinsungsbetrag!

78 Für die Harzer Käserei AG sind folgende Bewertungsfragen zu klären:

1. Am 2. Mai 20.. wurde ein Betriebsgebäude (Nutzungsdauer: 40 Jahre) für 1 280 000,00 EUR erworben. Auf das Grundstück entfielen davon 300 000,00 EUR.

   Der Kaufpreis wurde zum Teil durch Aufnahme eines grundbuchmäßig abgesicherten Kredits in Höhe von 900 000,00 EUR finanziert. Im Zusammenhang mit dem Erwerb fielen folgende zusätzliche Kosten an:

4,5 % Grunderwerbsteuer	? EUR
Notarkosten einschl. 19 % Umsatzsteuer	7 616,00 EUR
Grundbuchkosten für die Eigentumsübertragung	1 024,00 EUR
Eintragung einer Grundschuld	896,00 EUR

   Aufgabe:

   Berechnen Sie den Wert, mit dem das bebaute Grundstück am 31. Dezember 20.. in der Handelsbilanz anzusetzen ist, wenn linear abgeschrieben wird! (Beträge auf volle EUR runden!)

2. Um die Qualität der Produkte zu steigern, wurde am 2. August 20.. eine neue Schneide- und Verpackungsmaschine für netto 390 000,00 EUR zuzüglich 19 % Umsatzsteuer angeschafft. Die betriebsgewöhnliche Nutzungsdauer beträgt 8 Jahre. Der Rechnungsbetrag wurde unter Abzug von 2 % Skonto beglichen. Für die Skontozahlung wurde ein Kontokorrentkredit aufgenommen. Die Bank berechnet 5 040,00 EUR Zinsen.

   Aufgabe:

   Ermitteln Sie den Bilanzansatz für die Schneide- und Verpackungsmaschine!

3. Am Bilanzstichtag beträgt der Vorrat an Verpackungscontainern 68 Stück. Der Kauf erfolgte am 15. Juni 20.. zu netto 23,00 EUR je Stück.

   Aufgabe:

   Erläutern Sie, wie der Bestand am 31. Dezember 20.. zu bewerten ist, wenn der Marktpreis zum Bilanzstichtag 22,65 EUR/Stück beträgt!

4. Die fortgeführten Anschaffungskosten einer Nietmaschine der Kontakt AG, deren Nutzungsdauer mit 10 Jahren anzusetzen ist, betragen zu Beginn des 4. Jahres nach der Anschaffung 49 000,00 EUR. Aufgrund einer Konjunkturschwäche ist das Preisniveau für derartige Maschinen nachweislich um 20 % gesunken.

   Aufgabe:

   Begründen Sie den zulässigen Bilanzansatz am Ende des 4. Geschäftsjahres nach der Anschaffung!

5. Die Harzer Käserei AG bezog von einem Schweizer Hersteller eine neue Einrichtung für das Reifelager. Die Rechnung vom 15. November 20.. lautet über 45 000,00 CHF, fällig am 15. Januar des folgenden Jahres.

   Devisenkassamittelkurs am 15. November 20..: 1,0820
   Devisenkassamittelkurs am 31. Dezember 20..: 1,0650

   Aufgaben:

   5.1 Ermitteln sie den Bilanzansatz für die Verbindlichkeit der Eingangsrechnung!

   5.2 Erläutern Sie, mit welchem Wert die Verbindlichkeit am 31. Dezember 20.. zu bewerten ist!

6. In der Betriebsschlosserei der Harzer Käserei AG wurde im Dezember 20.. eine Käsewendeeinrichtung erstellt, die aktiviert werden muss. Folgende Werte liegen aus der Kostenrechnung vor:

Verbrauch von Fertigungsmaterial 5 000,00 EUR, Fertigungslöhne 6 600,00 EUR, Kosten für Spezialwerkzeuge 1 120,00 EUR, angemessene Teile der Materialgemeinkosten 400,00 EUR, angemessene Teile der Fertigungsgemeinkosten 5 820,00 EUR, planmäßige Abschreibung auf die Fertigungsanlagen 3 100,00 EUR, außerplanmäßige Abschreibung auf die Fertigungsanlagen 2 700,00 EUR, angemessene Teile der allgemeinen Verwaltung 2 050,00 EUR, Kosten für Jubiläumsgeschenke 700,00 EUR, Aufwendungen für Kantine und sonstige soziale Einrichtungen des Betriebs 3 020,00 EUR, Zuwendungen an Pensionskassen 1 600,00 EUR, Fremdkapitalzinsen, die direkt der Herstellungsfinanzierung dienen, für den Herstellungszeitraum 1 940,00 EUR, Entwicklungskosten 4 200,00 EUR, Vertriebskosten 1 190,00 EUR.

Die Nutzungsdauer der Käsewendeeinrichtung wird auf 5 Jahre festgelegt.

Aufgaben:

6.1 Ermitteln Sie die höchstmöglichen Herstellungskosten!

6.2 Erläutern Sie, wie sich die Wahl des höchstmöglichen Ansatzes auf den Gewinn des Jahres 20.. und den erwarteten Gewinn des folgenden Jahres auswirkt!

6.3 Erläutern Sie, mit welchem Wert die Käsewendeeinrichtung im folgenden Jahr zu bilanzieren ist, wenn durch einen Materialfehler ein Wertverlust von 1 800,00 EUR eingetreten ist!

79 Die Bremsen Klotz AG, ein bekannter Autozulieferer, befindet sich in einer schwierigen finanziellen Lage. In der Bilanz und der Erfolgsrechnung zum 31. Dezember 16 sollte das volle Ausmaß der Probleme des Unternehmens jedoch noch nicht erkennbar werden. Es wurde daher ein Jahresüberschuss von 9 Mio. EUR ausgewiesen.

Im Anhang zur Bilanz finden sich folgende Erläuterungen:

„Das Sachanlagevermögen wurde zu Anschaffungskosten, vermindert um planmäßige Abschreibungen, bewertet. Die in den nächsten Jahren geplanten Investitionen und die angespannte Preissituation auf den Absatzmärkten waren der Anlass, im Abschluss von der degressiven zur linearen Abschreibungsmethode überzugehen. Der Abschreibungsbetrag wäre bei degressiver Abschreibungsmethode um 10 960 TEUR höher gewesen."

Aufgaben:

1. Beurteilen Sie die in dem Auszug dargestellte Maßnahme im Hinblick auf das angestrebte Bilanzierungsziel! Erläutern Sie die Auswirkungen auf den Jahresabschluss!

2. Am 2. Mai 14 erwarb die Bremsen Klotz AG eine Maschinenhalle für 2 600 000,00 EUR (Nutzungsdauer 25 Jahre). Die Grundstücksfläche beträgt 3 000 m^2 (Grundstückswert 50 EUR/m^2). An Kosten fielen an: Grunderwerbsteuer 4,5 %; Notariats- und Maklergebühren 52 000,00 EUR zuzüglich 19 % USt.

Aufgabe:

Ermitteln Sie den Bilanzansatz zum 31. Dezember 16!

3. Zur Rationalisierung kaufte die Bremsen Klotz AG am 1. Juni 16 eine neue automatische Spezialdrehbank zum Listeneinkaufspreis von 165 000,00 EUR. Die Nutzungsdauer beträgt 16 Jahre. Die Transportkosten betrugen 2 408,00 EUR, die Kosten der Fundamentierungsarbeiten 17 897,00 EUR und der Montagearbeit 3 645,00 EUR. Alle Werte sind Nettowerte. Bei der Bezahlung des Listeneinkaufspreises der Maschine wurden 3 % Skonto in Anspruch genommen.

Aufgaben:

3.1 Berechnen Sie die Anschaffungskosten des Automaten!

3.2 Ermitteln Sie den Bilanzansatz!

4. Zum Ende des Jahres 16 liegen noch unfertige Erzeugnisse auf Lager, für die die Kosten-rechnung folgende Zahlen ausweist:

Einzelkosten

Verbrauch von Fertigungsmaterial	3 200 TEUR
Fertigungslöhne	
– Gießerei	450 TEUR
– Dreherei	945 TEUR
– Montage	1 395 TEUR
Sondereinzelkosten (Konstruktion)	240 TEUR

Gemeinkostenzuschlagssätze

Angemessene Fertigungsgemeinkosten	
– Gießerei	120 %
– Dreherei	140 %
– Montage	40 %
Angemessene Materialgemeinkosten	35 %
Angemessene allgemeine Verwaltungskosten	2 460 TEUR
Lineare Abschreibungen auf Maschinen der Fertigung	950,00 TEUR
Freiwillige Sozialleistungen	210,00 TEUR
Betriebliche Altersversorgung	1 040,00 TEUR

Aufgaben:

4.1 Berechnen Sie den Bilanzansatz! (Beachten Sie die Zielsetzung der Bremsen Klotz AG!)

4.2 Erläutern Sie, um welchen Betrag sich der Jahresüberschuss vermindert, wenn die AG einen möglichst niedrigen Gewinnausweis anstrebt!

80 1. Die Lüchower Holzbau OHG weist ihr betriebseigenes Feuerwehrfahrzeug, dessen Nut-zungsdauer 10 Jahre beträgt, zu Beginn des 7. Geschäftsjahres bei planmäßiger linearer Abschreibung mit den fortgeschriebenen Anschaffungskosten in Höhe von 140 000,00 EUR aus. Inzwischen ist ein technisch wesentlich verbessertes Feuerwehrfahrzeug auf den Markt gekommen. Dadurch ist der Wert des alten Feuerwehrfahrzeugs um 50 % gesunken.

Aufgaben:

1.1 Berechnen Sie die Anschaffungskosten!

1.2 Erläutern Sie, mit welchem Wert das betriebseigene Feuerwehrfahrzeug beim Jahres-abschluss im 7. Jahr zu bilanzieren ist!

2. Die Solarwerke Hans Wetzel AG haben am 16.03.20.. unter anderem folgendes Geschäft getätigt:

Kauf eines Pkw für den Geschäftsführer: Nettopreis einschließlich aller Anschaffungsne-benkosten 80 100,00 EUR. Betriebsgewöhnliche Nutzungsdauer 6 Jahre. Lineare Abschrei-bung.

Der Marktpreis für den Pkw liegt am Ende des 2. Nutzungsjahres bei 45 000,00 EUR.

Aufgabe:

Erläutern Sie, mit welchem Wert der Pkw am Ende des 2. Nutzungsjahres handelsrechtlich bilanziert werden kann! Infolge einer kurzfristigen Wirtschaftsflaute sind die Marktpreise für Pkw allgemein gesunken.

3. Die Josef Heine GmbH erhält ein Darlehen von ihrer Hausbank in Höhe von 720000,00 EUR, Auszahlung 96%, Laufzeit 11.04.17–11.04.22, Rückzahlung am Ende der Laufzeit in einer Summe.

Das Unternehmen zielt darauf ab, einen möglichst hohen Jahresüberschuss auszuweisen.

Aufgaben:

3.1 Bilden Sie den Buchungssatz für die Kreditaufnahme am 11.04.17!

3.2 Ermitteln Sie den Bilanzwert, mit dem das Darlehen am Bilanzstichtag auszuweisen ist! Bilden Sie die entsprechenden Buchungssätze!

3.3 Bilden Sie den Buchungssatz für den Fall, dass die Josef Heine GmbH einen möglichst geringen Jahresüberschuss ausweisen möchte!

4. Die Franz Wessel KG bildet am Bilanzstichtag (31. Dezember) für folgende Geschäftsvorfälle Rückstellungen:

 – für eine unterlassene Instandhaltung. Die Arbeiten sind bis März des Folgejahres abgeschlossen. Gesamtkosten 84500,00 EUR.

 – für eine Kulanzverpflichtung in Höhe von 140000,00 EUR und einer Restlaufzeit von 2 Jahren.

Die Franz Wessel KG rechnet mit einem Abzinsungszinssatz von 4%.

Aufgaben:

4.1 Ermitteln Sie den Wert, mit dem die jeweiligen Rückstellungen am Bilanzstichtag zu bilanzieren sind!

4.2 Berechnen Sie den Abzinsungsbetrag!

5. Die Zip-Zap AG bezieht am 2. November 20.. (Eingang der Ware und Rechnung) Tackergeräte aus Norwegen zu einem vereinbarten Preis von 80000,00 NOK. Das Zahlungsziel beträgt 90 Tage.

Aufgaben:

5.1 Ermitteln Sie den Bilanzwert der Eingangsrechnung, wenn zum Zeitpunkt des Rechnungseingangs der Devisenkassamittelkurs NOK 9,2939 lautet!

5.2 Begründen Sie, wie die noch ausstehende Rechnung zu bewerten ist, wenn am Bilanzstichtag der folgende Devisenkassamittelkurs gilt: NOK 9,0256!

6. Die Verbindlichkeiten aus Rohstofflieferungen belaufen sich am 31. Dezember 20.. auf 29500,00 EUR. Da wir die Schulden zu Beginn des neuen Jahres unter Abzug von 3% Skonto begleichen wollen, werden sie in der Bilanz mit 28615,00 EUR ausgewiesen.

Aufgabe:

Nehmen Sie hierzu Stellung!

2.4 Beurteilung eines Unternehmens anhand der Bilanz und der Gewinn- und Verlustrechnung (Jahresabschlussanalyse)

2.4.1 Begriff Jahresabschlussanalyse

Durch den Jahresabschluss erhalten die Bilanzadressaten Informationen, um die gegenwärtige und zukünftige Lage des Unternehmens beurteilen zu können. Für eine bedarfsgerechte Unterrichtung externer Bilanzadressaten ist es sinnvoll, die Vielzahl von Daten eines Jahresabschlusses zu **aussagekräftigen Kennzahlen** zu verdichten. Die Beurteilung eines Unternehmens aufgrund solcher Kennzahlen wird als Jahresabschlussanalyse bezeichnet.

- Unter dem Begriff **Jahresabschlussanalyse** versteht man die Beurteilung eines Unternehmens aufgrund von Bilanzen und den dazugehörigen Gewinn- und Verlustrechnungen.

- Aus **Bilanzposten** und **Posten der Gewinn- und Verlustrechnung** werden **Kennzahlen** gebildet, welche die wirtschaftlichen Verhältnisse eines Unternehmens widerspiegeln sollen.

Die Jahresabschlussanalyse kann sich auf einen innerbetrieblichen Zeitvergleich oder auf einen Vergleich mit Konkurrenzunternehmen beziehen.

- Nimmt man als Vergleichswerte die Abschlusszahlen des Vorjahres bzw. mehrerer vorangegangener Jahre desselben Unternehmens, spricht man von einem **Zeitvergleich**. Mit ihm lassen sich Entwicklungstendenzen des eigenen Betriebs feststellen (**innerbetrieblicher Vergleich**).

- Werden dagegen die Abschlusszahlen eines Jahres mit denen anderer Betriebe derselben Branche verglichen – im Allgemeinen wählt man als Vergleichsmaßstab die ermittelten Durchschnittswerte dieser Branche –, dann handelt es sich um einen sogenannten **Betriebsvergleich**. Auf diese Weise lässt sich die Situation des zu beurteilenden Unternehmens im Vergleich zu anderen Unternehmen der Branche abschätzen (**zwischenbetrieblicher Vergleich**).

2.4.2 Bilanzkennzahlen (Bilanzanalyse)

2.4.2.1 Strukturbilanz

Für die Bilanzanalyse erweist sich die nach handelsrechtlichen Vorschriften aufgestellte Bilanz als ungeeignet. Die Bildung von Kennzahlen und deren Auswertung verlangt eine größere Gruppenbildung und eine Neuzuordnung einzelner Bilanzposten. Außerdem ist ein gleichartiger Aufbau und eine gleichartige Gliederung für den Vergleich und die Beurteilung von Bilanzen unerlässlich.

Im Hinblick auf die uns interessierenden Kennzahlen begnügen wir uns auf der **Vermögensseite (Aktivseite)** mit der Grobgliederung in die beiden Hauptgruppen **Anlagevermögen** und **Umlaufvermögen** und auf der **Kapitalseite (Passivseite)** mit der Aufteilung in **Eigen- und Fremdkapital**. Eine weitere Unterteilung erfolgt nur noch beim Umlaufvermögen, das nach dem Grad der Flüssigkeit in **mittelfristig** z. B. Vorräte, **kurzfristig** z. B. Forderungen aus Lieferungen und Leistungen und **sofort flüssig** z. B. Geldmittel untergliedert wird und beim Fremdkapital, das in langfristig und in kurzfristig unterteilt wird.

Damit ergibt sich für unsere Analysezwecke folgende Bilanzstruktur:

Aktiva	Strukturbilanz	Passiva
I. Anlagevermögen		**I. Eigenkapital**
II. Umlaufvermögen		**II. Fremdkapital[1]**
1. mittelfristig z. B. Vorräte		**1. langfristig** z. B. Bankdarlehen
2. kurzfristig z. B. Ford. a. Lief. u. Leist.		**2. kurzfristig** z. B. Kontokorrentkredit
3. sofort flüssig z. B. Geldmittel		

Die vorgegebene Bilanzstruktur macht deutlich, dass bestimmte Bilanzposten zusammengefasst werden müssen. So zählen aktive Rechnungsabgrenzungsposten zu den Forderungen und passive Rechnungsabgrenzungen zu den kurzfristigen Verbindlichkeiten. Rückstellungen können je nach Art zu den lang- oder kurzfristigen Verbindlichkeiten gerechnet werden.

Beispiel:

Die zu beurteilende Metallwerke Neumann AG legt folgenden handelsrechtlichen Jahresabschluss vor:

Aktiva   Bilanz der Metallwerke Neumann AG zum 31. Dezember 20..   Passiva

A. Anlagevermögen			**A. Eigenkapital**	
II. Sachanlagen			I. Gezeichnetes Kapital	4 000 000,00
1. Grundstücke und Bauten	2 750 000,00		III. Gewinnrücklage	
2. Technische Anlagen	6 325 000,00		1. Gesetzliche Rücklage	1 666 540,00
und Maschinen			4. Andere Rücklagen	600 000,00
3. Andere Anlagen,	1 221 000,00		IV. Gewinn-/Verlustvortrag	16 480,00
Betr.- u. Geschäftsausst.			V. Jahresüberschuss/	424 325,00
B. Umlaufvermögen			Jahresfehlbetrag	
I. Vorräte			**B. Rückstellungen**	
1. Roh-, Hilfs- und Betriebsstoffe	2 640 000,00		1. Pensionsrückstellungen	880 000,00
2. Unfertige Erzeugnisse	550 000,00		3. Andere Rückstellungen	132 000,00
3. Fertige Erz. und Waren	660 000,00		**C. Verbindlichkeiten**	
II. Forderungen u. sonstige			2. Verbindlichkeiten gegenüber	4 400 000,00
Vermögensgegenstände			Kreditinst.	
1. Forderungen a. Lief. u. Leist.	624 360,00		4. Verbindlichkeiten a. Lief. u.	2 395 430,00
2. Sonstige Vermögensgegenst.	13 200,00		Leist.	
IV. Kassenbestand, Guthaben	211 475,00		8. Sonstige Verbindlichkeiten	354 300,00
bei Kreditinstituten, Schecks			**D. Rechnungsabgrenzungsposten**	148 400,00
C. Rechnungsabgrenzungsposten	22 440,00			
	15 017 475,00			**15 017 475,00**

---

[1] Für die Auswertung der Bilanz verwenden wir auf der Passivseite statt des handelsrechtlichen Begriffs Verbindlichkeiten den betriebswirtschaftlichen Begriff Fremdkapital.

Erläuterungen zur Bilanz:

- Bei den Verbindlichkeiten gegenüber Kreditinstituten handelt es sich um langfristige Darlehen.
- Die Verbindlichkeiten aus Lieferungen und Leistungen sowie die sonstigen Verbindlichkeiten sind kurzfristig fällig.
- Die Pensionsrückstellungen sind dem langfristigen Fremdkapital, die anderen Rückstellungen dem kurzfristigen Fremdkapital zuzurechnen.
- Ein Großteil des Jahresüberschusses in Höhe von 400 000,00 EUR soll als Dividende ausgeschüttet werden. Dieser Teil stellt eine Verbindlichkeit gegenüber den Aktionären dar und zählt deshalb zum kurzfristigen Fremdkapital.
- Aktive Rechnungsabgrenzungsposten zählen zum kurzfristigen Umlaufvermögen.
- Passive Rechnungsabgrenzungsposten zählen zum kurzfristigen Fremdkapital.

Aufgabe:

Erstellen Sie als Grundlage für die Bilanzanalyse eine aufbereitete Strukturbilanz!

Lösung:

Aktiva	Strukturbilanz der Metallwerke Neumann AG zum 31. Dezember 20..		Passiva
I. **Anlagevermögen**	10 296 000,00	I. **Eigenkapital**	6 307 345,00
II. **Umlaufvermögen**		II. **Fremdkapital**	
1. mittelfristig	3 850 000,00	1. langfristig	5 280 000,00
2. kurzfristig	660 000,00	2. kurzfristig	3 430 130,00
3. sofort flüssig	211 475,00		
	15 017 475,00		15 017 475,00

 Eine **Strukturbilanz** ist eine im Hinblick auf die Jahresabschlussanalyse aufbereitete und zusammengefasste Bilanz.

Mit den Werten der Strukturbilanz lassen sich bestimmte Verhältniszahlen bilden, die für die Beurteilung eines Unternehmens von Wichtigkeit sind.

Grundsätzlich lassen sich solche Zahlenverhältnisse aus Posten derselben Bilanzseite bilden (**vertikale Bilanzkennzahlen**), oder aber es werden Posten von verschiedenen Bilanzseiten ins Verhältnis gesetzt (**horizontale Bilanzkennzahlen**).

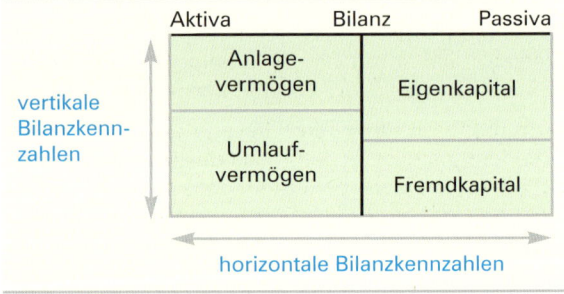

Von der Fülle der möglichen Bilanzkennzahlen – auch **Quoten** genannt – wollen wir hier nur die wichtigsten bilden. Die folgenden Zahlenverhältnisse ergeben sich aus den Zahlen der vorangestellten, aufbereiteten und bereinigten Bilanz. Um den Aussagewert zu verallgemeinern, sind die Ergebnisse auf 100 bezogen, sodass sich jeweils Prozentsätze ergeben.

2.4.2.2 Kennzahlen zur Kapitalstruktur (Kapitalaufbringung)[1]

Die Analyse der Kapitalstruktur soll über **Quellen** und **Zusammensetzung nach Art und Fristigkeit** des Kapitals Aufschluss geben. Gläubiger, Lieferer, Kunden sowie Arbeitnehmer erhalten dadurch die Möglichkeit, das Risiko einzuschätzen, inwieweit etwa eine finanzielle Instabilität des „Schuldner-Unternehmens" die planmäßige Erfüllung seiner eingegangenen Leistungsverpflichtungen (z.B. termingerechte Begleichung von Schulden aus Darlehensaufnahmen und Warengeschäften; termingerechte Zahlung von Löhnen und Gehältern) gegenüber den angesprochenen Adressaten beeinträchtigt (Illiquiditätsrisiko, Insolvenzrisiko).[2]

$$\text{Eigenkapitalquote} = \frac{\text{Eigenkapital} \cdot 100}{\text{Gesamtkapital}}$$

$$\frac{6\,307\,345 \cdot 100}{15\,017\,475} = \underline{\underline{42\,\%}}$$

$$\text{Fremdkapitalquote} = \frac{\text{Fremdkapital} \cdot 100}{\text{Gesamtkapital}}$$

$$\frac{8\,710\,130 \cdot 100}{15\,017\,475} = \underline{\underline{58\,\%}}$$

$$\text{Verschuldungsgrad} = \frac{\text{Fremdkapital} \cdot 100}{\text{Eigenkapital}}$$

$$\frac{8\,710\,130 \cdot 100}{6\,307\,345} = \underline{\underline{138\,\%}}$$

Auswertung:

Allgemein kann festgestellt werden: Je höher ein Unternehmen mit Eigenkapital ausgestattet ist, desto weniger krisenanfällig ist es. Ein hoher Fremdkapitalanteil bedeutet eine hohe Liquiditätsbelastung durch Zins- und Tilgungszahlungen. Bei einer zu hohen Verschuldung besteht die Gefahr, dass die Gläubiger (Fremdkapitalgeber) Einfluss auf Entscheidungen der Unternehmensleitung nehmen.

Die vorliegenden Kennzahlen zeigen, dass die Eigenkapitalausstattung bei 42% und das Fremdkapital somit bei 58% liegt. Das Verhältnis Fremdkapital zu Eigenkapital liegt bei 138%, d.h., das Fremdkapital übersteigt das Eigenkapital um 38%.

Geht man von der in der Literatur als günstig beurteilten Finanzstruktur von 1 : 1 aus, so kann festgestellt werden, dass das hier zu beurteilende Unternehmen davon weit entfernt ist. Allerdings ist zu beachten, dass diese Relation in der Regel in der deutschen Wirtschaft nicht erreicht wird. Vielmehr werden die Unternehmen in den meisten Branchen überwiegend mit fremden Mitteln finanziert.

---

1 Im Folgenden werden die Kennzahlen auf ganze Zahlen gerundet. Die Angabe von Kommazahlen würde die Aussagekraft der Kennzahlen nicht erhöhen.

2 **Illiquidität** bedeutet, dass ein Unternehmen nicht in der Lage ist, seinen zwingend fälligen Zahlungsverpflichtungen termin- und betragsgenau nachzukommen.
   Insolvenz bedeutet, dass ein Unternehmen **endgültig** nicht mehr in der Lage ist, seinen fälligen Zahlungsverpflichtungen nachzukommen (Zahlungsunfähigkeit).

- Je **höher die Eigenkapitalquote** ist, desto größer ist die **finanzielle Unabhängigkeit** und desto krisenfester ist ein Unternehmen.

- Ein **hoher Verschuldungsgrad** bedeutet eine **hohe Liquiditätsbelastung**[1] durch Zins- und Tilgungszahlungen.

Übungsaufgabe

81 1.

Aktiva	Bilanz		Passiva
I. Anlagevermögen	1 860 000,00	I. Eigenkapital	2 610 000,00
II. Umlaufvermögen	4 650 000,00	II. Verbindlichkeiten	
		1. langfristig 1 908 000,00	
		2. kurzfristig 1 992 000,00	3 900 000,00
	6 510 000,00		6 510 000,00

Aufgabe:
Berechnen Sie die Bilanzkennzahlen zur Vermögens- und Kapitalstruktur!

2. Beurteilen Sie ein Unternehmen, dessen Verschuldungsgrad
   2.1. unter 100 % liegt,
   2.2 100 % beträgt,
   2.3 300 % oder darüber beträgt!

3.

Aktiva	Bilanz				Passiva
	Berichts-jahr	Vor-jahr		Berichts-jahr	Vor-jahr
I. Anlagevermögen	3 101 000,00	2 549 120,00	I. Eigenkapital	2 900 800,00	2 729 720,00
II. Umlaufvermögen	2 079 000,00	2 042 880,00	II. Verbindlichkeiten		
			1. langfristig	1 701 000,00	1 206 240,00
			2. kurzfristig	578 200,00	656 040,00
	5 180 000,00	4 592 000,00		5 180 000,00	4 592 000,00

Aufgaben:
3.1 Berechnen Sie für das Vorjahr und das Berichtsjahr die Bilanzkennzahlen zur Kapitalstruktur!
3.2 Beurteilen Sie die wirtschaftliche Lage des Unternehmens unter Berücksichtigung der Vorjahreszahlen!

---

1 Vgl. S. 174f.

2.4.2.3 Kennzahlen zur Finanzstruktur

Finanzierungskennzahlen, auch **Deckungsgrade** genannt, beantworten die Frage, in welchem Umfang das Anlagevermögen durch langfristig verfügbares Kapital gedeckt ist.

(1) Anlagendeckung (Investierung)

Dieser Kennzahl liegt die Überlegung zugrunde, dass das Anlagevermögen langfristig im Unternehmen gebunden ist und daher auch mit langfristig verfügbaren Mitteln, möglichst mit Eigenkapital, finanziert sein sollte. Allgemein gilt, dass bei einem solide finanzierten Unternehmen die **Überlassungsfristen der Finanzmittel** mit den **Bindungsfristen des finanzierten Vermögens** übereinstimmen müssen.[1] Dieser Grundsatz der Fristengleichheit **(Fristenkongruenz)** wird in der Literatur als **goldene Bilanzregel** bezeichnet.

Wir unterscheiden bei der Anlagendeckung (Investierung) zwei Deckungsgrade:

$$\text{Deckungsgrad I} = \frac{\text{Eigenkapital} \cdot 100}{\text{Anlagevermögen}}$$

$$\frac{6\,307\,345 \cdot 100}{10\,296\,000} = \underline{\underline{61\,\%}}$$

$$\text{Deckungsgrad II} = \frac{(\text{Eigenkapital} + \text{langfristiges Fremdkapital}) \cdot 100}{\text{Anlagevermögen}}$$

$$\frac{(6\,307\,345 + 5\,280\,000) \cdot 100}{10\,296\,000} = \underline{\underline{113\,\%}}$$

Auswertung:

Aus dem **Deckungsgrad I** ist erkennbar, dass die Grundregel, nach der das Anlagevermögen möglichst mit Eigenkapital finanziert sein sollte, bei dem hier untersuchten Unternehmen nicht erfüllt ist. Das Anlagevermögen ist nur zu 61 % mit Eigenkapital finanziert.

Bezieht man in die Deckung (Finanzierung) des Anlagevermögens das langfristig verfügbare Fremdkapital mit ein, erhält man den **Deckungsgrad II.** Bei dieser Kennzahl ergibt sich für die Finanzierung des Anlagevermögens eine Überdeckung von 13 %.

Die **Deckungsgrade** zeigen, inwieweit das langfristig gebundene Vermögen durch Eigenkapital (und langfristiges Fremdkapital) gedeckt ist.

---

1 Bei einer Finanzierung z. B. des Anlagevermögens mit Fremdkapital soll (bzw. muss) die Nutzungsdauer des Anlagevermögens mit der Tilgungsdauer (der Darlehensfrist) übereinstimmen, damit die Verzinsung und Rückzahlung des Darlehens durch die in die Verkaufspreise einkalkulierten und verdienten Zins- und Abschreibungsaufwendungen möglich ist.

(2) Liquidität

> **Liquidität** ist die Fähigkeit eines Unternehmens, jederzeit die Zahlungsverpflichtungen fristgerecht erfüllen zu können.

Die Liquiditätsanalyse aufgrund der **Bilanzangaben (Bestandsgrößen)**[1] geht davon aus, dass aus aktuellen Beständen an Aktiva und Passiva auf den zeitlichen Anfall der künftigen Einzahlungen und Auszahlungen geschlossen werden kann. Für die Liquiditätsanalyse gilt:

Aktiva: Je langfristiger ein Vermögensposten gebunden ist, umso später ergibt sich die entsprechende Einzahlung.

Passiva: Je langfristiger das Kapital zur Verfügung steht, umso später wird die Auszahlung fällig.

Danach ist die Liquidität dann ausreichend, wenn die Bindungsdauer des Vermögensgegenstandes mit dem Überlassungszeitraum des Kapitals übereinstimmt **(Goldene Bilanzregel)**.

Wir unterscheiden zwei Liquiditätskennzahlen: [2]

$$\text{Liquidität 1. Grades (Barliquidität)} = \frac{(\text{Barmittel} + \text{Bankguthaben}^2) \cdot 100}{\text{kurzfristiges Fremdkapital}}$$

$$\frac{211\,475 \cdot 100}{3\,430\,130} = \underline{\underline{6{,}2\,\%}}^3$$

Bei der Liquidität 1. Grades, auch **Barliquidität** genannt, werden als Deckungsmittel nur die unmittelbar flüssigen Mittel (Bargeld, Bankguthaben) in die Berechnung einbezogen.

Zur Liquidität 2. Grades gehören Vermögensposten, die derzeit noch keinen Geldcharakter haben, deren Umwandlung in Geldmittel jedoch unmittelbar bevorsteht. Da das Geld, wie etwa bei den Forderungen, noch eingezogen werden muss, sprechen wir auch von **einzugsbedingter Liquidität**.

$$\text{Liquidität 2. Grades (einzugsbedingte Liquidität)} = \frac{(\text{kurzfristige Forderungen} + \text{liquide Mittel}) \cdot 100}{\text{kurzfristiges Fremdkapital}}$$

$$\frac{871\,475 \cdot 100}{3\,430\,130} = \underline{\underline{25{,}4\,\%}}$$

---

1 Zu Liquiditätskennzahlen aufgrund von Strömungsgrößen (zeitraumbezogene Liquiditätskennzahlen) siehe S. 182f.

2 Hierzu eingerechnet sind auch die noch nicht beanspruchten Kredite.

3 Um die Aussagekraft zu erhöhen, werden diese Kennzahlen mit einer Dezimale angegeben.

Auswertung:

■ **Allgemein** ist für die Beurteilung von Kennzahlen der Liquidität Folgendes festzuhalten:

   ■ Zur Sicherung der Liquidität bedarf es der Beobachtung **zukünftiger** Zahlungseingänge und Zahlungsausgänge des Unternehmens, was ohne die Kenntnis der internen Vorgänge nicht möglich ist. Im Rahmen unserer Analyse liegen jedoch nur **Abschlusszahlen der Vergangenheit** vor. Von daher gesehen wird deutlich, mit welcher Vorsicht die Beurteilung der Liquidität eines Unternehmens mithilfe von Bilanzkennzahlen zu betrachten ist.

   ■ Die Bilanz kann nur die **Situation** am **Bilanzstichtag** wiedergeben. Liquidität ist aber eine sich täglich, ja sogar sich mehrmals täglich verändernde Größe, deren Aussagewert nur für diesen Augenblick der Feststellung von Bedeutung ist. Außerdem ist darauf hinzuweisen, dass eine Reihe von Faktoren, welche die Liquidität eines Unternehmens wesentlich beeinflussen, aus der Bilanz nicht hervorgehen.

Beispiele:

Die Bilanz gibt keine Auskunft über die Fälligkeitstermine der in ihr ausgewiesenen Posten. Auch der Kreditspielraum eines Unternehmens ist aus der Bilanz nicht un- | mittelbar ablesbar. Laufende Zahlungsverpflichtungen für Personalkosten, Miete, Steuern usw. gehen aus der Bilanz nicht hervor.

Wenn im Rahmen einer externen Bilanzanalyse dennoch Liquiditätskennzahlen aufgestellt werden, muss mit allem Nachdruck auf ihren eingeschränkten Aussagewert hingewiesen werden.

■ Zur Liquidität im vorliegenden **Beispiel** lassen sich folgende Aussagen treffen:

Auch wenn man berücksichtigt, dass die ermittelte Barliquidität wegen der fehlenden Fälligkeitstermine für das kurzfristige Fremdkapital ungenau ist, kann das krasse Missverhältnis zwischen den liquiden Mitteln und den kurzfristigen Verbindlichkeiten nicht übersehen werden (**One-to-five-Rate**[1] nicht erreicht).

Die Summe von kurzfristigen Forderungen und liquiden Mitteln bezeichnet man auch als **monetäres Umlaufvermögen**. Für das monetäre Umlaufvermögen gilt nach der **„One-to-one-Rate"**,[2] dass es genauso hoch sein sollte wie die kurzfristigen Verbindlichkeiten. Auch die „One-to-one-Rate" wird nicht erreicht. Nach dem Liquiditätsgrad II ist das kurzfristige Fremdkapital nur zu 25 % mit monetärem Umlaufvermögen gedeckt.

Es gilt festzuhalten: Trotz aller angesprochenen Bedenken gegenüber Liquiditätskennzahlen liegt hier offensichtlich ein besonderes Problem der Neumann AG.

Liquiditätsgrade auf der Grundlage von Bilanzzahlen haben wegen fehlender Informationen über die Fälligkeit nur einen eingeschränkten Aussagewert.

---

1 Die **„One-to-five-Rate"** ist eine Norm für die Beurteilung der Barliquidität. Sie besagt, dass die kurzfristigen Verbindlichkeiten mindestens zu 20 % durch flüssige Mittel gedeckt sein sollten.

2 Die **„One-to-one-Rate"** ist eine Norm für die Beurteilung der einzugsbedingten Liquidität. Nach dieser Norm soll diese Liquiditätszahl mindestens den Wert 1 betragen.

82   1.   1.1   Erläutern Sie, wie viel Prozent der Deckungsgrad I eines Unternehmens betragen sollte!

1.2   Nehmen Sie kritisch Stellung zu kurzfristigen Liquiditätskennzahlen!

1.3   Erläutern Sie die nachfolgenden Bilanzkennzahlen und geben Sie an, was die Zahlenwerte aussagen!

Eigenkapitalquote	45 %
Liquidität 2. Grades	120 %
Deckungsgrad II	150 %

2.   Ein Industrieunternehmen legt für die beiden letzten Geschäftsjahre die folgenden bereinigten Abschlusszahlen vor:

Aktiva   Strukturbilanz   Passiva

	Berichts-jahr	Vor-jahr		Berichts-jahr	Vor-jahr
I. **Anlagevermögen**	2 146 500,00	2 070 000,00	I. **Eigenkapital**	1 218 600,00	910 350,00
II. **Umlaufvermögen**			II. **Fremdkapital**		
1. mittelfristig	500 400,00	344 700,00	1. langfristig	1 350 000,00	1 170 000,00
2. kurzfristig	366 750,00	211 500,00	2. kurzfristig	700 200,00	767 250,00
3. sofort flüssig	255 150,00	221 400,00			
	3 268 800,00	2 847 600,00		3 268 800,00	2 847 600,00

Aufgaben:

2.1   Berechnen Sie die folgenden Kennzahlen (auf eine Dezimale): die Deckungsgrade I und
II und die Liquidität 1. und 2. Grades!

2.2   Beurteilen Sie die Kennzahlen unter Berücksichtigung der Vorjahreszahlen!

83   Ein Industrieunternehmen legt folgende Strukturbilanz vor:

Aktiva   Strukturbilanz   Passiva

I. **Anlagevermögen**	1 475 000,00	I. **Eigenkapital**	570 000,00
II. **Umlaufvermögen**		II. **Fremdkapital**	
1. mittelfristig	625 000,00	1. langfristig	1 522 000,00
2. kurzfristig	458 000,00	2. kurzfristig	786 000,00
3. sofort fällig	320 000,00		
	2 878 000,00		2 878 000,00

Aufgaben:

Berechnen Sie

1.   die Kennzahlen zur Vermögens- und Kapitalstruktur,

2.   die Deckungsgrade I und II,

3.   die Liquidität 1. und 2. Grades!

84 Die Elastomer GmbH ist ein bedeutender Hersteller von dauerelastischen Werkstoffen. Das Unternehmen plant umfangreiche Investitionen für den Umweltschutz. Zur Vorbereitung der Finanzierung legt die Elastomer GmbH ihrer Hausbank folgende zusammengefasste Bilanz vor:

Aktiva	Zusammengefasste Bilanz der Elastomer GmbH (Mio. EUR)		Passiva
Sachanlagevermögen	111,5	Stammkapital	46,0
Finanzanlagevermögen	9,2	Rücklagen	22,9
Vorräte	38,1	Bilanzgewinn	4,8
Forderungen a. Lief. u. Leist.	45,6	Langfristige Bankkredite	77,1
Sonstiges Umlaufvermögen	2,9	Kurzfristige Bankkredite	12,4
Kasse, Bank	11,7	Verbindlichkeiten a. Lief. u. Leist.	55,8
	219,0		219,0

Der Bilanzgewinn ist zur Ausschüttung vorgesehen.

Aufgaben:

1. Ermitteln Sie die Eigenkapitalquote und beurteilen Sie das Ergebnis mithilfe der Branchenkennzahl aus der nachfolgenden Tabelle!

Branche	Eigenkapitalquote
Chemische Industrie	39,1 %

2. Überprüfen Sie anhand der Deckungsgrade und der Liquidität 1. und 2. Grades die Erfüllung der goldenen Bilanzregel und die Zahlungsbereitschaft der Elastomer GmbH!

2.4.3 Erfolgskennzahlen

Die Erfolgskennzahlen sollen beispielhaft anhand der Metallwerke Neumann AG gezeigt werden.

Aktiva	Strukturbilanz der Metallwerke Neumann AG zum 31. Dezember 20..		Passiva
I. Anlagevermögen	10 296 000,00	**I. Eigenkapital**	6 307 345,00
II. Umlaufvermögen		**II. Fremdkapital**	
1. mittelfristig	3 850 000,00	1. langfristig	5 280 000,00
2. kurzfristig	660 000,00	2. kurzfristig	3 430 130,00
3. sofort flüssig	211 475,00		
	15 017 475,00		15 017 475,00

12 Speth u.a. - ISBN 978-3-8120-0537-1

Gewinn- und Verlustrechnung der Metallwerke Neumann AG[1]	EUR
1.* Umsatzerlöse	17 050 000,00
2. Erhöhungen des Bestands an fertigen und unfertigen Erzeugnissen	568 520,00
4. Sonstige betriebliche Erträge	36 480,00
5. Materialaufwand	
a) Aufwendungen an Roh-, Hilfs- und Betriebsstoffen	8 210 310,00
6. Personalaufwand	
a) Löhne und Gehälter	3 197 300,00
b) Soziale Abgaben und Aufwendungen für Altersversorgung	
u. Unterstützung	1 120 200,00
7. Abschreibungen	
a) auf immaterielle Vermögensgegenstände	330 365,00
b) auf Sachanlagen	473 000,00
8. Sonstige betriebliche Aufwendungen	
(davon Zuführung zu langfr. Rückstellungen 171 600,00)	2 277 000,00
13. Zinsen und ähnliche Aufwendungen	742 500,00
14. Steuern von Einkommen und Ertrag	880 000,00
17. Jahresüberschuss	424 325,00

* Die Nummern richten sich an der Gliederung des § 275 II HGB aus.

2.4.3.1 Rentabilität

(1) Begriff Rentabilität

Bei den Kennzahlen der Rentabilität werden Größen der Gewinn- und Verlustrechnung in die Beurteilung des Unternehmens einbezogen. Die wichtigste Kennzahl dabei ist natürlich der Gewinn. Da jedes Unternehmen in Bezug auf Rechtsform, Kapitalausstattung, Wirtschaftsbranche und Größe andere Bedingungen aufweist, sagt die absolute Höhe des Gewinnes nur wenig aus. Um eine vergleichbare Aussage über den Erfolg eines Unternehmens machen zu können, muss der Gewinn prozentual in Beziehung zu jenen Größen gebracht werden, die ihn ermöglicht haben. Solche messbaren Größen sind z.B. das **Kapital** oder der **Umsatz**.

Die **Rentabilität** ist eine Messgröße für die Ergiebigkeit eines Mitteleinsatzes.

(2) Kapitalrentabilität

Hierbei wird das erzielte Jahresergebnis (Jahresüberschuss bzw. -fehlbetrag) zum Kapital in Beziehung gesetzt. Je nachdem, ob man als Bezugsgröße das Eigenkapital oder das Gesamtkapital wählt, erhält man als Kennzahl die **Eigenkapitalrentabilität** oder die **Gesamtkapitalrentabilität**. Die Eigenkapitalrentabilität wird häufig auch als Unternehmerrentabilität und die Gesamtkapitalrentabilität als Unternehmensrentabilität bezeichnet.

---

1 Kapitalgesellschaften müssen die Gewinn-und Verlustrechnung in Staffelform aufstellen.

■ Eigenkapitalrentabilität (Unternehmerrentabilität)

Bei der Eigenkapitalrentabilität wird das erzielte Jahresergebnis (Gewinn) in Prozenten zum Eigenkapital ausgedrückt. Es soll festgestellt werden, welche Rendite das durchschnittlich eingesetzte Eigenkapital insgesamt erbracht hat.

$$\text{Eigenkapitalrentabilität} = \frac{\text{Jahresergebnis} \cdot 100}{\varnothing \text{ Eigenkapital}}$$

(handschriftlich: Bereinigter Jahresgewinn · 100)

Da sich das Eigenkapital praktisch durch jeden Erfolgsvorgang laufend verändert, ist es ungenau, wenn der erzielte Gewinn dem Eigenkapital am Anfang oder am Ende der Geschäftsperiode gegenübergestellt wird. Um relativ genau zu sein, muss vom durchschnittlichen Eigenkapital ausgegangen werden. Geht man davon aus, dass das Eigenkapital der Metallwerke Neumann AG am Anfang der Geschäftsperiode 5 227 750,00 EUR betrug, ergibt sich folgender Durchschnittswert:

$$\text{Durchschnittswert für das Eigenkapital} = \frac{5\,227\,750 + 6\,307\,345}{2} = 5\,767\,547{,}50 \text{ EUR}$$

$$\text{Eigenkapitalrentabilität} = \frac{424\,325 \cdot 100}{5\,767\,547{,}50} = \underline{\underline{7{,}36\,\%}}$$

Eigenkapitalgeber erwarten in der Regel eine Rentabilität, die deutlich über 10 % liegt.

■ Gesamtkapitalrentabilität (Unternehmensrentabilität)

Wählt man als Bezugsgröße das durchschnittliche Gesamtkapital, dann muss der Gewinn um die angefallenen Zinsen („Ertrag des Fremdkapitalgebers") für das Fremdkapital erhöht werden. Das ist deshalb erforderlich, weil die Fremdkapitalzinsen im Rahmen der Gewinnermittlung als Aufwendungen abgezogen wurden. Erst durch die Hinzurechnung der Zinsen für das Fremdkapital sind die in Beziehung zu setzenden Größen (Bruttogewinn und Gesamtkapital) miteinander vergleichbar.

$$\text{Bruttogewinn} = \text{Jahresergebnis} + \text{Fremdkapitalzinsen}$$

$$\text{Gesamtkapitalrentabilität} = \frac{\text{Bruttogewinn} \cdot 100}{\varnothing \text{ Gesamtkapital}}$$

(handschriftlich: Bereinigtes Jahresgewinn + Fremdkapitalzinsen)

Bei der Gesamtkapitalrentabilität muss vom durchschnittlichen Gesamtkapital ausgegangen werden. Unter der Annahme, dass das Gesamtkapital der Metallwerke Neumann AG zu Beginn der Geschäftsperiode 14 252 645,00 EUR betrug, ergibt sich folgendes Durchschnittskapital:

$$\text{Bruttogewinn} = 424\,325 + 742\,500 = 1\,166\,825{,}00 \text{ EUR}$$

$$\text{Durchschnittskapital} = \frac{14\,252\,645 + 15\,017\,475}{2} = 14\,635\,060{,}00 \text{ EUR}$$

$$\text{Gesamtkapitalrentabilität} = \frac{1\,166\,825 \cdot 100}{14\,635\,060} = \underline{\underline{7{,}97\,\%}}$$

Die Gesamtkapitalrentabilität sagt dem Unternehmer, ob sich die Investierung von Fremdkapital in seinem Unternehmen lohnt. Dies ist dann gegeben, wenn der Zinssatz für Fremdkapital unter der Gesamtkapitalrentabilität liegt. Beträgt der Zinssatz für Fremdkapital 6 % und liegt die Gesamtkapitalrentabilität bei 8 %, dann verdient das Unternehmen am Einsatz des Fremdkapitals, d.h., die Eigenkapitalrentabilität steigt an.[1]

---

1 Auf den Leverage-Effekt wird im Schuljahrgang 13 eingegangen.

(3) Umsatzrentabilität

Bei dieser Kennzahl wird der Bruttogewinn auf den Umsatz bezogen. In Prozenten ausgedrückt erhalten wir:[1]

$$\text{Umsatzrentabilität} = \frac{\text{Bruttogewinn} \cdot 100}{\text{Umsatz}}$$

[handschriftlich: Bereinigter Jahresgewinn]

$$\text{Umsatzrentabilität} = \frac{1\,166\,825 \cdot 100}{17\,050\,000} = 6{,}84\,\%$$

Werte über 5 % gelten als zufriedenstellend.

85 Die Buchführung bzw. die Kosten- und Leistungsrechnung der Göttinger Elektrogeräte AG liefert uns folgende Zahlenwerte:

Eigenkapital:		Sonstige Aufwendungen	105 Mio. EUR
– am Anfang	350 Mio. EUR	Umsatzerlöse netto	850 Mio. EUR
– am Ende	400 Mio. EUR	Jahresüberschuss	45 Mio. EUR
Aufwend. für Roh-, Hilfs- u. Betriebsstoffe	700 Mio. EUR		

Aufgaben:

1. Berechnen Sie die Umsatzrentabilität und die Unternehmerrentabilität!
2. Beurteilen Sie die Kennzahlen, wenn die Branchenwerte bei 2,2 bzw. 10,2 % liegen!

86 Die Textilfabrik Sonja Fröhlich GmbH hat sich mit Kindermoden eine Marktnische geschaffen. Um das Unternehmen auf dem neuesten Stand zu halten, wurde im letzten Jahr viel investiert. Der Gesellschafter Gebauer ist nicht sicher, ob das Unternehmen noch ordentlich finanziert ist. Er hat sich deshalb die Bilanz und einige Zahlen der GuV-Rechnung geben lassen:

Aktiva	Zusammengefasste Bilanz der Sonja Fröhlich GmbH		Passiva
Anlagevermögen	515 000,00	Stammkapital	158 000,00
Vorräte	331 000,00	Rücklage	50 000,00
Forderungen a. Lief. u. Leist.	485 000,00	Langfristige Grundschuld	726 000,00
Kasse, Bank	117 000,00	Kurzfristige Bankkredite	156 000,00
		Verbindlichkeiten a. Lief. u. Leist.	358 000,00
	1 448 000,00		1 448 000,00

Laut GuV-Rechnung wurde ein Gewinn in Höhe von 39 650,00 EUR erwirtschaftet. Ihm steht eine Belastung durch Fremdkapitalzinsen in Höhe von 57 964,00 EUR gegenüber.

Aufgaben:

Überprüfen Sie für Herrn Gebauer die Eigenkapitalquote, den Verschuldungsgrad, die Liquiditätsgrade, die Eigenkapitalrentabilität und die Rentabilität des Unternehmens!

Hinweis:

Ziehen Sie zur Beurteilung die nachfolgend angegebenen Branchenkennzahlen zurate.

---

1 Zur Definition vgl. Wöhe, G.: Einführung in die Allgemeine Betriebswirtschaftslehre, 24. Auflage, München 2010, S. 915.

Branche	Eigenkapitalquote	Verschuldungsgrad
Textilbranche	13,8 %	625 %

Branche	Eigenkapitalrentabilität	Gesamtkapitalrentabilität
Textilbranche	16,0 %	5,2 %

87 Die Windkraft Winterloh AG legt aufgrund bereits vorgenommener Abschlussbuchungen und erfolgter Zuordnung zu den einzelnen Bilanzposten folgende Zahlen vor:

Aktiva		Strukturbilanz der Windkraft Winterloh AG	Passiva	
I.	**Anlagevermögen**	2 088 100,00	I. **Eigenkapital**	1 712 290,00
II.	**Umlaufvermögen**		II. **Fremdkapital**	
	1. Vorräte	1 773 200,00	1. Langfristiges Fremdkapital	1 910 500,00
	2. Forderungen a. L. u. L.	390 550,00	2. Kurzfristiges Fremdkapital	949 710,00
	3. Liquide Mittel	320 650,00		
		4 572 500,00		4 572 500,00

Aus der Gewinn- und Verlustrechnung liegen folgende Zahlen vor:

Umsatzerlöse 1 785 900,00 EUR, Jahresüberschuss 111 300,00 EUR, Zinsen für Fremdkapital 145 000,00 EUR.

Aufgaben:

Bilden Sie folgende Kennzahlen und orientieren Sie sich bei der Beurteilung an den angegebenen Durchschnittswerten!

1. Kennzahlen zur Kapitalstruktur und zur Finanzstruktur:

		Durchschnittswerte
1.1	Eigenkapitalquote	1 : 3
1.2	Verschuldungsgrad	2 : 1
1.3	Deckungsgrad I	1 : 1
1.4	Deckungsgrad II	2 : 1

2. Kennzahlen zur Liquidität:

2.1	Liquidität I	20 %
2.2	Liquidität II	90 %

3. Kennzahlen zur Rentabilität:

3.1	Eigenkapitalrentabilität	15 %
3.2	Umsatzrentabilität	10 %
3.3	Gesamtkapitalrentabilität	6 %

88 Die Buchführung bzw. die Kosten- und Leistungsrechnung liefert uns folgende Zahlenwerte:

⌀ Fremdkapital	4 213 000,00 EUR	Umsatzerlöse netto	15 198 500,00 EUR
⌀ Gesamtkapital	12 273 000,00 EUR	Zinsaufwendungen	160 270,00 EUR
		Jahresüberschuss	785 850,00 EUR

Aufgaben:

1. Berechnen Sie die Eigenkapital- und die Umsatzrentabilität!
2. Erläutern Sie, ob sich eine Erhöhung des Fremdkapitals bei einem Kreditzinssatz von 10 % hinsichtlich der Eigenkapitalrentabilität lohnen würde!

89 Die Buchführung bzw. die Kosten- und Leistungsrechnung der Nova Caravan AG liefert uns folgende Quartalszahlen:

Umsatzerlöse netto	1 114 640,00 EUR
Aufwendungen für Roh-, Hilfs- und Betriebsstoffe	870 000,00 EUR
Sonstige Aufwendungen	215 000,00 EUR
∅ Eigenkapital	380 000,00 EUR
∅ Fremdkapital	597 500,00 EUR

In den sonstigen Aufwendungen sind 16 430,00 EUR Fremdkapitalzinsen enthalten.

Aufgaben:

1. Berechnen Sie die Gesamtkapitalrentabilität!
2. Beurteilen Sie diesen Wert, wenn der Branchenwert 3,2 % beträgt!

90 Die Fritz Lang AG möchte am Ende der Rechnungsperiode die Rentabilitätsentwicklung des Industriebetriebs (Textilbranche) feststellen. Aus der Buchführung liegt dazu folgendes Zahlenmaterial vor:

Zahlen der Buchführung (in TEUR)	Vor 2 Jahren	Vorjahr	Berichtsjahr
Eigenkapital	210 000	292 000	308 000
Bankkredite	53 000	60 000	58 000
Zinsbelastung der Bank	5 600	6 300	5 800
Jahresüberschuss	21 000	24 900	31 000
Umsatzerlöse netto	499 000	514 000	560 000

Aufgaben:

1. Berechnen Sie für das Berichtsjahr und das Vorjahr die Eigenkapitalrentabilität und die Umsatzrentabilität!
2. Vergleichen Sie Ihre Ergebnisse mit folgenden Branchenkennzahlen der Bekleidungsindustrie: Eigenkapitalrentabilität 16,0 % und Umsatzrentabilität 4,2 %!

2.4.3.2 Cashflow

Die Liquiditätsanalyse stellt eine Momentaufnahme der Finanzmittel und Verbindlichkeiten am Bilanzstichtag dar. Die **Cashflowanalyse** geht demgegenüber der Frage nach, welche Finanzmittel aus dem Betriebsprozess erwirtschaftet und wie diese verwendet wurden, d. h., die zukünftigen Zahlungsein- und -ausgänge werden aus den **Zahlungsein- und -ausgängen der Vergangenheit** abgeleitet. In ihrer einfachsten Form orientiert sich diese Art von Liquiditätskennzahl an der Betrachtung von **Umsatzüberschusszahlen**[1] (**„Cashflow-Analyse"**). Der aus der amerikanischen Analysepraxis stammende Begriff „Cashflow" ist nicht einheitlich festgelegt. Je nach Aussagezweck können gröbere oder verfeinerte Berechnungen für den Cashflow durchgeführt werden.

Eine relativ einfache und grobe Berechnungsmöglichkeit zeigt das nachfolgende Schema, bei dem die **nicht ausgabewirksamen Aufwendungen** zum **Jahresüberschuss** hinzugerechnet werden.

---

1 Der **Umsatzüberschuss** ist der Teil der Umsatzerlöse, der nicht für Betriebsausgaben und Ausgaben für Steuern von Einkommen und Ertrag benötigt wird.

Jahresüberschuss
+/–   Abschreibungen/Zuschreibungen
+/–   Erhöhung/Minderung langfristiger Rückstellungen
=   Cashflow

Als Finanzierungsindikator[1] soll der Cashflow über den **Innenfinanzierungsspielraum** und die **Kreditwürdigkeit** eines Unternehmens Aufschluss geben. Der Cashflow kann auch als **Finanzierungsüberschuss** bezeichnet werden, der **den Teil der Umsatzerlöse angibt,** der **nicht für Betriebsausgaben und Ausgaben für Steuern von Einkommen und Ertrag** benötigt wird. Der Cashflow umfasst damit die ausgabeunwirksamen Aufwendungen für Abschreibungen, die gebildeten Rückstellungen sowie den Jahresüberschuss.

- Der **Cashflow** gibt die im Geschäftsjahr **selbst erwirtschafteten Finanzmittel** an, die dem Unternehmen zur **freien Verfügung** stehen.
- Die freien Finanzmittel können für die **Finanzierung von Investitionen,** zur **Schuldentilgung** und für die **Gewinnausschüttung** verwendet werden.

Auf das Analysebeispiel (vgl. S. 178) bezogen, ergibt sich für den Cashflow folgender Zahlenwert:

Jahresüberschuss	424 325,00 EUR
+ Abschreibungen	803 365,00 EUR
+ Zuführung zu langfristigen Rückstellungen	171 600,00 EUR
= Cashflow	1 399 290,00 EUR

Im Berichtsjahr stehen der Metallwerke Neumann AG somit 1 399 290,00 EUR an selbst erwirtschafteten Finanzierungsmitteln zur Verfügung.

Neben der Angabe in absoluten Zahlen kann der Cashflow auch in Prozenten z. B. zu den Umsatzerlösen ermittelt werden.

$$\text{Cashflow-Umsatz-Relation} = \frac{\text{Cashflow} \cdot 100}{\text{Umsatzerlöse}}$$

$$\frac{1\,399\,290,00 \cdot 100}{17\,050\,000} = 8,21\,\%$$

Der Metallwerke Neumann AG stehen 8,21 % der Umsatzerlöse frei zur Verfügung.

- Der **Cashflow** ist ein Finanzierungsindikator für die Ertrags- und Innenfinanzierungskraft eines Unternehmens.
- Die **Cashflow-Umsatz-Relation** gibt an, wie viel Prozent der Umsatzerlöse für Investitionen, für die Schuldentilgung und für Gewinnausschüttungen zur Verfügung steht.

---

1 **Indikator:** Merkmal, das als (beweiskräftiges) Anzeichen oder als Hinweis auf etwas anderes dient.

Neben dem hauptsächlichen Anwendungsbereich im Rahmen finanzwirtschaftlicher Aussagen wird der Cashflow gelegentlich auch als Ertragsindikator verwandt. Hierbei ist anzumerken, dass der Cashflow nicht den Gewinn repräsentiert. Abschreibungen und Zuweisungen zu Rückstellungen stellen Aufwand und keinen Gewinn dar. Der Cashflow liegt also über dem Gewinn. Insofern kann er für die Beurteilung der Ertragskraft eines Unternehmens nur als Tendenzindikator angesehen werden.

91 1. Erläutern Sie, welche Vorteile Cashflowkennzahlen gegenüber den Liquiditätsgraden aufweisen!

2. Formulieren Sie eine allgemein gehaltene Aussage, aus der hervorgeht, was der Cashflow inhaltlich darstellt und wozu er im Unternehmen verwendet werden kann!

92 Ein Industrieunternehmen weist in den letzten drei Geschäftsjahren folgende Zahlen aus:

	1. Geschäftsjahr	2. Geschäftsjahr	3. Geschäftsjahr
Umsatzerlöse	28 850 000,00 EUR	33 280 000,00 EUR	35 500 000,00 EUR
Jahresüberschuss	1 780 000,00 EUR	2 420 000,00 EUR	2 740 000,00 EUR
Abschreibungen auf Sachanlagen	450 000,00 EUR	640 000,00 EUR	700 000,00 EUR
Erhöhung langfristiger Rückstellungen	60 000,00 EUR	90 000,00 EUR	–
Investitionen	800 000,00 EUR	420 000,00 EUR	4 210 000,00 EUR

Aufgaben:

1. Ermitteln Sie aufgrund der vorliegenden Daten den Cashflow!

2. Berechnen Sie den Cashflow

   2.1 in Prozenten zu den Umsatzerlösen und

   2.2 in Prozenten zu den getätigten Investitionen!

3. Beurteilen Sie aufgrund der vorliegenden Daten das Unternehmen!

93 Die Hildesheimer Kettenfabrik GmbH erzielte für das Jahr 20.. einen Jahresüberschuss von 606 766,00 EUR, die Abschreibungen betrugen lt. Gewinn- und Verlustrechnung 236 845,00 EUR, die Zuführung zu den langfristigen Rückstellungen 86 400,00 EUR und die Umsatzerlöse beliefen sich auf 21 882 612,00 EUR. Das Eigenkapital betrug 4 769 290,00 EUR.

Aufgaben:

Berechnen Sie:

1. den Cashflow,

2. den prozentualen Anteil des Cashflows, bezogen auf das Eigenkapital,

3. den prozentualen Anteil des Cashflows, bezogen auf die Umsatzerlöse!

2.4.4 Grenzen der Aussagefähigkeit des Jahresabschlusses

(1) Fehlende Informationen

Stehen für die Analyse nur die Geschäftsberichte mit **Jahresabschluss** und **Lagebericht** zur Verfügung **(externe Analyse),** so fehlen in der Regel wichtige Informationen für die Beurteilung eines Unternehmens.

Beispiele für **fehlende Informationen** im Rahmen der externen Jahresabschlussanalyse:

- Die **genaue Fristigkeit von Forderungen und Verbindlichkeiten.** Beispielsweise stehen die kurzfristig ausgewiesenen Kontokorrentkredite in der Praxis durch stillschweigende Laufzeitverlängerung langfristig zur Verfügung. Andererseits sind viele langfristige Kredite kündbar.

- Die **Eigentumsverhältnisse** der ausgewiesenen Vermögensgegenstände. Einerseits werden auch unter Eigentumsvorbehalt gekaufte oder sicherungsübereignete Rohstoffe bilanziert. Andererseits erscheint gepachtetes oder geleastes Anlagevermögen nicht in jedem Fall in der Bilanz.

- Vorhandene **Unter- und Überbewertungen von Bilanzposten (stille Reserven).** Aus dem Jahresabschluss ist es schwierig, entsprechende Wertkorrekturen bezüglich der ausgeübten Bilanzierungswahlrechte (z. B. bei den Herstellungskosten) oder der bestehenden Bilanzierungsverbote (z. B. für Forschungskosten) vorzunehmen.

- **Latente[1] Verpflichtungen aus schwebenden Geschäften.** Hierzu gehören beispielsweise Kaufverträge, deren Erfüllungsgeschäfte noch nicht abgeschlossen sind.

(2) Stichtagsbezogenheit der Daten, bestandsorientierte Kennzahlen

Eine erhebliche Einschränkung der Aussagekraft erfährt die Jahresabschlussanalyse auch durch die **Stichtagsbezogenheit der Daten.** Insbesondere die **bestandsorientierten Kennzahlen** (Deckungs- und Liquiditätsgrade) dürfen aus Gründen der oben genannten Informationsdefizite nicht überbewertet werden. Für die Beurteilung der Kennzahlen der Liquidität ist z. B. Folgendes festzuhalten:

- Zur **Sicherung der Liquidität** bedarf es der Beobachtung zukünftiger Zahlungseingänge und Zahlungsausgänge des Unternehmens, was ohne die Kenntnis der internen Vorgänge nicht möglich ist. Laufende Zahlungsverpflichtungen für Personalkosten, Miete, Steuern usw. gehen aus der Bilanz nicht hervor. Im Rahmen unserer Analyse liegen nur **Abschlusszahlen** vor.

- Die Bilanz kann nur die **Situation am Bilanzstichtag** wiedergeben, also zu einer Zeit, in der diese bereits der Vergangenheit angehört. Liquidität ist aber eine sich täglich, ja sogar sich mehrmals täglich verändernde Größe, deren Aussagewert nur für diesen Augenblick der Feststellung von Bedeutung ist. Außerdem ist darauf hinzuweisen, dass eine Reihe von Faktoren, welche die Liquidität eines Unternehmens wesentlich beeinflussen, aus der Bilanz nicht hervorgehen. Die Bilanz gibt z. B. keine Auskunft über die Fälligkeitstermine der in ihr ausgewiesenen Posten.

- Der **Kreditspielraum eines Unternehmens** ist aus der Bilanz sehr schwer ablesbar.

- Wenn im Rahmen einer externen Bilanzanalyse dennoch **Liquiditätskennzahlen** aufgestellt werden, muss mit allem Nachdruck auf ihren **eingeschränkten Aussagewert** hingewiesen werden.

Die Nachteile der bestandsorientierten Kennzahlen lassen sich zumindest teilweise vermeiden, wenn auf Stromgrößen zurückgegriffen wird. Anstelle von Stichtagsgrößen werden die innerhalb eines Zeitraums aufgetretenen Bewegungen erfasst. Hier sind insbesondere die **Kennzahlen auf der Grundlage der GuV-Rechnung** von Bedeutung.

- Die Stichtagsbezogenheit und die fehlenden Informationen über die einzelnen Bilanzposten schränken den Aussagewert von bestandsorientierten Kennzahlen erheblich ein.

- Wesentlich zuverlässigere Auswertungen lassen stromgrößenorientierte Kennzahlen auf der Grundlage von GuV-Rechnungen zu.

---

1 **Latent:** versteckt, verborgen.

- Zur **Vorbereitung der Jahresabschlussanalyse (Bilanzanalyse)** wird die veröffentlichte Bilanz aufbereitet und zu einer **Strukturbilanz** zusammengefasst.

- Je höher die **Eigenkapitalquote** eines Unternehmens ist, desto größer ist die finanzielle Unabhängigkeit und desto krisenfester ist das Unternehmen.

- Der **Deckungsgrad II** zeigt, inwieweit das Anlagevermögen durch langfristiges Kapital (Eigenkapital, langfristiges Fremdkapital) gedeckt ist. Er sollte mindestens 100 % betragen.

- **Liquidität** ist die Fähigkeit eines Unternehmens, jederzeit seinen Zahlungsverpflichtungen nachkommen zu können. Die **einzugsbedingte Liquidität** umfasst die liquiden Mittel sowie die kurzfristigen Forderungen und sollte mindestens so hoch wie das kurzfristige Fremdkapital sein.

- Die **Rentabilität** ist eine Messgröße für die Ergiebigkeit eines Mitteleinsatzes.

- Der **Cashflow** gibt die im Geschäftsjahr **selbst erwirtschafteten Finanzmittel** an, die dem Unternehmen für die Finanzierung von Investitionen, zur Schuldentilgung und für die Gewinnausschüttung zur Verfügung stehen. Er ist somit ein **Finanzierungsindikator** für die Ertrags- und Innenfinanzierungskraft eines Unternehmens.

- Der **Aussagewert der Bilanzkennzahlen** wird durch die Stichtagsbezogenheit und fehlenden Informationen über die einzelnen Bilanzposten insbesondere bei handelsrechtlichen Jahresabschlüssen erheblich **eingeschränkt**.

- Wesentlich **zuverlässigere Auswertungen** lassen stromgrößenorientierte Cashflowkennzahlen auf der Grundlage der GuV-Rechnung zu.

Zusammenfassende Übungsaufgaben zur Jahresabschlussanalyse

94 Die Werkzeugfabrik Hameln AG legt die Jahresabschlüsse der beiden letzten Geschäftsjahre vor.

Strukturbilanz der Werkzeugfabrik Hameln AG
für die beiden letzten Geschäftsjahre

Aktiva	Vorjahr	Berichtsjahr	Passiva	Vorjahr	Berichtsjahr
I. Anlagevermögen	3 654 750,00	4 051 450,00	**I. Eigenkapital**	3 602 500,00	3 930 000,00
II. Umlaufvermögen			**II. Fremdkapital**		
1. Vorräte	1 394 020,00	1 645 250,00	1. Langfristiges Fremdkapital	1 424 500,00	1 500 000,00
2. Forderungen	233 575,00	245 120,00	2. Kurzfristiges Fremdkapital	390 025,00	639 200,00
3. Liquide Mittel	134 680,00	127 380,00			
	5 417 025,00	6 069 200,00		5 417 025,00	6 069 200,00

**Gewinn- und Verlustrechnungen der Werkzeugfabrik Hameln AG
für die beiden letzten Geschäftsjahr**

		Vorjahr	Berichtsjahr
1.	Umsatzerlöse	67 259 200,00	84 014 280,00
2.	Erhöhung oder Verminderung des Bestands an fertigen und unfertigen Erzeugnissen	+ 875 000,00	+ 320 000,00
3.	Andere aktivierte Eigenleistungen	10 500,00	45 300,00
4.	Sonstige betriebliche Erträge	45 810,00	36 480,00
5.	Materialaufwand		
	a) Aufwendungen an Roh-, Hilfs- und Betriebsstoffen	21 382 745,00	32 989 410,00
6.	Personalaufwand		
	a) Löhne und Gehälter	35 675 900,00	34 448 920,00
	b) Soziale Abgaben und Aufwendungen für Altersversorgung u. Unterstützung	8 210 400,00	10 320 200,00
7.	Abschreibungen		
	a) auf immaterielle Vermögensgegenstände und Sachanlagen	487 150,00	500 000,00
8.	Sonstige betriebliche Aufwendungen (davon Zuführung zu langfristigen Rückstellungen 50 500,00 EUR)	1 768 278,00	4 962 360,00
9.	Erträge aus Beteiligungen	—	—
10.	Erträge aus anderen Wertpapiere und Ausleihungen des Finanzanlagevermögens	17 800,00	18 900,00
11.	Sonstige Zinsen und ähnliche Erträge	285 910,00	176 480,00
12.	Abschreibungen auf Finanzanlagen und Wertpapiere des Umlaufvermögens	18 500,00	—
13.	Zinsen und ähnliche Aufwendungen	41 500,00	44 750,00
14.	Steuern von Einkommen und Ertrag	342 747,00	495 800,00
17.	Jahresüberschuss	567 000,00	850 000,00

Aufgaben:

1. Ermitteln Sie die in diesem Lehrbuch dargestellten Kennzahlen auf der Grundlage der Strukturbilanz und werten Sie die Ergebnisse aus!

2. Erstellen Sie anhand von Kennzahlen eine ertragswirtschaftliche Analyse mit jeweiliger Beurteilung!

3. Die Werkzeugfabrik Hameln AG beantragt für eine Betriebserweiterung ein Darlehen über 1,5 Mio. EUR. Versetzen Sie sich in die Rolle des Verantwortlichen für die Darlehensvergabe und entscheiden Sie über den Darlehensantrag der Werkzeugfabrik Hameln AG!

95 Die TOP SECRET AG, ein bedeutender Hersteller von Aktenvernichtern aller Art, veröffentlichte folgende zusammengefasste Jahresabschlüsse (in TEUR):

Strukturbilanzen der TOP SECRET AG

Aktiva (in TEUR)	Berichts-jahr	Vorjahr	Passiva (in TEUR)	Berichts-jahr	Vorjahr
I. Anlagevermögen	23 567	24 420	**I. Eigenkapital**	41 902	42 149
II. Umlaufvermögen			**II. Fremdkapital**		
1. Vorräte	8 691	12 392	1. Langfristiges		
2. Ford. a. L. u. L.	10 942	13 403	Fremdkapital*	2 395	2 389
3. Liquide Mittel	6 357	6 384	2. Kurzfristiges		
			Fremdkapital	5 260	12 061
	49 557	56 599		49 557	56 599

* Enthaltene Rückstellungen: Berichtsjahr 1 395,00 EUR, Vorjahr 1 139,00 EUR.

GuV-Rechnungen (in TEUR)	Berichtsjahr	Vorjahr
Umsatzerlöse	55 089	66 273
Bestandsveränderungen der Erzeugnisse	– 1 952	– 174
andere aktivierte Eigenleistungen	–	55
Sonstige betriebliche Erträge	2 028	758
Materialaufwand	28 342	35 723
Personalaufwand	14 921	16 364
Abschreibungen auf immaterielle Vermögensgegenstände des Anlagevermögens und Sachanlagen	2 993	3 284
Sonstige betriebliche Aufwendungen	8 367	10 004
Erträge aus Beteiligungen	+ 317	+ 1 529
sonstige Zinsen u. ä. Erträge	414	533
Zinsen u. ä. Aufwendungen	292	634
Steuern vom Einkommen und vom Ertrag	668	498
Jahresüberschuss	313	2 467
Gewinnverwendung		
Jahresüberschuss	313	2 467
Gewinnvortrag aus dem Vorjahr	349	122
Bilanzgewinn	662	2 589

Kennzahlen der Branche

Branche	Eigenkapital-quote	Verschuldungs-grad	Eigenkapital-rentabilität	Gesamtkapital-rentabilität	Umsatz-rentabilität
Verarbeitendes Gewerbe	23,2 %	331 %	16,4 %	4,7 %	4,2 %

Aufgaben:

1. Ermitteln Sie die Kennzahlen auf der Grundlage der Strukturbilanzen und werten Sie die Ergebnisse aus!

2. Berechnen Sie die Eigenkapitalrentabilität, die Gesamtkapitalrentabilität und die Umsatz-rentabilität!

3. Berechnen Sie den Cashflow!

4. Erstellen Sie anhand der berechneten Kennzahlen eine ertragswirtschaftliche Analyse!

2.4.5 Finanzierungsplanung

2.4.5.1 Finanzierungsanlässe

Die Finanzierungsanlässe können wie folgt systematisiert (in eine Ordnung gebracht) werden:

Laufende (ordentliche) Finanzierungsanlässe	Besondere (außerordentliche) Finanzierungsanlässe
Sie dienen der Finanzierung des laufenden Betriebsprozesses. Regelmäßig zu finanzieren sind z. B. Löhne, Sozialversicherungsabgaben des Arbeitgebers, Steuern, Einkäufe von Roh-, Hilfs- und Betriebsstoffen, Handelswaren, Raumkosten, Reparaturen, laufende Ersatzbeschaffungen, Tilgungsraten.	Besondere Finanzierungsanlässe (Finanzierungszwecke) sind Gründungen (auch von Zweigniederlassungen), Betriebserweiterungen und -umstellungen, Rationalisierungsmaßnahmen, Arbeitsplatzschutz- und Umweltschutzmaßnahmen, auch Sonderfälle wie Umwandlungen (z. B. von einer KG in eine GmbH), Vergleiche und Insolvenzen.

2.4.5.2 Kapitalbedarfsermittlung

(1) Faktoren zur Berechnung des Kapitalbedarfs

Das Unternehmensziel kann nur erreicht werden, wenn eine angemessene **Kapitalausstattung** gegeben ist. Die Höhe des Kapitalbedarfs hängt von zahlreichen Faktoren ab, von denen die wichtigsten genannt werden:

Art des Unternehmens	Anlagenintensive Unternehmen benötigen – bei gleichem Umsatz – mehr Kapital als arbeitsintensive.
Umschlagshäufigkeit des Kapitals[1]	Je größer die Umschlagshäufigkeit des Kapitals ist, desto geringer ist der Gesamtkapitalbedarf. Der wichtigste Faktor, der den Kapitalumschlag beeinflusst, ist die Umschlagshäufigkeit des Vorratsvermögens (Waren, Roh-, Hilfs- und Betriebsstoffe sowie unfertige und fertige Erzeugnisse).
Länge des Liefererziels	Je länger das durchschnittliche Liefererziel (das von den Lieferern eingeräumte Zahlungsziel) ist, desto geringer ist der Kapitalbedarf.
Länge der Kundenziele	Je länger das den Kunden (Käufern) eingeräumte Zahlungsziel ist, desto größer ist der Kapitalbedarf.
Produktionsdauer	Neben der Lagerdauer der Waren, der Roh-, Hilfs- und Betriebsstoffe und der fertigen und unfertigen Erzeugnisse, die unmittelbar die Umschlagshäufigkeit des Kapitals beeinflusst, ist die Dauer der Produktionsperiode von entscheidender Bedeutung für den Kapitalbedarf. Je länger die Produktionsperiode ist, desto größer ist der Kapitalbedarf.
Preise der eingesetzten Produktionsfaktoren	Mit steigenden Faktorpreisen (z. B. für Rohstoffe, Energie, Löhne) steigt auch der Kapitalbedarf.

---

1 Umschlagshäufigkeit des Gesamtkapitals $= \dfrac{\text{Umsatzerlöse}}{\text{Gesamtkapital}}$

Umschlagshäufigkeit des Eigenkapitals $= \dfrac{\text{Umsatzerlöse}}{\text{Eigenkapital}}$

Durchschnittliche Kapitalumschlagsdauer $= \dfrac{360}{\text{Kapitalumschlagshäufigkeit}}$

(2) Kapitalbedarfsrechnung eines Industriebetriebs

Beispiel:

I. Sachverhalt:

Ein Industriebetrieb plant die Gründung eines Zweigbetriebs. Folgende Finanzmittel werden erforderlich:

300 000,00 EUR für Gebäude, angenommene Nutzungsdauer 50 Jahre;
120 000,00 EUR für maschinelle Anlagen, Nutzungsdauer 5 Jahre;
 80 000,00 EUR für Betriebs- und Geschäftsausstattung, Nutzungsdauer 10 Jahre.

Der eiserne Bestand beträgt 10 Tagesmengen des Rohstoffverbrauchs.

An täglichen Kosten werden eingeplant:

– für Fertigungslöhne (Fertigungseinzelkosten [FE])	200,00 EUR
– für Rohstoffverbrauch (Materialeinzelkosten [ME])	150,00 EUR
– für Materialgemeinkosten (MGK)	15,00 EUR
– für Fertigungsgemeinkosten (FGK)	35,00 EUR
– für Verwaltungs- und Vertriebsgemeinkosten (VerwGK/VertrGK)	30,00 EUR
– für Gewinn (Gew)	100,00 EUR

Die Lieferer der Rohstoffe gewähren 15 Tage Ziel. Die Lagerdauer (LD) der Rohstoffe beträgt 6 Tage, die der Fertigerzeugnisse 4 Tage. Die Produktionsdauer beläuft sich auf 20 Tage, das Kundenziel auf 30 Tage.

Das Zweigwerk ist vom Tag der Beschaffung der Rohstoffe an betriebsbereit.

Zur Finanzierung stehen 300 000,00 EUR Eigenkapital zur Verfügung. Außerdem soll eine Grundschuld über 150 000,00 EUR aufgenommen werden. Der restliche Kapitalbedarf wird mit einem Kontokorrentkredit gedeckt.

II. Aufgaben:

1. Berechnen Sie den Kapitalbedarf für das Umlaufvermögen!
2. Erstellen Sie den Kapitalbedarfsstatus!

Lösungen:

Zu 1.: Zur Berechnung des Kapitalbedarfs für das Umlaufvermögen

Um den Kapitalbedarf des Umlaufvermögens zu errechnen, empfiehlt es sich, die Durchlaufzeiten wie folgt darzustellen:

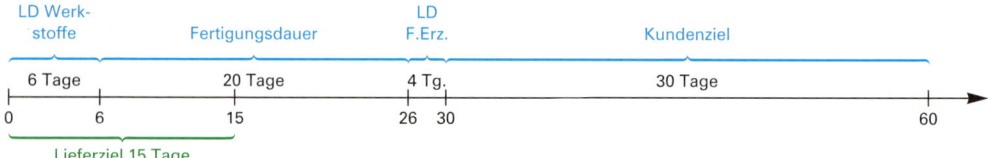

Kapitalbedarf für die Rohstoffe:	$150 \cdot (60 - 15) =$	6 750,00 EUR
Kapitalbedarf für die MGK:	$15 \cdot 60 =$	900,00 EUR
Kapitalbedarf für die Fertigungslöhne:	$200 \cdot 54 =$	10 800,00 EUR
Kapitalbedarf für die FGK:	$35 \cdot 54 =$	1 890,00 EUR
Kapitalbedarf für die VerwGK/VertrGK:	$30 \cdot 60 =$	1 800,00 EUR

Zu 2.: Erstellen des Kapitalbedarfsstatus

Vermögen		Kapitalbedarfsstatus	Kapital
Anlagevermögen		**Eigenkapital**	300 000,00
Gebäude	300 000,00	**Verbindlichkeiten**	
Maschinen	120 000,00	Grundschuld	150 000,00
Betriebs- u. Geschäftsausstattung	80 000,00	Kontokorrentkredit	73 640,00
eiserner Bestand	1 500,00		
Umlaufvermögen			
Zahlungsmittelbestand			
für ME	6 750,00		
für MGK	900,00		
für FE	10 800,00		
für FGK	1 890,00		
für VerwGK/VertrGK	1 800,00		
	523 640,00		523 640,00

Allgemein gilt:

■ **Kapitalbedarf für die Rohstoffe**

= täglicher Rohstoffverbrauch · (Lagerdauer der Rohstoffe + Produktionsdauer + Lagerdauer der Erzeugnisse + Kundenziel − Liefererziel)

■ **Kapitalbedarf für die Materialgemeinkosten**

= tägliche ausgabewirksame Aufwendungen · (Lagerdauer der Rohstoffe + Produktionsdauer + Lagerdauer der Erzeugnisse + Kundenziel)

■ **Kapitalbedarf für die Fertigungslöhne**

= tägliche Fertigungslöhne · (Produktionsdauer + Lagerdauer der Erzeugnisse + Kundenziel)

■ **Kapitalbedarf für die Fertigungsgemeinkosten**

= tägliche ausgabewirksame Aufwendungen · (Produktionsdauer + Lagerdauer der Erzeugnisse + Kundenziel)

■ **Kapitalbedarf für die Verwaltungs- und Vertriebsgemeinkosten**

= tägliche ausgabewirksame Aufwendungen · (Lagerdauer der Rohstoffe + Produktionsdauer + Lagerdauer der Erzeugnisse + Kundenziel)

2.4.5.3 Finanzplan

(1) Begriff und Aufbau des Finanzplans

Die auf die Finanzierung gerichteten Überlegungen der Geschäftsleitung erschöpfen sich nicht in der einmaligen Feststellung des Kapitalbedarfs bei Gründungen, Erweiterungen oder Umstrukturierungen eines Unternehmens. Vielmehr müssen **Finanzpläne** erstellt werden, die die erwarteten (geplanten) Einnahmen den erwarteten (geplanten) Ausgaben je Periode (z. B. 14-tägig, monatlich, jährlich) gegenüberstellen. Dabei müssen die erwarteten Einnahmen zumindest die erwarteten Ausgaben **längerfristig** decken. Sind auf längere Sicht die erwarteten Ausgaben höher als die erwarteten Einnahmen, ist das **finanzielle Gleichgewicht** gestört, d. h., das Unternehmen kann in ernste Schwierigkeiten geraten, wenn die Geschäftsleitung nicht rechtzeitig Maßnahmen ergreift. Hier zeigt sich dann auch die große Bedeutung der Finanzplanung als Steuerungsinstrument der Geschäftsleitung.

> Der **Finanzplan** ist eine Einnahme-Ausgabe-Vorschaurechnung. Man unterscheidet kurz-, mittel- und langfristige Finanzpläne.

Der Finanzplan muss **ständig überprüft** und gegebenenfalls einem **veränderten Kapitalbedarf angepasst** werden.

Beispiel:

I. Sachverhalt

Die Einnahmen-Ausgaben-Entwicklung in einem kleinen Zweigwerk der Max Raibold GmbH wird aufgrund der Abstimmungsergebnisse mit der Absatz-, Beschaffungs-, Personal- und Investitionsplanung für die kommenden 6 Monate wie folgt geplant:

1. Januarumsatz 200 000,00 EUR. Monatliche Wachstumsrate (preislich und mengenmäßig) 1 %. Das durchschnittliche Kundenziel beträgt einen Monat. Eingänge aus den Dezemberforderungen 190 000,00 EUR im Januar.

2. Einzahlung einer noch ausstehenden Einlage im März: 25 000,00 EUR.

3. Roh-, Hilfs- und Betriebsstoffkäufe im Januar: 40 000,00 EUR. Die monatliche Wachstumsrate (preislich und mengenmäßig) beläuft sich auf 1 %. Das durchschnittliche Liefererziel beträgt $^{1}/_{2}$ Monat. Die Zahlungen an Lieferer aus den Dezemberrechnungen betragen 19 000,00 EUR.

4. Sonstige monatliche ausgabewirksame Aufwendungen im Januar: 130 000,00 EUR. Monatliche Steigerungsrate 0,5 %.

5. Tilgung einer Darlehensschuld im April: 90 000,00 EUR.

6. Kauf einer Fertigungsmaschine im Juni. Anschaffungswert 80 000,00 EUR, zahlbar netto Kasse.

Alle Zahlungen erfolgen über das Bankkonto. Der eingeräumte Kontokorrentkredit beträgt 50 000,00 EUR. Kontostand Anfang Januar: Soll 30 000,00 EUR.

II. Aufgabe:

Erstellen Sie einen Finanzplan für die Monate Januar bis Juni!

Lösung:

	Januar	Februar	März	April	Mai	Juni
Kontokorrentkonto/ Monatsanfang	−30 000,00	−9 000,00	20 150,00	75 245,00	16 297,00	48 319,00
Einnahmen Erlöse Einlage	190 000,00	200 000,00	202 000,00 25 000,00	204 020,00	206 060,00	208 120,00
Summe der Einnahmen	190 000,00	200 000,00	227 000,00	204 020,00	206 060,00	208 120,00
Ausgaben Vorratskäufe sonstige Ausgaben Tilgung Darlehen Maschinenkauf	39 000,00 130 000,00	40 200,00 130 650,00	40 602,00 131 303,00	41 008,00 131 960,00 90 000,00	41 418,00 132 620,00	41 832,00 133 283,00 80 000,00
Summe der Ausgaben	169 000,00	170 850,00	171 905,00	262 968,00	174 038,00	255 115,00
Überschuss/Defizit aus Einnahmen/Ausgaben	21 000,00	29 150,00	55 095,00	−58 948,00	32 022,00	−46 995,00
Kontokorrentkonto/ Monatsende	−9 000,00	20 150,00	75 245,00	16 297,00	48 319,00	1 324,00

Erläuterungen:

1 Die Zahlungseingänge für die im Januar entstandenen Forderungen erfolgen im Februar, für die im Februar entstandenen Forderungen im März usw.

2 19 000,00 EUR werden im Januar für die Restverbindlichkeiten aus Dezember bezahlt. Hinzu kommen 20 000,00 EUR aus den im Januar entstandenen Verbindlichkeiten. Im Februar ist die zweite Hälfte in Höhe von 20 000,00 EUR zu zahlen. Hinzu kommen 50 % der im Februar entstandenen Verbindlichkeiten in Höhe von 20 200,00 EUR, sodass im Februar insgesamt 40 200,00 EUR Ausgaben für den Kauf von Roh-, Hilfs- und Betriebsstoffen anzusetzen sind. Für die Folgemonate gelten die gleichen Überlegungen.

(2) Unterfinanzierung und Überfinanzierung

Unter-finanzierung	Ist das tatsächlich vorhandene Kapital kleiner als der Kapitalbedarf, liegt Unterfinanzierung vor. Das Unternehmen muss seine Ziele zurückstecken, Ausgaben (Investitionsvorhaben) kürzen, ausgabewirksame Kosten einsparen (z.B. durch Rationalisierungsmaßnahmen), die Einnahmen erhöhen (z.B. durch größere Verkaufsanstrengungen) und/oder Fremdkapital aufnehmen.
Über-finanzierung	Ist das tatsächlich vorhandene Kapital größer als der Kapitalbedarf, liegt eine Überfinanzierung vor. Dies scheint auf den ersten Blick wünschenswert zu sein. Die Überfinanzierung geht jedoch in der Regel zulasten der Rentabilität.

Zusammenfassung

■ **Finanzierungsanlässe** entstehen aufgrund des laufenden Betriebsprozesses (z.B. Lohn- und Steuerzahlungen) oder aufgrund außerordentlicher Ereignisse (z.B. Filialgründung).

■ Die **Höhe des Kapitalbedarfs** wird bestimmt durch die Art des Unternehmens, die Umschlagshäufigkeit des Kapitals, das eingeräumte Zahlungsziel des Lieferanten und gegenüber dem

13 Speth u.a. - ISBN 978-3-8120-0537-1

Kunden, die Dauer des Produktionsprozesses und die Preise der eingesetzten Produktionsfaktoren.

■ Ein **Finanzplan** schreibt die Ein- und Ausgaben der nächsten Planungsperioden fort und
erlaubt es, finanzielle Engpässe rechtzeitig zu erkennen.

■ Bei **Unterfinanzierung** ist das vorhandene Kapital (Eigenkapital) geringer als der Kapitalbedarf. Bei **Überfinanzierung** ist mehr Kapital (Eigenkapital) vorhanden als erforderlich.

Übungsaufgaben

96 1. Erklären Sie an einem selbst gewählten Beispiel, warum bestimmte Unternehmensziele
(z. B. Produktions-, Absatz- und Gewinnziel) nur dann erreichbar sind, wenn das Unternehmen angemessen mit Kapital ausgestattet ist!

2. Erklären Sie, warum die Höhe des notwendigen Kapitals (der Kapitalbedarf) von der Art, der
Menge und den Preisen der zu beschaffenden betrieblichen Produktionsfaktoren abhängt!

3. Erklären Sie die Begriffe Unter- und Überfinanzierung!

4. Beschreiben Sie, welchen Zweck der Finanzplan verfolgt!

5. Erläutern Sie, warum der Finanzplan eng mit dem Investitionsplan verknüpft ist!

6. Ein Finanzplan enthält häufig nicht nur die Planzahlen (das „Soll"), sondern auch die tatsächlichen Zahlen (das „Ist") sowie die Planabweichungen.

   Aufgaben:

   6.1 Vervollständigen Sie den Finanzplan von S. 193 für das erste Quartal nach obigem
   Muster, wenn sich die tatsächlichen Einnahmen und Ausgaben wie folgt entwickeln:

	Januar	Februar	März
Erlöse	185 000,00 EUR	196 000,00 EUR	205 000,00 EUR
Einlage			25 000,00 EUR
Vorratskäufe	40 000,00 EUR	40 300,00 EUR	39 000,00 EUR
sonstige Ausgaben	132 000,00 EUR	133 000,00 EUR	131 500,00 EUR

   Verwenden Sie zur Lösung das nachfolgende Schema!

Monate Einnah- men/Ausgaben	Januar			Februar			März		
	Soll	Ist	A	Soll	Ist	A	Soll	Ist	A

   A: Abweichungen vom Plan

   6.2 Erklären Sie, worauf die Abweichungen (Über- bzw. Unterdeckungen) zurückzuführen
   sein können!

7. Begründen Sie, warum Investitionsanlässe zugleich auch Finanzierungsanlässe sind! Bilden
Sie drei Beispiele!

8. Nicht alle Finanzierungsanlässe sind auch Investitionsanlässe. Bilden Sie zwei Beispiele!

97 Ein Industriebetrieb plant die Gründung eines Zweigbetriebs. Folgende Mittel werden erforderlich: 300 000,00 EUR für Gebäude, angenommene Nutzungsdauer 40 Jahre; 78 624,00 EUR für
maschinelle Anlagen, Nutzungsdauer 6 Jahre; 120 000,00 EUR für Betriebs- und Geschäftsausstattung, Nutzungsdauer 8 Jahre. Der eiserne Bestand beträgt 12 Tagesmengen des Rohstoffverbrauchs.

An täglichen Kosten werden eingeplant:
- für Fertigungslöhne (Fertigungseinzelkosten [FE])   170,00 EUR
- für Rohstoffverbrauch (Materialeinzelkosten [ME])   130,00 EUR
- für Materialgemeinkosten (MGK)   5,60 EUR

– für Fertigungsgemeinkosten (FGK)	72,50 EUR
– für Verwaltungs- und Vertriebsgemeinkosten (VerwGK/VertrGK)	96,00 EUR
– für Gewinn (Gew)	70,00 EUR

Die Lieferer der Rohstoffe gewähren 10 Tage Ziel. Die Lagerdauer der Rohstoffe beträgt 8 Tage, die der Fertigungserzeugnisse 5 Tage. Die Produktionsdauer beläuft sich auf 12 Tage, das Kundenziel auf 20 Tage.

Das Zweigwerk ist vom Tag der Beschaffung der Rohstoffe an betriebsbereit.

Zur Finanzierung stehen 210000,00 EUR Eigenkapital zur Verfügung. Außerdem soll eine Grundschuld über 225000,00 EUR aufgenommen werden. Der restliche Kapitalbedarf wird mit einem Kontokorrentkredit gedeckt.

Aufgaben:
1. Berechnen Sie den Kapitalbedarf für das Unternehmen sowie den eisernen Bestand!
2. Erstellen Sie den Kapitalbedarfsstatus!

3 Finanzierungsalternativen und -entscheidungen

3.1 Übersicht über die Finanzierungsarten

In den folgenden Kapiteln wird ein Überblick über die Arten (Formen) der Finanzierung gegeben. Hierbei wird nachstehendes Begriffssystem verwendet.

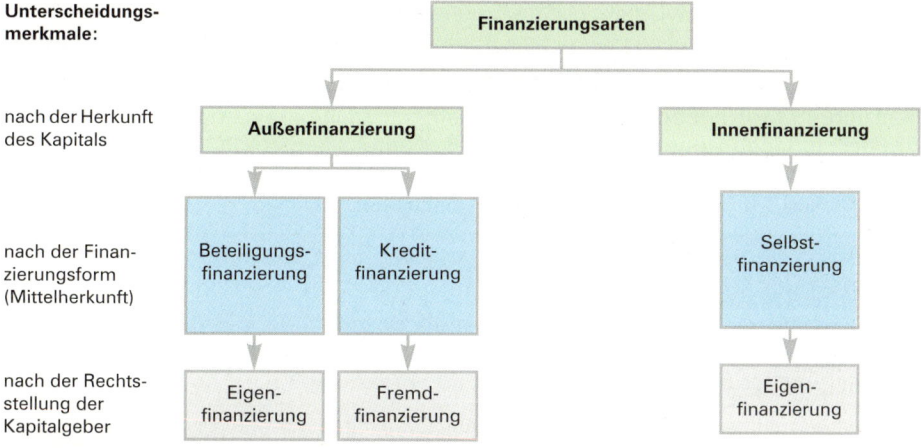

Erläuterungen:

Außen-finanzierung	Fließt dem Unternehmen Kapital von außen zu, also nicht aus dem betrieblichen Umsatzprozess, sondern aus Kapitaleinlagen der Gesellschafter und/oder Kapitalgewährungen durch Gläubiger, so liegt eine Außenfinanzierung vor.
■ **Beteiligungs-finanzierung**	Sie ist gegeben, wenn dem Unternehmen Eigenkapital durch den Unternehmer bzw. durch die Gesellschafter von Personengesellschaften oder durch den Ersterwerb von Anteilen an Kapitalgesellschaften zugeführt wird.
■ **Kredit-finanzierung**	Sie ist gegeben, wenn dem Unternehmen Fremdkapital (z.B. von Banken) von außen zugeführt wird.

Innen-finanzierung	Bei der Innenfinanzierung stammen die Mittel aus dem Umsatzprozess, der auf dem Leistungsprozess des Unternehmens beruht. Die wichtigste Form der Innenfinanzierung ist die **Selbstfinanzierung.**[1] Unter Selbstfinanzierung versteht man eine Finanzierung aus erwirtschafteten Gewinnen. Das bedeutet den Verzicht auf Gewinnentnahmen bzw. Gewinnausschüttung. Der Gewinn bleibt ganz oder teilweise im Unternehmen (der Gewinn wird thesauriert). Daher spricht man auch von Gewinnthesaurierung.
▪ **Offene Selbst-finanzierung:**	Sie liegt vor, wenn die Erhöhung der Kapitalanteile (bei Kapitalgesellschaften als Gewinnrücklagen) offen in der Bilanz zu Tage tritt.
▪ **Stille (verdeckte) Selbst-finanzierung:**[2]	Sie liegt vor, wenn durch Unterbewertung von Aktivposten oder durch Überbewertung von Passivposten der ausgewiesene Gewinn verringert wird. Es bilden sich sogenannte stille Reserven, die erst durch den Verkauf des unterbewerteten Anlagegutes realisiert werden.

3.2 Langfristige Kreditfinanzierung

3.2.1 Begriff Kreditfinanzierung (Fremdfinanzierung)

Reichen die eigenen Finanzmittel des Unternehmens zur Finanzierung nicht aus, ist das Unternehmen darauf angewiesen, Geld von Fremden (**Kredit**)[3] aufzunehmen. Diese Fremdmittel stellen u.a. Banken, Versicherungen, Privatpersonen, evtl. sogar der Staat, meistens gegen Zinszahlung zur Verfügung.

Kreditfinanzierung kann außer mit Geldmitteln auch mit Sachmitteln erfolgen. Kreditgeber für Geldmittel sind insbesondere die Banken (z.B. Kontokorrentkredit, Darlehen) und die Lieferer (Liefererkredite). Eine wichtige Möglichkeit der Kreditfinanzierung mit Sachmitteln ist das Leasing.[4]

- Ein **Kredit** ist die zeitweilige Überlassung von Geld oder Sachgütern im Vertrauen darauf, dass der Kreditnehmer den Kredit fristgerecht zurückbezahlt.

- **Kreditfinanzierung (Fremdfinanzierung)** ist die Beschaffung fremder Finanzmittel für eine bestimmte Zeit. Es handelt sich um eine **Außenfinanzierung mit Fremdkapital**. Sie führt zur Bildung bzw. Erhöhung von **Fremdkapital**.

Im Folgenden werden beispielhaft drei Formen der langfristigen Kreditfinanzierung von Investitionen vorgestellt:

- die Aufnahme eines **Bankdarlehens,**
- die Ausgabe einer **Industrieobligation** und
- das **Leasing.**

---

1 Zu Einzelheiten siehe S. 214ff.
2 Aufgrund der Rahmenrichtlinien wird die stille Selbstfinanzierung nicht dargestellt.
3 Der Begriff Kredit kommt vom lateinischen Wort credere: glauben, vertrauen.
4 Leasing wird hier im Rahmen der langfristigen Fremdfinanzierung dargestellt. Allerdings kann Leasing auch als eine mittel- oder kurzfristige Form der Kreditfinanzierung herangezogen werden. Vgl. hierzu S. 207ff.

3.2.2 Bankdarlehen

3.2.2.1 Begriff Darlehen sowie Abschluss und Inhalt eines Darlehensvertrages

(1) Begriff Darlehen

- **Darlehen** sind Kredite, die in einer Summe bereitgestellt und dem Finanzbedarf entsprechend ausbezahlt werden, und dann entweder am Fälligkeitstag in einer Summe oder während einer vorbestimmten Laufzeit in Raten (Teilbeträgen) getilgt werden müssen.

- Dem Kredit in Form eines Darlehens liegt ein **Darlehensvertrag** zugrunde. Darlehen sind in aller Regel mittel- oder langfristige Kredite.

(2) Abschluss eines Darlehensvertrags

Jeder Darlehenseinräumung gehen im Allgemeinen Vorverhandlungen zwischen Darlehensnehmer und Darlehensgeber voraus, in denen die Darlehensart und die Darlehensvertragsinhalte festgelegt werden. Das Ergebnis der Vorverhandlungen wird in der Regel in einem Darlehensvertragsformular festgehalten. Im rechtlichen Sinne handelt es sich um einen Antrag des Darlehensnehmers. Der Darlehensvertrag kommt mit der rechtzeitigen Annahme des Darlehensantrags durch die Bank zustande.

Der **Darlehensvertrag** kommt dadurch zustande, dass der **Darlehensantrag** des **Darlehensnehmers** und die **Darlehenszusage** des **Darlehensgebers** inhaltlich **übereinstimmen** und die Darlehenszusage dem Darlehensnehmer rechtzeitig zugegangen ist [§§ 145 ff. BGB].

(3) Inhalte eines Darlehensvertrags

- **Darlehenshöhe und Rückzahlungsmodus**

Der Darlehensnehmer muss sich festlegen auf die Darlehenssumme, auf die Höhe und die Zeit der Tilgung. Außerdem muss der Darlehensnehmer erklären, dass er über getilgte Beträge nicht erneut verfügt.

- **Darlehenskosten**

Zins	Der Darlehensnehmer kann wählen zwischen einem Festzins und einem variablen Zins. Beim Festzins bleibt der Zins für eine vereinbarte Laufzeit gleich, beim variablen Zins kann der Zinssatz durch Anpassungsklauseln geändert werden.
Bereitstellungs-zinsen	Wenn der Darlehensbetrag zum vereinbarten Auszahlungstermin vom Darlehensnehmer nicht in Anspruch genommen wird, kann die Bank vom vereinbarten bis zum tatsächlichen Auszahlungstermin einen Zinsausgleich (z.B. 3 % p.a.) beanspruchen.
Damnum (Disagio)[1]	Das Damnum stellt eine Kürzung des auszuzahlenden Darlehensbetrags dar und bedeutete eine **laufzeitabhängige Zinsvorauszahlung**. Je höher das Damnum ist, desto höher ist auch die tatsächliche Verzinsung (Effektivverzinsung) des Darlehens. Siehe Beispiel S. 198.

---

1 Damnum: Nachteil, Abzug.
   Disagio: Abschlag, Abgeld.

■ **Sicherheiten**

Langfristige Darlehen werden häufig für einen Hausbau, für den Bau neuer Fabrikanlagen oder für den Kauf eines Grundstücks verwendet. Diese Art der Darlehensgewährung wird in der Regel durch Grundpfandrechte[1] abgesichert.

(4) Berechnung des effektiven Jahreszinssatzes

Die verschiedenen Darlehensarten unterscheiden sich vor allem in ihren Auszahlungs- und Rückzahlungsmodalitäten. Der Auszahlungsbetrag liegt in der Regel bei 90–98 % der Darlehenssumme. Die Differenz zu 100 % wird als Disagio (Abgeld) bezeichnet. Der effektive Jahreszinssatz ist daher höher als der Nominalzinssatz.

Beispiel:

Ein Bankdarlehen über 100 000,00 EUR mit einer Auszahlung von 97 % und einer Laufzeit von 10 Jahren soll jährlich mit 7,5 % verzinst werden. Die Tilgung erfolgt in voller Höhe am Ende der Laufzeit.

Aufgabe:
Berechnen Sie den effektiven Jahreszinssatz!

Lösung:

Bei der Berechnung des effektiven Jahreszinssatzes muss das Disagio in Höhe von 3000,00 EUR auf die Laufzeit von 10 Jahren verteilt werden. Ferner muss berücksichtigt werden, dass der verfügbare Darlehensbetrag nur 97 000,00 EUR beträgt.

$$\text{Effektiver Jahreszinssatz} = \frac{(7\,500,00\ \text{EUR} + 3\,000,00\ \text{EUR}/10) \cdot 100}{97\,000,00\ \text{EUR}} = \underline{\underline{8,04\,\%}}$$

$$\text{Effektiver Jahreszinssatz} = \frac{(\text{Nominalzinsen} + \text{Disagio} / \text{Laufzeit}) \cdot 100}{\text{Auszahlungsbetrag}}$$

3.2.2.2 Darlehensformen im Vergleich

(1) Formen von Darlehen nach der Art der Rückzahlung

Fälligkeitsdarlehen (Festdarlehen)	Abzahlungsdarlehen (Ratentilgungsdarlehen)	Annuitätendarlehen
Für die Rückzahlung der gesamten Darlehenssumme ist ein bestimmter Termin vereinbart (z. B. „rückzahlbar am 31. Dez. 20..“). Während der Laufzeit des Darlehens sind in vertraglich vereinbarten Zeitabständen lediglich die Zinsen zu zahlen (z. B. vierteljährlich, halbjährlich, jährlich).	Hier erfolgt die Tilgung in stets gleichbleibenden Raten zu den vereinbarten Tilgungsterminen (z. B. vierteljährlich). Die Zinsen werden jeweils von der Restschuld errechnet und ermäßigen sich daher von Rate zu Rate.[2] Damit sinkt die Gesamtbelastung durch Zins- und Tilgungszahlungen.	Hier wird eine feste Annuität (Zins + Tilgung), d. h. Gesamtbelastung vereinbart. Die Summe aus Zins und Tilgung bleibt – außer bei der letzten Restzahlung – bei jeder Zahlung (z. B. monatlich, vierteljährlich) gleich. Daher nimmt die Zinsbelastung im Laufe der Zeit ab und die Tilgungsbeträge steigen an.[2]

---

1 Ein **Grundpfandrecht** ist ein Pfandrecht an einem Grundstück.
2 Die Zinsen werden immer aus der Schuldsumme (Restschuld) berechnet.

(2) Darlehensformen im Vergleich der Liquiditäts- und Aufwandsbelastungen[1]

Beispiel:

Der Unternehmer Hans Wetzel benötigt für den Kauf einer Maschine ein Darlehen über 120 000,00 EUR für die Dauer von 6 Jahren. Seine Hausbank bietet ihm folgende Konditionen an: Nominalzins 8 %, Auszahlung 100 %, Tilgung nach Wunsch.[1]

Aufgaben:

1. Vergleichen Sie für Hans Wetzel die Liquiditäts- und Aufwandsbelastungen beim
   1.1 Fälligkeitsdarlehen,   1.3 Annuitätendarlehen!
   1.2 Abzahlungsdarlehen und
2. Beurteilen Sie die Liquiditäts- und Aufwandsbelastungen der verschiedenen Darlehensarten!

Lösungen:

Zu 1.1: Fälligkeitsdarlehen (Festdarlehen)

Jahr	Darlehen Jahresanfang	Darlehen Jahresende	Tilgung	Zinsen	Geldmittel- abfluss
1	120 000,00	120 000,00	0,00	9 600,00	9 600,00
2	120 000,00	120 000,00	0,00	9 600,00	9 600,00
3	120 000,00	120 000,00	0,00	9 600,00	9 600,00
4	120 000,00	120 000,00	0,00	9 600,00	9 600,00
5	120 000,00	120 000,00	0,00	9 600,00	9 600,00
6	120 000,00	0,00	120 000,00	9 600,00	129 600,00
Summe			120 000,00	57 600,00	177 600,00

Beim **Fälligkeitsdarlehen** steht das gesamte Darlehen bis zum Ende der Laufzeit zur Verfügung. Die Liquiditätsbelastung ist aber im 6. Jahr aufgrund der Tilgung des gesamten Darlehensbetrags sehr hoch. Die jährliche Zinsbelastung bleibt konstant.

Zu 1.2: Abzahlungsdarlehen (Ratendarlehen)

Jahr	Darlehen Jahresanfang	Darlehen Jahresende	Tilgung	Zinsen	Geldmittel- abfluss
1	120 000,00	100 000,00	20 000,00	9 600,00	29 600,00
2	100 000,00	80 000,00	20 000,00	8 000,00	28 000,00
3	80 000,00	60 000,00	20 000,00	6 400,00	26 400,00
4	60 000,00	40 000,00	20 000,00	4 800,00	24 800,00
5	40 000,00	20 000,00	20 000,00	3 200,00	23 200,00
6	20 000,00	0,00	20 000,00	1 600,00	21 600,00
Summe			120 000,00	33 600,00	153 600,00

---

1 Zur Vereinfachung erfolgt die gewählte Tilgung jeweils am Ende des Kalenderjahres.

Beim **Abzahlungsdarlehen** sind die jährlichen Tilgungsraten gleich hoch, während die Zinsen aufgrund der abnehmenden Restschuld sinken. Die Gesamtbelastung durch Zins- und Tilgungsanteil sinkt während der Darlehenslaufzeit.

Zu 1.3: Annuitätendarlehen

Jahr	Darlehen Jahresanfang	Darlehen Jahresende	Tilgung	Zinsen	Geldmittel- abfluss (Annuität)
1	120 000,00	103 642,15	16 357,85	9 600,00	25 957,85
2	103 642,15	85 975,67	17 666,48	8 291,37	25 957,85
3	85 975,67	66 895,87	19 079,80	6 878,05	25 957,85
4	66 895,87	46 289,69	20 606,18	5 351,67	25 957,85
5	46 289,69	24 035,20	22 254,67	3 703,18	25 957,85
6	24 035,02	0,00	24 035,02	1 922,83	25 957,85
Summe			120 000,00	35 747,10	155 747,10

Der Geldmittelabfluss entspricht hier der Annuität, d. h. der gleichbleibenden Summe aus Zinsen und Tilgung. Die Annuität wird mithilfe von Annuitätenfaktoren, die in der Praxis einer Tabelle entnommen werden, durch Multiplikation mit der Darlehenssumme errechnet. Der Faktor ist abhängig vom Zinssatz und der Laufzeit des Annuitätendarlehens und beträgt in unserem Fall 0,216315. Den Tilgungsbetrag erhält man durch Subtraktion der jeweiligen Zinsen von der Annuität.

Das Annuitätendarlehen gewährleistet eine gleichmäßige Liquiditätsbelastung, wobei die Tilgungsbeiträge den sinkenden Zinsaufwendungen entsprechend steigen.

Zu 2.: Beurteilung der Liquiditätsbelastungen

- Beim **Fälligkeitsdarlehen** steht das gesamte Darlehen bis zum Ende der Laufzeit zur Verfügung. Die Liquiditätsbelastung ist aber im 6. Jahr aufgrund der Tilgung des gesamten Darlehensbetrags sehr hoch.
- Beim **Ratendarlehen** sinkt die Liquiditätsbelastung von Tilgungsjahr zu Tilgungsjahr.
- Eine gleichmäßige Liquiditätsbelastung gewährleistet das **Annuitätendarlehen,** wobei die Tilgungsbeträge den sinkenden Zinsaufwendungen entsprechend steigen.

(3) Barwertvergleich

Um die verschiedenen Darlehensformen vergleichen zu können, ist es für den Darlehensnehmer nicht nur von Bedeutung, **wie viel** er insgesamt an Zins und Tilgung während der Laufzeit an den Darlehensgeber zu zahlen hat, sondern es ist für ihn auch wichtig zu wissen, zu **welchem Zeitpunkt** er die Zahlungen zu erbringen hat. Beim Fälligkeitsdarlehen hat der Darlehensnehmer z. B. während der ersten 5 Jahre keine Tilgungen zu leisten (siehe S. 199), während er z. B. beim Abzahlungsdarlehen bereits ab dem ersten Jahr das Darlehen zu tilgen hat (siehe S. 199). Beim Fälligkeitsdarlehen kann der Darlehensnehmer somit anstelle der Tilgungsbeträge die „gesparten" Beträge zinsbringend anlegen und damit seine Aufwands- und Liquiditätsbelastung verringern.

Der Zeitwert der Zahlungen, die während der Laufzeit des Darlehens zeitlich nacheinander anfallen, sind nicht vergleichbar. Um die Vergleichbarkeit herzustellen, werden die Zahlungen auf einen gemeinsamen **Bezugszeitpunkt,** im vorliegenden Fall auf den Beginn der Darlehenslaufzeit, abgezinst. Für die Abzinsung kann der Darlehensnehmer z.B. den Zinssatz **(Kalkulationszinsfuß)** zugrunde legen, zu dem er die „ersparten" liquiden Mittel zinsbringend anlegen kann. Der Kalkulationszinsfuß stellt somit die Renditeerwartung (Zinserwartung) dar, die der Darlehensnehmer mit seiner Geldanlage erzielen möchte. Die Höhe des Kalkulationszinsfußes sowie die Zeitdifferenz zwischen der fälligen Zahlung und dem Bezugszeitpunkt sind entscheidend dafür, in welchem Umfang die künftigen Zahlungen abgezinst werden und wie hoch deren Barwerte sind.

- Bei der **Abzinsung (Diskontierung)** liegt die Fragestellung zugrunde, wie viel eine Zahlung, die zu einem Zeitpunkt n anfällt, zum Bezugszeitpunkt (z.B. bei der Aufnahme des Darlehens) wert ist.

- Der **Barwert** einer Zahlung ist der auf den Bezugszeitpunkt abgezinste Wert der Zahlung.

Beispiel:

Wir nehmen Bezug auf das Beispiel auf S. 199 f. Für die Barwertermittlung wird ein Kalkulationszinsfuß von 6 % angenommen (zum Abzinsungsfaktor siehe nebenstehende Tabelle).

Jahr	Abzinsungsfaktor
1	0,943396
2	0,889996
3	0,839619
4	0,792094
5	0,747258
6	0,704961

Aufgaben:

1. Berechnen Sie die Barwertsummen für die Liquiditätsbelastung!

2. Beurteilen Sie die Auswirkungen des Barwertvergleichs zwischen dem Fälligkeitsdarlehen und dem Abzahlungsdarlehen!

Lösungen:

Zu 1.:

Jahr	Fälligkeitsdarlehen		Abzahlungsdarlehen		Annuitätendarlehen	
	Liquiditäts-belastung	Barwert	Liquiditäts-belastung	Barwert	Liquiditäts-belastung	Barwert
1	9 600,00	9 056,60	29 600,00	27 924,52	25 957,85	24 488,53
2	9 600,00	8 543,96	28 000,00	24 919,89	25 957,85	23 102,38
3	9 600,00	8 060,34	26 400,00	22 165,94	25 957,85	21 794,70
4	9 600,00	7 604,10	24 800,00	19 643,93	25 957,85	20 561,06
5	9 600,00	7 173,68	23 200,00	17 336,39	25 957,85	19 397,21
6	129 600,00	91 362,95	21 600,00	15 227,16	25 957,85	18 299,27
Σ	177 600,00	131 801,63	153 600,00	127 217,83	155 747,10	127 643,15

Zu 2.:

Werden das Fälligkeitsdarlehen und das Abzahlungsdarlehen mit einem Kalkulationszinsfuß von 6 % auf den Beginn der Darlehenszeit abgezinst, so beträgt die Gesamtschuld beim Fälligkeitsdarlehen 131 801,63 EUR und beim Abzahlungsdarlehen 127 217,83 EUR.

Der Barwertvergleich zeigt, dass sich die Liquiditätsbelastung, bei einem angenommenen Kalkulationszinsfuß von 6%, zwischen dem Fälligkeitsdarlehen und dem Abzahlungsdarlehen von 24 000,00 EUR (177 600,00 EUR − 153 600,00 EUR) auf 4 583,80 EUR (131 801,63 EUR − 127 217,83 EUR) verringert.

Zusammenfassung

■ Unter **Kredit** verstehen wir die zeitweilige Überlassung von Geld (oder Gütern) im Vertrauen darauf, dass der Kreditnehmer den Kredit termingerecht zurückzahlt und verzinst.

■ Das **Darlehen** ist in der Regel ein langfristiger Kredit. Zweck des Darlehens ist es, einen in der Höhe bestimmten (vorhersehbaren) Fremdkapitalbedarf abzudecken. Die Rückzahlung erfolgt entweder in einer Summe (Fälligkeitsdarlehen) oder nach einem vereinbarten Tilgungsplan (entweder als Abzahlungs- oder Annuitätendarlehen).

■ Der **Darlehensvertrag** kommt durch zwei inhaltlich übereinstimmende Willenserklärungen (z. B. Darlehensgesuch des Darlehensnehmers, Annahme des Darlehensgesuchs durch die Bank) zustande.

■ Wichtige **Inhalte des Darlehensvertrags** sind: (1) Kredithöhe und Rückzahlungsmodus, (2) Kreditkosten (Zinsvereinbarung, Bereitstellungszinsen, Damnum [Disagio]), (3) Sicherheiten.

■ Bei Kreditverträgen muss zwischen dem sogenannten **Nominalzinssatz** und dem tatsächlich berechneten Zinssatz (dem **Effektivzinssatz**) unterschieden werden.

Übungsaufgaben

98 Ein Darlehen in Höhe von 100 000,00 EUR soll wie folgt zurückgezahlt werden: Tilgung viertel-jährlich 2 500,00 EUR bei einem Zinssatz von 8%.

Aufgaben:

1. Begründen Sie, welche Darlehensart vorliegt!

2. Erstellen Sie rechnerisch den Zins- und Tilgungsplan für die ersten 3 Jahre!

3. Ordnen Sie den drei Abbildungen die drei Darlehensarten Fälligkeitsdarlehen, Abzahlungsdarlehen und Annuitäten-darlehen zu!

Abb. 1:

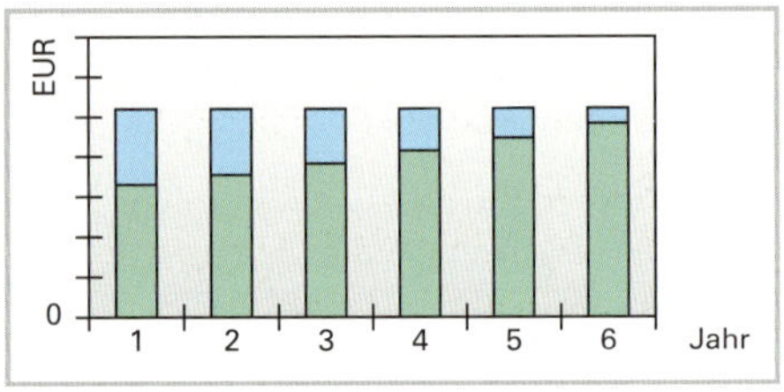

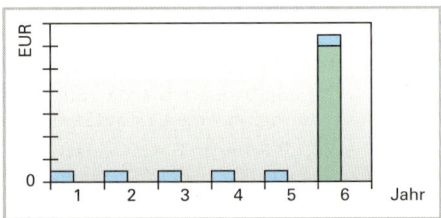

Abb. 2:

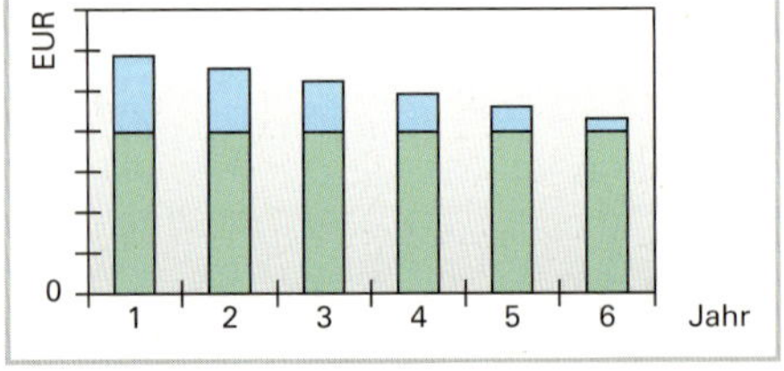

Abb. 3:

202

4. Nennen Sie je einen Vor- und Nachteil des Abzahlungs- und Annuitätendarlehens für den Kreditnehmer!

5. Formulieren Sie Kriterien, die für Sie eine Entscheidungshilfe darstellen bei der Frage, ob eine Investition eigen- oder fremdfinanziert werden soll!

6. 6.1 Erklären Sie die Bedeutung eines Auszahlungskurses in Höhe von 98 % bei einem Darlehen!

   6.2 Beschreiben Sie den Zweck einer Darlehensaufnahme! Bilden Sie hierzu ein Beispiel!

   6.3 Beurteilen Sie, ob es unwirtschaftlich wäre, für einen nur gelegentlich auftretenden finanziellen Spitzenbedarf ein Darlehen aufzunehmen!

99 Die Commerzbank Wolfsburg gewährt der Kramer GmbH zum Bau einer Reparaturhalle für den eigenen Fuhrpark ein Darlehen über 120 000,00 EUR. Der Kredit ist bei einer Auszahlung von 92 % mit 6 % nachschüssig zu verzinsen. Vereinbart wird eine jährliche Tilgung von 10 %, erstmals am Ende des ersten Darlehensjahres.

Aufgaben:

1. Berechnen Sie den effektiven Jahreszinssatz im 1. Jahr!

2. Stellen Sie tabellarisch den Darlehensverlauf dar und ermitteln Sie die jährliche Aufwandsbelastung!

100 Die Deutsche Bank Hannover bietet Stefan Osann e. Kfm. für die Erweiterung des Lagers folgendes Darlehen an: Kreditsumme: 80 000,00 EUR, Laufzeit 5 Jahre, Disagio 1 %, Zinssatz 8,0 %.

Aufgaben:

1. Berechnen Sie den effektiven Jahreszinssatz für das 1. Jahr!

2. Stefan Osann möchte eine gleichbleibende Liquiditätsbelastung.
   2.1 Berechnen Sie die jährlichen Annuitätenzahlungen, wenn der Annuitätenfaktor 0,25046 beträgt (Tabellenwert)!

   2.2 Ermitteln Sie die gesamte Aufwandsbelastung für diesen Kredit!

101 Die Werkzeugfabrik Fritz Leib OHG benötigt für den Kauf eines Lastenkrans ein Darlehen in Höhe von 160 000,00 EUR für die Dauer von 5 Jahren. Die Hausbank bietet folgende Konditionen an:

Nominalzins 7,5 %, Auszahlung 100 %. Die Tilgung wird alternativ angeboten, und zwar als Fälligkeitsdarlehen und als Abzahlungsdarlehen mit einer jährlichen Tilgung von 40 000,00 EUR, wobei das erste Darlehensjahr tilgungsfrei bleibt.

Aufgaben:

1. Vergleichen Sie für die Fritz Leib OHG die beiden Darlehensformen!

2. Die Fritz Leib OHG möchte auch einen Liquiditätsvergleich auf der Basis der Barwerte durchführen. Für die Barwertermittlung wird ein Kalkulationszinsfuß von 6 % angenommen (zum Abzinsungsfaktor siehe nebenstehende Tabelle).

Jahr	Abzinsungsfaktor
1	0,943396
2	0,889996
3	0,839619
4	0,792094
5	0,747258

   2.1 Berechnen Sie die Barwertsummen für die Liquiditätsbelastung!

   2.2 Beurteilen Sie die Auswirkungen des Barwertvergleichs zwischen dem Fälligkeitsdarlehen und dem Abzahlungsdarlehen!

3.2.3 Industrieobligation

3.2.3.1 Begriff und Arten des Kapitalmarkts

Während sich kleine und mittelgroße Unternehmen zur Deckung ihres langfristigen Fremdkapitalbedarfs in der Regel direkt an eine Bank oder sonstige Geldgeber wenden, um mit ihnen einen Darlehensvertrag abzuschließen, können sich größere Unternehmen, die hohe Kreditsummen benötigen, direkt an die Kapitalsammelstellen (z. B. Versicherungen, Bausparkassen) wenden, um z. B. ein Schuldscheindarlehen[1] zu erhalten. Übersteigt der Kreditbedarf die Möglichkeiten einer einzigen Kapitalsammelstelle, muss das Darlehen gestückelt werden. Es ist die Emission von Obligationen[2] erforderlich, d. h. eine Finanzierung über die **Wertpapierbörse.**

> Unter **Kapitalmarkt** versteht man den Markt für langfristige Anleihen, Anlagen und Beteiligungen.

Es wird zwischen organisiertem und nicht organisiertem Kapitalmarkt unterschieden:

- Der **organisierte Kapitalmarkt** ist der Markt der Banken und Wertpapierbörsen.[3] Die Wertpapierbörsen haben einen Aktien- und einen Rentenmarkt. Der Rentenmarkt, und nur er ist hier von Interesse, ist der Markt für festverzinsliche längerfristige Anleihen.

- Der **nicht organisierte Kapitalmarkt** umfasst z. B. die Direktanleihen der Versicherungsgesellschaften und die Nachfrage und das Angebot von langfristigen Finanzierungsmöglichkeiten beispielsweise über Anzeigen in Zeitungen, durch private Finanzmakler und private Geldverleiher.

Gegenüber dem nicht organisierten Kapitalmarkt unterscheidet sich der organisierte Kapitalmarkt vor allem durch die Publizität, die Standardisierung (z. B. der Wertpapierprodukte und Handelsbedingungen), die große Marktgängigkeit der gehandelten Wertpapiere und durch den hohen Regulierungsgrad (Umfang der Organisation).

3.2.3.2 Industrieobligation als Beispiel für einen Kapitalmarktkredit

(1) Begriff Industrieobligation

> - **Industrieobligationen** (Industrieanleihen, Industrieschuldverschreibungen) gehören zu den i. d. R. festverzinslichen Gläubigerpapieren.[4] Industrieobligationen verbriefen ein **langfristiges Darlehen,** das ein Großunternehmen (nicht nur der Industrie, sondern z. B. auch des Handels) über die Börse aufnimmt.
>
> - Zu diesem Zweck erfolgt eine Stückelung der Gesamtsumme in **Teilschuldverschreibungen.** Der Nennwert beträgt i. d. R. 100,00 EUR. Die kleine Stückelung ermöglicht es, die Industrieobligationen auch bei weniger kapitalstarken Anlegern unterzubringen.

---

1 **Schuldscheine** sind im Gegensatz zu den Obligationen keine vertretbaren Kapitalwertpapiere (Effekten), sondern sogenannte **Beweisurkunden.** Sie können deshalb auch nicht an den Wertpapierbörsen gehandelt werden.
2 **Obligation** heißt Verpflichtung, Schuld, Verbindlichkeit. Gewöhnlich werden die Begriffe Obligation, Schuldverschreibung, Teilschuldverschreibung und Anleihe synonym (gleichbedeutend) verwendet.
3 Häufig wird unter dem organisierten Kapitalmarkt lediglich die Wertpapierbörse verstanden.
4 Zu den Obligationen (Gläubigerpapieren) gehören auch die Obligationen (Anleihen) mit variablen Zinssätzen, die sogenannten **„Floating Rates Notes"** (kurz „Floater" genannt).

204

Die Sicherheit der Industrieschuldverschreibung liegt meist in erstrangigen **Grundpfand-rechten**[1] am gesamten Grundbesitz einschließlich der Gebäude und fest installierten Betriebsanlagen.

(2) Bestandteile der Industrieobligationen

Die Industrieobligation besteht aus dem **Mantel**, dem **Zinsscheinbogen** und dem **Erneuerungsschein (Talon)**. Der Mantel enthält u. a. den aufgedruckten Nennwert und die Angabe des Jahreszinssatzes. Gegen den abgetrennten Zinsschein erhält der Inhaber i. d. R. jährlich Zinsen. Ist der Zinsscheinbogen aufgebraucht, erhält der Obligationär (Inhaber der Obligation) gegen Einsendung des Erneuerungsscheins einen neuen Zinsscheinbogen mit Talon.

(3) Kurs

Auch bei den Gläubigerpapieren weicht der Kurs in der Regel vom Nominalwert ab. Die Höhe des aufgedruckten Zinssatzes **(Nominalzinssatzes)** ist nicht gleichzusetzen mit der Verzinsung des angelegten Kapitals. Der Zinssatz, den der Aussteller des Gläubigerpapiers festlegt, richtet sich an dem gerade herrschenden Zinssatz auf dem Kapitalmarkt aus.

Die effektive Verzinsung eines Gläubigerpapiers errechnet sich wie folgt:

Beispiel:

Nennwert: 100,00 EUR; Nominalzinssatz 6 %; Kauf zu einem Kurs von 85 %.

Aufgabe:

Berechnen Sie die effektive Verzinsung!

Lösung:

Für 85,00 EUR Kapitaleinsatz erhalten wir 6,00 EUR Zinsen.
Für 100,00 EUR Kapitaleinsatz erhalten wir x EUR Zinsen.

$$x = \frac{6 \cdot 100}{85} = \underline{\underline{7,05\,\%}}$$

$$\text{Effektive Verzinsung} = \frac{\text{Nominalzins} \cdot 100}{\text{Kaufpreis}}$$

Ergebnis: Die effektive Verzinsung beträgt 7,05 %.

Bei den festverzinslichen Wertpapieren besteht somit vor dem Fälligkeitstermin der Rückzahlung ein Kursrisiko. Die Rückzahlung am Fälligkeitstermin erfolgt dann aber in der Regel zum Nennwert.

---

1 Siehe auch Fußnote 1, S. 198.

(4) Vor- und Nachteile der Finanzierung mit Industrieobligationen

Vorteile	Nachteile
■ Der Emittent kann aufgrund der Anleihestückelung große Kreditsummen beschaffen. ■ Die Kreditgeber haben keine Mitwirkungsrechte (z. B. Stimmrecht in der Hauptversammlung.	■ Hohe Emissionskosten (z. B. Prospektkosten, Bankvergütungen). ■ Es muss häufig ein hoher Zins angeboten werden, da die Bonität der Obliation in erster Linie auf der Qualität des Unternehmens beruht.

Zusammenfassung

■ Langfristige Kredite können auch auf dem organisierten Kapitalmarkt (an der Wertpapierbörse) durch Ausgabe von Obligationen (Schuldverschreibungen) beschafft werden **(Kapitalmarktkredite).**

■ Unter **Kapitalmarkt** versteht man den Markt für langfristige Anleihen, Anlagen und Beteiligungen.

  ■ Der **organisierte Kapitalmarkt umfasst den Aktienmarkt und den Rentenmarkt.**

  ■ Der **nicht organisierte Kapitalmarkt** umfasst z. B. die Direktanleihen der Versicherungsgesellschaften und Industrieunternehmen sowie die Kredite der privaten Geldvermittler und Geldverleiher.

■ Bei den **Industrieobligationen** handelt es sich um Schuldverschreibungen, die von großen Industrieunternehmen ausgegeben werden, um ihren langfristigen Fremdkapitalbedarf zu decken.

Übungsaufgabe

102 Die Geschäftsleitung einer AG rechnet mit einem zusätzlichen Kapitalbedarf zur Finanzierung des neuen Geschäftsbereichs Umwelttechnologie von 100 Mio. EUR beim Umlaufvermögen. Der Vorstand erwägt die Ausgabe einer Industrieobligation von nominal 100 Mio. EUR.

Ausstattungsmerkmale: Nominalzins 8 %, Ausgabekurs 94,5 %, Rückzahlungskurs 101 %, Laufzeit 8 Jahre, Rückzahlung in einem Betrag, jährliche nachträgliche Zinszahlung.

Aufgaben:

1. 1.1 Erläutern Sie zwei Gesichtspunkte, welche die AG bei der Ausgestaltung der Obligation beachten muss!

    1.2 Berechnen Sie, welchen Mittelzufluss die AG erwarten kann, wenn diese Obligation voll platziert werden kann (ohne Emissionskosten)!

    1.3 Berechnen Sie den effektiven Zinsfuß für die AG, wenn zusätzlich einmalige Kosten von 2,5 Mio. EUR und jährlich 0,8 Mio. EUR wiederkehrende Kosten entstehen!

2. Am 1. Juli 20.. wird von der AG eine 6 %ige Industrieschuldverschreibung von 60 Mio. EUR zu 98 % und einer Laufzeit von längstens 10 Jahren emittiert. Rückzahlung zu 101 % bei vier tilgungsfreien Jahren in sechs gleichen Jahresraten gemäß Auslosung. Die Emissionskosten betragen 750 000,00 EUR.

    2.1 Ermitteln Sie rechnerisch den Finanzierungsbetrag (Mittelzufluss netto), der der AG aus dieser Emission zur Verfügung steht!

    2.2 Berechnen Sie die Zinsen, welche die AG für die Industrieschuldverschreibung während der gesamten Laufzeit aufzubringen hat!

3.2.4 Leasing[1]

3.2.4.1 Begriff Leasing

Die Idee, Anlagegüter zu mieten oder zu pachten, statt zu kaufen, gelangte in Deutschland erst nach dem Zweiten Weltkrieg zu größerer Verbreitung. Die Verbreitung der Leasing-idee beruht insbesondere darauf, dass die Unternehmen mit diesem Finanzierungsinstrument die Möglichkeit erhalten, technische Neuerungen in der Produktion zu nutzen. Die Anlagen können auf diese Weise auf dem neuesten technischen Stand gehalten werden, weil die Unternehmen die Möglichkeit haben, den Leasing-Gegenstand nach Ablauf der Miet- bzw. Pachtzeit wieder zurückzugeben und die Anlage mit dem neuesten technischen Stand zu leasen.

Als Leasingobjekte können sowohl unbewegliche Anlagegüter (z.B. Gebäude, Produktionsanlagen) als auch bewegliche Anlagegüter (z.B. Pkw, Lkw, Büromaschinen, Computer) dienen. Nach Beendigung der Vertragszeit hat der Leasingnehmer das Gut zurückzugeben, wenn er nicht von der Möglichkeit Gebrauch machen will, einen Verlängerungsvertrag abzuschließen oder das Leasinggut käuflich zu erwerben.

> **Leasing** ist das Mieten bzw. Pachten von Anlagegütern gegen Zahlung eines Miet- bzw. Pachtzinses (Leasingrate).

Leasing ist insofern eine Art der **Fremdfinanzierung,** als die Finanzierung der Anschaffungskosten eines Objekts nicht vom Leasingnehmer, sondern von einem anderen Unternehmen, dem Leasinggeber, getragen wird. Das Leasing ist ein **Sachkredit.** Die Leasing-Finanzierung wird daher auch als **Sachmittelfremdfinanzierung** bezeichnet.

3.2.4.2 Möglichkeiten der Vertragsgestaltung

Leasingverträge lassen sich unter sehr unterschiedlichen Merkmalen gestalten. Einige Gestaltungsmöglichkeiten werden im Folgenden angeführt.

(1) Unter dem Gesichtspunkt des geleasten Gegenstands

Ausrüstungs-vermietung (Equipment-Leasing)	Hier werden Gegenstände, die der „Ausrüstung" eines Unternehmens dienen, vermietet bzw. verpachtet (z.B. Maschinen, Bagger, Transport-einrichtungen, Datenverarbeitungsanlagen).
Industrieanlagen-vermietung (Industrieleasing)	In diesem Fall werden ganze Industrieanlagen vermietet bzw. verpachtet (z.B. Fabrikgebäude einschließlich der Ausrüstung).
Konsumgüterleasing	Leasingnehmer (Mieter) sind die privaten Haushalte, Leasinggüter sind z.B. Autos, Fernsehgeräte, Waschmaschinen, Gefriertruhen.

---

1 To lease (engl.): mieten. Da die „geleasten" Wirtschaftsgüter nicht nur genutzt, sondern auch zur Gewinnerzielung („Fruchtziehung") eingesetzt werden, enthält der Leasingvertrag Elemente des Miet- wie auch des Pachtvertrags.

(2) Unter dem Gesichtspunkt des Inhalts der Leasingverträge

Leasingverträge ohne Kauf- oder Miet-verlängerungsoption	Bei diesen Verträgen hat der Leasingnehmer kein Recht auf Verlängerung der Leasingzeit bzw. keinen Anspruch darauf, das Leasinggut nach Ablauf der Grundmiet- bzw. -pachtzeit kaufen zu können.
Leasingverträge mit Kauf- oder Miet-verlängerungsoption	Bei diesen Leasingverträgen wird dem Leasingnehmer das Recht eingeräumt, nach Ablauf der Grundmiet- bzw. -pachtzeit das Leasinggut weiter zu leasen oder kaufen zu können.

(3) Unter dem Gesichtspunkt der Dauer der Leasingzeit

■ Operate-Leasing

Beim Operate-Leasing ist die Grundmietzeit relativ kurz, sodass die Leasingraten nicht für die Amortisation der Anschaffungskosten ausreichen. Die Restamortisation, die angefallenen Kosten und ein angemessener Gewinn können im Allgemeinen erst durch Folgeverträge bzw. durch den Verkaufserlös des Leasingobjekts gedeckt werden. Die Bilanzierung des Leasingobjekts erfolgt beim Leasinggeber. Der Leasingnehmer kann die Leasingraten als Betriebsausgaben absetzen. Bei dieser Art des Leasingvertrags hat das Leasingunternehmen neben der Finanzierung der Anschaffungskosten auch für die uneingeschränkte Nutzungsfähigkeit des Leasingobjekts zu sorgen. Wartungskosten, Reparaturkosten und Versicherungskosten gehen zu seinen Lasten. Auch für den Fall eines Totalausfalls hat die Leasinggesellschaft für ein Ersatzobjekt zu sorgen.

Beim Operate-Leasing übernimmt der **Leasinggeber** das **gesamte Investitionsrisiko,** da der Leasinggeber, bei Kündigung vor Ablauf der Nutzungsdauer durch den Leasingnehmer, eine volle Amortisation nur durch eine oder mehrere Anschlussmiet- bzw. pachtzahlungen erzielen kann. Infolge dieser Risikobelastung des Leasinggebers werden für derartige Verträge nur Wirtschaftsgüter herangezogen, die jederzeit erneut vermietet bzw. verpachtet werden können (z. B. Autovermietung, Vermietung von Universalmaschinen, Computer-, Telefonanlagen).

■ Finance-Leasing

Das Finance-Leasing ist überwiegend langfristig angelegt. Innerhalb der Grundmietzeit, die meistens bei **40 % bis 90 % der betriebsgewöhnlichen Nutzungsdauer** des Leasinggutes liegt, ist der Vertrag nicht kündbar. Bei dieser Vertragsgestaltung hat der Leasingnehmer die laufenden Betriebskosten zu tragen. Auch das Risiko eines Totalschadens trägt grundsätzlich der Leasingnehmer. Finance-Leasing-Verträge enthalten üblicherweise ein **Optionsrecht**[1] **des Leasingnehmers,** das nach Ablauf der Grundmietzeit wahrgenommen werden kann. Es kann sich beziehen auf eine **Kaufoption** (Recht zum Kauf des Leasingobjekts zu einem vorher vereinbarten Restwert) oder eine **Miet- bzw. Pachtverlängerungsoption** (Recht auf Verlängerung der Mietzeit bzw. Pachtzeit mit geringeren Leasingraten).

Da der Leasingnehmer das volle Investitionsrisiko übernimmt, eignet sich das Finance-Leasing nicht nur für marktgängige Wirtschaftsgüter, sondern auch für Verträge über Güter, die nach den besonderen Anweisungen eines Leasingnehmers gestaltet werden, wobei gegebenenfalls der Leasingnehmer unmittelbar mit dem Hersteller in Verhandlungen tritt **(Spezial-Leasing).**

---

1 Option: Wahlrecht.

Finance-Leasing-Verträge können bezüglich der Höhe der Leasingrate (bzw. bezüglich der Dauer der Grundmietzeit) unterschiedlich ausgestaltet sein. Zu unterscheiden sind:

Art des Finance-Leasings-Vertrags	Erläuterung	Beispiele
Vollamortisations-verträge (Full-pay-out-Verträge)	Verträge, die dem Leasinggeber innerhalb der Grundmietzeit (Grundpachtzeit) die Erstattung der vollen Objektkosten (Anschaffungs- und Herstellungskosten sowie sämtliche Nebenkosten wie Vertrieb, Verwaltung, Finanzierung) zuzüglich eines angemessenen Gewinnes ermöglichen.	Hierbei handelt es sich um <ul><li>Immobilien,</li><li>hochwertige Maschinen,</li><li>Anlagegüter, die speziell nach den Anweisungen des Leasingnehmers erstellt werden.</li></ul>
Teilamortisations-verträge (Non-pay-out-Verträge)	Verträge, bei denen dem Leasinggeber innerhalb der Grundmietzeit nur ein Teil der Objektkosten ersetzt werden. Für diesen Fall hat der Leasingnehmer nach Ablauf der Grundmietzeit (Grundpachtzeit) das Verwertungsrisiko zu übernehmen (z.B. Verlängerung der Mietdauer, Kauf des Objekts, Weiterverkauf des Objekts an einen Dritten).	Dieses sind <ul><li>Kfz-Leasing,</li><li>Leasing von Computeranlagen,</li><li>Leasing von Telefonanlagen.</li></ul>

(4) Sale-and-lease-back

Verträge, bei denen der Leasingnehmer ein ihm gehörendes Wirtschaftsgut an die Leasinggesellschaft verkauft, die es anschließend an den Leasingnehmer verleast **(Sale-and-lease-back)**. Eine solche Vorgehensweise hat in der Regel einen steuerrechtlichen Hintergrund. Angewendet wird dieses Verfahren oftmals bei Immobilien.

3.2.4.3 Rechnerischer Vergleich von Finance-Leasing und Kreditfinanzierung

Der Vergleich zwischen Leasing und Kreditkauf konzentriert sich im rechnerischen Vergleich auf die Liquiditäts- und Aufwandswirkung der beiden Finanzierungsarten.

Beispiel:

Die Backfein GmbH beabsichtigt, ihren Maschinenpark um einen Backautomaten zu erweitern. Nach den Angaben des Herstellers betragen die Anschaffungskosten 480000,00 EUR. Die betriebsgewöhnliche Nutzungsdauer wird mit 6 Jahren angegeben. Es wird linear abgeschrieben.

Da die Backfein GmbH gerade erst die Produktionshalle erweitert hat, ist eine Finanzierung mit eigenen Finanzmitteln nicht möglich. Das Unternehmen hat zwei Finanzierungsalternativen:

1. Angebot: Leasingangebot des Herstellers:

Bei einer Grundmietzeit von 4 Jahren betragen die Leasingraten 135000,00 EUR pro Jahr, fällig jeweils am 31. Dezember eines Jahres. Im Falle einer Vertragsverlängerung sinkt die Rate auf 64000,00 EUR.

14 Speth u.a. - ISBN 978-3-8120-0537-1

2. Angebot: Kreditangebot der Hausbank:

Ratentilgungsdarlehen mit 5 Jahren Laufzeit über 500 000,00 EUR, Auszahlung 96 %, Nominalzinssatz 7,5 %, Fälligkeit der Tilgungsrate jeweils am 31. Dezember.

3. Angebot: Kreditangebot der Hausbank:

Fälligkeitsdarlehen zu sonst gleichen Konditionen.

Aufgaben:

1. Vergleichen Sie das Leasingangebot mit dem Ratentilgungsdarlehen unter den Gesichtspunkten von Liquiditäts- und Aufwandsbelastung!
2. Vergleichen Sie das Leasingangebot mit dem Fälligkeitsdarlehen unter den Gesichtspunkten von Liquiditäts- und Aufwandsbelastung!

Lösungen:

Zu 1.: Vergleich von Leasing und Ratentilgungsdarlehen

1. Angebot: Liquiditäts- und Aufwandsbelastung bei Leasing

Jahr	Geldmittelabflüsse (Leasingraten)[1]	Aufwendungen
1	135 000,00 EUR	135 000,00 EUR
2	135 000,00 EUR	135 000,00 EUR
3	135 000,00 EUR	135 000,00 EUR
4	135 000,00 EUR	135 000,00 EUR
5	64 000,00 EUR	64 000,00 EUR
6	64 000,00 EUR	64 000,00 EUR
Summe	668 000,00 EUR	668 000,00 EUR

2. Angebot: Liquiditäts- und Aufwandsbelastung beim Ratentilgungsdarlehen

Jahr	Rest-darlehen EUR	Tilgung EUR	Zinsen EUR	Abschreibung Backautomat EUR	Abschreibung Disagio EUR	Geldmittel-abflüsse EUR	Aufwen-dungen EUR
1	500 000,00	100 000,00	37 500,00	80 000,00	4 000,00	137 500,00	121 500,00
2	400 000,00	100 000,00	30 000,00	80 000,00	4 000,00	130 000,00	114 000,00
3	300 000,00	100 000,00	22 500,00	80 000,00	4 000,00	122 500,00	106 500,00
4	200 000,00	100 000,00	15 000,00	80 000,00	4 000,00	115 000,00	99 000,00
5	100 000,00	100 000,00	7 500,00	80 000,00	4 000,00	107 500,00	91 500,00
6	0,00	0,00	0,00	80 000,00	0,00	0,00	80 000,00
Σ						612 500,00	612 500,00

Ergebnis: Die Finanzierung durch ein Ratentilgungsdarlehen ist rechnerisch sowohl hinsichtlich der Liquiditäts- als auch hinsichtlich der Aufwandsbelastung günstiger.

---

1 Die Leasingrate („Mietpreis") enthält folgende Finanzierungskosten:

    1. den **Abschreibungsbetrag** (die Ausgaben bzw. Aufwendungen des Leasinggebers für die Beschaffung oder Herstellung des Leasinggutes werden auf die Dauer der Grundleasingzeit verteilt);

    2. die **Verzinsung** (das vom Leasinggeber investierte Kapital muss sich verzinsen);

    3. eine **Risikoprämie** (z. B. für schnelles Veralten);

    4. die **sonstigen Verwaltungs- und Vertriebskosten** (einschließlich der laufenden Servicekosten);

    5. den **Gewinnzuschlag.**

Zu 2.: Vergleich von Leasing und Fälligkeitsdarlehen

3. Angebot: Liquiditäts- und Aufwandsbelastung beim Fälligkeitsdarlehen

Jahr	Rest-darlehen EUR	Tilgung EUR	Zinsen EUR	Abschreibung Backautomat EUR	Abschreibung Disagio EUR	Geldmittel-abflüsse EUR	Aufwen-dungen EUR
1	500 000,00	0,00	37 500,00	80 000,00	4 000,00	37 500,00	121 500,00
2	500 000,00	0,00	37 500,00	80 000,00	4 000,00	37 500,00	121 500,00
3	500 000,00	0,00	37 500,00	80 000,00	4 000,00	37 500,00	121 500,00
4	500 000,00	0,00	37 500,00	80 000,00	4 000,00	37 500,00	121 500,00
5	500 000,00	500 000,00	37 500,00	80 000,00	4 000,00	537 500,00	121 500,00
6	0,00	0,00	0,00	80 000,00	0,00	0,00	80 000,00
Σ						687 500,00	687 500,00

Ergebnis: Die Finanzierung über ein Fälligkeitsdarlehen ist rechnerisch sowohl hinsichtlich der Liquiditäts- als auch hinsichtlich der Aufwandsbelastung jeweils um 19 500,00 EUR (687 500,00 EUR – 668 000,00 EUR) ungünstiger als das Leasingangebot.

3.2.4.4 Beurteilung des Leasings

Mit dem Leasing sind für den Leasingnehmer folgende Vorteile bzw. Nachteile verbunden:

Vorteile	Nachteile
■ Aufbau, Erweiterung bzw. Rationalisierung eines Betriebs können ohne großen Geldkapitalbedarf durchgeführt werden.	■ Die Leasingkosten sind hoch, denn die Gesamtkosten des Leasinggebers müssen in relativ kurzer Zeit aufgebracht werden.
■ Das eingesparte Geldkapital kann anderweitig rentabler eingesetzt werden.	■ Die Kosten fallen regelmäßig an, sodass es unter Umständen zu Liquiditätsschwierigkeiten kommen kann, wenn die Zahlungen aus Verkäufen nicht rechtzeitig eingehen.
■ Da mit der Nutzung Erträge anfallen, können die Kosten aus dem laufenden Ertrag bezahlt werden.	■ Eigentum an dem Investitionsgut wird nicht erworben. Deshalb darf der Leasinggegenstand vom Leasingnehmer ohne Zustimmung des Leasinggebers auch nicht verändert werden.
■ Rasche Anpassung an den technischen Fortschritt ist beim kurzfristigen Leasing möglich.	
■ Leasing schafft klare Kalkulationsgrundlagen.	■ Das Fehlen von Anlagevermögen mindert die Möglichkeit einer eventuell später notwendig werdenden Kreditsicherung.
■ Nutzungskonforme Finanzierungsdauer, d. h., die Laufzeit des Leasingvertrags richtet sich in der Regel an der betriebsgewöhnlichen Nutzungsdauer des Leasingobjekts aus.	■ Ausschluss der Kündigung des Leasingnehmers während der Grundmietzeit.
■ Zur Anschaffung des Vermögensgegenstandes sind keine Kreditsicherheiten erforderlich.	

3.2.5 Beurteilung der Kreditfinanzierung

Vorteile	Nachteile
■ Die Finanzierung von Betriebserweiterungen ist auch dann möglich, wenn die Finanzkraft des Unternehmens oder der Gesellschafter erschöpft ist. ■ Die Rentabilität des Unternehmens kann erhöht werden. (Bedingung ist, die Verzinsung der zusätzlichen Investitionen übersteigt den Fremdkapitalzinssatz.) ■ Risikoreiche Investitionen werden vermieden oder eingeschränkt, weil die Zins- und Liquiditätsbelastung des Fremdkapitals zu sorgfältiger Kalkulation und Finanzplanung zwingt. ■ Volkswirtschaftlich dann positiv, wenn die Kreditaufnahme der Unternehmen und Haushalte in etwa der Gesamtersparnis in der Volkswirtschaft entspricht.	■ Die Mittel stehen dem Unternehmen zeitlich nicht unbegrenzt zur Verfügung. ■ Die Fremdmittel müssen i. d. R. verzinst und getilgt werden. Damit werden Kalkulation und Liquidität belastet. ■ Insbesondere bei hoher Verschuldung eines Unternehmens nehmen die Gläubiger Einfluss auf die Geschäftsleitung, um die Verwendung ihrer Mittel zu kontrollieren. ■ Mit zunehmender Kreditfinanzierung sinkt die Kreditfähigkeit des Unternehmens. ■ Ein hoher Fremdkapitalanteil am Gesamtkapital verschlechtert den guten Ruf (Goodwill) eines Unternehmens. ■ Hohe Kapitalbeschaffungskosten vor allem bei Kapitalgesellschaften (z. B. anlässlich der Ausgabe von Industrieschuldverschreibungen).

Zusammenfassung

■ **Leasingverträge** sind miet- oder pachtähnliche Verträge, die die Nutzung eines Leasingobjekts ermöglichen, ohne die Anschaffungskosten finanzieren zu müssen. Als Gegenleistung zahlt der Leasingnehmer die vereinbarten Leasingraten.

■ Möglichkeiten der **Vertragsgestaltung.** Man unterscheidet:

nach der Art des geleasten Gegenstands	■ Equipment-Leasing ■ Industrieleasing ■ Konsumgüterleasing
nach dem Inhalt der Leasingverträge	■ Leasingverträge ohne Kauf- und Mietverlängerungsoption ■ Leasingverträge mit Kauf- und Mietverlängerungsoption

nach der Dauer der Leasingzeit	■ Operate-Leasing
	■ Finance-Leasing
	  ■ Full-pay-out-Verträge
	  ■ Non-pay-out-Verträge

Sale-and-lease-back	

■ Das Leasing hat den **Vorteil,** dass der Leasingnehmer keine finanziellen Mittel für den Kauf der Leasinggüter aufbringen muss. Beim Operate-Leasing ist von besonderem Vorteil, dass bei Anlagen, die einer schnellen technischen Entwicklung unterliegen, der Leasingvertrag gekündigt werden und eine neue Anlage „gemietet" bzw. gepachtet werden kann.

■ Der **Nachteil** des Leasings besteht darin, dass die Kosten sehr hoch sind. Besonders beim Finance-Leasing kann dies ein empfindlicher Nachteil sein, weil der Leasingnehmer während der Grundleasingzeit nicht kündigen kann (z. B. bei Auftragsrückgängen). Liquiditätsschwierigkeiten können die Folge sein. Geleaste Güter stehen auch nicht als Kreditsicherheiten zur Verfügung.

Übungsaufgaben

103 1. Eine Möglichkeit, die Anschaffung eines Geschäftswagens zu finanzieren, bietet das Leasing.

Aufgaben:

1.1 Beschreiben Sie den Grundgedanken des Leasings!

1.2 Definieren Sie den Begriff Leasing!

1.3 Erklären Sie den Satz: Stecken Sie Ihr Kapital ins Geschäft und nicht in den Geschäftswagen!

2. „Leasing hilft Kosten sparen" – so lautet häufig die Werbung der Leasinggesellschaften. Prüfen Sie diese Aussage!

3. „Leasing schont Ihre Liquidität" – ein anderer Werbespruch. Nehmen Sie Stellung!

4. Nennen Sie die zwei wichtigsten Vorteile und Nachteile der Leasingfinanzierung aus der Sicht des Leasingnehmers und begründen Sie Ihre Wahl!

104 Bei der Lars Biller KG ist letzte Woche eine alte Maschine endgültig ausgefallen. Eine moderne Ersatzmaschine kostet 96 000,00 EUR und hat eine Nutzungsdauer von 8 Jahren. Die Maschine soll linear abgeschrieben werden.

Das Unternehmen hat infolge hoher sonstiger Investitionen mit Liquiditätsengpässen zu kämpfen. Für Lars Biller kommt daher nur die Finanzierungsalternative mit der geringeren Liquiditätsbelastung infrage.

Es gibt folgende Finanzierungsalternativen:

– Bankkredit: Laufzeit 8 Jahre; Auszahlung 100 %, Zinssatz 9,5 %, Tilgung in gleichen Raten am Jahresende.

– Leasing: Grundmietzeit 5 Jahre, Leasingrate 25 000,00 EUR/Jahr, Anschlussleasing mit einer jährlichen Leasingrate von 10 000,00 EUR möglich.

Aufgaben:

1. Stellen Sie die beiden Finanzierungsalternativen hinsichtlich ihrer Liquiditätsbelastung tabellarisch gegenüber!
Zu welcher Finanzierungsart raten Sie der KG? Begründen Sie Ihre Ansicht!

2. Prüfen Sie, ob die Lars Biller KG eventuell mit ihrer Bank wegen eines Fälligkeitsdarlehens verhandeln sollte! Fühen Sie den rechnerischen Nachweis!

105 Die Holzpress AG will ihr Werk modernisieren. Geplant ist die Anschaffung einer modernen Mehrzweckmaschine. Für die Finanzierung dieser Maschine mit Anschaffungskosten in Höhe von 100 000,00 EUR und einer Nutzungsdauer von 5 Jahren bestehen zwei Alternativen:

Alternative 1: Angebot der Deutschen Leasing AG

Zeitspanne	Degressives Leasingentgelt/Monat für die Grundmietzeit
1. – 12. Monat	4 000,00 EUR
13. – 24. Monat	2 800,00 EUR
25. – 36. Monat	2 000,00 EUR
37. – 48. Monat	1 600,00 EUR

Alternative 2: Die Mehrzweckmaschine wird gekauft und durch die Aufnahme eines Bankkredits finanziert. Der Zinsfuß beträgt 10 %; die Zinszahlung erfolgt jährlich nachträglich. Tilgung entsprechend der bilanzmäßigen Abschreibung: 30 % degressiv, ab dem 3. Jahr linear.

Aufgaben:

1. Nennen und erklären Sie bei der Alternative 1 die Leasingart!
2. Erläutern Sie, wer bei dieser Leasingart das Investitionsrisiko trägt!
3. Ab dem 49. Monat fällt das Leasingentgelt auf monatlich 300,00 EUR. Begründen Sie diese starke Abnahme!
4. Vergleichen Sie die beiden Finanzierungsmöglichkeiten hinsichtlich der Aufwendungen! Verwenden Sie zur Lösung folgendes Schema! Centbeträge sind auf volle EUR zu runden.

Jahr	Fremdkapital	Zinsen für Fremdkapital	Abschreibung	Gesamtaufwendungen	
				Alternative 1 Leasing	Alternative 2 Kreditfinanzierung

5. Stellen Sie dar, wie sich Alternative 1 und 2 hinsichtlich ihrer Auswirkung auf die Liquidität im 1. Jahr unterscheiden!

3.3 Selbstfinanzierung

3.3.1 Begriff und Arten der Selbstfinanzierung

Der Gewinn wird im Rahmen der Ergebnisrechnung als Saldo der Erträge und Aufwendungen ermittelt. Verbleibt der Gewinn ganz oder teilweise im Unternehmen, erhöht sich das Eigenkapital. Dies ist ein von dem Unternehmen selbst erwirtschafteter Zuwachs an Finanzmitteln.

Beispiel:

	Ausgewiesener Gewinn	300 TEUR
−	Gewinnausschüttung	200 TEUR
=	Einbehaltener Gewinn (Selbstfinanzierung)	100 TEUR

Durch den Ausschüttungsverzicht **erhöht** sich

- das **Eigenkapital** und
- der **Bestand an Zahlungsmitteln**.

- **Selbstfinanzierung** ist die Bereitstellung von **Finanzmitteln** aus dem **Gewinn des Unternehmens**.
- Die Selbstfinanzierung ist eine **Innenfinanzierung** und führt zu **Eigenkapital**.

3.3.2 Selbstfinanzierung bei der KG

(1) Gesetzliche Regelungen zur Gewinnverteilung bei der KG

Bei der Verteilung von Gewinn und Verlust bei der KG verweist der Gesetzgeber nach § 168 I HGB auf die für die OHG geltenden Vorschriften. Ohne eine vertraglich anderslau-

214

tende Regelung erhält demnach im Falle eines ausreichenden Gewinnes jeder Gesellschafter 4 % seiner Einlage. Aufgrund der andersartigen Rechtsverhältnisse ist der danach noch verbleibende Gewinn bei der KG nicht nach Köpfen, sondern nach § 168 II HGB in einem den Umständen nach angemessenen Verhältnis der Kapitalanteile aufzuteilen. Wegen dieser ungenauen Aussage des Gesetzgebers wird deutlich, dass zur Vermeidung von Streitigkeiten eine konkrete vertragliche Regelung der Gewinn- und Verlustverteilung wichtig ist.

(2) Gewinnverwendung beim Kommanditisten

Die Höhe des Kapitalanteils des Kommanditisten ist im Handelsregister eingetragen. Laut § 169 I HGB ist der Kommanditist **nicht zu Privatentnahmen berechtig** und sein **Gewinnanteil** stellt bis zur Ausschüttung eine **Verbindlichkeit der Gesellschaft** dar. Sofern der Kommanditist seinen Kapitalanteil noch nicht voll eingezahlt hat, besteht in Höhe der ausstehenden Einlage eine Forderung der Gesellschaft gegenüber dem Kommanditisten.

Die dem Kommanditisten zustehenden Gewinnanteile werden zunächst zur **Auffüllung seines Kapitalanteils** verwendet. Der danach verbleibende Restbetrag stellt bis zur Ausschüttung eine Verbindlichkeit der KG gegenüber dem Kommanditisten dar.

Ist eine **Verlustbeteiligung** des Kommanditisten vertraglich nicht ausgeschlossen, entsteht in Höhe des Verlustanteils eine **Forderung der Gesellschaft gegenüber dem Kommanditisten,** die praktisch einen Korrekturposten zur Kommanditeinlage darstellt. Erzielt die KG in späteren Jahren einen Gewinn, so wird dieser zunächst mit den früheren Verlusten verrechnet. Eine Gewinnauszahlung kann der Kommanditist erst dann verlangen, nachdem die Korrekturposten aus den früheren Verlusten vollständig verrechnet sind (vgl. § 169 I HGB).

> Eine **Selbstfinanzierung** liegt bei der KG vor, wenn der **Gewinn** (Teile des Gewinnes) **der Komplementäre** (des Komplementärs) **nicht ausgeschüttet** wird, sondern auf dem **Kapitalkonto der Komplementäre** (des Komplementärs) stehen bleibt.

Beispiel:

An der Wagner KG ist Fritz Wagner als Komplementär mit 400 000,00 EUR und Elisabeth Vollmar als Kommanditistin mit 100 000,00 EUR beteiligt. Von der Kommanditeinlage der Frau Vollmar sind 8 000,00 EUR noch nicht eingezahlt. Im abgelaufenen Geschäftsjahr, das mit dem Kalenderjahr übereinstimmt, wurde ein Gewinn in Höhe von 82 000,00 EUR erzielt. Der Komplementär Fritz Wagner entnahm im Laufe des Geschäftsjahres für private Zwecke insgesamt 55 000,00 EUR.

Der Gesellschaftsvertrag enthält unter anderem folgende Regelungen:

§ 4 Vom erzielten Jahresgewinn erhält jeder Gesellschafter 6 % auf das eingezahlte Kapital. Rückständige Einlagen sind mit 6 % zu verzinsen. Ein danach verbleibender Restgewinn wird im Verhältnis 4 : 1 verteilt.

§ 5 Ein Verlust wird im Verhältnis 2 : 1 getragen.

Aufgaben:

1. Berechnen Sie für jeden Gesellschafter
   1.1 die 6 %ige Verzinsung des Kapitalanteils sowie
   1.2 den Anteil am Restgewinn!

2. Stellen Sie anhand der Berechnungen eine Gewinnverteilungstabelle auf (mit Angabe der Kapitalbeträge am Ende des Geschäftsjahres sowie des an Frau Vollmar auszuzahlenden Gewinnanteils)!

3. Ermitteln Sie die Höhe der Selbstfinanzierung der Wagner KG!

Lösungen:

Zu 1.1: Berechnung der Kapitalverzinsung

Wagner:	6 % von 400 000,00 EUR für 360 Tage	=	24 000,00 EUR

Vollmar:	6 % Habenzinsen von 92 000,00 EUR für 360 Tage	=	5 520,00 EUR
–	6 % Sollzinsen von 8 000,00 EUR für 360 Tage	=	480,00 EUR
	Zinsanteil		5 040,00 EUR

Zu 1.2: Berechnung des Anteils am Restgewinn

Jahresgewinn	82 000,00 EUR
– Verzinsung Komplementär Wagner 24 000,00 EUR	
– Verzinsung Kommanditistin Vollmar 5 040,00 EUR	29 040,00 EUR
= Restgewinn	52 960,00 EUR : 5 = 10 592,00 EUR
Anteil am Restgewinn Wagner 4 · 10 592,00 =	42 368,00 EUR
Anteil am Restgewinn Vollmar 1 · 10 592,00 =	10 592,00 EUR

Zu 2.: Vereinfachte Gewinnverteilungstabelle

Gesell-schafter	Anfangs-kapital	6 % Vor-dividende	Restgewinn 4 : 1	Gesamter Gewinnanteil	Privatent-nahmen	End-kapital	Auszuzahl. Gewinn
Komplem. Wagner	400 000,00	24 000,00	42 368,00	66 368,00	55 000,00	411 368,00	–
Komman. Vollmar	100 000,00 (92 000,00)	5 040,00	10 592,00	15 632,00	–	100 000,00	7 632,00
KG insgesamt	500 000,00 (492 000,00)	29 040,00	52 960,00	82 000,00	55 000,00	511 368,00	7 632,00

Zu 3.: Höhe der Selbstfinanzierung

Eigenkapital am Ende des Geschäftsjahres		
Komplementär Wagner	411 368,00 EUR	
Kommanditistin Vollmar	100 000,00 EUR	511 368,00 EUR
– Eigenkapital zu Beginn des Geschäftsjahres		
Komplementär Wagner	400 000,00 EUR	
Kommanditistin Vollmar	100 000,00 EUR	500 000,00 EUR
Höhe der Selbstfinanzierung		11 368,00 EUR

Übungsaufgaben

106

1. Nennen Sie zwei Beispiele für Finanzierungsarten, die der Eigenfinanzierung zugeordnet werden müssen!

2. Erläutern Sie den Begriff Selbstfinanzierung!

3. Erklären Sie den Unterschied zwischen offener und verdeckter Selbstfinanzierung!

4. Bilden Sie jeweils ein Beispiel!

   Aufgaben:

   4.1 Eigenfinanzierung, die der Außenfinanzierung zugerechnet werden muss,

   4.2 Eigenfinanzierung, die der Innenfinanzierung zugerechnet werden muss!

5. Nennen Sie den Bilanzposten, dem nicht entnommene (nicht ausgeschüttete) Gewinne zuzurechnen sind!

107 Die Rolf Fein OHG errichtet eine weitere Produktionsstätte in Celle. Am 1. Januar 20.. wird die bisherige OHG in eine Kommanditgesellschaft umgewandelt.

Komplementäre sind: – Rolf Fein mit einer Kapitaleinlage von   580 000,00 EUR
                       – Hans Gruber mit einer Kapitaleinlage von   350 000,00 EUR

Kommanditisten sind: – Karl Fein mit 400 000,00 EUR
                      – Anton Lang, Inhaber eines führenden Feinkostgeschäftes in Celle, mit einer Bareinlage von 100 000,00 EUR, wobei er nur 75 % einzahlt.

Aufgaben:

1. Das Bauunternehmen Otto Kuhn e. K. in Uelzen hat für die KG einen Geschäftsanbau errichtet. Die Rechnung über 45 600,00 EUR war am 30. November 20.. fällig und ist noch nicht bezahlt. Kuhn verlangt im Februar des folgenden Jahres von Lang die Zahlung dieser Summe. Lang weigert sich. Beurteilen Sie die Rechtslage!

2. Am 31. Dezember 20.. hat Lang seine ausstehende Einlage noch nicht geleistet. Die KG hat 20.. einen Jahresverlust erlitten, von dem Lang 5 000,00 EUR zu tragen hat.

   2.1 Erklären Sie, worin sich Verlustbeteiligung und Haftung unterscheiden!

   2.2 Prüfen Sie, ob sich durch die Verlustbeteiligung von Lang seine Haftung verändert hat!

3. Erläutern Sie zwei Gründe für die Umwandlung der OHG in eine KG!

4. Anton Lang zahlt am 6. August 20.. auf seine Pflichteinlage 10 000,00 EUR ein.

   Der Reingewinn des Jahres 20.. beträgt 142 947,00 EUR.

   Für das Geschäftsjahr ergibt sich folgende vereinfachte Gewinnverteilung:

Gesell-schafter	Anfangs-kapital	Tätigkeits-vergütung	Zinsen 5 %	Restanteil 3:3:1:1	Gesamt-gewinn	Privat-entnahme	End-kapital
VH Fein	510 000,00	36 000,00	25 500,00	3 092,63	64 592,63	11 000,00	563 592,63
VH Gruber	280 000,00	36 000,00	14 000,00	3 092,63	53 092,63	11 300,00	321 792,63
TH Fein (Verlust)	400 000,00 – 10 000,00	–	19 500,00	1 030,87	20 530,87	–	400 000,00 (10 530,87 Vbl)
TH Lang (Verlust)	75 000,00 + 10 000,00 – 5 000,00	–	+ 3 700,00	1 030,87	4 730,87	–	100 000,00 (ausst. Einl.) 15 000,00 u. 269,13 Verl.)
Summen		72 000,00	62 700,00	8 247,00	142 947,00	22 300,00	

   Erläutern Sie, wie die einzelnen Beträge in der Gewinnverteilungstabelle zustande kommen!

5. Berechnen Sie die Höhe der sich aus der Gewinnverteilungstabelle ergebenden Selbstfinanzierung!

3.3.3 Selbstfinanzierung bei der AG

3.3.3.1 Bilanzierung des Eigenkapitals im handelsrechtlichen Jahresabschluss von Kapitalgesellschaften

Für Kapitalgesellschaften ist der Ausweis des Eigenkapitals im § 266 III HGB, ergänzt durch § 272 HGB geregelt. Danach müssen große und mittelgroße Kapitalgesellschaften folgende Posten als Untergliederung des Eigenkapitals in die Bilanz aufnehmen:

	A.	**Eigenkapital:**
	I.	Gezeichnetes Kapital
	II.	Kapitalrücklage
	III.	Gewinnrücklagen
		1. Gesetzliche Rücklage
		2. Rücklage für Anteile an einem herrschenden oder mehrheitlich beteiligten Unternehmen
		3. Satzungsmäßige Rücklagen
		4. Andere Gewinnrücklagen
	IV.	Gewinnvortrag/Verlustvortrag
	V.	Jahresüberschuss/Jahresfehlbetrag

Erläuterungen zur Gliederung des Eigenkapitals bei einer AG:

(1) Gezeichnetes Kapital

Der Begriff **gezeichnetes Kapital** wird bei allen Kapitalgesellschaften zum Ausweis des in der **Satzung festgelegten Kapitals** verwendet (z. B. des Grundkapitals bei der AG). Das gezeichnete Kapital ist stets zum Nennwert auszuweisen **(Nominalkapital)**. Das gezeichnete Kapital bleibt so lange in der Bilanz unverändert, bis z. B. die Hauptversammlung bei einer AG eine Kapitalerhöhung oder eine Kapitalherabsetzung beschließt.

Das Grundkapital einer AG ist die Summe der Nennwerte der ausgegebenen (emittierten) Aktien. Der Mindestnennbetrag des Grundkapitals ist 50 000,00 EUR. Der Mindestnennbetrag einer Aktie beträgt einen Euro.

(2) Rücklagen[1]

Rücklagen stellen das **variable Eigenkapital der Aktiengesellschaft** dar. Sie dienen insbesondere zwei Zwecken: Zum einen wird die Eigenkapitalbasis der AG erhöht und zum anderen erhöht sich durch ihre Bildung die Haftungsmasse der AG gegenüber ihren Gläubigern. Die in der Bilanz ausgewiesenen Rücklagen gliedern sich in Kapital- und Gewinnrücklagen.

■ Kapitalrücklage

In die Kapitalrücklage[2] werden Beträge eingestellt, die nicht aus Gewinnen der Gesellschaft stammen. Sie gehen auf **Zuzahlungen der Kapitalgeber** von außen zurück (z. B. Agio bei der Ausgabe von Aktien, Zuzahlungen für Vorzugsrechte).

Kapitalerhöhung: 10 Mio. EUR, Nennwert junge Aktie 1,00 EUR, Ausgabekurs: 1,50 EUR.

Kapitalrücklage: 10 Mio. EUR · 0,50 = 5 Mio. EUR

---

1   Da diese Rücklagen in der Bilanz ausgewiesen werden, bezeichnet man diese auch als **offene Rücklagen**.

2   Zu Einzelheiten siehe S. 236.

■ **Gewinnrücklage**

Als **Gewinnrücklagen** dürfen nur Beträge ausgewiesen werden, die im Geschäftsjahr oder in einem früheren Geschäftsjahr aus dem Ergebnis gebildet worden sind [§ 272 III HGB]. Bei den Gewinnrücklagen handelt es sich somit um Mittel, die im Unternehmen durch die Einbehaltung eines Teils des Jahresergebnisses gebildet werden. Nach dem Gliederungsschema des § 266 III HGB sind die Gewinnrücklagen in **gesetzliche Rücklage, Rücklage für Anteile an einem herrschenden oder mehrheitlich beteiligten Unternehmen,**[1] **satzungsmäßige Rücklagen**[1] und **andere Gewinnrücklagen** zu untergliedern.

■ **Gesetzliche Rücklage**

Aktiengesellschaften sind nach § 150 I AktG zur Bildung einer gesetzlichen Rücklage verpflichtet **(gesetzlich erzwungene Selbstfinanzierung).** Der zwanzigste Teil (das sind 5 %) vom Jahresüberschuss (vermindert um einen Verlustvortrag aus dem Vorjahr) ist so lange in die gesetzliche Rücklage einzustellen, bis diese zusammen mit der Kapitalrücklage nach § 272 II HGB den zehnten (oder den in der Satzung bestimmten höheren) Teil des Grundkapitals erreicht hat [§ 150 II AktG].

	Jahresüberschuss
–	Verlustvortrag
=	bereinigter Jahresüberschuss
–	5 % gesetzliche Rücklage*
=	Zwischensumme

* **Höchstgrenze:** gesetzliche Rücklage + Kapitalrücklage betragen 10 % des Grundkapitals.

■ **Andere Gewinnrücklagen**

Die Einstellung von Teilen des Jahresüberschusses in die anderen Gewinnrücklagen ist im § 58 AktG festgelegt.

Stellen **Vorstand und Aufsichtsrat** den Jahresabschluss fest (Normalfall), dann können sie bis zur Hälfte des um den Verlustvortrag und um die Einstellung in die gesetzliche Rücklage verminderten Teils des Jahresüberschusses in die anderen Gewinnrücklagen einstellen [§ 58 II, S. 1,

	Zwischensumme
–	höchstens 50 % andere Gewinnrücklagen
=	restlicher Jahresüberschuss

4 AktG]. EinGewinnvortrag aus dem Vorjahr bleibt unberücksichtigt. Eine Einstellung in die anderen Gewinnrücklagen ist unabhängig von der bereits erreichten Höhe der anderen Gewinnrücklagen. Die Hauptversammlung kann im Beschluss über die Verwendung des Bilanzgewinnes weitere Beträge in andere Gewinnrücklagen einstellen [§ 58 III AktG].

Die Einstellung in die **anderen Gewinnrücklagen** ist eine freiwillige Rücklagenbildung **(freiwillig vorgenommene Selbstfinanzierung).**

■ Die **Bildung von Kapitalrücklagen** ist eine **Form der Beteiligungsfinanzierung.**

■ Die **Bildung von Gewinnrücklagen** ist eine **Form der Selbstfinanzierung.**

---

1 Die Behandlung der Rücklage für Anteile an einem herrschenden oder mehrheitlich beteiligten Unternehmen und der satzungsmäßigen Rücklage wird aus Vereinfachungsgründen nicht dargestellt.

3.3.3.2 Überblick über die Gewinnverwendung bei der AG

Für die Verwendung des Jahresüberschusses bestimmt das Gesetz [§ 158 AktG] nachstehende Reihenfolge:

Jahresüberschuss
– Verlustvortrag aus dem Vorjahr

bereinigter Jahresüberschuss
– Einstellung in die gesetzliche Rücklage

Zwischensumme
– Einstellung in andere Gewinnrücklagen

Restlicher Jahresüberschuss
+ Gewinnvortrag aus dem Vorjahr
+ Entnahmen aus Gewinnrücklagen oder aus der Kapitalrücklage

Bilanzgewinn (bzw. Bilanzverlust)[1]
– Dividendenausschüttung

Gewinnvortrag des laufenden Geschäftsjahres

3.3.3.3 Rechnerischer Ablauf der Gewinnverwendung

Beispiel:

Die Baustoffe Jena AG hat ein Grundkapital in Höhe von 6 000 000,00 EUR. Der Jahresüberschuss des laufenden Geschäftsjahres beträgt 2 500 000,00 EUR. Aus dem Vorjahr wurde ein Verlust in Höhe von 100 000,00 EUR vorgetragen. Am Ende des laufenden Geschäftsjahres ergaben sich folgende Rücklagen:

Kapitalrücklage	100 000,00 EUR
Gesetzliche Rücklage	400 000,00 EUR
Andere Gewinnrücklagen	2 400 000,00 EUR

Die Baustoffe Jena AG hat 120 000 Stückaktien ausgegeben.

Die Hauptversammlung beschließt, dass eine Dividende in Höhe von 18 % ausgeschüttet werden soll und der Restbetrag als Gewinnvortrag verbleibt.

Aufgaben:

1. Berechnen Sie den Betrag, der in die gesetzliche Rücklage einzustellen ist!

2. Berechnen Sie den Betrag, der in die anderen Gewinnrücklagen eingestellt werden kann, wenn der Vorstand und der Aufsichtsrat den Jahresabschluss nach § 58 II AktG feststellen!

3. Berechnen Sie den EUR-Betrag der Dividendenausschüttung und den Gewinnvortrag!

4. Stellen Sie den rechnerischen Ablauf der Gewinnverwendung in einer Übersicht dar!

---

1 Die Hauptversammlung kann im Beschluss über die Verwendung des Bilanzgewinnes weitere Beträge in die Rücklagen einstellen.

Lösungen:

Zu 1.: Berechnung der gesetzlichen Rücklage

Erforderliche Rücklagenbildung:

10 % von 6 000 000,00 EUR =	600 000,00 EUR
bisher gebildet	500 000,00 EUR
noch zu bilden	100 000,00 EUR

Rücklagenbildung im laufenden Geschäftsjahr:

Jahresüberschuss	2 500 000,00 EUR
– Verlustvortrag	100 000,00 EUR
Bereinigter Jahresüberschuss	2 400 000,00 EUR : 20 = 120 000,00 EUR

Ergebnis: Es sind 100 000,00 EUR in die gesetzliche Rücklage einzustellen.

Zu 2.: Berechnung der anderen Gewinnrücklagen

Jahresüberschuss	2 500 000,00 EUR
– Verlustvortrag aus dem Vorjahr	100 000,00 EUR
Bereinigter Jahresüberschuss	2 400 000,00 EUR
– Einstellung in gesetzliche Rücklage	100 000,00 EUR
Zwischensumme	2 300 000,00 EUR

Einstellung in die anderen Gewinnrücklagen 50 % = 1 150 000,00 EUR

Zu 3.: Berechnung der Dividende und des Gewinnvortrags

6 000 000,00 EUR Grundkapital: 120 000 Aktien = 50,00 EUR Grundkapital/Aktie

18 % von 50,00 EUR = 9,00 EUR Dividende/Aktie

120 000 Aktien · 9,00 EUR = 1 080 000,00 EUR Gesamtdividende

Bilanzgewinn	1 150 000,00 EUR
– Dividendenausschüttung	1 080 000,00 EUR
Gewinnvortrag aus dem Berichtsjahr	70 000,00 EUR

Zu 4.: Zusammenfassende Übersicht

Jahresüberschuss	2 500 000,00 EUR
– Verlustvortrag aus dem Vorjahr	100 000,00 EUR
Bereinigter Jahresüberschuss	2 400 000,00 EUR
– Einstellung in gesetzliche Rücklage	100 000,00 EUR
Zwischensumme	2 300 000,00 EUR
– Einstellung in andere Gewinnrücklagen	1 150 000,00 EUR
Bilanzgewinn	1 150 000,00 EUR
– Dividendenausschüttung	1 080 000,00 EUR
Gewinnvortrag	70 000,00 EUR

- Da das Grundkapital der AG eine (relativ) konstante Größe darstellt, werden zurückbehaltene Gewinnteile in der Bilanz der AG unter der besonderen Position **„Gewinnrücklagen"** ausgewiesen.

- Neben der speziellen Rücklage sind im Allgemeinen **zwei Arten von Gewinnrücklagen** zu unterscheiden:

  - **gesetzliche Rücklage** (die **gesetzlich erzwungene Selbstfinanzierung** [gesetzliche Rücklagenzuweisung nach § 150 AktG]) und

  - **andere Gewinnrücklagen** (die **freiwillig vorgenommene Selbstfinanzierung** nach § 58 AktG [z. B. Zuweisung in die anderen Gewinnrücklagen]).

Übungsaufgabe

108 1.

Grundkapital	18,75 Mio. EUR	Gewinnvortrag	8,145 Mio. EUR
Kapitalrücklage	0,375 Mio. EUR	Andere Gewinnrücklagen	0,105 Mio. EUR
Gesetzliche Rücklage	1,305 Mio. EUR	Jahresüberschuss	2,25 Mio. EUR

Einstellung in die gesetzliche Rücklage nach § 150 AktG, in die anderen Gewinnrücklagen nach § 58 II AktG.

Aufgabe:

Berechnen Sie die Rücklagen!

2.

Grundkapital	12,0 Mio. EUR	Gewinnvortrag	0,5 Mio. EUR
Gesetzliche Rücklage	0,4 Mio. EUR	Jahresüberschuss	1,8 Mio. EUR
Kapitalrücklage	0,72 Mio. EUR		

Einstellung in die gesetzliche Rücklage nach § 150 AktG, in die anderen Gewinnrücklagen 50 % des Jahresüberschusses nach Einstellung in die gesetzliche Rücklage. Die Einstellung erfolgt durch Vorstand und Aufsichtsrat.

Aufgabe:

Ermitteln Sie rechnerisch die Rücklagen!

3.

Grundkapital	80,0 Mio. EUR	Verlustvortrag	0,5 Mio. EUR
Gesetzliche Rücklage	4,5 Mio. EUR	Jahresüberschuss	6,5 Mio. EUR
Kapitalrücklage	1,2 Mio. EUR		
Andere Gewinnrücklagen	38,2 Mio. EUR		

Einstellung in die gesetzliche Rücklage nach § 150 AktG. Einstellung in die anderen Gewinnrücklagen: Höchstbetrag nach § 58 II AktG.

Ausgegebene Stückaktien: 1 600 000

Aufgaben:

3.1 Ermitteln Sie die gesetzliche Rücklage und die anderen Gewinnrücklagen!

3.2 Berechnen Sie die höchstmögliche Dividendenzahlung (auf 5 Cent gerundet)!

3.3 Stellen Sie den rechnerischen Ablauf der Gewinnverwendung in einer Übersicht dar!

3.3.3.4 Ausweis der Gewinnverwendung in der Bilanz

(1) Aufstellung der Bilanz ohne Berücksichtigung der Ergebnisverwendung

Der Ausweis der Bilanzposten ist in § 266 III HGB ohne Berücksichtigung der Ergebnisverwendung geregelt. Daher erscheint in dem durch § 266 HGB vorgeschriebenen Gliederungsschema für Bilanzen von Kapitalgesellschaften im Abs. III unter V der Posten „Jahresüberschuss/Jahresfehlbetrag".

Jahresüberschuss/Jahresfehlbetrag des laufenden Geschäftsjahres	**Anmerkung:** Die Ergebnisverwendung wird hier außerhalb der Bilanz im Anhang ausgewiesen.

(2) Aufstellung der Bilanz unter teilweiser Berücksichtigung der Ergebnisverwendung

Üblicherweise erfolgt die Bilanzaufstellung bei der AG unter Berücksichtigung der teilweisen Gewinnverwendung. Unter der Voraussetzung, dass aus dem Vorjahr ein Gewinnvortrag übernommen wurde und während des laufenden Geschäftsjahrs keine Entnahmen aus bereits gebildeten Rücklagen vorgenommen wurden, errechnet sich der Bilanzgewinn wie folgt:

Jahresüberschuss – neue Gewinnrücklagen + alter Gewinnvortrag Bilanzgewinn	**Anmerkung:** Im Fall eines Verlustvortrags ist für die Berechnung des Anteils der gesetzlichen Rücklage der Jahresüberschuss um den Verlustvortrag zu korrigieren (vgl. § 150 II AktG).

Beispiel 1:

Die Autowerke AG (AW AG) kann nach einem schlechten Vorjahr für das Berichtsjahr wieder einen Jahresüberschuss ausweisen. Hier die Zahlen der vorläufigen Bilanz:

Aktiva	Bilanz der AW AG vor der Gewinnverwendungsrechnung		Passiva
Anlagevermögen	388 000 000,00	**Eigenkapital**	
Umlaufvermögen	1 359 000 000,00	Gezeichnetes Kapital*	492 000 000,00
		Kapitalrücklage	16 000 000,00
		Gesetzliche Rücklage	28 000 000,00
		Andere Gewinnrücklagen	61 000 000,00
		Verlustvortrag	– 3 000 000,00
		Jahresüberschuss	68 000 000,00
		Rückstellungen	213 000 000,00
		Verbindlichkeiten	872 000 000,00
	1 747 000 000,00		1 747 000 000,00

*Die WAW AG hat 98,4 Mio. Stückaktien ausgegeben.

Aufgaben:

1. Ermitteln Sie den Bilanzgewinn! Die Einstellung in die gesetzliche Rücklage erfolgt nach § 150 AktG. In die anderen Gewinnrücklagen werden 30 875 000,00 EUR eingestellt.

2. Erstellen Sie die Bilanz unter Berücksichtigung der teilweisen Verwendung des Jahresüberschusses!

Lösungen:

Zu 1.: Ermittlung des Bilanzgewinnes durch Vorstand und Aufsichtsrat

Jahresüberschuss	68 000 000,00 EUR
− Verlustvortrag aus dem Vorjahr	3 000 000,00 EUR
= Bereinigter Jahresüberschuss	65 000 000,00 EUR
− Einstellung in die gesetzliche Rücklage	3 250 000,00 EUR
= Zwischensumme	61 750 000,00 EUR
− Andere Gewinnrücklagen	30 875 000,00 EUR
= Bilanzgewinn	30 875 000,00 EUR

Zu 2.: Bilanz nach der teilweisen Verwendung des Jahresüberschusses

Aktiva	Bilanz der AW AG vor der Verwendung des Bilanzgewinns		Passiva
Anlagevermögen	388 000 000,00	**Eigenkapital**	
Umlaufvermögen	1 359 000 000,00	Gezeichnetes Kapital	492 000 000,00
		Kapitalrücklage	16 000 000,00
		Gesetzliche Rücklage	31 250 000,00
		Andere Gewinnrücklagen	91 875 000,00
		Bilanzgewinn	30 875 000,00
		Rückstellungen	213 000 000,00
		Verbindlichkeiten	872 000 000,00
	1 747 000 000,00		1 747 000 000,00

(3) Aufstellung der Bilanz unter vollständiger Berücksichtigung der Ergebnisverwendung

Die Aktionäre haben nach § 58 IV AktG Anspruch auf den Bilanzgewinn, soweit er nicht nach Gesetz, Satzung oder aufgrund eines Beschlusses der Hauptversammlung von der Verteilung an die Aktionäre ausgeschlossen ist. Die Hauptversammlung kann z.B. nach § 58 III, S. 1 AktG beschließen, dass weitere Beträge in die Gewinnrücklagen eingestellt werden oder dass ein Teil des Bilanzgewinnes als Gewinnvortrag in der Gesellschaft verbleibt.

Unter der Annahme, dass ein Teil des Bilanzgewinns als Gewinnvortrag auf das folgende Geschäftsjahr übertragen wird und dass weitere Beträge in die Gewinnrücklagen eingestellt werden sollen, ergibt sich folgende weitere Berechnung:

Bilanzgewinn	**Anmerkung:** Bis zur Auszahlung stellt der für die Ausschüttung vorgesehene Dividendenbetrag eine Verbindlichkeit der Aktiengesellschaft gegenüber den Aktionären dar.
− weitere Gewinnrücklagen	
− Dividende	
= neuer Gewinnvortrag	

Beispiel 2:

Wir erweitern das Beispiel 1 von S. 223 in der folgenden Weise:

Die Hauptversammlung genehmigt die Rücklagenbildung und beschließt, dass eine Dividende in Höhe von 6 % ausgeschüttet werden soll und der Restbetrag als Gewinnvortrag verbleibt.

Aufgaben:

1. Berechnen Sie die Dividendenausschüttung und den Gewinnvortrag!
2. Erstellen Sie die Bilanz nach der vollständigen Verwendung des Jahresüberschusses, wobei unterstellt werden soll, dass die Dividende bereits ausgezahlt wurde!
3. Ermitteln Sie die Höhe der Selbstfinanzierung!

Lösungen:

Zu 1.: Berechnung der Dividende und des Gewinnvortrags

492 000 000,00 EUR Grundkapital : 98 400 000 Aktien = 5,00 EUR Grundkapital/Aktie

6 % von 5,00 EUR = 0,30 EUR Dividende/Aktie

98 400 000 Aktien · 0,30 EUR = 29 520 000,00 EUR Dividende

Bilanzgewinn	30 875 000,00 EUR
− Dividendenausschüttung	29 520 000,00 EUR
= Gewinnvortrag aus dem Berichtsjahr	1 355 000,00 EUR

Zu 2.: Bilanz nach der vollständigen Verwendung des Bilanzgewinnes

Aktiva		Bilanz der AW AG nach vollständiger Verwendung des Bilanzgewinnes	Passiva
Anlagevermögen	388 000 000,00	**Eigenkapital**	
Umlaufvermögen	1 329 480 000,00	Gezeichnetes Kapital	492 000 000,00
		Kapitalrücklage	16 000 000,00
		Gesetzliche Rücklage	31 250 000,00
		Andere Gewinnrücklagen	91 875 000,00
		Gewinnvortrag	1 355 000,00
		Rückstellungen	213 000 000,00
		Verbindlichkeiten	872 000 000,00
	1 717 480 000,00		1 717 480 000,00

Zu 3.: Berechnung der Selbstfinanzierung[1]

Ausgleich des Verlustvortrags	3 000 000,00 EUR
+ Einstellung in die gesetzliche Rücklage	3 250 000,00 EUR
+ Andere Gewinnrücklagen	30 875 000,00 EUR
+ Gewinnvortrag aus dem Berichtsjahr	1 355 000,00 EUR
= Höhe der Selbstfinanzierung	38 480 000,00 EUR

Übungsaufgabe

109 1. Nennen Sie die Bilanzposten, die zum Eigenkapital einer Aktiengesellschaft gehören!

2. Geben Sie die Bilanzposten einer Aktiengesellschaft an, die die Selbstfinanzierung zeigen!

3. Stellen Sie ein allgemeingültiges Berechnungsschema für die Ermittlung der gesetzlichen Gewinnrücklage (ohne satzungsmäßige Änderungen) auf!

---

1 Die Höhe der Selbstfinanzierung kann auch als Differenz zwischen dem Jahresüberschuss (68 000 000,00 EUR) und der Dividendenausschüttung (29 520 000,00 EUR) berechnet werden.

15 Speth u.a. - ISBN 978-3-8120-0537-1

4. Stellen Sie unter der Annahme, dass ein Verlustvortrag vorliegt, ein allgemeingültiges Berechnungsschema für die Ermittlung des Bilanzgewinnes auf!

5. Nennen Sie den Zweck der Rücklagenbildung!

6. Am Ende des Geschäftsjahres hat die Triberger Uhren AG ein Anlagevermögen in Höhe von 75 400 000,00 EUR und ein Umlaufvermögen in Höhe von 45 500 000,00 EUR. Das gezeichnete Kapital beträgt 50 000 000,00 EUR. Die Verbindlichkeiten betragen 44 700 000,00 EUR. Vor dem Beschluss über die Verwendung des Jahresüberschusses in Höhe von 10 300 000,00 EUR wurden folgende Rücklagen ausgewiesen:

Kapitalrücklage	550 000,00 EUR,
Gewinnrücklagen:	
1. Gesetzliche Rücklage	3 200 000,00 EUR,
2. Andere Gewinnrücklagen	11 650 000,00 EUR.

Es liegt ein Gewinnvortrag aus dem Vorjahr in Höhe von 500 000,00 EUR vor.

Aufgaben:

6.1 Berechnen Sie den Bilanzgewinn aufgrund folgender Angaben:
Nach Einstellung des erforderlichen Betrags in die gesetzliche Gewinnrücklage sollen 3 000 000,00 EUR in andere Gewinnrücklagen eingestellt werden.

6.2 Erstellen Sie die Schlussbilanz unter Berücksichtigung der teilweisen Verwendung des Jahresüberschusses!

6.3 Ermitteln Sie die höchstmögliche Dividende! Die Triberger Uhren AG hat 50 000 000 Stückaktien ausgegeben.

6.4 Erstellen Sie die Bilanz nach der vollständigen Verwendung des Jahresüberschusses, wobei unterstellt werden soll, dass die Stückdividende bereits ausbezahlt wurde!

6.5 Nennen Sie die Summe
6.5.1 der gesetzlich erzwungenen Selbstfinanzierung,
6.5.2 der freiwillig vorgenommenen Selbstfinanzierung,
6.5.3 der Selbstfinanzierung insgesamt!

3.3.3.5 Auflösung von Rücklagen zum Ausgleich eines Jahresfehlbetrags

(1) Auflösung von Kapitalrücklage und gesetzlicher Rücklage

Die Voraussetzungen, unter denen Entnahmen aus der Kapitalrücklage und der gesetzlichen Rücklage möglich sind, sind unterschiedlich geregelt, je nachdem, ob es sich um Rücklagen handelt, die den zehnten Teil (bzw. den in der Satzung genannten höheren Teil) des Grundkapitals übersteigen oder nicht.

■ Haben die Kapitalrücklagen und die gesetzlichen Rücklagen zusammen den **zehnten** oder den in der **Satzung bestimmten höheren Teil des Grundkapitals noch nicht überschritten,** so können sie nach § 150 III AktG z.B. zum Ausgleich eines Jahresfehlbetrags nur verwandt werden, wenn dieser nicht durch einen Gewinnvortrag aus dem Vorjahr gedeckt ist und nicht durch Auflösung anderer Gewinnrücklagen ausgeglichen werden kann. Welche Rücklage im Auflösungsfall herangezogen wird, liegt im Ermessen der Aktiengesellschaft.

■ **Übersteigt die Summe aus Kapitalrücklage und gesetzlicher Rücklage die vorgeschriebene Mindestgrenze,** dann darf der übersteigende Betrag nach § 150 IV AktG zum Ausgleich eines Jahresfehlbetrags verwandt werden, soweit dieser nicht durch einen Gewinnvortrag aus dem Vorjahr gedeckt ist. Das ist jedoch nicht zulässig, wenn gleichzeitig Gewinnrücklagen zur Gewinnausschüttung aufgelöst werden.

| Summe aus gesetzlicher Rücklage und Kapitalrücklage | Betrag, der den zehnten oder den in der Satzung bestimmten höheren Teil des Grundkapitals **übersteigt.** Es gilt § 150 IV AktG. |
| | Betrag, der den zehnten oder den in der Satzung bestimmten höheren Teil des Grundkapitals **nicht übersteigt.** Es gilt § 150 III AktG. |

(2) Andere Gewinnrücklagen

Grundsätzlich ist es möglich, andere Gewinnrücklagen aufzulösen und zur Gewinnausschüttung heranzuziehen. Soll ein Jahresfehlbetrag durch Auflösung von Rücklagen verschleiert werden, sodass ein Bilanzgewinn entsteht, der für eine Dividendenausschüttung und einen eventuellen Gewinnvortrag zur Verfügung stehen soll, dann ändert sich das Berechnungsschema für die Ermittlung des Bilanzgewinnes mit anschließender Gewinnverwendung wie folgt:

Jahresfehlbetrag (negativ)
+ evtl. Gewinnvortrag aus dem Vorjahr (bzw. – Verlustvortrag aus dem Vorjahr)

= korrigierter Jahresfehlbetrag
+ Entnahmen aus anderen Gewinnrücklagen

= Bilanzgewinn
– Dividendenausschüttung

= Gewinnvortrag aus dem Berichtsjahr

Werden andere Gewinnrücklagen zur Gewinnausschüttung aufgelöst, so ist eine **gleichzeitige Auflösung der Kapitalrücklage bzw. der gesetzlichen Rücklage** zum Ausgleich eines Jahresfehlbetrages bzw. eines Verlustvortrags aus dem Vorjahr **unzulässig.** Dies gilt auch dann, wenn die Summe aus Kapitalrücklage und gesetzlicher Rücklage die vorgeschriebene Mindestgrenze übersteigt [§ 150 IV, S. 1 AktG].

Beispiel:

Die AKS Computer AG weist in ihrer Gewinn- und Verlustrechnung Aufwendungen in Höhe von 13 670 000,00 EUR und Erträge in Höhe von 13 495 000,00 EUR aus, woraus sich ein Jahresfehlbetrag von 175 000,00 EUR ergibt. Aus der Bilanz des Vorjahres ergeben sich auf der Passivseite folgende Werte:

Gezeichnetes Kapital	3 000 000,00 EUR
Kapitalrücklage	1 000 000,00 EUR
Gewinnrücklagen	
1. Gesetzliche Rücklage	180 000,00 EUR
2. Andere Gewinnrücklagen	300 000,00 EUR
Gewinnvortrag	17 000,00 EUR

Um die vielen Kleinaktionäre bei Laune zu halten, möchte der Vorstand Rücklagen in Höhe von 280 000,00 EUR auflösen, sodass wenigstens eine Dividende von 0,20 EUR je 5-EUR-Aktie ausgeschüttet werden kann und ein kleiner Gewinnvortrag für das folgende Geschäftsjahr verbleibt.

Aufgabe:

Führen Sie aufgrund der Angaben die Berechnung vom Jahresfehlbetrag bis zum Gewinnvortrag durch!

Lösung:

Da eine Gewinnausschüttung vorgesehen ist, können die Kapitalrücklage und die gesetzliche Gewinnrücklage, obwohl die vorgeschriebene Mindesthöhe überschritten wird, nicht in Anspruch genommen werden (siehe § 150 IV, S. 1 AktG). Es dürfen daher nur andere Gewinnrücklagen aufgelöst werden.

Jahresfehlbetrag	– 175 000,00 EUR
+ Gewinnvortrag aus dem Vorjahr	17 000,00 EUR
= korrigierter Jahresverlust	– 158 000,00 EUR
+ Entnahmen aus den anderen Gewinnrücklagen	280 000,00 EUR
= Bilanzgewinn	122 000,00 EUR
– Dividendenausschüttung	120 000,00 EUR
= Gewinnvortrag aus dem Berichtsjahr	2 000,00 EUR

Übungsaufgabe

110 Die Berndi-Jeans AG weist für das laufende Geschäftsjahr einen Jahresfehlbetrag von 472 500,00 EUR auf. Aus der Bilanz des Vorjahres ergeben sich auf der Passivseite folgende Werte:

Grundkapital	8 100 000,00 EUR
Kapitalrücklage	2 700 000,00 EUR
Gesetzliche Rücklage	486 000,00 EUR
Andere Gewinnrücklagen	892 000,00 EUR
Gewinnvortrag	45 900,00 EUR

Der Vorstand der Berndi-Jeans AG möchte trotz des Jahresfehlbetrags eine Dividende in Höhe von 0,25 EUR je 5-EUR-Aktie ausschütten.

Aufgaben:

1. Prüfen Sie, welche Rücklagen für eine Dividendenausschüttung zur Verfügung stehen!

2. Führen Sie aufgrund der Angaben die Berechnung vom Jahresfehlbetrag bis zum Gewinnvortrag durch! Es soll ein Gewinnvortrag von 42 000,00 EUR ausgewiesen werden.

3. Zeigen Sie die Konsequenzen des Vorgehens für die Selbstfinanzierung der AG auf!

3.3.3.6 Interessenkonflikt zwischen Aktionären und Geschäftsleitung und seine Auswirkungen auf die Dividendenpolitik

Bei der Gewinnverwendung tritt ein **Interessenkonflikt** zwischen der Geschäftsleitung, die eine möglichst hohe **Selbstfinanzierung** wünscht, und den **Dividendenansprüchen** der Aktionäre auf. Deshalb betont der Gesetzgeber in § 58 IV AktG ausdrücklich das Recht der Aktionäre auf Anteil am Bilanzgewinn (auf Dividende).

Je nachdem, welche Gruppe sich beim Interessenkonflikt um die Gewinnverwendung durchsetzen kann, sind folgende Extremlösungen denkbar:

■ Die **Unternehmensleitung setzt sich durch** und erreicht die **Ausweisung des kleinstmöglichen Bilanzgewinnes** und damit eine **möglichst kleine Dividendenzahlung.**

■ Die **Aktionäre setzen sich durch** und erreichen die Ausweisung des **größtmöglichen Bilanzgewinnes** und damit eine **möglichst hohe Dividendenzahlung.**

Beispiel:

Das Eigenkapital der EXTREM AG weist bei einem Jahresüberschuss von 455 000,00 EUR vor der Gewinnverwendungsrechnung folgende Positionen auf:

Gezeichnetes Kapital	4 500 000,00 EUR
Kapitalrücklage	110 000,00 EUR
Gesetzliche Rücklage	170 000,00 EUR
Andere Gewinnrücklagen	280 000,00 EUR
Gewinnvortrag	1 625,00 EUR

Der kleinste Aktiennennwert beträgt 5,00 EUR. Höchstmögliche Dividendenausschüttung.

Aufgaben:

1. Ermitteln Sie den minimalen Bilanzgewinn, den Vorstand und Aufsichtsrat mindestens ausweisen müssen, sowie den Gewinnvortrag und den sich dabei ergebenden Betrag, der zur Selbstfinanzierung zur Verfügung steht!

2. Bestimmen Sie den maximalen Bilanzgewinn, den Vorstand und Aufsichtsrat höchstens ausweisen können, sowie den Gewinnvortrag und den sich dabei ergebenden Betrag, der zur Selbstfinanzierung zur Verfügung steht bzw. verloren geht!

Lösungen:

Zu 1.: Situation bei Ermittlung eines minimalen Bilanzgewinnes

Soll ein minimaler Bilanzgewinn ermittelt werden, können neben der gesetzlichen Rücklage im Fall, dass Vorstand und Aufsichtsrat den Jahresabschluss feststellen (Normalfall), noch zusätzlich Beträge in andere Gewinnrücklagen eingestellt werden. Im Folgenden wird unterstellt, dass Vorstand und Aufsichtsrat die höchstmöglichen Beträge nach § 58 II, S. 1 AktG in die anderen Gewinnrücklagen einstellen. Wir erhalten folgende Berechnung:

Jahresüberschuss	455 000,00 EUR
– Einstellung in die gesetzliche Rücklage	22 750,00 EUR
= Zwischensumme	432 250,00 EUR
– Einstellung in andere Gewinnrücklagen	216 125,00 EUR
= Restlicher Jahresüberschuss	216 125,00 EUR
+ Gewinnvortrag aus dem Vorjahr	1 625,00 EUR
= Bilanzgewinn	217 750,00 EUR
– Dividendenausschüttung 0,24 EUR	216 000,00 EUR
= Gewinnvortrag	1 750,00 EUR

Die Selbstfinanzierung errechnet sich wie folgt:

Einstellung in die gesetzliche Rücklage	22 750,00 EUR
+ Einstellung in andere Gewinnrücklagen	216 125,00 EUR
+ neuer Gewinnvortrag	1 750,00 EUR
= Zwischensumme	240 625,00 EUR
– alter Gewinnvortrag	1 625,00 EUR
= gesamte neue Selbstfinanzierung	239 000,00 EUR

Erläuterung: Da der alte Gewinnvortrag im Bilanzgewinn enthalten ist, ist er in der Dividendenausschüttung enthalten und steht daher zur Selbstfinanzierung nicht mehr zur Verfügung. Dagegen bleibt der neue Gewinnvortrag des Unternehmens zur Selbstfinanzierung erhalten.

Zu 2.: Situation bei der Ermittlung eines maximalen Bilanzgewinnes

Soll ein maximaler Bilanzgewinn ermittelt werden, wird der Jahresüberschuss nur um die gesetzliche Rücklage gekürzt. Um den Bilanzgewinn möglichst hoch auszuweisen, können die vorhandenen anderen Rücklagen aufgelöst werden. Dann erhalten wir folgende Berechnung:

Jahresüberschuss	455 000,00 EUR
– Einstellung in die gesetzliche Rücklage	22 750,00 EUR
= Zwischensumme	432 250,00 EUR
+ Entnahme aus den anderen Gewinnrücklagen	280 000,00 EUR
+ Gewinnvortrag aus dem Vorjahr	1 625,00 EUR
= Bilanzgewinn	713 875,00 EUR
– Dividendenausschüttung 0,79 EUR/Aktie	711 000,00 EUR
= Gewinnvortrag aus dem Berichtsjahr	2 875,00 EUR

Die Selbstfinanzierung errechnet sich wie folgt:

Einstellung in gesetzliche Rücklage	22 750,00 EUR
– Entnahme aus anderen Gewinnrücklagen	280 000,00 EUR
+ Neuer Gewinnvortrag	2 875,00 EUR
= Zwischensumme	– 254 375,00 EUR
– Alter Gewinnvortrag	1 625,00 EUR
= Auflösung der Selbstfinanzierung insgesamt	– 256 000,00 EUR

Zur Entschärfung des Interessenkonflikts hat sich in der Praxis das sogenannte **Schütt-aus-Hol-zurück-Verfahren** herausgebildet. Die AG schüttet dabei eine hohe Dividende an die Aktionäre aus (allerdings ohne Rücklagen aufzulösen), gestaltet dabei gleichzeitig die Konditionen für eine Wiederanlage der erhaltenen Dividenden in junge Aktien so, dass sie für die Aktionäre attraktiv ist.

> Die Höhe des für die Dividendenausschüttung bereitgestellten Bilanzgewinnes beeinflusst den Umfang der Selbstfinanzierung in starkem Maße.

3.3.4 Beurteilung der Selbstfinanzierung

Wichtige Vor- und Nachteile der Selbstfinanzierung sind in der nachfolgenden Tabelle einander gegenübergestellt.

Vorteile	Nachteile
■ Die Mittel stehen dem Unternehmen ohne zeitliche Begrenzung zur Verfügung, da es sich um Eigenkapitalbestandteile handelt.	■ Es ist ein Beschluss der Hauptversammlung über die Verwendung des Bilanzgewinns nötig.
■ Kein Zinsaufwand, weil kurzfristig auf eine Verzinsung des Eigenkapitals verzichtet werden kann.	■ Das erhöhte Eigenkapital kann den Vorstand dazu verleiten, zu risikoreiche Investitionen vorzunehmen.
■ Keine Tilgung und somit keine Belastung der Liquidität.	■ Bei einer geringen Dividendenzahlung kommt es zu einer negativen Stimmung bei den Aktionären (insbesondere bei den Kleinaktionären).
■ Unabhängigkeit (kein Einfluss von Gläubigern auf das Unternehmen).	■ Die Aktie ist wegen der geringen Dividendenzahlung wenig attraktiv (geringe Kurssteigerungen).
■ Erhöhung der Kreditwürdigkeit.	■ Unerwünschte Einkommensumverteilung zugunsten der Unternehmen, wenn die Selbstfinanzierung über ungerechtfertigt hohe Preise vorgenommen wird.
■ Keine Kapitalbeschaffungskosten.	

Übungsaufgaben

111 1. Das Eigenkapital der Itzehoer Reifen AG wurde im Jahresabschluss für das Berichtsjahr wie folgt ausgewiesen:

Gezeichnetes Kapital	12,00 Mio. EUR	Andere Gewinnrücklagen	0,60 Mio. EUR
Kapitalrücklage	16,80 Mio. EUR	Gewinnvortrag aus dem Vorjahr	0,06 Mio. EUR

Für das Berichtsjahr wurden Aufwendungen von 83,6 Mio. EUR und Erträge von 87,9 Mio. EUR ermittelt. Vorstand und Aufsichtsrat stellten den Jahresabschluss fest, wobei sich die Gewinnverwendung ausschließlich nach den Vorschriften des Aktiengesetzes richtete. Es wurden 12 000 000 Stückaktien ausgegeben.

Aufgaben:

1.1 Zeigen Sie auf, inwieweit die Gewinnansprüche der Aktionäre der Itzehoer Reifen AG bei der Feststellung des Jahresabschlusses durch Vorstand und Aufsichtsrat geschmälert werden können!

1.2 Berechnen Sie die minimale ganzzahlige Stückdividende, die Vorstand und Aufsichtsrat der AG den Aktionären für das Berichtsjahr anbieten müssen!

Ermitteln Sie dabei auch in übersichtlicher Form den Bilanzgewinn und den Gewinnvortrag für das Berichtsjahr!

1.3 Errechnen Sie den Betrag der Selbstfinanzierung und weisen Sie dabei die gesetzlich erzwungene Selbstfinanzierung aus!

2. Der Jahresabschluss der IMMO AG für 20.. wurde durch Vorstand und Aufsichtsrat festgestellt. Folgende Werte sind der Schlussbilanz entnommen:

Grundkapital	8 000 000,00 EUR		
Kapitalrücklage	1 100 000,00 EUR	Andere Gewinnrücklagen	240 000,00 EUR
Gesetzliche Rücklage	140 000,00 EUR	Verlustvortrag	28 000,00 EUR

Der Jahresüberschuss beträgt 1 025 000,00 EUR. Die Einstellung in die gesetzliche Rücklage erfolgt nach § 150 II AktG; den anderen Gewinnrücklagen wollen Vorstand und Aufsichtsrat 200 000,00 EUR zuführen. Der auf eine Stückaktie entfallende anteilige Wert am Grundkapital beträgt 1,00 EUR.

Aufgaben:

2.1 Berechnen Sie die höchstmögliche Stückdividende!

2.2 Stellen Sie in einer Übersicht die Posten des Eigenkapitals dar

– vor Gewinnverwendung,

– nach teilweiser Gewinnverwendung und

– nach vollständiger Gewinnverwendung!

3. Die BIOTEX AG hat für ihre vorläufige Bilanz folgende Zahlen ermittelt:

Gezeichnetes Kapital	5 000 000,00 EUR	Andere Gewinnrücklagen	400 000,00 EUR
Kapitalrücklagen	300 000,00 EUR	Gewinnvortrag	20 000,00 EUR
Gesetzliche Rücklagen	250 000,00 EUR	Jahresfehlbetrag	170 000,00 EUR

Der Aktiennennwert beträgt 1,00 EUR.

Die AG möchte für das abgelaufene Geschäftsjahr dennoch möglichst viel Dividende ausschütten, da das neue Geschäftsjahr sehr Erfolg versprechend angelaufen ist. Die Satzung enthält keine besonderen Vorschriften.

Aufgaben:

Ermitteln Sie den Bilanzgewinn, der für die Ausschüttung bereitgestellt werden kann, und den Dividendensatz (in EUR und in Prozent)!

112 Die verkürzte Jahresbilanz der Hoffmann Bautechnik AG hat folgendes Aussehen:

Aktiva	Bilanz zum 31. Dez. 20.. in Mio. EUR		Passiva
Anlagevermögen	15,4	Gezeichnetes Kapital	8,8
Umlaufvermögen	26,8	Kapitalrücklage	4,9
		Andere Gewinnrücklagen	3,2
		Bilanzgewinn	1,6
		Rückstellungen	4,2
		Verbindlichkeiten	19,5
	42,2		42,2

Vorstand und Aufsichtsrat stellen den Jahresabschluss fest. Die Gewinnverwendung richtet sich ausschließlich nach den Vorschriften des Aktiengesetzes.

Für das Geschäftsjahr 20.. wird eine möglichst hohe Selbstfinanzierung angestrebt.

Aufgaben:

1. Errechnen Sie den Jahresüberschuss für das Geschäftsjahr 20.. Berücksichtigen Sie dabei einen Gewinnvortrag aus dem Vorjahr in Höhe von 50 000,00 EUR.

2. 2.1 Berechnen Sie die höchstmögliche Dividende für eine 5-EUR-Aktie in Euro!

   2.2 Bestimmen Sie den neuen Gewinnvortrag!

3. Ermitteln Sie die Höhe der Selbstfinanzierung!

4. Nennen Sie zwei Gründe, die gegen die maximale Ausschöpfung der offenen Selbstfinanzierung sprechen!

113 Die Franz Heine AG legt für das laufende Geschäftsjahr folgende vereinfachte Bilanz vor:

Aktiva	Bilanz zum 31. Dez. 20.. in Mio. EUR		Passiva
Anlagevermögen	583	Gezeichnetes Kapital	200
Umlaufvermögen	170	Kapitalrücklage	10
		Gewinnrücklagen	
		– Gesetzliche Rücklage	9
		– Andere Gewinnrücklagen	290,5
		Jahresüberschuss	60
		Verlustvortrag	– 1,5
		Rückstellungen	90
		Verbindlichkeiten	95
	753		**753**

Die Franz Heine AG hat seit ihrer Gründung 40 Mio. Stückaktien ausgegeben.

Aufgaben:

1. Zeigen Sie in einer übersichtlichen Darstellung unter Berücksichtigung aktienrechtlicher Bestimmungen die Ermittlung und die Verwendung des Bilanzgewinnes sowie den maximalen Betrag der Selbstfinanzierung der AG, wenn eine Stückdividende von 0,15 EUR ausgeschüttet wird!

2. Geben Sie an, welche Organe der AG für die notwendigen Entscheidungen jeweils zuständig sind!

114 Die Hamburger-Pharma AG hat einen deutlichen Aufschwung zu verzeichnen. Sie schließt das Geschäftsjahr 20.. mit der nachstehend vereinfacht wiedergegebenen Bilanz ab:

Aktiva	Vorläufige Bilanz zum 31. Dez. 20.. (TEUR)		Passiva
Fertigungsanlagen	9 700	Gezeichnetes Kapital	8 000
Verpackungsanlagen	300	Kapitalrücklage	30
Sonstiges Vermögen	8 700	Gesetzliche Rücklage	750
		Andere Gewinnrücklagen	680
		Verlustvortrag	– 26
		Verbindlichkeiten	8 610
		Jahresüberschuss	656
	18 700		**18 700**

Aufgaben:

1. Ermitteln Sie gemäß den gesetzlichen Vorschriften für das abgeschlossene Geschäftsjahr mit rechnerischem Nachweis

   1.1 die Untergrenze der Selbstfinanzierung,

   1.2 die Obergrenze der Selbstfinanzierung, soweit Vorstand und Aufsichtsrat hierüber beschließen,

   1.3 die Obergrenze der Selbstfinanzierung, soweit die Zustimmung der Hauptversammlung hierfür erreicht werden könnte!

2. Nennen Sie jeweils zwei Gesichtspunkte in den genannten drei Fällen (von 1.), die für eine derartige Verwendung des Jahresüberschusses sprechen würden!

3. Erklären Sie den Fall, dass die gesetzliche Rücklage zusammen mit der Kapitalrücklage 800 000,00 EUR übersteigt!

3.4 Beteiligungsfinanzierung

3.4.1 Begriffsklärungen

Der Begriff der **Beteiligungsfinanzierung** betrifft die **Rechtsstellung des Kapitalgebers**. Sie ist durch folgende **Merkmale** gekennzeichnet:

- Die Kapitalgeber (Gesellschafter) erwerben in Höhe ihrer Einlage **Anteilsrechte** (Beteiligungsrechte) **am Eigenkapital** der Unternehmen.
- Die Kapitalgeber (Gesellschafter) erhalten eine **gewinnabhängige Vergütung**.
- Die Kapitalgeber (Gesellschafter) erwerben **Mitwirkungsrechte** (z. B. Geschäftsführungs- und Vertretungsrechte).

Die aus der Beteiligungsfinanzierung (Eigenfinanzierung) stammenden Mittel bezeichnet man bilanzrechtlich als Eigenkapital. Unter dem **Gesichtspunkt der Kapitalherkunft** zählt die Eigenfinanzierung durch Einlagen bzw. Beteiligungen zur Außenfinanzierung, weil dem Unternehmen Finanzmittel von außen zugeführt werden.

3.4.2 Beteiligungsfinanzierung bei der KG

Bei der KG erfolgt die Beteiligungsfinanzierung dadurch, dass der aufzunehmende Komplementär (Vollhafter) bzw. Kommanditist (Teilhafter) Einlagen in die KG einbringt. Dabei können die Einlagen aus **Geldkapital (Geldmittelfinanzierung)** oder aus **Sachkapital (Sacheinlagenfinanzierung)** bestehen. Da die Kommanditisten nur in Höhe ihrer Einlage haften und auch gesetzlich nicht zur Geschäftsführung und Vertretung verpflichtet und berechtigt sind, ist die Aufnahme neuer Kommanditisten relativ problemlos. Daher ist die KG bezüglich der Möglichkeit der Eigenfinanzierung (Beteiligungsfinanzierung) weit besser gestellt als die OHG. Wenn neue Gesellschafter aufgenommen werden sollen, besteht allerdings auch bei der KG die Notwendigkeit zur Änderung des Gesellschaftsvertrags, zur Erstellung einer Sonderbilanz und zur Anmeldung beim Registergericht.

Beispiel:

In der Huber KG mit Huber als Komplementär und Sauter als Kommanditist ergeben sich folgende Bilanzpositionen:

Anlagevermögen 2 500 000,00 EUR, Umlaufvermögen 1 900 000,00 EUR, Kapital Huber 600 000,00 EUR, Kapital Sauter 300 000,00 EUR. Die Restsumme auf der Passivseite betrifft Verbindlichkeiten (Fremdkapital) der KG. Die KG plant eine Erweiterungsinvestition, die durch Aufnahme eines weiteren Kommanditisten finanziert werden soll. Alex Teich ist bereit, sich mit 300 000,00 EUR als Kommanditist zu beteiligen. Nach Erledigung der Formalitäten zahlt Teich zunächst die Hälfte seiner Beteiligung durch Banküberweisung ein.

Aufgaben:

1. Stellen Sie die Bilanz vor Aufnahme des Kommanditisten Teich auf!
2. Stellen Sie die Bilanz nach Einzahlung der Hälfte der Kommanditbeteiligung auf!
3. Berechnen Sie die zusätzliche Eigenfinanzierung!

Lösungen:

Zu 1.:

Aktiva	Bilanz der Huber KG **vor** der Einlage		Passiva
Anlagevermögen	2 500 000,00	**Eigenkapital**	
Umlaufvermögen	1 900 000,00	Komplementärkapital Huber	600 000,00
		Kommanditkapital Sauter	300 000,00
		Verbindlichkeiten	3 500 000,00
	4 400 000,00		4 400 000,00

Zu 2.:

Aktiva	Bilanz der Huber KG **nach** der Einlage		Passiva
Ausstehende Einlagen	150 000,00	**Eigenkapital**	
Anlagevermögen	2 500 000,00	Komplementärkapital Huber	600 000,00
Umlaufvermögen	2 050 000,00	Kommanditkapital Sauter	300 000,00
		Kommanditkapital Teich	300 000,00
		Verbindlichkeiten	3 500 000,00
	4 700 000,00		4 700 000,00

Erläuterungen:

Unabhängig von der Höhe des eingezahlten Betrags erscheint die vereinbarte Kapitaleinlage des Kommanditisten unter der entsprechenden Bezeichnung in voller Höhe auf der Passivseite der Bilanz. Die noch nicht eingezahlten Beträge erscheinen vor dem Anlagevermögen unter „Ausstehende Einlagen" auf der Aktivseite der Bilanz.

Zu 3.: Die Höhe der zusätzlichen Eigenfinanzierung beträgt nach Einzahlung der gesamten Kommanditeinlage durch Teich 300 000,00 EUR.

- Die Kapitalbeträge der **Kapitalkonten der Komplementäre** einer KG sind **variabel.**
- Die Kapitalbeträge der **Kapitalkonten der Kommanditisten** einer KG sind **konstante Größen.**

Übungsaufgabe

115 Die Kirch KG mit Kirch als Komplementär und Braun als Kommanditist weist folgende vorläufige Bilanzposten auf:

Anlagevermögen 1 500 000,00 EUR, Umlaufvermögen 1 250 000,00 EUR, Kapital Komplementär Kirch 500 000,00 EUR, Kapital Kommanditist Braun 350 000,00 EUR. Der Restbetrag der Passivseite betrifft Verbindlichkeiten der KG.

Zur Beschaffung der erforderlichen Finanzmittel für ein größeres Investitionsvorhaben soll Klein als weiterer Kommanditist mit einer Beteiligung von 200 000,00 EUR in die Gesellschaft aufgenommen werden. Nach Abwicklung der Aufnahmeformalitäten zahlt Klein $\frac{3}{5}$ seiner Kommanditbeteiligung durch Banküberweisung ein. Der Restbetrag soll vereinbarungsgemäß zu einem späteren Zeitpunkt durch eine Sacheinlage in Form eines Lkw geleistet werden, dessen Wert auf 80 000,00 EUR festgesetzt ist.

Aufgaben:

1. Stellen Sie jeweils die Bilanz vor und nach der Aufnahme von Klein auf!
2. Berechnen Sie die zusätzliche Eigenfinanzierung durch die Aufnahme des Kommanditisten Klein!

3.4.3 Beteiligungsfinanzierung bei der Aktiengesellschaft (AG) – ordentliche Kapitalerhöhung (Kapitalerhöhung gegen Einlagen)

Das Aktiengesetz sieht für die Beteiligungsfinanzierung der Aktiengesellschaft folgende Formen der Kapitalerhöhung (Kapitalbeschaffung) vor:

- **ordentliche Kapitalerhöhung** (Kapitalerhöhung gegen Einlagen),
- **genehmigte Kapitalerhöhung** und
- **bedingte Kapitalerhöhung.**

Die Kapitalerhöhung bedarf einer Satzungsänderung, wozu ein **Beschluss der Hauptversammlung mit qualifizierter Mehrheit** (drei Viertel des bei der Beschlussfassung vertretenen Grundkapitals) notwendig ist.[1]

(1) Grundbegriffe und Ablauf der ordentlichen Kapitalerhöhung

Bei der Kapitalerhöhung gegen Einlagen (ordentliche Kapitalerhöhung nach §§ 182 ff. AktG) erfolgt die Beschaffung der liquiden Mittel gegen Ausgabe junger (neuer) Aktien. Der **Emissionskurs** (Ausgabekurs, Bezugskurs) **der jungen Aktien** darf bei Nennwertaktien **nicht unter dem Nennwert** (unter pari) liegen. Bei **Stückaktien** darf der Emissionskurs **nicht unter dem Beteiligungswert einer Aktie** (dem „fiktiven Nennwert") liegen. Eine Überpari-Emission ist zulässig. Sie hat zur Folge, dass der Nennwert der Kapitalerhöhung wesentlich geringer sein kann als der erforderliche Kapitalbedarf der AG.

Bei einer Kapitalerhöhung gegen Geldeinlagen fließen der Aktiengesellschaft entsprechende Geldmittel, bei einer Kapitalerhöhung gegen Sachmittel (z. B. Einbringung von Grundstücken) entsprechende Sachmittel zu (siehe § 183 AktG). In **Höhe des Nennbetrages der gezeichneten Aktien** erhöht sich das **gezeichnete Kapital (Grundkapital)** der Gesellschaft. Bei einer AG mit Stückaktien muss sich die Zahl der Aktien in demselben Verhältnis wie das Grundkapital erhöhen [§ 182 I, S. 5 AktG]. Der über den Nennbetrag hinausgehende Mittelzufluss, das sogenannte **Agio**, wird als **Kapitalrücklage ausgewiesen** [§ 272 II, Nr. 1 HGB]. In Höhe des gesamten Mittelzuflusses erhöht sich das **bilanzierte Eigenkapital** der AG.

Damit die bisherigen Aktionäre bei der Ausgabe junger (neuer) Aktien nicht benachteiligt werden, muss nach § 186 I AktG jedem Altaktionär auf sein Verlangen ein seinem Anteil an dem bisherigen Grundkapital entsprechender Teil der neuen Aktien zugeteilt werden.

(2) Begriff und Bedeutung des Bezugsrechts

Bezugsrecht ist das dem Aktionär zustehende Recht, bei einer Kapitalerhöhung einen seinem Anteil am bisherigen Grundkapital entsprechenden Teil der jungen (neuen) Aktien zu beziehen.

---

1 Im Folgenden beschränken wir uns auf die Darstellung der ordentlichen Kapitalerhöhung (Kapitalerhöhung gegen Einlagen) [§§ 182–191 AktG].

Das **Bezugsrecht** hat für die Altaktionäre zwei wichtige Bedeutungen:

- ■ Aufrechterhaltung der bisherigen Stimmrechtsanteile der Altaktionäre.
- ■ Ausgleich von Vermögensnachteilen infolge der Kurssenkung.

(3) Berechnung des Bezugsrechtsverhältnisses[1]

Das Bezugsverhältnis drückt das Verhältnis zwischen dem Nennwert des bisherigen Grundkapitals und dem Nennwert der Kapitalerhöhung aus.

Beispiel:

Die Chemiefabrik Franz Baier AG mit einem Grundkapital in Höhe von 4 000 000,00 EUR beschließt eine Kapitalerhöhung auf 6 000 000,00 EUR. Sie gibt hierzu Aktien im Nennwert von 2 000 000,00 EUR aus.

Aufgabe:
Berechnen Sie das Bezugsverhältnis!

Lösung:

$$\text{Bezugsverhältnis} = \frac{4\,000\,000\ \text{EUR}}{2\,000\,000\ \text{EUR}} = \frac{2}{1}$$

Ergebnis: Das Bezugsverhältnis beträgt 2 : 1 und besagt, dass zwei Altaktien (Bezugsrechte) erforderlich sind, um eine junge Aktie erwerben zu können.

$$\text{Bezugsverhältnis} = \frac{\text{Nennwert des bisherigen Grundkapitals}}{\text{Nennwert der Kapitalerhöhung}}$$

(4) Beispiel für eine ordentliche Kapitalerhöhung

Beispiel:

Die ordentliche Hauptversammlung der Maschinenfabrik Hempel AG hat am 15. Mai 20.. beschlossen, das Grundkapital von 90 Mio. EUR auf 150 Mio. EUR durch Ausgabe von 60 Mio. EUR junger Namensaktien (Stammaktien) zu erhöhen. Der Emissionskurs der jungen Aktien beträgt 26,00 EUR je 5,00 EUR-Aktie. Der Börsenkurs der alten Aktien beträgt 32,00 EUR je 5,00 EUR-Aktie. Die Emissionskosten betragen 1,42 Mio. EUR. Die stark vereinfachte Bilanz weist vor der Kapitalerhöhung folgende Werte aus:

Aktiva	Bilanz der Maschinenfabrik Hempel AG in TEUR		Passiva
Verschiedene Aktivposten	3 682 000	Gezeichnetes Kapital	90 000
Liquide Mittel	48 000	Übrige Passiva	3 640 000
	3 730 000		3 730 000

---

1 Auf die Berechnung des rechnerischen Wertes von Bezugsrechten wird im Folgenden nicht eingegangen.

Aufgaben:

1. Berechnen Sie den Vermögenszuwachs der Maschinenfabrik Hempel AG! Ermitteln Sie die Höhe des Agios!
2. Stellen Sie die Bilanz nach der Kapitalerhöhung dar!
3. Ermitteln Sie das Bezugsverhältnis!

Lösungen:

Zu 1.: Kapitalzufluss:

60 Mio. EUR : 5,00 EUR = 12 000 000 Aktien · 26,00 EUR =	312,00 Mio. EUR
– Emissionskosten:	1,42 Mio. EUR
Vermögenszuwachs	310,58 Mio. EUR
Agio: 12 000 000 Aktien · (26,00 EUR – 5,00 EUR) =	252,00 Mio. EUR

Zu 2.:

Bilanz der Maschinenfabrik Hempel AG in TEUR nach der Kapitalerhöhung

Aktiva		Passiva	
Verschiedene Aktivposten	3 682 000	Gezeichnetes Kapital	
Liquide Mittel		(90 000 + 60 000)	150 000
(48 000 + 312 000 – 1 420)	358 580	Kapitalrücklage	252 000
Aktive Jahresabgrenzung*	1 420	Übrige Passiva	3 640 000
	4 042 000		4 042 000

* Die Emissionskosten werden bis zum folgenden Jahresabschluss aktiviert. Im Rahmen des Jahresabschlusses werden sie dann als Aufwand in die GuV-Rechnung übernommen.

Zu 3.: Bezugsverhältnis $= \dfrac{90}{60} = \dfrac{3}{2}$

3.4.4 Venture-Capital

Venture-Capital – auch Risiko- oder Wagniskapital genannt – wird hauptsächlich in junge, nicht börsennotierte, technologieorientierte Unternehmen investiert, um Produktinnovationen durchzusetzen. Kreditinstitute vergeben an solche Unternehmen wegen fehlender Sicherheitsstellung selten Darlehen. Gefragt sind also Kapitalgeber, die bereit sind, für Erfolg versprechende neue Produkte große Verluste zu riskieren, die aber im Erfolgsfall auch kräftige Gewinne erwarten. Die Kapitalgeber investieren in der Regel direkt in das Eigenkapital des Unternehmens. Neben dem Eigenkapital stellen die Kapitalgeber häufig auch ihr Wissen und Können zur Verfügung und greifen teilweise aktiv in unternehmerische Entscheidungen ein. Hat sich das neue Produkt durchgesetzt, verkauft der Finanzinvestor seinen Risikokapitalanteil und sucht ein neues Projekt. Beispiele für Finanzinvestoren sind „Saban Capital Group", „APAX Partness", „Fortress Investment Group", „Goldmann Sachs".

Venture-Capital-Investitionen fließen in den letzten Jahren nicht nur in technologieorientierte Unternehmen, sondern auch in traditionelle Branchen. Grund hierfür ist die zunehmende Öffnung deutscher Unternehmen für Beteiligungsgesellschaften und die Suche nach Finanzalternativen zum klassischen Bankkredit. Die Aufteilung der Venture-Capital-Investitionen in 2013 nach Branchen zeigt das nachfolgende Kreisdiagramm.

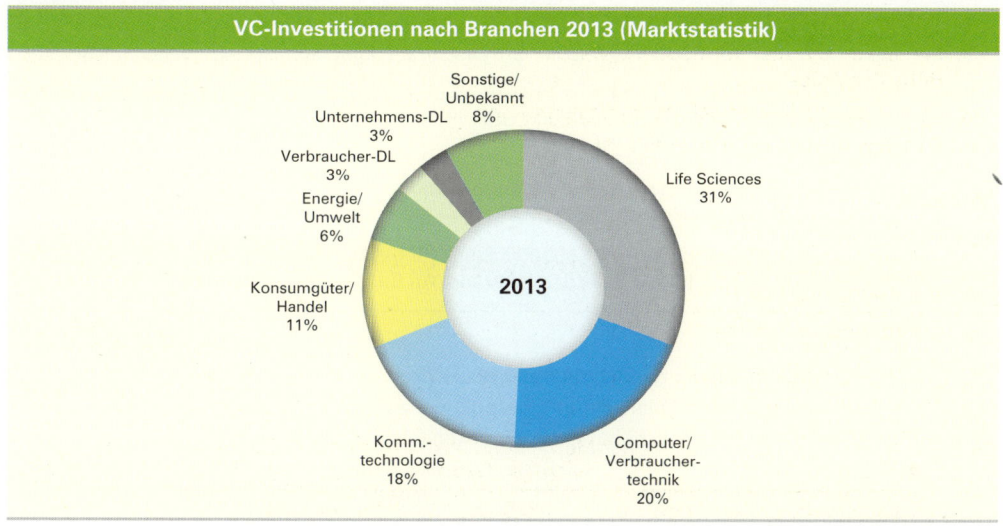

VC-Investitionen nach Branchen 2013 (Marktstatistik)

- Sonstige/Unbekannt 8%
- Unternehmens-DL 3%
- Verbraucher-DL 3%
- Energie/Umwelt 6%
- Konsumgüter/Handel 11%
- Komm.-technologie 18%
- Computer/Verbrauchertechnik 20%
- Life Sciences 31%

2013

Quelle: Bundesverband Deutscher Kapitalbeteiligungsgesellschaften (BVK Statistik 2013, Datenmaterial: PEREP Analytics). Vgl. auch www.bvk-ev.de.

Die Venture-Capital-Finanzierungsgesellschaften werden oft kritisiert, da ihre einzige Zielsetzung die Gewinnoptimierung ist („Heuschrecken-Debatte"). Ethische Beweggründe (wie z.B. Erhaltung oder Schaffung von Arbeitsplätzen) treten in der Regel in den Hintergrund. Allerdings ist festzustellen, dass die Gesellschaften, die Venture-Capital für innovative Produkte anbieten, häufig die einzigen verfügbaren Kapitalgeber sind („Business Angels").

3.4.5 Beurteilung der Beteiligungsfinanzierung

Die Vor- und Nachteile der Beteiligungsfinanzierung sind in der nachfolgenden Übersicht aufgelistet.

Vorteile	Nachteile
■ Die Mittel stehen dem Unternehmen ohne zeitliche Begrenzung zur Verfügung. ■ Kein Zinsaufwand, weil kurzfristig auf eine Verzinsung des Eigenkapitals verzichtet werden kann. ■ Keine Tilgung und somit keine Belastung der Liquidität. ■ Unabhängigkeit (kein Einfluss von Gläubigern auf das Unternehmen). ■ Erhöhung der Kreditwürdigkeit. ■ Keine Kapitalbeschaffungskosten bei Einzelunternehmen und Personengesellschaften. (Bei Aktiengesellschaften entstehen jedoch z.B. Verwaltungs- und Emissionskosten anlässlich der Emission von Aktien.)	■ Bei Einzelunternehmen und Personengesellschaften ist die Finanzkraft des Inhabers bzw. der Gesellschafter i.d.R. begrenzt. ■ Bei Personengesellschaften kann die Aufnahme weiterer Gesellschafter zu Schwierigkeiten führen, wenn diesen ebenfalls Geschäftsführungs- und Vertretungsrechte eingeräumt werden müssen. ■ Bei Aktiengesellschaften entsteht dieses Problem nicht. Dennoch liegt eine gewisse Begrenzung der Beteiligungsfinanzierung bei Aktiengesellschaften dann vor, wenn durch eine Kapitalerhöhung bisherige gewünschte Mehrheitsverhältnisse gefährdet werden.

239

116 1. Die Wagner Tiefbau AG plant eine Investition über 27 Mio. EUR. Der erzielbare Emissions-kurs je 5,00-EUR-Aktie liegt bei 70,00 EUR.

Aufgabe:

Berechnen Sie die Kapitalerhöhung, die notwendig ist, um das Investitionsvorhaben zu finanzieren! (Emissionskosten 1 Mio. EUR.)

2. Die Emdener Baustoffe AG gibt 500 000 Stück junge Aktien im Nennwert von 5,00 EUR je Stück zum Kurs von 180,00 EUR/Stück heraus. An Emissionskosten fallen 9 000 000,00 EUR an.

Aufgaben:

2.1 Berechnen Sie die Kapitalerhöhung der AG!

2.2 Ermitteln Sie den Finanzmittelzufluss bei der AG!

2.3 Berechnen Sie die Erhöhung des Eigenkapitals der AG!

117 Die Lüneburger Maschinenbau-AG plant, ihr Produktionsprogramm um den Bereich Umwelt-technologie zu erweitern. Der Vorstand rechnet mit einem Investitionsvolumen im Anlagen-bereich von 250 Mio. EUR.

Auszug aus der vereinfachten Bilanz:

Aktiva	Bilanz am 31. Dezember 20.. (in Mio. EUR)		Passiva
Bebaute Grundstücke	520	Gezeichnetes Kapital	210
Technische Anlagen	455	Kapitalrücklage	316
Betriebs- und Geschäftsausstattung	205	Jahresüberschuss	47
Wertpapiere des Anlagevermögens	70	Pensionsrückstellungen	149
Roh-, Hilfs- und Betriebsstoffe	150	Sonstige Rückstellungen	58
Unfertige Erzeugnisse	42	Langfristige Verbindlichkeiten	582
Fertigerzeugnisse	78	Kurzfristige Verbindlichkeiten	316
Forderungen a. Lief. u. Leist.	125		
Bank	29		
Kassenbestand	4		
	1 678		1 678

Die Lüneburger Maschinenbau-AG hat bisher 42 Mio. Stückaktien ausgegeben. Der Vorstand schlägt der Hauptversammlung vor, eine Kapitalerhöhung gegen Einlagen im Verhältnis 3 : 2 durchzuführen. Der gegenwärtige Kurs der Aktie beträgt 14,50 EUR.

Aufgaben:

1. Berechnen Sie, zu welchem Bezugskurs die jungen Aktien ausgegeben werden müssten, wenn der Mittelzufluss den Kapitalbedarf und die Emissionskosten von 10,4 Mio. EUR decken soll!

2. Stellen Sie die Auswirkungen der Kapitalerhöhung auf die Bilanzposten dar!

3. Aktionär Häberle, der über 10,2 Mio. Stückaktien verfügt, wendet sich in der Hauptver-sammlung gegen die vorgeschlagene Kapitalerhöhung. Begründen Sie, ob es denkbar ist, dass sich Häberle durchsetzt! Führen Sie dazu den rechnerischen Nachweis!

118 Die Hauptversammlung der Rintelner Mineral AG beschließt mit qualifizierter Mehrheit eine or-dentliche Kapitalerhöhung um 36 Mio. EUR auf 90 Mio. EUR. Der Börsenkurs der Altaktien wird mit 200,00 EUR notiert. Der Emissionskurs beträgt 150,00 EUR je 10,00-EUR-Aktie.

Aufgaben:

1. Ermitteln Sie das Bezugsverhältnis!

2. Berechnen Sie die Finanzmittel, die der Rintelner Mineral AG zufließen! Ermitteln Sie die Höhe des Agios und geben Sie an, wo das Agio ausgewiesen wird!

3. Erläutern Sie, ob die AG auch einen höheren Emissionskurs für die jungen Aktien hätte festlegen können!

119 Eine AG weist auf der Passivseite der Bilanz u.a. folgende Positionen aus:

| Gezeichnetes Kapital | 8 000 000,00 EUR | Gewinnvortrag | 28 000,00 EUR |
| Kapitalrücklage | 1 500 000,00 EUR | Jahresfehlbetrag | 750 000,00 EUR |

Aufgaben:

1. Berechnen Sie das bilanzierte Eigenkapital!

2. Ermitteln Sie das Haftungskapital der AG!

3. Ermitteln Sie, wie viel Aktien die Aktionäre besitzen, wenn die Aktien einen Nennwert von 5,00 EUR je Stück aufweisen!

4. Berechnen Sie den Vermögenswert, den die Aktien repräsentieren, wenn ihr Kurs 85,00 EUR je Stück beträgt!

120 Die Media AG wird an Finanzinvestoren verkauft. Zwei Beteiligungsgesellschaften haben den Zuschlag für die Übernahme der Mehrheit an der Media AG erhalten. Nach Angaben aus Finanzkreisen bezahlen die Käufer knapp 3 Mrd. EUR für 50,5 Prozent des Grundkapitals an der Media AG, auf die 88 Prozent der Stimmen entfällt.

Aufgabe:

Diskutieren Sie in der Klasse das Pro und Contra einer solchen Übernahme!

121 Die Feintechnik AG stellt hochwertige Präzisionswerkzeuge her. Die zusammengefasste Bilanz des Unternehmens weist folgende Werte aus:

Aktiva	Zusammengefasste Bilanz am 31. Dezember 17 in TEUR		Passiva
Sachanlagen	222 000	Gezeichnetes Kapital	50 000
Vorräte	272 000	Kapitalrücklage	25 000
Forderungen und flüssige Mittel	240 000	Rückstellungen	380 200
		Verbindlichkeiten	278 800
	734 000		734 000

Die 10 Mio. Stückaktien der Feintechnik AG befinden sich zu 70 % im Besitz der Gründerfamilie. Im Jahr 15 ging die AG an die Börse. Seither sind 30 % der Aktien, die früher auch im Familienbesitz waren, breit gestreut.

Aufgaben:

1. Geben Sie zwei Gründe an, die die Feintechnik AG im Jahr 15 zum Schritt an die Börse veranlasst haben könnten!

2. Die Expansion des Unternehmens macht die Zuführung von weiterem Eigenkapital notwendig. Im Jahr 18 soll eine Kapitalerhöhung gegen Einlagen von 10 Mio. EUR durchgeführt werden. Die Emissionskosten betragen 750 000,00 EUR. Die Börse notiert die Gothaer Feintechnik-Aktie vor der Kapitalerhöhung mit 42,00 EUR.

   Der Vorstand der Feintechnik AG muss für die jungen Aktien den Emissionskurs festlegen. Stellen Sie dar, welche Gesichtspunkte hierbei zu berücksichtigen sind! Gehen Sie dabei auch auf den höchstmöglichen und den theoretisch niedrigsten Emissionskurs ein!

16 Speth u.a. - ISBN 978-3-8120-0537-1

3.5 Kurzfristige Finanzierung bei Beschaffungs- und/oder Absatzanlässen

Im Folgenden werden vier Formen der kurzfristigen Finanzierung dargestellt:

- die **Anzahlung,**
- der **Lieferantenkredit,**
- der **Kontokorrentkredit** und
- das **Factoring.**

3.5.1 Anzahlungen

Anzahlungen werden von Lieferern insbesondere bei großen Aufträgen, die sich über einen längeren Zeitraum erstrecken, verlangt. Üblich sind Anzahlungen z.B. im Schiffbau, Großmaschinenbau, Wohnungsbau u.a. Anzahlungen werden entweder vor Beginn des Produktionsprozesses oder nach teilweiser Fertigstellungen gezahlt. Für den Lieferer stellen Kundenanzahlungen eine **kurzfristige Fremdkapitalbeschaffung** dar. Kundenanzahlungen stehen dem Lieferer **zinslos** zur Verfügung und verbessern seine Liquiditätslage. Ob und in welcher Höhe eine Anzahlung durch den Kunden getätigt wird, hängt aber nicht nur von der Dauer des Produktionsprozesses ab, vielmehr spielt auch die Stärke der Marktstellung des Lieferers und seiner Kunden eine entscheidende Rolle.

Der **Auftraggeber** geht mit der Anzahlung das **Risiko** ein, dass der **Lieferer seine Leistung nicht erbringt bzw. erbringen kann.** Lässt es die Marktstellung zu, so wird der Auftraggeber daher vom Lieferer für die Anzahlung eine Sicherheit (z.B. eine Bankgarantie) verlangen. Die Entgelte hierfür sind indirekt Kosten des Kundenkredits.

Für den **Auftragnehmer (Lieferer)** liegen die besonderen **Vorteile** darin, dass er in Höhe der Anzahlung keine eigenen Finanzmittel zur Vorfinanzierung des Auftrags einsetzen muss und dass die geleistete Anzahlung das Risiko aus dem Gesamtauftrag herabsetzt.

3.5.2 Lieferantenkredit (Warenkredit)

(1) Begriff Lieferantenkredit

- Der **Lieferantenkredit** entsteht durch die Lieferung einer Ware, wobei Zeitpunkt der Warenlieferung und Zeitpunkt der Zahlung auseinanderfallen, weil der Lieferer (Verkäufer) seinem Kunden ein **Zahlungsziel** einräumt.
- Die Besonderheit dieser Kreditart besteht darin, dass keine Geldmittel gezahlt werden, sondern die Krediteinräumung über eine **Verzögerung der Zahlung** gewährt wird.

Der Lieferantenkredit ist für den Schuldner eine sehr angenehme und bequeme Art der **kurzfristigen Fremdfinanzierung.** Der Warenkredit wird meistens ohne besondere Formalität, ohne besondere Kreditwürdigkeitsprüfung, ohne Kreditverhandlungen, in der Regel ohne Sicherheiten – abgesehen vom Eigentumsvorbehalt – gewissermaßen „nebenbei" aufgrund eines Kreditkaufs gewährt.

(2) Kosten des Lieferantenkredits im Vergleich mit den Kosten des Kontokorrentkredits

Für den Lieferantenkredit wird direkt kein Zins bezahlt. Allerdings ist er nur in der Zeit zwischen dem Rechnungseingang und dem Ablauf der Skontierungsfrist „kostenlos". Wird die Skontierungsfrist überschritten, ist der Lieferantenkredit der teuerste Kredit überhaupt.

Der Zins ist im Skontoabzug „versteckt", der bei vorzeitiger Bezahlung (innerhalb der Skontierungsfrist) gewährt wird.

Beispiel:

Die Ahner Metallbau GmbH hat eine Lieferantenrechnung über 57 500,00 EUR erhalten, für die folgende Zahlungsbedingungen gelten: 3 % Skonto innerhalb von 10 Tagen oder 60 Tage netto.

Auf ihrem Kontokorrentkonto hat die Ahner Metallbau GmbH mit ihrer Bank ein Kreditlimit von 100 000,00 EUR bei 12 % Sollzinsen vereinbart, das erst zu 30 % ausgeschöpft ist.

Aufgaben:

1. Berechnen Sie, welchem Jahreszinsfuß der Skontosatz entspricht!

2. Berechnen Sie, ob sich die Ausnutzung des Kontokorrentkredits lohnt!

Lösungen:

Bei der Umrechnung des Skontosatzes in einem Zinssatz gilt folgende Berechnungsformel:

$$\text{Zinssatz} = \frac{\text{Skontobetrag} \cdot 100 \cdot 360}{(\text{Rechnungsbetrag} - \text{Skontobetrag}) \cdot (\text{Zahlungsziel} - \text{Skontofrist})}$$

Zu 1.: $\text{Zinssatz} = \dfrac{1\,725 \cdot 100 \cdot 360}{55\,775 \cdot 50} = \underline{\underline{22,27\,\%}}$

Fehlt ein absoluter Betrag, dann kann folgende Formel Anwendung finden:

$$\text{Zinssatz} = \frac{\text{Skontobetrag} \cdot 100 \cdot 360}{(100 - \text{Skontosatz}) \cdot (\text{Zahlungsziel} - \text{Skontofrist})}$$

Zu 2.:

Rechnungsbetrag	57 500,00 EUR
– 3 % Skonto	1 725,00 EUR
Zahlung (benötigter Kredit)	55 775,00 EUR

Kreditzinsen: $\text{Zinsen} = \dfrac{55\,775 \cdot 12 \cdot 50}{100 \cdot 360} = \underline{\underline{929,58\ \text{EUR}}}$

Ergebnis: Die Ausnutzung des Kredits lohnt sich. Es entsteht ein Skontogewinn in Höhe von 1 725,00 EUR – 929,58 EUR = 795,42 EUR.

(3) Bedeutung des Lieferantenkredits

Für den Lieferer	Für den Kunden
■ Erhält frühzeitig den Zahlungsbetrag. ■ Kann den Zahlungsbetrag für anstehende Ausgaben einsetzen. ■ Eventuell notwendige Mahnschreiben entfallen. ■ Eventuell Hinweis auf schwierige Liquiditätslage des Kunden.	■ Warenkredit zwischen Wareneingang und Ablauf der Skontofrist kostenlos. ■ Vorteilhaft bei angespannter Zahlungsfähigkeit. ■ Finanzierungsmöglichkeit, wenn Aufnahme eines Bankkredits kurzfristig nicht möglich ist.

3.5.3 Kontokorrentkredit (Dispositionskredit)

(1) Begriff Kontokorrentkredit

Das Prinzip des **Kontokorrents**[1] besteht darin, dass sich beide Vertragspartner ihre **gegenseitigen Forderungen** stunden und in regelmäßigen Zeitabständen (meist vierteljährlich oder halbjährlich) gegeneinander **aufrechnen**. Schuldner ist jeweils die Partei, zu deren Ungunsten der Saldo des Kontokorrentkontos steht. Der Saldo (Ergebnis der Aufrechnung) wird auf die neue Rechnungsperiode vorgetragen. Damit gehen die verschiedenen Forderungen unter, d.h., dass nur noch der Saldo eingeklagt werden kann [§ 355 HGB].

Schließen eine Bank und ein Bankkunde (z.B. ein Unternehmen) einen **Kreditvertrag** ab, dem das Kontokorrentprinzip zugrunde gelegt ist, so liegt ein **Kontokorrentkredit** vor. Wird mit einem Privatkunden ein Kontokorrentkredit abgeschlossen, so spricht man von einem **Dispositionskredit**.[2]

> Der **Kontokorrentkredit** ist ein Kredit in laufender Rechnung zwischen zwei Vertragspartnern, i.d.R. zwischen einer Bank und einem Bankkunden.

(2) Wirtschaftliche Merkmale

Der Kontokorrentkredit bei einer Bank dient der **Abwicklung aller eingehender und ausgehender Zahlungen** (z.B. Zahlungsaufträge für Miete, für Rechnungen, für Gehaltszahlungen). Er sichert damit die Zahlungsbereitschaft. Der Kreditnehmer kann bis zur Kreditobergrenze (Kreditlimit), die im Kreditvertrag vereinbart ist, frei über das Kontokorrentkonto verfügen.

Der Saldo auf dem Konto ist, je nach Umfang der eingehenden und ausgehenden Zahlungen, ständigen Schwankungen unterworfen. So entsteht ein Kontokorrent, d.h. eine laufende Rechnung, die ein **wechselseitiges Schuld- und Guthabenverhältnis** darstellt.

Weist das Konto ein **Guthaben** aus, erhält der Kunde **Habenzinsen**.[3] Wird ein **Kredit** beansprucht, müssen **Sollzinsen** an die Bank entrichtet werden. Aus der Sicht der Bank ist „Bewegung" auf dem Kontokorrentkonto erwünscht, denn Anzahl und Umfang der Bewe-

---

1 Kontokorrent heißt wörtlich „laufendes Konto", weil sich i.d.R. der Kontostand verändert. Rechtlich ist das Kontokorrentkonto geregelt in den §§ 355ff. HGB.

2 Disponieren: verfügen, ordnen.

3 Bei den meisten Banken werden Habenzinsen erst dann vergütet, wenn das Guthaben vierteljährlich einen bestimmten **Durchschnittsbetrag** (z.B. von 3000,00 EUR) erreicht.

gungen werden als Maßstab für die wirtschaftliche Aktivität des Unternehmens gewertet. Gleichbleibende Haben- oder Sollsalden widersprechen dem Sinn des Kontokorrentkredits.

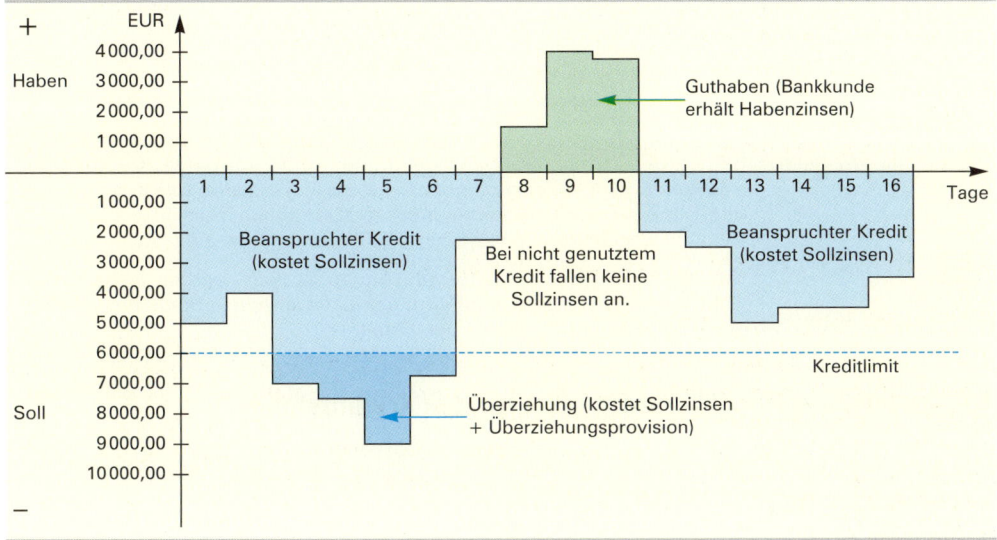

Auf dem Kontokorrentkonto werden die täglichen Ein- und Ausgänge aufgezeichnet und in einem **Kontoauszug** festgehalten. Die Ein- und Ausgänge werden gegeneinander aufgerechnet **(saldiert)** und dem bisherigen Kontostand zugerechnet. Rechtlich gesehen kann die Bank immer nur den **Sollsaldo fordern.**

Der Kontokorrentkredit kann zeitlich begrenzt oder bis zur Kündigung in Anspruch genommen werden. Er ist formal **kurzfristig** bzw. **kurzfristig kündbar,** kann aber durch ständige Prolongation (Verlängerung) über längere Zeiträume laufen. Durch diese enge, langfristige Verflechtung von Bank und Unternehmen wird die Kredit gebende Bank zur „Hausbank".

- Beim Kontokorrent stunden sich beide Vertragspartner ihre **gegenseitigen Forderungen** und rechnen sie in **regelmäßigen Zeitabständen** (meist vierteljährlich oder halbjährlich) **gegeneinander auf.** Schuldner ist jeweils die Partei, zu deren Ungunsten der Saldo des Kontokorrentkontos steht.

- Der **Saldo** (Ergebnis der Aufrechnung) wird auf **neue Rechnung vorgetragen.** In ihm gehen die verschiedenen Forderungen unter, d.h. dass nur der Saldo eingeklagt werden kann.

(3) Sicherheiten und Kreditkosten

■ Sicherheiten

Wegen der schwankenden Beanspruchung des Kredits ist insbesondere die **Grundschuld**[1] als Sicherheit geeignet.

---

1 Die **Grundschuld** ist ein **dingliches Pfandrecht** und besagt, dass an den Inhaber der Grundschuld eine bestimmte Geldsumme aus dem Grundstück zu zahlen ist.

■ **Kreditkosten**

Üblich sind folgende Vereinbarungen:

Zinsen	Sie werden jeweils **vom in Anspruch genommenen Kredit** berechnet. Die Zinsbelastung passt sich somit der täglichen Veränderung des beanspruchten Kredits an. Die Zinsen werden in der Regel monatlich dem Konto belastet bzw. gutgeschrieben. Die Kosten des Kontokorrentkredits sind hoch, da der Sollzinssatz für den Kreditsaldo erheblich höher ist als der Habenzinssatz für den Guthabensaldo.
Überziehungszinsen	Sie werden berechnet, wenn der Kunde **ohne vorherige Krediteinräumung** einen Kredit beansprucht bzw. seine ihm eingeräumte **Kreditgrenze überschreitet.** Der Überziehungszinssatz beträgt im Normalfall 1,5 %–3 % p. a. und wird neben den Sollzinsen in Rechnung gestellt.
Gebühren	Um die Kosten des Zahlungsverkehrs zu decken, werden in der Regel Gebühren (z. B. für die Kontoführung und die einzelnen Buchungen) sowie die anfallenden Postentgelte berechnet.

(4) Vorteile des Kontokorrentkredits für den Kreditnehmer

- Die Inanspruchnahme des Kredits entspricht dem jeweiligen Fremdkapitalbedarf.

- Kreditzinsen werden nur vom jeweiligen Sollsaldo berechnet. Dadurch können – im Vergleich zum Darlehen – Zinskosten eingespart werden.

- Es bestehen vielfache Verwendungsmöglichkeiten im Betrieb, z.B. Finanzierung der Produktion, Überbrückung von zeitweiligen Liquiditätsanspannungen, Ausnutzen von Skontierungsfristen.

- Der Kredit steht bei gegebener Kreditwürdigkeit durch ständige Prolongationen meist über viele Jahre zur Verfügung.

3.5.4 Factoring

(1) Begriff

Beim **Factoring**[1] kauft der Factor (eine Bank oder eine spezielle Factorgesellschaft) alle Forderungen seines Kunden, die aus Sach- und Dienstleistungen stammen, gegen ein entsprechendes Entgelt auf und übernimmt das volle Kreditrisiko (Delkredere).[2]

Die Factorgesellschaft übernimmt die Debitorenbuchhaltung (Kundenbuchhaltung), das Mahnwesen und den Einzug (Inkasso) der Forderungen. Manche Factorinstitute übernehmen – freilich ebenfalls gegen Gebühr – auch die Rechnungsschreibung (Fakturierung).

---

1 Factura: Rechnung.
2 Delkredere (wörtlich): „vom guten Glauben".

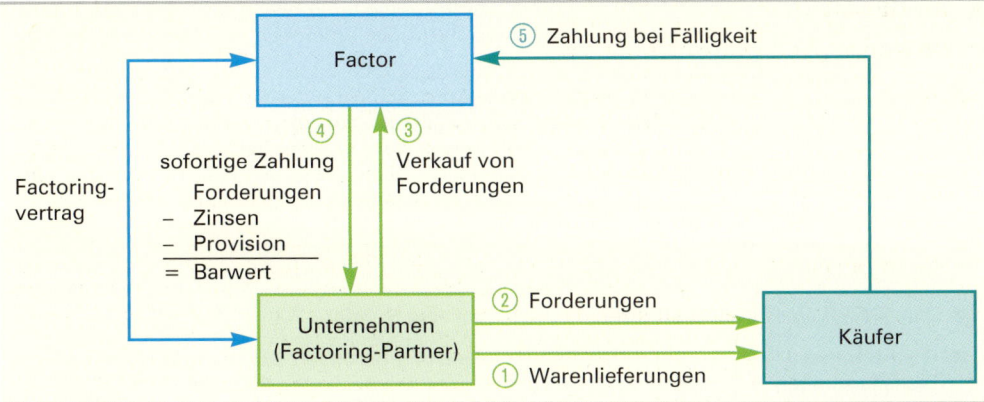

(2) Aufgaben

Die Factorgesellschaft übernimmt für das betreute Unternehmen drei verschiedene Aufgaben:

Dienstleistungs-funktion	Führung der Debitorenbuchhaltung einschließlich Mahnwesen und Einzug der Forderungen. Eventuell auch Übernahme der Fakturierung.
Kreditgewährungs-funktion	Ankauf der Forderungen (offene Zession) und Vorfinanzierung bis zum Fälligkeitstermin bzw. Zahlung der Forderungen.
Kreditsicherungs-funktion	Übernahme der Haftung für einen eventuellen Forderungsausfall (Delkrederefunktion).[1]

(3) Beurteilung

Vorteile	Nachteile
■ Sofortige Verfügung über den Barwert der Forderungen. ■ Verbesserung der Liquidität. ■ Kein Ausfallrisiko bei den Forderungen. ■ Einziehung von Forderungen entfällt.	■ Leistung von (hohen) Zins- und Provisionszahlungen an den Factor. ■ Kein Eingehen auf individuelle Zahlungsprobleme von einzelnen Kunden. ■ Verärgerung von Kunden durch schematischen Forderungseinzug.

Zusammenfassung

■ **Anzahlungen** des Kunden stellen für den **Auftragnehmer (Lieferer)** eine **kurzfristige Fremdkapitalbeschaffung** dar.

■ Der **Lieferantenkredit (Warenkredit)** setzt ein Warengeschäft voraus. Er entsteht dadurch, dass der Lieferant dem Kunden ein Zahlungsziel einräumt.

  ■ Die Kosten des Lieferantenkredits sind im Skonto, der bei Zahlung innerhalb der Skontierungsfrist gewährt wird, „versteckt". Diese Kreditart verursacht einen hohen Zinsaufwand, wenn die Skontofrist überschritten wird.

---

1 Von Forderungsausfällen spricht man, wenn Forderungen des Gläubigers wegen Zahlungsschwierigkeiten oder Zahlungsunfähigkeit der Schuldner nicht mehr oder nur teilweise erfüllt (z.B. bezahlt) werden.

- Die Skontogewährung stellt einen Anreiz zur frühzeitigen Bezahlung dar. Der Lieferantenkredit wird dann in Anspruch genommen, wenn ein Unternehmen über wenig liquide Finanzmittel verfügt.

- Der **Kontokorrentkredit** passt sich kurzfristig den jeweiligen Kreditbedürfnissen des Kunden an. Er dient dem Zahlungsverkehr. Es handelt sich um einen Kredit in laufender Rechnung, bei dem sich ein wechselseitiges Schuld- und Guthabenverhältnis bildet (Kontokorrent). Die Bank fordert nur Zinsen für die jeweils beanspruchte Kreditsumme. Der Kontokorrentkredit ist formal kurzfristig. In der Praxis wird der Kontokorrentkredit jedoch immer wieder verlängert.

- Kontokorrentkonten werden in der Regel **vierteljährlich abgerechnet.** Sollzinsen, Provisionen und Gebühren werden belastet, Habenzinsen werden dem Konto gutgeschrieben.

- Zum **Ablauf eines Kontokorrentkredits** siehe Schema S. 245.

- Der **Factor** kauft von seinem Factor-Partner dessen Forderungen aus Warenlieferungen und Dienstleistungen und bevorschusst sie vor Fälligkeit des Rechnungsbetrags.

- Der Factor übernimmt eine **Dienstleistungsfunktion** (z.B. Führung der Debitorenbuchhaltung), eine **Kreditgewährungsfunktion** (Ankauf der Forderungen vor ihrer Fälligkeit) sowie eine **Kreditsicherungsfunktion** (z.B. Übernahme der Haftung bei einem Zahlungsausfall).

Übungsaufgabe

122 1. 1.1 Stellen Sie dar, wovon es abhängt, ob der Auftragnehmer eine Anzahlung von seinem Auftraggeber verlangen kann!

1.2 Beschreiben Sie das Risiko, das der Auftraggeber mit seiner Anzahlung eingeht, an einem Beispiel!

1.3 Erläutern Sie, worin der Vorteil einer Anzahlung für den Auftragnehmer liegt!

2. 2.1 Beschreiben Sie stichwortartig den Unterschied zwischen Kontokorrentkredit und Darlehen!

2.2 Geben Sie Gründe dafür an, dass der Zinssatz für den Kontokorrentkredit höher ist als für das Darlehen! (Hinweis: Erfragen Sie die geltenden Zinssätze bei einer Bank!)

2.3 Erklären Sie die Bedeutung eines Auszahlungskurses in Höhe von 98 % bei einem Darlehen!

2.4 Beschreiben Sie, welchem Zweck die Aufnahme eines Darlehens dienen kann!

2.5 Erläutern Sie, weshalb es unwirtschaftlich wäre, für einen nur gelegentlich auftretenden finanziellen Spitzenbedarf ein Darlehen aufzunehmen!

2.6 Ein Kredit wird als Abzahlungsdarlehen (Ratendarlehen) gewährt. Beschreiben Sie diese Darlehensart!

3. 3.1 Begründen Sie, ob die Aussage, dass der Lieferantenkredit innerhalb der Skontierungsfrist kostenlos ist, zutreffend ist!

3.2 Erläutern Sie, worin die Verzinsung eines Lieferantenkredits besteht!

3.3 Berechnen Sie den Jahreszinssatz für einen Lieferantenkredit bei folgenden Konditionen: „Zahlbar innerhalb von 10 Tagen unter Abzug von 2,5 % Skonto oder innerhalb von 40 Tagen ohne Abzug"!

3.4 Der Druckerei Klier & Klar OHG werden von einem Lieferer für eine Rechnung über 8 125,00 EUR folgende Zahlungsbedingungen eingeräumt: „Zahlbar innerhalb 30 Tagen netto oder innerhalb 10 Tagen mit 3 % Skonto."

Aufgaben:

3.4.1 Berechnen Sie, welchem Jahreszinsfuß der Skontosatz von 3 % entspricht!

3.4.2 Berechnen Sie, welchen Betrag die Klier & Klar OHG bei Ausnutzung des Skontos spart, wenn sie für die Zahlung einen Bankkredit mit der Verzinsung von 9,5 % in Anspruch nimmt!

4. Angenommen, ein Kontokorrentkredit kostet 12 % p. a. Eine Warenlieferung über 90 000,00 EUR wird unter folgenden Zahlungsbedingungen geliefert:

4.1 „Zahlbar innerhalb von 30 Tagen netto Kasse oder 3 % Skonto bei Zahlung innerhalb von 10 Tagen."

4.2 „Zahlbar innerhalb von 14 Tagen netto Kasse oder 2 % Skonto innerhalb von 7 Tagen."

4.3 „Zahlbar innerhalb von 3 Wochen oder 1,25 % Skonto innerhalb einer Woche."

Aufgabe:

Vergleichen Sie die Kreditkosten bei Aufnahme eines Kontokorrentkredits mit denen des Warenkredits in den Fällen 3.1 bis 3.3 in EUR und in Prozent!

5. Die Schreinerei Schiebel e. K. nimmt zur Finanzierung der neuen Werkshalle einen Bankkredit auf.

Aufgaben:

5.1 Beschreiben Sie, wie der dazu erforderliche Kreditvertrag zustande kommt!

5.2 Entscheiden Sie begründet, ob die Schreinerei Schiebel e. K. ein Darlehen oder einen Kontokorrentkredit aufnehmen sollte!

5.3 Erläutern Sie dem Inhaber der Schreinerei Schiebel e. K.

5.3.1 wie der Lieferantenkredit zustande kommt!

5.3.2 unter welcher Bedingung der Lieferantenkredit einen Zinsaufwand verursacht!

6. 6.1 Beschreiben Sie den Begriff Factoring mit eigenen Worten!

6.2 Nennen Sie die Funktionen des Factors und ordnen Sie diesen die entsprechenden Kosten zu!

6.3 Nennen Sie die Vor- und Nachteile der Factoring-Finanzierung für den Kunden!

6.4 Begründen Sie, warum Factor-Gesellschaften u. a. mit folgendem Argument werben: „Factoring beseitigt Ihre Liquiditätsprobleme"!

1 Strategisches[1] Marketing:[2] Marktsituation und -entwicklung

1.1 Marketing als Führungskonzeption für Unternehmen

(1) Ausgangspunkt des Marketings

Durch die zunehmende Sättigung der Bedürfnisse, den technischen Fortschritt und die Liberalisierung der Märkte kommt es zu einem Überhang des Leistungsangebots. Die Märkte entwickeln sich vom **Verkäufermarkt** zum **Käufermarkt**.

- Der **Verkäufermarkt** ist ein Markt, in dem die Nachfrage nach Gütern größer ist als das Güterangebot. Es besteht ein **Nachfrageüberhang**. Die **Marktmacht** hat der **Verkäufer**.

- Der **Käufermarkt** ist ein Markt, in dem das Angebot an Gütern größer ist als die Nachfrage nach Gütern. Es besteht ein **Angebotsüberhang**. Die **Marktmacht** hat der **Käufer**.

Der Wandel vom Verkäufer- zum Käufermarkt führt dazu, dass weniger die Produktion und ihre Gestaltung, sondern der Absatz der erzeugten Produkte zur Hauptaufgabe der Unternehmen wird. Diese Veränderungen bleiben nicht ohne nachhaltige Auswirkungen auf die Durchführung des Absatzes. Während zu Zeiten des Verkäufermarktes vorrangig die Verteilung der Erzeugnisse das Problem war, kommt es nun darauf an, den Absatzmarkt systematisch zu erschließen. Dies erfordert für das Erreichen der Unternehmensziele zunehmend die Ausrichtung aller Unternehmensfunktionen auf die tatsächlichen und die zu erwartenden Bedürfnisse der Abnehmer. Für diese Führungskonzeption wird das aus dem Amerikanischen übernommene Wort **Marketing**[3] verwendet.

(2) Begriff Marketing

Die Marketingkonzeption besagt, dass der Schlüssel zur Erreichung des gesetzten Unternehmensziels darin liegt, die Bedürfnisse und Wünsche des Kunden zu ermitteln und diese dann wirksamer und wirtschaftlicher zufriedenzustellen als die Mitbewerber. Oberstes **Ziel des Marketings** ist die **Kundenzufriedenheit**.

---

1 **Strategie** (gr.-lat.): genauer Plan des eigenen Vorgehens, um ein militärisches, politisches, wirtschaftliches oder ein anderes Ziel zu erreichen, indem man diejenigen Faktoren, die in die eigene Aktion hineinspielen könnten, von vornherein einzuplanen versucht. **Strategische Ziele** sind **langfristig** zu erreichende Ziele. Dementsprechend versteht man unter strategischer Planung eine **langfristige Planung**, die durch eine **taktische Planung** (mittelfristige Planung) und eine **operative Planung** (kurzfristige Planung) ergänzt werden muss. Unter **Operation** (gr.-lat.) versteht man eine Handlung, ein Verfahren oder einen Denkvorgang (operativ: als konkrete Maßnahme unmittelbar wirkend).

2 Die Ausführungen dieses Kapitels lehnen sich an die folgende Literatur an:
Nieschlag, R./Dichtl, E./Hörschgen, H.: Marketing, 24. Aufl., Berlin 2010.
Meffert, H.: Marketing, Grundlagen marktorientierter Unternehmensführung, 9. Aufl., Wiesbaden 2005.

3 Marketing (engl.): Markt machen, d.h. einen Markt für seine eigenen Produkte schaffen bzw. ausschöpfen.

Ein zufriedener Kunde

- kauft mehr und bleibt länger „treu",
- kauft bevorzugt vom gleichen Unternehmen, wenn dieses neue oder verbesserte Produkte bringt,
- denkt und spricht gut über das Unternehmen und seine Produkte,
- beachtet Marken, Werbe- und Preisangebote der Mitbewerber weniger stark,
- bietet dem Unternehmen gern neue Ideen zu Produkt und Service an.

Schlagworte zum Marketing

- Erfülle Kundenbedürfnisse auf profitable Art!
- Entdecke Kundenwünsche und erfülle sie!
- Wir richten es, wie Sie es wollen!
- Bei uns sind Sie der Boss!

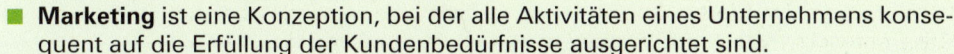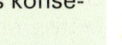

- **Marketing** ist eine Konzeption, bei der alle Aktivitäten eines Unternehmens konsequent auf die Erfüllung der Kundenbedürfnisse ausgerichtet sind.
- Ziel der Marketingkonzeption ist die **Kundenzufriedenheit.**

1.2 Kunden als zentrale Marktteilnehmer

1.2.1 Kundenanalyse

Um das Unternehmen auf die verschiedenen Absatzbedingungen der Kundengruppen ausrichten zu können, brauchen die Unternehmen Informationen über ihre Kunden.[1] In der nachfolgenden Übersicht werden beispielhaft einige Bereiche angeführt, über die Informationen benötigt werden.[2] Aus den gewonnenen Daten erstellt das Unternehmen dann ein **Kundenprofil.** Das Kundenprofil hat besondere Bedeutung für den **Absatz der Waren,** für die **Risikosituation des Unternehmens** und es zeigt die **Abhängigkeit des Unternehmens von einzelnen Abnehmern** auf.

Bereiche (Beispiele)	Benötigte Informationen[3]	
	Privatpersonen	**Unternehmen**
Wer sind unsere Käufer und welche potenziellen Käufer kaufen nicht bei uns?	Wohnort, Alter, Beruf, Familienstand, Einkommens- und Besitzverhältnisse u. Ä.	Unternehmensgröße, Wirtschaftszweig, Abnehmerstufe (Hersteller, Wiederverkäufer, Großverbraucher), Unternehmensform, finanzielle Ausstattung (z. B. anhand von Bilanzen) u. Ä.

---

1 Die Erfassung der Kundendaten wird aufgrund der Rahmenrichtlinien nicht dargestellt.

2 Zuständig für die Erfassung der Daten ist die Marktforschung. Vgl. hierzu Kapitel 1.4, S. 263 ff.

3 Auf den Staat als Kunden von Industrieunternehmen wird im Folgenden nicht eingegangen.

Bereiche (Beispiele)	Benötigte Informationen	
	Privatpersonen	**Unternehmen**
Welche Größenordnungen liegen bei den verschiedenen Kundengruppen vor?	■ Zahl der potenziellen Kunden (Personen, Haushalte). ■ Wie entwickelt sich die Zahl der Jugendlichen, Arbeitnehmer, Rentner, Haushalte, …? ■ Welche Veränderungen der Lebensbedingungen sind zu erwarten? ■ …	■ Anzahl der Unternehmen als potenzielle Kunden. ■ Gliederung der Unternehmen nach Größe, Rechtsform, Branche, … ■ Entwicklung der Gesamtwirtschaft, von bestimmten Branchen, Einfluss der Globalisierung, … ■ Welche Teilmärkte sind bereits gesättigt? ■ …
Welches Kaufverhalten haben die Kunden entwickelt?	■ Welche Mengen, Qualitäten, Preislagen, Größen, Einheiten usw. werden bevorzugt? ■ Wie hoch ist der durchschnittliche Kaufbetrag? ■ Wann kaufen die Kunden (Stunde, Wochentag, Monat, Jahreszeit)? ■ Wie bzw. durch wen lassen sich die Betroffenen zu Einkäufen anregen? ■ Welche Gewohnheiten bestehen beim Verbrauch/Gebrauch der erworbenen Güter? ■ …	■ Welche Unternehmen kommen als Abnehmer in Betracht? ■ Wer ist für den Einkauf zuständig (Anzahl der entscheidenden Personen, Abteilungen, …)? ■ Welchen Jahresbedarf hat ein bestimmter Abnehmer? Wie viel wurde bisher von uns bezogen? ■ Wo hat ein potenzieller Kunde bisher eingekauft? Bestehen langfristige Verträge? ■ Wie verhält es sich mit der Zahlungsmoral des Kunden? ■ …

1.2.2 Kundeninformationssystem

1.2.2.1 Grundlegendes

Die durch die Kundenanalyse gewonnenen Daten müssen ständig aktualisiert werden. Dies geschieht am zweckmäßigsten durch das Einrichten einer **Kundendatei,** die die gesamte Kommunikation mit dem Kunden dokumentiert. Im Idealfall wird die Kundendatei mit anderen Dateien des Unternehmens (z.B. Produktdatei, Finanzbuchhaltung, Kostenrechnung u.a.) verbunden und zu einer **Kundendatenbank (Customer Data Warehouse)** ausgebaut. Dadurch lassen sich jederzeit Daten wie Produktpalette des Kunden, Wachstumspotenzial des Kunden, Verhalten bei Reklamationen, Zahlungsmoral, besondere Qualitätsansprüche, Kontakte zu Konkurrenzunternehmen u.Ä. abrufen.

1.2.2.2 Customer Relationship Management

(1) Begriff

Die konsequenteste Form, Kundendaten zu erfassen, zu verwalten und zu nutzen, stellt das **Customer Relationship Management (CRM)**[1] dar. Grundlage des Customer Relationship Managements sind Programme von Softwareanbietern zur Erfassung, Bereinigung, Verdichtung, Analyse und Verteilung von Kundendaten. Voraussetzung für den Einsatz von CRM-Softwareprodukten ist eine **Kundendatenbank**.

- **Customer Relationship Management (CRM)** zielt darauf ab, mithilfe entsprechender Datenbanken und zugehöriger Softwareprogramme dauerhafte und profitable Beziehungen zwischen sich und den Kunden aufzubauen und zu pflegen.
- Durch CRM sollen einem **bestimmten Kunden,** dessen Kaufverhalten und Präferenzen[2] durch die Kundendatenbank bekannt sind, möglichst viele **passgenaue Angebote** unterbreitet werden.
- CRM basiert auf einer **Datenbank**.

(2) Ziele des Customer Relationship Managements

Ziele	Erläuterungen
Ermittlung möglichst vieler Kundeninformationen	Es wird angestrebt, möglichst viele Daten über die einzelnen Kunden zu sammeln, um sich ein genaues Bild über deren Kaufverhalten zu verschaffen.
Ausbau der individuellen Kundenberatung	Aufgrund der erfassten Kundendaten können für die einzelnen Kunden individuelle Angebote erstellt werden.
Aufbau langfristiger und profitabler Kundenbeziehungen	Über einen regelmäßigen Kontakt zum Kunden (z.B. Hinweise auf Sonderangebote, auf Produktneuheiten, auf lange gesuchte Artikel; Einladungen zu Veranstaltungen; Glückwünsche zu bestimmten Anlässen) lassen sich langfristige, gewinnbringende Kundenbeziehungen aufbauen.
Reduzierung von Kosten	Durch die zentrale Erfassung der Daten und durch die Bereitstellung von Zugriffsmöglichkeiten auf die Daten für die Mitarbeiter des Unternehmens können Mehrfacherfassungen (Mehrfachrecherchen) und damit Kosten eingespart werden.
Gezielte Zuordnung von Serviceleistungen auf die einzelnen Kunden	Durch die Kenntnis der Kundendaten können den einzelnen Kunden gezielt Serviceleistungen angeboten werden.
Erhöhung des Marktanteils	Kundenbindung, Kundenzufriedenheit und Vertrauen in das Unternehmen führen über Wiederkäufe und Weiterempfehlungen zu einer Ausweitung des Marktanteils.

---

1 **Customer** (engl.): Kunde. **Relationship** (engl.): Beziehung. **Management** (engl.): Verwaltung, Leitung. Customer Relationship Management kann man daher mit „Verwaltung von Kundenbeziehungen" übersetzen.
2 Präferenz: Vorzug

(3) Instrumente des Customer Relationship Managements

Im Folgenden werden zwei Instrumente vorgestellt, um die Ziele des Customer Relationship Managements zu verdeutlichen. Das Instrument **Bildung von Kundensegmenten** bezieht sich dabei auf **gewerbliche Kunden,** das Instrument **Kundenkarte** auf den **privaten Endverbraucher.**

■ Einsatz von Kundenkarten

Ein wichtiges Mittel, um die Geschäftstreue und das Kaufverhalten der Kunden zu erfassen, ist die Kundenkarte. Mithilfe der Kundenkartennummer kann nämlich beim Kassiervorgang die eingekaufte Ware problemlos dem betreffenden Kunden zugeordnet werden. Werden anschließend diese Daten mit den erhobenen personen- und haushaltsspezifischen Daten verknüpft, so kann damit ein **Kundenprofil** erstellt werden. Im Zeitablauf entsteht dadurch eine **Kunden-Bilanz,** die im Rahmen des Customer Relationship Managements zur Steuerung und Kontrolle der Kundenkontakte genutzt werden kann. Diese Vorgehensweise bezeichnet man auch als **Individualmarketing**.

Die nachfolgende Tabelle zeigt die Daten auf, die ein Einzelhandelsunternehmen im Rahmen des Customer Relationship Managements erfassen möchte:

Stammdaten	Geografische Daten	Soziale und ökonomische Daten	Verkaufsdaten
▪ Name ▪ Vorname ▪ Straße ▪ Wohnort ▪ Telefonnummer ▪ E-Mail	▪ Wohnort ▪ Entfernung zur Einkaufsstätte	▪ Alter ▪ Geschlecht ▪ Beruf ▪ Haushaltsgröße ▪ Haushaltsnetto-einkommen	▪ Einkaufsfrequenz[1] ▪ Kaufmenge ▪ Kaufwert ▪ bevorzugte Warengruppe ▪ Einkaufszeitpunkte ▪ Kundenreaktionen (z. B. Reklamationen)

■ Bildung von Kundensegmenten

Aufbauend auf der Kundendatenbank erstellen Industrieunternehmen für ihre gewerblichen Kunden Kundeneinstufungen (Kundensegmente). Die zur Bildung der Kundensegmente verwendeten Kriterien sind von Betrieb zu Betrieb unterschiedlich.

Beispiel: Kundeneinstufung bei einer Maschinenfabrik

Kunden-nummer	Firma (Kurzbezeichnung)	Stellung in der ABC-Analyse	Liefer-Priorität	Bonität	Zah-lungs-moral	Kredit-limit (EUR)	...
K–1720	Metallwerke Kunze AG	A	sehr hoch	hoch	gut	180 000,00	
K–1721	Gutmann GmbH	C	ohne Priorität	mittel	mittel	40 000,00	
K–1722	Peter Mehrle OHG	A	hoch	sehr hoch	gut	240 000,00	
K–1723	Plastikwerke Schmitz OHG	B	mittel	hoch	gut	150 000,00	

---

1 Frequenz: Häufigkeit.

- Aufgrund des **Wandels vom Verkäufer- zum Käufermarkt** orientieren sich die Unternehmen in ihrem Denken und Handeln verstärkt **am Markt**.

- Das **Konzept marktorientierter Unternehmensführung** bezeichnet man als **Marketing**.

- Zentrale Bedeutung im marktlichen Umfeld kommt den **Kunden,** den **Wettbewerbern,** den **Absatzmittlern/Absatzhelfern** und den **Lieferanten** zu.

- Aus den Informationen über einen Kunden wird ein **Kundenprofil** erstellt, das für die **Absatz- und Risikosituation** des Unternehmens von Bedeutung ist und außerdem die **Abhängigkeit des Unternehmens von einzelnen Abnehmern** zeigt.

- Ein wichtiges **Kundeninformationssystem** ist das **Customer Relationship Management (CRM)**.

- **Customer Relationship Management (CRM)** ist der englische Begriff für die **Verwaltung von Kundenbeziehungen**.

- Charakteristika des Customer Relationship Management:
  - **Kundenorientierung**
  - Aufbau einer **langfristigen Kundenbeziehung**
  - Individualisierte **One-to-One-Kundenbearbeitung**
  - Konzentration auf **Kunden,** die **besonders profitabel** sind
  - Erfassung der Kundendaten durch eine **spezielle CRM-Software**

- Wichtige **Zielsetzung des Customer Relationship Managements** sind:
  - Ermittlung möglichst vieler Kundeninformationen
  - Ausbau der individuellen Kundenberatung
  - Reduzierung von Kosten
  - Verbesserung der Serviceleistungen
  - Erhöhung des Marktanteils
  - Erhöhung der Effizienz von Marketingmaßnahmen

- Wichtige Instrumente des Customer Relationship Managements sind im Bereich der gewerblichen Kunden die **Bildung von Kundensegmenten** und im Bereich des Handels der Einsatz von **Kundenkarten**.

Übungsaufgabe

123 1. Beschreiben Sie die Gründe, welche für das Entstehen des Marketings maßgebend waren!

2. Erläutern Sie den Begriff Marketing mit eigenen Worten!

3. Formulieren Sie die inhaltliche Aussage dieser Abbildung!

	Bezugspunkt(e) des Verhaltens
Produktionskonzeption ⟶	Unternehmen/Produktion
Marketingkonzeption ⟶	marktliches Umfeld/weiteres Umfeld

4. Erläutern Sie den Begriff „Customer Relationship Management"!

5. Nennen Sie drei Ziele, die das „Customer Relationship Management" verfolgt!

6. Begründen Sie, warum die Ermittlung und Nutzung von Kundendaten ein Wettbewerbsvorteil für ein Unternehmen sein kann!

7. Erklären Sie, warum die Kundenkarte ein wichtiges Instrument des „Customer Relationship Managements" ist!

1.3 Wettbewerber als zentrale Marktteilnehmer

1.3.1 Wettbewerberanalyse

Für die **Beurteilung der Wettbewerber** sind vor allem folgende Kriterien von Bedeutung:

Beurteilungskriterien	Beispiele
Marketingressourcen und -fähigkeiten	■ Art und Qualität der Produkte ■ Breite und Tiefe des Produktprogramms ■ Altersstruktur der Produkte ■ Anteil der Neuproduktentwicklung ■ Qualität des Services, Kundendienst ■ Image des Unternehmens …
Produktionsressourcen und Forschungspotenzial	■ Auslastung und Flexibilität der Produktion ■ Ausmaß der Rationalisierungsanstrengungen ■ Technischer Stand und Automatisierungsgrad der Fertigung ■ Qualität und Innovationsgrad der Forschung ■ Anzahl der Patentanmeldungen und Lizenzbeziehungen ■ Standortvor- und -nachteile …
Finanzkraft und Rentabilität	■ Entwicklung der Bilanzen ■ Verzinsung des investierten Kapitals ■ Höhe der Fremdfinanzierung ■ Gewinnsituation ■ Möglichkeiten zur Finanzierung des weiteren Wachstums …
Fähigkeiten des Managements	■ Qualität der Führungskräfte und Mitarbeiter ■ Umsatz und Kosten je Mitarbeiter ■ Effektivität der Organisationsstruktur ■ Umfang von Aus- und Weiterbildung ■ Qualität der Informationssysteme ■ EDV-technische Durchdringung des Unternehmens …

Quelle: Nach Nieschlag, R., Dichtl, E., Hörschgen, H.: Marketing, 19. Aufl., Berlin 2002, S. 108.

1.3.2 SWOT-Analyse

1.3.2.1 Grundlegendes

Um die eigene Marktsituation zu bestimmen, ist es jetzt erforderlich, die erfassten Daten der wichtigsten Wettbewerber mit denen des eigenen Unternehmens zu vergleichen und zu bewerten. Dabei werden auf der Grundlage eines Bewertungssystems (z.B. Schulnotenskala) die ausgewählten Kriterien gesichtet und beurteilt, und zwar zum einen für das eigene Angebot/Unternehmen und zum anderen für die wichtigsten Wettbewerber. Durch diese Gegenüberstellung lässt sich ein **Stärken-Schwächen-Profil** unseres Unternehmens im Verhältnis zu wichtigen Wettbewerbern erstellen.

Werden die Stärken und Schwächen eines Unternehmens mit der möglichen Entwicklung des Marktes konfrontiert, kommt es zu einer **Chancen-Risiko-Analyse**. Durch die Auswertung der Chancen-Risiko-Analyse hat das Unternehmen die Möglichkeit, rechtzeitig entsprechende strategische Entscheidungen vorwegzunehmen. Eine Kombination der Ergebnisse von Stärken-Schwächen-Analysen mit der Chancen-Risiken-Analyse ermöglicht die **SWOT-Analyse** (**S**trengths, **W**eaknesses, **O**pportunities, **T**hreats).[1]

1.3.2.2 Stärken-Schwächen-Analyse

Die **Stärken-Schwächen-Analyse** beinhaltet die Bewertung der wesentlichen Vorteile (Stärken) und Nachteile (Schwächen) eines Unternehmens im Vergleich zu seinen wichtigsten Wettbewerbern.

Potenziale	Beurteilung		
	schwach	indifferent	stark
Unternehmensführung			
▪ Unternehmenskultur und -philosophie			
▪ Ziele und erkennbare Strategien			
▪ System der Mitarbeiter-Motivation			
▪ …			
Produktion			
▪ Fertigungstechnische Ausstattung			
▪ Elastizität der Produktionsanlagen			
▪ Qualität der Fertigungsplanung/-steuerung			
▪ …			
Forschung und Entwicklung			
▪ Intensität und Wirksamkeit der F&E			
▪ Know-how			
▪ Einführung neuer Kommunikationstechnologien			
▪ …			
Marketing			
▪ Organisation des Vertriebs			
▪ Standort der Vertriebsniederlassung			
▪ Stellung der Produkte im Lebenszyklus			
▪ …			
Personal			
▪ Altersstruktur der Belegschaft			
▪ Ausbildungsstand			
▪ Qualifikation/Motivation der Führungskräfte			
▪ …			
Finanzen			
▪ Eigenkapitalausstattung			
▪ Finanzieller Überschuss			
▪ Möglichkeiten der Fremdfinanzierung			
▪ …			

Legende: ● Eigenes Unternehmen ● Wichtiges Konkurrenzunternehmen

Quelle: Nieschlag, R.; Dichtl, E.; Hörschgen, H.: Marketing, 19. Aufl., Berlin 2002, S. 114.

---

1 Strength: Stärke; weakness: Schwäche; opportunity: (günstige) Gelegenheit; threat: Bedrohung.

17 Speth u.a. - ISBN 978-3-8120-0537-1

Ziel der Stärken-Schwächen-Analyse ist es, auf den jeweiligen Geschäftsfeldern **wettbe-werberbezogene Handlungsspielräume** aufzuzeigen. Zur Durchführung der Stärken-Schwächen-Analyse empfiehlt sich eine **dreistufige Vorgehensweise**:

- Festlegung, Erfassung und Bewertung der **eigenen strategischen Potenziale** (z.B. der finan-ziellen, technischen und organisatorischen Ausstattung sowie der Verfügbarkeit von Ressour-cen wie Energie, Rohstoffen, Infrastruktur u.Ä.).
- Ermittlung der **Stärken und Schwächen der wichtigsten Wettbewerber**.
- Visualisierung der Resultate dieser Gegenüberstellung anhand eines **Stärken-Schwächen-Profils**.

Über die Stärken-Schwächen-Analyse gelingt es, die Hauptstärken herauszuarbeiten, auf denen eine erfolgreiche Strategie aufgebaut werden kann. Zudem werden die Haupt-schwächen deutlich, die zur Vermeidung von Misserfolgen beseitigt werden müssen.

1.3.2.3 Chancen-Risiken-Analyse

Im Rahmen der Chancen-Risiken-Analyse versucht das Unternehmen, mögliche Entwick-lungen aus dem Markt und aus dem weiteren Umfeld (z.B. technischer Fortschritt, poli-tisch-rechtliche Gegebenheiten, ökonomische Situation, gesellschaftspolitische Lage) aufzudecken. Eine solche Analyse versetzt ein Unternehmen in die Lage, rechtzeitig stra-tegische Entscheidungen vornehmen zu können. Außerdem kann das Unternehmen sei-ne Möglichkeiten nutzen, die negativen Ereignisse zu verhindern, d.h. ihrem Eintreten (z.B. durch Lobbyarbeit) aktiv entgegenzuwirken.

Aufgabe der **Chancen-Risiko-Analyse** ist es, die Entwicklungen aus dem Markt und dem weiteren Umfeld aufzudecken, die die Stärken und Schwächen des Unterneh-mens betreffen.

Beispiel: Chancen und Risiken für einen Automobilhersteller	
Chancen	**Risiken**
■ Entwicklung eines Kompaktwagens mit extrem niedrigem Benzinverbrauch ■ Entwicklung eines Autos mit extrem nied-rigen Abgaswerten bei gleichzeitig hoher Leistung ■ Entwicklung eines leistungskräftigen elek-trischen Autos mit hoher Reichweite und leichten Batterien ■ Attraktivitätsverlust der öffentlichen Ver-kehrsmittel	■ Entwicklung eines Kompaktwagens mit extrem niedrigem Benzinverbrauch und Abgaswerten durch einen Konkurrenten ■ Zunehmende Verbraucherakzeptanz von einfachen Fahrzeugen zu niedrigen Prei-sen von Wettbewerbern aus „Niedriglohn-ländern" ■ Drastische Geschwindigkeitsbeschrän-kungen und Einführung autofreier Tage ■ Anhaltende Treibstoffverknappung in Ver-bindung mit Mineralölsteuererhöhungen

Quelle: Meffert, H.: Marketing-Grundlagen marktorientierter Unternehmensführung, 9. Aufl., Wiesbaden 2000, S. 66.

1.3.2.4 Ziele der SWOT-Analyse

Die SWOT-Analyse führt die Stärken-Schwächen-Analyse und die Chancen-Risiken-Analyse in einer Matrix zusammen. Durch deren Analysen können die Entscheidungen der Unternehmensführung präziser getroffen werden.

> Die **SWOT-Analyse** stellt sicher, dass für anstehende Marketingentscheidungen alle Daten aus Unternehmung, Markt und Umfeld erfasst werden. Sie ist ein wichtiges Instrument, um Marketingstrategien zu entwickeln.

Beispiel: SWOT-Analyse des Volkswagen Konzerns (beispielhaft)

Unternehmens-externe Faktoren / Unternehmens-interne Faktoren	Chancen	Risiken
Stärken	① ■ Starke Nachfragebelebung bei verbrauchsgünstigen TDI-(Diesel-)Motoren als Folge einer drastischen Mineralölsteuererhöhung ■ Nachfrageverlagerung von Oberklasse- zu Mittelklasse-Pkw aufgrund wachsender Preissensibilität der Verbraucher (Downsizing)	② ■ Die chinesische Regierung erlaubt zahlreichen Konkurrenten den Aufbau von Fabriken in China ohne weitere Auflagen ■ Schwächen der Marke Volkswagen aufgrund umfassender Verwendung von Gleichteilen bei allen Konzerngesellschaften. VW, Seat und Skoda werden austauschbar (Mehrmarkenstrategie wird zu einem Risiko statt zu einer Chance)
Schwächen	③ ■ Starkes Markenanteilswachstum leistungsstarker Sport- und Fun-Pkw ■ Nachfragesteigerung bei zweisitzigen, elektrisch betriebenen Stadtautos aufgrund technischer Innovationen außerhalb des Unternehmens	④ ■ Starkes Nachfragewachstum in der Kompaktwagenklasse in den USA aufgrund steigender Benzinpreise und schlechter Wirtschaftsentwicklung. Geringe Partizipation am US-Marktwachstum wegen niedrigem VW-Marktanteil in den USA

Quelle: Meffert, H.: Marketing-Grundlagen marktorientierter Unternehmensführung, 9. Aufl., Wiesbaden 2000, S. 68.

Erläuterungen (beispielhaft):

■ Es kann z. B. festgestellt werden, dass die Kompetenzen des Unternehmens genau die Entwicklung und spezifischen Anforderungen des Marktes treffen (siehe Feld 1). In diesem Fall hat das Unternehmen alle Anstrengungen zu unternehmen, die Chance zu einem Durchbruch in neue Marktdimensionen zu nutzen.

- Die Analyse kann aber auch deutlich machen, dass eine bestimmte Marktchance nicht genutzt werden kann, weil sie die Ressourcen des Unternehmens übersteigt oder mit dem spezifischen Ressourcenprofil der Unternehmung nicht vereinbar ist (siehe Feld 3 des Beispiels von S. 259).

Zur SWOT-Analyse ist **kritisch anzumerken,** dass sie vor allem dazu geeignet ist, einzelne Geschäftsfelder eines Unternehmens zu beurteilen. Sie ermöglicht jedoch keine aussagefähige Gesamtanalyse über die verschiedenen Tätigkeitsbereiche des Unternehmens und deren zukünftige Entwicklung im Markt. Ein Verfahren, das eine Gesamtübersicht eines Unternehmens erlaubt, stellt die **Portfolio-Analyse** dar.[1]

1.3.3 Benchmarking

(1) Begriff Benchmarking

Der Ansatz des Benchmarkings vergleicht die eigene Leistungsfähigkeit in Bezug auf Produkte, Prozesse, strategisches Vorgehen usw. mit den aus Kundensicht **besten Unternehmen (Best-practice-Unternehmen).** Für die Abbildung des Best-practice-Unternehmens setzt man vielfach Kennzahlen ein. Der Vergleich der Kennzahlen offenbart den Abstand zum Best-practice-Unternehmen, die sogenannte „Leistungslücke". Benchmarking bedeutet im Management, einen Referenzpunkt zur Selbsteinschätzung zu finden.[2]

- **Benchmarking** ist ein Planungsinstrument, das dazu dient, das **eigene Unternehmen** mit dem **besten Mitbewerber** (Best-practice-Unternehmen) zu vergleichen.
- Bei der Gegenüberstellung mit dem Best-practice-Unternehmen vergleicht man z. B. **Produkte, Dienstleistungen, Produktionsverfahren, Prozesse** und **Methoden.**
- Für den Vergleich setzt man vielfach **Kennzahlen** ein.

(2) Anlass und Ziele des Benchmarkings

Der **Anlass für Benchmarking-Studien** liegt in der Regel in der Vermutung, dass zwischen der eigenen Leistungsfähigkeit und der der Wettbewerber Leistungslücken bestehen. Solche Leistungslücken können z. B. in der Kostenstruktur, im Faktor Zeit bei der Neuentwicklung von Produkten, in der Produktqualität, bei den Prozessabläufen u. Ä. liegen.

Ziel des Benchmarkings ist es, von den „Klassenbesten" zu lernen und deren Leistungen für das eigene Unternehmen nutzbar zu machen, um so selbst zum besten Unternehmen aufzusteigen. Durch die ständigen und systematischen Vergleiche soll im Unternehmen eine dauerhaft kreative Unruhe geschaffen werden, die große Sprünge im Leistungsniveau auslöst.

Zusammenfassung

- Unter dem Begriff **Markt** versteht man den ökonomischen Ort, an dem sich Angebot und Nachfrage treffen.
- Das Eindringen eines Unternehmens mit einem Produktangebot in einen Markt ist umso einfacher, je **niedriger** die **Markteintrittsschranken** und die **Marktaustrittsbarrieren** sind.

---

1 Siehe Kapitel 2.2.2, S. 284 ff.
2 Benchmark bedeutet „Referenzpunkt" in der Geodäsie, also in der Erd-, Land- und Feldmessung.

- Grundsätzlich kann ein Unternehmen im Markt z. B. folgende vier **Marktpositionen** anstreben:
  - Marktführer
  - Herausforderer
  - Mitläufer
  - Nischenanbieter

- Aus den Informationen über einen Kunden wird ein **Kundenprofil** erstellt, das für die **Absatz- und Risikosituation** des Unternehmens von Bedeutung ist und außerdem die **Abhängigkeit des Unternehmens von einzelnen Abnehmern** zeigt.

- Die **Beurteilung** der **Leistung des eigenen Unternehmens** durch die Kunden erfolgt immer in **Beziehung zur Konkurrenz.**

- Die **Wettbewerberanalyse** hat die **aktuellen** und **potenziellen Wettbewerber** sowie die **Hersteller von Substitutionsprodukten** zu umfassen.

- Wichtige **Kriterien zur Beurteilung der Wettbewerber** sind:
  - Marketingressourcen und -fähigkeiten
  - Produktionsressourcen und Forschungspotenzial
  - Finanzkraft und Rentabilität
  - Fähigkeiten des Managements

- Die **Stärken-Schwächen-Analyse** beinhaltet die Bewertung der wesentlichen Vorteile (Stärken) und Nachteile (Schwächen) eines Unternehmens im Vergleich zu seinen wichtigsten Wettbewerbern.

- Ziel der **Chancen-Risiko-Analyse** ist es, die Entwicklungen aus dem Markt und dem weiteren Umfeld aufzudecken, die die Stärken und Schwächen des Unternehmens betreffen.

- Die Kombination der Ergebnisse von Stärken-Schwächen-Analyse und Chancen-Risiko-Analyse ermöglicht die **SWOT-Analyse.** Sie ist ein wichtiges Instrument, um Marketingstrategien zu entwickeln.

- Das **Benchmarking** ist ein Planungsinstrument. Es dient dem systematischen, meist kennzahlengestützten Vergleich des eigenen Unternehmens mit den besten Mitbewerbern (Best-practice-Unternehmen). Benchmarking ist als **ständiger Prozess** einzurichten.

Übungsaufgabe

124 1. 1.1 Analysieren Sie für die nachfolgenden Abbildungen jeweils die beiden Quadranten, die Ihrer Meinung nach am wichtigsten für das Unternehmen sind!

Abbildung 1:

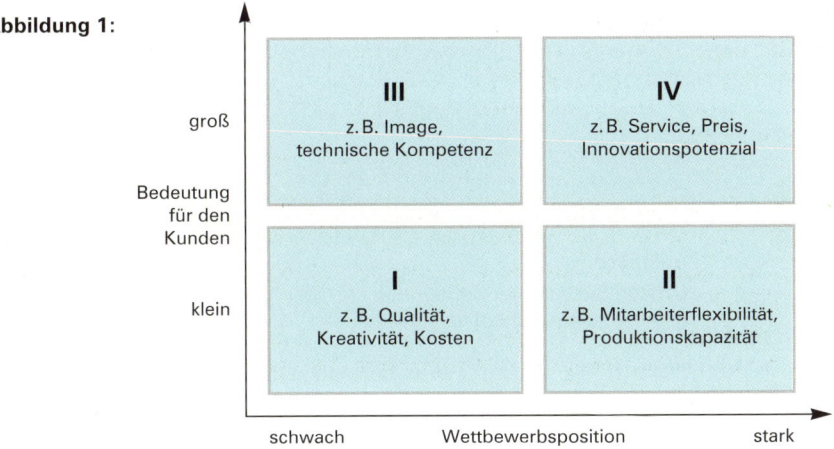

Abbildung 2:

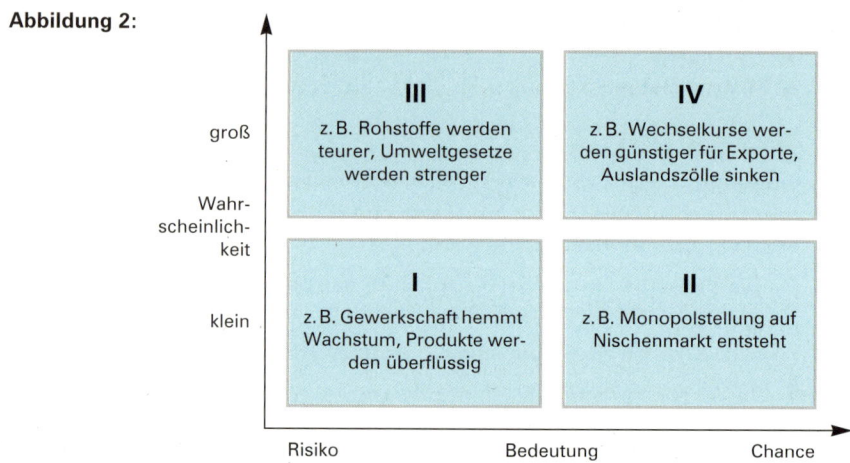

1.2 Beschreiben Sie den Inhalt der Stärken-Schwächen-Analyse!

1.3 Analysieren Sie das auf S. 257 abgebildete Stärken-Schwächen-Profil!

1.4 Weisen Sie nach, dass die Stärken-Schwächen-Analyse durch die Chancen-Risiken-Analyse ergänzt wird!

2. 2.1 Beschreiben Sie die Bedeutung der SWOT-Analyse!

2.2 Zur Beschreibung der strategischen Situation eines Unternehmens kann eine SWOT-Matrix erstellt werden.

	S Auflistung der Stärken/Strengths	**W** Auflistung der Schwächen/Weaknesses
O Auflistung der Gelegen- heiten/Opportunities	**SO-Situation:**	**WO-Situation:**
T Auflistung der Bedrohungen/Threats	**ST-Situation:**	**WT-Situation:**

Quelle: Nieschlag, R.; Dichtl, E.; Hörschgen, H.: Marketing, 19. Aufl., Berlin 2002, S. 117.

Aufgabe:

Ordnen Sie den vier Situationen die Ihrer Meinung nach richtige Marketingstrategie zu und formulieren Sie diese jeweils!

3. 3.1 Erläutern Sie, warum Unternehmen eine Wettbewerbsanalyse betreiben!

3.2 Vergleichen Sie Wettbewerbsanalyse und Benchmarking!

1.4 Marktforschung

1.4.1 Begriff Marktforschung und die Träger der Marktforschung

(1) Begriff Marktforschung

Unternehmen, die ohne grundlegende Kenntnisse der Märkte und ohne sinnvolle Abstimmung der Marketinginstrumente Produkte auf den Markt bringen, laufen Gefahr, auf ihren Produkten ganz oder teilweise „sitzen zu bleiben".

Werden hingegen **vor** dem Verkauf der Produkte Marktinformationen (z. B. über Kundenwünsche, Kaufkraft der Kunden, Verhalten der Konkurrenten, die Lage auf den Beschaffungsmärkten und allgemeine Marktdaten) beschafft, sind die Aussichten wesentlich besser, die Absatzpläne zu verwirklichen.

■ **Marktforschung** ist die systematische Erforschung, Beschaffung und Aufbereitung von Marktinformationen.

■ Marktforschung geschieht durch **Marktanalyse** und **Marktbeobachtung**.

■ **Marktanalyse**

Die **Marktanalyse** untersucht die Marktgegebenheiten zu einem **bestimmten Zeitpunkt**.

Eine Marktanalyse wird z. B. vorgenommen, wenn **neue Produkte** oder **weiterentwickelte Produkte** auf den Markt gebracht werden sollen. **Untersuchungsgegenstände** sind z. B.:

■ Anzahl der Personen, Unternehmen und Verwaltungen, die als Käufer infrage kommen,

■ Einkommens- und Vermögensverhältnisse der mutmaßlichen Käufer,

■ persönliche Meinung der (möglichen) Käufer zum angebotenen Produkt,

■ Beschaffung von Daten über die Konkurrenzunternehmen, die den zu untersuchenden Markt bereits beliefern (z. B. deren Preise, Lieferungs- und Zahlungsbedingungen, Qualitäten der angebotenen Erzeugnisse, Werbung).

■ **Marktbeobachtung**

Die **Marktbeobachtung** hat die Aufgabe, Veränderungen auf den Märkten **laufend** zu erfassen und auszuwerten.

Beobachtet werden zum einem die vorhandenen bzw. neu zu gewinnenden **Kunden**, und zum anderen das Verhalten der Konkurrenzunternehmen.

Die **Fragestellungen** lauten z. B.:

- Wie entwickelt sich die Zahl der Nachfrager, wie die mengen- und wertmäßige Nachfrage nach einem bestimmten Produkt?
- Wie entwickeln sich die Einkommen, wie die Vermögensverhältnisse der Abnehmer?
- Wie verändert sich die Einstellung der Käufer zum angebotenen Produkt?
- Wie reagieren die Konkurrenzunternehmen auf absatzpolitische Maßnahmen (z. B. Preisänderungen, Werbemaßnahmen)?

Ziel der Marktbeobachtung ist die Ermittlung von Tendenzen, Veränderungen sowie Trends innerhalb eines bestimmten Zeitraums.

(2) Marktprognose

Marktanalyse und Marktbeobachtung haben letztlich den Zweck, das **Marktrisiko zu vermindern.** Dies ist nur möglich, wenn die Gegenwartsentscheidungen der Geschäftsleitung auf Daten beruhen, die die zukünftige Entwicklung auf den Märkten mit einiger Sicherheit aufzeigen können.

> **Marktprognosen** sind Vorhersagen über künftige Entwicklungen am Absatzmarkt, z. B. über den Absatz bestimmter Produkte oder Leistungen.

Eine wichtige Aufgabe der Marktprognose ist es auch, für die einzelnen Produkte jeweils eine **Entwicklungsprognose** zu erstellen. Hierzu wird der bisherige Absatz des Produkts statistisch erfasst und daraus ein zu erwartender **Absatztrend** abgeleitet. Eine **Trendverlängerung** ist allerdings nur dann gerechtfertigt, wenn man aus gutem Grund davon ausgehen kann, dass die Entwicklungsrichtung weder durch eine nachhaltige **Änderung der Umweltfaktoren,** insbesondere **konjunkturelle Bewegungen** und **technische Entwicklungen,** noch durch einen grundsätzlichen **Wandel der Absatzkonzeption** für das betrachtete Produkt (z. B. Verschiebungen im Produktprogramm des Unternehmens) **gestört wird.**

(3) Träger der Marktforschung

Die Träger der Marktforschung sind die Großbetriebe mit ihren wissenschaftlichen Stäben, wissenschaftliche Institute und vor allem Marktforschungsinstitute.

Marktforschungsinstitute sind gewerbliche Einrichtungen und Unternehmen, die sich im Auftrag von Industrie und Handel der Meinungsforschung und der Marktforschung widmen.

Beispiele:

EMNID-Institut GmbH & Co. KG, Bielefeld; Institut für Demoskopie Allensbach GmbH, Allensbach (Bodensee); INFRATEST-Marktforschung, Wirtschaftsforschung, Motivforschung, Sozialforschung GmbH & Co. KG, München.

1.4.2 Methoden der Marktforschung

(1) Begriffsdefinitionen

Informationen über Marktdaten (z.B. über die Kunden eines Unternehmens) können unmittelbar am Markt erhoben oder es kann auf bereits vorhandenes Datenmaterial zurückgegriffen werden. Im ersten Fall spricht man von **Primärforschung**[1] **(Feldforschung)**. Sie ermittelt **Primärdaten**. Im zweiten Fall spricht man von **Sekundärforschung**[2] **(Schreibtischforschung)**. Sie geht von Daten aus, die häufig bereits für andere Zwecke ermittelt worden sind. Man bezeichnet diese Daten als **Sekundärdaten**.

- Eine **Primärforschung (Feldforschung)** liegt vor, wenn unmittelbar am Markt Informationen gezielt zu einer bestimmten Fragestellung gewonnen und anschließend ausgewertet werden.

- Eine **Sekundärforschung (Schreibtischforschung)** liefgt vor, wenn aus bereits vorhandenen Zahlenmaterialien (Daten) Informationen zu einer bestimmten Fragestellung gewonnen und anschließend ausgewertet werden.

(2) Primärforschung

Die Primärforschung gewinnt die Informationen direkt an ihrem Entstehungsort. Voraussetzung für die Gewinnung von Marktinformationen (z.B. über die Kunden) ist eine möglichst umfassende und genaue Planung aller erforderlichen Einzelschritte.

Der **Ablauf einer Primärerhebung** umfasst vier Phasen:

Phasen	Erläuterungen	Beispiel
Phase der Problemformulierung	Es ist zu klären, worin das Marketingproblem besteht. Anschließend sind die Erhebungsziele zu formulieren.	Rückgang von Bestellungen und Umsatzeinbruch. Erhebungsziel: Rückgewinnung von Kunden.
Phase der Informationsgewinnung	Auswahl der Methoden, mit denen die gewünschten Daten gewonnen werden sollen.	Befragung der Kundenmeinung über das Image des Unternehmens, der Qualität und Aktualität der Produkte mithilfe von Fragebögen und Interviews.
Phase der Informationsverarbeitung	Die gewonnenen Informationen werden aufbereitet, ausgewertet, interpretiert und dokumentiert.	Die Produkte haben mindere Qualität und sind technisch veraltet. Außerdem fehlt ein modernes Design.
Phase der Ergebnispräsentation	Die dokumentierten Ergebnisse werden den zuständigen Entscheidungsträgern präsentiert.	Der Geschäftsführung werden die Informationen mit einem Vorschlag zur Verbesserung der Produkte präsentiert.

(3) Sekundärforschung

Gegenstand der Sekundärforschung ist die Beschaffung und Zusammenstellung des bereits vorhandenen Datenmaterials. Die Daten können aus **internen und externen Infor-**

---

1 **Primär:** an erster Stelle stehend, vorrangig.
2 **Sekundär:** an zweiter Stelle stehend, zweitrangig.

mationsquellen stammen. Diese Form der Informationsgewinnung ist im Vergleich zur Gewinnung von Primärdaten schneller und kostengünstiger. Außerdem erweitert die Verfügbarkeit weltweiter elektronischer Netze (z. B. Internet) und Datenbanken die Möglichkeiten der Sekundärforschung, bei vergleichweise geringen Kosten, erheblich. Darüber hinaus sind bestimmte Daten (z. B. volkswirtschaftliche Gesamtgrößen, Branchenkennziffern, Entwicklungszahlen) auf anderem Wege für das einzelne Unternehmen praktisch nicht zugänglich.

Einen **Überblick über Quellen der Sekundärforschung** zeigt die folgende Aufstellung:

I. Unternehmensinterne Quellen

- Umsatz- und Absatzstatistik,
- Auftragsstatistik,
- Kundendatei, Kundenkorrespondenz, Berichte des Einkaufs,
- Vertreter- und Kundendienstberichte,
- Kostenrechnung,
- Berichte aus früheren Sekundär- und Primäruntersuchungen.

II. Unternehmensexterne Quellen

- Amtliche Quellen
  (z. B. Berichte des Statistischen Bundesamtes: Daten zur Entwicklung von Bevölkerung, Verbrauch, Preisen, Einkommen, Umsatz und Produktion einzelner Wirtschaftszweige, Konkurse, usw.; Statistische Landesämter: regionale Wirtschafts- und Bevölkerungsdaten; Kommunale statistische Ämter: Wirtschafts- und demografische Daten auf Kreis- und Stadtebene),
- Internationale Organisationen
  (z. B. EU, UN, OECD),
- Staatliche oder halbstaatliche Einrichtungen
  (z. B. Bundesversicherungsanstalt, IHK, Krankenkassen, Kraftfahrzeugbundesamt),
- Verbände und Organisationen
  (z. B. Zentralausschuss der Werbewirtschaft, Ring Deutscher Makler, Architektenkammer, Deutscher Direktmarketing Verband),
- Firmenveröffentlichungen
  (z. B. Geschäftsberichte, Prospekte),
- Wirtschaftswissenschaftliche Institute, Hochschulen, Fachzeitschriften u. Ä.,
- Online-Dienste
  (z. B. Ifo-Institut, statistische Ämter, Börsen, Suchhilfen im WWW),
- Externe Datenbanken.

1.4.3 Methoden der Informationsgewinnung

Methoden der Informationsgewinnung sind alle **Erhebungsinstrumente,** mit denen **Primärdaten** erfasst werden.

Im Folgenden werden drei Methoden der Informationsgewinnung skizziert:

- **Beobachtung,**
- **Befragung,**
- **Panelerhebung.**

1.4.3.1 Beobachtung

Bei der Beobachtung werden bestimmte Tatbestände im Augenblick ihres Auftretens planmäßig erfasst, ohne dass der Beobachtete
darüber informiert wird. Die Beobachtung
kann sich auf einen **Sachverhalt** oder auf das
Verhalten von Personen beziehen.

Der wesentliche **Vorteil der Beobachtung** ist,
dass das Geschehen im Moment der Handlung festgehalten wird, unter Berücksichtigung der speziellen Ausgangssituation.

Ein wesentlicher **Nachteil der Beobachtung**
ist, dass sie die subjektive Wahrnehmung des

Beispiele:
■ Entwicklung des Produktbestandes,
■ Kundenzählung zu bestimmten Tages- zeiten,
■ Verweildauer von Passanten vor einem Werbeplakat,
■ Gesichtsmimik bei Produkttests,
■ Zeitdauer beim Verkauf eines Pro- dukts,
■ Verweildauer eines Nutzers auf einer Internetseite (Clickstream).

Beobachtenden enthält, was zu erheblichen Verzerrungen führen kann (**„Beobachtungs-
effekt"**). Zudem ist die Beobachtung zur **Messung bestimmter subjektiver Sachverhalte**
wie Meinungen, Präferenzen[1] und Einstellungen nicht geeignet.

1.4.3.2 Befragung

Die Befragung dient dazu, ausgewählten Personen zu vorgegebenen Sachverhalten Auskunft geben zu lassen. Durch die Befragung lassen sich Tatbestände ermitteln, die man
nicht beobachten kann. Zwei wichtige **Voraussetzungen** müssen im Falle einer Befragung
gegeben sein:

- die **Auskunftswilligkeit,** d. h. die Bereitschaft des Befragten, überhaupt zu antworten.
- die **Auskunftsfähigkeit,** d. h., der Befragte muss die Fragen verstehen, sich ausdrücken können und die Fähigkeit besitzen, über das betreffende Problem angemessen urteilen zu können.

Eine Befragung kann schriftlich, mündlich oder telefonisch erfolgen.

Schriftliche Befragung	Hier werden den Versuchspersonen **Fragebögen**[2] zugeschickt, die sie nach Beantwortung ausgefüllt zurücksenden sollen. Da bei der schriftlichen Be-fragung keine Verständnis- bzw. Nachfragen möglich sind, sollte ein Frage-bogen nur eingesetzt werden, wenn die Verständlichkeit hinreichend ge-testet wurde. Die **Rücklaufquoten** liegen je nach Thema, Zielgruppe und Aktivierungsangebot (z. B. Teilnahme an einer Verlosung) zwischen 10 und 50 Prozent.
	Ein wesentlicher **Nachteil des Fragebogens** ist, dass sich die Erhebungssi-tuation nicht kontrollieren lässt, sodass die Fragebögen eventuell gar nicht von den Zielpersonen ausgefüllt werden.

---

1 **Präferenz:** Vorrang, Vorzug.
2 Ein Beispiel für einen Fragebogen finden Sie auf S. 268 f.

Fragebogen eines Schuhhauses zur Ermittlung des Unternehmensimages

Kundenbefragung   Mo ❏ Di ❏ Mi ❏ Do ❏ Fr ❏ Sa ❏   **Uhrzeit: 9-12 ❏ 12-16 ❏ 16-20 ❏**

Sehr geehrte Kundin, sehr geehrter Kunde,

Ihre Meinung ist uns wichtig. Bitte beantworten Sie uns einige Fragen, damit wir in Zukunft **noch besser auf Ihre Wünsche eingehen** können.

Für Ihre Hilfe möchten wir uns herzlich bei Ihnen bedanken.

	Ihre persönliche Erwartung				Erfüllung			
	sehr wichtig	wichtig	weniger wichtig	nicht wichtig	☺☺	☺	😐	☹
1. Gestaltung der Schaufenster	❏	❏	❏	❏	❏	❏	❏	❏
2. Gestaltung der Verkaufsräume	❏	❏	❏	❏	❏	❏	❏	❏
3. aktuelles, modisches Angebot	❏	❏	❏	❏	❏	❏	❏	❏
4. freundliches, hilfsbereites Personal	❏	❏	❏	❏	❏	❏	❏	❏
5. fachkundige, ehrliche Beratung	❏	❏	❏	❏	❏	❏	❏	❏
6. hohe Warenqualität	❏	❏	❏	❏	❏	❏	❏	❏
7. übersichtliche Warenpräsentation	❏	❏	❏	❏	❏	❏	❏	❏
8. gutes Preis-/Leistungsverhältnis	❏	❏	❏	❏	❏	❏	❏	❏
9. Sauberkeit des Geschäfts	❏	❏	❏	❏	❏	❏	❏	❏

10. Die Wartezeiten sind: ❏ angemessen   ❏ zu lang

11. Reklamationen (soweit beurteilbar) werden   ☺☺ ❏   ☺ ❏   😐 ❏   ☹ ❏ abgewickelt.

12. Anlass für meinen Besuch heute ist:

❏ ein geplanter/gezielter Kauf	❏ ein interessantes Warenangebot im Schaufenster
❏ ich wollte mich nur umschauen	❏ ein interessantes Warenangebot in der Eingangszone
❏ Sonstiges:	❏ Ihre Werbung

13. Ihr Angebot an .... finde ich (soweit beurteilbar ankreuzen):

	☺☺	☺	😐	☹
Damenschuhe	❏	❏	❏	❏
Herrenschuhe	❏	❏	❏	❏
Kinderschuhe	❏	❏	❏	❏
Sportschuhe	❏	❏	❏	❏
Hausschuhe	❏	❏	❏	❏

14. Als welchen Modetyp würden Sie sich bezeichnen?
   (Mehrfachnennungen möglich)

   ❏ jugendlich   ❏ sportiv   ❏ modebewusst

   ❏ flippig   ❏ elegant   ❏ klassisch

15.
   Meine Lieblingsmarken bei Schuhen sind: ....

   Folgende Marken wünsche ich mir zusätzlich: ....

16. Wurden Sie über ergänzende Artikel (Pflege etc.) informiert?   ❏ ja   ❏ nein

17. Mein Besuch in diesem Geschäft hat mir Spaß gemacht:

   ❏ ohne Einschränkung   ❏ trifft nicht zu

   ❏ mit Einschränkung   ❏ Warum nicht: ....

18. Dieses Geschäft würde ich weiterempfehlen:

   ❏ ohne Einschränkung   ❏ trifft nicht zu

   ❏ mit Einschränkung   ❏ Warum nicht: ....

19. Wegen folgender Faktoren bin **ich lieber Kunde bei Ihnen** als bei Ihrer Konkurrenz:

   ....

20. Wegen folgender Faktoren bin **ich lieber Kunde bei Ihrer Konkurrenz** als bei Ihnen:

   ....

21. Für Ihre **Kritik/Anregungen/Wünsche** (Ware/Service) sind wir dankbar:

   ....

   ....

Alter:		Geschlecht:	Kunde:
❏ bis 25	❏ 46 – 55	❏ weiblich	❏ Ich bin Stammkunde/in
❏ 26 – 35	❏ 56 – 65	❏ männlich	❏ Ich kaufe gelegentlich hier
❏ 36 – 45	❏ über 65		❏ Ich bin das erste Mal hier

Für Ihre Hilfe möchten wir uns herzlich bei Ihnen bedanken.

Mündliche Befragung	Bei ihr werden die Informationen durch **Interviewer** erhoben. Der Interviewer füllt im Beisein des Befragten den standardisierten Fragebogen aus. Persönliche Interviews werden insbesondere bei komplexeren Fragestellungen eingesetzt, die der Befragte auf Anhieb oder ohne Hilfe des Interviewers nicht beantworten könnte.
	Ein **wesentlicher Nachteil** des Interviews besteht darin, dass das Befragungsergebnis durch die **Befragungssituation** (z. B. Zeitpunkt, Ort der Befragung) und durch den **Interviewer selbst** (z. B. sein Sprachstil, sein äußeres Erscheinungsbild, Alter, Geschlecht) verzerrt werden kann **(Interviewereffekt)**.
Telefonische Befragung	Bei ihr wird der Kontakt zwischen Interviewer und Befragten telefonisch hergestellt. Wie beim persönlichen Interview sind **Rückfragen möglich**.
	Marktforschungsinstitute führen Telefoninterviews nur noch mit CATI (Computer Assisted Telephone Interview) durch. Dabei wird die Verbindung zur Versuchsperson mit einem an einen Computer angeschlossenen Wählsystem hergestellt. Die Fragen des Fragebogens werden durch den Interviewer vom Bildschirm abgelesen und die Antworten gleich in den Computer eingegeben.
	Ein **wesentlicher Nachteil** ist, dass auf Fragen mit umfangreichen Antworten verzichtet werden muss und optische Hilfen bei der Beantwortung nicht gegeben werden können.

1.4.3.3 Panelerhebung

Wenn der Absatz eines Produkts ständigen Schwankungen unterliegt, ist es sinnvoll, eine **Befragung in gleicher Weise** mit **denselben Versuchspersonen** zu **verschiedenen Zeitabschnitten** durchzuführen. Diese Vorgehensweise bezeichnet man als **Panelerhebung.** Mit der Panelerhebung können Veränderungen, die bei ein und derselben Person bzw. Personengruppe auftreten, festgestellt werden.

Beispiel: Verbraucherpanel[1]	
Beim Haushaltspanel[2] füllen ausgewählte Haushalte einen Berichtsbogen mit Datum des Einkaufs, der Einkaufsstätte und des gekauften Produkts[3] (Produktgruppe, Marke, Preis, Menge usw.) für festgelegte Zeitabschnitte aus.	Mithilfe des Haushaltspanels können Käuferzahlen, Einkaufsmengen, Zusammensetzung von Einkäufen, Durchschnittspreise, Marktanteile usw. ermittelt werden.

1.4.4 Marktgrößen

(1) Grundlegendes

Die reine Verkaufsleistung eines Unternehmens gibt noch keinen hinreichenden Aufschluss über seine Position am Markt. Die Tatsache, dass der Umsatz des Unternehmens steigt, lässt sich einerseits auf einen allgemeinen Wirtschaftsaufschwung zurückführen, andererseits kann dies auch darauf zurückzuführen sein, dass das eigene Unternehmen

---

1 Neben dem Verbraucherpanel unterscheidet man z.B. noch die **Medienpanels** (sie untersuchen die Werbeaktivitäten der Hersteller) oder das **Fernsehpanel** (es erfasst bei ausgewählten Haushalten, welches Fernsehprogramm gerade eingeschaltet ist).
2 Neben dem Haushaltspanel wird auch ein **Individualpanel** zur Gewinnung von Informationen über den persönlichen Bedarf eingesetzt.
3 Die Produkte werden in der Regel per Handscanner erfasst.

denen der Konkurrenz Marktanteile abgerungen hat. Um die Marktsituation als Ganzes oder auch die Positionierung des eigenen Unternehmens am Markt besser beurteilen zu können, liefert die quantitative Marktforschung Marktkennzahlen.

Hierzu gehören die Kennzahlen

- **Marktpotenzial,**[1]
- **Marktvolumen,**

- **Absatzpotenzial** und
- **Absatzvolumen.**

Die ersten der beiden Kennzahlen charakterisieren den Markt, die beiden anderen die Situation des eigenen Unternehmens. Weitere wichtige Erkenntnisse lassen sich dadurch gewinnen, indem man die oben bezeichneten Kennzahlen zueinander in Beziehung setzt.

(2) Marktpotenzial, Marktvolumen, Absatzpotenzial, Absatzvolumen

Marktgröße	Kurzbeschreibung	Erläuterungen
Marktpotenzial	Als Marktpotenzial bezeichnet man die Menge der Erzeugnisse (Sach- oder Dienstleistungen) für eine bestimmte Produktgattung, die langfristig abgesetzt werden kann, bis der Markt gesättigt ist.	Es handelt sich um eine theoretische Zielgröße, welche die absolute Aufnahmefähigkeit des Marktes zeigt, wenn alle potenziellen Kunden über die erforderliche Kaufkraft verfügen und ein Kaufbedürfnis besteht. Das Marktpotenzial wird in erster Linie durch folgende Faktoren bestimmt: - die Zahl möglicher Nachfrager - die Bedarfsintensität - die Markttransparenz[2] - die Marktsättigung - die Marketingaktivitäten der Anbieter
Marktvolumen	Das Marktvolumen kennzeichnet die gegenwärtige realisierte Absatzmenge einer ganzen Branche für eine bestimmte Produktgattung.	Es handelt sich um den Teil des Marktpotenzials, den alle Wettbewerber dieser Branche zusammen tatsächlich erzielt haben.
Absatzpotenzial	Das Absatzpotenzial ist diejenige Menge, welche ein Unternehmer für sich als realistisch betrachtet.	Es handelt sich ebenfalls – wie beim Marktpotenzial – um eine theoretische Zielgröße, allerdings beschränkt auf die Möglichkeit eines Unternehmens. Die Höhe des Absatzpotenzials wird beeinflusst durch - das bisherige Absatzvolumen, - die gegebene Produktionskapazität, - die vorhandene Kaufkraft - das Verhalten der Konkurrenten auf dem Markt und - den Preis und die Produktqualität im Vergleich zu Konkurrenzprodukten.

---

1 Potenzial: möglich; die bloße Möglichkeit bezeichnend.
2 Transparent: durchsichtig. Markttransparenz: Marktübersicht (z.B. der Käufer und Verkäufer).

Marktgröße	Kurzbeschreibung	Erläuterungen
Absatzvolumen	Das Absatzvolumen kennzeichnet die gegenwärtige realisierte Absatzmenge eines Unternehmens für eine bestimmte Produktgattung.	Marktpotenzial Marktvolumen Absatzpotenzial Absatzvolumen

(3) Zusammenhang zwischen Marktpotenzial, Marktvolumen, Absatzpotenzial und Absatzvolumen

Gliedert man die bisher angesprochenen Begriffe danach auf, ob sie den **Gesamtmarkt betreffen** oder ob sie sich auf das **Unternehmen beziehen,** so können folgende Zusammenhänge festgestellt werden:

Marktpotenzial	**Marktvolumen**	
Möglicher Gesamtabsatz bis zur Sättigung des Marktes	Tatsächlicher Gesamtabsatz auf dem Markt	Bezugsgröße: gesamter Markt
Absatzpotenzial	**Absatzvolumen**	
Möglicher Absatz eines Unternehmens	Tatsächlicher Absatz eines Unternehmens	Bezugsgröße: einzelnes Unternehmen
Theoretische Zielgröße	Realisierte Größe	

Weitere Erkenntnisse lassen sich dadurch gewinnen, indem diese Größen zueinander in Beziehung gesetzt werden, z. B.

$$\text{Sättigungsgrad des Marktes} = \frac{\text{Marktvolumen} \cdot 100}{\text{Marktpotenzial}}$$

$$\text{Marktanteil} = \frac{\text{Absatzvolumen} \cdot 100}{\text{Marktvolumen}}$$

(4) Marktsegmentierung

Da es für ein Unternehmen fast unmöglich ist, sein Marketingverhalten auf die Gesamtheit aller infrage kommenden Nachfrager auszurichten, ist es vorteilhaft, sich insbesondere in Bezug auf Werbung und Produktgestaltung auf sogenannte Marktsegmente[1] zu spezialisieren.

Zusammenfassung

■ Die **Marktforschung** bedient sich wissenschaftlicher Methoden, um die Gegebenheiten und die Entwicklungen auf den Absatzmärkten zu erforschen. Dies geschieht durch **Marktanalyse** und **Marktbeobachtung**.

■ Eine wichtige **Aufgabe der Marktforschung** ist die **Kunden- und Konkurrenzstruktur** zu ermitteln.

---

1 **Marktsegmentierung** bedeutet die Aufteilung des Gesamtmarktes in Teilmärkte mit Marktteilnehmer, die ein **gleichartiges Kaufverhalten** aufweisen. Die einzenen Teilmärkte können dann mit **spezifischen Marketingprogrammen** zielgerichtet bearbeitet werden. Zu Einzelheiten siehe Kapitel 2.5, S. 297ff.

- Die Marktforschung kann auf zweierlei Weisen betrieben werden.

  - **Primärforschung** liegt vor, wenn unmittelbar am Markt Informationen gewonnen und anschließend ausgewertet werden.

  - Von **Sekundärforschung** spricht man, wenn aus bereits vorhandenen Daten Erkenntnisse für die Marktanalyse, Marktbeobachtung und Marktprognose gewonnen werden.

- **Methoden der Informationsgewinnung** sind alle Erhebungsinstrumente, mit denen Primärdaten erfasst werden. Wichtige Methoden der Informationsgewinnung sind

  - Beobachtung,

  - Befragung und

  - die Panelerhebungen.

- Die **Marktsituation** wird durch folgende Marktgrößen gekennzeichnet: das **Marktpotenzial**, das **Marktvolumen,** den **Marktanteil**, das **Absatzpotenzial**, das **Absatzvolumen** sowie die **Marktsegmentierung.**

Übungsaufgaben

125 Textauszug:

„Kundenorientierung" ist das neue Zauberwort im Kampf um Märkte und Absatz

Der Chef der Berliner Software AG ist auf seine Mitarbeiter nicht gut zu sprechen. „Zufriedene Aktionäre setzen zufriedene Kunden voraus", sagt er. Aber die Service-Qualität sei ein Schwachpunkt seines Unternehmens, bemängelte er gestern im Frankfurter Presse-Club. Schon auf der CeBit hatte er wissen lassen, die Mitarbeiter der Berliner Software AG müssten jetzt beharrlich und notfalls mit Härte darauf hinwirken, dass konsequente Kundenorientierung gelebte Praxis wird.

„Kundenorientierung" ist aber nicht nur bei der Berliner Software AG die Losung. Es ist für viele Unternehmen das neue Zauberwort im schärfer werdenden Konkurrenzkampf um Märkte und Kunden. Porsche hat eine Aktion „Liebe deinen Kunden" gestartet, selbst der Infodienst für Landwirtschaft verteilt eine Broschüre „Kommunikation mit Urlaubsgästen auf Bauernhöfen". In den Wirtschaftsmagazinen häufen sich Seminarangebote. Der Kontakt zum Kunden wird nicht mehr der Willkür von Charakter oder Laune der Mitarbeiter überlassen …

Weil so (wenig freundliche) Appelle wie die des Chefs der Berliner Software AG den Mitarbeitern keine Service-Mentalität vermitteln, lernen sie in Seminaren, freundlich und verbindlich zu sein …

Wie viele Mitarbeiter die Berliner Software AG jährlich schult, bleibt Betriebsgeheimnis vor der Konkurrenz. Die Berliner Software AG macht sozusagen im Kleinen durch, was die allgemeine wirtschaftliche Entwicklung ist: Den Wandel zur Dienstleistungsgesellschaft …

Folgende Grundmotive hat die Verkaufspsychologie beim Kunden festgestellt: Geltungsbedürfnis und Gewinnstreben, Sicherheitsbedürfnis und Selbsterhaltung, Bequemlichkeit, Wissensdrang und Kontakt.

Aufgaben:

1. Beschreiben Sie den Zusammenhang, der zwischen „zufriedenen Kunden" einerseits und „zufriedenen Aktionären" andererseits besteht!

2. Erklären Sie mit eigenen Worten, was Sie unter Kundenorientierung verstehen!

126 1. Um eine Entscheidung treffen zu können, soll Marktforschung betrieben werden. Informationen können mithilfe der Primärforschung oder mithilfe der Sekundärforschung beschafft werden.

   Aufgaben:

   1.1 Erläutern Sie die Begriffe Primärforschung und Sekundärforschung!

   1.2 Begründen Sie, welche der beiden oben genannten Methoden kostengünstiger ist!

273

18 Speth u.a. - ISBN 978-3-8120-0537-1

1.3 Erklären Sie, aus welchen Gründen sollten, bevor Primärerhebungen durchgeführt werden, Sekundärerhebungen vorgenommen werden!

1.4 Beschreiben Sie den Ablauf einer Primärforschung!

1.5 Beschreiben Sie jeweils an einem Beispiel die Vor- und Nachteile der internen und der externen Informationsbeschaffung!

2. 2.1 Grenzen Sie die Begriffe Marktpotenzial und Absatzpotenzial sowie Markt- und Absatzvolumen ab!

2.2 Definieren Sie den Begriff Marktanteil eines Unternehmens! Verdeutlichen Sie Ihre Ausführungen mit einem selbst gewählten Beispiel!

2.3 Nennen Sie die Vorteile, die sich für ein Unternehmen aus einer Marktsegmentierungsstrategie ergeben!

3. Der französische Käsehersteller Dubois S.A. möchte die neue Käsesorte „Tête de Chèvre" auf den deutschen Markt bringen. Um die Absatzchancen zu untersuchen, wird intensive Marktforschung betrieben.

Aufgaben:

3.1 Erläutern Sie, warum die Marktforschung die Grundlage für Entscheidungen im Marketing liefert!

3.2 Nennen und erläutern Sie kurz zwei Methoden der Marktforschung!

3.3 Nennen Sie vier Merkmale der neuen Käsesorte, die den Verkaufserfolg fördern könnten!

3.4. Erklären Sie, warum der Käsehersteller vor allem Primärforschung betreiben muss!

3.5 Stellen Sie dar, warum die Dubois S.A. zunächst vor allem Marktanalyse (und nicht Marktbeobachtung) betreiben muss!

127 Die Molkerei Thüringen AG möchte ihr Produktprogramm optimieren und beauftragt ein Marktforschungsinstitut in einer Langzeitstudie die Kaufgewohnheiten der Verbraucher (Art der Milchprodukte, Menge, bevorzugte Preisstellung, Geschmacksrichtungen …) zu erforschen.

Aufgaben:

1. Beschreiben Sie, um welche Form der Informationsgewinnung es sich handelt!

2. Begründen Sie, ob eine Marktbeobachtung oder eine Marktanalyse vorliegt!

3. Erläutern Sie, auf welche Bereiche des Marketings die ermittelten Ergebnisse Auswirkungen haben können!

128 1. Stellen Sie die Vor- und Nachteile einer persönlichen, telefonischen und schriftlichen Befragung einander gegenüber!

2. Erläutern Sie den Unterschied zwischen einer Befragung und einer Panelerhebung!

3. Die Sportartikelfabrik Sport-Burr KG möchte eine mündliche Befragung ihrer Kunden durchführen. Ziel ist es, vom Kunden Informationen über Qualität, Haltbarkeit, Preis-Leistungs-Verhältnis, Termintreue und Kundendienst zu erfahren.

Aufgaben:

3.1 Entwickeln Sie in der Gruppe einen Interview-Fragebogen, gleichen Sie diesen mit anderen Gruppen ab und führen Sie das Interview durch!

3.2 Beobachten Sie das Interviewgespräch und beschreiben Sie, welchen Einfluss der Interviewer auf das Befragungsergebnis ausgeübt hat!

2 Strategisches Marketing: Marketingziele und Grundsatzentscheidungen

2.1 Marketingziele und Marktpositionierung

2.1.1 Marketingziele

2.1.1.1 Notwendigkeit von Zielformulierungen

> **Ziele** beschreiben einen angestrebten Zustand in der Zukunft.

Werden diese nicht formuliert, ist nicht bekannt, was erreicht werden soll. Damit kann auch kein sinnvoller Mitteleinsatz geplant werden.

Wenn ein Seemann nicht weiß, welches Ufer er ansteuern muß, dann ist kein Wind der richtige.
Lucius Annaeus Seneca, 4. v. Chr. – 65 n. Chr., röm. Philosoph und Dichter

Wer das Ziel kennt, kann entscheiden; wer entscheidet, findet Ruhe; wer Ruhe findet, ist sicher; wer sicher ist, kann überlegen; wer überlegt, kann verbessern.
Konfuzius, 551–479 v.Chr., chin. Philosoph

Wichtige Aufgaben von Zielformulieren sind:[1]

Orientierung geben	Ziele geben die Marschrichtung vor. Das Engagement der Mitarbeiter findet eine Richtung, alle ziehen am gleichen Strang. Sind die zur Verfügung stehenden Ressourcen (Arbeitskraft, Kapital, Zeit) knapp, dann helfen die Zielformulierungen, die knappen Mittel so zu verteilen, dass der höchste Nutzen erzielt wird.
Kontrolle vornehmen	Durch einen Vergleich der formulierten Ziele mit den erreichten Ergebnissen kann der Unternehmenserfolg kontrolliert und beurteilt werden.
Lenkung erreichen	*„Nichts macht erfolgreicher als der Erfolg".* Wird das Erreichen von realistischen (!) Zielen verknüpft mit Belohnungen (Provisionen, Gewinnbeteiligung, Beförderung), dann fördert dies die Motivation der Mitarbeiter im eigenen Unternehmen.

2.1.1.2 Marketingziele formulieren

(1) Begriff Marketingziele

> ■ **Marketingziele** beschreiben eine angestrebte künftige Marktposition, die durch **abgestimmte Marketinginstrumente** erreicht werden soll.
>
> ■ Die Marketingziele leiten sich aus den **Unternehmenszielen** bzw. dem **Unternehmensleitbild** ab.[1]

---

1 Vgl. hierzu Band 1, Lerngebiet 1, Kapitel 1.1.2, S. 13f.

(2) Anforderungen an die Formulierung von Marketingzielen

Ein Marketingziel ist umfassend formuliert, wenn es hinsichtlich der folgenden vier Anforderungen genau bestimmt ist. Diese vier Anforderungen sollen am Beispiel des Ziels **Absatzsteigerung** dargestellt werden:

Anforderungen	Fragestellungen	Beispiel
Zielinhalt	**Was** soll erreicht werden?	Der **Absatz** unserer **E-Bikes** soll **gesteigert** werden.
Zielausmaß	**Wie viel** soll erreicht werden?	Wir wollen den Absatz unserer E-Bikes **um 15%** steigern.
Zeithorizont	**Bis wann** soll das Ziel erreicht werden?	**Bis zum Ende des nächsten Jahres** wollen wir den Absatz unserer E-Bikes um 15 % steigern.
Geltungsbereich	**Wo** soll dieses Ziel erreicht werden?	Bis Ende des nächsten Jahres wollen wir den Absatz unserer E-Bikes **im Inland** um 15% steigern.

(3) Beispiele für die Formulierung von Marketingzielen

Marketing-ziele	Zielformulierung (Beispiele)	Erläuterungen
Absatzsteigerung	Bis zum Ende des nächsten Jahres wollen wir den Absatz unserer E-Bikes im Inland um 15 % steigern.	Die Absatzsteigerung wird gemessen am Absatz des vergangenen Jahres, ausgedrückt in Prozent. Es handelt sich hierbei um eine Mengengröße. $$\text{Absatz-steigerung} = \frac{\text{Absatzsteigerung (Stück, Liter ...)} \cdot 100}{\text{Absatz des vergangenen Jahres}}$$ Die Kennzahl gibt Auskunft darüber, um welche Verkaufsmenge der Absatz erhöht werden konnte.
Marktanteil	Bis Ende des Jahres 20.. wollen wir im Inland für unsere Mountainbikes einen Marktanteil von 20 % erreicht haben.	Er ist der Anteil des eigenen Absatzes (Absatzvolumen[1]) gemessen am Gesamtabsatz aller Unternehmen auf einem Teilmarkt innerhalb einer Periode (Marktvolumen[1]), ausgedrückt in Prozent. $$\text{Marktanteil (mengenorientiert)} = \frac{\text{Absatzvolumen} \cdot 100}{\text{Marktvolumen}}$$ $$\text{Marktanteil (wertorientiert)} = \frac{\text{Umsatz} \cdot 100}{\text{Gesamtumsatz des Marktes}}$$ Diese Kennzahl gibt Auskunft darüber, in welchem Maße das eigene Unternehmen das Marktvolumen bzw. den Gesamtumsatz des Marktes ausschöpfen und sich damit gegen die Mitbewerber erfolgreich durchsetzen konnte.

---

1 Zu Einzelheiten siehe S. 272f.

Marketing-ziele	Zielformulierung (Beispiele)	Erläuterungen
Bekannt-heitsgrad	Wir wollen innerhalb von 3 Jahren in unserer Region einen Bekanntheitsgrad von 25 % erzielen.	Er besagt, welche Wertschätzung die Kunden dem Produkt, der Dienstleistung und der Marke entgegenbringen. Die Steigerung des Bekanntheitsgrades drückt sich in Merkmalen wie Werte, Motive, Einstellungen oder Interessen der Kunden aus. Aus deren Kenntnis kann man Rückschlüsse ziehen auf die Bedürfnisse der Kunden. Und daraus wiederum lassen sich Aussagen ableiten über das künftige Kundenverhalten. $$\text{Bekanntheitsgrad} = \frac{\text{Anzahl der Befragten, die einen Gegenstand kennen}}{\text{Anzahl aller Befragten}} \cdot 100$$ Maggi, Coca-Cola und Nivea haben z.B. einen Bekanntheitsgrad von nahezu 100 %. Allerdings: Der Bekanntheitsgrad sagt nur etwas darüber aus, wie viele der Befragten einen Gegenstand (Produkt, Marke, Unternehmen) kennen. Es sagt noch nichts darüber aus, ob die Befragten auch eine positive Einstellung gegenüber diesem Gegenstand haben. (Zum Beispiel kann ein Automobilunternehmen auch deswegen bekannt werden, weil eine umfangreiche Rückrufaktion aufgrund eines Konstruktionsfehlers erforderlich war. In diesem Fall wäre ein hoher Bekanntheitsgrad eher negativ.) Wertvoll verfeinert werden kann diese Kennzahl durch den Sympathiegrad. $$\text{Sympathiegrad} = \frac{\text{Anzahl jener, die den Gegenstand mögen}}{\text{Anzahl jener, die den Gegenstand kennen}} \cdot 100$$
Kunden-bindung	Innerhalb von 5 Jahren wollen wir in unserem Webshop eine Wiederkäuferrate von 30 % erreichen.	Die Kennzahlen zur Kundenbindung sagen etwas aus über die **Beziehungsqualität** der Kunden zu einem Produkt. Die Komplexität dieses Zieles bedingt, dass es nur über ein Bündel an Kennzahlen zu fassen ist, z.B. $$\text{Wiederkäuferrate} = \frac{\text{Anzahl jener, die den Gegenstand wiederholt gekauft haben} \cdot 100}{\text{Anzahl jener, die den Gegenstand gekauft haben}}$$ Die **Empfehlungsrate** lässt sich erfassen in einer Skalenfrage mit einer Bandbreite von 0–10: *„Wie wahrscheinlich ist es, dass Sie unser Unternehmen weiterempfehlen?"* $$\text{Kundenfluktuationsrate}[1] = \frac{\text{Anzahl der Neukunden} \cdot 100}{\text{Ø Anzahl der Kunden pro Jahr}}$$

---

[1] **Fluktuation**: Schwankung; **flukturieren**: schnell wechseln.

2.1.2 Marktpositionierung

(1) Markteintritt

Erste Aufgabe einer Unternehmung, die mit einem Produkt in einen Markt eindringen möchte, ist die Bestimmung des relevanten Marktes (Zielmarktes).

> Der **relevante Markt (Zielmarkt)** ist die Gesamtheit der möglichen Käufer für ein Produkt.

Ist der Zielmarkt definiert, gilt es, diesen zu analysieren. Hierbei sind insbesondere folgende Fragen zu klären:

Fragen	Beispiele
Wie hoch sind die **Markteintrittsschranken** für einen Interessenten? Hohe Markteintrittsbarrieren erschweren den Markteintritt.	Hohe Markteintrittsbarrieren sind z.B. spezifisches Know-how; Patente; hoher Kapitalbedarf für die Produktion und/oder Vermarktung; hohe Kundenloyalität; Kontrolle über Beschaffungsmärkte oder Absatzkanäle (spezielles Vertriebssystem); niedriges Preisniveau.
Wie hoch sind die **Marktaustrittsbarrieren** für die sich im Zielmarkt befindlichen Unternehmen? Hohe Marktaustrittsbarrieren erschweren den Markteintritt.	Hohe Marktaustrittsbarrieren sind z.B. Sozialkosten durch Personalabbau; langlebiger und spezialisierter Maschinenpark; langfristige Bereitstellung von Ersatzteilen; Vertragsstrafen bei Bruch von Kauf- und Lieferverträgen; Imageverlust durch Aufgabe des Geschäftsbereichs; Geschäftsbereich ist ein schwer verzichtbarer Teil eines Produktprogramms usw.
Besitzt ein **Konkurrent** auf dem Zielmarkt eine **ausgeprägte Marktmacht?**	Der Markt wird von einem Markenartikel mit hohem Bekanntheitsgrad und treuen Kunden beherrscht. Ein neuer Anbieter muss große Anstrengungen im Bereich Werbung, Service, Produktdifferenzierung unternehmen. Dies erfordert einen hohen Kapitaleinsatz.
Kann das auf dem Zielmarkt zu platzierende Produktangebot **Marktgeltung** beanspruchen und vergleichsweise **hohe Preise** erzielen?	Der potenzielle Anbieter muss die Akzeptanz der bisherigen Güter durch die Kunden analysieren und überprüfen, ob sein Produkt eine echte Innovation darstellt, für die die Kunden bereit sind, einen hohen Preis zu zahlen. Außerdem ist zu prüfen, ob man mit dem Produkt in einem wachsenden oder einem bereits gesättigten Markt eindringen möchte.

(2) Strategien für eine Marktpositionierung

Eine Unternehmung, die in einen Markt eindringt, kann z.B. folgende vier Marktpositionen anstreben: Marktführer, Herausforderer, Mitläufer oder Nischenbesetzer.

Marktführer	Der Marktführer hält in der Regel den größten Anteil am relevanten Markt (ca. 40 %), ist führend bei Preisänderungen, innovativen Produkten, im Vertriebsnetz und bei der Absatzförderung. Die Konkurrenz orientiert sich an ihm, sie fordert ihn heraus, kopiert ihn oder meidet ihn.
Herausforderer	Unternehmen, die im Zielmarkt den zweitgrößten Anteil am relevanten Markt halten (ca. 30 %), bezeichnet man als Herausforderer. Sie können entweder den Marktführer bekämpfen – beispielsweise durch aggressives Streben nach Marktanteilsgewinnen – oder sich als Mitläufer mit ihrer Stellung begnügen und alle gewagten Marketingstrategien vermeiden.
Mitläufer	Von einem Mitläufer wird gesprochen, wenn sein Anteil am relevanten Markt ca. 20 % beträgt. Jeder Mitläufer möchte den Zielmarkt durch individuelle Wettbewerbsvorteile (z. B. Standort, Service, Qualität, Finanzierung) ansprechen. Mitläufer sind durch die Herausforderer ständig gefährdet. Der Mitläufer darf sich daher nicht passiv verhalten oder ausschließlich den Marktführer kopieren. Auch der Mitläufer muss eine Wachstumsstrategie für sich festlegen – allerdings eine, die nicht zu Vergeltungsaktionen der Konkurrenz führt.
Nischenbesetzer	Nischenbesetzer sind kleinere Unternehmen mit einem Anteil am relevanten Markt von ca. 10 %, die sich auf bestimmte Teilmärkte beschränken. Durch Spezialisierung besetzen sie Marktnischen, die von den größeren Unternehmen entweder übersehen oder vernachlässigt wurden.

Zusammenfassung

■ **Marketingziele** formulieren eine angestrebte, künftige **Marktsituation,** die vor allem durch den Einsatz der absatzpolitischen Instrumente erreicht werden soll.

■ Möchte ein Unternehmen ein neues Produkt in den Markt einführen, muss es zunächst den **relevanten Markt** bestimmen.

■ Man unterscheidet vier **Strategien der Marktpositionierung:**

- ■ Marktführer
- ■ Herausforderer
- ■ Mitläufer
- ■ Nischenbesetzer

Übungsaufgabe

129 1. Die Ziele, die im Marketing angestrebt werden, leiten sich aus den Unternehmenszielen ab.

Aufgabe:

Erläutern Sie diesen Sachverhalt anhand von zwei selbst gewählten Beispielen!

2. Ein Ziel ist konkret formuliert, wenn es Aussagen enthält über Zielinhalt, Zielausmaß, Zeithorizont und Geltungsbereich.

Aufgaben:

Formulieren Sie konkrete Marketingziele

2.1 für einen asiatischen Newcomer auf dem Markt für Smartphones!

2.2 für die Filiale einer Parfümeriekette in der Fußgängerzone einer Großstadt!

2.3 Schlagen Sie Maßnahmen vor, die geeignet sind, das in Aufgabe 2.2 formulierte Ziel zu erreichen!

3. Auszug aus dem Konjunkturbericht eines Marktforschungsinstituts:

> Das Marktforschungsinstitut sieht „erhebliche Abwärtsrisiken" für die deutsche Konjunktur. In seinem Bericht zur wirtschaftlichen Lage erklärt das Institut, die deutsche Wirtschaft entwickele sich mit merklich gedämpfter Dynamik. „Die Stimmung bei den Unternehmern hat sich weiter verschlechtert."
>
> Der Anstieg der Erwerbstätigkeit sei erstmals seit zweieinhalb Jahren zum Erliegen gekommen. Dadurch würden auch die Impulse für den privaten Konsum kleiner, der gleichwohl die Konjunktur auch in der zweiten Jahreshälfte weiter stützen werde.

Aufgabe:

Lesen Sie den Konjunkturbericht sorgfältig durch und interpretieren Sie, welche Auswirkungen der Konjunkturbericht auf die Marketingziele eines Herstellers von Sportgeräten haben könnte!

2.2 Planungsstrategien für die Produktförderung bei verschiedenen Marktsituationen

Auf der Grundlage der formulierten Marketingziele sind zur Erreichung der Zielsetzungen alternative Planungsstrategien zu erstellen. Es gilt zu entscheiden:

- **welche Produkte** man besonders fördern will,
- auf **welchen Märkten** man agieren möchte und
- in welchem **Umfang** man **Marketinginstrumente** einsetzen will.

Die Lösung dieser Fragestellungen hängt insbesondere von zwei Faktoren ab:

- vom „Lebensalter" der Produkte **(Konzept des Produkt-Lebenszyklus)** und
- vom Marktanteil des Produkts sowie den damit verbundenen Wachstumsaussichten **(Marktwachstum-Marktanteil-Portfolio).**

2.2.1 Konzept des Produkt-Lebenszyklus

(1) Begriff Produkt

Das **Produkt** stellt die Leistung (Sachgüter und/oder Dienstleistungen) eines Anbieters dar, die dieser erbringt, um die Bedürfnisse und Ansprüche der Abnehmer (Problemlösungsanspruch) zu befriedigen. Die Gesamtheit der Leistungen eines Unternehmens bildet dessen **Angebotspalette**. In der Industrie spricht man, soweit sich die Angebotspalette auf das Erzeugnis bezieht, vorzugsweise von **Produktprogramm,** während der Begriff **Sortiment** Handelsbetrieben vorbehalten ist. Der ökonomische Erfolg eines Anbieters ist dabei umso größer, je besser die von ihm angebotene Leistung das Bedürfnis- und Anspruchsbündel der Nachfrager befriedigt.

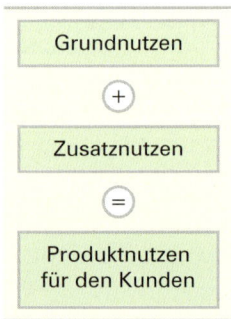

Inwieweit das Produkt dem Bedürfnis- und Anspruchsbündel entspricht, ist immer auch eine subjektive Entscheidung der Nachfrager. Insoweit umfasst das Produkt einen **Grundnutzen (objektiven Nutzen),** z. B. ein T-Shirt dient der Bekleidung, und einen **Zusatznutzen (subjektiven Nutzen),** z. B. das T-Shirt einer bestimmten Marke befriedigt das Modebewusstsein bzw. das Geltungsstreben des Trägers.

Aus der **Sicht des Marketings** stellt ein **Produkt** (Sachgüter und/oder Dienstleistungen) eine Summe von nutzenstiftenden Eigenschaften dar.

(2) Grundlegendes zum Konzept des Produkt-Lebenszyklus

Auf den Absatzerfolgen eines Erzeugnisses kann ein Unternehmen sich nicht ausruhen, denn kein Produkt kann ewig „leben". Es muss daher jeweils überlegt werden, ob die Lebensdauer des Produkts verlängert und damit Gewinne erwirtschaftet werden können.

Das **Modell des Lebenszyklus von Produkten** möchte den „Lebensweg" eines Produktes, gemessen an Umsatz und Gewinnhöhe, **zwischen der Markteinführung** des Produktes und dem **Ausscheiden aus dem Markt** darstellen.

(3) Phasen des Produkt-Lebenszyklus

Die Grundüberlegung des Modells soll zunächst an einem Beispiel aufgezeigt werden.

Beispiel:

Wird ein neues Haarfärbemittel auf den Markt gebracht, muss das Unternehmen das Bekanntwerden des Produktes, das Käuferinteresse, das erste Ausprobieren und den Kauf fördern. Das braucht Zeit, denn in der Einführungsphase werden nur wenige Kunden das Haarfärbemittel kaufen. Ist das Haarfärbemittel zufriedenstellend, lässt sich damit eine wachsende Zahl von Käufern ansprechen. Der Markteintritt von Konkurrenten beschleunigt die Kaufbereitschaft, denn damit wird die Bekanntheit der neuen Haarfärbemittel-Generation am Markt gefördert und die Produktpreise werden gesenkt. Noch mehr Käufer kommen hinzu. Das Produkt ist als allgemein akzeptabel ausgewiesen. Die Wachstumsraten gehen zurück, wenn die Zahl der potenziellen[1] Käufer allmählich erschöpft ist. Der Absatz stabilisiert sich. Schließlich geht das Absatzvolumen zurück, wenn andere Typen, Formen und Marken das Käuferinteresse von dem existierenden Haarfärbemittel ablenken.

Der **Lebenszyklus eines Produktes** lässt sich in **vier unterscheidbare Phasen** gliedern.

■ Einführungsphase

Die Einführungsphase beginnt mit dem Eintritt des Produktes in den Markt. In dieser Phase dauert es einige Zeit bis die Kunden ihr bisheriges Konsumverhalten geändert haben und das Produkt am Markt eingeführt ist. In diesem Stadium werden zunächst **Verluste** oder nur **geringe Gewinne** erwirtschaftet, da das Absatzvolumen niedrig und die Aufwendungen für die Markteroberung hoch sind. Handelt es sich um ein wirklich neues Produkt, gibt es zunächst noch keine Wettbewerber.

Um dem Produkt den Durchbruch auf dem Markt zu ermöglichen, ist die Werbung das wirksamste Instrument. Daneben gilt es, das Verkaufsnetz auszubauen. Allgemeine Aussagen zur Preispolitik sind schwierig. In der Regel wird so verfahren, dass **Massenkonsumartikel** für eine befristete Einführungszeit zu einem **niedrigen Preis** angeboten werden und bei **höherwertigen Gebrauchsgütern** eine **„Abschöpfungsstrategie"** betrieben wird, bei der man später dann die Preise langsam senkt. Das neue Produkt wird meist nur in der **Grundausführung** hergestellt.

---

1 Potenziell: möglich.

> **Marketingziel** in der **Einführungsphase** ist, das **Produkt bekannt zu machen** und Erstkäufe herbeizuführen.

■ Wachstumsphase

Die Wachstumsphase tritt ein, wenn die Absatzmenge rasch ansteigt. Die Mehrheit der infrage kommenden Kunden beginnt zu kaufen. Die Chance auf hohe Gewinne lockt neue Konkurrenten auf den Markt. Die **Preise bleiben** aufgrund der regen Nachfrage **stabil** oder **fallen nur geringfügig.** Da sich die Kosten der Absatzförderung auf ein größeres Absatzvolumen verteilen und zudem die Fertigungskosten aufgrund der größeren Produktionszahlen sinken, **steigen die Gewinne** in dieser Phase.

Die Werbung wird in dieser Phase noch nicht nennenswert herabgesetzt. Die Preise werden erhöht, sofern bei Markteintritt eine Niedrigpreispolitik betrieben wurde bzw. abgesenkt, wenn zunächst eine Hochpreispolitik vorgenommen wurde. In der Produktpolitik wird in der Regel so verfahren, dass die **Produktqualität verbessert, neue Ausstattungsmerkmale entwickelt** und das **Design aktualisiert** wird.

> **Marketingziel** in der **Wachstumsphase** ist, einen **größtmöglichen Marktanteil** zu erreichen.

■ Reife- und Sättigungsphase

Die Reife- und Sättigungsphase lässt sich in drei Abschnitte untergliedern. Im ersten Abschnitt **verlangsamt sich das Absatzwachstum,** im zweiten Abschnitt kommt es zur **Marktsättigung,** sodass der Umsatz in etwa konstant bleibt. Im dritten Reifeabschnitt wird der **Prozess des Absatzrückgangs** eingeleitet. Die Kunden fangen an, sich anderen Produkten zuzuwenden. Dies führt in der Branche zu Überkapazitäten und löst einen verschärften Wettbewerb aus. Die Gewinne gehen zurück. Die schwächeren Wettbewerber scheiden aus dem Markt aus.

Die Wettbewerber versuchen in der Reife- und Sättigungsphase insbesondere durch **Produktmodifikationen**[1] wie Qualitätsverbesserungen (z. B. bessere Haltbarkeit, Zuverlässigkeit, Geschmack, Geschwindigkeit), **Verbesserung der Produktausstattung** (z. B. Schiebedach, heizbare Sitze, Klimaanlage) und/oder **Differenzierung des Produktprogramms** (z. B. Schokolade mit unterschiedlichem Geschmack, Formen, Verpackungen) neue Nachfrager zu gewinnen. Daneben werden **preispolitische Maßnahmen** (z. B. Sonderverkauf, hohe Rabatte, Hausmarken zu verbilligten Preisen) und servicepolitische Maßnahmen (z. B. Einrichtung von Beratungszentren, kürzere Lieferzeiten, großzügigere Lieferungs- und Zahlungsbedingungen) ergriffen. Außerdem werden **spezielle Werbemaßnahmen** eingesetzt, um bestehende Präferenzen (Bevorzugungen) zu erhalten bzw. neue aufzubauen.

> **Marketingziel** in der **Reife- und Sättigungsphase** ist, einen **größtmöglichen Gewinn** zu erzielen, indem die Umsatzkurve „gestreckt" wird, bei gleichzeitiger **Sicherung des Marktanteils.** Da die hohen Kosten der Markteinführung und des Wachstums weitestgehend entfallen, verspricht diese Phase eine hohe Rentabilität.

---

1 Modifikation: Abwandlung, Veränderung. Vgl. hierzu auch die Ausführungen auf S. 317.

■ **Rückgangsphase (Degenerationsphase)**

In der Rückgangsphase **sinkt die Absatzmenge** stark ab und **Gewinne** lassen sich nur noch **in geringerem Umfang** bzw. gar **nicht mehr erwirtschaften.** Die Anzahl der Wettbewerber sinkt. Die übrig gebliebenen Anbieter **verringern systematisch ihr Produktprogramm,** die Werbung wird zunehmend eingeschränkt, die **Distributionsorganisation wird ausgedünnt** und die Preise werden oft angehoben. Auch starke Preissenkungen können sinnvoll sein.

Als Ursachen für einen Rückgang der Absatzzahlen können der technische Fortschritt, ein veränderter Verbrauchergeschmack oder Änderungen in der Einkommensverteilung, die ihrerseits zu Verschiebungen der Bedarfsstrukturen führt, angesehen werden.

Marketingziel in der **Rückgangsphase** ist, die **Kosten zu senken** und gleichzeitig den **möglichen Gewinn noch „mitzunehmen".**

(4) Gesamtdarstellung

Den Beginn und das Ende der einzelnen Abschnitte festzulegen ist Ermessenssache. Je nach Produkttyp ist die Dauer der einzelnen Phasen und der Verlauf der Umsatz- und Gewinnkurven unterschiedlich. Der abgebildete S-förmige und „eingipflige" Kurvenverlauf ist daher als ein Spezialfall unter verschiedenen möglichen Verläufen anzusehen. In der Praxis kommt es zu einer Vielzahl davon abweichender Kurvenverläufe (z.B. kann der Verlauf auch steil bzw. flach ansteigend oder steil bzw. flach abfallend sein). Außerdem kann der Kurvenverlauf auch „mehrgipflig" sein.

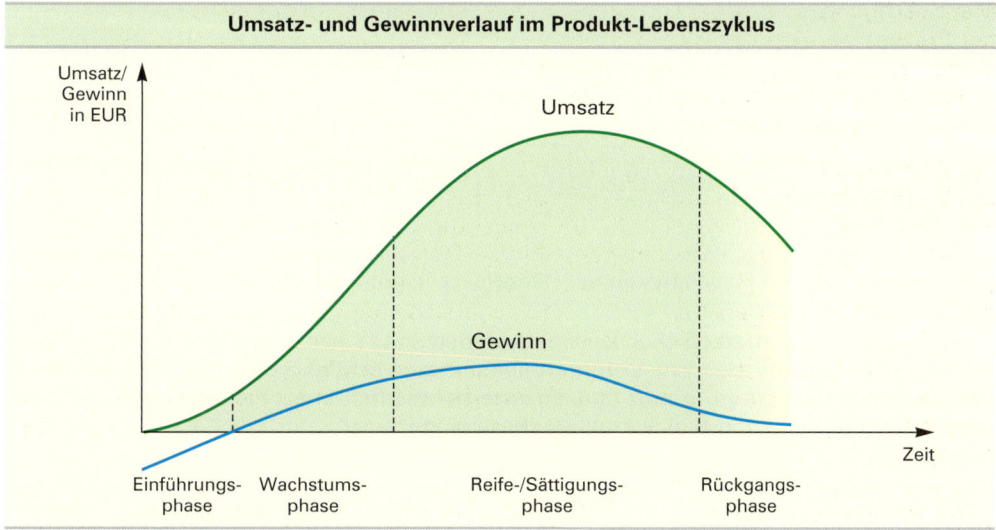

Die charakteristischen Merkmale der Produkt-Lebenszyklus-Phasen sind in der nachfolgenden Übersicht zusammengestellt.[1]

---

1 Die Tabelle ist angelehnt an Kotler, P., Bliemel, F.: Marketing-Management, 8. Aufl., Stuttgart 1995, S. 586.

Phasen des Produkt-Lebenszyklus			
Einführungs-phase	Wachstums-phase	Reife- und Sättigungsphase	Rückgangs-phase
Merkmale			
Absatzvolumen gering	schnell ansteigend	Spitzenabsatz	rückläufig
Kosten hohe Kosten pro Kunde	durchschnittliche Kosten pro Kunde	niedrige Kosten pro Kunde	niedrige Kosten pro Kunde
Gewinne negativ	steigend	hoch	fallend
Konkurrenten nur einige	Zahl der Konkurrenten nimmt zu	gleichbleibend, Tendenz nach unten setzt ein	Zahl der Konkurrenten nimmt ab
Marketing-ziele Produkt bekannt machen, Erstkäufe herbeiführen	größtmöglicher Marktanteil	größtmöglicher Gewinn bei gleich-zeitiger Sicherung des Marktanteils	Kostensenkung und „Gewinn-mitnahme"
Marketing-investitionen sehr hoch	hoch (degressiv ansteigend)	mittel (sinkend)	gering
Kernbotschaft der Werbung neu, innovativ	Bestätigung des Verhaltens	verlässlich, bewährt	Schnäppchen

2.2.2 Portfolio-Analyse

2.2.2.1 Konzept der Portfolio-Analyse und -Planung

Die Portfolio-Analyse[1] sieht das Unternehmen als eine Gesamtheit von strategischen Geschäftseinheiten (SGE).

- Eine **strategische Geschäftseinheit (SGE)** umfasst eine genau abgrenzbare Gruppe von Produkten, für die es einen eigenen Markt und spezifische Konkurrenten gibt.

- Die strategische Geschäftseinheit bildet eine in sich **homogene Planungseinheit.**

Um die Position der strategischen Geschäftseinheit im Unternehmen bzw. am Markt zu erfassen, wird üblicherweise eine **unternehmensexterne Erfolgsgröße** (z. B. Marktvolumen, Marktwachstum) auf der Ordinate und ein **unternehmensinterner Faktor** (z. B. Marktanteil, relative Wettbewerbsvorteile) auf der Abszisse eingetragen.

Sind die Erfolgsgrößen bestimmt und die notwendigen Daten erfasst, werden die verschiedenen Geschäftseinheiten beurteilt und in der Matrix positioniert. Ist die Position einer strategischen Geschäftseinheit bestimmt, lassen sich hieraus Marketingstrategien entwickeln, mit deren Hilfe das Management die strategische Geschäftseinheit plant und steuert.

---

1 **Portfolio (hier):** schematische Abbildung zusammenhängender Faktoren im Bereich der strategischen Unternehmens-planung.

■ Die **Portfolio-Methode** ist ein **Analyse-Instrument,** mit dem die gegenwärtige Marktsituation einer strategischen Geschäftseinheit sowie deren Entwicklungsmöglichkeiten untersucht und veranschaulicht werden.

■ Mithilfe der Portfolio-Methode lassen sich **Strategien** entwickeln, mit deren Hilfe das Management eines Unternehmens entscheidet, welche **strategischen Geschäftseinheiten (SGE)** gefördert, welche erhalten und welche abgebaut werden.

2.2.2.2 Marktwachstum-Marktanteil-Portfolio[1]

(1) Aufbau

Die **Vier-Felder-Portfolio-Matrix,** die dem Marktwachstum-Marktanteil-Portfolio zugrunde liegt, gliedert die SGE nach den Kriterien **Marktanteil** und **Marktwachstum** in eine Matrix ein. In der Matrix können die einzelnen SGE vier grundlegend unterschiedliche Positionen einnehmen, die in der Portfolio-Terminologie mit den Bezeichnungen **Questionmarks, Stars, Cashcows** und **Poor Dogs** belegt werden.

■ Die **horizontale Achse** zeigt den (relativen) **Marktanteil der strategischen Geschäftseinheit** auf, d. h. den eigenen Marktanteil im Verhältnis zu dem größten Konkurrenten. Der Marktanteil dient als Maßstab für die Stärke des Unternehmens im Markt.

■ Die **vertikale Achse** zeigt den **Grad der Wachstumsphase** der Produkte an.

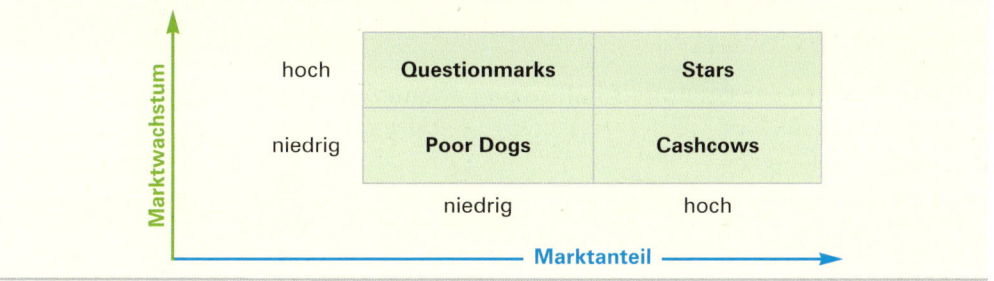

(2) Darstellung des Modells im Einzelnen

■ **Questionmarks (Fragezeichen)**

Hierunter versteht man Produkte, die neu auf dem Markt sind. Der relative Marktanteil ist (noch) gering. Man verspricht sich bei ihnen gute Wachstumschancen. Sie sollen daher besonders stark (jedoch selektiv) gefördert werden, was bedeutet, dass die Questionmarks einen hohen Finanzmittelbedarf haben. Der Begriff „Fragezeichen" ist äußerst treffend, denn die Unternehmensleitung muss sich nach einer gewissen Zeit fragen, ob sie weiterhin viel Geld in diese SGE stecken oder den fraglichen Markt verlassen soll.

Strategieempfehlung: Offensivstrategie

---

1 Dieser Portfolio-Ansatz wurde von dem amerikanischen Beratungsunternehmen „Boston-Consulting-Group" entwickelt.

■ **Stars (Sterne)**

Aus dem anfänglichen „Fragezeichen", das Erfolg hat, wird ein „Star". Ein „Star" ist der Marktführer in einem Wachstumsmarkt. Er erfordert umfangreiche Finanzmittel, um mit dem Marktwachstum Schritt halten zu können. Die generelle Strategie heißt, den Marktanteil leicht zu erhöhen bzw. zu halten.

Strategieempfehlung: Investitionsstrategie

■ **Cashcows (Kühe, die bares Geld bringen)**

Da der Markt kaum wächst, kommt es darauf an, durch gezielte Erhaltungsinvestitionen die erreichte Marktposition zu halten. Dadurch lassen sich Finanzmittel erwirtschaften. Cashcows stellen deshalb die Finanzquelle eines Unternehmens dar. Man lässt sie so lange „laufen", wie sie noch Gewinn bringen.

Strategieempfehlung: Abschöpfungsstrategie

■ **Poor Dogs (arme Hunde)**

Sie weisen nur noch einen geringen Marktanteil und eine geringe Wachstumsrate auf. Es bestehen keine Wachstumschancen mehr. Die Produktion der Poor Dogs sollte eingestellt werden.

Strategieempfehlung: Desinvestitionsstrategie

(3) Beziehungen zwischen der Portfolio-Analyse und dem Konzept des Produkt-Lebenszyklus

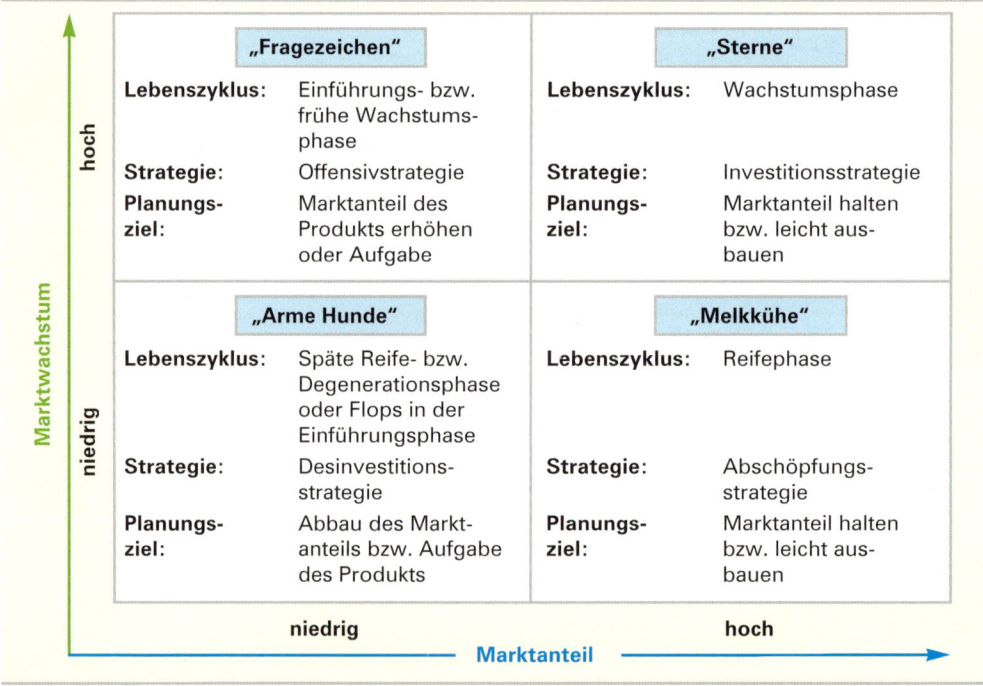

Die Darstellung auf S. 286 zeigt, dass durch die Portfolio-Analyse das Konzept des Produkt-Lebenszyklus ergänzt wird. Die Matrix zeigt den Zusammenhang zwischen den beiden Konzeptionen sowie die inhaltliche Aussage des Marktwachstum-Marktanteil-Portfolios auf.

(4) Generelle Zielsetzung des Modells

Nachdem das Unternehmen alle seine strategischen Geschäftseinheiten in die Marktwachstum-Marktanteil-Matrix eingeordnet hat, gilt es festzustellen, ob das Portfolio ausgeglichen ist.

Das Portfolio ist dann **ausgeglichen,** wenn das Wachstum eines Unternehmens gesichert ist und ein Risikoausgleich zwischen den verschiedenen SGE besteht. Ein Portfolio wäre dann **nicht ausgeglichen,** wenn in der Matrix zu viele „arme Hunde" oder „Fragezeichen" bzw. zu wenig „Sterne" und „Melkkühe" existieren.

> **Ziel eines Unternehmens** muss es daher sein, die einzelnen **SGE so zu positionieren,** dass es zu einer möglichst optimalen Kombination von **„kapitalliefernden"** SGE (Stars und Cashcows) in **zurückgehenden Märkten** und **„kapitalverbrauchenden"** **SGE** (Questionsmarks) in **Wachstumsmärkten** kommt. Nur in diesem Fall kann der Unternehmenserfolg langfristig als gesichert angesehen werden.

(5) Vorteile und Nachteile des Marktwachstum-Marktanteil-Portfolios

Vorteile	Der Unternehmensleitung wird z. B. dazu verholfen,
	■ zukunfts- und strategieorientiert zu denken,
	■ die aktuelle Geschäftssituation zu erfahren,
	■ Chancen und Risiken zu erkennen,
	■ die Planungsqualität zu steigern,
	■ die Kommunikation zwischen der Unternehmensleitung und den einzelnen strategischen Geschäftseinheiten zu verbessern,
	■ die anstehenden Probleme schneller auszumachen,
	■ die schwachen Geschäftseinheiten zu eliminieren und die vielversprechenden durch gezielte Investitionen zu fördern.
Nachteile	■ Eine Eingliederung der SGE in die Matrix hängt von der Gewichtung der einzelnen Faktoren ab und diese ist teilweise subjektiv. Man kann also eine SGE in eine gewünschte Position hineinmanipulieren.
	■ Es kann geschehen, dass sich die Unternehmensleitung zu stark auf die Wachstumsmärkte konzentriert und dabei andere Geschäftseinheiten vernachlässigt.
	■ Die (synergetischen)[1] Verflechtungen zwischen den einzelnen SGE bleiben völlig unberücksichtigt. Es kann somit riskant sein, für eine SGE unabhängige, von den übrigen Bereichen „losgelöste" Entscheidungen zu treffen. Eine solche Entscheidung kann nämlich für eine SGE eine positive und für eine andere SGE eine negative Wirkung haben.

---

1 **Synergie:** Ein Synergieeffekt liegt vor, wenn sich Maßnahmen, die in die gleiche Richtung wirken, in der Kombination verstärken. **Beispiel:** Durch die Kombination der Vertriebsmannschaften zweier Geschäftseinheiten wird der Absatz größer, als wenn beide Geschäftseinheiten getrennt vorgehen würden.

Zusammenfassung

- Aus Sicht der Verbraucher stellt ein **Produkt** eine Summe von **nutzenstiftenden Eigenschaften** dar.

- In Zeiten gesättigter Märkte rücken bei der **Gestaltung des Produktprogramms** absatzwirtschaftliche Überlegungen in den Vordergrund, wie z.B. Kaufmotive, Zusatznutzen, Marktnischen.

- Produktpolitische Entscheidungen orientieren sich am **Lebenszyklus eines Erzeugnisses.** Das Nachfolgeprodukt muss am Markt eingeführt werden, solange sich das aktuelle Erzeugnis noch in der Reifephase befindet.

- Das **Portfoliokonzept** ist ein Instrumentarium zur strategischen Einordnung von Produkten, Produktgruppen oder strategischen Geschäftseinheiten (SGE).

- Eine **strategische Geschäftseinheit** bildet eine homogene Planungseinheit einer Gruppe gleichartiger Produkte.

- Die Vier-Felder-Matrix des **Marktwachstum-Marktanteil-Portfolios** gliedert die SGE nach den Kriterien Marktanteil und Marktwachstum in eine Matrix ein.

- Die vier SGE-Typen, die durch die Matrix gebildet werden, kann man charakterisieren mit **Questionmarks** „junge Pferde", **Stars** „Rennpferde", **Cashcows** „Arbeitspferde" und **Poor Dogs** „lahme Pferde".

- Zur Sicherung des Unternehmenserfolgs sind die SGE so zu positionieren, dass es zu einer optimalen **Kombination von kapitalliefernden SGE** (Stars und Cashcows) in zurückgehenden Märkten **und kapitalverbrauchenden SGE** (Questionsmarks) in Wachstumsmärkten kommt.

Übungsaufgaben

130 1. Erklären Sie, welche Zielsetzung das Konzept des Produktlebenszyklus verfolgt!

2. Erläutern Sie, worin sich das Marktwachstum- und Marktanteil-Portfolio von der Theorie der Lebenszyklen der Produkte unterscheidet!

3. Wie kann der Lebenszyklus eines Produkts verlängert werden? Beantworten Sie diese Frage, indem Sie ein Beispiel bilden!

4. Die Hamelner Lebensmittel AG hat einen neuen Vollmilch-Schoko-Riegel auf den Markt gebracht. Der Schoko-Riegel hat die Einführungsphase glänzend überstanden und befindet sich jetzt am Beginn der Wachstumsphase.

   Aufgabe:

   Formulieren Sie mindestens drei Strategien, die in der Wachstumsphase von Bedeutung sind!

131 1. Beschreiben Sie die Grundidee der Portfoliomethode!

2. Skizzieren Sie die Grundaussage der vier strategischen Geschäftseinheiten der Marktwachstums-Marktanteil-Matrix!

3. Beschreiben Sie die generelle Strategie, die in den einzelnen Matrix-Feldern jeweils angemessen ist!

4. Die acht Kreise in der vorgegebenen Marktwachstums-Marktanteil-Matrix symbolisieren die acht Geschäftseinheiten der Nienburger Chemie AG.

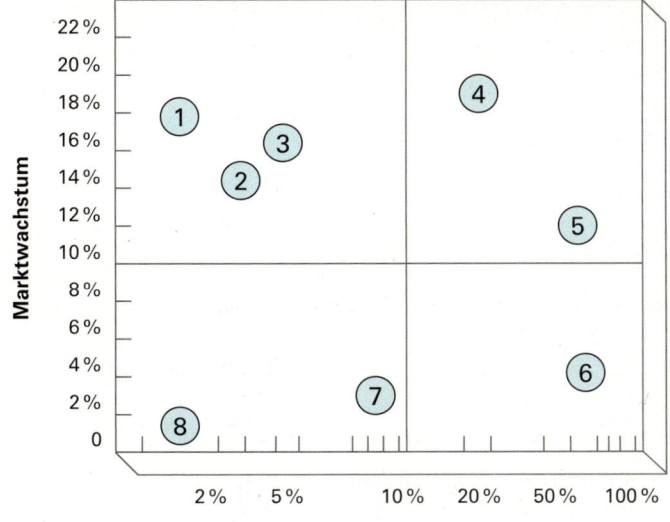

Hinweis:

– Die **vertikale Achse** zeigt das jährliche Marktwachstum der einzelnen Märkte.

– Die **horizontale Achse** zeigt den Marktanteil im Verhältnis zu dem des größten Marktführers.

(Quelle: Kotler/Bliemel: Marketing-Management, S. 99)

Aufgabe:

Bewerten Sie die langfristigen Erfolgsaussichten der Nienburger Chemie AG!

5. Übertragen Sie das Portfolio von Aufgabe 4 (ohne Kreise) in Ihr Heft. Tragen Sie anschließend die folgenden Daten der Limonadenwerke Leberer GmbH in das Portfolio ein:

Nr.	Produkt	Marktanteil	Marktwachstum
1	Zitronengetränk	40 %	16 %
2	Orangengetränk	5 %	14 %
3	Multivitaminsaft	2 %	12 %
4	Grapefruitsaft	8 %	5 %
5	Apfelsaft	20 %	6 %

Aufgaben:

5.1 Beurteilen Sie das Produktprogramm der Limonadenwerke Leberer GmbH!

5.2 Formulieren Sie Empfehlungen für die zukünftig anzuwendenden Strategien!

19 Speth u.a. - ISBN 978-3-8120-0537-1

2.3 Berücksichtigung der Technologieentwicklung im Leistungsangebot[1]

(1) Technologieentwicklung

Jedes Unternehmen verfügt über ein gewachsenes Leistungsangebot auf einem gewählten technischen Niveau. Allerdings gilt, dass für jede Technologie, jedes Verfahren und jedes Produkt technische oder physikalische Leistungsgrenzen bestehen, die auch mit einem zusätzlichen Aufwand nicht überschritten werden können.

Vor Erreichen der Technologiegrenze wird von einigen Anbietern die alte Technologie durch eine neue Technologie (Substitutionstechnologie)[2] ersetzt. Jedes Unternehmen muss deshalb ständig darauf bedacht sein, die mögliche Substitutionstechnologie rechtzeitig zu erkennen, um die eigenen Produkte im Hinblick auf die neue Technologie zu positionieren.

Üblicherweise nehmen Technologieentwicklungen folgenden Verlauf:

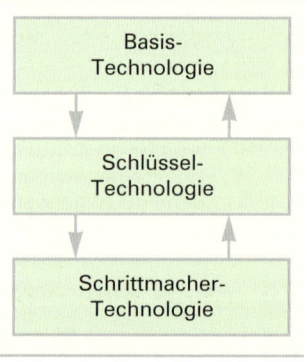

■ Grundlage sind **Basis-Technologien,** die dadurch gekennzeichnet sind, dass sie von vielen Unternehmen beherrscht werden.

■ Basis-Technologien werden in der Regel durch neue Schlüssel-Technologien abgelöst. **Schlüssel-Technologien** sind daran erkennbar, dass nur einzelne Unternehmen auf sie zurückgreifen und dass noch ein hohes Entwicklungspotenzial besteht, an dem intensiv geforscht wird.

■ Die Weiterentwicklung von Schlüssel-Technologien führt zu **Schrittmacher-Technologien.** Sie sind noch in einem geringen Umfang dem Wettbewerb ausgesetzt, befinden sich in einer frühen Phase des Lebenszyklus und besitzen deshalb ein hohes Entwicklungspotenzial.

Schrittmacher-Technologien werden irgendwann zu Schlüssel- und später zu Basistechnologien.

(2) Technologieportfolio

Die bisher dargestellte Portfolioanalyse kann zukünftige technologische Innovationen nur unzureichend berücksichtigen. Aus diesem Grund wurde von der Wissenschaft ein spezielles **Technologieportfolio** entwickelt. Das Technologieportfolio versucht, **Entscheidungshilfen** für das Unternehmen zu geben, damit es eine begründete **Investitionsentscheidung** treffen kann. Dazu verknüpft das Technologieportfolio die **Vermarktungsmöglichkeit** (das Vermarktungspotenzial) **der Technologie** an sich (**„Technologieattraktivität"**) mit der eigenen Fähigkeit, die Entwicklung und Vermarktung der Technologie durchzusetzen (**„Ressourcenstärke"**).

---

1 Die Ausführungen dieses Kapitels lehnen sich an Backhaus, K.: Industriegütermarketing, 5. Aufl., München 1997, S. 196ff. an.

2 Substituieren: austauschen, ersetzen.

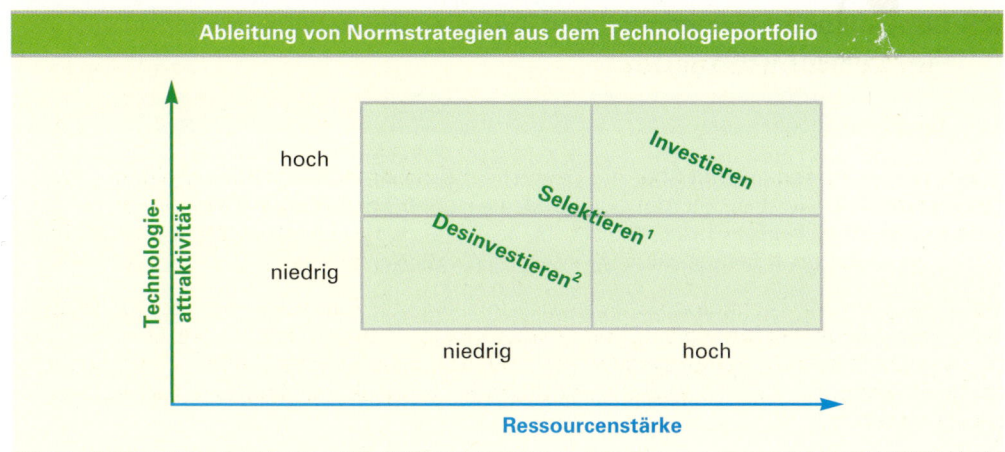

Ableitung von Normstrategien aus dem Technologieportfolio

Technologie-attraktivität

hoch

niedrig

Investieren

Selektieren ¹

Desinvestieren ²

niedrig   hoch

Ressourcenstärke

Quelle: Backhaus, K.: Industriegütermarketing, 5. Aufl., München 1997, S. 200.

Eine Investitionsentscheidung zum Ausbau des betreffenden Geschäftsfeldes (z.B. Produktgruppe) wird danach nur dann getroffen, wenn die Technologieattraktivität hoch ist und eine große Stärke der eigenen Ressourcen bei der Entwicklung und Vermarktung vorliegt. Bei niedrigerer bewerteter Kombination wird eine selektive Vorgehensweise bzw. ein Desinvestieren angeraten.

2.4   Break-even-Analyse

(1)   Begriffsbestimmung des Break-even-Points

Marketingaktivitäten sind mit Kosten verbunden. Damit stellt sich für die Entscheidungsträger zwangsläufig die Frage, unter welchen Bedingungen die Erlöse aus Marketingaktivitäten die damit verbundenen Kosten übersteigen, sodass ein Gewinn erwirtschaftet werden kann. Ein wichtiges Instrument, diese Frage zu klären, ist die Break-even-Analyse.

■ Mit der **Break-even-Analyse** lässt sich die Frage beantworten, wie viel Stück eines Erzeugnisses abgesetzt werden müssen, um die entstandenen Kosten zu decken.

■ Der **Break-even-Point (Nutzenschwelle, Gewinnschwelle)** liegt bei der Ausbringungsmenge, bei der die **Gesamtkosten** bzw. **Stückkosten** gleich dem **Gesamterlös** bzw. **Stückerlös** sind.

---

1 **Selektion:** Aussonderung.

2 Eine **Desinvestition** liegt vor, wenn Investitionsgüter aus dem Betrieb ausscheiden, ohne durch neue ersetzt zu werden.

(2) Beispiel für die Berechnung und grafische Darstellung des Break-even-Points

Beispiel:

Ein kleiner Betrieb stellt unter der „Plastik KG Peine" Zubehörteile (Plastikbausätze) für Modelleisenbahnen her. Monatlich können maximal 1000 Verkaufspackungen (Inhalt 10 Bausätze) erzeugt werden. Es wird nur auf Bestellung gearbeitet. Der Verkaufspreis (Angebotspreis) für eine Verkaufspackung beträgt 55,00 EUR.

- An **fixen Kosten** fallen monatlich an: für Gehälter 9000,00 EUR, für Miete 1600,00 EUR, für Nebenkosten (Heizung, Licht, Reinigung) 400,00 EUR, für die Verzinsung des investierten Kapitals 3000,00 EUR und für die Abschreibung der Spritzgussmaschinen und der Werkzeuge 6000,00 EUR. Die fixen Kosten betragen also insgesamt 20000,00 EUR.

- Die (proportional) **variablen Kosten** betragen 30,00 EUR je Verkaufspackung. Sie setzen sich aus den Roh- und Hilfsstoffkosten (6,00 EUR), den Akkordlöhnen (22,00 EUR) und den Energiekosten (2,00 EUR) zusammen.

Aufgaben:

Ermitteln Sie den Break-even-Point:

1. auf algebraischem Wege,
2. durch eine grafische Darstellung!

Lösungen:

Zu 1.: Algebraische Lösung

Bei der Lösung der Aufgabe verwenden wir folgende Variablen:

E	Gesamterlös	e	Stückerlös
K	Gesamtkosten	k_v	variable Stückkosten
K_{fix}	fixe Gesamtkosten	db	Stückdeckungsbeitrag
K_v	variable Gesamtkosten	x	Produktmenge
DB	Gesamtdeckungsbeitrag		

Für die Berechnung des Break-even-Points (BEP) gilt folgende Gleichung:

(1) E (Summe der Erlöse) = K (Summe der Kosten)

(2) $E = x \cdot e$

(3) $K = x \cdot k_v + K_{fix}$

(4) $x \cdot e = x \cdot k_v + K_{fix}$ umgeformt ergibt sich:

$x \cdot e - x \cdot k_v = K_{fix}$ durch Ausklammern von x erhält man:

$x (e - k_v) = K_{fix}$ daraus folgt für x:

$$x = \frac{K_{fix}}{e - k_v}$$

Die letzte Gleichung besagt, dass sich der Break-even-Point aus dem Quotienten der gesamten Fixkosten und der Differenz zwischen Stückerlös und variablen Stückkosten ergibt.

Durch Einsetzen der Werte des Beispiels in die Formel erhalten wir für den Break-even-Point:

$$x = \frac{20\,000}{55 - 30} = \frac{20\,000}{25} = \underline{\underline{800}}$$

Ergebnis: Der Break-even-Point (BEP) liegt bei einer Menge von 800 Verkaufseinheiten.

Zu 2.: Grafische Darstellung

Als Grundlage für die grafische Darstellung dient die Wertetabelle auf S. 294.

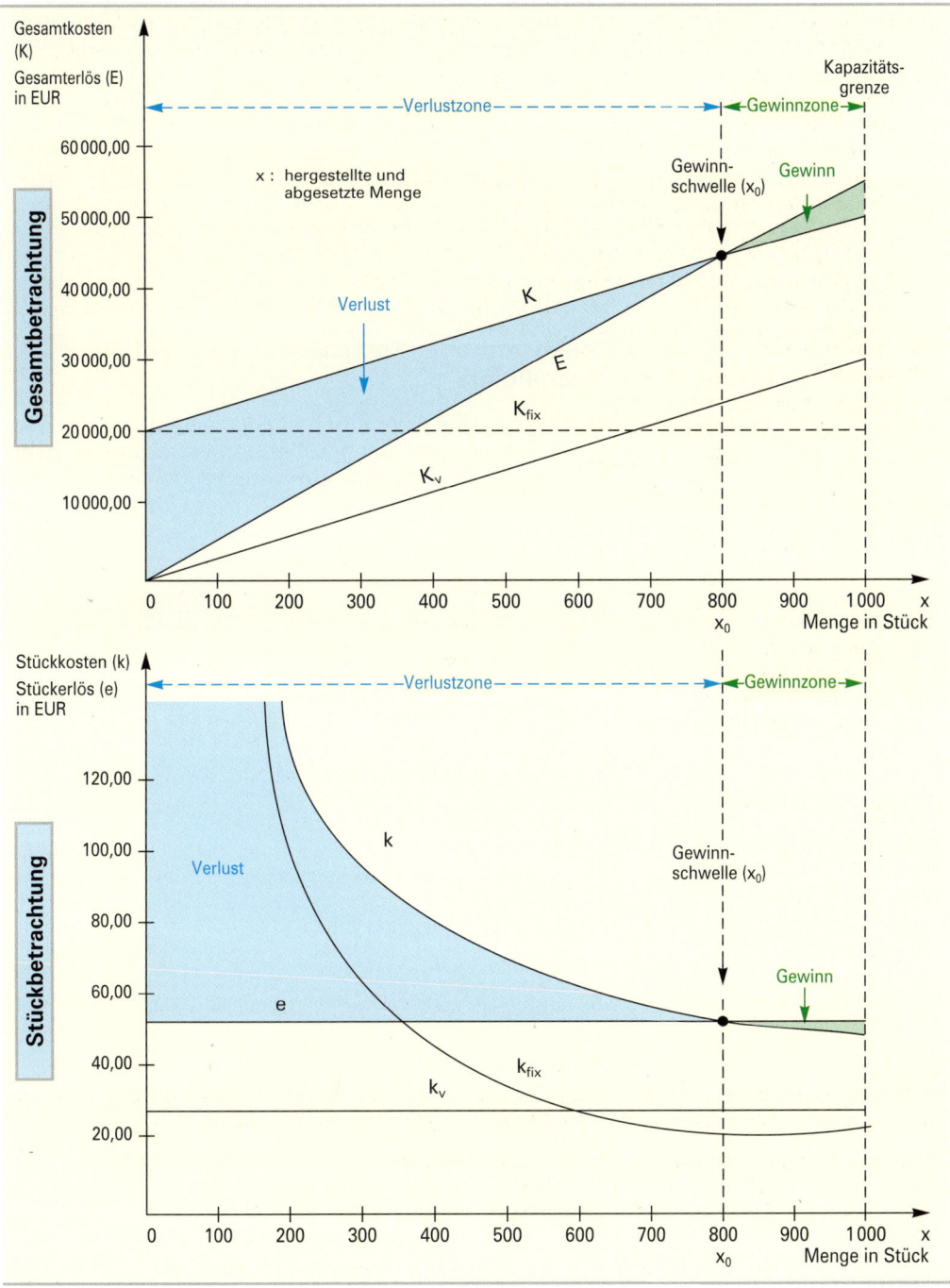

Wertetabelle:

Menge der Ver- kaufs- packun- gen (x)	fixe Gesamt- kosten in EUR (K_fix)	variable Gesamt- kosten in EUR (K_v)	Gesamt- kosten in EUR (K)	Gesamterlös (abgesetzte Menge x Preis) (E)	Gewinn (schwarze Zahlen) bzw. Verlust (blaue Zahlen) (G/V)	variable Stück- kosten (k_v)	fixe Stück- kosten (k_fix)	Stück- kosten in EUR (k)	Stück- erlös in EUR (e)	Stück- verlust bzw. Stück- gewinn (g/v)
100	20 000,00	3 000,00	23 000,00	5 500,00	17 500,00	30,00	200,00	230,00	55,00	175,00
200	20 000,00	6 000,00	26 000,00	11 000,00	15 000,00	30,00	100,00	130,00	55,00	75,00
300	20 000,00	9 000,00	29 000,00	16 500,00	12 500,00	30,00	66,67	96,67	55,00	41,67
400	20 000,00	12 000,00	32 000,00	22 000,00	10 000,00	30,00	50,00	80,00	55,00	25,00
500	20 000,00	15 000,00	35 000,00	27 500,00	7 500,00	30,00	40,00	70,00	55,00	15,00
600	20 000,00	18 000,00	38 000,00	33 000,00	5 000,00	30,00	33,33	63,33	55,00	8,33
700	20 000,00	21 000,00	41 000,00	38 500,00	2 500,00	30,00	28,57	58,57	55,00	3,57
800	20 000,00	24 000,00	44 000,00	44 000,00	– –	30,00	25,00	55,00	55,00	– –
900	20 000,00	27 000,00	47 000,00	49 500,00	2 500,00	30,00	22,22	52,22	55,00	2,78
1 000	20 000,00	30 000,00	50 000,00	55 000,00	5 000,00	30,00	20,00	50,00	55,00	5,00

(3) Einfluss von Preisänderungen und/oder Kostenänderungen auf die Gewinnschwelle (Break-even-Point)

Aus der Formel auf S. 292 erkennt man, dass bei einer Erhöhung des Angebotspreises (e) die Gewinnschwelle im Vergleich zur Ausgangssituation früher und bei einer Herabsetzung des Angebotspreises (e) die Gewinnschwelle später erreicht wird. Bei einer Kostenänderung ist es umgekehrt. Steigen die Kosten, wird die Gewinnschwelle im Vergleich zur Ausgangssituation später, bei einer Kostensenkung wird die Gewinnschwelle früher erreicht.

Beispiel 1:

Wir gehen davon aus, dass bei sonst gleichen Bedingungen der Angebotspreis für eine Verkaufspackung im Beispiel auf S. 292 aufgrund der Konkurrenzsituation von 55,00 EUR auf 50,00 EUR herabgesetzt werden muss.

Aufgabe:

Berechnen Sie, wie sich die Gewinnschwelle verändert!

Lösung:

Da der Preis sinkt, sinkt der Divisor in unserer Berechnungsformel auf S. 292. Daher wird der Wert für x (Absatzmenge an der Gewinnschwelle) größer, d.h., die Gewinnschwelle wird im Vergleich zur Ausgangssituation später erreicht.

$$x = \frac{20\,000}{50 - 30} = \frac{20\,000}{20} = \underline{\underline{1\,000}}$$

Ergebnis: Die Gewinnschwelle ist (von ursprünglich 800 Verkaufseinheiten) auf 1 000 Mengeneinheiten gestiegen.

Beispiel 2:

Wir gehen davon aus, dass die Materialkosten (k_v) aufgrund weiterer Rationalisierungsmaßnahmen von bisher 30,00 EUR auf 26,50 EUR gesenkt werden konnten. Der Verkaufspreis für eine Verkaufspackung beträgt 55,00 EUR.

Aufgabe:

Berechnen Sie, wie sich die Gewinnschwelle verändert!

Lösung:

Da die variablen Kosten (k_v) sinken, steigt der Divisor in unserer Berechnungsformel. Daher wird der Wert für x (Absatzmenge an der Gewinnschwelle) kleiner, d.h., die Gewinnschwelle wird im Vergleich zur Ausgangssituation früher erreicht.

$$x = \frac{20\,000}{55 - 26,5} = \frac{20\,000}{28,5} = \underline{\underline{701,75\ldots}}$$

Ergebnis: Die Gewinnschwelle ist (von ursprünglich 800 Verkaufseinheiten) auf rd. 702 Mengeneinheiten gesunken.

Zusammenfassung

■ Die Technologieentwicklung nimmt in der Regel folgenden Verlauf:

Basis-Technologie → Schlüssel-Technologie → Schrittmacher-Technologie

■ Das **Technologieportfolio** verknüpft die Attraktivität einer Technologie (**„Technologieattraktivität"**) mit der Fähigkeit des eigenen Unternehmens, die Entwicklung und Vermarktung der Technologie durchzusetzen (**„Ressourcenstärke"**).

■ Das Technologieportfolio unterstützt die **Investitionsentscheidungen** eines Unternehmens.

■ Den **Schnittpunkt,** bei dem die **anfallenden Kosten** und **Erlöse gleich hoch** sind, bezeichnet man als **Break-even-Point.**

Übungsaufgaben

132 1. 1.1 Erläutern Sie die Bedeutung des Technologieportfolios!

1.2 Nennen Sie zwei Faktoren, von denen die „Ressourcenstärke" eines Unternehmens abhängt!

1.3 Beschreiben Sie die Begriffe Basis-Technologien, Schlüssel-Technologien und Schrittmacher-Technologien!

2. Interpretieren Sie die nachfolgende Abbildung!

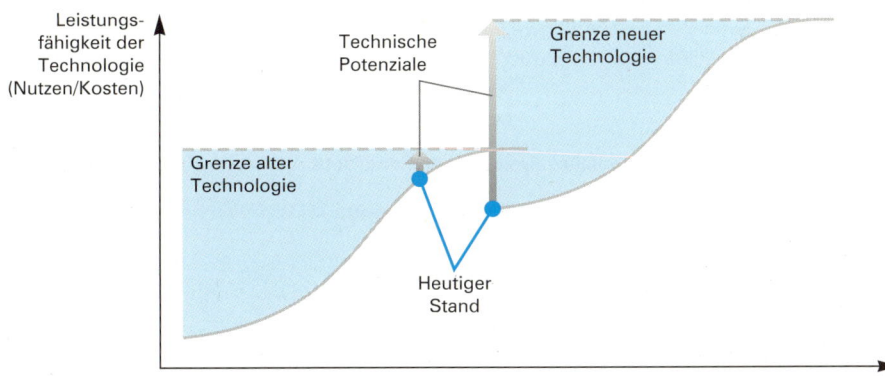

Quelle: Backhaus, K.: Industriemarketing, 5. Aufl., München 1997, S. 197.

295

133　1.　Die Kommunika GmbH hat sich auf den Vertrieb eines bestimmten Computertyps spezialisiert.

Der Listenverkaufspreis (netto) für einen Computer beträgt 2000,00 EUR. An variablen Stückkosten fallen 1 200,00 EUR an. Die Fixkosten der Geschäftsperiode betragen 200 000,00 EUR.

Aufgaben:

Ermitteln Sie den Break-even-Point:

1.1　auf algebraischem Wege,

1.2　durch eine grafische Darstellung,

1.3　wenn der Listenverkaufspreis um 200,00 EUR erhöht wird!

2.　Aus der Kosten- und Leistungsrechnung sind folgende Größen bekannt:

Kapazität: 10 000 Stück, Gewinnschwelle: 70 % der Kapazität, fixe Kosten: 20 000,00 EUR. Am Break-even-Point beträgt der Umsatz das Dreifache des Deckungsbeitrages.[1]

Aufgabe:

Tragen Sie in eine Grafik die Gesamterlöse und die Gesamtkosten ein!

(Maßstab: 1 cm ≙ 1 000 Stück; 1 cm ≙ 10 000,00 EUR)

3.　Die MOTRE KG stellt ein Brettspiel her, welches zum herrschenden Marktpreis von 12,00 EUR/Stück absetzbar ist. Es wurden 16 000 Stück hergestellt. Die Fixkosten der Abrechnungsperiode betragen 60 000,00 EUR, der variable Kostenanteil beträgt 6,00 EUR je Stück.

Aufgaben:

3.1　Ermitteln Sie den Break-even-Point!

3.2　Bestimmen Sie den Gesamtgewinn bei Verkauf sämtlicher Spiele!

3.3　Berechnen Sie, wie verändert sich der Break-even-Point verändert, wenn die variablen Kosten aufgrund von Lohnerhöhungen 7,00 EUR betragen!

4.　In der Marketing-Abteilung der RAWA GmbH wird darüber diskutiert, ob Kochtöpfe im Rahmen einer Sonderaktion angeboten werden sollen. Der variable Kostenanteil pro Stück beträgt 25,00 EUR. Die Kochtopfaktion verursacht zusätzliche Fixkosten in Höhe von 180 000,00 EUR. Bei unterschiedlichen Angebotspreisen werden folgende Absatzmengen erwartet:

Preis/Stück	erwartete Absatzmenge
30,00 EUR	30 000 Stück
35,00 EUR	20 000 Stück
40,00 EUR	8 000 Stück

Aufgabe:

Ermitteln Sie, bei welcher Preisstrategie das Unternehmen wirtschaftlich arbeitet!

5.　Die Gustav Plau AG stellt im Abrechnungszeitraum I nur das Produkt A her. Dazu liegen folgende Daten vor:

- Kapazität　　　　　　　16 000 Stück
- variable Stückkosten　　　70,00 EUR
- Fixkosten　　　　　450 000,00 EUR
- Stückerlös　　　　　　120,00 EUR

1　**Zur Erinnerung:** Der Deckungsbeitrag ist die Differenz zwischen den Nettoverkaufserlösen und den variablen Kosten.

Aufgaben:

5.1 Berechnen Sie den Break-even-Point!

5.2 Ermitteln Sie die Produktionsmenge, wenn ein Betriebsgewinn von 150 000,00 EUR erreicht werden soll!

5.3 Stellen Sie in einer nicht maßstabsgetreuen Skizze den Break-even-Point und die Höhe des geplanten Gewinns dar. Achten Sie auf die vollständige Beschriftung Ihrer Zeichnung!

2.5 Segmentierungsstrategien[1]

(1) Begriff und Vorteile der Marktsegmentierung

Märkte, wie wir sie kennen, sind zusammengesetzt aus unterschiedlichen Kundengruppen mit unterschiedlichen Bedarfsstrukturen. Der Kunde ist informierter, kritischer und sieht sich einem Überangebot an Waren gegenüber. Er kann es sich leisten, wählerisch zu sein. Folge: Die Elemente des Gesamtmarktes sind in Bezug auf ihre Struktur, ihre Bedürfnisse und ihr Verhalten sehr inhomogen.[2]

Diesen Markt mit **einem** Marketing-Mix zu bearbeiten, führt zu **hohem Streuverlust** und dazu, dass das verfügbare **Marketingbudget sehr ineffizient eingesetzt** wird. Diese Inhomogenität zu beseitigen, das ist der Ansatzpunkt der Marktsegmentierung.

Unter **Marktsegmentierung** versteht man

■ die **Aufteilung des inhomogenen Gesamtmarktes in Teilmärkte.** Ein Teilmarkt ist dadurch gekennzeichnet, dass die Konsumenten **intern eine homogene Gruppe** bilden.

■ die Bearbeitung dieser Teilmärkte mithilfe eines **gezielt darauf abgestimmten Marketing-Mix.**

Marketing-Mix A für Markt- segment 1	Marketing-Mix B für Markt- segment 2
Marketing-Mix C für Markt- segment 3	Marketing-Mix D für Markt- segment 4

Beispiel:[3]

Ein differenziertes Marketing bedient die Kundengruppen in den einzelnen Marktsegmenten mit jeweils eigenen Angeboten. Ein Beispiel hierfür ist der Volkswagenkonzern. Die Palette umfasst die Marken Audi, VW, Skoda, Seat, Lamborghini, Porsche, Bugatti und Bentley. Die Preise beginnen knapp unter 9 000,00 EUR für den Seat Mii und reichen bis 2,3 Millionen EUR für den Bugatti Veyron 16.4 Super Sport World Record Edition.[4]

---

1 **Segment:** Teilstück, Abschnitt.

2 **Homogen:** gleich beschaffen; **inhomogen:** nicht gleichartig. Ein **inhomogener Markt** ist ein solcher, bei dem sehr unterschiedliche Marktteilnehmer sehr unterschiedliche Bedürfnisse haben, z.B. Kfz-Markt. Beispiel für homogenen Markt: Mineralöl (Super bleifrei – egal welcher Marke – hat eine Oktanzahl von 95), Bier (gebraut nach Reinheitsgebot von 1516).

3 Vgl. Kreutzer, Praxisorientiertes Marketing, 3. Auflage, Wiesbaden, 2010, S. 170 f.

4 Quelle: http://www.auto-motor-und-sport.de/einzeltests/bugatti-veyron-16-4-super-sport-schnellstes-serienauto-der-welt-mit-1200-ps-4043880.html [15. 04. 2014].

Welche Vorteile bringt die Marktsegmentierung mit sich?
■ Sie trägt dazu bei, dass das Unternehmen die Strukturen und die Gesetzmäßigkeiten auf dem Teilmarkt besser durchschaut.
■ Prognosen über die künftige Marktentwicklungen sind besser zu treffen.
■ Das Marketingbudget wird wirkungsvoller eingesetzt.
■ Zwischen den Bedürfnissen der Zielgruppe und der angebotenen Leistung wird ein hohes Maß an Übereinstimmung erreicht.
■ Da die Marketingaktivitäten präziser auf die Zielgruppe ausgerichtet werden können, steigt deren Zufriedenheit. Dies ist die Grundvoraussetzung für eine längerfristige Kundenbindung.

(2) Kriterien zur Marktsegmentierung

Bereiche	Beispiele
Geografische Marktsegmentierung Der Markt wird nach räumlichen Gesichtspunkten aufgegliedert.	Aufteilung nach Bundesländern, Großstädten, Regierungsbezirken, Wohngebietstypen (gekennzeichnet durch homogene Lebensstile und Kaufverhaltensmuster) u. Ä.
Soziodemografische Marktsegmentierung Der Markt wird nach demografischen und sozioökonomischen Kriterien aufgedeckt.	■ **Demografische Kriterien,** wie Geschlecht, Alter, Familienstand, soziale Schicht, Haushaltsgröße, Zahl der Kinder usw. ■ **Sozioökonomische Kriterien,** wie Ausbildung, Beruf, Einkommen usw. Die Datenbank microdialog der Deutschen Post Direkt ist ein Beispiel für eine soziodemografische Marktsegmentierung (siehe Abschnitt 3).
Verhaltensbezogene Merkmale	■ **Produktbezogene Verhaltensmerkmale,** wie Markentreue, Kaufrhythmus, bevorzugte Packungsgröße, Kauf bestimmter Preisklassen, Reaktion auf Sonderangebote usw. ■ **Einkaufsstättenwahl,** wie Einkauf im Fachgeschäft, beim Discounter, Supermarkt; Geschäftstreue u. Ä.

(3) Nutzung der Marktsegmentierung am Beispiel microdialog

Angesichts der Betonung der Individualität in unserer heutigen Zeit ist das „Einordnen in Schubladen", das mit dem Konzept der Segmentierung verbunden ist, nicht ganz ungefährlich. Die Beschreibung der einzelnen Marktsegmente ist nicht in Stein gemeißelt, sondern muss in bestimmten Abständen auf die aktuelle Gültigkeit überprüft werden. Erst wenn die Auswahlkriterien für ein hinreichend homogenes Marktsegment festgelegt sind, kann die Dienstleistung von Adressverlagen oder die **mikrogeografische Datenbank microdialog** der **Deutsche Post Direkt**[1] in Anspruch genommen werden.

---

1 Quelle: https://www.deutschepost.de/de/m/microdialog.html [15. 04. 2014].

Kurzinformation zu microdialog

Microdialog wurde 2001 von der Deutsche Post Direkt entwickelt und ist eine der vollständigsten mikrogeografischen Datenbanken Deutschlands. Menschen mit ähnlichen Kaufgewohnheiten und Verhaltensmustern wohnen oft in räumlicher Nähe zueinander. Deutschlandweit werden daher durchschnittlich 6,6 Haushalte zu sogenannten **Mikrozellen** zusammengefasst und bewertet nach Life-

style, Konsum- und Informationsverhalten. Die zu den Mikrozellen gespeicherten soziodemografischen Konsum-, Struktur- und regionalen Daten ermöglichen eine treffsichere Bestimmung der Zielgruppen. Dadurch optimiert **microdialog** die Direktwerbung, minimiert Streuverluste und damit die Kosten der Werbung (weniger Druckkosten, Porto).

Anwendungsbeispiel: Adressenauswahl für Neukundenakquisition

Ausgangssituation	Ein Fitnessstudio möchte neue Kunden werben.
Vorgehen	Das Fitnessstudio legt Auswahlkriterien zur Festlegung des Marktsegments fest, z. B. ■ Alter zwischen 25 und 45 Jahren ■ mittlere bis hohe Kaufkraft ■ Entfernung des Wohnorts vom Fitnessstudio: maximal 15 km Über POSTWURFSPEZIAL[1] werden diese Selektionskriterien vom Auftraggeber der Datenbank microdialog mitgeteilt. Diese ermittelt die Adressen der potenziellen Kunden und stellt diese dem Auftraggeber wiederum zum Import zur Verfügung.
Lösung	Mittels personalisierter Adresse oder Teiladressierung („An die Bewohner dieses Hauses" oder „An die Fitnessfreunde") wird im Umkreis von 15 km um das Fitnessstudio die Werbung zugestellt.

2.6 Markenpolitik

2.6.1 Begriff Marke und Aufgaben der Markierung

Sollen die eigenen Waren von denen anderer Hersteller unterschieden werden, kann man eine Marke entwickeln, d. h. ein Kennzeichen (insbesondere Wörter, Abbildungen, Zahlen), das den Ursprung und die Qualität eines Produktes oder einer Dienstleistung zum Ausdruck bringen soll. In den Augen der Konsumenten sollen die Produkte des Unternehmens von denen der Konkurrenz abgegrenzt werden können.

■ Die **Marke** soll dem Abnehmer eine „Produktpersönlichkeit" bieten, die leicht im Gedächtnis behalten werden kann und leicht identifizierbar ist.

■ Die **„Produktpersönlichkeit"** wird dadurch geschaffen, dass das Produkt über einen langen Zeitraum in immer gleichbleibender Aufmachung und mit unveränderter oder verbesserter Qualität angeboten wird.

---

1 Quelle: http://www.deutschepost.de/de/p/teiladressiert.html [15.04.2014]. POSTWURFSPEZIAL ist ein Dienstleistungsangebot der Deutschen Post, das die Verteilung von Werbemitteln und Prospekten an ausgewählte Haushalte unterstützt.

2.6.2 Ausgewählte Markenstrategien

Marketing-strategien	Erläuterungen	Beispiele
Einzelmarken-strategie	Jedes Produkt eines Unternehmens wird unter einer eigenen Marke angeboten. Die Produkte werden jeweils durch Einzelmarkenstrategien vermarktet.	■ *Unternehmen Procter & Gamble:* Meister Proper, Pampers, Ariel, Wick, Always. ■ *Unternehmen Ferrero:* Nutella, Duplo, Giotto, Raffaelo. ■ *BMW AG:* BMW als sportliche Marke, Range Rover als Geländewagen, MG im Roadstersegment.
Markenfamilien-strategie	Bei der Markenfamilienstrategie werden mehrere Produkte unter einer Marke geführt. Eine wesentliche Voraussetzung für den Erfolg dieser Strategie besteht darin, dass die Produkte eine gewisse Ähnlichkeit zueinander aufweisen.	■ *Unternehmen Beiersdorf:* Nivea-Produkte wie Creme, Seife, Hautlotion, Haarshampoo. ■ *Unternehmen Suchard:* Milka-Produktfamilie wie Tafelschokolade, Schokoriegel, Pralinen, Osterhasen, Nikoläuse.
Dachmarken-strategie	Bei dieser Strategie bietet ein Unternehmen alle Produkte unter einer einheitlichen Marke – der Dachmarke – an. Das Unternehmen beabsichtigt damit, das Vertrauen und die Sympathie der Konsumenten gegenüber dem Unternehmen zu nutzen.	■ *Bosch* (von der Dieseleinspritzpumpe bis zur Geschirrspülmaschine). ■ *Siemens* (Küchengeräte usw.). ■ *Boss* (Bekleidung). ■ *Allianz* (Versicherungen). ■ *Fachmarktkette Obi* u. Ä.
Mehrmarken-strategie	Bei dieser Strategie deckt das Unternehmen das gleiche Marktsegment mit mehreren Marken ab. Demzufolge werden in jedem Produktbereich parallel mindestens zwei auf den Gesamtmarkt ausgerichtete Marken geführt.	■ *Unternehmen Procter & Gamble:* Ariel und Dash auf dem Markt für Waschmittel. ■ *Unternehmen Volkswagen AG:* In der Kompaktklasse werden z. B. die Marken VW, Skoda und Seat geführt.
Markentransfer-strategie	Bei dieser Strategie wird eine am Markt bestens eingeführte Produktmarke auf andere Produktbereiche übertragen.	■ *Camel* hat seine ursprüngliche Tabakmarke auf Bekleidung, Uhren, Schuhe ausgeweitet. ■ Der *Automobilhersteller Porsche* vertreibt, ausgehend vom Stammsegment Pkw, unter anderem Brillen, Reisegepäck, Parfüm, Schreibgeräte.

2.6.3 Nutzen der Markierung für die Hersteller

Aus Sicht der Anbieter (Hersteller) bringt die Markierung von Produkten und Dienstleistungen insbesondere folgenden Nutzen:

Präferenzbildung[1] und Differenzierung gegenüber Wettbewerbern	Die Markierung grenzt das Produkt von den Konkurrenzprodukten ab (Differenzierungsfunktion) und dient so der Präferenzbildung bei den Konsumenten für das Produkt.
Stärkung der Kundenbindung	Durch die Markenbildung sollen immer mehr Kunden die Produkte aufgrund ihrer Zufriedenheit wieder kaufen. Diese Markentreue verstärkt die Kundenbindung und erhöht letztlich die Planungssicherheit des Unternehmens.
Ermöglicht differenzierte Marktbearbeitung	Dadurch, dass einzelne Marktsegmente mit verschiedenen, zielgruppenspezifischen Marken besetzt werden, wird eine differenzierte Marktbearbeitung möglich.
Plattform für neue Produkte	Starke Marken bieten eine Plattform für neue Produkte. Neue Produkte lassen sich deutlich leichter platzieren.
Schafft preispolitischen Spielraum	Der Markenartikel soll dem Unternehmen einen preispolitischen Spielraum verschaffen. Dieser ist umso größer, je besser es gelingt, eine Marke im Vergleich zu konkurrierenden Angeboten als „etwas Einzigartiges" darzustellen.
Ermöglicht Wertsteigerung des Unternehmens	Gelingt es, Marken bekannt zu machen, kann dies zur Bildung eines positiven Firmenimages beitragen. Marken stellen einen Wert an sich dar und sind damit Kapital des Unternehmens. Erhöht sich der Wert der Marke, führt dies zu einer Wertsteigerung des Unternehmens. Dies erklärt auch, warum bekannte Markenartikelunternehmen zu einem Vielfachen ihres bilanziellen Buchwertes verkauft werden könnten.

2.6.4 Nutzen der Markierung für den Kunden

Die Markierung von Produkten und Dienstleistungen hat **aus Sicht des Kunden** insbesondere folgende **Funktionen**:

- Die Marke erleichtert dem Kunden die **Identifizierung des Produktes** und gibt ihm eine **Orientierungshilfe** bei der Auswahl von Leistungen.
- Der Marke wird aufgrund ihrer Bekanntheit und Kompetenz **Vertrauen** entgegengebracht.
- Die Marke erbringt häufig den Nachweis von **Sicherheit** während der Gebrauchs-, Verbrauchs- und Entsorgungsphase. Diese Sicherheit ergibt sich aus der **Qualitätsvermutung.**
- Darüber hinaus kann die Marke für den Konsumenten eine **Image-** beziehungsweise **Prestigefunktion** in seinem sozialen Umfeld erfüllen.

Durch die Markierung wird das Produkt zum **Markenartikel.** Ein Markenartikel zeichnet sich insbesondere durch folgende Merkmale aus: gleichbleibende Aufmachung und Menge, unveränderte oder verbesserte Qualität, Verbraucherwerbung, hoher Bekanntheitsgrad, flächenmäßige Verfügbarkeit der Ware, Einfluss des Herstellers auf die Preisgestaltung, in der Regel gleiche Verkaufspreise.

---

1 Präferenz: Vorrang.

2.7 Ökologie als Wettbewerbsfaktor

2.7.1 Ökologieorientiertes Marketing

Die sich abzeichnenden ökologischen Probleme sowie verschärfte Umweltschutzgesetze haben den Zwang zur „Ökologisierung" der Wirtschaft verstärkt.[1] Außerdem ist das Umweltbewusstsein der Konsumenten gestiegen, sodass Umweltkriterien stärker in Kaufentscheidungen einfließen. Neben diesen Anpassungszwängen erkennen immer mehr Unternehmen den Umweltschutz auch als Markt- und Wettbewerbsfaktor. Da das Marketing an der Schnittstelle zwischen Markt und Unternehmen angesiedelt ist, ist es von dieser Entwicklung besonders betroffen und muss sich daher gegenüber der Ökologieproblematik öffnen.

- Aufgabe des **ökologieorientierten Marketings**[2] ist es, Produkte mit innovativen Lösungen für den Umweltschutz erfolgreich auf den Märkten durchzusetzen.

- Die bisherige Abnehmer- und Wettbewerbsorientierung des Marketings muss in einem ökologieorientierten Marketing um den **Faktor Ökologieorientierung** erweitert werden.

2.7.2 Gegenstand des ökologischen Marketings[3]

Weist ein Produkt Umweltvorteile auf, so bedeutet dies keinesfalls, dass der Kunde diese Umweltvorteile automatisch auch als Kundenvorteile übernimmt. Eine zentrale Zielsetzung eines ökologieorientierten Marketings ist es daher, **Umweltvorteile in Kunden- und Wettbewerbsvorteile** zu überführen. Setzt man den **Preis/die Kosten für das traditionelle bzw. umweltfreundliche Produkt** in Beziehung zum Umweltvorteil, den das innovative ökologische Produkt für den Konsumenten (**Individualnutzen**) bzw. die Allgemeinheit (**Sozialnutzen**) besitzt, ergeben sich **vier typische Entscheidungssituationen** für das ökologisch orientierte Marketing.

Preis/Kosten ╲ Produktbezogene Umweltvorteile als	Individualnutzen		Sozialnutzen	
Preis/Kosten gleich oder geringer als beim traditionellen Produkt	Sicherung von Wettbewerbsvorteilen	I	Herausstellen von Wettbewerbsvorteilen	II
Preis/Kosten höher als beim traditionellen Produkt	Abbau von Wettbewerbsnachteilen	III	Marketing für Ökologie	IV

---

1 Vgl. hierzu S. 359 ff.

2 Die betriebswirtschaftliche Literatur spricht auch von Öko-Marketing.

3 Ausführungen zu diesem Kapitel nach Meffert, H.: Marketing, Grundlagen marktorientierter Unternehmensführung, 9. Aufl., Wiesbaden 2005, S. 1296 ff.

Feld	Erläuterungen	Beispiele
Feld I	Stiftet das umweltgerechte Produkt einen individuellen Nutzen und ist es auch noch günstiger als das traditionelle Produkt, so hat das ökologisch orientierte Marketing den Wettbewerbsvorteil herauszustellen und langfristig abzusichern.	Kauf eines preisgünstigen, energiesparenden Elektrogerätes.
Feld II	Kommt der Umweltnutzen nicht dem einzelnen Konsumenten, wohl aber der Allgemeinheit zugute, und ist der Preis günstiger als für das traditionelle Produkt, so hat das Marketing diese Wettbewerbsvorteile herauszustellen.	Preiswerte Produkte aus Recyclingmaterial, FCKW-freie Sprühdosen.
Feld III	Ist das ökologieorientierte Produkt teurer als das traditionelle, bringt aber einen Individualnutzen, so hat das ökologieorientierte Marketing ■ den preisbezogenen Wettbewerbsnachteil durch Hervorheben des Umweltnutzens zu kompensieren und/oder ■ es muss eine differenzierte Marktbearbeitung erfolgen, die die unterschiedliche Zahlungsbereitschaft der Konsumenten berücksichtigt.	Nahrungsmittel aus kontrolliertem ökologischem Anbau, teurere Produkte aus Recyclingmaterial.
Feld IV	Bietet das umweltgerechte Produkt weder einen Individualnutzen noch einen preislichen Anreiz, dann werden die Konsumenten das traditionelle Produkt kaufen, d.h., es stellt sich ein **Marktversagen** ein. Die Strategie des ökologieorientierten Marketings muss nun darin bestehen, beim Konsumenten das allgemeine Bewusstsein für die Ökologie und den Umweltschutz zu schärfen.	Einbau von Abgaskatalysatoren bzw. von Rußfiltern in Automobile.

Um zu verhindern, dass die traditionellen Produkte gegenüber den umweltverträglichen Alternativen bevorzugt werden, muss der Staat eingreifen und entweder das traditionelle Produkt verbieten (bzw. hoch besteuern) oder durch steuerliche Anreize (Subventionen) das umweltverträgliche Produkt fördern.

Zusammenfassung

■ Unter der **Marktsegmentierung** versteht man die interne Aufteilung eines Gesamtmarktes in homogene Teilmärkte. Die Teilmärkte werden mit segmentspezifischen Marketingprogrammen bearbeitet.

■ Die Marktsegmentierung erfolgt nach **geografischen, psychografischen** und **soziodemografischen Kriterien** sowie nach dem **beobachtbaren Kaufverhalten** der Konsumenten.

■ Die **Marke** soll dem Abnehmer eine „Produktpersönlichkeit" bieten, die leicht behalten werden kann und leicht identifizierbar ist.

■ Wichtige **Markenstrategien** sind die
  ■ Einzelmarkenstrategie,   ■ Mehrmarkenstrategie,
  ■ Markenfamilienstrategie,   ■ Markentransferstrategie.
  ■ Dachmarkenstrategie,

Nutzen der Marke aus Anbietersicht	Nutzen der Marke aus Nachfragersicht
■ Präferenzbildung und Differenzierung gegenüber Wettbewerbern ■ Kundenbindung ■ Erleichterte Marktbearbeitung ■ Plattform für neue Produkte ■ Preispolitischer Spielraum ■ Ermöglicht Wertsteigerung des Unternehmens	■ Orientierungshilfe ■ Vertrauen ■ Sicherheit ■ Qualitätsvermutung ■ Prestige

■ Aufgabe des **„ökologieorientierten" Marketings** ist es, umweltgerechte Produkte erfolgreich am Markt durchzusetzen.

■ Dadurch, dass man den **Preis/die Kosten für das traditionelle bzw. umweltfreundliche Produkt** in Beziehung setzt zum **Individual-** und **Sozialnutzen,** ergeben sich **vier typische Entscheidungssituationen** für das ökologisch orientierte Marketing.

Übungsaufgabe

134 1. Erläutern Sie den Begriff Marktsegmentierungsstrategie!

2. Erklären Sie die psychografische Marktsegmentierung an einem Beispiel!

3. Beschreiben Sie, worin das Hauptziel der Marktsegmentierung besteht!

4. Erstellen Sie, möglichst in Gruppenarbeit, zur Markenstrategie eine Übersichtstabelle nach folgendem Muster!

	Einzel-marken-strategie	Marken-familien-strategie	Dach-marken-strategie	Mehr-marken-strategie	Marken-transfer-strategie
Grundlegende Charakteristika					
Voraussetzung für eine erfolgreiche Anwendung					
Vorteile					
Nachteile					
Beispiel					

5. Entwerfen Sie, möglichst in Gruppenarbeit, eine ökologisch orientierte Marketingstrategie unter der Voraussetzung des Feldes III (siehe Abbildung S. 302)!

   Treffen Sie Aussagen über das Produkt, die gegebenen Umweltvorteile, die Markenpolitik und über mögliche Werbemittel!

   Hinweis: Werbemittel sind Kommunikationsmittel, z.B. Wort, Bild, Ton, Symbol, mit denen eine Werbebotschaft dargestellt wird, z.B.: Anzeige, Rundfunkspot, Plakat usw. Siehe auch S. 368f.

3 Marktpolitische Entscheidungen treffen im Bereich Produkt- und Programmpolitik

3.1 Prozesse zur Entwicklung eines neuen Produkts[1]

> **Produkte** sind **Sachgüter** und **Dienstleistungen.**

Die **Prozesse der Produktentstehung** umfassen **vier Teilprozesse.** Zunächst gilt es die **Planung zur Entwicklung neuer Produkte** aufzunehmen und durch die Abteilung **Forschung und Entwicklung** abzusichern. Entscheidet sich die Unternehmensleitung zur Aufnahme der neuen Produkte in das bestehende Produktprogramm, wir die **Produktgestaltung** festgelegt und in einem weiteren Schritt die für die Planung des Produktionsprozesses erforderlichen **Produktdokumente** erstellt.[2]

3.1.1 Teilprozess Produktplanung

Die **Produktplanung** ist zunächst ein **strategischer Prozess** und kann grundsätzlich in drei Teilschritte aufgegliedert werden:

- Anstoß zur **Produktplanung,**
- Ideengewinnung,
- **Ideenbewertung** und **Ideenauswahl.**

Eine nachfolgende Vergabe von Entwicklungsaufträgen (z. B. an die F&E-Abteilung) führt dann zur **Projektplanung** und **Projektrealisierung** und ist damit ein **operativer Prozess.**

(1) Anstöße zur Produktplanung

Eine ergebnisorientierte Unternehmensführung achtet ständig auf den Lebenszyklus[3] der einzelnen Produkte und ermittelt zukünftige Wachstumslücken. Für einzelne Produktkategorien musste in den letzten Jahren eine wesentlich kürzere Lebensdauer als früher üblich festgestellt werden, sodass eine entsprechende Verkürzung der Forschungs- und Entwicklungsphase für neue Produkte (Innovationszeit) notwendig wird. Daraus leitet sich ein ständiger Zwang ab, neue Produktideen zu generieren (entwickeln).

(2) Suche nach Produktideen und Auswahl von Produktvorschlägen

Die Suche nach neuen Produkten ist die gedankliche Vorwegnahme möglicher Problemlösungen durch neue Produkte oder die Imitation[4] bereits vorhandener Produkte. Bei der Entwicklung von Produktideen kann das Unternehmen grundsätzlich zwei Wege einschlagen: entweder sie sammelt systematisch Produktideen, die mehr oder weniger zufällig entstanden sind, oder sie beauftragt eine Institution (z. B. die F&E-Abteilung, ein wissenschaftliches Institut einer Universität) mit der gezielten „Produktion" von Ideen.

---

1 Auf die Prozesse zur Entwicklung eines neuen Produkts wurde lehrplangemäß bereits in der Jahrgangsstufe 11 eingegangen. Vgl. hierzu Band 1, Lerngebiet 2, Kapitel 3.2, S. 336 ff.
2 Aufgrund der Rahmenrichtlinien wird die Erstellung von Produktdokumenten im Folgenden nicht dargestellt.
3 Siehe S. 280 ff.
4 **Imitation** (lat.): Nachahmung.

20 Speth u. a. - ISBN 978-3-8120-0537-1

(3) Beurteilung von Produktideen

Die Produktideen werden in der dritten Stufe der Produktplanung bewertet. Häufig werden sogenannte **Produktbewertungsprofile** erstellt, die einen Überblick über Stärken und Schwächen der einzelnen Produktideen geben.

Beispiel: Bewertung von Produktideen (Produktbewertungsprofil)[1]

	sehr gut (6)	gut (4)	durch- schnittl. (2)	schlecht (0)	sehr schlecht (− 2)	Punkt- zahlen	Gewich- tungsfak- toren	Gewichte- te Punkt- zahlen
Absatzeignung:								
Markteignung	●					6	2	12
Vertriebseignung	●					6	2	12
Produktionseignung:								
Verfahrensbeherrschung			●			2	2	4
Kapazitätsbeanspr.		●				4	1,5	6
Beschaffungseignung:								
Rohstoffverfügbarkeit		●				4	1,5	6
Lieferantenabhängigkeit			●			2	1	2
F&E-Eignung:								
Know-how d. Mitarb.			●			2	1	2
techn. Ausstattung					●	− 2	1	− 2
Kapitalbindung:								
Anlagevermögen			●			2	0,5	1
Umlaufvermögen		●				4	0,5	2
Ergebnisbeiträge nach produktspezi- fischen fixen Kosten (ggf. inkl. Lizenzk.)	●					6	2	12
GESAMTEIGNUNG								57

3.1.2 Teilprozess Forschung und Entwicklung

Die **Forschung und Entwicklung (F&E)** ist eine wesentliche Grundlage für Produkt- und Verfahrensinnovationen. In Anlehnung zum Begriff der industriellen Produktion kann F&E als **Produktion neuen Wissens** bezeichnet werden.

Forschung ist das Herausfinden, Bestimmen und Festlegen von Wirkungszusammen- hängen mithilfe naturwissenschaftlicher Methoden mit dem Ziel, das Wissen zu er- weitern.

---

1 Nach: Hahn, D./Laßmann, G.: Produktionswirtschaft, 3. Aufl. Heidelberg 1999, S. 220. Beim Produktbewertungsprofil han- delt es sich um einen Mehrfaktorenvergleich (Scoring-Modell).

(1) Arten

Grundlagen-forschung	Sie dient der Erweiterung des Wissens und will **Erkenntnisse grundlegender Art** gewinnen. Trotz der nicht zweckbezogenen Aufgabe der Grundlagenforschung erhofft man sich von ihr – vor allem wenn es sich um die **betriebliche** Grundlagenforschung handelt – Ergebnisse, die auch wirtschaftlich genutzt werden können.
Angewandte Forschung	Sie ist auf die **wirtschaftliche Verwertbarkeit ihrer Ergebnisse** gerichtet. Die angewandte Forschung wird vor allem von Industrieunternehmen getragen. Die Ergebnisse der angewandten Forschung können rechtlich geschützt werden.

(2) Entwicklung

Entwicklung ist die zweckgerichtete Auswertung und Anwendung von Forschungsergebnissen in technischer und wirtschaftlicher Hinsicht.

Die Entwicklung ist ein Teilbereich der Produktpolitik. Sie besteht aus

- der Weiterentwicklung bereits eingeführter Produkte,
- der Entwicklung neuer Produkte und
- der Entwicklung der erforderlichen Fertigungsverfahren.

3.1.3 Teilprozess Produktgestaltung

3.1.3.1 Produktgestaltung und Kostenentwicklung

Bei der Gestaltung eines neuen Erzeugnisses ist der gesamte Produkt-Lebenszyklus in den Gestaltungsprozess einzubeziehen, da die späteren Phasen des Lebenszyklus bereits im Entwurf des Erzeugnisses berücksichtigt werden müssen. Dies ist insbesondere deshalb wichtig, weil Änderungen an der Konzeption des Erzeugnisses immer teurer werden, je später sie in der Produktentwicklung eingeleitet werden. Änderungen an der Produktidee sind nahezu gratis, während Änderungen in einer angelaufenen Serienproduktion unter Umständen mit teuren und rufschädigenden Rückrufaktionen verbunden sein können.

Die nachfolgende Grafik zeigt den Zusammenhang zwischen Gestaltungsspielraum und Kosten einer Konzeptänderung in Abhängigkeit von der Phase der Produktentwicklung.

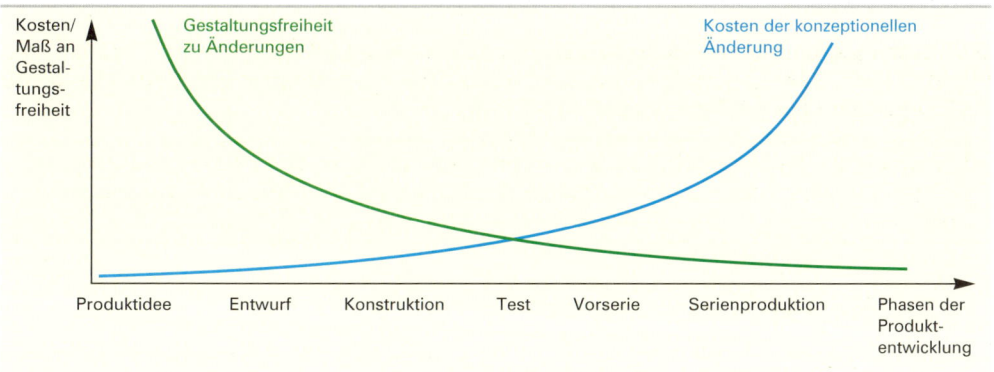

Man erkennt, dass in der Phase der „Produktidee" Änderungen kaum Kosten verursachen, da sie noch „im Kopf" stattfinden. Der Entwickler hat also noch ein hohes Maß an Gestaltungsfreiheit. Mit zunehmendem Reifegrad der Produktentwicklung gewinnt der Konstrukteur dann Erkenntnisse über die Machbarkeit seiner Idee, ob er der richtigen Idee oder einem Irrweg gefolgt ist. Gleichzeitig wird der Entwickler jedoch in seinen Freiheitsgraden mehr und mehr eingeschränkt, denn notwendige Änderungen werden immer teurer. Darüber hinaus entscheiden die Festlegungen im Rahmen der Konstruktion darüber, inwieweit das Erzeugnis fertigungsgerecht ist. Der Konstrukteur trägt somit ein besonders hohes Maß an Kostenverantwortung.

3.1.3.2 Entwicklung und Lebensphasen eines Produkts

(1) Überblick

Die Produktentwicklung lässt sich in weitere Teilprozesse untergliedern. Im Mittelpunkt dieses Prozesses steht die **Konstruktion**. In dieser Entwicklungsphase müssen bereits die Einflussfaktoren berücksichtigt werden, die erst in den späteren Lebensphasen eines Produkts wirksam werden. Die nachfolgende Funktionskette zeigt, auf welche Weise die Entwicklungs- und Lebensphasen eines Erzeugnisses bereits im Voraus im Rahmen der Konstruktion berücksichtigt werden müssen.

In der senkrechten Anordnung zeigt die nachfolgende Grafik die Lebensphasen eines Produkts, wobei der Prozess der Produktgestaltung besonders hervorgehoben ist. Die rückführenden Pfeile zeigen, welche Forderungen die einzelnen Lebensphasen eines Produkts an die Konstruktion stellen.

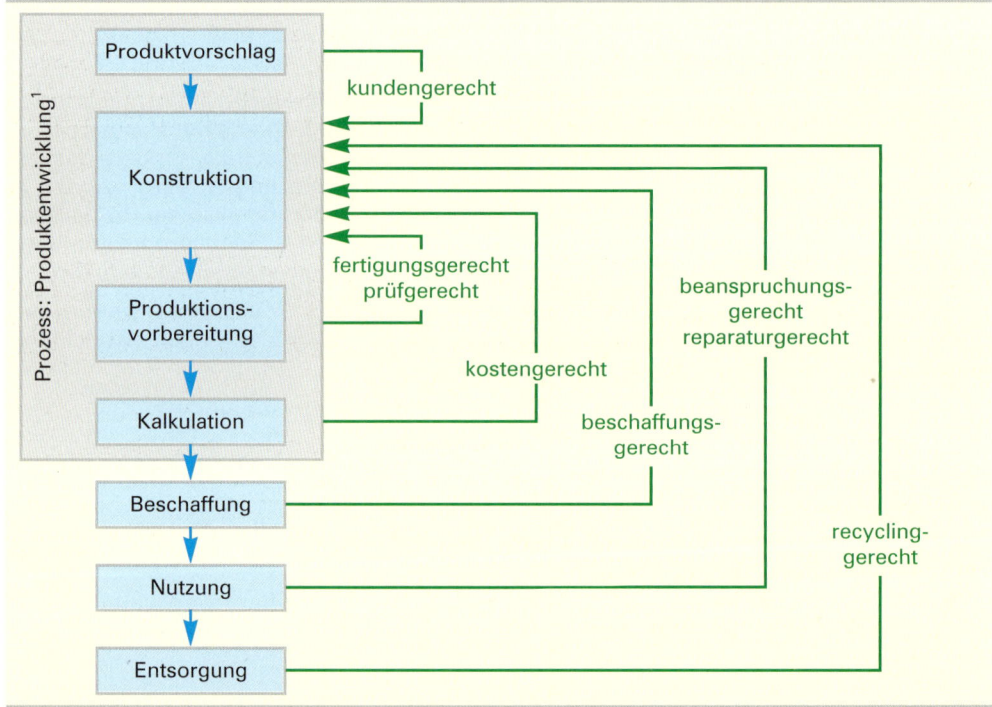

---

1 Vgl. Scheer, A.W.: Wirtschaftsinformatik, 2. Aufl., Berlin 1997, S. 533.

Im Einzelnen lassen sich aus den späteren Lebensphasen des Produkts folgende **Wirkungen** auf die **Konstruktion** ableiten:

(2) Produktionsvorbereitung

Hier hat die Konstruktion zu berücksichtigen, dass das Produkt mit den vorhandenen Werkzeugen und Betriebsmitteln produziert werden kann **(fertigungsgerecht)** und dass die Qualität der Materialien dem Verwendungszweck des Produkts entspricht **(qualitätsgerecht)**. Nachfolgend werden beispielhaft einige wichtige Faktoren vorgestellt:

Normierte Passstellen	Bei einem Pkw, der mit unterschiedlichen Motorvarianten geliefert werden kann, müssen alle Motorblöcke an jener Stelle einheitlich konstruiert sein, an denen der Motor in der Karosserie aufgehängt wird.
Fertigungsgerechte Materialien	Montageroboter können z.B. weiche Teile (Membranen) nicht greifen. Hier müssen Materialien verwendet werden, welche die gewünschte Funktion erfüllen und gleichzeitig „robotergerecht" sind.
Rückgriff auf bereits konstruierte Komponenten[1]	Dies erspart sowohl erheblichen Konstruktions- und Entwicklungsaufwand als auch Fertigungskosten. Bereits die Bildung von Teilefamilien[2] trägt zur Kostensenkung bei.
Berücksichtigung von Toleranzgrenzen	Sinnvoll ist es, nur jene Toleranzgrenze zu fordern, die für die Funktion des Erzeugnisses notwendig ist. Exaktere Toleranzen werden in der Regel nur mit teureren Maschinen erreicht. Damit steigen die Fertigungskosten.

(3) Kalkulation

Die Herstellkosten des Erzeugnisses werden in starkem Maße beeinflusst durch die Art des verwendeten Materials und die damit verbundenen Herstellungsverfahren. So lassen sich z.B. Tanks aus Kunststoff kostengünstig durch ein Blaseverfahren herstellen. Darüber hinaus sind Kunststofftanks eher geeignet, Hohlräume im Unterbau eines Autos auszunutzen.

(4) Beschaffung

Die Anforderungen an das Vormaterial (Roh-, Hilfs- und Betriebsstoffe, Fertigteile, Baugruppen) lassen sich in einem **Lastenheft** formulieren. Es beinhaltet aus der **Sicht des Anwenders** bzw. **des Kunden** alle Anforderungen, die das Erzeugnis erfüllen soll. Das Lastenheft ist Basis für Ausschreibungen und Verhandlungen mit den Zulieferern. Es klärt, **WAS** verlangt wird und **WOFÜR** etwas verlangt wird.

Aus dem Lastenheft entwickelt sich das **Pflichtenheft**. Es wird vom **Auftragnehmer** erstellt und beschreibt, **WIE** und **WOMIT** die im Lastenheft formulierten Anforderungen gelöst werden.

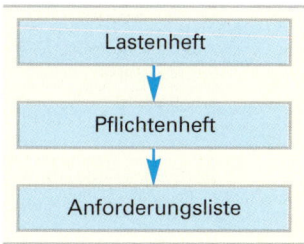

Konkretisiert wird das Pflichtenheft durch die **Anforderungsliste**. Die Anforderungsliste enthält die **Einzelanforderungen,** die konkret zu beschaffen sind. Sie ist Basis für die vertragliche Vereinbarung zwischen Auftraggeber und Auftragnehmer.

---

1 **Komponente:** Teil.

2 Das sind Teile, die in Bezug auf eine oder mehrere Eigenschaften untereinander gleich sind.

(5) Nutzung

Produkteigenschaften	Erläuterungen
Beanspruchungs-gerecht	Der Kunde erwartet, dass das Erzeugnis für den Zweck geeignet ist, für den er es gekauft hat. Je nach Erzeugnis werden unterschiedliche Erwartungen gestellt wie z.B. Robustheit, vielfältige Kombinationsmöglichkeit, Stabilität, Leichtigkeit usw.
Reparaturgerecht	Hier fördert z.B. die konsequente Modulbauweise eine rasche und kostengünstige Reparatur.

(6) Entsorgung

Die Verwendung weniger, sortenreiner Materialien und eine demontagegerechte Konstruktion (schrauben statt schweißen, zerstörungsfreie Demontage) unterstützen eine kostengünstige Entsorgung (recyclinggerechte Materialien). Allerdings befindet sich der Konstrukteur hier unter Umständen in einem Dilemma.[1] So wird z.B. bei einem Autounfall von der Karosserie ein hohes Maß an Verformbarkeit zur Energieverzehrung erwartet, ohne dass sich allerdings die Struktur des Autos auflöst. Gerade Letzteres wird aber bei der Entsorgung gewünscht.

Zusammenfassung

■ Unter **Produkten** werden sowohl Sachgüter als auch Dienstleistungen verstanden.

■ Der Ablauf der Produktplanung und der Produktentwicklung sind aus der nachfolgenden Tabelle zu entnehmen.[2]

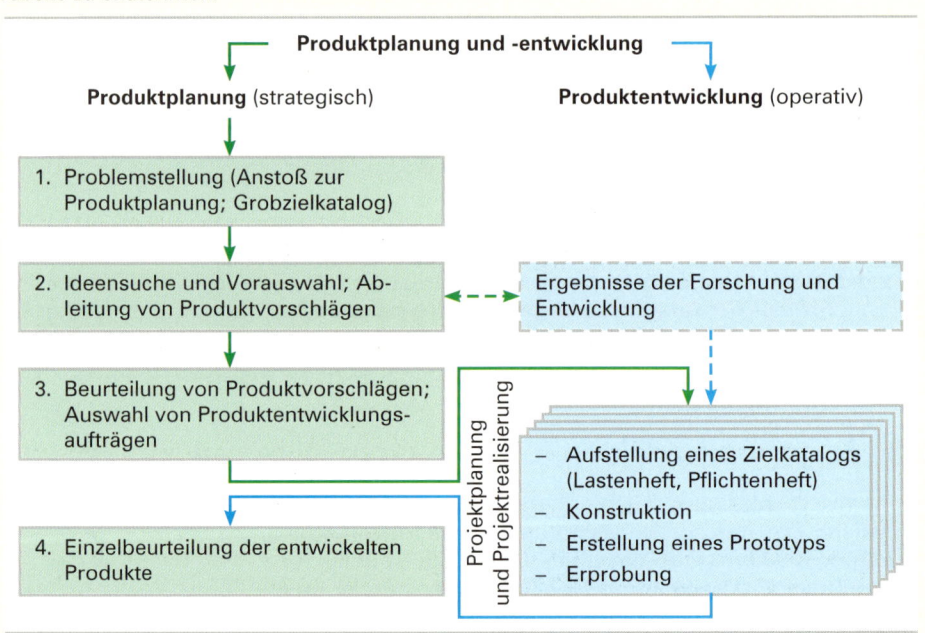

---

1 **Dilemma:** Wahl zwischen zwei (unangenehmen) Dingen; Zwangslage.
2 Nach: Hahn, D./Laßmann, G: Produktionswirtschaft, 2. Aufl., Heidelberg 1999, S. 213.

- Die **Aufgabe** von **Forschung** und **Entwicklung** ist es neue Produkte zu entwickeln bzw. bestehende kontinuierlich zu verbessern.

- Mit zunehmendem **Fortschritt in der Produktentwicklung**
  - **steigen die Kosten** für Konstruktionsänderungen,
  - **sinkt die Gestaltungsfreiheit** des Konstrukteurs.

- Festlegungen im Rahmen der Konstruktion haben auf die nachfolgenden Phasen des Lebenszyklus der Produkte erhebliche **Konsequenzen in Bezug auf die Kosten,** insbesondere auf die Kosten der Herstellung, der Reparatur und der Entsorgung.

- Die Anforderungen an das Produkt werden im **Lasten- und Pflichtenheft** festgehalten.

Übungsaufgaben

135 1. Erläutern Sie, warum innovative Produktentwicklungen gerade für Deutschland so besonders wichtig sind!

2. Fragt man die Menschen, ob sie auch zufrieden leben könnten mit den Produkten, die derzeit verfügbar sind, so antworten die meisten mit „Ja" – bis sie das neue Produkt sehen. Dann wollen sie auch das haben. Erläutern Sie, warum das so ist!

3. Begründen Sie, warum es erforderlich ist, für die Produktentstehung (insbesondere bei innovativen Produkten) einen eigenständigen Prozess zu definieren und diesen auch gewissenhaft einzuhalten!

4. Erläutern Sie, warum es wichtig ist, den Brainstorming-Prozess innerhalb der aktiven Ideensuche gezielt zu überziehen!

5. Für Forschung und Entwicklung werden erhebliche Mittel aufgewendet.
   Aufgaben:
   5.1 Stellen Sie dar, worin sich Forschung und Entwicklung unterscheiden!
   5.2 Begründen Sie die Notwendigkeit von Forschung und Entwicklung aus der Sicht eines Industriebetriebs!

136 1. Beschreiben Sie, weshalb der Konstruktion ein besonderes Maß an Kostenverantwortung zukommt!

2. Veranschaulichen Sie grafisch das Problem des Konstrukteurs mit fortschreitender Produktentwicklung zwischen steigenden Kosten und sinkender Gestaltungsfreiheit!

3. Zeigen Sie auf, in welcher Weise nachfolgende Lebensphasen eines Produkts bereits im Rahmen der Konstruktion berücksichtigt werden müssen!

3.2 Bestimmungsfaktoren für ein optimales Produktprogramm

(1) Begriff und Arten des Produktprogramms

Zu den strategisch bedeutsamen Festlegungen eines Industriebetriebs gehört die Entscheidung über die Zusammensetzung des Produktprogramms.

Im **Produktprogramm** sind Art und Menge der Produkte festgelegt, die ein Unternehmen anbietet.

Unter dem **Gesichtspunkt der Programmbreite** kann zwischen einem breiten und einem schmalen Produktprogramm unterschieden werden.

Art des Produkt-programms	Erläuterungen	Beispiele
Breites Produkt-programm	Es werden viele Produktarten, Sorten und Qualitäten hergestellt.	Eine Möbelfabrik stellt Küchenmöbel, Arbeits-, Wohn- und Schlafzimmer her.
Schmales Produkt-programm	Es wird nur ein Produkt oder nur wenige Produktarten hergestellt. Die Verringerung der Produktbreite bezeichnet man auch als Spezialisierung.	Eine Möbelfabrik spezialisiert sich auf die Herstellung von Einbauküchen.

(2) Bestimmungsfaktoren zur Planung des Produktprogramms

■ **Absatzwirtschaftliche Bestimmungsfaktoren**

Bei dem derzeit vorherrschenden Käufermarkt verhalten sich die Kunden in aller Regel passiv, d. h., sie warten auf die Angebote der Verkäufer. Die Hersteller sind daher gezwungen, festzustellen, woran Bedarf herrscht und inwieweit unbewusst vorhandene Bedürfnisse vorliegen und geweckt werden können.

■ **Produktionswirtschaftliche Bestimmungsfaktoren**

Ein Betrieb, der sehr viele Produktarten herstellt, arbeitet in der Regel mit hohen Kosten, vor allem mit hohen **Umstellungskosten.** Sie entstehen durch die Umrüstung und Neueinrichtung der Maschinen. Hinzu treten unter Umständen Kosten für Probedurchläufe. Je weniger Produktarten – bei gleichbleibender Kapazität – hergestellt werden, desto niedriger sind die Umrüstkosten. Darüber hinaus macht sich der Betrieb das „Gesetz der Massenproduktion" zunutze, das besagt, dass bei steigender Produktmenge die Stückkosten sinken.

(3) Festlegung des Produktprogramms

Aus **Sicht der Leistungserstellung** ist aus Kostengründen ein möglichst **schmales Produktprogramm** wünschenswert, während aus **absatzwirtschaftlicher Sicht** ein **breites Produktprogramm** wünschenswert ist.

Der Wunsch der „Verkaufsstrategen" des Betriebs bietet die Möglichkeit, unterschiedliche Kundenbedürfnisse zu befriedigen, streut das Risiko bei einem Nachfrageausfall für ein Produkt und erleichtert die Kapazitätsanpassungen bei saisonalen Nachfrageschwankungen. Die technische Betriebsleitung strebt dagegen die Verminderung der Erzeugnisarten auf wenige Typen an, um Kosten einzusparen (z.B. geringere Differenzierung bei den Materialbeständen, verringerte Rüstkosten, vereinfachte Arbeitsvorbereitung, Stärkung der Automatisierung, geringere Loswechselkosten). Die Festlegung des Produktprogramms ist deswegen regelmäßig ein Kompromiss.

Um das Spannungsverhältnis zwischen Leistungserstellung und Absatz zu mildern, geht die Entwicklung der Fertigungstechnik dahin, die Fertigungssysteme zu flexibilisieren.[1]

---

1 Flexibel: beweglich, anpassungsfähig.

Unter **flexiblen Fertigungssystemen** versteht man mehrere Bearbeitungszentren (z.B. Industrieroboter), die über ein elektronisch gesteuertes Transportsystem miteinander verbunden sind und von einem übergeordneten Informations- und Steuerungssystem gelenkt werden. Flexible Fertigungssysteme sind in der Lage, unterschiedliche Aufträge (z.B. verschiedene Gerätetypen) automatisch zu fertigen.

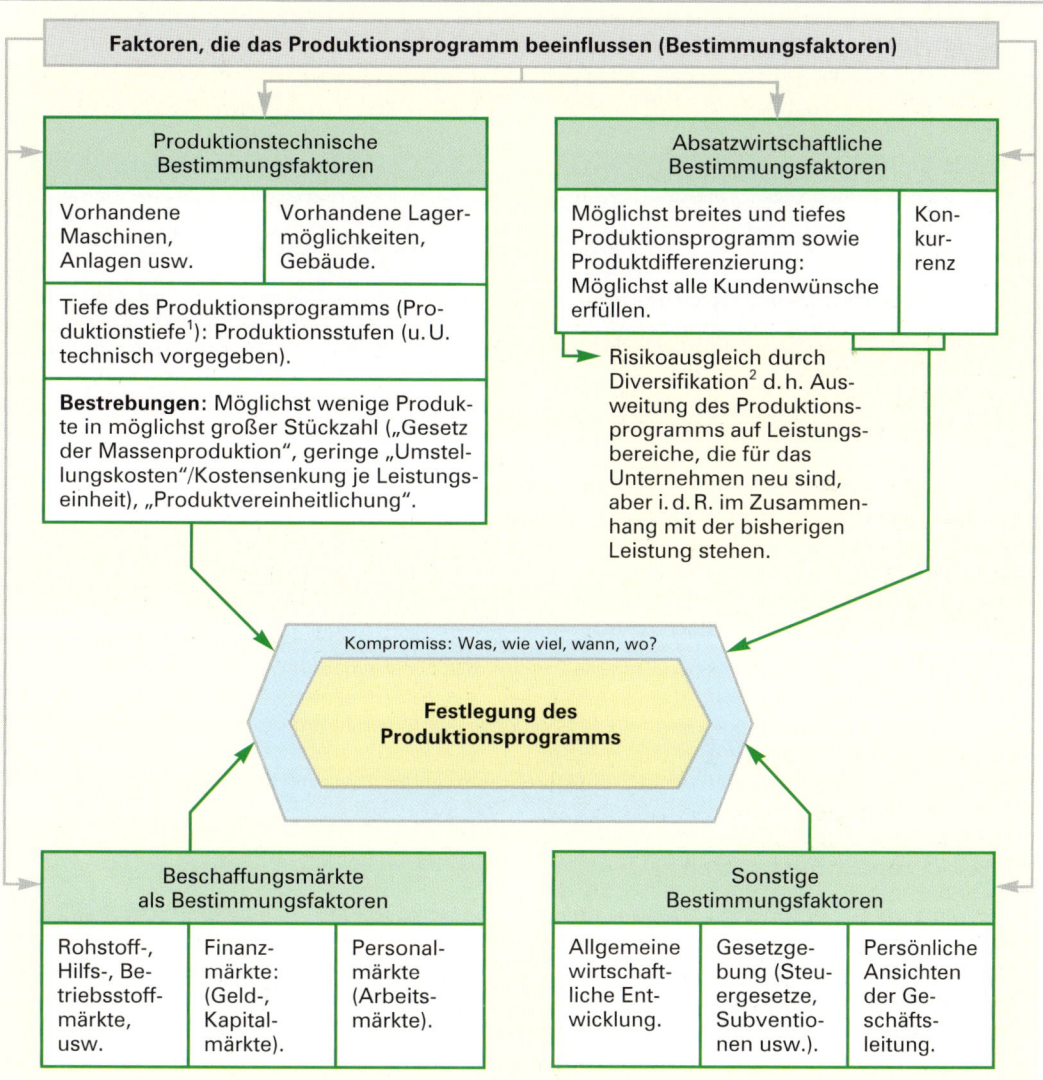

---

1 Die Fertigungstiefe beinhaltet die Anzahl der Fertigungsstufen, die ein Produkt durchläuft.
2 Diversifikation (lat): Abwechslung, Veränderung, Vielfalt. Vgl. auch S. 315f.

Zusammenfassung

- Unter dem **Produktprogramm** versteht man die Anzahl der verschiedenen Produkte und ihre Ausführungen, die ein Industrieunternehmen anbietet.

- Nach dem **Gesichtspunkt der Programmbreite** kann zwischen einem **breiten** und einem **schmalen Produktprogramm** unterschieden werden.

- Die **Planung des Produktprogramms** hängt insbesondere von **absatz-** und **produktionswirtschaftlichen Bestimmungsfaktoren** ab.

- Die **Festlegung des Produktprogramms** ist immer ein **Kompromiss.**

Übungsaufgabe

137 1. Formulieren Sie jeweils drei Argumente, die für bzw. gegen ein breites Produktprogramm sprechen!

  2. **Arbeitsauftrag:** Bilden Sie Arbeitsgruppen, erfragen Sie (in Absprache mit Ihrer Lehrkraft) in ausgewählten Unternehmen, welche Bestimmungsfaktoren das jeweilige Produktprogramm beeinflussen! Verfassen Sie darüber einen Bericht und diskutieren Sie die Berichte in der Klasse!

3.3 Entscheidungen zum Produktprogramm

3.3.1 Überblick

Bei der Erstellung eines Produktprogramms sind insbesondere folgende zentrale Fragestellungen zu lösen:

- Mit welchen neuen Produkten kann die Position des Unternehmens am Markt gefestigt werden **(Produktinnovation)?**
- Mit welchen Anpassungen kann die Produktlebenskurve verlängert werden **(Produktmodifikation, Produktvariation)?**
- Welches Erzeugnis soll aus dem Produktprogramm entfernt werden **(Produkteliminierung)?**

3.3.2 Produktinnovation

(1) Begriff Produktinnovation

Unter **Produktinnovation** versteht man die Änderung des Produktprogramms durch Aufnahme neuer Produkte.

Die Motivation hierzu liegt darin, dass einerseits dem technischen Fortschritt Rechnung getragen werden muss, andererseits muss auf veränderte Kundenwünsche reagiert werden, weil sich sonst Nachfrageverschiebungen zugunsten der Mitbewerber ergeben.

Die Produktinnovation begegnet uns in Form

- der **Produktdiversifikation** und
- der **Produktdifferenzierung.**

314

(2) Produktdiversifikation[1]

> Unter **Produktdiversifikation** versteht man die Erweiterung des Produktprogramms durch Aufnahme weiterer Produkte.

Um die Wirkung der produktpolitischen Maßnahmen zu veranschaulichen, wird angenommen, dass ein Hersteller die beiden Erzeugnisgruppen A und B produziert mit den jeweiligen Varianten A_1 und A_2 bzw. B_1, B_2 und B_3.

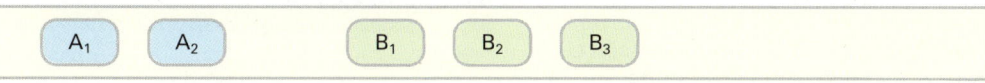

Das Erzeugnisangebot erhält eine Ausweitung in der Breite, hier die Erzeugnisgruppe C mit den Varianten C_1 und C_2. Die Angebotspalette wird gezielt ausgedehnt durch neue Produkte auf neuen Märkten. Damit erhält das Unternehmen ein weiteres „Standbein" auf dem Markt. Diese Handlungsstrategie beruht auf der Erkenntnis, dass eine Risikostreuung notwendig ist und dadurch erreicht wird, dass der Umsatz aus mehreren voneinander unabhängigen Quellen geschöpft wird. Die Produktdiversifikation ist das wirksamste und nachhaltigste Mittel zur Wachstumssicherung der Unternehmung.

Grafisch lässt sich damit die Produktdiversifikation gegenüber der Ausgangssituation wie folgt darstellen:

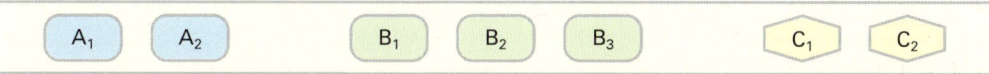

Es ist üblich zwischen horizontaler, vertikaler und lateraler Diversifikation zu unterscheiden.

■ Horizontale Diversifikation

Hierbei wird die Angebotspalette um Produkte der gleichen Fertigungsstufe erweitert. Die Vorteile liegen darin, dass

- häufig dieselben Absatzkanäle genutzt werden können,

- die Markenbezeichnung sich problemlos und glaubwürdig auf das neue Produkt übertragen lässt, und dass

Beispiele:

Ein Hersteller von Skiern bietet nunmehr auch Tennisschläger an. Ein Hersteller von klassischer Hautcreme führt in seinem Angebot auch Parfüms, Shampoos, Seifen. Der Hersteller von Backpulver erweitert sein Produktprogramm um Trockenhefe, Fertigteige, Backzubehör.

- die Kunden dem Hersteller die Kompetenz auch für das zusätzliche Produktfeld quasi von vornherein schon zutrauen.

---

1 Diversifikation: Veränderung, Vielfalt.

■ Vertikale Diversifikation

In das Angebot werden Leistungen einer vor- und/oder nachgelagerten Fertigungsstufe aufgenommen.

■ Laterale[1] Diversifikation

Zwischen dem bisherigen und dem neuen Produkt besteht kein sachlicher Zusammenhang. Es handelt sich somit um eine Form der Quasi-Innovation. Besonders durch diese Form der Diversifikation wird das Ziel der Risikostreuung und der Erschließung neuer Wachstumsfelder verwirklicht.

Beispiele:

Eine Kleiderfabrik gründet eigene Modefachgeschäfte. Eine Handelskette für Öko-Produkte erwirbt zur Sicherung des Qualitätsstandards auch eigene landwirtschaftliche Betriebe.

Beispiele:

Ein Hersteller von Backpulver erwirbt Brauereien. Ein Autohersteller bietet auch die Finanzierung an.

(3) Produktdifferenzierung

■ Begriff Produktdifferenzierung

> Bei der **Produktdifferenzierung** wird eine Mehrzahl von Produkten mit variierenden Merkmalen auf den Markt gebracht, um eine **zusätzliche** Nachfrage zu schaffen, wobei die Hauptcharakteristika der Produkte **gleichartig** bleiben.

Die Produktdifferenzierung lässt sich grafisch im Vergleich zur Ausgangssituation wie folgt darstellen:

Die Motivation für die Produktdifferenzierung liegt darin, dass bisher noch nicht erreichte Käuferschichten durch die verschiedenen Produktvarianten eines bereits auf dem Markt vorhandenen Produkts angesprochen werden können, welches in der Regel auf derselben Fertigungsapparatur hergestellt werden kann. Es handelt sich um eine Ausweitung des Erzeugnisangebots in die Tiefe, da das bisherige Erzeugnis nicht ersetzt, sondern durch weitere ergänzt wird. Das Basisprodukt wird in seinem wesentlichen Zweck nicht verändert. Wenn die Möglichkeiten der sachlichen Differenzierung begrenzt sind, erfolgt häufig eine Differenzierung des Produkts über Dienstleistungen, um sich von den Erzeugnissen der Konkurrenz abzuheben und Präferenzen zu schaffen, z.B. über besondere Leistungen des Kundendienstes, über Finanzdienstleistungen, kürzere Lieferzeiten.

■ Arten der Produktdifferenzierung

Vertikale Produktdifferenzierung. Das Produkt unterscheidet sich **qualitätsmäßig** von den anderen Varianten. Auf diese Weise schöpfen z.B. Automobilhersteller durch Differenzierung in unterschiedliche Ausstattungsvarianten die Kaufkraft zahlungskräftiger Käufer ab. Insbesondere diese Art der Produktdifferenzierung lässt sich vorteilhaft mit der Preisdifferenzierung verknüpfen, wenn die Mehrkosten für das qualitativ bessere und prestigeträchtigere Erzeugnis (Premium-Version) mit deutlichen Mehrerlösen verbunden werden können.

---

1 Lateral: seitlich.

Horizontale Produktdifferenzierung. Hier erfolgt die Differenzierung **innerhalb eines Qualitätsniveaus** durch unterschiedliche Farben, Formen, Materialien (z.B. Eis, Schokolade, Stoffe).

3.3.3 Produktmodifikation (Produktvariation)

Bei der **Produktmodifikation (Produktvariation)** wird das **Produkt verändert** (modifiziert), um es in den Augen der Verbraucher weiterhin attraktiv erscheinen zu lassen.

Grafisch lässt sich die Produktmodifikation gegenüber der Ausgangssituation folgendermaßen darstellen:

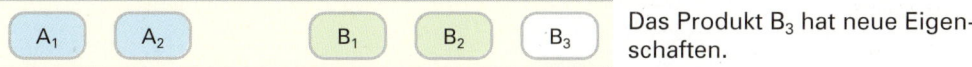

Das Produkt B_3 hat neue Eigenschaften.

Die Motivation für die Produktmodifikation ergibt sich durch die Änderung des Nachfrageverhaltens in einem Marktbereich (z.B. verbesserte Produkte der Konkurrenz, Änderung des Geschmacks). Ziel ist es, die Lebensdauer für ein Erzeugnis möglichst zu verlängern. Die mühsam aufgebauten positiven Einstellungen der Käufer zu einem Pro-

Beispiel:

Ein Pkw-Modell erhält durch eine andere Anordnung der Scheinwerfer ein verändertes Aussehen. Das Modell mit der alten Scheinwerferanordnung wird vom Markt genommen.

dukt lassen sich mit relativ geringem Aufwand auch auf das Nachfolgemodell übertragen. Es handelt sich um **keine Ausweitung des Erzeugnisangebots**.

3.3.4 Produkteliminierung

Produkteliminierung ist die Herausnahme von Erzeugnissen und/oder Dienstleistungen aus dem Produktprogramm.

Grafisch ergibt sich bei der Eliminierung einer Variante folgende Situation:

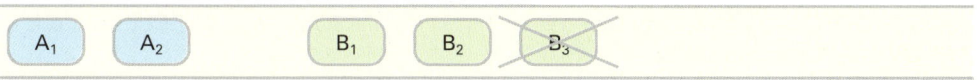

Der Eliminierung unterliegen insbesondere Produkte in der Endphase des „Lebenszyklus" oder jene, die sich nach der Markteinführung als Flops erwiesen haben. Die gezielte Aufgabe eines Erzeugnisses, insbesondere die Bestimmung des richtigen Zeitpunktes, ist eine produktpolitische Entscheidung, die in ihrer Schwierigkeit im Vergleich zu den anderen Maßnahmen leicht unterschätzt wird. Ohne bewusste Eliminierung auf der Basis einer systematischen Programmüberwachung würde die Angebotspalette eines Unternehmens immer größer werden mit verheerenden Folgen für die Kostenstruktur. Wenige „Stammabnehmer" für ein bestehendes Produkt, der Glaube, durch ein umfangreiches Programm „Kompetenz" beweisen zu müssen, sind emotionale Gründe für eine Verschiebung der Eliminierung. Verspätete Korrekturen sind schwieriger, teurer (Bevorratung von Ersatzteilen), bedeuten Imageverluste und belasten die Zukunftsperspektiven des Unternehmens.

3.3.5 Anbieten von Sekundärdienstleistungen

(1) Überblick

Mit dem Anbieten von Dienstleistungen als Sekundärleistung[1] – entgeltlich oder unentgeltlich – wird versucht, gegenüber den Konkurrenten einen Wettbewerbsvorteil zu erringen.

<table>
<tr><td>Beispiel:</td></tr>
<tr><td>

Die Apotheker verkaufen den Patienten nach der Verordnung der Ärzte verschreibungspflichtige Medikamente. Apotheken können sich bei diesen Medikamenten über die Qualität oder den Preis nicht voneinander abgrenzen, denn beide Kriterien sind bei allen Apotheken gleich. Eine Abgrenzung ist aber möglich über zusätzliche Dienstleistungen, z.B. höherer Beratungsaufwand, Lieferung der Medikamente frei Haus, Bereitstellung von Impfplänen für Auslandsreisen der Kunden.

</td></tr>
</table>

In der Regel zählen zu den angebotenen **Sekundärdienstleistungen** die **Beratung,** der **Kundendienst** und die **Garantien**.

(2) Beratung

Die Zielrichtung der Beratung besteht zunächst darin, dass der Anbieter einem potenziellen Abnehmer hilft zu erkennen, dass und woran er genau Bedarf hat. In der Nutzungsphase muss dem Käufer dann die Sicherheit gegeben werden, dass ihm im Störungsfall geholfen wird. Am Ende der Nutzungszeit schließlich zielt die Beratung darauf ab, dem Kunden beim Kauf eines neuen Produkts bzw. bei der Entsorgung des alten Produkts zu helfen.

(3) Kundendienst

■ **Technischer Kundendienst**

Der technische Kundendienst umfasst z.B. die **Einpassung** (z.B. von Büromöbeln) und die **Installation** (z.B. von Maschinen und maschinellen Anlagen), die **Wartung** und **Pflege** (z.B. bei Heizungsanlagen, EDV-Anlagen) sowie die **Reparatur.** Wichtig dabei ist, dass die Reparaturleistungen (unter Umständen unter Einschaltung des Reparaturhandwerks) schnell erfolgen. Dies gilt vor allem für Investitionsgüter, denn Produktionsunterbrechungen sind teuer.

Als eine weitere wichtige Leistung des technischen Kundendienstes schiebt sich derzeit verstärkt die Rücknahme und umweltgerechte sowie preisgünstige **Entsorgung des alten Produkts** in den Vordergrund. Oftmals erwirbt der Käufer das Produkt sogar nur dann, wenn er sicher sein kann, dass später die Entsorgung des Produktes sichergestellt ist.

<table>
<tr><td>Beispiel:</td></tr>
<tr><td>

Der Computerhersteller A wirbt u.a. damit, dass seine Geräte zu 90% wiederverwertbar seien. Er verpflichtet sich darüber hinaus, die Geräte nach Ablauf der Nutzungsdauer wieder zurückzunehmen. Falls der Hersteller B diese Zusicherungen nicht geben kann, hat A einen Wettbewerbsvorteil bei umweltbewussten Abnehmern. Er kann möglicherweise einen höheren Preis verlangen als B, ohne dass seine Kunden „abspringen".

</td></tr>
</table>

---

1 Sekundär: an zweiter Stelle stehend, zweitrangig; in zweiter Linie in Betracht kommend.

Die Ausweitung des technischen Kundendienstes ist auch unter ökologischen Gesichtspunkten von Bedeutung, weil sie einen Schritt „weg von der Wegwerfgesellschaft" bedeutet.

■ Kaufmännischer Kundendienst

Der kaufmännische Kundendienst hat das Ziel, dem Käufer den Kauf vor, während und nach dem Erwerb des Produktes zu erleichtern. Zu diesen Kundendienstleistungen werden im Allgemeinen gezählt: der **Zustelldienst,** die **Inzahlungnahme** eines alten Produktes, die Bereitstellung **zusätzlicher Informationen**.

Die Grenzen zwischen technischem und kaufmännischem Kundendienst sowie der Beratung sind fließend.

(4) Garantien

Im Falle der **Garantie** übernimmt der Verkäufer oder ein Dritter (z.B. der Hersteller) unabhängig vom Bestehen oder Nichtbestehen eines Mangels bei Gefahrübergang die Gewähr für die Beschaffenheit **(Beschaffenheitsgarantie)** oder dafür, dass die Sache für eine bestimmte Dauer eine bestimmte Beschaffenheit behält **(Haltbarkeitsgarantie)** [§ 443 I BGB].

Nach § 443 II BGB wird bei Übernahme einer **Haltbarkeitsgarantie** vermutet, dass ein während ihrer Geltungsdauer auftretender

> **Beispiele:**
>
> Der Hersteller bezeichnet das von ihm produzierte wertvolle Essgeschirr als „garantiert spülmaschinenfest" **(Beschaffenheitsgarantie).**
>
> Der Hersteller eines Pkw gibt eine Garantie, dass seine Produkte innerhalb von sechs Jahren nicht durchrosten **(Haltbarkeitsgarantie).**

Sachmangel die Rechte aus der Garantie begründet. Insoweit braucht der Käufer nur den Abschluss des Kaufvertrages, das Bestehen einer Haltbarkeitsgarantiezusage und das Auftreten eines Mangels entsprechend der Garantiezusage in der von der Garantieerklärung erfassten Frist darzulegen und zu beweisen. Sache des Verkäufers ist es dann, das Vorliegen eines Garantiefalles zu entkräften, z.B. durch Nachweis einer sachwidrigen Behandlung des Kaufgegenstandes durch den Käufer.

> **Beispiel:**
>
> Der Hersteller einer Uhr garantiert ab Kaufdatum für die Wasserdichtigkeit der Uhr bis zu einer Tiefe von 30 m. Wird die Uhr in diesem Rahmen benutzt und dringt gleichwohl während der Garantiezeit Wasser ein, wird ein Garantiefall vermutet. Der Gegenbeweis, etwa einer unsachgemäßen Handhabung, obliegt dann dem Hersteller/Garantiegeber.

Eine großzügige Garantiepolitik trägt dazu bei, ein positives Unternehmens- und Produktimage aufzubauen. Freiwillige Leistungen nach Ablauf der Garantiezeit **(Kulanzleistungen)**[1] stärken ebenfalls den guten Ruf eines Unternehmens.

---

1 Kulanz: Entgegenkommen, Zuvorkommenheit.

- Die Änderung des Produktprogramms durch Aufnahme neuer Produkte bezeichnet man als **Produktinnovation**.

- Bei der Erstellung des Produktprogramms sind insbesondere folgende zentrale Fragestellungen zu lösen:
  - Mit welchen weiteren Produkten **(Produktdiversifikation)** bzw. mit welchen Produktveränderungen **(Produktdifferenzierung)** kann die Position des Unternehmens am Markt gefestigt werden?
  - Mit welchen Anpassungen kann die Produktlebenskurve verlängert werden **(Produktmodifikation, -variation)?**
  - Welches Erzeugnis soll aus dem Produktprogramm entfernt werden **(Produkteliminierung)?**

- Das Erbringen von **Sekundärdienstleistungen** neben der eigentlichen Hauptleistung bringt dem Anbieter einige Vorteile:
  - Er erringt gegenüber seinen Konkurrenten einen **Wettbewerbsvorteil** aufgrund einer **kundennäheren Position**.
  - Der **Kundendienst** dient besonders als „Frühwarnsystem" zur Aufdeckung von „Kinderkrankheiten" neu eingeführter Produkte.
  - Die Gewährung großzügiger **Garantie- und Kulanzleistungen** signalisieren dem Konsumenten, dass der Hersteller Vertrauen in seine Erzeugnisse hat und verringern damit die Hemmschwelle beim Kauf.

138 1. Erläutern Sie die folgenden Maßnahmen der Produktpolitik: Produktdifferenzierung, Produktinnovation, Produkteliminierung!

2. Beschreiben Sie, jeweils anhand eines Beispiels, was man unter horizontaler, vertikaler und lateraler Diversifikation versteht!

3. Ein Unternehmer erzeugt als einziges Produkt ein Vitamingetränk, das in Portionsfläschchen zu drei Stück pro Packung über Fitnesscenter vertrieben wird.

   Aufgabe:
   Bilden Sie jeweils ein konkretes Beispiel dafür, wie das Unternehmen Produktdifferenzierung, Mehrmarkenpolitik und Produktdiversifikation durchführen könnte!

4. Ein Unternehmen produziert Futter für Haustiere. In der letzten Rechnungsperiode wurde das Vogelfutter „Schrill" eliminiert.

   Aufgabe:
   Nennen Sie Gründe, die zu dieser Maßnahme geführt haben könnten!

5. 5.1 Erläutern Sie, warum Unternehmen durch eine umweltverträgliche Produktpolitik einen Wettbewerbsvorteil erlangen können!

   5.2 Nennen Sie drei Beispiele für eine umweltverträgliche Produktpolitik! Geben Sie auch an, welchen Zweck die genannten Maßnahmen verfolgen!

6. Viele Hersteller verpflichten sich gegenüber ihren Kunden zu Garantieleistungen.

   Aufgaben:
   6.1 Beschreiben Sie, wie eine Garantie rechtlich zustande kommt!

   6.2 Erläutern Sie, welche Rechtswirkungen mit einer Garantieleistung verbunden sein können!

6.3 Erklären Sie, aus welchen Motiven heraus ein Hersteller Garantieleistungen übernimmt! Bilden Sie hierzu ein Beispiel!

7. Erläutern Sie, was unter dem Begriff Sekundärdienstleistungen zu verstehen ist!

139 Die Angebotspalette der Flügge GmbH setzt sich aus eigenen Erzeugnissen (Dübel) und Handelswaren (Bohrmaschinen) zusammen. In einer Abteilungsleiterkonferenz wird über eine Verbesserung des Produktprogramms gesprochen. Unter anderem fallen folgende Fachbegriffe: Produktpflege, Produktfortschreibung, Produkterweiterung.

Aufgaben:

1. Erklären Sie diese Begriffe und bilden Sie je ein Beispiel!

2. In der Konferenz wird weiterhin über die Vor- und Nachteile eines breiten oder tiefen Produktprogramms gesprochen.

    2.1 Erläutern Sie die Vor- und Nachteile!

    2.2 Erklären Sie, nach welchem Gestaltungsprinzip sich das Angebotsprogramm der Flügge GmbH zusammensetzt!

3. Die Leiterin der Vertriebsabteilung, Petra Lanz, möchte das Angebotsprogramm erweitern. Sie schlägt vor, nicht nur Plastikdübel herzustellen, sondern auch Gips- und Metalldübel. Die Kapazität des Unternehmens müsse allerdings erweitert werden.

    3.1 Nennen Sie die Bezeichnung für diese Form der Erweiterung der Angebotspalette!

    3.2 Erläutern Sie den Zweck, den Petra Lanz mit ihrem Vorschlag verfolgt!

    3.3 Nennen Sie weitere Arten der Produktvielfalt!

4. In der oben genannten Konferenz sagt Petra Lanz, dass das Angebotsprogramm keine feststehende Größe sein dürfe. Es müsse vielmehr immer wieder infrage gestellt und verändert werden.

    Begründen Sie, warum sich die Unternehmensleitung ständig überlegen muss, ob das Angebotsprogramm bereinigt und durch die Aufnahme neuer Produkte ergänzt werden soll!

5. Der Leiter des Fertigungsbereichs, Henry Moll, meint, dass die Aufgabe eines Erzeugnisses leichter sei als die Aufnahme neuer Erzeugnisse in das Produktprogramm.

    Beurteilen Sie diese Aussage!

6. Die Flügge GmbH möchte auch ihre Kundendienstpolitik verbessern.

    Beschreiben Sie die Aufgaben der Kundendienstpolitik!

7. In der im Sachverhalt beschriebenen Konferenz sagt Petra Lanz: „Je umfangreicher unser Service-Angebot ist, desto größer wird unser preispolitischer Spielraum."

    7.1 Prüfen Sie diese Aussage auf ihre Richtigkeit!

    7.2 Unterbreiten Sie Vorschläge, wie der Kunden-Service der Flügge GmbH gestaltet werden könnte!

21 Speth u.a. - ISBN 978-3-8120-0537-1

4 Marktpolitische Entscheidungen treffen im Bereich Preispolitik

■ Unter **Kontrahierungspolitik** werden im Folgenden alle **marketingpolitischen Instrumente** zusammengefasst, die der **Preispolitik** und der Gestaltung der **Lieferbedingungen** zugerechnet werden.

■ Im Rahmen der Kontrahierungspolitik werden die **monetären** (in Geld ausgedrückten) **Vereinbarungen** getroffen, die für den Kaufvertrag gelten sollen.

4.1 Preisstrategien

Preisstrategien sind das planvolle Vorgehen zur Durchsetzung eines bestimmten Preisniveaus auf dem Markt.

(1) Hochpreisstrategie

Bei der Hochpreisstrategie versucht der Anbieter langfristig einen hohen Preis für seine Produkte zu erzielen, indem er die Produkte mit einer „Prämie" ausstattet, z.B. gleichbleibend hoher Qualitätsstandard, hohes Image, Distribution in Exklusivläden bzw. Beratungszentren, langfristige Garantiezeiten für Ersatzteile, Reparaturservice innerhalb 24 Stunden u. Ä. Diese Art der Hochpreisstrategie bezeichnet man als **Prämienpreisstrategie**. Voraussetzung für diese Preisstrategie ist, dass das Produkt eine Alleinstellung hat und die Preiselastizität der Nachfrage zumindest sehr gering ist.

Beispiele:
Champagner, Hummer, Kaviar, Tafelsilber, Rolls-Royce, Porsche, Rolex-Uhren, Cartier-Schmuck, Bogner-Kleidung usw.

Eine Sonderform der Höchstpreisstrategie stellt die **Skimming-Strategie**[1] dar. Diese Preisstrategie setzt, insbesondere bei Innovationsgütern, den Einführungspreis hoch an, um die Forschungs- und Entwicklungskosten schnell abzudecken. Das Unternehmen senkt den Preis aber jedesmal, wenn der Absatz zurückgeht, um jeweils die nächste Schicht preisbewusster Kunden für sich zu gewinnen. Ziel dieser Preisstrategie ist das Abschöpfen des Marktes.

Die Skimming-Strategie ist unter folgenden Bedingungen sinnvoll:

■ Es besteht eine ausreichend große Kundenzahl, die bereit ist, das Produkt zu einem hohen Preis zu erwerben.

■ Die kleine Absatzmenge bringt trotz hoher Stückkosten eine höhere Gewinnspanne.

■ Der hohe Einführungspreis lockt keine weiteren Konkurrenten auf den Markt.

■ Der hohe Preis unterstützt den Anspruch, dass die Ausstattungselemente des Produktes eine Alleinstellung einnehmen.

---

1 To skim: abschöpfen, absahnen.

(2) Niedrigpreisstrategie

Bei der Niedrigpreisstrategie strebt der Anbieter an, dass der geforderte Preis dauerhaft unter dem Preis vergleichbarer Produkte liegt. Ziele einer Niedrigpreisstrategie können sein: Verdrängung von Wettbewerbern, Verhinderung des Markteintritts neuer Anbieter, Auslastung der Kapazität, Aufbau eines Niedrigpreisimages. Die Niedrigpreisstrategie wird vor allem zur Verkaufsförderung (Promotion) von Massenwaren, die keinen hohen Serviceanspruch haben, herangezogen. Diese Art von Preisstrategie bezeichnet man als **Promotionspreispolitik**.[2]

> **Beispiele** für Unternehmen, die eine Niedrigpreisstrategie betreiben, sind:
>
> Aldi, Norma, OBI, H&M, Ratiopharm (Herstellung von Generika).[1]

Die Festsetzung eines niedrigen Preises ist zweckmäßig,

- wenn die Preissensibilität des Marktes hoch ist,
- niedrige Preise ein Marktwachstum stimulieren und
- ein niedriger Preis den Markteintritt von Konkurrenten verhindert.

Die **Penetrationspreispolitik**,[3] als eine Sonderart der Niedrigpreisstrategie, versucht mit kurzfristig niedrigen Preisen für neue Produkte schnell einen hohen Marktanteil zu erreichen. Nach der Markteinführung werden die Preise dann angehoben.

Die Festsetzung eines niedrigen Preises ist zweckmäßig,

- wenn die Preissensibilität[4] des Marktes hoch ist,
- niedrige Preise ein Marktwachstum stimulieren und
- ein niedriger Preis den Markteintritt von Konkurrenten verhindert.

4.2 Preispolitik

Preispolitik ist das Bestimmen der Absatzpreise.

Für die Preisfindung haben sich insbesondere drei Entscheidungskriterien als nützlich erwiesen:

- die kostenorientierte Preisfindung,
- die nachfrageorientierte (abnehmerorientierte) Preisfindung,
- die konkurrenzorientierte (wettbewerbsorientierte) Preisfindung,
- die marktorientierte Preisfindung.

---

1 Werden Medikamente, deren Schutzrechte abgelaufen sind, in der gleichen Zusammensetzung wie das Original hergestellt, so spricht man von Generikapräparaten

2 Promotion: Förderung.

3 Penetration (lat.): Durchdringung, Durchsetzung.

4 **Sensibilität:** Empfindlichkeit; **sensibel:** empfindsam, feinfühlig.

4.2.1 Kostenorientierte Preispolitik

Sollen im Unternehmen **alle anfallenden** Kosten auf die Erzeugnisse (Kostenträger) verteilt werden, so spricht man von einer **Vollkostenrechnung**. Werden hingegen zunächst nur solche Kosten berücksichtigt, die in einem direkten Verursachungszusammenhang mit den Kostenträgern stehen **(variable Kosten)**, handelt es sich um eine **Teilkostenrechnung**.[1]

4.2.1.1 Deckungsbeitrag als Instrument zur Bestimmung von Preisuntergrenzen

(1) Bestimmung der kurzfristigen und langfristigen Preisuntergrenze

Die Tatsache, dass ein positiver Deckungsbeitrag zur Deckung der Fixkosten beiträgt, kann das Unternehmen dazu nutzen, die Deckungsbeitragsrechnung als Instrument der Preispolitik einzusetzen. Kurzfristig kann das Unternehmen nämlich den Preis so absenken, dass lediglich die variablen Kosten abgedeckt sind. Für eine kurze Zeit kann es die fixen Kosten außer Acht lassen, denn diese fallen an, ob ein Verkauf getätigt wird oder nicht. Die Summe der variablen Kosten ist damit die **kurzfristige Preisuntergrenze (absolute Preisuntergrenze)**.

Langfristig hingegen kann ein Unternehmen nicht mit Verlusten produzieren, es muss zumindest kostendeckend arbeiten. Die **langfristige Preisuntergrenze** wird daher durch die Selbstkosten je Einheit bestimmt.

- Die **kurzfristige (absolute) Preisuntergrenze** liegt bei dem Preis, bei dem der Stückerlös die **variablen Kosten je Einheit** abdeckt. Der Deckungsbeitrag ist in diesem Fall gleich null.

$$e = k_v$$

- Die **langfristige Preisuntergrenze** liegt bei dem Preis, bei dem der Stückerlös die entstandenen **Selbstkosten je Einheit** abdeckt.

$$e = \frac{K_{fix}}{\text{erzeugte Menge}} + k_v$$

Beispiel:

Ein Industrieunternehmen stellt nur ein Erzeugnis her. Für den Monat Februar weist die KLR folgende Daten aus: variable Stückkosten 60,00 EUR, Fixkosten 115 000,00 EUR, Produktionsmenge 7 000 Stück.

Aufgaben:
1. Ermitteln Sie die kurzfristige Preisuntergrenze!
2. Berechnen Sie die langfristige Preisuntergrenze!

Lösungen:

Zu 1.:   Kurzfristige Preisuntergrenze: <u>60,00 EUR</u>

Zu 2.:   Langfristige Preisuntergrenze:

$$\frac{115\,000,00 \text{ EUR}}{7\,000 \text{ Stück}} + 60,00 \text{ EUR} = \underline{76,43 \text{ EUR/Stück}}$$

---

1 Zur Kalkulation auf Vollkostenbasis wiederholen Sie bitte die Ausführungen auf S. 68ff.

(2) Vorteile und Gefahren der Bestimmung von Preisuntergrenzen

■ **Vorteile**

Aus den Formeln ist zu erkennen, dass die **langfristige Preisuntergrenze** mit **zunehmender Ausbringungsmenge absinkt (Degressionseffekt der Fixkosten),** während die **kurzfristige Preisuntergrenze** von der **jeweiligen Ausbringungsmenge unabhängig** ist.

Eine Preissenkung bei einzelnen Erzeugnissen bzw. Erzeugnisgruppen kann das Unternehmen dazu nutzen, auf sein Produktprogramm aufmerksam zu machen. Es hofft darauf, dass die niedrig kalkulierten Erzeugnisse Auslöser dafür sind, dass die Kunden auch die übrigen Erzeugnisse des Produktprogramms bestellen. Auf diese Weise erreicht das Unternehmen eine Umsatz- und Gewinnsteigerung.

Durch die Vorgabe von Preisuntergrenzen bzw. festgelegten Deckungsbeiträgen wird die **Absatzpolitik des Unternehmens flexibler** (beweglicher). So muss z. B. der Reisende für sein Produktprogramm lediglich sein vorgegebenes Deckungssoll erreichen. Er ist also in der Lage, auf das Marktgeschehen einzugehen und in schlechten oder umkämpften Absatzgebieten geringere Preise in Kauf zu nehmen, sofern es ihm gelingt, in guten Absatzgebieten Preise zu erzielen, die über dem vorgegebenen Deckungsbeitrag liegen. Bei richtiger Anwendung können so Marktchancen besser wahrgenommen werden.

■ **Gefahren**

Die große **Gefahr der Deckungsbeitragsrechnung als Stückrechnung** liegt darin, dass das Unternehmen insgesamt ein **zu niedriges Preisniveau akzeptiert.** Die Deckungsbeitragsrechnung verführt dazu, dass sich der Verkauf lediglich an einem positiven Deckungsbeitrag orientiert, ohne dabei genau zu wissen, ob die fixen Kosten insgesamt gedeckt sind bzw. ob ein Gewinn erwirtschaftet wird. Es besteht somit die Gefahr, den Blick auf „einen Teil der Kosten bzw. auf den Gewinn zu vernachlässigen". Erst die Deckungsbeitragsrechnung als Zeitrechnung offenbart dann, ob ein Betriebsgewinn oder ein Betriebsverlust erwirtschaftet wurde.

- ■ Durch die **Vorgabe von Preisuntergrenzen** bzw. festgelegten Deckungsbeiträgen wird die **Absatzpolitik des Unternehmens flexibler** (beweglicher).

- ■ Bei der Deckungsbeitragsrechnung besteht die **Gefahr,** eine zu **nachgiebige Preispolitik** zu betreiben und eine vollständige Kostendeckung zu vernachlässigen.

Übungsaufgaben

140 1. Erklären Sie die Begriffe „kurzfristige Preisuntergrenze" und „langfristige Preisuntergrenze"!

2. Begründen Sie, ob ein Industriebetrieb langfristig überleben kann, wenn er die Preise für seine Erzeugnisse an der langfristigen Preisuntergrenze ausrichtet!

3. Die Kostenrechnung eines Industriebetriebs liefert uns für den Monat Januar folgende Zahlen:

	Erzeugnis A	Erzeugnis B
Produktions- und Absatzmenge	700 Stück	1 300 Stück
Lieferverkaufspreis je Stück	580,00 EUR	410,00 EUR
Kundenrabatt	10 %	12 %
Kundenskonto	3 %	2 %
Vertreterprovision zum Zielverkaufspreis	5 %	7 %
variable Kosten je Stück	280,00 EUR	302,00 EUR
fixe Kosten	98 500,00 EUR	

Aufgaben:

3.1 Ermitteln Sie den Deckungsbeitrag für die Erzeugnisse A und B!

3.2 Berechnen Sie das Betriebsergebnis!

3.3 Geben Sie die absolute Preisuntergrenze für die Erzeugnisse A und B an!

141 Eine Maschinenfabrik stellt Abfüllmaschinen her. Vom Typ A werden im Monat Januar 10 Maschinen hergestellt. Hierfür sind folgende Kosten (linearer Kostenverlauf) in den einzelnen Kostenstellen angefallen:

Gesamtkosten Kostenstellen	Einzel- kosten	Gemeinkosten	
		fixe Kosten	variable Kosten
Material	170 000,00 EUR	10 000,00 EUR	18 000,00 EUR
Fertigung	80 000,00 EUR	35 000,00 EUR	24 000,00 EUR
Verwaltung/Vertrieb		15 000,00 EUR	

Die Maschine des Typs A erzielt einen Nettoverkaufspreis von 36 000,00 EUR. Von der Maschine A können maximal 10 Stück je Monat hergestellt werden.

Aufgaben:

1. Ermitteln Sie die kurzfristige Preisuntergrenze je Maschine des Typs A!

2. Berechnen Sie die langfristige Preisuntergrenze!

3. Die Maschinenfabrik plant eine Ersatzinvestition zur Herstellung des Maschinentyps A. Die Kapazität erhöht sich dadurch um 20 %.

   Die Kostenstruktur ändert sich wie folgt: Die fixen Kosten steigen um 40 %, die variablen Kosten sinken um 25 %.

   3.1 Berechnen Sie die neuen Stückkosten je Maschine!

   3.2 Ermitteln Sie den Gewinn je Maschine!

   3.3 Berechnen Sie, ab welcher Stückzahl die Maschinenfabrik Gewinn erzielt, wenn der Nettoverkaufserlös für die Maschine A um 15 % sinkt!

142 In einem Einproduktunternehmen können zurzeit monatlich 20000 Einheiten des Erzeugnisses hergestellt werden, was einem Beschäftigungsgrad von 80 % entspricht.

Die Gesamtkosten im Monat Juni betragen 289 200,00 EUR, die variablen Stückkosten sind mit 9,20 EUR je Stück angegeben. Alle 20000 Stück wurden am Markt zu einem Nettoverkaufserlös von 20,20 EUR/Stück abgesetzt.

Aufgaben:

1. Berechnen Sie die Fixkosten!
2. Ermitteln Sie das Betriebsergebnis für den Monat Juni!
3. Berechnen Sie den Deckungsbeitrag je Stück!
4. Ermitteln Sie die absolute Preisuntergrenze!
5. Ermitteln Sie die langfristige Preisuntergrenze!

4.2.1.2 Deckungsbeitragsrechnung als Instrument zur Entscheidungsfindung über die Annahme eines Zusatzauftrages

Unter Zusatzaufträgen versteht man solche Aufträge, die **unterhalb der derzeitigen Verkaufspreise** angenommen werden. Sie führen bei nicht ausgelasteten Produktionskapazitäten zu einer Verbesserung des Betriebsergebnisses, wenn die **Nettoverkaufserlöse höher** liegen als die **variablen Kosten** des Auftrages. Die fixen Kosten können außer Betracht bleiben, da sie ja unabhängig davon anfallen, ob der Zusatzauftrag angenommen wird oder nicht. Der erzielbare Deckungsbeitrag ist somit das Kriterium für die Annahme oder Ablehnung des Zusatzauftrages.

- ■ Für die Annahme bzw. die Ablehnung eines Zusatzauftrags gilt:
- ■　　Deckungsbeitrag > 0 ⟶ Annahme des Zusatzauftrags
- ■　　Deckungsbeitrag < 0 ⟶ Ablehnung des Zusatzauftrags
- ■ Zusatzaufträge tragen zur besseren Produktionsauslastung und zur Arbeitsplatzerhaltung bei.

Beispiel:

Im laufenden Monat ist folgende Produktions- und Absatzsituation gegeben:

	Erzeugnis I	Erzeugnis II
Nettoverkaufserlös	198,00 EUR	270,00 EUR
variable Stückkosten	112,00 EUR	120,00 EUR
fixe Kosten insgesamt	150 000,00 EUR	
Absatzmenge	700 Stück	950 Stück
Kapazität	900 Stück	1 200 Stück

Das Unternehmen hat die Möglichkeit, von Erzeugnis II 210 Stück zum Festpreis von 180,00 EUR als Sondermodell zu verkaufen.

Aufgabe:

Berechnen Sie, ob sich die Hereinnahme des Zusatzauftrages lohnt!

Lösung:

	Erzeugnis I	Erzeugnis II	Zusatzauftrag
Nettoverkaufserlöse	138 600,00 EUR	256 500,00 EUR	37 800,00 EUR
– variable Kosten	78 400,00 EUR	114 000,00 EUR	25 200,00 EUR
Deckungsbeitrag	60 200,00 EUR	142 500,00 EUR	12 600,00 EUR
– fixe Kosten	150 000,00 EUR		
Betriebsgewinn ohne Zusatzauftrag	52 700,00 EUR		
+ Deckungsbeitrag Zusatzauftrag	12 600,00 EUR		
Betriebsgewinn mit Zusatzauftrag	65 300,00 EUR		

Ergebnis: Die Hereinnahme des Zusatzauftrages lohnt sich, da dadurch der Betriebsgewinn um 12 600,00 EUR gesteigert werden kann.

Hinweis:

Sofern ein positiver Deckungsbeitrag erzielt werden kann, würde sich die Hereinnahme des Zusatzauftrages auch im Fall eines Betriebsverlustes lohnen. Ein positiver Deckungsbeitrag trägt dann dazu bei, den Betriebsverlust zu verringern.

Übungsaufgaben

143 Ein Industriebetrieb verfügt über freie Kapazität. Er fertigt die Produkte A, B und C. Ein Groß-handelshaus erteilt einen Zusatzauftrag über 2 000 Stück des Produktes B als Sondermodell, wenn dieses zu einem Listenverkaufspreis von 46,20 EUR geliefert werden kann. Die KLR liefert uns folgende Daten:

	Produkt A	Produkt B	Produkt C	Zusatzauftrag (von Produkt B)
Nettoverkaufserlöse	33,60 EUR	58,80 EUR	95,20 EUR	
variable Stückkosten	25,20 EUR	39,20 EUR	60,20 EUR	42,00 EUR
Absatzmenge	1 400 Stück	3 000 Stück	2 100 Stück	2 000 Stück
Kapazität	1 500 Stück	6 000 Stück	2 700 Stück	

Die fixen Kosten des Industriebetriebs betragen insgesamt 82 000,00 EUR.

Aufgaben:

1. Begründen Sie, ob es unter wirtschaftlichen Gesichtspunkten empfehlenswert ist, den Zu-satzauftrag anzunehmen!
2. Berechnen Sie den neuen Betriebsgewinn bei Annahme des Zusatzauftrags!
3. Ermitteln Sie die absolute Preisuntergrenze für die Hereinnahme des Zusatzauftrags!

144 Ein Industrieunternehmen produziert drei verschiedene Erzeugnisse. Die KLR gibt uns hierfür folgende Daten an:

	Erzeugnis I	Erzeugnis II	Erzeugnis III
Nettoverkaufserlöse	1 420,00 EUR	3 390,00 EUR	7 710,00 EUR
variable Stückkosten	1 600,00 EUR	2 910,00 EUR	5 850,00 EUR
Absatzmenge	20 Stück	30 Stück	15 Stück
Kapazität	25 Stück	50 Stück	30 Stück
fixe Kosten insgesamt	45 100,00 EUR		

Das Unternehmen erhält einen Zusatzauftrag über 12 Stück des Erzeugnisses III zum Festpreis von 6 200,00 EUR. Das Industrieunternehmen nimmt den Zusatzauftrag aus arbeitsmarktpolitischen Gründen an.

Aufgaben:

1. Berechnen Sie den Betriebsgewinn bzw. Betriebsverlust!
2. Unterbreiten Sie einen Vorschlag zur Produktionsplanung!

145 Ein Industrieunternehmen produziert drei verschiedene Typen einer Kaffeemaschine. Die KLR ermittelt für den Monat Juli folgende Zahlen:

	Typ A	Typ B	Typ C
produziert und verkauft	6 500 Stück	9 750 Stück	10 400 Stück
Nettoverkaufserlös je Stück	58,50 EUR	88,40 EUR	104,00 EUR
variable Stückkosten	49,40 EUR	73,45 EUR	89,70 EUR

Aufgaben:

1. Berechnen Sie für jeden Typ den Deckungsbeitrag je Stück und den Deckungsbeitrag insgesamt für den jeweiligen Produkttyp!
2. Berechnen Sie das Betriebsergebnis für den Monat Juli, wenn die Fixkosten insgesamt 241 150,00 EUR betragen!
3. Entscheiden Sie begründet, ob es unter wirtschaftlichen Gesichtspunkten empfehlenswert ist, einen Zusatzauftrag von 3 900 Stück von Typ B anzunehmen, wenn entsprechend von Typ C dann 3 900 Stück weniger produziert werden können!

146 Die Geschäftsleitung der Kunststoffwerke Erler GmbH beschließt die Deckungsbeitragsrechnung einzuführen. Das Unternehmen erwartet für das kommende Quartal folgende Daten:

	Produkt A	Produkt B
Absatzmenge	350 Stück	800 Stück
Nettoverkaufserlös je Stück	450,00 EUR	325,00 EUR
variable Kosten je Stück	300,00 EUR	200,00 EUR
fixe Kosten	74 000,00 EUR	

Aufgaben:

1. Ermitteln Sie das voraussichtliche Betriebsergebnis mithilfe der Deckungsbeitragsrechnung!
2. Mit der Absatzmenge des Produktes A ist die Kapazität des Produktbereichs A nicht ausgelastet. Daher kann noch ein Zusatzauftrag über 40 Einheiten A angenommen werden.

   Ermitteln Sie die Preisuntergrenze für diesen Zusatzauftrag, wenn aus diesem Auftrag noch ein zusätzlicher Gewinn von 2 000,00 EUR erwirtschaftet werden soll!
3. Die Deckungsbeitragsrechnung ermöglicht eine marktorientierte Mengenplanung und Preispolitik. Begründen Sie diese Aussage!

147 Ein Industrieunternehmen im Bereich Behälterbau hat Absatzschwierigkeiten. Folgende Daten liegen vor: Produktion: 215 Stück, Nettoverkaufserlöse: 289 535,00 EUR, variable Kosten: 234 135,00 EUR, Deckungsbeitrag: 55 400,00 EUR, Fixkosten: 57 000,00 EUR, Erzeugnisverlust: 1 600,00 EUR

Aufgabe:

Berechnen Sie die absolute Preisuntergrenze!

4.2.1.3 Optimierung des Produktionsprogramms

(1) Optimierung des Produktionsprogramms bei freien Kapazitäten

■ Problemstellung

Dem Unternehmer stellt sich immer die Frage, welche Produkte er in sein Produktionsprogramm aufnehmen soll und gegebenenfalls welchen Produkten im Falle von Produktions-
engpässen der Vorrang einzuräumen ist. Generell gilt, dass die Entscheidung zugunsten
der Produkte zu fällen ist, die den höchsten Deckungsbeitrag liefern. Im Falle von Produk-
tionsengpässen muss allerdings zwischen den absoluten und relativen Deckungsbeiträgen unterschieden werden. Insofern ist die Deckungsbeitragsrechnung auch eine wichtige Entscheidungshilfe bei der Auswahl und der Ablauffolge des Produktionsprogramms.

■ Produktionsentscheidung nach absoluten Deckungsbeiträgen

Gehen wir davon aus, dass bei noch nicht voll ausgelasteter Kapazität noch weitere Produkte abgesetzt werden können, dann taucht die Frage auf, welche Produkte vorrangig
produziert werden sollen. Mit anderen Worten, es muss eine Rangfolge der Produktion
festgelegt werden.

Bei **nicht voll ausgelasteter Kapazität** ist den Produkten der Vorrang einzuräumen, mit
denen der höchste Deckungsbeitrag erwirtschaftet wird. Die Produktionsabfolge orientiert sich daher an der Höhe des **absoluten Deckungsbeitrags** (Deckungsbeitrag je Stück).

Beispiel:

Die Maschinenfabrik Sauter KG stellt vier verschiedene Motorentypen (A, B, C und D) zu folgenden Bedingungen her:

Motoren-typ	Nettoverkaufs-erlös je Stück	variable Stückkosten	(absoluter) Stück-deckungsbeitrag
A	7 120,00 EUR	2 790,00 EUR	4 330,00 EUR
B	13 510,00 EUR	8 220,00 EUR	5 290,00 EUR
C	5 090,00 EUR	2 910,00 EUR	2 180,00 EUR
D	18 870,00 EUR	14 330,00 EUR	4 540,00 EUR

Aufgabe:
Ermitteln Sie nach der Höhe des absoluten Deckungsbeitrags die Rangfolge für die Produktion
der einzelnen Motoren!

Lösung:

Rangfolge	Höhe des Deckungs-beitrags je Stück	Motorentyp
I	5 290,00 EUR	B
II	4 540,00 EUR	D
III	4 330,00 EUR	A
IV	2 180,00 EUR	C

Ergebnis: Die Rangfolge, in der die einzelnen Motorentypen produziert werden, lautet: B, D, A, C.

(2) Optimierung des Produktionsprogramms bei Vorliegen eines Engpasses

Ist in einem Teilbereich des Betriebs, den alle Produkte durchlaufen müssen, die Kapazitätsgrenze erreicht, entsteht ein Engpass. Die Produktionsmenge kann dann nicht in der Weise gesteigert werden, wie es von der Absatzseite her möglich wäre (**Engpass in der Produktion**). In diesem Fall gilt: bei **voll ausgelasteter Kapazität** müssen die Deckungsbeiträge auf **eine Einheit der Engpasskapazität** umgerechnet werden. Damit wird eine neue Rangfolge der Produkte aufgestellt. Die neuen Fragestellungen lauten daher:

- Wie lange wird die **Engpassabteilung** von den einzelnen Produkten während des Produktionsprozesses **in Anspruch genommen?**
- Welcher Deckungsbeitrag wird je beanspruchte Zeiteinheit von den einzelnen Produkten erzielt (**relativer Deckungsbeitrag**)?

Eine weitere Ursache für eine Engpasssituation kann darin bestehen, dass ein für die Produktion benötigter Rohstoff nicht rechtzeitig in dem benötigten Umfang beschafft werden kann (**Engpass bei der Beschaffung**). Allerdings ändert sich in diesem Fall die Problemsituation nicht grundlegend, da sich auch in diesem Fall das Produktionsprogramm am relativen Deckungsbeitrag ausrichtet.

Beispiel:

Bei der Maschinenfabrik Gottfried Sauter KG durchlaufen alle Motorentypen die Abteilung Qualitätsprüfung. Diese Abteilung bildet mit 2 400 Stunden pro Monat den betrieblichen Engpass. Für die Qualitätsprüfung werden folgende Prüfzeiten aufgewendet:

	Motorentypen			
	A	B	C	D
Prüfzeiten in Minuten	30	40	15	20

Es sind die absoluten Stückdeckungsbeiträge von dem Beispiel auf S. 330 zugrunde zu legen.

Aufgaben:

1. Berechnen Sie für jeden Motorentyp jeweils die Anzahl der Motoren, die in einer Stunde geprüft werden können!

2. Berechnen Sie den relativen Deckungsbeitrag und ermitteln Sie die Rangfolge der Motorentypen bei der Produktionsentscheidung!

3. Berechnen Sie das optimale Produktionsprogramm, wenn im Monat Juni folgende absetzbare Mengen möglich sind:

	Motorentypen			
	A	B	C	D
absetzbare Menge (Stück)	1 260	1 500	2 280	2 460

4. Berechnen Sie den im Monat Juni erzielten Betriebsgewinn, wenn Fixkosten in Höhe von 23 071 800,00 EUR anfallen!

Lösungen:

Zu 1.: Berechnung der geprüften Motorentypen in der Zeiteinheit (60 Minuten)

Bevor die Stückdeckungsbeiträge auf eine Einheit der Engpasskapazität umgerechnet werden, muss ermittelt werden, wie viele Motoren der einzelnen Typen in einer gegebenen Zeiteinheit geprüft werden können. Als einheitliche Zeiteinheit nehmen wir der Einfachheit halber eine Stunde (60 Minuten) an.

$$\text{geprüfte Motoren} = \frac{60 \text{ Minuten}}{\text{Prüfzeit je Motor}}$$

Motorentyp	Prüfzeit je Motor in Min.	geprüfte Motoren je Stunde
A	30	2
B	40	1,5
C	15	4
D	20	3

Zu 2.: Berechnung der relativen Deckungsbeiträge und die Rangfolge der Motorentypen bei der Produktionsentscheidung

In einem zweiten Schritt wird jetzt ermittelt, welchen Deckungsbeitrag die einzelnen Motorentypen in der Engpassabteilung jeweils erzielen. Dazu wird die Anzahl der in einer Stunde geprüften Motoren der einzelnen Motorentypen jeweils mit ihrem absoluten Stückdeckungsbeitrag multipliziert. Den auf eine Einheit der Engpasskapazität umgerechneten Deckungsbeitrag nennen wir **relativen Deckungsbeitrag**.

$$\text{Relativer Deckungsbeitrag} = \frac{60 \text{ Minuten}}{\text{Prüfzeit je Motor}} \cdot \text{Stückdeckungsbeitrag}$$

Motorentyp	Prüfzeit je Motor	geprüfte Motoren je Stunde	(absoluter) Stückdeckungsbeitrag	relativer Deckungsbeitrag je Stunde	Rangfolge
A	30 Min.	2	4 330,00 EUR	8 660,00 EUR	III
B	40 Min.	1,5	5 290,00 EUR	7 935,00 EUR	IV
C	15 Min.	4	2 180,00 EUR	8 720,00 EUR	II
D	20 Min.	3	4 540,00 EUR	13 620,00 EUR	I

Ergebnis: Die Rangfolge, in der die einzelnen Motorentypen produziert werden, lautet: D, C, A, B.

Zu 3.: Berechnung des optimalen Produktionsprogramms

Rang	Motorentyp	absetzbare Menge	geprüfte Stücke je Stunde		Prüfzeit insgesamt in Stunden		Produktionsmenge in Stück (optimales Produktionsprogramm)
I	D	2 460	:	3	=	820	2 460
II	C	2 280	:	4	=	570	2 280
III	A	1 260	:	2	=	630	1 260
						2 020	
IV	B	1 500		1,5	x	380	570
						2 400	

Erläuterungen:

Die Motorentypen D, C und A können in der absetzbaren Menge produziert werden. Dafür werden in der Engpassabteilung Qualitätsprüfung 2020 Stunden benötigt. Für den mit dem niedrigsten relativen Deckungsbeitrag ausgestatteten Motorentyp B, der bei der absetzbaren Menge von 1500 Stück 1000 Prüfstunden benötigen würde (1500 Stück : 1,5 Stück/Std.), verbleibt nur noch eine Prüfzeit von 380 Stunden. In dieser Zeit können lediglich 570 Motoren (1,5 Stück/Std. · 380 Std. restliche Prüfzeit) dieses Motorentyps geprüft werden. Daher können auch nur 570 Stück dieses Motorentyps produziert werden.

Zu 4.: Berechnung des Betriebsgewinns

Motorentyp	produzierte Motoren	absoluter Stück-deckungsbeitrag	Deckungsbeitrag insgesamt
A	1 260 Stück	4 330,00 EUR	5 455 800,00 EUR
B	570 Stück	5 290,00 EUR	3 015 300,00 EUR
C	2 280 Stück	2 180,00 EUR	4 970 400,00 EUR
D	2 460 Stück	4 540,00 EUR	11 168 400,00 EUR

Summe aller Deckungsbeiträge	24 609 900,00 EUR
– Fixkosten	23 071 800,00 EUR
Betriebsgewinn	1 538 100,00 EUR

Übungsaufgaben

148 In einer Möbelfabrik werden vier verschiedene Formen von Wohnzimmertischen (A, B, C, D) hergestellt. Für den Monat November liefert die KLR folgende Zahlen:

	Wohnzimmertische			
	A	B	C	D
Nettoverkaufserlöse je Stück	1 080,00 EUR	940,00 EUR	510,00 EUR	280,00 EUR
variable Stückkosten	720,00 EUR	690,00 EUR	370,00 EUR	115,00 EUR
absetzbare Stückzahlen	700 Stück	220 Stück	320 Stück	200 Stück
Zeitbedarf je Stück in der Engpassstufe	30 Minuten	12 Minuten	15 Minuten	20 Minuten
Fertigungsstd. insgesamt in der Engpassstufe	360 Stunden			
Fixe Gesamtkosten	279 900,00 EUR			

Aufgaben:

1. Berechnen Sie die relativen Deckungsbeiträge!

2. Berechnen Sie das optimale Produktionsprogramm!

3. Ermitteln Sie den Betriebsgewinn im Monat November, wenn die gesamten Fixkosten 279 900,00 EUR betragen!

149 Ein Industrieunternehmen stellt drei Produkte (A, B und C) her. Der Produktionsplan für die 24. Woche enthält folgende Daten:

	geplante Stückzahl	Stückzeit in Minuten	variable Stückkosten	Nettoverkaufserlös je Stück
A	240	30	40,00 EUR	56,00 EUR
B	120	40	64,00 EUR	90,00 EUR
C	50	48	84,00 EUR	120,00 EUR

Die Fixkosten betragen insgesamt 6 100,00 EUR. In der Montageabteilung, die die Engpassstufe darstellt, stehen pro Woche 240 Arbeitsstunden zur Verfügung.

Aufgaben:

1. Ermitteln Sie den absoluten Deckungsbeitrag je Stück und insgesamt für jede Produktart und ermitteln Sie den Betriebsgewinn!

2. Für die 25. Woche ist folgendes Produktionsprogramm vorgesehen: A 120 Stück, B 30 Stück, C 200 Stück.

   Vor Beginn der Produktion fragt ein Kunde an, ob 200 Stück von dem Sondermodell D zum Stückpreis von 60,00 EUR kurzfristig geliefert werden können. Der Auftrag kann nur ganz oder gar nicht angenommen werden. Die variablen Stückkosten betragen hierfür 46,00 EUR und die Stückzeit beträgt 24 Minuten. Die Produktion des Sondermodells muss in der 25. Woche durchgeführt werden.

   2.1 Ermitteln Sie, ob das Industrieunternehmen diesen Auftrag annehmen soll (rechnerischer Nachweis)!

   2.2 Erstellen Sie, sofern der Auftrag angenommen wird, das neue Produktionsprogramm für die 25. Woche!

150 In einem Betrieb weist die kurzfristige Erfolgsrechnung des Vormonats folgende Daten aus:

	Gesamt	Produkt A	Produkt B	Produkt C
Nettoverkaufserlöse	2 362 000,00	780 000,00	936 000,00	646 000,00
variable Kosten	1 197 200,00	468 000,00	312 000,00	417 200,00
Deckungsbeitrag	1 164 800,00	312 000,00	624 000,00	228 800,00
fixe Kosten	910 000,00			
Betriebsgewinn	254 800,00			
hergestellte Stückzahl		1 560	2 080	1 040
Fertigungszeit pro Stück		25 Min.	30 Min.	15 Min.
Verfügbare Kapazität:	2 600 Stunden			

Aufgaben:

1. Berechnen Sie, wie viel Prozent die freie Kapazität betrug!

2. Ermitteln Sie den Deckungsbeitrag je Erzeugnis und Produktionsstunde und geben Sie die Reihenfolge der Förderungswürdigkeit der Produkte an:

   2.1 bei freier Kapazität und

   2.2 bei einer Engpasssituation!

3. Berechnen Sie das Betriebsergebnis bei einer Kapazitätsausnutzung von 1 170 Stunden und einer entsprechenden Programmbereinigung, wobei die bisherigen Stückzahlen nicht erhöht werden können!

4. Angenommen, die Kapazität beträgt 1 690 Stunden.

   4.1 Berechnen Sie das Betriebsergebnis!

   4.2 Ermitteln Sie, wie viel Stück von den einzelnen Produkten hergestellt werden!

4.2.2 Nachfrageorientierte (abnehmerorientierte) Preispolitik

Um eine nachfrageorientierte Preispolitik betreiben zu können, bedarf es zuverlässiger Informationen über die Wechselwirkung zwischen der Höhe des Preises und der zu erwartenden Nachfrage. Mithilfe einer **Preis-Absatz-Funktion** wird die Veränderung der Nachfragemenge nach einem Gut bei variierenden Preisen erfasst.

In den nachfolgenden Beispielen werden die Daten der Preis-Mengenentwicklung jeweils vorgegeben. Es werden zwei abnehmerorientierte preispolitische Maßnahmen (Entscheidungen) vorgestellt:

■ die Festlegung der **preispolitischen Obergrenze** und
■ die **Preisdifferenzierung.**

(1) Festlegung der preispolitischen Obergrenze

Bei Preisänderungen ist im Normalfall mit folgenden Nachfragerreaktionen zu rechnen: Bei Preiserhöhungen springen die Kunden ab, bei Preissenkungen werden neue Kunden gewonnen (preisreagible Nachfrage).

Beispiel:

Ein Unternehmen bietet nur ein Produkt an. Aufgrund exakter Marktforschung kennt es die Reaktionen seiner Kunden auf Preisänderungen. Es stellt fest, dass es sich einer normalen Nachfrage gegenübersieht, d.h., bei Preiserhöhungen nimmt die mengenmäßige Nachfrage ab, bei Preissenkungen nimmt sie zu.

Die fixen Kosten belaufen sich auf 10 000,00 EUR je Periode, die variablen Kosten auf 6,00 EUR je Stück. Der Verkaufserlös beträgt 10,00 EUR je Stück. Die Preis-Mengenentwicklung (Nachfragefunktion) ist der nachfolgenden Tabelle (Spalte 1 und 2) zu entnehmen.

Aufgabe:
Ermitteln Sie die preispolitische Obergrenze!

Lösung:

Erlös/St. in EUR	Absetzbare Menge	Umsatz in EUR	Kosten K_{fix}: 10 000,00 EUR K_v: 6,00 EUR/St.	Gewinn/Verlust in EUR
13,00	2 000	26 000,00	22 000,00	4 000,00
12,50	2 500	31 250,00	25 000,00	6 250,00
12,00	3 000	36 000,00	28 000,00	8 000,00
11,50	3 500	40 250,00	31 000,00	9 250,00
11,00	4 000	44 000,00	34 000,00	10 000,00
10,50	4 500	47 250,00	37 000,00	10 250,00
10,00	5 000	50 000,00	40 000,00	10 000,00
9,50	5 500	52 250,00	43 000,00	9 250,00
9,00	6 000	54 000,00	46 000,00	8 000,00
8,50	6 500	55 250,00	49 000,00	6 250,00

Ergebnis:

Den maximalen Gewinn in Höhe von 10 250,00 EUR erzielt das Unternehmen bei einem Preis von 10,50 EUR pro Stück.

Die nebenstehende Grafik veranschaulicht die Situation des anbietenden Unternehmens. Dabei kennzeichnet das grün ausgedruckte Rechteck das Umsatzvolumen, das von dem Unternehmen bei Anwendung der preispolitischen Obergrenze erreicht wird. Hierbei geht dem Unternehmen jedoch ein erheblicher Umsatz verloren. Es ist aus der Grafik ersichtlich, dass es eine ganze Reihe von Konsumenten gibt, die bereit wären, einen höheren Preis als

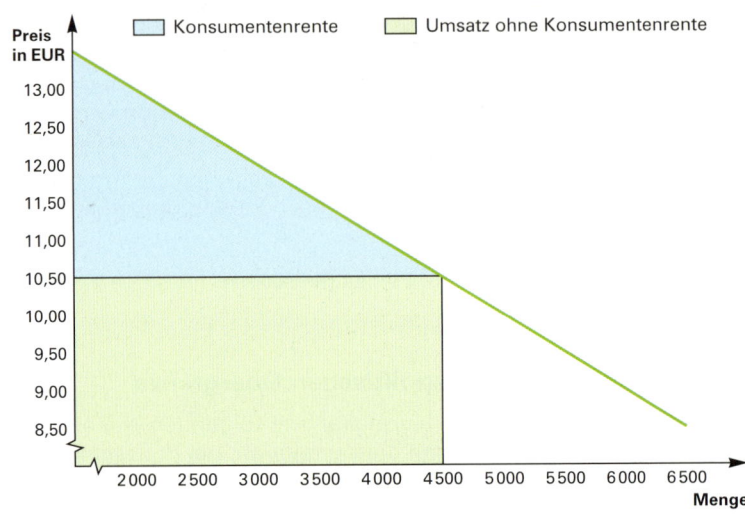

die einheitlich verlangten 10,50 EUR zu bezahlen. So wären z. B. zu einem Preis von 12,00 EUR 3000 Stück abzusetzen gewesen. Die Differenz zwischen dem höheren Preis, den einige Konsumenten bereit wären zu zahlen, und dem verlangten Preis bezeichnet man als **Konsumentenrente**. Diese Kunden haben keine Veranlassung, diesen höheren Preis zu bezahlen, solange sie zu dem günstigeren Preis einkaufen können. Die Konsumentenrente geht dem anbietenden Unternehmen verloren.

(2) Preisdifferenzierung

■ **Begriff Preisdifferenzierung und die Auswirkungen von Preisdifferenzierungen**

Die **Preisdifferenzierung** hat das Ziel, die Konsumentenrente abzuschöpfen, indem das anbietende Unternehmen Teilmärkte bildet, auf welchen unterschiedliche Preise verlangt werden.

Die Bildung der **Teilmärkte (Marktsegmente)** setzt voraus, dass es gelingt, jene Kunden, die bereit sind, den höheren Preis zu bezahlen, am Übergang zum günstigeren Marktsegment zu hindern. Die Abgrenzung der Teilmärkte wird in erheblichem Maße dadurch erleichtert, dass sich die Konsumenten nicht konsequent rational verhalten, sondern sich relativ freiwillig in teurere Marktsegmente einordnen (z. B. bei Preisdifferenzierung in Verbindung mit Produktdifferenzierung).

Beispiel 1:

Angenommen, es gelingt, aus dem Gesamtmarkt (vgl. S. 335) zwei Teilmärkte zu bilden, auf welchen ein Preis von 12,00 EUR (Teilmarkt I) und ein Preis von 10,50 EUR (Teilmarkt II) verlangt werden kann.

Aufgaben:

1. Ermitteln Sie, ob durch die Bildung von zwei Teilmärkten eine Gewinnsteigerung eintritt!

2. Stellen Sie den Sachverhalt grafisch dar!

Lösungen:

Zu 1.:

	Erlöse ohne Preisdiffe-renzierung in EUR	Erlöse mit 2 Teilmärkten und differenzierten Preisen in EUR	
Umsatzerlös	47 250,00	TM I (3 000 · 12,00) TM II (1 500 · 10,50)	36 000,00 15 750,00 51 750,00
Kosten	37 000,00		37 000,00
Gewinn	10 250,00		14 750,00
Gewinnsteigerung			4 500,00

Zu 2.:

Erläuterung:

Zumindest ein Teil der Konsumenten-rente kann nunmehr abgeschöpft werden. Ein Vergleich der alten mit der neuen Situation lässt sich durch nebenstehen-de Grafik veranschau-lichen.

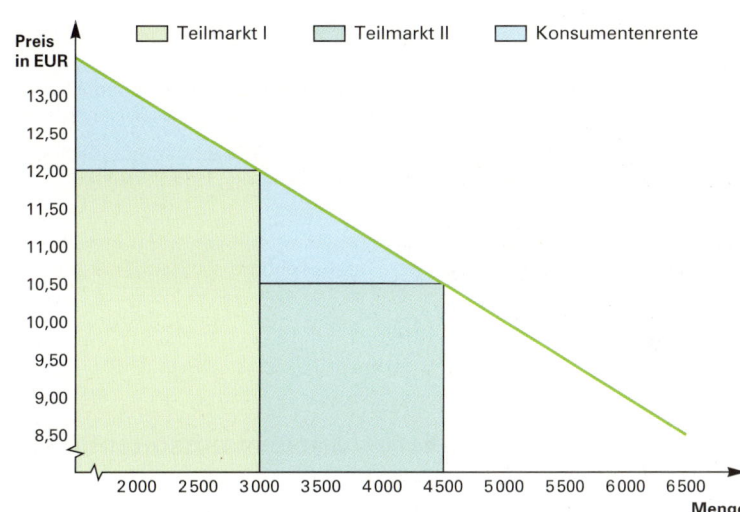

Beispiel 2:

Die zweifache Preisdifferenzierung (siehe Beispiel 1) wird noch durch ein Billigsegment erweitert. In diesem Segment wird ein Erlös von 9,00 EUR erzielt. Lt. Nachfragefunktion werden damit zusätzlich 1500 Erzeugnisse an Kunden verkauft, die nicht bereit waren, 10,50 EUR zu bezahlen.

Aufgabe:

Ermitteln Sie die Gewinnsteigerung!

	Erlöse ohne Preisdif-ferenzierung in EUR	Erlöse mit 2 Teilmärkten in EUR		Erlöse mit 3 Teilmärkten in EUR	
Umsatzerlös	47 250,00	TM I TM II	36 000,00 15 750,00 51 750,00	TM I TM II TM III	36 000,00 15 750,00 13 500,00 65 250,00
Kosten	37 000,00		37 000,00		46 000,00
Gewinn	10 250,00		14 750,00		19 250,00
Gewinnsteigerung[1]			4 500,00		9 000,00

---

1 Die Gewinnsteigerung wird gegebenenfalls geschmälert durch den unternehmerischen Aufwand, die beiden Teilmärkte gegeneinander abzugrenzen.

22 Speth u.a. - ISBN 978-3-8120-0537-1

■ **Arten der Preisdifferenzierung**

Begriffe	Beispiele
Preisdifferenzierung in Verbindung mit Produktdifferenzierung	Relativ geringfügige Produktunterschiede mit erheblich unterschiedlichem Prestigewert, z.B. Ausstattung, Lackierung, PS-Zahl eines Pkw
Preisdifferenzierung nach Abnehmergruppen oder nach Verwendungszweck	Strom für private Haushalte – Strom für gewerbliche Verbraucher; normale Fahrkarten – Schülerfahrkarten; Alkohol – Spiritus; Dieselkraftstoff – Heizöl
Räumliche Preisdifferenzierung	Pkw-Preise im Ausland günstiger als im Inland Benzin an Autobahntankstellen
Zeitliche Preisdifferenzierung	Tarifstruktur der Deutschen Telekom AG Tag-/Nachtstrom
Zeitlich gestaffelte Preisdifferenzierung	Ein erfolgreiches Buch wird zunächst als Leinenband, dann in Halbleinen und anschließend als Taschenbuch verkauft
Preisdifferenzierung durch Bildung von Herstellerpräferenzen	Schaffung eines Markennamens, Bildung von Erst- und Zweitmarken, Herstellermarke, Händlermarke
Preisdifferenzierung nach Abnahmemenge	Großabnehmer erhalten Sonderpreise im Vergleich zu Kleinabnehmern, insbesondere im Energiesektor (Aluminiumherstellung)

4.2.3 Konkurrenzorientierte (wettbewerbsorientierte) Preispolitik

Unter **konkurrenzorientierter (wettbewerbsorientierter) Preispolitik** versteht man das Ausrichten des eigenen Preises an den Preisstellungen der Konkurrenten, wobei vor allem der Leitpreis (Preis des Preisführers, Branchenpreis) sowie die oberen und unteren Preisgrenzen der Wettbewerber von Bedeutung sind.

Grundsätzlich eröffnen sich einem Unternehmen, das seine Preispolitik an den Konkurrenten ausrichtet, drei Verhaltenswege:

■ **Orientierung am** Leitpreis,
■ **Unterbietung des Leitpreises** und
■ **Überbietung des Leitpreises.**

(1) Orientierung am Leitpreis

Sich auf einen Preiswettbewerb einzulassen, stellt keine sinnvolle Maßnahme dar, wenn die Wettbewerber stark und willens sind, ihre Preispositionen auf Biegen und Brechen zu verteidigen. In solchen Fällen ist es sinnvoll, sich den Preisvorgaben des Preisführers[1]

---

1 Als **Preisführer** bezeichnet man einen Anbieter, dem sich bei Preisänderungen die übrigen Anbieter anschließen. Preisführer treten insbesondere in oligopolistischen Marktstellungen wie bei Öl, Stahl, Papier oder Kunstdünger auf.

bzw. dem Branchenpreis[1] unterzuordnen und sich durch andere Leistungsmerkmale (z.B. andere Qualitätsabstufungen, Sondermodelle, besondere Vertriebswege) von der Konkurrenz abzuheben. Wird der Branchenpreis bzw. der Preis des Preisführers für die eigene Preisfindung herangezogen, ändert das Unternehmen immer dann seine Preise, wenn der Preisführer dies tut bzw. der Branchenpreis sich ändert. Eine Preisänderung erfolgt dagegen nicht, wenn sich lediglich seine eigene Nachfrage- oder Kostensituation ändert.

Die Preisbildung nach Leitpreisen ist relativ beliebt. Wenn ein Unternehmen seine eigenen Kosten nur schwer ermitteln kann oder wenn Wettbewerbsreaktionen Ungewissheit auslösen, dann sieht es die Ausrichtung des eigenen Preises an den Konkurrenzpreisen als zweckmäßige Lösung an.

(2) Unter- und Überbietung des Leitpreises

Unterbietung des Leitpreises	▪ Die Unterbietung des Leitpreises ist für ein Unternehmen nur bis zur **kurzfristigen (absoluten) Preisuntergrenze** des Produkts sinnvoll. Sie liegt dort, wo die Summe der dem Produkt direkt zurechenbaren Kosten **(variable Kosten)** noch gedeckt ist. Kurzfristig kann das Unternehmen nämlich die fixen Kosten außer Acht lassen, denn diese fallen an, ob ein Verkauf getätigt wird oder nicht. ▪ Langfristig hingegen kann ein Unternehmen nicht mit Verlusten produzieren, es muss zumindest (gesamt-)kostendeckend arbeiten. Die **langfristige Preisuntergrenze** wird daher durch die Selbstkosten je Produkteinheit bestimmt.
Überbietung des Leitpreises	▪ Die Überbietung des Leitpreises ist prinzipiell nur möglich, wenn das Produkt hinsichtlich seiner **Innovation** oder seiner **Alleinstellung** aufgrund seiner Ausstattungselemente im Markt eine Sonderstellung einnimmt. ▪ Gleiches gilt, wenn sich das Unternehmen wegen seines **Images** oder seiner **Trendstellung** von den anderen Unternehmen abhebt. Da es sich hier um Einzelfälle handelt, wird hierauf nicht weiter eingegangen.

4.2.4 Marktorientierte Preisbildung am Beispiel Target Costing

(1) Grundüberlegung des Target Costing[2]

Bei der **kostenorientierten Preisfindung** werden die Produktpreise **„cost-plus" kalkuliert**, d.h. zu den unternehmensspezifischen Selbstkosten wird ein Gewinnaufschlag addiert, zu dem die Produkte am Markt abzusetzen sind. Für das **Target Costing** dagegen stellt der **Markt** den **Ausgangspunkt der Kalkulation** dar. Im Mittelpunkt steht die Frage: Wie viel darf das Produkt kosten und wie kann das Unternehmen diesen Preis im Hinblick auf seine Kostenstruktur erreichen?

---

1 Von einem **Branchenpreis** spricht man dann, wenn mehrere Unternehmen den Preis mit ihrer Marktmacht bestimmen. Diese Preisfindung herrscht vor allem auf oligopolistischen und polypolistischen Märkten mit homogenen Gütern vor.

2 Beim **Target Costing** handelt es sich um einen Ansatz des Kostenmanagements, der 1965 von der Toyota Motor Company entwickelt wurde und seit den 70er-Jahren in Japan weite Verbreitung fand. In der englischsprachigen Literatur wurde das Target Costing erst in den 80er-Jahren von japanischen Autoren beschrieben, bevor dieses Konzept Anfang der 90er-Jahre auch in Deutschland Eingang in die wissenschaftliche Literatur fand.

Der Markt – das sind Kunden und Mitbewerber – bestimmt somit über die Kundenwünsche und den Marktpreis den betrieblichen Kombinationsprozess, d.h. die Produkte, die Technologie und die Ressourcen.

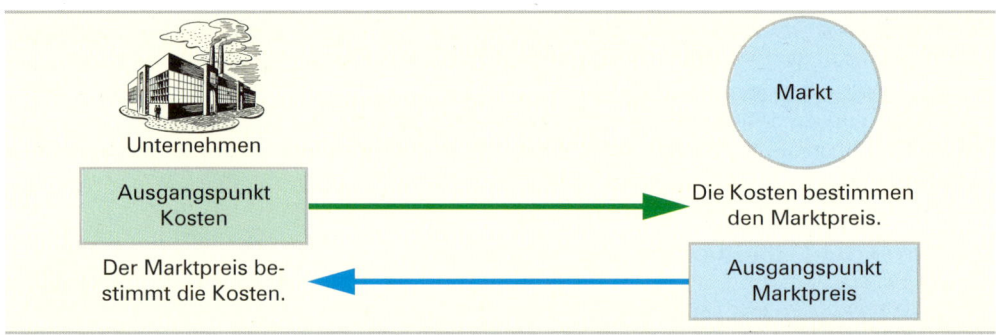

 Target Costing bedeutet, eine marktpreisorientierte Kostenpolitik zu betreiben.

(2) Vorgehensweise

Die Vorgehensweise im Rahmen des Target Costing umfasst folgende Schritte:

■ **Beschaffung von Marktinformationen hinsichtlich der Kundenanforderungen an ein neues Produkt**

Auf dieser Stufe gilt es, die einzelnen Funktionen des geplanten Produktes festzulegen und zu bewerten, welche Bedeutung die Kunden den einzelnen Funktionen beimessen. Funktionen, die der Kunde nur in geringem Umfang fordert und damit für diese kein Geld ausgibt, sind zurückzunehmen; Funktionen, die der Kunde besonders schätzt und daher bereit ist, dafür Geld auszugeben, sind verstärkt zu berücksichtigen.

Die von den Kunden gewünschten Funktionen werden über Marktforschung ermittelt.

■ **Ermittlung des Target Price**

Neben den Kundenwünschen ermittelt die Marktforschung gleichzeitig den Preis, den die potenziellen (möglichen) Kunden für einzelne Produktfunktionen bereit sind zu zahlen. Aus diesen Daten wird anschließend – unter Berücksichtigung der Wettbewerberprodukte – der voraussichtliche **Target Price (Absatzpreis, Zielpreis)** bestimmt. Der Target Price wird in der Regel über das gesamte Produktleben angesetzt.

 Der **Target Price** ist der für das Produkt am Markt zu erzielende Preis.

■ **Errechnung der Target Costs (Zielkosten)**

Zunächst wird vom Zielverkaufspreis der geplante Gewinn[1] **(Target Profit)** abgezogen. Auf diese Weise werden die Kosten ermittelt, die der Markt erlaubt **(Allowable Costs)**.[2]

---

1 Der geplante Gewinn bezieht sich in der Regel auf das gesamte Produktleben.
2 Die Allowable Costs werden **retrograd** (rückläufig) von dem erzielbaren Marktpreis aus berechnet.

Diesen Allowable Costs stellt man dann die im Unternehmen voraussichtlich anfallenden Kosten (**Drifting Costs**[1] oder **Standard Costs** genannt) gegenüber. Die Drifting Costs sind jene Kosten, die für ein Produkt auf der Grundlage der im Unternehmen zurzeit gegebenen und für die Zukunft angenommenen Bedingungen erwartet werden.

Sind die Allowable Costs niedriger als die Drifting Costs, kann der **Kostenreduktionsbedarf** ermittelt werden. Die Differenz zwischen Drifting Costs und Allowable Costs bezeichnet man als **Target Gap (Ziellücke)**. Wird von den Drifting Costs der Target Gap abgezogen, erhält man rechnerisch die Kosten, die einzuhalten sind, um wettbewerbsfähig zu sein.[2] Die einzuhaltenden Kosten bezeichnet man als **Target Costs (Zielkosten)**. Welche Target Costs letztlich vom Unternehmen angesetzt werden, hängt von der eigenen Kostenstruktur, von den Wettbewerbern und von der angestrebten Position des Unternehmens im Markt ab.

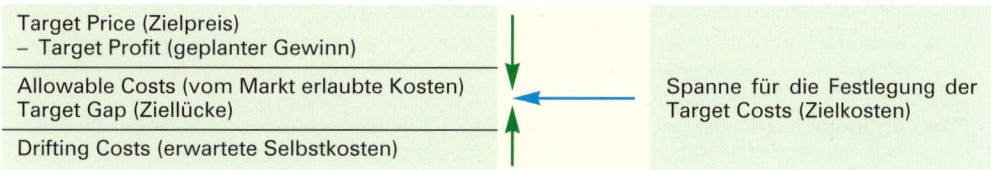

Target Price (Zielpreis)
– Target Profit (geplanter Gewinn)

Allowable Costs (vom Markt erlaubte Kosten)
Target Gap (Ziellücke)

Drifting Costs (erwartete Selbstkosten)

Spanne für die Festlegung der Target Costs (Zielkosten)

Der **Target Profit** ist die geplante Gewinnvorgabe.

- **Allowable Costs** (marktseitig erlaubte Kosten) sind die auf der Basis der Kundenanforderungen und Wettbewerberprodukte höchstens zulässigen Kosten.

- Die im Unternehmen errechneten Selbstkosten (Prognosekosten) bezeichnet man als **Drifting Costs (Standard Costs).**

- Die Differenz zwischen den Drifting Costs und Allowable Costs ergibt den **Target Gap** (Ziellücke).

- Die **Target Costs (Zielkosten)** sind die geplanten Gesamtkosten, die bei der Produktion des Produkts höchstens anfallen dürfen.

■ Kostenvorgaben für die Produktfunktionen

Hat die Beurteilung der Produktvorschläge gezeigt, dass die Target Costs erreichbar sind, werden die auf das Gesamtprodukt bezogenen Target Costs aufgespalten. Dadurch können Kostenvorgaben für einzelne Produktionsfunktionen, Produktionskomponenten und Produktionsteile abgeleitet werden (**Zielkostenaufspaltung**). Ziel dieser Maßnahme ist es, zu weiteren Kostenreduktionen zu gelangen. Kosteneinsparungen können z.B. dadurch erreicht werden, dass mithilfe einer Wertanalyse die Produktentwicklung und die Produktionsabwicklung (z.B. Eigenfertigung und/oder Fremdbezug von Vorprodukten) variiert werden bzw. ein Produktredesign vorgenommen wird, um wenig gefragte, aber kostenintensive Leistungen zu reduzieren.

Das **Target Costing** ist ein **Kostenmanagementsystem,** das auf die Kosten der Produktentwicklung, der Produktion und des Absatzes strategisch Einfluss nimmt.

---

1 Die Drifting Costs werden **progressiv** aus dem geplanten Leistungsprozess abgeleitet. Es handelt sich dabei um eine Vollkostenrechnung.

2 Werden die Target Costs genau in Höhe der Allowable Costs festgelegt, bedeutet dies, dass die vom Absatzmarkt ausgehenden Kostenvorgaben 1 : 1 in das Unternehmen als Kostenziele übernommen werden.

■ Kostenkontrolle

Nach Ablauf jeder Rechnungsperiode sind die Ist-Target-Costs den geplanten (Soll-)-Target-Costs gegenüberzustellen. Weichen Soll- und Istkosten voneinander ab, sind die Abweichungsursachen zu ermitteln. Gleichzeitig gilt es, Maßnahmen zu ergreifen, um die geplante Gesamtzielerreichung noch sicherzustellen.

Zusammenfassung

- Unter **Preisstrategien** versteht man ein planvolles Vorgehen zur Durchsetzung eines bestimmten Preisniveaus auf dem Markt.

- Als grundsätzliche Preisstrategien können gewählt werden:
  - **Hochpreisstrategie (Prämienstrategie).** Sie versucht langfristig einen hohen Preis für die Produkte zu erzielen, indem die Produkte mit einer „Prämie" ausgestattet werden. Eine besondere Art der Hochpreisstrategie ist die **Skimming-Strategie.**
  - **Niedrigpreisstrategie (Promotionspreispolitik).** Hier versucht der Unternehmer, dass der Preis für sein Produkt dauerhaft unter dem Preis vergleichbarer Produkte liegt. Eine besondere Art der Niedrigpreisstrategie ist die **Penetrationspreispolitik.**

- Unter der **Preispolitik** versteht man das Herab- oder Heraufsetzen der Absatzpreise mit der Absicht, den Absatz und/oder Gewinn zu beeinflussen.

- Die **Preispolitik** kann **kostenorientiert, nachfrageorientiert** oder **konkurrenzorientiert** ausgerichtet sein.
  - Die **kostenorientierte Preispolitik** richtet sich an den betrieblichen Daten aus, d.h., die angefallenen Kosten bestimmen den Verkaufspreis. Es sind insbesondere zwei Berechnungsmethoden zu unterscheiden: die **Vollkostenrechnung** und die **Teilkostenrechnung.**
  - Die **nachfrageorientierte (abnehmerorientierte) Preispolitik** bestimmt den Preis mithilfe der Preis-Absatz-Funktion eines Produkts, d.h., es wird die Veränderung der Nachfragemenge nach dem Produkt bei variierenden Preisen erfasst. Abnehmerorientierte preispolitische Maßnahmen (Entscheidungen) sind z.B.: (1) die Festlegung der preispolitischen Obergrenze und (2) die Preisdifferenzierung.
  - Die **konkurrenzorientierte (wettbewerbsorientierte) Preispolitik** richtet die Preisgestaltung an den Preisstellungen der Konkurrenten aus, wobei vor allem der **Leitpreis** sowie die **oberen** und **unteren Preisgrenzen** der Wettbewerber von Bedeutung sind.

- Bei der **marktorientierten Preispolitik** wird zunächst der Bedarf für das geplante Produkt sowie der erzielbare Marktpreis ermittelt und erst danach werden die anfallenden Kosten kalkuliert. Die Markt- und Kundenorientierung erfolgt somit vor der Produktentwicklung. Ein Instrument für eine marktorientierte Preispolitik ist das **Target Costing.**

- Wichtige **Begriffe des Target Costing** sind:
  - Der **Target Profit** ist die geplante Gewinnvorgabe.
  - **Allowable Costs** (marktseitig erlaubte Kosten) sind die auf der Basis der Kundenanforderungen und Wettbewerberprodukte höchstens zulässigen Kosten.
  - Die im Unternehmen errechneten Selbstkosten (Prognosekosten) bezeichnet man als **Drifting Costs (Standard Costs).**
  - Die Differenz zwischen den Drifting Costs und Allowable Costs ergibt den **Target Gap** (Ziellücke).
  - Die **Target Costs (Zielkosten)** sind die geplanten Gesamtkosten, die bei der Produktion des Produkts höchstens anfallen dürfen.

■ **Ablauf des Target Costing**[1]

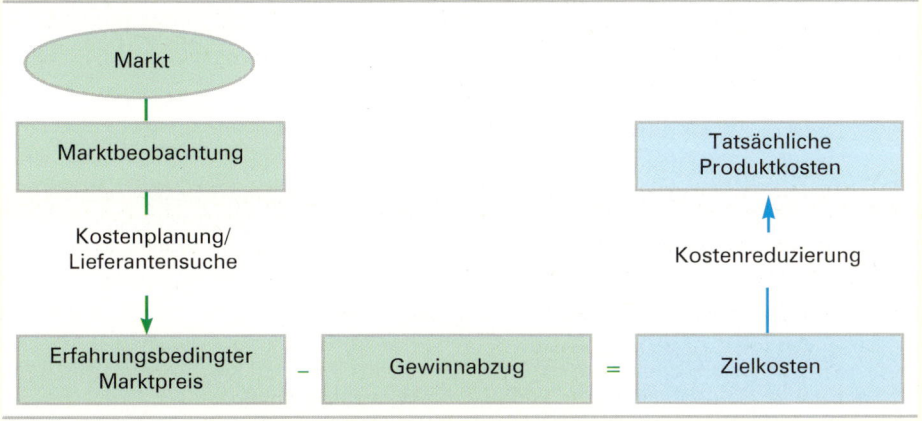

■ Das Target Costing ist ein **Kostenmanagementsystem,** das auf die Kosten der Produktentwicklung, der Produktion und des Absatzes strategisch Einfluss nimmt.

Übungsaufgaben

151 1. Ein Unternehmen steht vor der Entscheidung, eine Zahncreme unter neuer Marke einzuführen.

    Aufgaben:

      1.1 Nennen Sie die Kriterien, nach welchen ein Marktpreis bestimmt werden könnte!

      1.2 Begründen Sie, für welchen Weg der Preisbestimmung Sie sich bei der Einführung der Zahncreme einsetzen würden!

  2. Die Unternehmen können nicht in jedem Fall eine eigenständige Preispolitik betreiben.

    Nennen Sie preispolitische Zielsetzungen, die ein Unternehmen mit seiner Preispolitik verfolgen kann!

  3. Erläutern Sie, was unter einer räumlichen, zeitlichen und einer Preisdifferenzierung in Verbindung mit einer Produktdifferenzierung zu verstehen ist!

    Aufgabe:

    Bilden Sie jeweils ein Beispiel!

  4. Erläutern Sie, was unter umweltorientierter Preispolitik zu verstehen ist!

---

1 http://www.controllingportal.de/Fachinfo/Kostenrechnung/Target-Costing.html

152 Die Kalle OHG stellt Spielzeugautos her. Sie produziert und verkauft jährlich 12000 Spielzeug-autos. Die Autos werden zu einem Einheitspreis angeboten, der wie folgt kalkuliert wird:

Materialeinzelkosten 10,06 EUR, Fertigungseinzelkosten 7,00 EUR, Materialgemeinkosten 5%, Fertigungsgemeinkosten 180%, Verwaltungs- und Vertriebsgemeinkosten 20%. Der Gewinn-zuschlag beträgt 5%.

Aufgaben:

1. Nennen Sie die Art Preispolitik, die die Kalle OHG betreibt!

2. Berechnen Sie den Barverkaufspreis je Spielzeugauto!

3. Boris Kalle, einziger unbeschränkt haftender Gesellschafter, möchte den Verkaufspreis (Barverkaufspreis) auf 41,80 EUR anheben. Die Abteilung „Marktforschung" warnt: Der jähr-liche (mengenmäßige) Absatz wird von bisher 12000 Stück auf 11000 Stück zurückgehen. (Die fixen Kosten betragen 175000,00 EUR monatlich, die variablen Kosten 20,00 EUR je Stück.)

   3.1 Nennen Sie Beispiele für fixe und variable Kosten!

   3.2 Wie entscheidet Boris Kalle, wenn er vorrangig das Ziel vor Augen hat, einen möglichst großen Marktanteil zu erobern? Belegen Sie Ihre Antwort durch einen rechnerischen Nachweis!

   3.3 Wie entscheidet Boris Kalle, wenn er nach dem kurzfristigen Gewinnmaximierungs-prinzip handelt? Belegen Sie Ihre Antwort durch einen rechnerischen Nachweis!

   3.4 Erklären Sie, ob die Entscheidung zu 3.3 anders ausfällt, wenn aufgrund der Preiserhö-hung der Absatz
   3.4.1 um 2000 Stück,
   3.4.2 um 3000 Stück zurückgeht!

   3.5 Begründen Sie rechnerisch, ob im Fall 3.3 zwischen den Zielen „Gewinnmaximierung" und „Vergrößerung des Marktanteils" Zielkonflikt oder Zielharmonie herrscht!

4. Nennen Sie die Art Preispolitik, die die Kalle OHG betreibt, wenn sie ihre Entscheidungen von den Reaktionen ihrer Abnehmer abhängig macht!

153 Ein Hersteller von Skibindungen beabsichtigt, eine neuartige elektronische Skibindung auf den Markt zu bringen.

Aufgaben:

1. 1.1 In der Einführungsphase plant das Unternehmen, eine Skimming-Strategie anzuwen-den. Erläutern Sie diesen Begriff!

   1.2 Erläutern Sie, welche Gründe das Unternehmen zur Wahl dieser preispolitischen Stra-tegie veranlasst haben könnten!

2. Erklären Sie, wodurch sich die Skimming-Strategie von der Prämienpreisstrategie unter-scheidet!

3. Begründen Sie, ob es im vorliegenden Fall sinnvoll wäre, dem Unternehmen zu raten, eine Penetrationspreispolitik zu betreiben!

4. Nennen Sie die Ziele, die mit einer Niedrigpreisstrategie verbunden sind!

5. Bei der Preisfestsetzung kann es für das Unternehmen vorübergehend sinnvoll sein, die Preise unter die allgemein angekündigte und geforderte Preisfestsetzung abzusenken.

   Begründen Sie die Richtigkeit dieser Aussage anhand von zwei selbst gewählten Beispie-len!

154 1. Erläutern Sie anhand des Schaubilds von S. 343 den Aufbau des Target Costing!

2. Nennen Sie zwei zentrale Vorteile des Target Costing!

3. Erläutern Sie die nachstehende Abbildung!

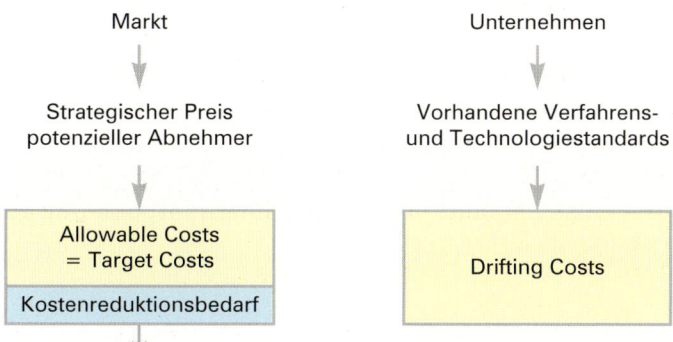

Quelle: Burger, A.: Kostenmanagement, 3. Aufl., München/Wien, S. 72.

4. Nennen Sie drei Möglichkeiten, die ein Unternehmen hat, wenn die Allowable Costs durch die Drifting Costs deutlich überschritten werden!

5. Nennen Sie zwei Gründe, warum die Target Costs von den Allowable Costs abweichen können!

6. Erklären Sie, worin Sie den Hauptzweck des Target Costing sehen!

5 Marketingpolitische Entscheidungen im Bereich Distributionspolitik

5.1 Begriff Distributionspolitik

Distribution heißt Verteilung der Produkte. Die Distributionspolitik befasst sich mit der Frage, auf welchem Weg das Produkt an den Käufer herangetragen werden kann.

Aufgabe der Distributionspolitik ist es, die **Absatzwege** festzulegen, die **Absatzorganisation** aufzubauen und die **Durchführung des Gütertransports (Absatzlogistik)** zu planen und abzuwickeln.

5.2 Absatzwege

5.2.1 Direkte Absatzwege

5.2.1.1 Begriff direkter Absatzweg

Wenden sich Herstellungsbetriebe (Industriebetriebe) bei der marktlichen Verwertung (Absatz) **unmittelbar** an die Verbraucher, Gebraucher und Weiterverarbeiter, liegt **direkter Absatz** vor. Beim direkten Absatz werden also **keine Zwischenhändler** eingeschaltet.

Der **Vorteil** des direkten Absatzes ist, dass Gewinnanteile, die fremden Unternehmen zufließen würden, dem Hersteller selbst zugute kommen. Der **Nachteil** ist, dass hohe Vertriebskosten entstehen.

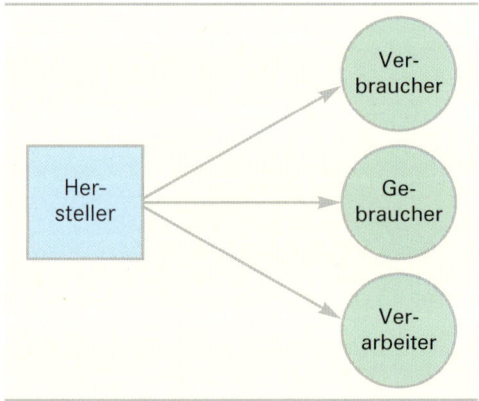

5.2.1.2 Absatz über Handlungsreisende

(1) Begriff Handlungsreisender

Handlungsreisende[1] sind **kaufmännische Angestellte,** die damit betraut sind, außerhalb des Betriebs Geschäfte **im Namen** und **für Rechnung des Arbeitgebers** zu vermitteln oder abzuschließen (vgl. § 55 I HGB).

---

1 Das HGB spricht vom Handlungsgehilfen.

Reisende sind weisungsgebunden. Sie schließen also **in fremdem Namen** und für **fremde Rechnung** Geschäfte (z. B. Kaufverträge) ab. Ist nichts anderes vereinbart, sind die Reisenden nur ermächtigt zum **Abschluss von Kaufverträgen** und zur **Entgegennahme von Mängelrügen**. In diesem Fall spricht man von **„Abschlussreisenden"**.

Zur **Einziehung des Kaufpreises** (zum sog. **„Inkasso"**) sind Handlungsreisende nur befugt, wenn hierzu vom Arbeitgeber ausdrückliche Vollmacht erteilt wurde (**„Inkassoreisende"**) [§ 55 III HGB].

(2) Beispiel: Geschäftsablauf bei einem Handlungsreisenden mit Abschluss- und Inkassovollmacht

Beispielhaft für den Geschäftsablauf beim Einsatz eines Handlungsreisenden wird nachfolgend der Geschäftsablauf bei einem Handlungsreisenden mit Abschluss- und Inkassovollmacht dargestellt:

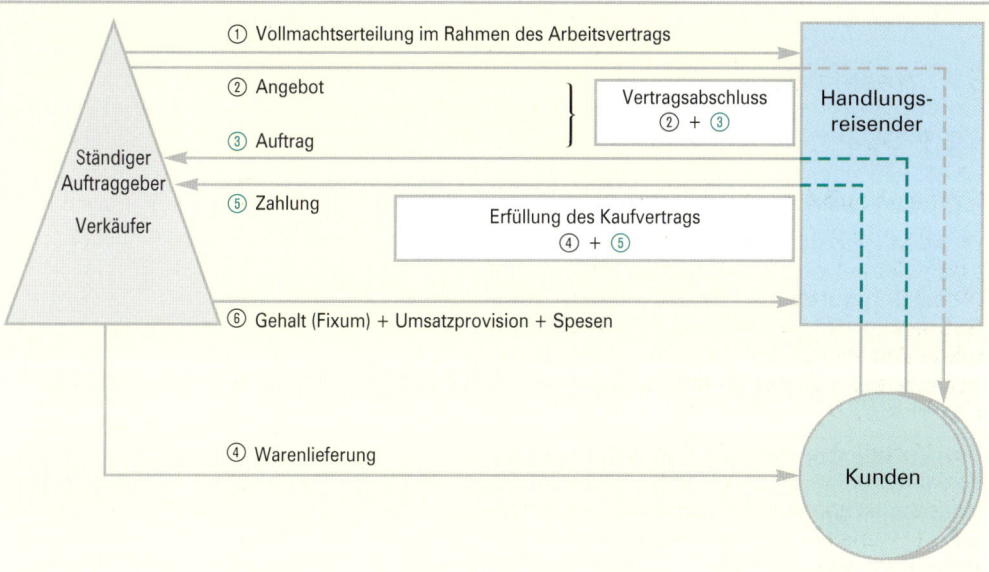

(3) Rechte und Pflichten des Handlungsreisenden

Auf die Handlungsreisenden treffen somit alle Merkmale der kaufmännischen Angestellten zu. Wie alle Angestellten erhalten die Reisenden in aller Regel ein **festes Gehalt (Fixum)**.[1] Darüber hinaus steht den Handlungsreisenden als zusätzlicher Leistungsanreiz eine **Umsatzprovision** zu. Daneben werden ihnen die **Spesen** (Auslagen) erstattet.

Handlungsreisende (kurz „Reisende" genannt) haben folgende **Aufgaben**:

- ■ Erhaltung des bisherigen Kundenstamms,
- ■ Werbung neuer Kunden (Erweiterung des Kundenstamms),

---

1 Das Fixum (das feste Gehalt); Mz: die Fixa.

- Information der Kunden (z.B. über Neuentwicklungen, neue Produkte, Preisentwicklung),
- Information des Geschäftsherrn (Arbeitgebers) über die Marktlage (z.B. Berichte über Kundenwünsche),
- Entgegennahme von Mängelrügen.

(4) Bedeutung

Der **Vorteil** der Handlungsreisenden als eigene „Absatzorgane" ist vor allem darin zu sehen, dass bei guter Geschäftslage die Provisionskosten je Verkaufseinheit (z.B. Stück, kg, Dutzend) verhältnismäßig niedrig sind. Als weisungsgebundene Angestellte stehen die Handlungsreisenden außerdem dem Betrieb ständig zur Verfügung.

Von **Nachteil** ist, dass bei zurückgehendem Absatz der Arbeitgeber hohe fixe Kosten zu tragen hat, da die Gehälter nicht ohne Weiteres gekürzt werden können.

5.2.1.3 Verkaufsniederlassungen und Vertriebsgesellschaften

Großunternehmen können eigene **Verkaufsniederlassungen** einrichten. Diese stellen „Verkaufsfilialen" dar. Preis- und verkaufspolitische Anweisungen erteilt die Zentrale.

Es können auch eigene **Vertriebsgesellschaften** (meist in der Rechtsform der GmbH) gegründet werden. Sie sind zwar rechtlich selbstständig, wirtschaftlich jedoch vom Gesamtunternehmen abhängig.

5.2.1.4 Electronic Commerce

(1) Begriff E-Commerce

Electronic Commerce bezeichnet Geschäftsvorgänge, bei denen die Beteiligten auf elektronischem Wege, insbesondere auf dem Weg über das Internet, ihre Geschäfte anbahnen und abwickeln.

Man unterscheidet dabei verschiedene Partner-Transaktionen:

B2C	Business to Consumer. Die Geschäftsbeziehung berührt auf der Verkäuferseite ein Unternehmen, auf der Käuferseite eine Privatperson.
B2B	Business to Business. Beide Partner sind Unternehmen.
B2A/B2G	Business to Administration/Business to Government, z.B. Steuererklärungen, Steuervoranmeldungen über das Programm **Elster** (**El**ektronische **St**euer**er**klärungen), Anträge auf Erlass eines Mahnbescheides, Ausschreibungen für Handwerksleistungen.

(2) Arten des E-Commerce

Der elektronische Commerce kann in verschiedenen Ausbaustufen betrieben werden. Die verschiedenen Ausbaustufen werden im Folgenden kurz dargestellt.

	Zunehmendes Maß an
Electronic Data Interchange	▪ Verlust von Anonymität
Electronic Shopping	▪ Umfang des Datenaustausches
Webvertising (Web-Reklame)	▪ zwischenbetrieblicher Integration
Internet als Informationsquelle	▪ strategischer statt operativer bzw. spontaner Kommunikation

Internet als Informationsquelle	▪ **Spezialisierte Informationsanbieter.** Beispiele hierfür sind die Fahrplanauskünfte der Deutschen Bahn AG, Telefonnummern, Wetterdienste, Börsen- und Wirtschaftsinformationen. ▪ **Portale** sind Eingangspforten ins Internet, die z. B. von Providern erstellt werden (z. B. T-Online) oder auch von Suchmaschinen (z. B. Google).
Webvertising	Dies setzt sich zusammen aus Web-Advertising (Web-Reklame). Hierbei wird das Internet genutzt als Instrument zur Information der Kunden und zur Kommunikation mit ihnen als systematisch geplanter Teil der betrieblichen Kommunikationspolitik. Das Unternehmen stellt seine Produkte im Internet dar, bietet E-Mail- und Kontaktadressen, Gästebücher und ein Forum zum Austausch von Meinungen und Fragen an.
Electronic Shopping	Hierbei werden Produkte über das Internet an private Endkunden (B2C) oder an Unternehmen verkauft (B2B). Der Vertrieb erfolgt dabei über den traditionellen Weg via Post bzw. die Paketdienste oder ebenfalls über das Internet, z. B. bei Software.
Electronic Data Interchange	Dies ist ein Verfahren des zwischenbetrieblichen Datenaustausches. Erkennt z. B. das Warenwirtschaftssystem des Kunden die Notwendigkeit einer Nachbestellung, dann werden die Bestelldaten direkt in das Warenwirtschaftssystem des Verkäufers eingeschleust. Eingriffe von Hand entfallen auf beiden Seiten. Dies führt zu einer Verringerung der Personalkosten und der Vermeidung von Übertragungsfehlern. Bisher allerdings werden solche Transaktionen vorwiegend innerhalb geschlossener Netze durchgeführt. Offene Netze, wie das Internet, verfügen noch nicht über die erforderlichen Sicherheitsstandards.

(3) Vorteile / Nachteile des Electronic Shopping

	für Käufer	für Verkäufer
Vorteile	▪ permanente Öffnungszeiten ▪ rasche Suche nach Produkten durch Shop-eigene Suchmaschinen ▪ umfangreiches Angebot ▪ bequem von zu Hause aus erreichbar, keine Fahrten notwendig, keine Parkplatzsuche, Ware wird ins Haus gebracht ▪ einfache Preisvergleiche	▪ weltweites Absatzgebiet ▪ Kundeninformationen als Basis für „one-to-one"-Marketing fallen quasi als Abfallprodukt an. ▪ aufwendige Warenpräsentation und Ladeneinrichtung entfällt

	für Käufer	für Verkäufer
Nachteile	■ in Deutschland noch weitgehend Befangenheit bezüglich der Sicherheit beim Zahlungsvorgang ■ Einkaufserlebnis entfällt ■ kein Berühren des Produkts möglich ■ keine persönliche Produktberatung durch qualifiziertes Verkaufspersonal	■ hohe Unsicherheit ■ hohe Anfangsinvestitionen

5.2.2 Indirekte Absatzwege

5.2.2.1 Begriff indirekter Absatzweg

Verkaufen Herstellungsbetriebe an solche Personen oder Betriebe, die die Erzeugnisse nicht für ihren eigenen Verbrauch oder Gebrauch verwenden, sondern diese mehr oder weniger unverändert weiterverkaufen, spricht man von **indirektem Absatz**. Der Absatzweg ist also länger, weil andere Unternehmen eingeschaltet werden.

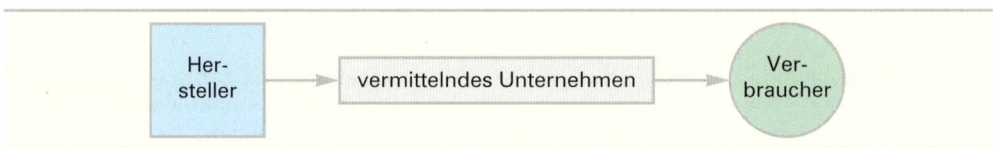

Vorteile für den Hersteller sind, dass Vertriebskosten eingespart werden können, der Handel (meist) kurz- und mittelfristig das Absatzrisiko übernimmt[1] und die Kunden die Erzeugnisse in den Lagern besichtigen können. Der **Nachteil** ist, dass der Handel Gewinnanteile beansprucht, die andernfalls (beim direkten Absatz) dem Hersteller zufließen würden. Der direkte und indirekte Absatz kann zentralisiert oder dezentralisiert sein.

5.2.2.2 Vertragshändler

> Der **Vertragshändler** ist ein **rechtlich selbstständiger Händler,** der sich vertraglich dazu verpflichtet, die Ware für einen Hersteller in **eigenem Namen** und auf **eigene Rechnung** zu verkaufen.

In der Regel wird dem Vertragshändler vom Hersteller das Recht eingeräumt, dass er die Waren innerhalb eines bestimmten Gebiets allein verkaufen kann. Der Vertragshändler erhält dadurch einen Gebietsschutz (Exklusivvertrieb) und kann den bekannten Namen des Herstellers für die Werbung nutzen. Im Gegenzug verzichtet dann der Vertragshändler häufig darauf, Konkurrenzprodukte zu verkaufen.

---

1 Langfristig trägt der Hersteller das Absatzrisiko, da der Handel beim Hersteller auf Dauer keine Waren kaufen wird, die sich nicht verkaufen lassen.

Beispiel:

Eine Bäckerei wird Vertragshändler für Jakobs-Kaffee und verzichtet gleichzeitig darauf, Kaffee von anderen Herstellern zu verkaufen. Der Kaffeehersteller stellt die Kaffeemaschinen und das Kaffeegeschirr.

Als rechtlich selbstständiger Händler erzielt der Vertragshändler durch den Warenverkauf eine Gewinnspanne. Er erhält keine Provision vom Hersteller.

5.2.2.3 Franchising

(1) Begriff Franchising

Beim **Franchising** handelt es sich um vertraglich geregelte Kooperationen zwischen rechtlich selbstständigen Unternehmen. Es ist ein besonderes Vertriebsbindungssystem, das in der Praxis zahlreiche (mehrere hundert) Ausprägungsformen besitzt.

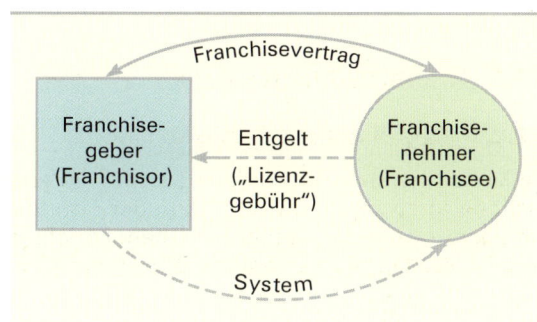

Der Franchisevertrag (im Grunde ein ganzes Bündel vereinbarter Rechte und Pflichten) wird zwischen dem **Franchisegeber** (meist ein Hersteller) und dem **Franchisenehmer** (z. B. ein Handels- oder ein sonstiger Dienstleistungsbetrieb) abgeschlossen.

(2) Merkmale des Franchisings

Das Franchising geht über das reine Alleinvertriebssystem hinaus. Folgende Merkmale, die nicht vollständig auf jedes System zutreffen müssen, sind zu nennen:

- die Franchisenehmer bleiben **rechtlich selbstständig** und handeln in **eigenem Namen** und auf **eigene Rechnung;**
- der Franchisegeber erteilt dem Franchisenehmer das Recht, gegen Entgelt (beim Handel meist in die Warenpreise einkalkuliert) seine **Marke** und seine **Symbole,** seine **Marktkenntnisse** und seine **Waren** absatzpolitisch zu verwerten;
- der Franchisenehmer verpflichtet sich, die **Absatz- und Betriebsorganisationsrichtlinien** des Franchisegebers zu befolgen;
- der Franchisegeber hat **Kontroll- und Weisungsrechte;** er verpflichtet sich andererseits, den Franchisenehmer zu beraten und zu unterstützen;
- alle Franchisenehmer treten auf dem Markt einheitlich (z. B. Aufmachung der Ladengeschäfte) auf, sodass der **Eindruck eines Filialsystems** erweckt wird.

Die individuelle Art der Ausgestaltung der genannten (und auch anderer) Merkmale des Franchisings bezeichnet man als **Franchising-System** oder kurz als **„System".** Ein Unternehmen, das ein Franchising-System entwickelt, weiterentwickelt und vergibt, bezeichnet man deshalb als **Systemanbieter.**

(3) Leistungen aus dem Franchisevertrag

Der **Franchisegeber** entwickelt die Produkt-, Sortiments-, Verpackungs- und Servicekonzeption (z. B. Garantieleistungen, Kundendienst) und stellt sie dem Franchisenehmer zur Verfügung. Er führt Marktforschungsmaßnahmen durch, schult die Inhaber und Mitarbeiter der Franchisenehmerbetriebe, entwickelt Verkaufsförderungsaktionen und führt diese durch, gibt Richtlinien für das Rechnungswesen oder übernimmt die Aufgaben des Rechnungswesens (Buchführung, Statistik, Kalkulation).

Der **Franchisenehmer** setzt sein eigenes Kapital ein, entrichtet seine Franchisegebühren, beteiligt sich an den allgemeinen Kosten (z. B. Kosten der Werbung), setzt seine Arbeitskraft allein für den Franchisegeber ein und pflegt die Beziehungen zu den Kunden.

(4) Arten des Franchisings

Nach dem **Leistungsangebot** wird unterteilt in:

Dienstleistungsbezogenes Franchising	Sachleistungsbezogenes Franchising	
Hier ruht das Schwergewicht des Franchisings auf den vom Franchisenehmer zu erbringenden Dienstleistungen.	**Produkt-Franchising**	**Betriebs-Franchising**
Beispiele:	Das Produkt-Franchising deckt sich teilweise mit dem Vertragshändlersystem. Der Vertrieb der Ware steht im Vordergrund. Es fehlt jedoch ein umfassendes „System".	Die Franchisenehmer treten nach außen wie ein Filialsystem auf. Es besteht ein umfassendes Organisationskonzept („System").
Wäschereigewerbe, Gebäudereinigungen, Autowäschereien, Betriebs- und Steuerberatungen, Finanzierungsgesellschaften, Privatschulen, Reisebüros, Reparaturwerkstätten, Gaststätten.		

(5) Vor- und Nachteile des Franchisings

Vorteile	Nachteile
■ Absatzwirksames, weil einheitliches und werbewirksames Absatzkonzept;	■ Gefahr der Marktsättigung durch immer gleichbleibendes und als uniform empfundenes Angebot;
■ Stärkung von Kleinunternehmen zu marktstarken Gruppen;	■ beim Franchising zwischen Hersteller und Einzelhandel wird der Großhandel ausgeschaltet;
■ rationelle (kostensparende) Nutzung einer zentralen EDV-Organisation;	■ starke Abhängigkeit des Franchisenehmers; deswegen Gefahr, dass Waren auch von anderen Lieferern bezogen werden; Gründung von verbundunabhängigen Unternehmen durch die Franchisenehmer, um sich aus der Vertriebsbindung teilweise zu lösen;
■ umfassende Beratung und Unterstützung der Franchisenehmer durch den Franchisegeber;	
■ rasche Durchdringung des Marktes, weil Franchising Aufbaukapital spart;	■ verstärkte Tendenz zur Monotonie der Märkte, damit geringer Wettbewerb.
■ erleichtert Möglichkeit, sich selbstständig zu machen, da ausgereiftes Systemwissen vollständig zur Verfügung gestellt wird.	

5.2.2.4 Handelsvertreter

(1) Begriff Handelsvertreter

> ■ **Handelsvertreter** sind **selbstständige Gewerbetreibende,** die ständig damit betraut sind, **im Namen** und **für Rechnung eines anderen Unternehmers** Geschäfte zu vermitteln oder abzuschließen (vgl. § 84 I, S. 1 HGB).
>
> ■ Der Handelsvertreter wird aufgrund eines **Vertretungsvertrags (Agenturvertrag)** tätig. Der Vertretungsvertrag ist auf **Dauer** ausgerichtet.

Je nachdem, ob eine Vermittlungs- oder Abschlussvertretung vereinbart ist, unterscheidet man **Abschlussvertreter** und **Vermittlungsvertreter.** Zahlungen dürfen die Vertreter nur dann entgegennehmen, wenn sie die **Inkassovollmacht (Einzugsvollmacht)** besitzen. Für den Einzug von Forderungen erhalten die Vertreter i. d. R. eine **Inkassoprovision.** Verpflichten sich die Vertreter dazu, für die Verbindlichkeiten ihrer Kunden einzustehen, erhalten sie hierfür eine **Delkredereprovision**[1] [§ 86 b HGB].

(2) Beispiel: Geschäftsablauf bei einem Abschlussvertreter ohne Inkassovollmacht

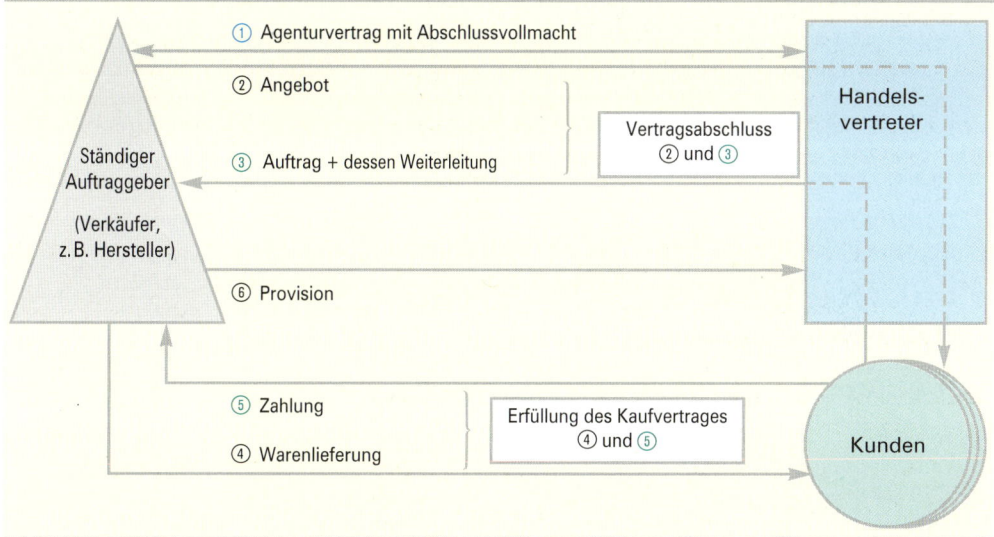

---

1 Delkredere (lat., it.): (wörtl.) vom guten Glauben; hier: Haftung für die Bezahlung einer Forderung.

23 Speth u.a. - ISBN 978-3-8120-0537-1

(3) Rechte und Pflichten

Rechte der Handelsvertreter	Pflichten der Handelsvertreter
■ Recht auf Bereitstellung von Unterlagen. ■ Recht auf Provision. ■ Ausgleichsanspruch nach Beendigung des Vertragsverhältnisses. ■ Anspruch auf Ersatz von Aufwendungen. ■ Gesetzliches Zurückbehaltungsrecht.	■ Sorgfaltspflicht. ■ Bemühungspflicht. ■ Benachrichtigungspflicht über Geschäftsvermittlungen bzw. -abschlüsse. ■ Interessenwahrungspflicht. ■ Schweigepflicht über Geschäfts- und Betriebsgeheimnisse. ■ Einhaltung der Wettbewerbsabrede.

(4) Bedeutung

Der **Vorteil** des **Einsatzes von Handelsvertretern** ist, dass sie – im Gegensatz zu den Handlungsreisenden – in der Regel in ihren Absatzgebieten ansässig sind. Sie haben somit einen engen Kontakt zur Kundschaft. Von Vorteil ist ferner, dass bei möglichen Absatzrückgängen die Vermittlungskosten (Provisionen) je Verkaufseinheit konstant bleiben, weil die Handelsvertreter in aller Regel lediglich Provisionen, aber keine Fixa erhalten.

Von **Nachteil** kann für den Auftraggeber sein, dass bei starken Umsatzerhöhungen die Provisionskosten höher sind als beim Einsatz von Handlungsreisenden.

(5) Kostenvergleich von Handlungsreisendem und Handelsvertreter

Beispiel:

Ein Unternehmen steht vor der Wahl, entweder Handlungsreisende oder Handelsvertreter einzusetzen. Die Handlungsreisenden erhalten ein Fixum von insgesamt 12 000,00 EUR im Monat und 4 % Provision, die Handelsvertreter lediglich 8 % Umsatzprovision. Es stellt sich die Frage, von welchem Umsatz an sich der Einsatz von Reisenden lohnt.

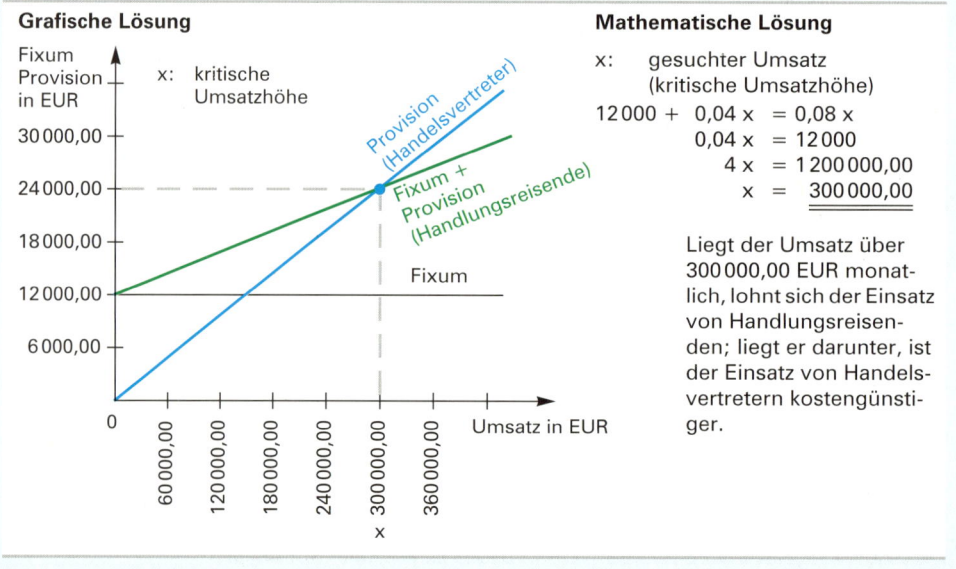

Grafische Lösung

Mathematische Lösung

x: gesuchter Umsatz (kritische Umsatzhöhe)

$$12\,000 + 0{,}04\,x = 0{,}08\,x$$
$$0{,}04\,x = 12\,000$$
$$4\,x = 1\,200\,000{,}00$$
$$x = \underline{300\,000{,}00}$$

Liegt der Umsatz über 300 000,00 EUR monatlich, lohnt sich der Einsatz von Handlungsreisenden; liegt er darunter, ist der Einsatz von Handelsvertretern kostengünstiger.

Die Entscheidung, ob Handelsvertreter oder Handlungsreisende eingesetzt werden sollen, hängt – neben anderen Gründen – auch davon ab, wie hoch der erwartete bzw. geplante Umsatz ist.

- Bei einem **geringen Umsatz** ist es **häufig günstiger,** mit **Handelsvertretern** zu arbeiten, da **Kosten nur anfallen,** wenn **Aufträge hereingebracht** werden.

- Bei **höheren Umsätzen** ist im Regelfall der Einsatz von **Handlungsreisenden günstiger.**

Weitere Gründe, die **für den Einsatz von Handelsvertretern** sprechen, sind:

- Kleine Unternehmen stützen sich auf Handelsvertreter, wenn sie sich **keinen eigenen Außendienst** leisten können.
- Auch große Unternehmen setzen Handelsvertreter ein, wenn sie neue Absatzgebiete **ohne zusätzliche Personalkosten** erschließen wollen.
- Handelsvertreter mit **speziellen Warenkenntnissen** bzw. **Kenntnissen in einer Region** können damit beauftragt werden, Waren zu prüfen, zu beschaffen, zu lagern und anschließend an den Auftraggeber zu senden.
- Die **Vergütung** des Handelsvertreters ist **leistungsabhängig.** Er hat daher ein besonderes hohes Interesse am Verkauf der Waren.
- Da der Handelsvertreter in der Regel verschiedene Unternehmen vertritt, kann er eventuell ergänzende Produkte von anderen Herstellern übernehmen, um so auf einem bestimmten Gebiet ein **breites Produktprogramm** anbieten zu können.
- Aufgrund der **räumlichen Nähe zu den Kunden** kann er gezielt neue Kunden gewinnen.
- Die **Kündigung eines Agenturvertrages** ist mit **weniger Schwierigkeiten verbunden** als die Kündigung eines Arbeitsverhältnisses (z. B. kein Kündigungsschutzgesetz, keine Tarifverträge, kein Mitspracherecht des Betriebsrats).

Gründe, die **gegen den Einsatz von Handelsvertretern** sprechen, sind:

- Vertritt der Handelsvertreter verschiedene Hersteller, so hat er oft **geringe spezifische Warenkenntnisse** bezüglich der einzelnen Produkte.
- Eine **Kontrolle** des Handelsvertreters ist **nur eingeschränkt möglich.**
- Der Hersteller wird nur indirekt vertreten, sodass darunter der **persönliche Kontakt** zwischen Hersteller und Kunden **leiden kann.**

5.2.2.5 Kommissionär

(1) Begriff Kommissionär

Kommissionäre sind – soweit sie nach Art oder Umfang über einen in kaufmännischer Weise eingerichteten Geschäftsbetrieb verfügen – als **selbstständige Kaufleute** damit betraut, gewerbsmäßig Waren oder Wertpapiere in **eigenem Namen** und auf **Rechnung eines anderen** (des Kommittenten)[1] zu kaufen **(Einkaufskommissionär)** oder zu verkaufen **(Verkaufskommissionär)** [§ 383 HGB].

Kommissionäre können nach dem Kommissionsvertrag in einem Dauervertragsverhältnis zum Kommittenten stehen. Sie können aber auch von Fall zu Fall Aufträge annehmen.

---

1 Kommittent: Auftraggeber (lat. committere: beauftragen). Kommission: Geschäftsbesorgung.

(2) Beispiel: Geschäftsablauf bei einem Verkaufskommissionär mit Auslieferungslager

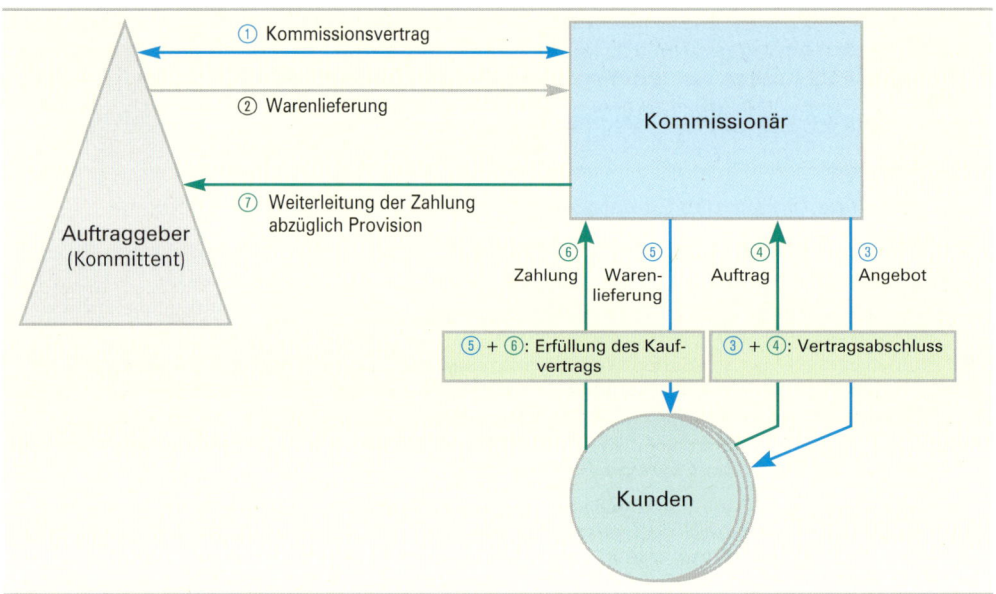

(3) Rechte und Pflichten des Kommissionärs

Rechte der Kommissionäre	Pflichten der Kommissionäre
■ Recht auf Provision.	■ Sorgfalts- und Haftpflicht.
■ Anspruch auf Ersatz von Aufwendungen.	■ Befolgungspflicht.
■ Selbsteintrittsrecht, d. h., die Kommissionäre können Waren oder Wertpapiere aus eigenen Beständen liefern bzw. selbst übernehmen (kaufen).	■ Benachrichtigungspflicht über den vollzogenen Ein- oder Verkauf.
■ Gesetzliches Pfandrecht.	■ Abrechnungspflicht. Die Verkaufskommissionäre müssen den Rechnungsbetrag abzüglich ihrer Provision abführen. Den Einkaufskommissionären steht der Einkaufspreis zuzüglich Provision zu.

(4) Bedeutung des Kommissionärs

- ■ Der Absatz über einen Kommissionär hat vor allem im **Außenhandel** eine hohe Bedeutung.
- ■ Der Kommissionär kennt sein **Absatzgebiet,** die **Kaufvorlieben** der Kunden und ihre **wirtschaftlichen Verhältnisse.**
- ■ Der Kommissionär stellt dem Auftraggeber (Kommittenten) eine ausgebaute **Verkaufsorganisation** zur Verfügung.
- ■ Stellt der Kommissionär ein Lager zur Verfügung, kann der Auftraggeber seine **Produkte in Kundennähe** bringen und spart hierbei in der Regel Lagerkosten.

- Der Kommissionär schließt die Geschäfte in eigenem Namen ab, muss hierbei jedoch die **Weisungen des Auftraggebers befolgen,** insbesondere in Bezug auf die Preise. Der Auftraggeber gibt somit das Geschäft „nicht aus der Hand".

- Der **Auftraggeber** tritt nach Außen (gegenüber dem Käufer der Ware) **nicht in Erscheinung,** was aus Wettbewerbsgründen vor allem im Ausland von Bedeutung sein kann.

- Der Absatz der Waren über einen Kommissionär verursacht vergleichsweise **niedrige Kosten.**

- Ein **Nachteil für den Auftraggeber** ist, dass er das **Absatzrisiko trägt,** denn die nicht verkaufte Ware muss wieder zurückgenommen werden.

(5) Arten der Kommissionäre

Nach der Art der Aufgabe, die ein Kommissionär übernimmt, unterscheidet man in Einkaufskommissionär und in Verkaufskommissionär.

Einkaufs-kommissionäre	Sie sind beauftragt, in **eigenem Namen** und für **fremde Rechnung** Waren oder Wertpapiere zu **kaufen.** Die Einkaufskommissionäre erwerben zunächst grundsätzlich das Eigentum an der Ware bzw. an den Wertpapieren. Sie müssen dann das Eigentum durch ein besonderes Rechtsgeschäft auf den Kommittenten übertragen.
Verkaufs-kommissionäre	Sie sind beauftragt, in **eigenem Namen** und für **fremde Rechnung** Waren oder Wertpapiere zu **verkaufen.** Die Verkaufskommissionäre sind **nicht** Eigentümer der Ware bzw. der Wertpapiere, dürfen aber das Eigentum auf Dritte übertragen. Die Forderung aus dem Verkauf der Kommissionsware bzw. der Wertpapiere müssen die Kommissionäre an den Kommittenten **abtreten.**[1] Im Außenhandel unterhalten orts- und branchenkundige Kommissionäre für die zu verkaufenden Güter besondere **Kommissionslager,** die auch als **Konsignationslager** bezeichnet werden.

5.3 Outsourcing von Logistikleistungen

(1) Begriff und Aufgaben der Logistik

> **Logistik** ist die **Planung, Steuerung, Durchführung** und **Kontrolle** von unternehmensinternen und unternehmensübergreifenden **Material-** und **Warenflüssen** sowie der dazugehörigen **Informationsflüsse.**

Zu den **Aufgaben** der Logistik zählen zum einen **Informationsverarbeitungsprozesse** und zum anderen **physische Transport-, Umschlags- und Lagerprozesse.** Hauptaufgabe der Logistik ist es, den internen Materialfluss zwischen Beschaffung, Produktion und Absatz sowie den externen Materialfluss mit Lieferanten und Kunden abzustimmen und durchzuführen.

---

1 Die grundlegenden Rechtsvorschriften zur rechtsgeschäftlichen Abtretung (Zession) von Forderungen finden Sie in den §§ 398 ff. BGB.

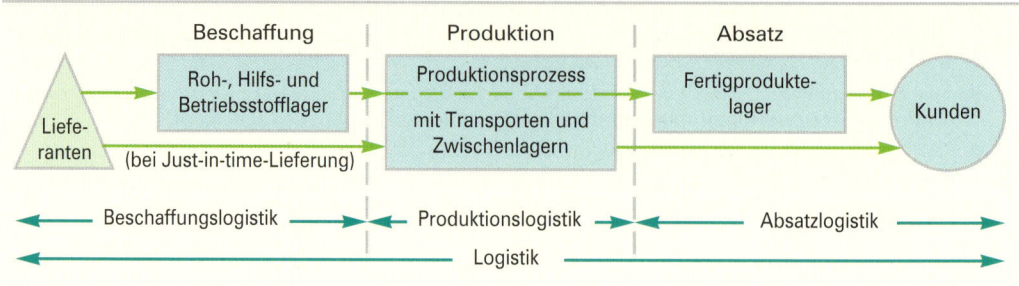

Das Problem, Logistikleistungen nicht selbst auszuführen, sondern einem spezialisierten Dienstleister zu übertragen, tritt insbesondere im Rahmen der Absatzlogistik auf.

(2) Aufgaben der Absatzlogistik

■ Begriff Absatzlogistik

Die Absatzlogistik beschäftigt sich damit, mit welchen technischen Mitteln das Produkt zum Endkunden gelangt. Dabei müssen insbesondere Fragen geklärt werden in Bezug auf

- Lagerhaltung und Standortwahl,
- Wahl der Transportmittel und
- Verpackung.

> Die **Absatzlogistik** hat die Aufgabe, den Güterfluss zum Kunden zu optimieren.

■ Lagerhaltung und Standortwahl

Die Geschäftsleitung muss entscheiden, ob eigene Lagerkapazitäten – zentral oder dezentral – aufgebaut werden, oder ob diese Aufgabe an spezielle Logistikunternehmen, wie z.B. eine Spedition, übertragen werden. Zentrallager, die bevorzugt an strategisch günstigen Verkehrsknoten im Umfeld von Autobahnkreuzungen angesiedelt sind, haben den Vorteil eines geringeren Personal- und Flächenbedarfes. Kleinere und dezentral verteilte Lager bieten den Vorteil kürzerer Transportwege zu den Kunden. Verlangt der Kunde eine Lieferung Just in time, dann gehört es zur Serviceleistung des Verkäufers, Zeitpuffer aufzubauen, um Transportverzögerungen ausgleichen zu können. Dies geschieht häufig dadurch, dass die zeitkritische Ware auf Lkw zwischengelagert wird („rollendes Lager").

■ Wahl der Transportmittel

Auch hier muss die Geschäftsleitung entscheiden – baut es durch Investitionen in einen Fuhrpark eigene Transportkapazitäten auf oder soll diese Leistung einer Spedition übertragen werden. Der Vorteil einer Übertragung auf eine Spedition liegt darin, dass diese Dienstleister neben der eigentlichen Transportleistung auch noch Nebenleistungen (Abwicklung von Formalitäten, Lagerung) übernehmen.

Weitere Faktoren, die die Wahl der Transportmittel beeinflussen:

- Beschaffung der Räume und/oder der Flächen zum Aufbau eines Fuhrparks,
- Kosten der Kapitalbindung, Abschreibung, Personalkosten,
- Größe/Handlichkeit der zu versendenden Güter,
- Sicherheit, Schnelligkeit, Zuverlässigkeit des Transportmittels.

■ Verpackung

Neben der kundenbezogenen Funktion der Verpackung (Werbung, Information, Aufmerksamkeit) hat die Verpackung die Aufgabe, die Distribution zu unterstützen, indem sie die Ware gegen Beschädigungen schützt. Zeit- und kostenintensive Umverpackungsvorgänge lassen sich verringern, wenn das Ziel angestrebt wird, dass Versandeinheit (primäres Ziel: Schutz der Ware), Lagereinheit (primäres Ziel: ökonomische Raumausnutzung, Stapelbarkeit) und Verkaufseinheit (primäres Ziel: Werbung, Information) möglichst identisch sind. So ist z. B. Tetrapack eine intelligente Lösung, der gleichzeitigen Verwirklichung aller drei Ziele nahezukommen.

(3) Outsourcing von Logistikleistungen

Kommt die Geschäftsleitung des Industriebetriebs zu dem Schluss, dass es sinnvoll ist, die Absatzlogistik einem spezialisierten Dienstleister zu übertragen, so wird er diese logistischen Aufgaben auslagern **(Outsourcing)**. Den so gewonnenen Freiraum kann das Unternehmen dazu nutzen, sich auf die industriellen Kernfelder Produktentwicklung, Produktion, Beschaffung und Marketing zu konzentrieren.

5.4 Umweltschutz im Rahmen der Distributionspolitik

5.4.1 Abfallvermeidung, Recycling und Entsorgung[1]

Nach dem **Kreislaufwirtschaftsgesetz** sind alle, die Güter produzieren, vermarkten oder konsumieren, für die Vermeidung, Verwertung oder umweltverträgliche Entsorgung der Abfälle grundsätzlich selbst verantwortlich. Dabei gilt folgende Rangfolge:

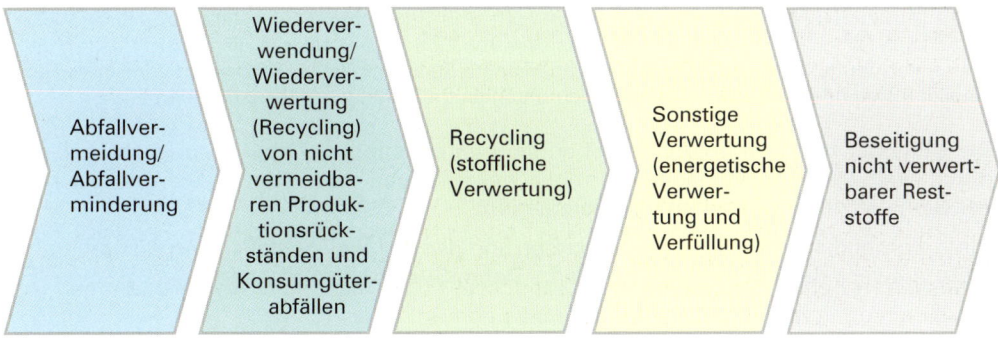

Abfallvermeidung/ Abfallverminderung — Wiederverwendung/ Wiederverwertung (Recycling) von nicht vermeidbaren Produktionsrückständen und Konsumgüterabfällen — Recycling (stoffliche Verwertung) — Sonstige Verwertung (energetische Verwertung und Verfüllung) — Beseitigung nicht verwertbarer Reststoffe

---

1 Diese Thematik wurde bereits in Band 1, Lerngebiet 1, Kapitel 6.6, S. 183ff. behandelt.

Die Kreislaufwirtschaft bei der Produktion von Gütern zeigt die nachfolgende Abbildung:

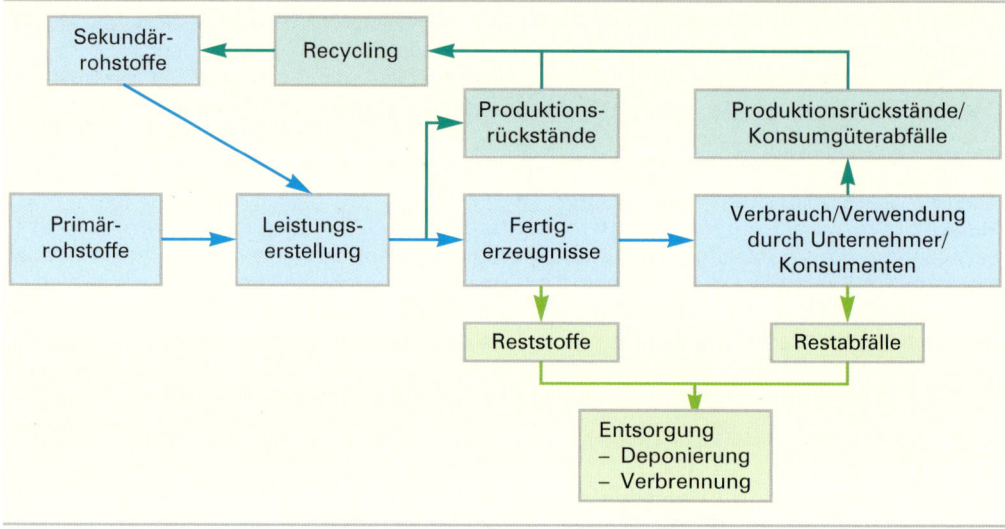

5.4.2 Rücknahme von Produkten und Rücknahmesysteme

Im Kreislaufwirtschaftsgesetz, in der Verpackungsverordnung, in der Altfahrzeugverordnung und im Elektro- und Elektronikgerätegesetz sind zwingende Vorschriften enthalten, gebrauchte Produkte und Verpackungen zurückzunehmen.

5.4.2.1 Altfahrzeugverordnung [AltfahrzeugV][1]

Die Altfahrzeugverordnung regelt, dass bestimmte Kraftfahrzeuge als Abfall entweder einer anerkannten Annahmestelle oder einem anerkannten Verwerterbetrieb zu überlassen sind.

> § 3 I [AltfahrzeugV]: „Hersteller von Fahrzeugen sind verpflichtet, alle Altfahrzeuge ihrer Marke vom Letzthalter zurückzunehmen. Die Hersteller von Fahrzeugen müssen die in Satz 1 bezeichneten Altfahrzeuge ab Überlassung an eine anerkannte Rücknahmestelle oder einen von einem Hersteller hierzu bestimmten anerkannten Demontagebetrieb unentgeltlich zurücknehmen.

Die Betreiber von Demontagebetrieben sind verpflichtet, die Überlassung unverzüglich durch einen Verwertungsnachweis zu bescheinigen und diesen der für die Überwachung der Betriebe zuständigen Behörde vorzulegen.

Die Automobilindustrie hat sich zur Umsetzung der Richtlinie weltweit verpflichtet und zu diesem Zweck das Internationale Material Daten System [IMDS] gegründet.

---

1 Die Verordnung beruht auf dem Kreislaufwirtschaftsgesetz. Den Text der Altfahrzeugverordnung finden Sie unter http://www.bundesrecht.juris.de/bundesrecht/altautov/.

5.4.2.2 Elektro- und Elektronikgesetz [ElektroG]

Verbraucher können und sollen seit 2006 ihre Elektro-Altgeräte kostenlos bei kommunalen Sammelstellen abgeben. Die Hersteller sind dann für die weitere Entsorgung zuständig. Außerdem dürfen bestimmte gefährliche Stoffe bei der Herstellung von Elektrogeräten nicht mehr verwendet werden. Alle Hersteller und Importeure, welche Elektro- und Elektronikgeräte als erste in den europäischen Markt einführen und weiterveräußern, müssen bei der Stiftung „Elektro-Altgeräte-Register" [EAR] registriert sein.[1]

Die Rücknahmeverpflichtung hat dazu geführt – das gilt auch für die Automobilindustrie –, dass die Hersteller beginnen, ihre Produkte von Anbeginn an so zu konstruieren, dass sie möglichst vollständig wiederverwertet werden können.

5.4.2.3 Verpackungsverordnung [VVO][2]

(1) Rücknahmepflichten

■ Rücknahmepflicht für Transportverpackungen

Die Vertreiber (z.B. Hersteller, Großhändler) sind verpflichtet, Transportverpackungen nach dem Gebrauch zurückzunehmen. Sie müssen dafür sorgen, dass sie erneut verwendet oder verwertet werden [§ 4 VVO].

■ Rücknahmepflicht für Umverpackungen

Der Einzelhändler muss beim Verkauf der Ware an den Endverbraucher die Umverpackung entfernen, oder er muss dem Kunden in der Verkaufsstelle die Möglichkeit geben, die Umverpackung selbst zu entfernen und – nach Wertstoffen getrennt – zurückzugeben. Auf die Möglichkeit der sofortigen Rückgabe der Umverpackung hat der Verkäufer den Käufer in deutlich erkennbaren und lesbaren Schrifttafeln hinzuweisen [§ 5 VVO].

■ Rücknahmepflicht für Verkaufsverpackungen

Der Einzelhändler ist auch verpflichtet, die vom Endverbraucher gebrauchte Verkaufsverpackung zurückzunehmen. Die Rücknahmeverpflichtung entfällt für Verpackungen, die vom **Dualen System** entsorgt und verwertet werden. Auf die Möglichkeit der sofortigen Rückgabe der Verkaufsverpackung hat der Verkäufer den Käufer in deutlich erkennbaren und lesbaren Schrifttafeln hinzuweisen [§ 6 VVO].

---

1 Das Umwelt-Bundesamt hat alle Infos zu den neuen Regelungen in einer Broschüre zusammengefasst, die Sie hier herunterladen können: http://www.bmu.de/files/abfallwirtschaft/downloads/application/pdf/broschuere_elektroschrott.pdf.

2 Aufgrund des Lehrplans wurde auf die Verpackungsverordnung bereits in der Jahrgangsstufe 11 eingegangen. Um die Thematik hier umfassend darzustellen, werden die Ausführungen teilweise wiederholt. Vgl. Band 1, Lerngebiete 2, Kapitel 2.6.4, S. 281 ff.

Die Organisation „Duales System Deutschland AG" haben Hersteller und Handel gegründet, um gebrauchte Einwegverpackungen (z.B. Glasflaschen, Dosen, Kunststoffbecher, Papierschalen) nicht zurücknehmen zu müssen. Einwegverpackungen sind mit dem „Grünen Punkt" gekennzeichnet. Durch den „Grünen Punkt" wird angezeigt, dass die Kosten für das Einsammeln, den Transport und die Verwertung der Einwegverpackungen bezahlt sind.

(2) Pfanderhebungs- und Rücknahmepflicht für Einweggetränkeverpackungen

Die Einzelhändler sind verpflichtet, für Einweggetränkeverpackungen mit einem Füllvolumen von 0,1 bis 3 Liter, ein Pfand in Höhe von mindestens 25 Cent zu erheben. Das Pfand ist jeweils bei Rücknahme der Verpackungen zu erstatten. Ohne eine Rücknahme der Verpackungen darf das Pfand nicht erstattet werden [§ 8 I VVO].

Vom Pfand ausgenommen sind z.B. Milchgetränke, Frucht- und Gemüsesäfte, diätetische Getränke, Wein, Sekt, Spirituosen (Näheres siehe § 8 II VVO).

(3) Entsorgungspflicht

Hersteller, Großhändler und Einzelhändler sind verpflichtet, ihre Verpackungen entweder erneut zu verwenden oder zu entsorgen. Sie können dabei wählen, ob sie die Entsorgung selbst vornehmen oder ob sie sich dem dualen System anschließen, das diese Aufgabe übernimmt. Die Abtretung an das duale System ist jedoch daran gebunden, dass das duale System bei einzelnen Materialien gesetzlich vorgeschriebene Quoten für die Verwertung gebrauchter Verkaufsverpackungen erzielt (z.B. die Mindest-Verwertungsquote bei Glas beträgt 75 %, bei Weißblech 70 % oder bei Kunststoff 60 %).

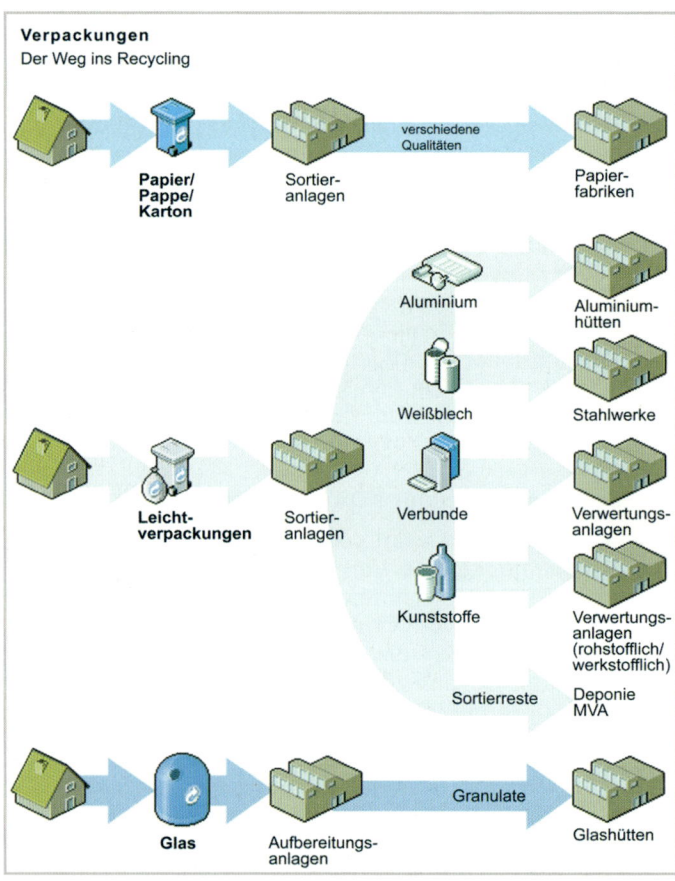

Quelle: http://www.gruener-punkt.de.

■ **Abwicklung der Entsorgung durch das „Duale System Deutschland AG"**

Der „Grüne Punkt" auf einer Verpackung bedeutet nicht automatisch, dass diese Verpackung in die „Gelbe Tonne" oder den „Gelben Sack" wandert.

Ob ja oder nein, hängt ganz vom Material ab: Papierverpackungen gehören in die Altpapiersammlung, Glasverpackungen in den Glascontainer, „Gelbe Tonne" und „Gelber Sack" sind nur für sogenannte Leichtverpackungen aus Aluminium, Weißblech, Kunststoff und Verbundmaterialien zuständig.

Für die unterschiedlichen Abfallarten bestehen getrennte Wertstoffkreisläufe, die aber alle nach dem gleichen Prinzip funktionieren: Die Verpackungen werden nach Sorten getrennt und dann den unterschiedlichen Industrien zum Recyceln zurückgegeben.

Zusammenfassung

■ Nach den Absatzwegen unterscheidet man zwischen **direkten Absatzwegen** und **indirekten Absatzwegen**.

- ■ Zu den **direkten Absatzwegen** zählt der Verkauf über
  - Handlungsreisende
  - Verkaufsniederlassungen
  - Vertriebsgesellschaften
  - E-Commerce
- ■ Zu den **indirekten Absatzwegen** zählt der Verkauf über
  - Vertragshändler
  - Absatzmittler
  - Franchising

■

Merkmale	Handlungsreisende	Handelsvertreter	Kommissionäre
Begriff	Fest angestellte Mitarbeiter eines Unternehmens; streng weisungsgebunden; vermitteln oder schließen Geschäfte in fremdem Namen und für fremde Rechnung ab.	Selbstständige Gewerbetreibende, die ständig damit betraut sind, für ihre Auftraggeber Geschäfte zu vermitteln oder in fremdem Namen und für fremde Rechnung abzuschließen.	Selbstständige Gewerbetreibende, die gewerbsmäßig ständig oder fallweise für ihre Auftraggeber Waren oder Wertpapiere verkaufen und/oder einkaufen, und zwar in eigenem Namen, aber für fremde Rechnung.
Rechtsstellung	Keine Kaufleute, keine Firma, keine Handelsbücher.	Kaufleute, sofern die Art ihres Geschäftsbetriebs oder ihr Geschäftsumfang eine kaufmännische Einrichtung erfordert. Ist dies der Fall, müssen sie sich ins Handelsregister eintragen lassen.	
Arten	■ Vermittlungsreisende ■ Abschlussreisende	■ Vermittlungsvertreter ■ Abschlussvertreter	■ Einkaufskommissionäre ■ Verkaufskommissionäre
Art des Vertrags	Arbeitsvertrag (Dienstvertrag)	Vertretungsvertrag (Agenturvertrag)	Kommissionsvertrag

Merkmale	Handlungsreisende	Handelsvertreter	Kommissionäre
Vergütung	■ Gehalt (Fixum) ■ Umsatzprovision ■ Spesenersatz	■ Umsatzprovision ■ Inkassoprovision ■ Delkredereprovision	■ Umsatzprovision ■ Delkredereprovision
Bedeutung	Siehe S. 348f.	Siehe S. 354f.	Siehe S. 356.

Übungsaufgaben

155 Die Geschäftsleitung der Kolb & Co. KG steht vor der Entscheidung, entweder Handelsvertreter oder Handlungsreisende einzusetzen. Für die Handlungsreisenden muss sie monatlich insgesamt 20 000,00 EUR Fixum zahlen. Die Handlungsreisenden erhalten 4 % Umsatzprovision, die Handelsvertreter 9 %. Der erwartete Monatsumsatz beträgt durchschnittlich 500 000,00 EUR.

Aufgaben:

1. Prüfen Sie rechnerisch nach, ob der Einsatz von Handlungsreisenden oder von Handelsvertretern kostengünstiger ist!

2. Ermitteln Sie zeichnerisch den kritischen Umsatz!

3. Nennen Sie Gründe, die – unabhängig von Kostenüberlegungen –

   3.1 für die Einstellung von Handlungsreisenden,

   3.2 für den Einsatz von Handelsvertretern sprechen!

4. Herr Schnell ist als Handlungsreisender bei der Kolb & Co. KG beschäftigt. Über das Gesetz hinausgehende Vollmachten wurden Schnell nicht erteilt. Der Kunde Knetz reklamiert bei Schnell frist- und formgerecht eine Lieferung. Schnell sagt einen Preisnachlass von 20 % zu. Beim Kunden Knurr kassierte er eine Rechnung der Kolb & Co. KG in Höhe von 850,00 EUR.

   4.1 Begründen Sie, ob Schnell berechtigt war, die Mängelrüge entgegenzunehmen und einen Preisnachlass zu gewähren!

   4.2 Begründen Sie weiterhin, ob Schnell die 850,00 EUR einkassieren durfte!

156 Die Pralinen-Auer KG in Bad Grund setzt Handelsvertreter ein. Unter anderen ist Helga Braun Handelsvertreterin der Pralinen-Auer KG. Sie schließt ohne Wissen ihres Auftraggebers einen weiteren Agenturvertrag mit der Schoko-Kern OHG ab.

Aufgaben:

1. Erläutern Sie, was unter einem Agenturvertrag zu verstehen ist!

2. Begründen Sie, ob Helga Braun einen Agenturvertrag mit der Schoko-Kern OHG abschließen durfte!

3. Helga Brauns Geschäfte gehen so gut, dass sie zwei Untervertreterinnen und einen Untervertreter „einstellte", denen sie Umsatzprovision und Delkredereprovision bezahlt.

   3.1 Erläutern Sie den Begriff Delkredereprovision!

   3.2 Begründen Sie, ob der Einsatz von Untervertreterinnen und -vertretern durch Helga Braun rechtlich zulässig ist!

4. Karl Knigge ist Bezirksvertreter im Raum Niedersachsen. Anfangs hat er sehr viel gearbeitet und für seinen Auftraggeber einen großen Kundenstamm aufgebaut. Nun ist er nicht mehr so fleißig, aber die von ihm einst geworbenen Kunden bestellen immer noch direkt bei der Pralinen-Auer KG.

   4.1 Die Geschäftsleitung der Pralinen-Auer KG verweigert die Provisionszahlung. Begründen Sie, ob die Geschäftsleitung im Recht ist!

   4.2 Die Geschäftsleitung der Pralinen-Auer KG kündigt den mit Karl Knigge abgeschlossenen Agenturvertrag. Nennen Sie den Anspruch, den Karl Knigge hat!

5. Bei der Pralinen-Auer KG überlegt man sich auch, Kommissionäre statt Handelsvertretern einzusetzen.

   5.1 Definieren Sie den Begriff Kommissionär!

   5.2 Nennen Sie zwei Vor- und Nachteile aus Sicht der Pralinen-Auer KG, wenn statt Handelsvertretern Verkaufskommissionäre eingesetzt werden!

6. Die Pralinen-Auer KG entschließt sich dazu, mit einigen Kommissionären zusammenzuarbeiten. Dem Kommissionär Fred Bergmann wird für eine Großhandelspackung Pralinen ein Preislimit von 120,00 EUR gesetzt. Da die Pralinen reißenden Absatz finden, verlangt Fred Bergmann von seinen Abnehmern 128,00 EUR je Verkaufspackung, führt jedoch an die Pralinen-Auer KG nur 120,00 EUR abzüglich Provision und bare Auslagen ab.

   Die Pralinen-Auer KG erfährt von dem höheren Verkaufspreis und verlangt von Fred Bergmann, dass er seiner Abrechnung die 128,00 EUR je Verkaufspackung zugrunde legt. Fred Bergmann hingegen sagt, dass er von seinem Selbsteintrittsrecht Gebrauch gemacht habe und daher nur verpflichtet sei, die 120,00 EUR je Verkaufspackung abzurechnen.

   6.1 Erläutern Sie, was unter dem Selbsteintrittsrecht zu verstehen ist!

   6.2 Prüfen Sie, ob Fred Bergmann im Recht ist!

157 1. Die Lux-GmbH rechnet aufgrund der erstellten Marktprognose mit einer beträchtlichen Umsatzsteigerung. Aus diesem Grund soll der bisherige Absatzweg, Verkauf der Geschirrspülmaschinen durch Handelsvertreter, überdacht werden. Es soll untersucht werden, ob der Einsatz von Handlungsreisenden sinnvoll ist.

   – Kosten für Handelsvertreter: 9 % Umsatzprovision.
   – Kosten für Handlungsreisende: monatliche fixe Kosten (Fixum und Spesen) 3 500,00 EUR und 3 % Umsatzprovision.

   Aufgaben:

   1.1 Berechnen Sie den kritischen Umsatz!

   1.2 Berechnen Sie, welcher Absatzmittler beim vorgegebenen Jahresumsatz von 1 000 000,00 EUR geringere Kosten verursacht!

   1.3 Erläutern Sie vier Gesichtspunkte, die außer den Kosten bei der Entscheidung für den günstigsten Absatzmittler zu berücksichtigen sind!

   1.4 Schlagen Sie der Geschäftsleitung den nach Ihrer Meinung für den Verkauf der neuen Geschirrspülmaschinen geeignetsten Absatzmittler vor! Berücksichtigen Sie dabei Ihre Lösungen zu den Aufgaben 1.2 und 1.3!

2. 2.1 Beschreiben Sie die Aufgabe, die die Distributionspolitik zu lösen hat!

   2.2 Nennen Sie die Absatzwege, welche grundsätzlich möglich sind!

   2.3 Sie sind Distributionsmanager eines Textilunternehmens. Ihnen wird der Auftrag übertragen, für das spezielle Produkt „Jagdbekleidung" einen Distributionsplan zu erstellen.
   Aufgabe:
   Entwickeln Sie unter Verwendung der verschiedenen distributionspolitischen Instrumente eine Distributionsvariante!

158 1. 1.1 Beschreiben Sie mindestens fünf wesentliche Merkmale des Franchisings!

   1.2 Nennen Sie Ihnen bekannte Franchising-Systeme!

   1.3 Unterscheiden Sie die Franchising-Systeme nach dem Leistungsangebot!

   1.4 Erarbeiten Sie – eventuell in Gruppen – wesentliche Vor- und Nachteile des Franchisings, und zwar
      1.4.1 für den Franchisegeber,
      1.4.2 für den Franchisenehmer,
      1.4.3 für die Kunden des Franchisenehmers!

2. Die Möbelfabrik Schreiner GmbH besitzt eine zentrale Verkaufsniederlassung in Celle.

    2.1 Nennen Sie einen Vorteil, den die Schreiner GmbH hätte, wenn sie weitere Verkaufsniederlassungen unterhielte!

    2.2 Die Möbelfabrik Schreiner GmbH verkauft ihre Produkte sowohl an Großhändler, Einzelhändler und Hotels als auch an Privatleute.

        2.2.1 Erläutern Sie, welche Absatzwege beschritten werden!

        2.2.2 Nennen Sie die Vor- und Nachteile der von Ihnen genannten Absatzwege!

159 1. Beschaffen Sie sich über das Internet Informationen über das Elektro- und Elektronikgerätegesetz [ElektroG] und diskutieren Sie in der Klasse

    1.1 über deren Zielsetzungen,

    1.2 über die Aufgaben der Hersteller,

    1.3 über die Organisation zur umweltfreundlichen Entsorgung der Produkte!

  2. 2.1 Die Verpackungsverordnung verpflichtet die Hersteller/Vertreiber zur kostenlosen Rücknahme von Verpackungen. Beschaffen Sie sich die Verordnung über das Internet und fassen Sie die Verpflichtungen von Herstellern, Großhändlern und Einzelhändlern zusammen!

    2.2 Beschreiben Sie die Funktionen des „Grünen Punktes"!

160 Textauszug:

Electronic Commerce gehört längst auch zum deutschen Grundwortschatz. Weniger bekannt sind dagegen die verschiedenen Varianten der Geschäfte im Netz. Insider reden von

– Business-to-Business, kurz B2B, wenn sie den Geschäftsverkehr zwischen den Unternehmen meinen,

– Business-to-Consumer, kurz B2C, wenn es um die Geschäfte zwischen Unternehmen und Konsumenten geht, und

– Business-to-Public Authorities/Administration, kurz B2A/B2G, wenn über die elektronischen Beziehungen zwischen Unternehmen und öffentlichen Verwaltungen oder Institutionen gesprochen wird. [...]

Auch für Deutschland sehen die Prognosen gut aus. Selbst die vorsichtige Schätzung der Lufthansa AirPlus rechnet damit, dass im Jahr 2000 rund 3,5 Milliarden EUR mit dem Internet-Verkauf von Waren und Dienstleistungen umgesetzt werden. [...]

Der überwiegende Teil der Umsätze im Netz entfällt heute übrigens schon auf die Geschäfte der Unternehmen untereinander (B2B). Doch auch der Verkauf an Privathaushalte (B2C) blüht, vor allem, weil die Produktpalette immer bunter wird. Längst ordern die Verbraucher nicht mehr nur Hard- und Software per Mausklick, sondern auch Eintrittskarten, Mode, Haushaltsgeräte und sogar Nahrungsmittel und Getränke.

Ob B2B oder B2C – für beides gibt es inzwischen viele Erfolgsbeispiele. [...]

Quelle: iwd vom 23. September 1999.

Aufgaben:

1. Erläutern Sie den Begriff E-Commerce!

2. Erklären Sie die im Textauszug beschriebenen Arten des E-Commerce!

3. Erklären Sie, was z.B. die 2 im B2B bedeutet!

4. Nennen Sie Vorteile und Nachteile, die der Einkauf im Internet für die Anbieter und die Nachfragenden bietet!

6 Marktpolitische Entscheidungen treffen im Bereich Kommunikationspolitik

> **Kommunikationspolitik**[1] umfasst alle marketingpolitischen Maßnahmen, die das Unternehmen und seine Produkte in der Öffentlichkeit darstellen und bekannt machen.

6.1 Werbung

6.1.1 Begriff Werbung

> **Werbung** sind Maßnahmen mit dem Ziel, bestimmte Botschaften an Personen heranzutragen, um auf ein Erzeugnis und/oder eine Dienstleistung aufmerksam zu machen und Kaufwünsche zu erzeugen.

Um den Erfolg der Werbung sicherzustellen und um die Werbemaßnahmen kontrollieren zu können, ist für jede Form der Werbung das Aufstellen eines Werbeplans notwendig.

6.1.2 Werbeplan[2]

(1) Überblick

Im Werbeplan sind insbesondere folgende Fragen zu beantworten:

- Welche **Art der Werbung** soll durchgeführt werden?
- Welche **Werbemittel** und **Werbeträger** sind einzusetzen?
- Welche Beträge können für die Werbung eingesetzt werden **(Werbeetat)?**
- Welche **Streuzeit** wird festgesetzt?
- Welche **Streugebiete** und **Streukreise** sind auszuwählen?

(2) Arten der Werbung

Beispielhaft werden im Folgenden zwei Formen der Werbung angeführt.

- **Werbung nach der Anzahl der Umworbenen**

Direktwerbung	Massenwerbung
Einzelne Personen, Unternehmen, Behörden werden unmittelbar angesprochen, z.B. durch Werbebriefe, Reisende.	■ Die **gezielte Massenwerbung** möchte eine bestimmte Gruppe durch die Werbung ansprechen (z.B. eine Berufs- oder Altersgruppe, die Nichtraucher, die Autofahrer). ■ Die **gestreute Massenwerbung** wird mithilfe von Massenmedien (Rundfunk, Fernsehen, Zeitungen) betrieben.

---

1 Unter **Kommunikation** versteht man die Übermittlung von Informationen von einem Sender zu einem Empfänger.
2 Zur Kontrolle des Werbeplans siehe Kapitel 7.2.2 „Werbeerfolgskontrolle", S. 378 ff.

■ **Arten der Werbung nach der Anzahl der Werbenden**

Alleinwerbung	Verbundwerbung	Gemeinschaftswerbung
Ein Unternehmen wirbt für seine Produkte.	Mehrere Unternehmen führen gemeinsam eine Werbeaktion durch.	Hier tritt ein ganzer Wirtschaftszweig als Werber auf.
Beispiel:	**Beispiel:**	**Beispiel:**
Gesichtspflege bei Beauty Moments	Einkaufszentrum Gänsbühl: 10 % Rabatt in allen Geschäften	Der Bundesverband Deutscher Milchviehhalter e. V. wirbt: *„Trinkt Milch"*

(3) Werbeträger und Werbemittel

■ **Werbeträger**

> **Werbeträger** sind die Medien, durch die ein Werbemittel an den Umworbenen **herangetragen** werden kann.

Wichtige Werbeträger (Streumedien) sind:

Werbeträger				
■ **Printmedien** – Zeitungen, Zeitschriften – Werbebrief, Kundenzeitschrift – Prospekte, Kataloge	■ **Hörfunk** ■ **Fernsehen** ■ **Kino**	■ **Plakatanschlagstellen** ■ **Nah- und Fernverkehrsmittel** ■ **Bandenwerbung**	■ **Internet** ■ **CD-Werbung**	■ **Werbegeschenke**

■ **Werbemittel**

> **Werbemittel** sind Kommunikationsmittel (z.B. Wort, Bild, Ton, Symbol), mit denen eine **Werbebotschaft dargestellt** wird (z.B. Anzeige, Rundfunkspot, Plakate usw.).

Je nachdem, **welche Sinne angesprochen** werden sollen, gliedert man die Werbemittel in:

optische Werbemittel	Sie wirken auf das Sehen des Umworbenen (z.B. Plakate, Anzeigen, Schaufensterdekorationen, E-Mails und Short Message Service [SMS]).
akustische Werbemittel	Sie sprechen das Gehör an (z.B. Verkaufsgespräch, Werbevorführungen, Werbespots im Radio).
gustatorische (geschmackliche) Werbemittel	Hier soll der Kunde durch eine Kostprobe von der Güte der Ware überzeugt werden. Die Kostproben sprechen den Geschmackssinn an.
olfaktorische (geruchliche) Werbemittel	Sie wirken auf den Geruchssinn der Kunden (z.B. Parfümproben).

Werden die verschiedenen Werbemittel kombiniert (z. B. Lebensmittelproben können gesehen und gekostet werden, Stoffproben können gesehen und gefühlt werden), so spricht man von **gemischten Werbemitteln**. Sie sind besonders werbewirksam, weil sie verschiedene Sinne des Menschen ansprechen.

(4) Streuzeit

Das Festlegen der **Streuzeit** besagt, dass in der Werbeplanung Beginn und Dauer der Werbung sowie der zeitliche Einsatz der Werbemittel und Werbeträger bestimmt werden.

Grundsätzlich hat ein Unternehmen drei Möglichkeiten für die zeitliche Planung von Werbeaktionen:

- **einmalig** bzw. **zeitlich begrenzt** und intensiv zu werben,
- **regelmäßig** zu werben (pro Tag, pro Woche, pro Monat),
- in **unregelmäßigen Abständen** kurz, aber intensiv zu werben.

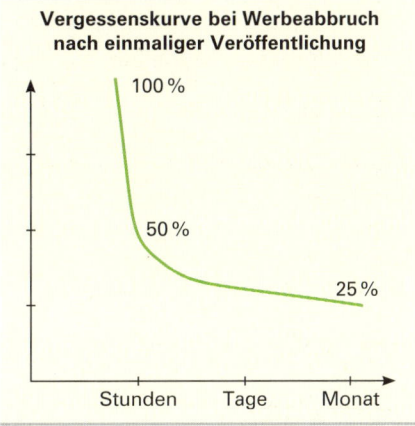

Vergleicht man die Wirkung von kurzzeitigen Werbeaktionen mit Werbeaktionen, die über einen längerfristigen Zeitraum angelegt sind, so gilt: Je länger und je häufiger geworben wird, desto schneller treten wirtschaftliche Werbewirkungen ein.

Die **Vergessenskurve** aus der Lernforschung zeigt, dass binnen weniger Stunden 50 % der empfangenen Informationen bereits wieder vergessen sind.

(5) Streukreis und Streugebiet

- Der **Streukreis** beschreibt den Personenkreis, der umworben werden soll. Der Personenkreis wird häufig noch nach **Zielgruppen** (z. B. Berufs-, Alters-, Kaufkraftgruppen, Geschlecht) untergliedert.

- Das **Streugebiet** (Werbeverbreitungsgebiet) ist das Gebiet, in welchem die Werbemaßnahmen durchgeführt werden sollen.

Streugebiete sind deswegen festzulegen, weil Art und Umfang des Bedarfs in den einzelnen Gebieten (beispielsweise sei auf die andersartigen Bedürfnisse von Stadt- und Landgemeinden hingewiesen) unterschiedlich sein können.

Ein **Beispiel für einen einfachen Werbeplan** finden Sie auf S. 371.

(6) Werbeetat

Da die Werbung in manchen Wirtschaftszweigen erhebliche Mittel verschlingt – der Prozentsatz der Werbekosten am Umsatz liegt in der deutschen Wirtschaft zwischen 1 % und 20 % –, ist ein genauer Haushaltsplan (Etat, Budget) für die Werbung aufzustellen. Die

24 Speth u.a. - ISBN 978-3-8120-0537-1

Höhe des Werbeetats kann sich nach der jeweiligen Finanzlage des Unternehmens, nach dem Werbeaufwand der Konkurrenz oder nach dem erwarteten Werbeerfolg richten.

Richtet sich der Werbeetat nach der jeweiligen Finanzlage des Unternehmens, die wiederum eng mit dem Umsatz zusammenhängt, spricht man von **zyklischer**[1] **Werbung**. Das bedeutet, dass bei steigenden Umsätzen mehr, bei fallenden Umsätzen weniger geworben wird. Diese zyklische Werbung ist jedoch im Allgemeinen wenig sinnvoll, weil gerade dann geworben wird, wenn der Umsatz ohnedies steigt, die Werbung jedoch unterlassen wird, wenn der Umsatz fällt.

Aus diesem Grund wird die **antizyklische Werbung** empfohlen. Sinkt der Umsatz, werden die Werbeanstrengungen verstärkt, steigt der Umsatz, werden sie verringert. Die antizyklische Werbung erfüllt den Zweck, einen gleichbleibenden Absatz und Gewinn zu sichern.

Ist der Werbeetat festgelegt, ist die Frage zu klären, wie die zur Verfügung stehenden Werbegelder auf die einzelnen Produktgruppen aufzuteilen sind. Hier kann das Unternehmen auf die **Portfolio-Analyse** zurückgreifen, und die Geldmittel nach der Marktsituation der einzelnen Produktgruppen zuordnen.

> **Beispiel:**
>
> Sieht die Geschäftsleitung für Produkte, die die Stellung eines Questionsmarks oder Stars innehaben, gute Wachstumschancen, so wird sie diesen Produkten einen hohen Werbebetrag zuweisen (Offensiv- bzw. Investitionsstrategie).
>
> Dagegen werden Cashcows weniger stark beworben, da hier eine Abschöpfungsstrategie sinnvoll ist.

6.1.3 Bedeutung der Werbung

Die wichtigsten Argumente für und gegen die Werbung werden im Folgenden einander gegenübergestellt.

Argumente für die Werbung	Argumente gegen die Werbung
Die Werbung hilft, den Absatz zu sichern und zu steigern. Sie trägt damit zur Erhaltung bzw. Wiedergewinnung der Vollbeschäftigung bei.	Die Werbung verbraucht Milliardenbeträge, die für dringendere volkswirtschaftliche Aufgaben ausgegeben werden könnten.
Die Werbung informiert den Kunden über neue Entwicklungen.	Die Werbung suggeriert und manipuliert den Verbraucher. Sie verführt ihn zu Kaufentschlüssen.
Die Werbung kann ihren Zweck, nämlich den Kunden zum Kaufentschluss zu bringen, nur durch massierten[1] mengenmäßigen Einsatz der Werbemittel erreichen.	Die Werbung ist selten kreativ (schöpferisch), häufig einfallslos und primitiv.
Die Werbung trägt dazu bei, den Absatz zu steigern. Aufgrund des Gesetzes der Massenproduktion sinken die Stückkosten und damit die Preise.	Die Überfülle an Werbebotschaften führt dazu, dass sie bei den Umworbenen überhaupt nicht mehr ankommen. Die Wirkung der Werbung ist gering. Es ist daher besser, die Preise zu senken und auf die Werbung zu verzichten.
Die Werbung fördert die Konkurrenz, weil sie die Markttransparenz erhöht.	Die Werbung gefährdet den Wettbewerb, weil es sich nur finanzstarke Unternehmen leisten können, ständig riesige Summen für die Werbung auszugeben.

---

1 Zyklus: regelmäßig wiederkehrende Erscheinung.

2 Massieren (frz.): Truppen zusammenziehen; massierter, d.h. verstärkter Einsatz.

Werbeplan einschließlich der Werbeetatplanung für den Monat: Januar

Installationsbetrieb: Markus Böhlen e.Kfm.

Nr.	Werbemaßnahme[1]	Reichweite in Tsd.	Umfang/Dauer	Anzahl der Werbemaßnahmen	Kosten für 1000 Kontakte	Kosten für Gestaltung/Druckvorlagen/Dekoration insg.	Kosten für Werbeverbreitung insg.	Werbedispositionen:[2] Februar			
								KW 5	KW 6	KW 7	KW 8
1.	Schaufenster	14	14 Tage	2		840,00	840,00	x	x	x	x
	Thema: Badezimmer-Dekoration							Heizungstechnik		Umweltschutzmaßnahmen	
2.	Anzeigen Titel/Ausgaben										
	2.1 Tageszeitung	180	1/4 Seite	10	8,40	1 800,00	16 920,00	2	2	3	3
	2.2 Anzeigenblatt	210	1/2 Seite	4	5,10	2 200,00	6 484,00	1	1	1	1
3.	Prospekte Titel/Ausgaben										
	3.1 Badezimmer	22	6 Seiten	2	5,40	7 200,00	7 437,60	1		1	
	3.2 Heizung/Umweltschutz	22	4 Seiten	2	4,10	4 400,00	4 580,40		1		1
4.	Hörfunk Sender										
	4.1 WDR 1	3300	30 Sekunden	5	1,12	3 800,00	22 280,00	1	1	1	2
	4.2 WDR 2	2400	45 Sekunden	8	1,30	2 900,00	27 860,00	2	2	2	2

1 Der Werbeplan kann problemlos um weitere Werbemaßnahmen erweitert werden.
2 Soll der Werbeplan für ein ganzes Jahr gelten, ist die Spalte „Werbedispositionen" auf 12 Monate zu erweitern.

6.2 Verkaufsförderung

- Die Verkaufsförderung hat das Ziel, durch **Maßnahmen am Ort des Verkaufs (Point of Sale)** den Umsatz anzukurbeln.

- Die Aktionen sind **kurzfristig** und dienen der **Profilierung des Unternehmens**.

(1) Salespromotion[1]

Sie beinhaltet in der Regel eine **enge Zusammenarbeit zwischen Händler und Hersteller** – zu beiderseitigem Vorteil. Während der Hersteller durch die persönliche Ansprache der Zielgruppe (in der Regel Stammkunden des Händlers) wenig Streuverlust erleidet, profitiert der Händler vom Image einer großen Herstellermarke. Der Spielraum möglicher Salespromotion-Aktionen ist dabei sehr vielfältig. In der Regel lassen sich jedoch umsatz-, produkt- und imagebezogene Zielvorstellungen harmonisch miteinander verbinden.

Beispiele:

Eine Parfümerie lädt zu einer Typ- und Hautberatung ein und hat als Berater einen Visagisten eines Kosmetikherstellers im Haus.

In einem Haushaltswarengeschäft demonstriert ein bekannter Koch im Rahmen einer Kochvorführung die Verwendung von Küchengerätschaften eines bestimmten Herstellers.

Zugleich werden Bücher dieses Kochs verkauft und zudem führt das Haushaltswarengeschäft eine Umtauschaktion „Alt gegen Neu" für Kochtöpfe dieses Herstellers durch. Jeder Kochtopf – gleich welcher Marke – wird beim Kauf eines neuen Kochtopfs dieses einen Herstellers mit 8,00 EUR vergütet.

(2) Merchandising

Der englische Begriff „merchandise" bedeutet Warenvertrieb, Verkauf, Vertriebsstrategie. Häufig wird der Begriff inzwischen mit dem gleichgesetzt, was man international als „Licensing" bezeichnet. Dies ist ein Marketingkonzept, bei welchem rund um ein Hauptprodukt Ableger desselben (Storys, Figuren, CDs, Trikots, Schlüsselanhänger, Fahnen usw.) vertrieben werden. Vorreiter dieses Konzeptes war der Walt-Disney-Konzern. Heute handelt es sich bei dem Hauptprodukt in der Regel um einen Kinofilm. Dies ist der klassische Bereich des Merchandising. Inzwischen sind auch andere Bereiche wie der Sport (Formel 1, Bundesliga), Autohersteller oder auch der Kulturbereich (Musicals) angesichts der Kürzung öffentlicher Mittel davon betroffen.

Der Kerngedanke besteht darin, durch Merchandising zusätzlich Produkte zu vermarkten, indem von beliebten bzw. bekannten Charakteren oder Produkten deren besondere Qualitätsvorstellung und Image auf die Ablegerprodukte übertragen werden. Ein positives Image wird also von einem Medium auf ein anderes übertragen.

Beispiele:

So trägt der Fan eines Bundesligaclubs einen Schal „seines" Vereins, der Besucher des Musicals ein T-Shirt, das es nur dort zu kaufen gibt und das Kind schläft in der Bettwäsche mit Motiven von Harry Potter. Und auch die Lebensmittelindustrie verwendet Packungsaufdrucke oder beigefügte Plastikfiguren, um ihre Produkte attraktiver zu machen.

---

1 **Salespromotion** (engl.): Verkaufsförderung; to promote: fördern, befördern, vorantreiben.

6.3 Public Relations (Öffentlichkeitsarbeit)

> Die **Public Relations** wirbt für den guten Ruf, das Ansehen eines Unternehmens oder einer Unternehmensgruppe in der Öffentlichkeit (Verbraucher, Lieferer, Kunden, Gläubiger, Aktionäre, Massenmedien, Behörden usw.).

Mithilfe der Öffentlichkeitsarbeit soll z.B. gezeigt werden, dass ein Unternehmen besonders fortschrittlich, sozial oder ein guter Steuerzahler ist oder dass es die Belange des Umweltschutzes in besonderem Maße berücksichtigt.

Beispiele:

Mittel der Public-Relations-Politik sind u.a. die Abhaltung von Pressekonferenzen, Tage der offenen Tür, Einrichtung von Sportstätten und Erholungsheimen, Spenden, Zeitungsanzeigen („Unsere Branche weist die Zukunft") oder Rundfunk- und Fernsehspots („Es gibt viel zu tun, packen wir's an!").

6.4 Neuere Formen der Kommunikationspolitik

(1) Sponsoring

Sponsoring basiert auf dem Prinzip des gegenseitigen Leistungsaustauschs. So stellt ein Unternehmen Fördermittel nur dann zur Verfügung, wenn es hierfür eine Gegenleistung vom Gesponserten (z.B. die Duldung von Werbemaßnahmen) erhält.

> Beim **Sponsoring** stellt der Sponsor dem Gesponserten Geld oder Sachmittel zur Verfügung. Dafür erhält er Gegenleistungen, die zur Erreichung der Marketingziele beitragen sollen.

Die wichtigsten **Sponsoringarten** sind:

Sportsponsoring	Der Sport bietet ein positiv besetztes Erlebnisumfeld mit Eigenschaften wie dynamisch, sympatisch und modern. Dieses Imageprofil möchte der Sponsor auf sein Unternehmen übertragen.
Kultur- und Kunstsponsoring	Es umfasst die Förderung von Bildender Kunst, Theater, Musik, Film und Literatur. Arten der Förderung können die Unterstützung einzelner Künstler, einer Ausstellung oder eines Konzerts bis hin zur Errichtung eines eigenen Museums sein.
Sozialsponsoring	Hier wird vor allem die gesellschaftliche Verantwortung eines Unternehmens in den Vordergrund gestellt. Ein Unternehmen kann z.B. direkte Zahlungen an Sozialorganisationen oder Ausbildungsstätten leisten, eine eigene Stiftung gründen oder eine Kampagne zur Unterstützung eines sozialen Projekts starten.
Ökosponsoring	Es konzentriert sich vor allem auf die Unterstützung von Umweltschutzorganisationen, die Ausschreibung von Umweltpreisen oder das Starten von Natur- und Artenschutzaktionen.

(2) Product-Placement

> Beim **Product-Placement** werden Produkte werbewirksam in die Handlung eines Kino- oder Fernsehfilms, eines Videos oder eines Rundfunkprogramms integriert, wobei das Marketing verschleiert wird, der Auftraggeber dafür aber bezahlen muss.

Das platzierte Produkt wird dabei als notwendige Requisite[1] in die Handlung z.B. eines Spielfilms eingebunden. Das Produkt wird im Gebrauch oder beim Verzehr von bekannten Schauspielern gezeigt, wobei die Marke für den Zuschauer deutlich erkennbar ist. Als Beispiel ist hier die Platzierung des BMW Z3 im James Bond Film „Golden Eye" zu nennen.

Ziel des Product-Placements ist es, über das positive Image des ausgewählten Programms und der darin auftretenden Schauspieler einen Imagetransfer auf das Werbeobjekt zu erreichen. Der Bekanntheitsgrad von bereits eingeführten Marken soll dabei erhöht und neu eingeführte Produkte sollen vorgestellt werden.

Im besten Fall soll das Product-Placement z.B. durch Auslösen eines neuen Modetrends direkt den Absatz eines Produktes fördern.

(3) Direktmarketing

> **Direktmarketing** umfasst alle Maßnahmen, die ein Unternehmen einsetzt, um mit dem Empfänger einen Kontakt herzustellen.

Wird mit dem Kunden direkt Kontakt aufgenommen, so spricht man von **Direktwerbung.** Zu den Formen der Direktwerbung zählen **Direct Mailing** (z.B. Zusendung einer Nachricht per Post, per Fax oder per E-Mail), das **Telefonmarketing** (z.B. der Kunde wird von einem Callcenter angerufen) oder die Zusendung einer **Kundenzeitschrift.**

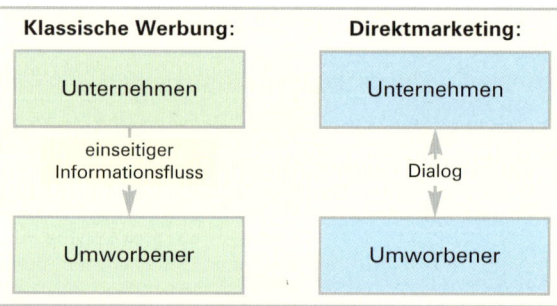

Wird der Kunde beispielsweise über Anzeigen in Zeitschriften mit Rückantwortcoupons[2] oder durch die Angabe einer Telefonnummer oder E-Mail-Adresse in einem Werbespot zur Kontaktaufnahme mit dem Unternehmen aufgefordert, so spricht man von einer **Direct-Response-Werbung.**

In beiden Fällen ist es das **Ziel des Unternehmens,** mit den Kunden in einen Dialog einzutreten, um eine **individuelle Beziehung** herzustellen.

---

1 Requisit: Zubehör für eine Bühnenaufführung oder Filmszene.
2 Coupon: abtrennbarer Zettel.

374

(4) Co-Branding[1]

- **Co-Branding** ist eine **langfristige Markenpolitik zweier oder mehrerer Markenartikler** zur Vermarktung einer **gemeinsamen Leistung** oder eines **gemeinsamen Produkts**.

- Außerhalb des Co-Branding bleiben die beteiligten Markenartikler **eigenständige isolierte Marken**.

Mit dem Co-Branding versuchen die großen Markenartikler, sich gegen die Konkurrenz der No-Name-Hersteller zu behaupten. Außerdem wird mit dem Co-Branding ein doppelter Qualitätsanspruch geschaffen und es werden Kosten eingespart durch die Aufteilung der Werbekosten für das gemeinsame Produkt.

Beispiele:

- Fruity Smarties. In den bunten Linsen steckt statt üblicher Schokolade Goldbärchengummi. Es handelt sich um eine Markenverbindung von Nestlé und Haribo.
- Für Jogger haben Nike und Philips gemeinsam ein „Portable Sport Audio" entwickelt, dessen Gehäuse besonders robust, spritzwassergeschützt und klein ist.

(5) Eventmarketing

Die Eventkommunikation modelliert Veranstaltungen (Events) zur erlebnisorientierten Darstellung des Unternehmens und seiner Produkte. Eine zielgruppenspezifische Mixtur aus Show-, Musik-, Mode- und/oder Sportaktionen, dekoriert mit populären Persönlichkeiten als Publikumsmagnet, entfaltet eine aufnahmewillige Kommunikationsbasis. Das Ereignis soll aus dem üblichen Rahmen herausstechen. Die Reizüberflutung und Informationsüberlastung der Zielgruppe durch klassische Werbeformen wird spielerisch umgangen und in eine Image fördernde Meinungsbildung gelenkt.

Wenn es darum geht, gefühlsbetonte und nachhaltige Eindrücke zu erzielen, ist das Marketing-Event mit seiner Konzeption aus Information, Emotion, Aktion und Motivation das Erfolgsmodell erlebnisorientierter Begegnungskommunikation. Eine mediale Berichterstattung, häufig in Anzeigeblättern, erhöht die Wirkung solcher Veranstaltungen.

Eventmarketing ist eine erlebnisorientierte Darstellung des Unternehmens und seiner Produkte in einer Mixtur aus Showaktionen, die den Erwartungshorizont der Zielgruppe treffen.

Zusammenfassung

- Die **Werbung** hat zum Ziel, bisherige und mögliche (potenzielle) Abnehmer auf die eigene Betriebsleistung (Waren, Erzeugnisse, Dienstleistungen) aufmerksam zu machen und Kaufwünsche zu erhalten bzw. zu erzeugen.

- Die **Public Relations** werben für den guten Ruf (das „Image") eines Unternehmens.

- Unter **Salespromotion** versteht man verkaufsfördernde Maßnahmen, bei denen in der Regel Händler und Hersteller zusammenarbeiten. Zielgruppe können daher der Handel sein (Verkäuferschulung, Beratung, Schaufensterdekoration, Displaymaterial) oder auch der Endkunde (Beratung, Produktproben, Preisausschreiben).

---

1 Vom **Produkt-Placement** unterscheidet sich das **Co-Branding** dadurch, dass eine längerfristige Kooperation zwischen den Markenartiklern besteht.

- **Merchandising** bedeutet, dass ein Nebenprodukt (Figur, CD, Bettwäsche, Schlüsselanhänger, Bekleidung usw.) rund um ein Hauptprodukt (Sportler, Roman- oder Filmfigur) vertrieben wird.

- Werden die Kommunikationsinstrumente kombiniert eingesetzt, liegt ein **Kommunikations-mix** vor.

- Zu den modernen Kommunikationsmitteln gehören z.B. das **Sponsoring**, das **Product-Place-ment**, das **Direktmarketing, Co-Branding** und das **Eventmarketing.**

Übungsaufgabe

161 Die Lorenz OHG in Wuppertal stellt Haushaltsgeräte her. Weil der Absatz an Geschirrspül-maschinen stagniert, soll die Produktpalette erweitert werden.

Aufgaben:

1. Die Geschäftsleitung der Lorenz OHG beschließt, einen neuen, Energie sparenden „Öko-spüler" auf den Markt zu bringen.

   1.1 Schlagen Sie der Geschäftsleitung begründet drei Werbemittel bzw. -medien vor, die geeignet sind, das neue Produkt erfolgreich auf den Markt zu bringen!

   1.2 Die Werbung sollte bestimmten Grundsätzen genügen. Nennen Sie drei wichtige Werbegrundsätze!

   1.3 In der Diskussion über die durchzuführenden Werbemaßnahmen fallen auch die Begriffe Streukreis und Streugebiet. Erläutern Sie die Begriffe!

   1.4 Nach Meinung der Geschäftsleitung soll vor allem Massenwerbung und Alleinwerbung betrieben werden. Nennen Sie noch weitere Arten der Werbung

       1.4.1 nach der Zahl der Umworbenen und

       1.4.2 nach der Anzahl der Werbenden!

   1.5 Begründen Sie, warum die Lorenz OHG die unter 1.4 genannten Werbearten bevor-zugt!

2. Die Lorenz OHG möchte den Erfolg ihrer geplanten Werbung kontrollieren. Unterbreiten Sie einen Vorschlag, wie eine Werbeerfolgskontrolle durchgeführt werden könnte!

3. Die Geschäftsleitung der Lorenz OHG prüft, ob auch Maßnahmen der Verkaufsförderung ergriffen werden sollen.

   3.1 Erläutern Sie, welche Maßnahmen zur Verkaufsförderung gehören!

   3.2 Schlagen Sie der Geschäftsleitung der Lorenz OHG Maßnahmen aus dem Bereich Salespromotion vor, um den Absatz des „Ökospülers" zu fördern!

4. Zur Absatzförderung trägt auch die Öffentlichkeitsarbeit – also Maßnahmen der Public Relations – bei.

   Beurteilen Sie diese Aussage!

5. Ein Autohändler plant eine Werbeaktion zur Vorstellung des „Autos des Jahres".

   5.1 Stellen Sie ein Veranstaltungsprogramm auf für ein Marketing-Event in der Ausstel-lungshalle und auf dem Freigelände des Automobilhändlers!

   5.2 Beschreiben Sie wie Ihr Veranstaltungsprogramm die Aspekte Information, Emotion, Aktion und Motivation an die Zielgruppe vermitteln will!

6. Erläutern Sie den Begriff Product-Placement und nennen Sie die Bedingungen, unter wel-chen Sie es einsetzen würden!

7. Erläutern Sie den Begriff Sponsoring und nennen Sie wichtige Arten des Sponsorings!

7 Marketing-Controlling

> **Marketing-Controlling** ist ein Verfahren, das mithilfe **geeigneter Instrumente** die Wirksamkeit einer **marktorientierten Unternehmensführung** unterstützt.

7.1 Aufgaben des Marketing-Controllings

(1) Überwachung und Beaufsichtigung[1]

Um wettbewerbsfähig zu bleiben, ist es für jedes Unternehmen von grundsätzlicher Bedeutung zu erfahren, ob die Plandaten **erreicht wurden,** die es sich im Rahmen der Marketing-Planung vorgenommen hatte. Da sich zwischen Planung und den tatsächlich erzielten Ergebnissen immer Abweichungen

> **Beispiele:**
>
> Es ist zu überprüfen, ob sich Umsatz, Gewinn, Marktanteil, Bekanntheitsgrad der Produkte der Planung entsprechend entwickelt haben.

ergeben, muss analysiert werden, worauf die in den Kennziffern erfassten Abweichungen zurückzuführen sind. Abweichungen von Plandaten werden in der Praxis in einem **Bericht** an die Geschäftsleitung festgehalten.

(2) Planung und Steuerung[2]

Ergebnisse, die sich aus der Überwachung der Marketingaktivitäten ergeben, sind anschließend mit dem Prozess der Planung zu verknüpfen. Es gilt zu überprüfen – insbesondere dann, wenn das erwartete Ergebnis nicht eingetreten ist –, ob die **gewählte Strategie** untauglich ist, ob ein **falsches Ziel** gesetzt wurde, oder ob die vorhandene **Datenbasis unzureichend** war.

Die Marketing-Kennziffern geben den Controllern die Möglichkeit,

- **Unternehmensstrategien** zu entwickeln,
- **Plandaten** festzulegen,
- **Plandaten** zu kontrollieren,
- **Abweichungen** zu analysieren,
- **Berichte** zu erstellen.

Die Unterstützungsfunktion des Controllings endet mit Analysen und Empfehlungen. Die Entscheidung selbst wird letztendlich aber von der Unternehmensführung getroffen. Nur mithilfe eines problemadäquaten und zielführenden Informationssystems können die Entscheidungsträger die **Steuerung als zukunftsgerichtetes Ressort** wirksam ausfüllen.

---

1 Diese Aufgaben sind überwiegend kurz- und mittelfristig angelegt. Man spricht daher auch von **operativem Marketing-Controlling.**
Beim operativen Marketing-Controlling gibt es messbare und überprüfbare Zahlen, d.h., alle Soll-Größen sind zahlenmäßig in der EDV festgehalten und können mit den Ist-Werten verglichen werden.

2 Diese Aufgaben sind überwiegend langfristig angelegt. Man spricht daher auch vom **strategischen Marketing-Controlling**.
Beim strategischen Marketing-Controlling gibt es in der Regel keine messbaren und überprüfbaren Zahlen, sondern nur Potenziale (Leistungsfähigkeiten), Stärken, Schwächen, Chancen, Risiken, Pläne. Es kann daher nur überprüft werden, ob die Tatbestände plausibel und logisch sind. Im Folgenden wird – aufgrund des Rahmenlehrplans – nicht näher auf das strategische Marketing eingegangen.

7.2 Instrumente des Marketing-Controllings

7.2.1 Überblick

Beim Marketing-Controlling werden geplante Standards, Normen oder sonstige Vorgaben zur Aufdeckung von Problemen und Chancen im Absatzprozess überprüft. Im Kern bedeutet das Marketing-Controlling damit eine ständige **Abfolge von Soll-Ist-Vergleichen,** die alle in einem Unternehmen getroffenen strategischen und operativen Maßnahmen überprüfen und bewerten.

> **Beispiel:**
>
> Der erzielte Gewinn im laufenden Geschäftsjahr wird mit dem geplanten Gewinn verglichen. Steigt der Gewinn wie geplant um 5 % an, während sich die Konkurrenten mit einem Minus abfinden müssen, dann waren die Marketingaktivitäten offensichtlich erfolgreich.

Bei Über- oder Unterschreiten der Planungswerte werden neue Steuerungsmaßnahmen erforderlich und es müssen die Entscheidungsprämissen, wie z.B. vorausgesetztes wirtschaftliches Umfeld, geprüft werden. In der Praxis gibt es eine Vielzahl von Instrumenten des Marketing-Controllings. Im Folgenden beschränken wir uns auf vier Instrumente:

- die Werbeerfolgskontrolle,
- die Kostenträgerzeitrechnung,
- Soll-Ist-Vergleiche und
- Kennzahlenanalyse.

7.2.2 Werbeerfolgskontrolle

(1) Begriff Werbeerfolgskontrolle

Die **Werbeerfolgskontrolle** überprüft,

- in welchem Umfang die gesetzten Werbeziele durch die eingesetzten Werbemittel und Werbeträger erreicht wurden und
- ob sich die Werbemaßnahmen gelohnt haben.

Gegenstand der Werbeerfolgskontrolle kann der **wirtschaftliche Werbeerfolg** oder der **nicht wirtschaftliche Werbeerfolg** sein.

- Die **wirtschaftliche Werbeerfolgskontrolle** möchte den mithilfe der Werbung erzielten Gewinn feststellen.
- Die **nicht wirtschaftliche Werbeerfolgskontrolle** fragt danach, wie die Werbung bei den Umworbenen „angekommen" ist.

(2) Wirtschaftliche Werbeerfolgskontrolle

Die Feststellung des Werbegewinns ist in der Praxis sehr schwierig. Die Gründe liegen darin, dass es einerseits nicht immer möglich ist, die Werbeaufwendungen für eine Periode genau abzugrenzen, und dass andererseits Umsatzsteigerungen nicht unbedingt auf die Werbung zurückzuführen sind.

Neuerdings zeigt allerdings die moderne **Marktforschung** Mittel und Wege auf, mit deren Hilfe eine brauchbare Werbeerfolgskontrolle durchgeführt werden kann. Dazu muss man wissen, dass die Befragung einiger 1000, manchmal sogar weniger Personen ausreicht, um zu zuverlässigen Ergebnissen zu kommen.

Beispiel:

Mithilfe der Marktforschung soll die Wirkung einer Plakataktion („Trinkt mehr Milch!") festgestellt werden. Es werden eine Versuchsgruppe und eine Kontrollgruppe gebildet. Die Versuchsgruppe wird von der Werbung berührt, die Kontrollgruppe erhält von der Werbung keine Kenntnis.

Nach Abschluss der Werbekampagne ergeben sich folgende Zahlen:

Zeitpunkt	Milchverbrauch pro Kopf	
	Versuchsgruppe	Kontrollgruppe
Vor Beginn der Werbekampagne	0,32 Liter	0,32 Liter
Nach Beendigung der Werbekampagne	0,40 Liter	0,35 Liter
Verbrauchsänderung	0,08 Liter	0,03 Liter

Die Versuchsgruppe hat ihren Verbrauch um 0,08 Liter je Person erhöht. Daraus kann nicht der Schluss gezogen werden, dass die gesamte Veränderung auf die Werbung zurückzuführen ist. Das Ergebnis der Kontrollgruppe zeigt, dass der Pro-Kopf-Verbrauch auch ohne Werbung um 0,03 Liter gestiegen wäre. Die durch die Werbung hervorgerufene Verbrauchsänderung beträgt also lediglich 0,05 Liter.

Betrug nun bei dem werbenden Unternehmen der **zusätzliche** Milchabsatz im untersuchten Zeitraum 160 000 Liter, so sind davon nur 100 000 Liter auf die Absatzwerbung zurückzuführen. Wenn die Kosten der Werbeaktion 2 100,00 EUR und der Reingewinn je Liter 0,05 EUR betragen, lässt sich der wirtschaftliche Werbeerfolg, also der Werbegewinn, folgendermaßen errechnen:

Auf die Werbekampagne zurückzuführender Ertrag (100 000 · 0,05 EUR)	5 000,00 EUR
− Werbeaufwand	2 100,00 EUR
Werbegewinn	2 900,00 EUR

Der Werbegewinn erhöht sich, wenn der Milchverbrauch in Zukunft auf dem einmal erreichten Niveau verharrt.

(3) Nicht wirtschaftliche Werbeerfolgskontrolle

Während die wirtschaftliche Werbeerfolgskontrolle im eigenen Unternehmen in Geld, Stückzahlen oder Prozentsätzen (z. B. Umsatz, Absatz, Marktanteil) gemessen werden kann, lässt sich der nicht wirtschaftliche Werbeerfolg nur am Umworbenen selbst messen, z. B. in der Änderung seiner Haltung gegenüber dem Produkt oder dem Hersteller.

Um diese verborgenen Daten zu gewinnen, werden spezielle Verfahren eingesetzt, wie z. B. Wortassoziationstests oder Satzergänzungstests. Auf indirekte Art und Weise erhält man dadurch Informationen über folgende Personengruppen:

Werbegemeinte (Adressaten)	Es handelt sich dabei um die Umworbenen, die durch die Werbung angesprochen werden sollen. Ihre Zahl ist die **Adressatenzahl**.
Werbeberührte	Darunter versteht man die Umworbenen, bei denen eine Sinneswirkung erzielt wird. Ihre Zahl ist die **Perzeptionszahl** (lat. perceptio: Wahrnehmung).
Werbe-beeindruckte	Damit sind diejenigen Umworbenen gemeint, die nicht nur von der Werbung „berührt" worden sind, sondern bei denen die Werbung eine Aufmerksamkeitswirkung erzielt hat. Die Zahl der Werbebeeindruckten ist die **Aperzeptionszahl** (lat. apperceptio: Verarbeitung von Eindrücken).
Werbeerfüller	Hier handelt es sich um die Umworbenen, die den Werbezweck erfüllen, die z. B. das Produkt kaufen, für das geworben worden ist. Ihre Zahl ist die **Akquisitionszahl** (lat.: die Hinzugeworbenen).

Ein Industrieunternehmen möchte seinen Kunden (Händlern) ein neues Produkt vorführen. Dabei soll ein Werbefilm gezeigt werden. Darüber hinaus werden Prospekte ausgelegt. Die Einladung ergeht an 80 Händler.

Von den eingeladenen Händlern (also den Werbegemeinten) erscheinen 60 Personen (Werbeberührte). Daraus lässt sich eine Kennzahl (Streuzahl) ermitteln, nämlich der **Berührungserfolg**.

Er errechnet sich wie folgt:

$$\text{Berührungserfolg} = \frac{\text{Zahl der Werbeberührten}}{\text{Zahl der Werbegemeinten}}$$

In unserem Beispiel ergibt sich:

$$\text{Berührungserfolg} = \frac{60}{80} = \underline{\underline{0{,}75}}$$

Das bedeutet, dass $^3/_4$ der Werbegemeinten von der Werbung berührt worden sind.

Haben von den 60 erschienenen Personen 48 einen Prospekt mitgenommen, zeigt das, dass diese Personen zumindest von der Werbung beeindruckt worden sind. Der **Beeindruckungserfolg** kann daher folgendermaßen berechnet werden:

$$\text{Beeindruckungserfolg} = \frac{\text{Zahl der Werbebeeindruckten}}{\text{Zahl der Werbegemeinten}}$$

In diesem Beispiel beträgt der Beeindruckungserfolg $= \frac{48}{80} = \underline{\underline{0{,}60}}$

Die Zahl bedeutet, dass 60 % der Werbegemeinten von der Werbung beeindruckt waren.

Angenommen, 20 der erschienenen Personen haben das neue Erzeugnis nach der Veranstaltung gekauft. Der **Erfüllungserfolg** (Akquisitionserfolg) kann dann wie folgt ermittelt werden:

$$\text{Erfüllungserfolg} = \frac{\text{Zahl der Werbeerfüller}}{\text{Zahl der Werbegemeinten}}$$

In diesem Fall lautet das Ergebnis:

$$\text{Erfüllungserfolg} = \frac{20}{80} = \underline{\underline{0{,}25}}$$

Die Kennzahl sagt aus, dass $^1/_4$ der Werbegemeinten den Werbezweck erfüllt haben.

Allgemein lässt sich also sagen, dass der (nicht wirtschaftliche) Werbeerfolg umso größer ist, je höher die ermittelte Kennzahl ist.

7.2.3 Kostenträgerzeitrechnung

7.2.3.1 Inhalt und Aufgaben der Kostenträgerzeitrechnung

Bei der Kostenträgerzeitrechnung werden die **Selbstkosten des Umsatzes** ermittelt und den **Nettoverkaufserlösen der Rechnungsperiode** gegenübergestellt. Die **Differenz** zwischen den **Nettoverkaufserlösen** und den **Selbstkosten des Umsatzes** ergibt das **Umsatzergebnis.** Technisches Hilfsmittel zur Berechnung des Umsatzergebnisses ist das **Kostenträgerblatt.**

- Bei der **Kostenträgerzeitrechnung** werden die ermittelten **Selbstkosten des Umsatzes** den **Nettoverkaufserlösen** gegenübergestellt.

- Die **Differenz** zwischen den erzielten **Nettoverkaufserlösen** und den **Selbstkosten des Umsatzes** ergibt das **Umsatzergebnis.**

Grundlage der Kalkulation **während der Rechnungsperiode** sind die **Normalkosten.** Nach **Abschluss einer Rechnungsperiode** (z. B. eines Monats) muss festgestellt werden, ob die tatsächlich entstandenen Kosten **(Istkosten)** auch gedeckt worden sind.

7.2.3.2 Ermittlung der Normalkosten

Die Verrechnung der Gemeinkosten auf die Kostenträger auf der Basis von Normalkosten erfolgt mithilfe von Normalzuschlagssätzen. Diese ergeben sich aus den Durchschnittswerten der Istkostenzuschlagssätze vergangener Geschäftsperioden, unter Berücksichtigung der Preiserwartungen auf der Beschaffungsseite und der erwarteten Beschäftigung. Diese Durchschnittssätze haben den Vorteil der Stetigkeit und Verfügbarkeit. Eine solche Vorgehensweise ermöglicht eine genauere Vorkalkulation (z. B. bei der Abgabe von Angeboten, bei der Erstellung von Preislisten). Da die Einzelkosten auf der Grundlage vorhandener Stücklisten und Fertigungszeiten und den bekannten Preisen relativ problemlos kalkuliert werden können, geht es bei der Normalkostenrechnung nur um die „Normalisierung" der Zuschlagssätze für die Gemeinkosten.

Beispiel:

Für das erste Halbjahr liegen folgende monatliche Ist-Fertigungsgemeinkostensätze vor:

Januar:	57,8 %	März:	58,5 %	Mai:	62,7 %
Februar:	60,1 %	April:	59,8 %	Juni:	56,9 %

Aufgabe:
Berechnen Sie aus den sechs vorliegenden Istzuschlagssätzen den Normalzuschlagssatz für die Fertigungsgemeinkosten!

Lösung:

$$\text{Normal-} \atop \text{zuschlagssatz} = \frac{57,8\,\% + 60,1\,\% + 58,5\,\% + 59,8\,\% + 62,7\,\% + 56,9\,\%}{6} = \underline{\underline{59,3\,\%}}$$

7.2.3.3 Kostenüberdeckungen und Kostenunterdeckungen

Nach Ablauf der festgelegten Abrechnungsperiode können die **angefallenen Kosten (Istkosten)** den **vorkalkulierten**

Normalkosten > Istkosten = Kostenüberdeckung
Normalkosten < Istkosten = Kostenunterdeckung

Kosten (Normalkosten) gegenübergestellt werden. In der Regel weichen die Normalkosten von den Istkosten ab. Die **Abweichungen** bei den Kosten in der Vor- und in der Nachkalkulation beruhen einerseits auf **unterschiedlichen Einzelkosten** und andererseits auf den **unterschiedlichen Zuschlagssätzen** in der Vor- und Nachkalkulation.

Sind die **Normalkosten höher als die Istkosten,** liegt eine **Kostenüberdeckung** vor. Sind die **Normalkosten niedriger als die Istkosten,** liegt eine **Kostenunterdeckung** vor. Liegen erhebliche Abweichungen zwischen der Vor- und Nachkalkulation vor, so sind die Gründe für die aufgetretenen Abweichungen zu ermitteln.

Wichtige Gründe für eine Kostenabweichung sind:

Preisabweichungen	Preiserhöhungen (Preissenkungen) bei Werkstoffen bzw. Energie, Gehaltserhöhungen (Rückgang der Gehälter durch Entlassungen) oder Erhöhungen der Versicherungsbeiträge (Rückgang der Versicherungsbeiträge durch Absenken der Versicherungssummen) u. Ä. führen zu einer höheren (niedrigeren) Belastung der Kostenstellen mit Gemeinkosten und damit zu höheren (niedrigeren) Zuschlagssätzen.
Verbrauchsabweichungen	Es ist nicht immer möglich, geplante Fertigungszeiten bzw. Materialvorgaben einzuhalten. Ein Über- oder Unterschreiten der Planvorgaben führt zu steigenden oder fallenden Gemeinkosten und damit zu schwankenden Zuschlagssätzen.
Änderung der Produktionsmenge	Eine Ausweitung der Produktion kann z. B. durch erhöhten Reparaturaufwand, Lohnzuschläge, vermehrte Ausschussprodukte zu höheren Gemeinkosten und damit zu höheren Zuschlagssätzen führen. Andererseits führt ein Rückgang der Produktion in der Regel nicht zu einem proportionalen Absinken der Zuschlagssätze, da es nur in den seltensten Fällen gelingt, die fixen Gemeinkosten gleichzeitig im gleichen Umfang abzubauen.

Überschreiten (unterschreiten) die Istzuschlagssätze in mehreren aufeinanderfolgenden Rechnungsperioden die Normalzuschlagssätze unverhältnismäßig hoch, so sind die Normalzuschlagssätze entsprechend neu zu bestimmen.

- Bei der **Kostenunterdeckung** liegen die **Normalkosten unter den Istkosten,** d. h., die tatsächlich angefallenen Selbstkosten werden durch die einkalkulierten Kosten nicht mehr gedeckt.

- Bei der **Kostenüberdeckung** liegen die **Normalkosten über den Istkosten,** d. h., die einkalkulierten Selbstkosten sind höher als die wirklich angefallenen Selbstkosten.

Übungsaufgaben

162 1. Erklären Sie, wodurch sich die wirtschaftliche von der nicht wirtschaftlichen Werbeerfolgskontrolle unterscheidet!

2. Greifen Sie nochmals die Aufgabe 161 (Fallstudie Lorenz OHG, S. 376) auf und beantworten Sie folgende Aufgabe:

   Die Lorenz OHG möchte den Erfolg ihrer geplanten Absatzwerbung kontrollieren. Unterbreiten Sie einen Vorschlag, wie eine Werbeerfolgskontrolle durchgeführt werden könnte!

163 1. Die verrechneten Gemeinkosten betragen 65 850,00 EUR, die angefallenen Istkosten 62 780,00 EUR.

   Berechnen Sie, ob eine Kostenüber- oder Kostenunterdeckung vorliegt!

2. Nennen Sie einen Vorteil, den die Verrechnung mit Normalkosten besitzt!

3. Erklären Sie, wodurch Kostenüberdeckungen und Kostenunterdeckungen entstehen!

4. Erläutern Sie, wie sich Normalkostenrechnung und Istkostenrechnung unterscheiden!

5. Erläutern Sie den Begriff Kostenträger!

6. Nennen Sie drei Aufgaben der Kostenträgerrechnung!

7. Nennen Sie die beiden Arten der Kostenträgerrechnung und erläutern Sie kurz deren Zielsetzung!

7.2.3.4 Rechnerischer Ablauf der Kostenträgerzeitrechnung (Kostenträgerblatt) mit Normalkosten

Beispiel:

Die Kosten- und Leistungsrechnung eines Industrieunternehmens, das die Produkte A und B herstellt, weist für den Monat Oktober in der Vorkalkulation, in der die Gemeinkosten mit Normalzuschlagssätzen verrechnet werden, folgende Gesamtdaten auf, die sich wie folgt auf die beiden Produkte verteilen.

	Insgesamt	Produkt A	Produkt B
Verbr. v. Fertigungsmaterial	480 000,00	280 000,00	200 000,00
Fertigungslöhne	210 000,00	120 000,00	90 000,00
Nettoverkaufserlöse	1 460 000,00	820 000,00	640 000,00
SEKF	8 100,00	8 100,00	
SEKV	4 800,00	3 800,00	1 000,00

Die Zuschlagssätze betragen: MGK 12 %, FGK 85 %, VerwGK 18 %, VertrGK 7 %.

Bezugsgrundlagen: Die VerwGK sind auf die Herstellkosten der Rechnungsperiode und die VertrGK sind auf die Herstellkosten des Umsatzes zu beziehen.

Bestände an FE und UE:

	FE		UE	
	Produkt A	Produkt B	Produkt A	Produkt B
Anfangsbestand	31 400,00 EUR	17 500,00 EUR	14 300,00 EUR	12 400,00 EUR
Schlussbestand lt. Inventur	43 500,00 EUR	27 700,00 EUR	11 300,00 EUR	10 000,00 EUR

Aufgabe:

Stellen Sie die Kostenträgerzeitrechnung (das Kostenträgerblatt) auf und berechnen Sie das Umsatzergebnis sowie die Aufschlüsselung auf die beiden Kostenträger!

Lösung:

Ziffer	Bezeichnungen	Beträge der Rechn.-Periode	Produkt A	Produkt B
1	Verbrauch von Fertigungsmaterial	480 000,00	280 000,00	200 000,00
2	+ 12 % Materialgemeinkosten	57 600,00	33 600,00	24 000,00
3	**Materialkosten** (1 + 2)	537 600,00	313 600,00	224 000,00
4	Fertigungslöhne	210 000,00	120 000,00	90 000,00
5	+ 85 % Fertigungsgemeinkosten	178 500,00	102 000,00	76 500,00
6	+ Sondereinzelkosten der Fertigung	8 100,00	8 100,00	
7	**Fertigungskosten** (4 + 5 + 6)	396 600,00	230 100,00	166 500,00
8	**Herstellkosten der Rechnungsperiode** (3 + 7)	934 200,00	543 700,00	390 500,00
9	+ Bestandsminderung UE	5 400,00	3 000,00	2 400,00
10	– Bestandsmehrung FE	22 300,00	12 100,00	10 200,00
11	**Herstellkosten des Umsatzes** (8 + 9 – 10)	917 300,00	534 600,00	382 700,00
12	+ 18 % Verwaltungsgemeinkosten (von 8)	168 156,00	97 866,00	70 290,00
13	+ 7 % Vertriebsgemeinkosten (von 11)	64 211,00	37 422,00	26 789,00
14	+ Sondereinzelkosten des Vertriebs	4 800,00	3 800,00	1 000,00
15	**Selbstkosten des Umsatzes** (11 + 12 + 13 +14)	1 154 467,00	673 688,00	480 779,00
16	Nettoverkaufserlöse	1 460 000,00	820 000,00	640 000,00
15	– Selbstkosten des Umsatzes	1 154 467,00	673 688,00	480 779,00
17	**= Umsatzergebnis** (16 –15)	305 533,00	146 312,00	159 221,00

Zur Erinnerung:

Von den Herstellkosten der Rechnungsperiode zu den Herstellkosten des Umsatzes (Ziffer 8 bis Ziffer 11)

Werden **weniger Güter verkauft als hergestellt,** drückt sich diese Differenz in einer **Bestandserhöhung** aus. Die Kostenseite muss der Leistungsseite angepasst werden. Im Fall der Bestandsmehrung wurde weniger umgesetzt (Bezugsgröße: **Herstellkosten des Umsatzes**) als hergestellt (Bezugsgröße: **Herstellkosten der Rechnungsperiode**). Folge: Die Herstellkosten des Umsatzes sind kleiner als die Herstellkosten der Rechnungsperiode (Herstellkosten der Produktion), und zwar um jenen Betrag, zu dem die nicht verkauften Erzeugnisse auf Lager **(Bestandsmehrung)** genommen wurden. Demnach ermitteln sich die Herstellkosten des Umsatzes wie folgt:

$$\text{Herstellkosten des Umsatzes} = \text{Herstellkosten der Rechnungsperiode} - \text{Bestandsmehrung}$$

Bei einer **Bestandsminderung** sind die Verhältnisse entgegengesetzt. Daher muss der Wert der Bestandsminderung aus Sicht der Kostenrechnung zu den Herstellkosten der Rechnungsperiode **hinzuaddiert** werden. Das gilt sowohl für die fertigen Erzeugnisse als auch für die unfertigen Erzeugnisse.

> Herstellkosten der Rechnungsperiode
> – Bestandsmehrung
> + Bestandsminderung
>
> Herstellkosten des Umsatzes

164 Ein Industriebetrieb stellt die Produkte A und B her. In der Vorkalkulation, in der die Gemeinkosten mit Normalzuschlagssätzen ermittelt werden, ergeben sich für den Monat Januar folgende Daten:

	Für Produkt A:	Für Produkt B:
Nettoverkaufserlöse	1 120 700,00 EUR	1 895 400,00 EUR
Verbrauch von Fertigungsmaterial	220 300,00 EUR	378 400,00 EUR
Fertigungslöhne	271 800,00 EUR	425 850,00 EUR
MGK-Zuschlagssatz	11 %	11 %
FGK-Zuschlagssatz	160 %	160 %
VerwGK-Zuschlagssatz	13 %	13 %
VertrGK-Zuschlagssatz	8 %	8 %

Bezugsgrundlagen: Die VerwGK sind auf die Herstellkosten der Rechnungsperiode und die VertrGK sind auf die Herstellkosten des Umsatzes zu beziehen.

Bestände an fertigen und unfertigen Erzeugnissen:

	A		B	
	Fertige Erz.	Unfert. Erz.	Fertige Erz.	Unfert. Erz.
Anfangsbestand	72 450,00 EUR	36 600,00 EUR	158 900,00 EUR	120 410,00 EUR
Schlussbestand lt. Inventur	51 550,00 EUR	41 500,00 EUR	210 600,00 EUR	86 300,00 EUR

Aufgabe:
Stellen Sie das Kostenträgerblatt auf und berechnen Sie das Umsatzergebnis insgesamt und bezogen auf die beiden Kostenträger!

7.2.3.5 Rechnerischer Ablauf der Kostenträgerzeitrechnung (Kostenträgerblatt) mit Ist- und Normalkosten – Kostenüberdeckung und Kostenunterdeckung[1]

Die Kostenüber- oder Kostenunterdeckungen lassen sich im Kostenträgerblatt feststellen, wenn man die Normalkosten den Istkosten gegenüberstellt.

Beispiel:

Zugrunde gelegt wird das Kostenträgerblatt von S. 384 aus dem die Normalkosten der Rechnungsperiode hervorgehen. Aufgrund der Nachkalkulation ergeben sich für die Gemeinkosten die folgenden Istzuschlagssätze:

MGK 10 %	FGK 90 %	VerwGK 15 %	VertrGK 8 %

Aufgaben:
1. Ermitteln Sie die Selbstkosten des Umsatzes als Istkosten und bei Normalzuschlagssätzen!
2. Errechnen Sie die Kostenüber- bzw. Kostenunterdeckung!
3. Ermitteln Sie das Betriebsergebnis!

---

1 Der Einfachheit halber wird auf die Aufteilung in mehrere Produkte verzichtet.

25 Speth u.a. - ISBN 978-3-8120-0537-1

Lösungen:

Ziffer	Bezeichnungen	Istkosten	Normalzu-schlagssätze	Normalkosten	Kostenüber-/-unterdeckungen
1	Verbrauch v. Fert.-Mat.	480 000,00		480 000,00	
2	+ 10% Materialgemeinkosten	48 000,00	12%	57 600,00	+ 9 600,00
3	**Materialkosten** (1 + 2)	528 000,00		537 600,00	
4	Fertigungslöhne	210 000,00		210 000,00	
5	+ 90% Fert.-Gemeinkosten	189 000,00	85%	178 500,00	− 10 500,00
6	+ Sondereinzelkosten d. Fertigung	8 100,00		8 100,00	
7	**Fertigungskosten** (4 + 5 + 6)	407 100,00		396 600,00	
8	**Herstellk. d. Rech.-Periode** (3 + 7)	935 100,00		934 200,00	
9	+ Bestandsminderung UE	5 400,00		5 400,00	
10	− Bestandsmehrung FE	22 300,00		22 300,00	
11	**Herstellkosten des Umsatzes** (8 + 9 − 10)	918 200,00		917 300,00	
12	+ 15% Verw.-Gemeinkosten (v . 8)	140 265,00	18%	168 156,00	+ 27 891,00
13	+ 8% Vertr.-Gemeinkosten (v. 11)	73 456,00	7%	64 211,00	− 9 245,00
14	Sondereinzelkosten des Vertriebs	4 800,00		4 800,00	
15	**Selbstkosten des Umsatzes** (11 + 12 + 13 + 14)	1 136 721,00		1 154 467,00	+ 17 746,00
16	Nettoverkaufserlöse	1 460 000,00		1 460 000,00	
15	− Selbstkosten des Umsatzes	1 136 721,00		1 154 467,00	
17	**Umsatzergebnis**			305 533,00	
18	+ Kostenüberdeckung			+ 17 746,00	
19	**Betriebsergebnis**	323 279,00		323 279,00	

Erläuterungen: Vom Umsatzergebnis zum Betriebsergebnis (Ziffer 17 bis 19)

Das Umsatzergebnis bei der Vorkalkulation ergibt sich durch folgende Rechnung:

Nettoverkaufserlöse − Selbstkosten des Umsatzes = Umsatzergebnis

Die Rechnung mit Normalzuschlagssätzen (Vorkalkulation) führt zu einem anderen Ergebnis als die Nachkalkulation mit Istkosten, da die **Gemeinkosten mit anderen Zuschlagssätzen** berechnet werden. Das Umsatzergebnis in der Normalkostenrechnung unterscheidet sich daher vom Betriebsergebnis in der Istkostenrechnung, und zwar um die **Differenz zwischen den Normalgemeinkosten und den Istgemeinkosten** (Kostenüber- bzw. Kostenunterdeckungen).

Da bei einer **Kostenüberdeckung** die verrechneten Normalkosten **über** den angefallenen Istkosten liegen, fällt das Umsatzergebnis niedriger aus als das mit Istkosten ermittelte Betriebsergebnis. Um im Falle einer Kostenüberdeckung vom Umsatzergebnis zum Betriebsergebnis zu gelangen, muss daher zum Umsatzergebnis eine **Kostenüberdeckung hinzuaddiert** werden.

Im vorliegenden Beispiel ergibt sich eine Kostenüberdeckung in Höhe von 17 746,00 EUR. Bei einem Umsatzergebnis in Höhe von 305 533,00 EUR (siehe Ziffer 17) führt das zu einem Betriebsergebnis in Höhe von (305 533,00 EUR + 17 746,00 EUR) 323 279,00 EUR (siehe Ziffer 19).

Bei einer **Kostenunterdeckung** sind die **Normalkosten niedriger** als die tatsächlich angefallenen **Istkosten**. Daher ist das Umsatzergebnis höher als das tatsächliche Ergebnis. Um vom Umsatzergebnis zum Betriebsergebnis zu gelangen, muss daher eine **Kostenunterdeckung vom Umsatzergebnis subtrahiert** werden.

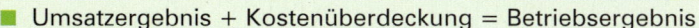
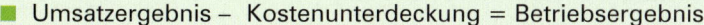

- Umsatzergebnis + Kostenüberdeckung = Betriebsergebnis
- Umsatzergebnis – Kostenunterdeckung = Betriebsergebnis

Übungsaufgaben

165 Ein Industrieunternehmen entnimmt der Abgrenzungstabelle folgende Zahlenwerte:

Betriebsabrechnungsbogen am Ende der Rechnungsperiode

Gemeinkosten	Material	Fertigung	Verwaltung	Vertrieb
insgesamt	85 260,60 EUR	926 670,00 EUR	309 709,27 EUR	180 663,74 EUR

Einzelkosten und Leistungen   **Normalzuschlagssätze**

Verbrauch von Fertigungsmaterial	897 480,00 EUR	MGK	9 %
Fertigungslöhne	671 500,00 EUR	FGK	136,2 %
Nettoverkaufserlöse	3 247 200,00 EUR	VerwGK	13 %
		VertrGK	6,5 %

Bezugsgrundlagen: Die VerwGK und die VertrGK sind auf die Herstellkosten des Umsatzes zu beziehen.

Aufgaben:
1. Ermitteln Sie die Selbstkosten des Umsatzes
   1.1 als Istkosten,
   1.2 bei Normalzuschlagssätzen!
2. Berechnen Sie die Kostenüber- bzw. Kostenunterdeckung sowie das Betriebsergebnis der Abrechnungsperiode!
3. Berechnen Sie die Istzuschlagssätze!

166 Die Kosten- und Leistungsrechnung eines Industrieunternehmens liefert für den Monat Mai folgende Kalkulationsdaten:

Einzelkosten und Leistungen

Verbrauch von Fertigungsmaterial	210 700,00 EUR
Fertigungslöhne	140 500,00 EUR
SEKF	6 500,00 EUR
SEKV	5 200,00 EUR
Nettoverkaufserlöse	792 322,00 EUR.

Zuschlagssätze	Material	Fertigung	Verwaltung	Vertrieb
Istzuschlagssätze	14 749,00 EUR	231 825,00 EUR	78 724,62 EUR	36 334,44 EUR
Normalzuschlagssätze	8 %	166 %	11,5 %	7,2 %

Bezugsgrundlagen: Die VerwGK sind auf die Herstellkosten der Rechnungsperiode und die VertrGK sind auf die Herstellkosten des Umsatzes zu beziehen.

Bestände an FE und UE	FE	UE
Anfangsbestand	71 700,00 EUR	18 400,00 EUR
Schlussbestand lt. Inventur	67 200,00 EUR	21 600,00 EUR

Aufgaben:

1. Ermitteln Sie die Selbstkosten des Umsatzes

   1.1 als Istkosten,

   1.2 bei Normalzuschlagssätzen!

2. Berechnen Sie die Kostenüber- bzw. Kostenunterdeckung sowie das Betriebsergebnis der Abrechnungsperiode!

167 Aus der Buchführung eines Industriebetriebs entnehmen wir folgende Istkosten:

Verbrauch von Fertigungsmaterial (FM)	720 000,00 EUR
Materialgemeinkosten (MGK)	64 800,00 EUR
Fertigungslöhne (FL)	415 200,00 EUR
Fertigungsgemeinkosten (FGK)	519 000,00 EUR
Verwaltungsgemeinkosten (VerwGK)	240 660,00 EUR
Vertriebsgemeinkosten (VertrGK)	171 900,00 EUR

Normalzuschlagssätze MGK 10 %, FGK 100 %, VerwGK 20 %, VertrGK 15 %

Bezugsgrundlagen: Die VerwGK und die VertrGK sind auf die Herstellkosten der Rechnungsperiode zu beziehen.

Aufgaben:

1. Stellen Sie die Gesamtkalkulation sowohl auf Sollkostenbasis (Normalkosten) als auch auf Istkostenbasis auf!

2. Berechnen Sie die Kostenüber- bzw. die Kostenunterdeckung!

3. Berechnen Sie die Istzuschlagssätze!

168 Die Pharmageräte AG kalkuliert mit folgenden Normalzuschlagssätzen:

MGK 12 %, FGK 140 %, VerwGK 15 %, VertrGK 10 %.

Zur Überprüfung dieser Zuschlagssätze werden die Istkosten des vergangenen Abrechnungszeitraums herangezogen:

Verbrauch von Fertigungsmaterial	460 000,00 EUR
Fertigungslöhne	318 000,00 EUR
Materialgemeinkosten lt. BAB	58 700,00 EUR
Fertigungsgemeinkosten lt. BAB	412 300,00 EUR
Vertriebsgemeinkosten lt. BAB	135 014,00 EUR
Verwaltungsgemeinkosten lt. BAB	147 288,00 EUR
Nettoverkaufserlöse	1 580 000,00 EUR

Bezugsgrundlagen: Die VerwGK sind auf die Herstellkosten der Rechnungsperiode und die VertrGK auf die Herstellkosten des Umsatzes zu beziehen.

Bestandsveränderungen:

UE: Bestandsminderung	17 100,00 EUR
FE: Bestandsmehrung	38 700,00 EUR

Aufgaben:

1. Stellen Sie in einer Gesamtkalkulation die Istkosten und die Normalkosten einander gegenüber und ermitteln Sie, welche Kostenüber- bzw. Kostenunterdeckungen sich für die einzelnen Positionen feststellen lassen!

2. Berechnen Sie die Ist-Gemeinkostenzuschlagssätze!

3. Ermitteln Sie das Betriebsergebnis der Abrechnungsperiode!

169 Ein Maschinenbaubetrieb ist als Zulieferer für mehrere Maschinenfabriken tätig. Die Netto-verkaufserlöse betrugen in der vergangenen Abrechnungsperiode 2 360 000,00 EUR. Im gleichen Zeitraum fielen folgende Kosten an:

Verbrauch von Fertigungsmaterial	732 800,00 EUR
Fertigungslöhne Weichbearbeitung	240 000,00 EUR
Hartbearbeitung	292 800,00 EUR
Sondereinzelkosten des Vertriebs	20 000,00 EUR
Gemeinkosten insgesamt	914 840,00 EUR

Es wurde mit folgenden Zuschlagssätzen gerechnet: MGK 10 %, FGK Weichbearbeitung 110 %, FGK Hartbearbeitung 115 %, VerwGK 8 % und VertrGK 5 %.

Die Gemeinkosten waren im BAB wie folgt aufgeteilt:

Sozialbereich	44 640,00 EUR	Arbeitsvorbereitung	91 600,00 EUR
Materialbereich	68 700,00 EUR	Verwaltung	137 400,00 EUR
Weichbearbeitung	183 200,00 EUR	Vertrieb	114 500,00 EUR
Hartbearbeitung	274 800,00 EUR		

Der BAB des Maschinenbaubetriebs ist wie folgt aufgebaut:

	Zahlen der KLR	Sozial-bereich	Material-bereich	Arbeits-vorbereitung	Weichbe-arbeitung	Hartbe-arbeitung	Ver-waltung	Vertrieb
Summe der Gemeinkosten								

Aufgaben:

1. Verteilen Sie die Kosten des Sozialbereichs auf die übrigen Kostenstellen nach der Zahl der Beschäftigten: Material 2, Arbeitsvorbereitung 4, Weichbearbeitung 25, Hartbearbeitung 30, Verwaltung 8 und Vertrieb 3!

2. Die Kosten der Arbeitsvorbereitung sind zu gleichen Teilen auf die beiden Fertigungshaupt-kostenstellen aufzuteilen!

3. Ermitteln Sie auf einem Kostenträgerblatt die Istzuschlagssätze (auf eine Dezimale gerundet) sowie die Über- und Unterdeckungen und das Betriebsergebnis!

    Bezugsgrundlagen: Die Verwaltungsgemeinkosten sind auf die Herstellkosten der Rechnungsperiode und die Vertriebsgemeinkosten auf die Herstellkosten des Umsatzes zu beziehen.

    Bestände: Bei den unfertigen Erzeugnissen war der Anfangsbestand 85 000,00 EUR, der Schlussbestand 87 200,00 EUR, bei den Fertigerzeugnissen war der Anfangsbestand 52 000,00 EUR, der Schlussbestand 64 000,00 EUR.

7.2.4 Soll-Ist-Vergleiche

7.2.4.1 Aufbau von Soll-Ist-Vergleichen

Soll-Ist-Vergleiche umfassen fünf Schritte:

- Zunächst sind **Kontrollgrößen (Soll-Werte)** festzulegen, an denen die verschiedenen Leistungen (z. B. Umsatz, Gewinn, Marktanteil, Budget)[1] gemessen werden sollen.
- Nach Erbringung der Leistungen müssen die **Leistungsergebnisse (Ist-Werte)** bestimmt werden.
- Die Kontrollgrößen werden jetzt mit den Leistungsergebnissen verglichen **(Soll-Ist-Vergleich)**.
- Bestehen zwischen Soll-Werten und Ist-Werten Abweichungen, die über einer zuvor festgelegten Toleranzgrenze liegen, müssen die Abweichungen analysiert werden **(Abweichungsanalyse)**.
- Als Folge aus der Abweichungsanalyse werden **Maßnahmen** getroffen und – sofern erforderlich – **neue Soll-Werte** (z. B. Plankorrekturen, Ausweichpläne, Neuplanung) formuliert.

7.2.4.2 Soll-Ist-Vergleiche im Marketing-Controlling

(1) Überblick

In der nachfolgenden Übersichtstabelle werden beispielhaft einige Bereiche im Marketing-Controlling genannt, in denen Soll-Ist-Vergleiche sinnvoll erscheinen:

Bereich	Beispiele
Analyse des Umsatzes im Hinblick auf seine mengen- und wertmäßige Entwicklung	<ul><li>nach Produktgruppen</li><li>nach Verkaufsgebieten</li><li>nach Absatzwegen</li><li>nach Kundengruppen</li><li>im Anschluss an Werbemaßnahmen</li><li>nach Preiserhöhungen/-senkungen</li></ul>
Analyse der Kundenzufriedenheit	<ul><li>Erfassung des Beschwerdeverhaltens</li><li>Repräsentative Ermittlung der von Kunden wahrgenommenen Leistungsdefizite</li><li>Erfassung enttäuschter Erwartungen</li><li>Messung der Kundenzufriedenheit</li></ul>
Analyse der Ergiebigkeit der eingesetzten Mittel Hierbei werden Umsätze und Kosten zueinander in Beziehung gesetzt.	<ul><li>Kosten für einen Handelsvertreter bezogen auf sein Umsatzvolumen</li><li>Marketingkosten für eine Produktgruppe bezogen auf den Umsatz der Produktgruppe</li><li>Deckungsbeiträge<ul><li>der einzelnen Verkaufsbezirke,</li><li>der einzelnen Vertriebswege,</li><li>der ausgeführten Aufträge usw.</li></ul></li></ul>

(2) Beispiele für Soll-Ist-Vergleiche im Marketing-Controlling

Aus der Budgetplanung eines Industriebetriebs werden die nachfolgenden zwei Einzelpläne entnommen.

---

1 Budget: (Staats-)haushaltsplan, Voranschlag.

Wir greifen aus dem Umsatzplan den Artikel 141721 „Bürotisch Standard-Eiche" heraus und stellen diesen Teilplan vor:

Artikel 141721				Bürotisch Standard-Eiche			
Kunden	Jahres-Planwerte			Planwerte Januar			Planwerte Februar
	Stück	⌀ Preis je Stück in EUR	Umsatz insgesamt in EUR	Stück	⌀ Preis je Stück in EUR	Umsatz insgesamt in EUR	
Export	1400	800,00	1 120 000,00	80	780,00	62 400,00	
Möbelhäuser	2 100	840,00	1 764 000,00	90	860,00	77 400,00	
Direktverkauf Großunternehmen	510	780,00	397 800,00	30	770,00	23 100,00	

Aus dem Beispiel ist zu entnehmen, dass z.B. im Januar die Verkaufsabteilung bestrebt sein muss, 80 Bürotische Standard-Eiche im Wert von 62 400,00 EUR zu exportieren.

Wir greifen aus dem Personalplan die Abteilung Marketing-Controlling heraus und stellen diesen Teilplan vor.

Abteilung Marketing-Controlling						
Stellen-bezeichnung	Bestand am Jahres-anfang	Geplanter Zugang	Bestand am Jahresende	Jahres-bruttolohn vergange-nes Jahr in EUR	Geschätzte Tarif-erhöhung in %	Geplanter Jahres-bruttolohn in EUR
Abteilungsleiter	1	0	1	160 000,00	2,5 %	164 000,00
Assistenten	2	1	3	150 000,00	2,5 %	230 625,00
Sachbearbeiter	6	− 2	4	510 000,00	2,5 %	348 500,00
Auszubildende	4	3	7	50 400,00	50,00 EUR pro Monat	92 400,00

Aus dem Beispiel ist zu entnehmen, dass der Abteilung Marketing-Controlling zugestanden wird, drei neue Auszubildende einzustellen.

Nach Vollzug des Plans erfolgt eine Kontrolle, die zeigen soll, ob die Soll-Werte (Planwerte) mit den Ist-Werten übereinstimmen oder ob Abweichungen eingetreten sind. Aus den Ist-Werten der ausgewählten Beispiele ist zu entnehmen (siehe S. 392), dass

■ nur 78 Bürotische Standard-Eiche exportiert wurden, zwei weniger als geplant. Dies führte in diesem Marktsegment zu einer Mindereinnahme von 3 120,00 EUR (Planwert 62 400,00 EUR – Ist-Wert 59 280,00 EUR).

■ wie geplant 3 Auszubildende eingestellt wurden und damit der Planbestand am Jahresende von 7 Auszubildenden erreicht wurde. Allerdings wurde der geplante Jahresbruttolohn für Auszubildende um 1 680,00 EUR (Planwert 92 400,00 EUR – Ist-Wert 94 080,00 EUR) überschritten.

Artikel 141721 — Bürotisch Standard-Eiche

Kunden	Jahreswerte – Planwerte			Januar – Istwerte			Abweichungen in %			Jahres-Istwerte			Jahreswerte – Abweichungen in %		
	Stück	∅ Preis je Stück in EUR	Umsatz insgesamt in EUR	Stück	∅ Preis je Stück in EUR	Umsatz in EUR	Stück	∅ Preis je Stück	Umsatz	Stück	∅ Preis je Stück in EUR	Umsatz insgesamt in EUR	Stück	∅ Preis je Stück	Umsatz
Export	1400	800,00	1120000,00	78	760,00	59280,00	− 2,5	− 2,56	− 5,00	1449	808,00	1170792,00	+ 3,5	+ 1,0	+ 4,54
Möbelhäuser	2100	840,00	1764000,00	94	860,00	80840,00	+ 4,4	0	+ 4,44	2040	850,00	1734000,00	− 2,86	+ 1,19	− 1,7
Direktverkauf Großunternehmen	510	780,00	397800,00	40	775,00	31000,00	+ 33$\frac{1}{3}$	+ 0,65	+ 34,2	560	775,00	434000,00	+ 9,8	− 0,64	+ 9,1

Tabelle 1

Abteilung Marketing-Controlling

Stellenbezeichnung	Jahreswerte – Planwerte						Istwerte				Abweichungen in %		
	Bestand am Jahresanfang	Geplanter Zugang	Bestand am Jahresende	Jahresbruttolohn vergangenes Jahr in EUR	Geschätzte Tariferhöhung in %	Geplanter Jahresbruttolohn in EUR	Zugang	Bestand am Jahresende	Tariferhöhung	Jahresbruttolohn in EUR	Bestand am Jahresende	Tariferhöhung	Jahresbruttolohn
Abteilungsleiter	1	0	1	160000,00	2,5 %	164000,00	0	1	3 %	164800,00	0	+ 0,5	+ 0,49
Assistenten	2	1	3	150000,00	2,5 %	230625,00	0	2	3 %	154500,00	− 33$\frac{1}{3}$	+ 0,5	− 33,01
Sachbearbeiter	6	− 2	4	510000,00	2,5 %	348500,00	− 1	5	3 %	437750,00	+ 25	+ 0,5	+ 25,61
Auszubildende	4	3	7	50400,00	50,00 EUR pro Monat	92400,00	3	7	70,00 EUR pro Monat	94080,00	0	+ 20,00 EUR	+ 1,82

Tabelle 2

7.2.5 Kennzahlenanalyse

7.2.5.1 Aufgaben der Kennzahlenanalyse

Kennzahlen sind ein wichtiges Instrument, diese beiden Bereiche zu kontrollieren.

> **Kennzahlen** sind Verhältniszahlen oder absolute Zahlen, die in verdichteter Form einen Überblick über die Leistung des gesamten Unternehmens oder einzelner Teilbereiche geben.

Durch die Verwendung von Kennzahlen im Marketing-Controlling soll die Vielzahl der Daten, die im Rahmen des Rechnungswesens sowie bei der Erhebung von Marktinformationen anfallen, zu wenigen zentralen Größen zusammengefasst werden. Die Auswahl der Kennzahlen hat dabei so zu erfolgen, dass diese die Entwicklung des Unternehmens in zentralen Bereichen aufzeigen.

Die Auswahl geeigneter Kennzahlen stellt eines der Zentralprobleme des Marketing-Controllings dar. Grundsätzlich lassen sich nach der **Erfassbarkeit der Kennzahlen** zwei Gruppen unterscheiden:

Ökonomische (quantitative) Kennzahlen	Ökonomische Kennzahlen geben messbare Sachverhalte aus Unternehmens- oder Marktdaten wider. Beispiele hierfür bilden die Umsatzentwicklung, der Marktanteil, die Marketingkosten oder die erzielten Deckungsbeiträge.
Psychografische (qualitative) Kennzahlen	Psychografische Kennzahlen möchten nicht quantifizierbare Marktentwicklungen erfassen. Hierzu zählen beispielsweise die Einstellung der Kunden, die Kundenzufriedenheit, die wahrgenommene Produktqualität, das festgestellte Beschwerdeverhalten gegenüber dem Unternehmen oder Dritten (z.B. Medien, Verbraucherschutzeinrichtungen), die Markentreue oder die Wiederkaufsrate.

7.2.5.2 Erfolgskennzahlen als Beispiel für Kennzahlen des Marketing-Controllings

Es handelt sich um Kennzahlen, die die Erfolgsfaktoren eines Unternehmens aufzeigen und kontrollieren sollen. Diese Kennzahlen sind breit gestreut. Sie erstrecken sich über alle Unternehmensbereiche und erfassen auch die für das Unternehmen bedeutsamen Marktdaten. Die Auswahl der Erfolgskennzahlen ist betriebsindividuell.

(1) Kennzahlen im Entscheidungsfeld Preispolitik

Der Vorteil preispolitischer Maßnahmen liegt darin, dass sie sich zumeist ohne zeitliche Verzögerung einsetzen lassen und auch die Reaktionszeit der Marktteilnehmer sehr zeitnah erfolgt. Aus diesem Grund ist die Preispolitik das zentrale und wirkungsvollste Instrument zur Steuerung von Umsatz, Gewinn und/oder Marktanteil.

Beispiele:

Kurzfristige Preisuntergrenze:

$$\text{Stückerlös(e)} = \text{variable Kosten je Einheit } (k_v)$$

Langfristige Preisuntergrenze:

$$\text{Stückerlös(e)} = \frac{\text{Gesamtfixkosten } (K_{fix})}{\text{erzeugte Menge}} + \text{variable Kosten je Einheit } (k_v)$$

$$\text{Produktdeckungsbeitragssatz} = \frac{\text{Deckungsbeitrag (DB)} \cdot 100}{\text{Umsatz des Produkts}}$$

(2) Kennzahlen im Entscheidungsfeld Produktpolitik

Der Controllingbereich unterstützt hier unternehmerische Entscheidungen, indem er z.B. Auskunft gibt über Auftragseingang, Auftragsreichweite, Marktanteil, relativer Marktanteil.

Beispiele:

$$\text{Auftragseingangsquote} = \frac{\text{Auftragseingang Ist} \cdot 100}{\text{Auftragseingang Plan}}$$

$$\text{Auftragsreichweite} = \frac{\text{Auftragsbestand} \cdot 100}{\text{Jahresumsatz}}$$

$$\text{Marktanteil} = \frac{\text{Absatzvolumen} \cdot 100}{\text{Marktvolumen}}$$

$$\begin{array}{c}\text{Relativer Marktanteil}\\\text{(Wettbewerbsposition)}\end{array} = \frac{\text{Marktanteil des Unternehmens} \cdot 100}{\text{Marktanteil des stärksten Konkurrenten}}$$

(3) Kennzahlen im Entscheidungsfeld Kommunikationspolitik

Problematisch in diesem Entscheidungsfeld ist, dass sich z.B. das Ergebnis einer Werbekampagne einer ausschließlich quantitativen Messung entzieht. Der Zusatzumsatz ist zwar im Betrieb messbar, nicht jedoch die Bewusstseinsänderung im Kopf des Umworbenen. Daher muss sich das Controlling in diesem Entscheidungsfeld darauf beschränken, kommunikationspolitische Entscheidungen anhand von Kennzahlen zu beurteilen.

Beispiele:

$$\text{Werbeaufwandsatz vom Umsatz} = \frac{\text{Werbeaufwand je Periode} \cdot 100}{\text{Umsatz je Periode}}$$

$$\text{Markterschließungsgrad} = \frac{\text{Umsatz} \cdot 100}{\text{potenzieller Umsatz}}$$

$$\text{Neukundenanteil} = \frac{\text{Neukunden} \cdot 100}{\text{Gesamtkunden}}$$

$$\text{Umsatz je Außendienstmitarbeiter} = \frac{\text{Umsatz}}{\text{Anzahl der Außendienstmitarbeiter}}$$

Diese **funktionsbezogenen Kennzahlen** lassen sich ergänzen durch **prozessbezogene Kennzahlen,** wie z. B.:

$$\text{Angebotsgrad} = \frac{\text{Anzahl der ausgeführten Aufträge} \cdot 100}{\text{Anzahl der abgegebenen Angebote}}$$

$$\text{Servicegrad} = \frac{\text{Anzahl der termingerecht ausgeführten Aufträge} \cdot 100}{\text{Anzahl aller zu erfüllenden Aufträge}}$$

(4) Kennzahlen im Entscheidungsfeld Distributionspolitik

Im Vordergrund der Betrachtung stehen hier Informationen darüber, wie wirtschaftlich die Vertriebswege sind. Die Datenbasis hierfür entstammt der betrieblichen Kosten- und Leistungsrechnung.

Beispiele:

$$\text{Vertriebskostenquote} = \frac{\text{Vertriebskosten} \cdot 100}{\text{Umsatz}}$$

$$\text{Aufwand Außendienst} = \frac{\text{Aufwand Außendienst} \cdot 100}{\text{Umsatz}}$$

$$\text{Umsatzmarktanteil} = \frac{\text{Umsatz des Unternehmens} \cdot 100}{\text{Branchenumsatz}}$$

$$\text{E-Commerceanteil} = \frac{\text{Umsatz E-Commerce} \cdot 100}{\text{Umsatz}}$$

Zusammenfassung

- Beim **Soll-Ist-Vergleich** werden Plandaten (Soll-Werte) mit den tatsächlich erzielten Ergebnissen (Ist-Werte) verglichen. Soll-Ist-Vergleiche können für alle Unternehmensbereiche, aber auch für einzelne Kunden, Produkte u. Ä. durchgeführt werden.

- Durch die Analyse der **Soll-Ist-Abweichungen** sollen **Fehlentwicklungen erkannt** und **Plandaten** nötigenfalls **korrigiert werden**.

- **Kennzahlen** fassen Daten so zusammen, dass sie einen Überblick über die Leistung des gesamten Unternehmens oder einzelner Teilbereiche geben.

- **Kennzahlen im Marketing-Controlling** überprüfen insbesondere die **Erfolgsfaktoren** eines Unternehmens.

170 1. Beschreiben Sie, welche Zielsetzungen mit einem Soll-Ist-Vergleich verfolgt werden!

2. Zeigen Sie an einem Beispiel auf, welche Möglichkeiten sich aus dem Soll-Ist-Vergleich für die Unternehmensleitung zur Steuerung des Unternehmens ergeben!

3. Der Controller eines Industrieunternehmens stellt folgende Daten zur Auswertung zusammen:

	Soll-Werte	Ist-Werte
Anzahl der Mitarbeiter	128	140
Anzahl der Arbeitsstunden	245 760	254 800
Umsatz in EUR	13 395 200,00	14 518 000,00

Aufgaben:

3.1 Ermitteln Sie
    3.1.1 die Arbeitsstunden je Mitarbeiter für die Soll- und Ist-Werte,
    3.1.2 den Umsatz je Mitarbeiter für die Soll- und Ist-Werte,
    3.1.3 den Umsatz je Arbeitsstunde für die Soll- und Ist-Werte!
3.2 Beurteilen Sie die Umsatzentwicklung im Vergleich zur geleisteten Arbeitszeit!

4. Die Kostenplanung für das Projekt „Schulungszentrum" der Weckerle KG ging von den Werten der Spalte 5 in der folgenden Tabelle aus. Nach Abschluss des Arbeitspaketes 5, Montage des Schulungszentrums, lagen folgende Istwerte für die Kosten vor (siehe Spalte 6).

Kostenplanung für das Projekt „Schulungszentrum" der Weckerle KG

Arbeit-spaket Nr.	Bezeichnung	Dauer in Tagen	Kosten-art	Soll-Ist-Vergleich		Abweichung		Beurteilung
				Soll	Ist	EUR	%	
AP 1	Planung, Auftragsvergabe	12	PK	25 000,00	26 000,00			
			SK	500,00	750,00			
AP 2	Baustofflieferung	4	PK	250,00	400,00			
			SK	50 000,00	53 000,00			
AP 3	Einrichten der Baustelle	5	PK	4 000,00	3 500,00			
			SK	2 000,00	3 000,00			
AP 4	Erdaushub, Fundament	15	PK	8 000,00	9 500,00			
			SK	5 000,00	6 000,00			
AP 5	Montage des Schulungszentrums	18	PK	17 000,00	22 000,00			
			SK	2 500,00	3 500,00			
AP 6	Installation	7	PK	8 000,00				
			SK	22 000,00				
AP 7	Einrichtung der Räume	5	PK	1 500,00				
			SK	22 000,00				
AP 8	Einweihung	1	PK	1 800,00				
			SK	3 500,00				

PK: Personalkosten   **SK:** Sachkosten

Aufgabe:

Berechnen Sie die Abweichungen in EUR und in Prozent und beurteilen Sie diese!

171 1. Beschreiben Sie die Aufgaben, die Kennziffern im Marketing übernehmen!

2. Erläutern Sie, wodurch sich die quantitativen Kennziffern von den qualitativen Kennziffern unterscheiden!

3. Nennen Sie zwei Ziele, die die Kennziffern des Marketings verfolgen!

4. Der Marketingabteilung eines Industrieunternehmens liegen folgende Daten zur Auswertung vor:

	Vorjahr	Berichtsjahr
Zur Preis- und Produktpolitik		
Jahresumsatz des Unternehmens	8 670 000,00 EUR	8 930 100,00 EUR
Gesamtmarktumsatz (Branchenumsatz) pro Jahr	42 500 000,00 EUR	44 412 500,00 EUR
Jahresumsatz des Produkts Werkbänke	1 040 000,00 EUR	1 129 440,00 EUR
Auftragsbestand	1 257 150,00 EUR	1 357 375,00 EUR
Auftragseingang Plan	940 800,00 EUR	968 084,00 EUR
Auftragseingang Ist	777 456,00 EUR	855 786,00 EUR
Deckungsbeitrag des Produkts Werkbänke pro Jahr	270 540,00 EUR	361 421,00 EUR
Marktanteil des Marktführers	54,5 %	56,8 %
Zur Kommunikationspolitik		
Jahresumsatz des Unternehmens	11 560 000,00 EUR	12 368 560,00 EUR
Werbeaufwand/Jahr	450 840,00 EUR	509 016,00 EUR
Anzahl der Angebote	12 050	11 773
Anzahl der Aufträge	8 315	8 830
Gesamtkunden	3 690	3 820
Neukunden	66	204
Zur Distributionspolitik		
Vertriebskosten	971 040,00 EUR	875 150,00 EUR
Aufwand Außendienst	234 090,00 EUR	348 274,00 EUR
E-Commerceanteil	5,4 %	6,1 %

Aufgaben:

4.1 Berechnen Sie für das Berichts- und Vorjahr folgende Kennziffern:

    4.1.1 Marktanteil,
    4.1.2 Relativer Marktanteil,
    4.1.3 Auftragseingangsquote,
    4.1.4 Auftragsreichweite,
    4.1.5 Produktdeckungsbeitragssatz Werkbänke,
    4.1.6 Markterschließungsgrad,
    4.1.7 Werbeaufwandssatz vom Umsatz,
    4.1.8 Umwandlungsrate,
    4.1.9 Neukundenanteil,
    4.1.10 Vertriebskostenquote,
    4.1.11 Aufwand Außendienst.

4.2 Berechnen Sie bei den Kennziffern die prozentuale Abweichung zwischen Vor- und Berichtsjahr und beurteilen Sie die derzeitige Situation des Industrieunternehmens!

4.3 Treffen Sie eine begründete Entscheidung, welche Marketingmaßnahmen dazu geeignet sind, den Marktanteil, den Markterschließungsgrad sowie die Auftragseingangsquote zu verbessern!

4.4 Der Controllingabteilung liegen folgende Branchenkennziffern vor:

Markterschließungsgrad	78,0 %
Vertriebskostenquote	7,9 %
Werbeaufwandssatz vom Umsatz	8,4 %
Neukundenanteil	4,8 %
E-Commerceanteil	10,9 %

Aufgaben:

4.4.1 Interpretieren Sie die Branchenkennziffern im Vergleich mit denen des Industrieunternehmens!

4.4.2 Unterbreiten Sie einen Vorschlag, worauf das Marketing bei der gegebenen Situation besonders zu achten hat!

Hinweis: Es ist sinnvoll, diese Aufgabe in Teamarbeit zu lösen!

Stichwortverzeichnis

26 Speth u. a. - ISBN 978-3-8120-0537-1